民族教育研究新视野系列丛书

★★★★★ Ethnic Education New Horizon

中央民族大学"211工程"三期建设项目

EE New Horizon 民族教育研究新视野系列丛书

特色与质量：民族幼儿教育研究

TESE YU ZHILIANG: MINZU YOUER JIAOYU YANJIU

◎ 苏 德／主 编

◎ 袁 梅／副主编

中央民族大学出版社

China Minzu University Press

图书在版编目（CIP）数据

特色与质量：民族幼儿教育研究/苏德主编. —北京：中央民族大学出版社，2014.8

ISBN 978 -7 -5660 -0771 -1

Ⅰ. ①特… Ⅱ. ①苏… Ⅲ. ①蒙古族—幼儿教育—研究—中国 Ⅳ. ①G619.2

中国版本图书馆 CIP 数据核字（2014）第 181684 号

特色与质量：民族幼儿教育研究

主　　编　苏　德

副 主 编　袁　梅

责任编辑　陈子冰

出 版 者　中央民族大学出版社

北京市海淀区中关村南大街 27 号　邮编：100081

电话：68472815（发行部）　传真：68932751（发行部）

68932218（总编室）　68932447（办公室）

发 行 者　全国各地新华书店

印 刷 厂　北京春飞无限彩色印刷技术有限公司

开　　本　787×1092（毫米）　1/16　印张：34

字　　数　560 千字

版　　次　2014 年 8 月第 1 版　2014 年 8 月第 1 次印刷

书　　号　ISBN 978 -7 -5660 -0771 -1

定　　价　85.00 元

“民族教育研究新视野系列丛书”总序

我国是一个统一的多民族国家，民族教育是我国教育事业的重要组成部分。民族教育的发展是促进各民族共同团结进步、共同繁荣发展的重要基础。《国家中长期教育改革和发展规划纲要（2010—2020年）》（以下简称《规划纲要》）中专门对民族教育作出了全面的规划和部署，这无论对民族教育事业的发展，还是民族教育学科的建设，都是大好机遇，有利于加快民族教育改革、实现民族教育的跨越式发展。

中央民族大学作为党和国家为解决民族问题、培养少数民族干部和高级专门人才而创建的高等学校，在我国民族事务与民族教育事业中具有举足轻重的地位。该校是一所汇聚了56个民族师生的国家“985工程”和“211工程”重点建设大学。中央民族大学教育学院是一个院、所合一的教学科研单位，是中央民族大学“211工程”、“985工程”项目重点建设单位。

历经50余年的发展变化，特别是改革开放30年来的快速发展，通过“211工程”、“985工程”二期建设及其他项目的积累和历练，教育学院形成了以少数民族教育为特色和优势的教育学科，凝聚了一支在国内外有影响、团结协作并有奉献精神的少数民族教育学术创新研究团队。在民族教育学的学科建设方面取得了许多重要成果，尤其是出版了一系列学术精品著作，如《中国少数民族教育学概论》（孙若穷、滕星主编）、《中国边境民族教育》（王锡宏主编）、《中国少数民族教育本体理论研究》（王锡宏著）、《中国少数民族双语教育概论》（戴庆厦、滕星等著）、《民族教育学通论》（哈经雄、滕星主编）、《文化变迁与双语教育：凉山彝族社区教育人类学的田野工作与文本阐述》（滕星著）、《中国少数民族教育史·达斡尔族教育史》（苏德等主编）、《中国少数民族高等教育学》（哈经雄著）、《蒙古族儿童传统游戏研究》（苏德著）、《教育人类学研究丛书》（滕星主编）、《族群·文化与教育》（滕星著）、《文化选择与教育》（王军著）、《文化环境与双语教育》（董艳著）、《蒙古学百科全书·教育卷》（扎巴主编、苏德等副主编）、《少数民族传统教育学》（曲木铁西著）、《文化变迁与民族地区农村教育革新》、《文化多样性、心理适应与学生指导》（常永才著）、《新时期民族院校人才培养问题研究》（常永才、谭志松主编）等系列重要学术著作。在国内外核心期刊发表了上百篇学术论文，其中若干成果已获得国家、省（部）级科研成果一、二等奖及国家图书奖，并成为该学科发展的标志性成果。

在“九五”和“十五”期间，中央民族大学教育学院中国少数民族教育学的学科建设实现了跨越式发展，民族教育学先后被列为中央民族大学“211 工程”重点学科建设项目（1999 年）和“985 工程”重点建设单位（2005 年），并专门成立了“985 工程”中国少数民族语言文化与边疆史地研究哲学社会科学创新基地“中国少数民族地区基础教育研究中心”。2010 年学校成立了“985 工程”“中国少数民族教育研究创新基地”，在科研条件、研究经费等方面得到明显改善。民族教育学“211 工程”学科建设的目标是：经过重点建设，使中国少数民族教育学科处于国内领先水平，成为少数民族教育高层次人才培养的重要基地，为少数民族和民族地区的教育事业发展服务。通过“211 工程”二期民族教育学学科建设，出版了《中外民族教育政策史纲》和《中国少数民族教育史教程》（吴明海主编）、《教育民族学》（王军主编）、《民族文化传承与教育》（王军、董艳主编）等“教育民族学丛书”，较好地推动了民族教育学学科的发展。

目前，教育学院承担着全国教育科学规划国家级重点课题、国家社会科学基金重点项目、教育部人文社会科学重点研究基地重大项目及多项省部级民族教育研究重点课题，主持开展了国家社科基金重点招标课题“民族教育质量保障与特色发展研究”（苏德主持）、国家社科基金课题“内蒙古地区蒙古族中小学双语教学问题、对策与理论研究”（苏德主持）、联合国教科文组织西班牙千年发展目标促进基金“中国文化与发展伙伴关系”项目“中国少数民族基础教育政策研究”（苏德主持）、美国福特基金会“中国西部少数民族地区经济文化类型与地方性校本课程开发研究”（滕星主持）、加拿大女王大学国际合作项目“多民族社会的族群关系”（常永才参与设计与实施）等多项国际合作项目，相关研究成果在国内外民族教育研究领域产生了较大影响。

为贯彻落实《规划纲要》精神，进一步提高民族教育科学研究的质量和水平，促进我国民族教育科学事业的繁荣和发展，教育学院坚持以科学发展观和构建社会主义和谐社会为指导思想，站在社会主义现代化建设的历史新起点上，围绕民族教育改革发展的重要理论和重大现实问题，坚持基础研究和应用研究并重，积极促进民族教育理论创新，增强民族教育研究的针对性和实效性，更好地服务于新时期国家民族教育决策和实践创新，促进民族教育学科的进一步发展。同时，教育学院在“211 工程”三期建设中成立了“民族教育研究新视野系列丛书”编委会，该编委会以本院民族教育科研师资队伍为主，并且邀请国内外民族教育研究领域的优秀专家学者，研究撰写和出版中国少数民族教育的系列专业教材和学术著作。该丛书是中央民族大学民族教育学学科建设的标志性成果之一，为中国少数民族教育学科与民族教育事业的发展做出了重要贡献。“民族教育研究新视野系列丛书”的选题范围包括：

（1）中国少数民族教育的相关专业课程教材；

（2）中国少数民族教育的理论与方法研究成果；

（3）中国少数民族教育的实地调查成果；

（4）中国少数民族教育的应用研究成果；

（5）中国少数民族教育的课程改革和教学研究成果；

（6）中国少数民族教育的专业参考资料（如国外民族教育学译著等）。

“民族教育研究新视野系列丛书”第一辑出版的著作包括《民族院校教育管理研究》（李东光著）、《守望·自觉·比较：少数民族及原住民教育研究》（陈·巴特尔、Peter Englert 编著）、《亚太地区原住民及少数民族高等教育研究》（陈·巴特尔、Peter Englert 主编）、《跨文化心理学研究》（高兵编著）、《少数民族美学概论》（邓佑玲主编）、《中国少数民族美学研究》（邓佑玲著）、《中国少数民族艺术史》（苏和平、田小军主编）、《中国少数民族艺术论》（苏和平主编）、《中国边境民族教育论》（苏德、陈中永主编）、《可持续发展与民族地区环境教育研究》（吴明海主编）、《教育审美与教育批判——解脱现代性断裂对民族教育发展的困扰》（李剑著）、《中国西部女童——西部三十名贫困女童学业成就提高的质性研究》（李剑著）、《美国儿童早期阅读教学研究——以康州大哈特福德地区为个案》（史大胜著）、《大学教师学术权利的制度设计研究》（夏仕武著）、《蒙古族传统体育传承的教育人类学研究》（钟志勇著）、《全球化与本土化：多元文化教育研究》（苏德主编）等。

民族教育研究应围绕《规划纲要》制定的目标，聚焦当前少数民族教育中的重大理论和现实问题，以项目研究为依托，加强队伍建设，凝炼学科方向，推进学科建设，加快科学研究的自主创新和社会服务能力建设，为中国少数民族教育改革和发展建言献策。

我相信，通过《民族教育研究新视野系列丛书》的出版，中央民族大学教育学院将秉承注重民族地区教育田野调查的优良传统，大力加强民族教育学的理论研究和应用研究，努力培养优秀的教学和科研人才，达到中国少数民族教育学科建设的一流水平，并为推动少数民族地区教育事业的又快又好地发展，促进边疆安全、民族团结、社会和谐和国家长治久安发挥积极作用。

苏 德

2013 年 6 月

前　言

中国是一个具有悠久历史文化与独特民族风韵的东方大国，来自不同民族的优秀文化盘亘起了中华大地上一座座历史的、文化的、永恒的民族丰碑。而保留和发展各民族所独有的文化对促进民族间的相互理解、相互交流，实现中华民族大团结有着重要意义。蒙古族历来重视幼儿教育，蒙古族幼儿教育伴随着蒙古族家庭教育的发展而演进，蕴含丰富的、具有民族文化烙印的教育内容、方式和方法，关乎蒙古族幼儿的身心健康成长，关乎蒙古族幼儿文化品格的形成，关乎民族教育发展的系统性与完整性，关乎民族地区社会的持续发展。

随着社会的进步和历史的发展，蒙古族幼儿教育呈现出了新的、具有时代性的特征。顾明远先生曾在《提高教师的素质是迎接21世纪教育中的优先课题》中提出，作为一名教师应当具备三方面的素养：必须具备教师的职业意识，愿意献身教育事业；具备较高的业务能力，即教师所掌握的知识应当既专深又宽广，既有专业知识又具备职业技能；教师必须具备良好的心理素质，有理想，有坚定的信念，为人师表，一言一行都能成为学生的榜样。这既体现了时代发展对教师提出的要求，又反映了教师在教育教学中的重要作用。对于蒙古族幼儿教师而言，除了满足时代发展对普通幼儿教师提出的要求外，还要扮演文化传递者和儿童文化品性塑造者的角色。借鉴以上的观点，内蒙古地区民族幼儿园的教师也应当从以上三个方面完善自我，实现专业化发展，除了在职业意识和心理素质方面同其他的普通幼儿教师具有一致的要求外，在业务素质方面具有其特殊性：首先，要具备扎实的专业基础知识，系统学习过心理学，教育学，幼儿健康等专业理论知识；其次，要具备一定的专业基本技能，幼儿园教育应“以游戏为基本活动，保教并重”，由此要求幼儿教师能唱会跳，掌握幼儿的身心发展特点和规律；最后，要能够熟练地掌握蒙汉双语，具备熟练地使用蒙汉双语掌控幼儿园教育活动的能力。只有将这三方面素质融汇于一身，并能够结合职业岗位的现实要求，不断学习进步，才有可能培养出符合新时代要求的双语幼儿。

本书立足内蒙古地区幼儿教育发展的现状，关乎蒙古族幼儿教育发展的重要问题，即改革开放以来内蒙古地区民族幼儿园课程变革的动因、历程的文化分析，深入调查研究呼和浩特市两所民族幼儿园实施蒙台梭利教育的实践现状、问题与对策，深入分析城市蒙古族幼儿母语学习的文化影响因素，从文化生态学的角度研究探讨蒙古族传统游戏在幼儿园课程中的实施与开发，以通辽市某民族幼儿园委个案，研究蒙古族幼儿园英语教学现状。同时，对于蒙古族幼儿园教师专业化发展的现状、民族幼儿教师反思性实践、蒙古族幼儿园教师双语教学能力及民族幼儿园蒙汉双语师资队伍现状等方面开展了较为全面、深入的田野调查和研究分析，从而全面描绘了蒙古族幼儿教育发展的面貌，深入剖析了内蒙古地区民族幼儿教育发展的现状。

在蒙古族幼儿教师专业发展方面，立足蒙古族教师专业发展的现状，从教师教育、教师专业发展、教师反思性实践和教师双语教学能力等方面，全面剖析了蒙古族幼儿教师专业发展的现状。探讨了蒙古族幼儿教师教育过程中，文化多样性、地方特色和民族特色的缺失问题；教师专业发展中自主意识、专业意识不强，教师素质偏低的问题；开展反思性实践在促进教师专业化发展中的作用问题；蒙古族教师双语教学能力的问题；对蒙古族幼儿的母语学习进行文化分析；民族文化与蒙古族幼儿园课程改革问题等。

本书分为两篇，共九章。

第一篇蒙古族幼儿教育的课程文化研究，包括五章内容。这一篇关乎蒙古族幼儿教育发展的重要问题，即内蒙古地区幼儿园课程改革及蒙古族幼儿的母语学习进行文化分析。第一章是对内蒙古地区幼儿园课程改革的文化研究，即从文化的视角来分析改革开放以来内蒙古地区幼儿园课程改革的历程，以期说明不同文化对幼儿园课程的变革的不同影响，进而从文化角度分析内蒙古地区幼儿园课程改革存在的问题，并提出促进该地区幼儿园课程变革进一步发展的实践策略。第二章是内蒙古地区蒙台梭利幼儿教育的实施现状及反思——以 X 幼儿园和 Y 幼儿园为例，该研究通过文献调研发现蒙台梭利教育是提升我国少数民族地区幼儿教育公平性的重要选择，通过田野调查发现我国少数民族地区实施蒙台梭利教育的难点，并进而提出了应对这些难点的对策，即通过运用系统科学的原理梳理了蒙台梭利教育基本原理与原则，这对幼儿教师灵活实施蒙氏教育具有重要的借鉴价值；通过调查研究提出，少数民族地区与高等教育院校和社会师资培训机构合作来提升民族地区幼儿教师师资水平的对策。这对于促进我国少数民族幼儿教育公平性的理论研究的深入，以及切实提升少数民族幼儿教育发展水平，从而促进教育公平具有重要的现实意义。第三章是对城市蒙古族儿童的母语学习及语言传承问题的分析。以呼和浩特地区蒙古族幼儿园为个案，从幼儿主要活动场所——幼儿园、家庭以及所在社区为切入点，分析影响城市蒙古族幼儿母语学习的文化因素并提出实践性建议。第四章在分析讨论传统蒙古族民间游戏的特点，幼儿园课程及其特点的基础上，从文化生态学视角，探讨蒙古族民间游戏在幼儿园课程中实施的价值与意义，以呼和浩特市蒙古族幼儿园为例，全面、深入阐述分析民间游戏在幼儿园课程中存在的问题及其存在的原因，并针对性地提出解决问题的方案和对策。第五章主要基于皮亚杰的儿童认知发展阶段理论及关键期假说理论，主要采用观察法、问卷法、访谈法、实物收集等研究方法来获取第一手资料，对通辽市 X 民族幼儿园的英语教学现状进行调查分析。通过总结调查结果所反映出来的当前个案幼儿园英语教学中存在的问题，对蒙古族幼儿园的英语教学现状进行分析。从个案幼儿园对教学目标的认识、教学效果等六个方面总结和分析了存在的问题及其原因，从而提出蒙古族幼儿园是否适合开展英语教学，从利与弊两个方面进行分析，最后提出自己的观点，即在有条件的民族幼儿园可以适当开展英语教学活动。

第二篇蒙古族幼儿教师专业发展现状调查研究，包括四章内容。第一章讨论了蒙古族幼儿教师专业化发展的现状问题。在借鉴已有教师专业发展的理论研究基础上，运用文献法、问卷调查法、访谈法等方法，对呼和浩特市和鄂尔多斯市部分蒙古族幼儿教师专业发展现状进行了调查，对回收的问卷进行了数据处理，在根据教师专业化的相关理论并综合参考其他多种资料的基础上，着重对所存在的问题及原因进行深刻剖析，并提出了相应的对策建议。第二章对蒙古族幼儿教师开展反思性实践现状进行了调查研究，以内蒙古自治区首府呼和浩特市现有的两所蒙古族幼儿园的教师为研究对象，对她们开展反思性实践的现状进行了调查，并针对存在的问题，从幼儿教师的职前教育、职后教育、建立幼儿教师专业发展学校，以使职前教育与职后教育相沟通、加强与家长及社区的合作等角度提出了相应的对策。第三章阐释了蒙古族幼儿园教师双语教学能力的现状。对呼和浩特地区 3 所蒙古族幼儿园 63 名双语教师进行调查，呈现幼儿双语教师教学能力的现状，并就影响双语教师教学能力的因素进行分析，并提出了相应对策建议。第四章是呼伦贝尔市民族幼儿园蒙汉双语师资现状研究，是一次基于对呼伦贝尔市内典型的民族幼儿园而开展的实地调研，从现状描述，问题分析以及对策建议三大方面对呼伦贝尔市民族幼儿园蒙汉双语师资现状进行了分析，总结出了呼伦贝尔市民族幼儿园蒙汉双语师资现状的六大优势，五点不足，以及六大对策建议，旨在帮助呼伦贝尔市民族幼儿园及其蒙汉双语师资实现更好的发展，创造从优质幼儿园建设，双语幼师培训，双语教材开发等方面的发展机遇，更大限度地发挥呼伦贝尔市民族幼儿园服务民族地区，服务少数民族幼儿教育与成长的重大而神圣的使命。

本书由苏德教授负责设计整体框架，并具体组织编写，最后审校并定稿，袁梅作为副主编参与撰写修改、最后审稿并定稿。全书具体分工如下：苏德，前言；杨志娟，第一篇第一章；袁梅，第一篇第二章；乌日罕，第一篇第三章；敖雪莲，第一篇第四章；唐婷，第一篇第五章；大乌日罕，第二篇第一章；白星瑞，第二篇第二章；何菲，第二篇第三章；王露，第二篇第四章。杨志娟参与了书稿的整理和校对工作。

本书虽然已倾尽作者之能力所及，但仍有不尽如人意之处，望学术界专家、同行批评指正。

苏　德

中央民族大学教育学院

2013 年 12 月

目　录

第一篇　蒙古族幼儿教育的课程文化研究

第二篇 蒙古族幼儿教师专业发展研究

第一篇

蒙古族幼儿教育的课程文化研究

第一章 内蒙古地区幼儿园课程改革的文化研究

第一节 研究背景

一、课程改革与文化

（一）对幼儿园课程变革的研究，是时代发展和幼儿园课程自身发展的需要

改革开放是一个历史的契机，它不仅拉近了中国与世界的距离，也加强了中国的各个地区之间的相互联系、相互影响，使它们以更加开放的姿态来迎接未来的挑战。21世纪是一个变革的世纪，这种变革已经不再是阶段式的，而是持续性。变革已经成为时代的主题，我们不可能跳出时代而另谋发展，我们能做的就是正视变革，去迎接变革，去适应变革。幼儿园课程的变革，已经成为我们必须面对的现实和发展趋势，我们能做的就是以主动的姿态去适应变革，在变革中提升自己，从而创造出新的变革。幼儿园课程是幼儿园教育的核心，决定着幼儿园教育教学质量的提高和幼儿身心的和谐发展。正是由于幼儿园课程在幼儿园教育中的重要地位，使得它成为幼儿教育中重要的研究领域，对幼儿园课程改革的研究已成为是学前教育领域的一个重要课题。对幼儿园课程变革的研究，正契合开放与变革的时代主题，适应幼儿园课程改革的趋势。

（二）对内蒙古地区幼儿园课程改革的研究是促进民族地区课程改革的需要

我国是一个多民族的国家，每个民族都有其自身的文化背景，在幼儿园课程改革的过程中，会呈现出自身的独特性。内蒙古自治区是一个蒙古族聚居的地区，也是蒙、汉、回、满等少数民族杂居的地区。在这种多元文化的交流、融合的背景下，该地区的幼儿园课程发展会呈现出不同于其他地区的独特性。为了更好地促进内蒙古地区幼儿园课程的发展，就需要

立足民族地区自身的特点对幼儿园课程改革进行研究。

（三）对内蒙古地区幼儿园课程变革的文化研究是对民族地区幼儿园课程变革本质的探索

课程变革是改变旧有的、不适应的课程，从而创造新的、符合发展需要的课程的革新过程。课程变革的实质是一种文化的变迁。因为课程有两种文化含义，一层含义是课程是文化的载体，是文化传承的工具；另一层含义是课程本身也是一种文化，具有文化的特征，是一种文化形式。课程与文化密不可分，课程来源于文化，文化作为课程的母体，决定着课程的文化品性。文化的变迁使课程变革成为需要和可能，课程变革是文化变迁在教育领域的表现。

课程改革本质上就是一场文化变革。当然这种课程文化不仅仅是教材文本承载的文化，更包括由课程改革所带来的整体文化意蕴的重构。美国学者大卫·霍金斯说过这样一句话："一棵根深叶茂的大树是不可能简简单单地用飞机进口运来的。"民族地区幼儿园课程变革的发展应该在民族文化传统中生根发芽。只有从文化角度来分析课程变革的过程，才能揭示课程变革的实质。

以往的对幼儿园课程变革的研究都是以教育学、历史学等角度进行的。教育学角度的研究，更注重探索课程改革在不同时期对幼儿自身发展和社会整体发展的价值。历史学角度的研究，更注重总结课程改革的规律和发展的趋势。这些成果为课程变革研究的进一步深入奠定了丰厚的基础，提供了重要的参考。但是两种研究都没触及课程改革的文化实质，没有从文化层面来阐述和解释课程改革中出现的问题。对于文化背景复杂多样且发展不平衡的少数民族地区的课程改革来说没有发挥应有的指导意义。本研究从文化角度来深入探讨幼儿园课程变革的历程，并以内蒙古这样的少数民族地区为对象，因为少数民族地区有其独特的文化背景，能够很好地说明文化在课程变革中的重要影响。

二、幼儿园课程改革综述

本章旨在从文化角度研究幼儿园课程改革的实质，因此对文献资料的收集和整理围绕两个主题，一是有关幼儿园课程改革历史的研究，一是有关课程文化的研究。分析不同时期对这两个主题研究的成果，然后从两者的关系来阐述现有的研究存在的问题。

（一）国内对幼儿园课程变革发展的研究

我国学界对这一课题的研究，始于20世纪80年代末。伴随着中国社会的改革开放及其不断深入，国际学术交流日益频繁，西方先进的课程理论不断传入我国，人们对课程的认识有了一定的提高。同时社会的转型使得教育领域的改革成为必然，而课程是教育的关键，因此人们就越来越重视课程改革的研究。

80 年代末期，赵寄石、唐淑发表了《论幼儿园课程改革》，介绍了“幼儿园综合教育结构的探讨”课题的提出背景及幼儿园课程的结构。

90 年代，陆续出版和发表的有关幼儿园课程改革的基本理论和历史发展的著作和文章。何晓夏编写的《简明中国学前教育史》（1990），唐淑发表的《我国幼儿园课程结构改革概述》（1990），虞永平发表的《幼儿园课程改革的回顾和思考》（1994），熊焰发表的《新中国幼儿园课程改革述评》（1995），唐淑编写的《幼儿园课程基本理论和整体改革》（1998），石筠弢编写的《学前教育课程论》（1999），严仲连、肖全民编写的《我国幼儿园课程的历史沿革》（1999）等。

2000 年以后，对幼儿园课程改革历史的回顾与总结成为研究的热点。曾发表的论文有刘剑眉、杨龙祥《我国第三次学前教育课程改革的回顾和反思》（2000），曹能秀《上世纪 80 年代以来我国幼儿教育课程改革述评》（2003），杨春华《学前教育近代化的历程及启示》（2003），蔡红梅发表的《20 世纪我国幼儿园课程改革的历史回顾》（2005），朱宗顺发表的《百年中国学前教育史研究的回顾与展望》（2005）和一批优秀的硕博论文，包括华南师范大学石丽娟的硕士学位论文《对二十世纪八十年代以来我国学前课程改革的研究》（2003），湖南师范大学徐琼霞的硕士论文《新中国幼儿园课程改革的理性反思》（2004），西南大学孟丽美的硕士论文《改革开放以来我国幼儿园课程改革的历史审视》（2007），华中师范大学代晓的硕士论文《二十世纪二三十年代的幼稚教育改革》（2007）等一大批具有代表性的研究论文。著作方面，国内出版的一些研究著作也不同程度涉及到改革开放以来我国幼儿园课程改革的问题。如唐淑编写的《幼儿园课程研究与实践》（2000）和《中国学前教育史》（2000），许卓亚编写的《幼儿园课程理论与实践》（2002）和王春燕编写的《中国学前课程百年发展与变革的历史研究》（2004）等。可以看出，对学前课程变革的研究日趋深入，从对学前课程百年变革总体的概述到深入每个阶段的细致研究，研究不断地深入和完善。这些现有的研究成果，为我们进一步地深入研究奠定了坚实的基础。

总体上来说，国内对幼儿园课程变革的研究还显得比较薄弱。就已有的研究成果来看，首先，学者们的研究是以全国为背景进行的，而我国是一个幅员辽阔、地域差异性大的国家，只从整体范围内研究幼儿园课程的变革，了解得不够全面；其次，学者们对学前课程发展的研究都是从教育的角度出发，而很少以其他视角去研究。学前课程的发展与变革，是在特定的社会政治、经济、文化背景下进行的。学前课程理论的丰富，需要学者们开阔视野，站在不同的角度来看待这一历史过程，更全面地去揭示这一历史过程。

（二）国内有关课程文化的研究

我国学者开展对课程文化的研究是近20年的事情，研究的焦点包括传统文化与课程现代化的发展、市场经济带来的文化变革与课程改革的关系、文化多元化与课程改革等。在幼儿教育领域，人们也重视传统文化作为课程资源的重要价值，也从多元文化角度来探索幼儿园课程的规律。

1. 对课程文化本质的探索

《课程文化：实质、属性与特征》（金志远，2005），提出课程文化的实质就是为主体发展的文化资源。课程文化的属性包括主体文化、潜在文化和中介文化。将文化的特征概括为社会性、民族性、融合性、人本性、系统性、个性化、自觉性、实践性、传承性、创新性。《教育文化学》（郑金洲，2000），提出了课程文化的概念，认为课程文化有两个方面的含义：一是课程体现一定社会群体的文化；二是课程本身的文化特征。它揭示了课程作为一种文化载体和文化形式的两个方面的文化特质。

2. 在新一轮基础教育课程改革背景下，建立一种新的课程文化

《新课程改革的文化哲学探讨》（靳玉勒，陈妙娥，2003），靳玉勒教授从文化哲学的角度分析了课程的文化基础，提出新课程改革的历史条件下应致力于“营建一种合作、对话与探究的课程文化，实现课程文化模式的转型”。《多元文化与基础教育课程文化建设的几点思考》（裴娣娜，2002）裴娣娜教授主张在我国多元一体的文化背景下进行基础教育课程改革要积极倡导科学与人文相结合的课程理念和课程新文化。在《“学校知识”与课程标准》（钟启泉，2000）、《研究性学习：“课程文化的革命”》（钟启泉，2003）中，钟启泉教授倡导适应我国的基础教育改革的需要，建设新的课程文化。在应试教育背景下，学校知识被商品化，学生“掌握知识的过程与作业始终处于与他人为敌的竞争之中”。素质教育区别于应试教育的一个标尺就是关注“方法论知识”和“价值性知识”。[①]

① 王德如．课程文化自觉论［M］．北京：人民出版社，2007：28.

3．对课程与文化关系的研究

《课程与文化：一个后现代的检视》（郝德永，2006），从后现代的视角来观照课程与文化的互动。现代课程作为传承文化的工具品性致使“课程发展呈现出了清一色的文化驱控与锁定机制”。这种对社会文化附庸的品性使课程改革的实践陷入不断失败的恶性循环之中。“课程面临一场深刻的文化革命，那种旨在一劳永逸地传授某种文化的教育，那种完全受现实文化驱动与锁定的毫无批判与创新性的课程必将被超越。”《课程改革的文化研究》（胡定荣，2005），从价值文化、制度文化和行为文化三个方面对课程文化进行了比较深入的研究，提出社会历史文化对国家课程改革、课程决策的影响，指出了文化对课程改革影响的特点、原因、途径和条件，课程改革应如何进行文化变革等。《冲突与融合：课程文化在教育变革中破茧成蝶》（刘志军、杨会萍，2008），指出课程文化的差异性和课程文化发展的不平衡性既是课程文化冲突甚至对立的根源，又是多元课程文化之间交流与整合的基础，并成为课程文化发展的重要力量。阐述了当前我国课程文化冲突与融合的表现形式以及多元文化课程在我国社会转型时期的整合与互动。

4．有关课程文化自觉的研究

《课程文化自觉：实现课程改革的文化转向》（张晓东，2004），阐述了“文化自觉”为人们对自身文化有一种自知之明，清楚地知道文化的来源和发展，也是一种历史自觉与主动的历史精神之唤起。文化自觉还是一种深刻的文化思考，是一种广阔的文化境界，是一种执著的文化追求，是一种具有高度人文关怀和社会责任感的文化理念。文化自觉肯定不是简单的文化回归，也不是文化他化，而是适应新的历史来调整自身的文化，是在文化反省、文化创造和文化实践中所体现出来的一种文化主体意识和心态，从而在社会转型中达成文化超越。提出课程文化自觉的特征为：课程文化的主体意识、开反复的课程文化胸襟、积极的课程文化理性。《课程文化自觉论》（王德如，2007）提出了课程文化自觉的含义、特点和意义，阐述了课程文化自觉的价值特性、价值诉求，课程文化自觉的指导思想、途径和方法以及如何实现课程文化自觉。对课程文化自觉进行了较为全面的论述。

从以上可以看出，虽然我国学者开展对课程文化的研究是近20年的事情，但却涌现出了一批优秀的研究成果，引发了课程研究的又一个新热门学术话题。学者们对课程文化的研究，都是立足于现实，对课程文化发展历史的考察几乎没有。课程文化的发展是一个历史积淀的过程，只有清楚地了解课程文化的历史，才能认清课程文化的现实。课程文化冲突与融合的历史有待学者们的进一步研究。

（三）国内有关幼儿园课程文化的研究

1. 视文化为一种课程开发过程中的资源

《文化、民间艺术与幼儿园课程》（虞永平，2004），提出幼儿园课程是一种特定的文化文本，民间艺术作为人类文化体系的重要组成部分，要走进幼儿园课程，与原有课程进行整合，注重民间艺术的实践性和可操作性。《节日文化与幼儿园节日课程开发》（金虹青，2007），提出节日文化可以为幼儿情感、态度与行为的发展提供充足的养料。节日就是文化的一种表现，与文化密不可分，具有文化传承功能。以节日文化为基点开发幼儿园的核心课程。《中国传统文化与幼儿园课程整合研究》（左雯霞，2007），提出传统文化中蕴含着丰富的教育资源，将传统文化与幼儿园课程进行整合，既是对民族文化的保存、继承和发扬，也是对幼儿园课程资源的丰富。

2. 从多元文化课程角度研究幼儿园课程的发展

《解析多元文化课程——兼论我国幼儿园课程的发展》（袁圆，2007），分析了我国选择多元文化课程的原因为多元社会的需求和个体心理因素的差异；我国实施多元文化课程的策略及问题。《幼儿园地方文化课程研究》（陈艳宇，2007），通过走访调研南北各两个幼儿园，考察了它们利用地方文化来提升幼儿精神世界的课程实施现状。通过走访发现地方文化渐渐消逝，人们对地方文化往往不屑一顾。进而提出建构幼儿园地方文化课程的必要性、关注点、容易忽视的问题。《少数民族地区幼儿园多元文化课程实施研究》（杜诗章，2008），从理论上论述了少数民族地区实施多元文化课程的必要性，并采取个案研究的方式，以黔东南苗族侗族自治州幼儿园为对象，通过对幼儿园课程目标定位、课程内容选择和课程实施途径的分析，考察其多元文化实施的现状，得出幼儿园忽视当地少数民族文化，多元文化教育观念淡薄，多元文化课程实施现状堪忧。对少数民族地区幼儿园多元文化课程实施进行了理论反思，提出了树立多元文化观念、培养教师多元文化课程素质、建立多元文化课程保障机制的建议。

此外，还有学者从幼儿园教材文本的故事材料来分析我国幼儿园课程的文化倾向，为我国幼儿园课程改革和幼儿园教材的编写提出了一些启示和建议。

人们对幼儿园课程变革的研究大都是以教育学、历史学等角度进行的。教育学角度的研究，更注重探索课程改革在不同时期对幼儿自身发展和社会整体发展的价值。历史学角度的研究，更注重总结课程改革的规律和发展的趋势。这些成果为课程变革研究的进一步深入奠定了丰厚的基础，提供了重要的参考。但是两种研究都没触及课程改革的文化实质，没有从文化层面来阐述和解释课程改革中出现的问题。对于文化背景复杂多样且发展不平衡的少数民族地区的课程改革来说没有发挥应有的指导意义。

同时，有关幼儿园课程文化的研究相对较少，而且集中在把文化看作是一种课程开发过程中的资源和从多元文化课程角度研究幼儿园课程的发展方面，对幼儿园课程文化本质、特征的探索，以及对幼儿园课程文化的历史的探索，对幼儿园课程改革与幼儿园课程文化的研究有待继续。

三、研究的方法

（一）文献法

这是本章的主要方法。通过对文献的收集、整理和分析，来支持论点，展开论述。

（二）历史分析法

以马克思主义的历史唯物论为指导，尽可能客观和公允地按照历史的本来面目，根据特定的历史情境，揭示幼儿园课程变革与发展的文化实质。

（三）口述史法

口述史，即口头历史。就是将储存在当事人记忆中的各个时期、各个历史事件、自己或他人的各种经历，用口头表达的方式，采取记录、录音、录像等手段，经过整理形成文字材料。本研究采用口述史方法，主要是选择内蒙古地区经历了改革开放至今幼儿园课程改革的相关人员，包括幼教行政人员、幼儿园管理人员及幼儿园教师三个层次群体的典型代表，通过与其交谈来获得有关资料的方法。

第二节　改革开放以来内蒙古地区幼儿园课程变革的动因

任何教育的变革都是在社会变革的催生、引发和制约下进行的，都是对社会变革主动或被动的回应。社会的政治、经济、文化的发展对教育及其课程发展提出的新要求是推动课程发展的重要外部动因。学前课程是教育的重要组成部分，是学前教育的核心和关键，其改革不能脱离社会政治、经济、文化环境。教育观念的转变是幼儿园课程变革的先导，为课程改革奠定思想基础和理论基础。同时，学前课程作为基础教育的有机组成部分，其改革深受基础教育课程改革的影响。另外，幼教界不断反思自己的课程改革实践，思考课程本身的诸多弊端，这一切构成了中国学前课程改革的内在动因。

一、社会发展的要求

任何一次课程的变革，归根到底不过是社会变迁的产物。改革开放给中国社会带来的巨大的社会变迁是历史上任何一次社会变迁所无法企及的。这是一次持续的、深入的、全面的、彻底的社会变革，它改变了中国社会的面貌，改变了人们的生活方式。经济体制改革不断深入，市场经济体制逐步建立，党和政府颁布的一系列促进经济发展的政策，使国民经济得到了前所未有的发展，为教育领域的变革奠定了坚实的经济基础。同时对教育的发展提出了新的要求，要求教育重视具有创造意识、创新能力的新型的全面发展的人才的培养。社会政治体制改革，为教育领域的变革提供了良好的社会环境。党的十一届三中全会重新确立了“解放思想，实事求是”的思想路线，打破了中国过去长期存在的、给党和国家政治生活带来严重危害的“左”倾错误思想，也打破了教育界包括学前教育界的僵化思想，使得幼儿园课程改革的启动成为可能。随着民主与法制社会建设的推进，人们的思想进一步解放，视野进一步阔展。政治环境的进一步宽松，使幼儿园课程改革在全国迅速展开。课程理论研究百花齐放，课程实践繁荣发展。

改革开放不仅拉近了中国与世界的距离，也加强了中国各个地区之间的相互联系、相互影响，使它们以更加开放的姿态来迎接未来的发展。内蒙古地区在这次改革的推动下所得到的发展也是前所未有的：经济不断增长，人民生活水平不断提高，对外开放步伐不断加快。在取得这些成就的同时，人们也看到了自身发展水平与东部沿海地区以及世界发达国家之间的差距。在对外交流中、在比较中人们认识到差距的存在。这种差距不仅存在于经济领域，而且存在于教育领域、文化领域乃至人民生活的各个领域之中。差距是促进发展的动力源，人们意识到，要摆脱这种差距，不但要从经济发展着手，更重要的是要靠教育的力量。幼儿期是人生发展的奠基阶段，对幼儿未来的发展产生重要的影响。课程作为幼儿园教育的至关重要的环节，其适应性与否不仅关系到幼儿教育的发展，而且关系到幼儿未来的发展。要更好地促进民族地区的发展，就要从教育，特别是幼儿教育入手，从课程改革入手，为培养适应民族地区发展的新型人才奠定良好的基础。

二、教育观念的转变

观念是行为的先导，改革开放至今内蒙古地区幼儿园课程改革的启动与发展，与教育观念的转变密不可分。在这期间，对全国幼儿园课程改革影响最为深远的教育观念是素质教育。素质教育观念是在对片面追求升学率的“应试教育”批判的基础上提出来的。在“应试教育”中，以教师为中心，教师享有绝对的权威；以知识的灌输为主，忽视幼儿能力的发展；重视教学的目的性，忽视对教育本质的探索；重视教材知识，忽视儿童的生活经验；重视教育的结果，忽视儿童学习体验的过程；以集体教育为主，忽视儿童的个体差异。因此，《中国教育改革和发展纲要》明确地提出教育要由“应试教育”转向“素质教育”，转向全面提高国民素质的轨道，面向全体儿童，全面提高儿童的思想道德、文化科学、劳动技能和身体心理素质，促进儿童生动活泼的发展。① 素质教育倡导教育要促进儿童的全面发展，反对知识的灌输；要面向全体幼儿，反对关注少数幼儿；要以幼儿为主体，反对教师的绝对的权威；要关注幼儿的个体差异，反对整齐划一；要把幼儿看作全面发展中的个体，重视儿童情感、社会性的发展。随着教育体制改革在全国的推行，素质教育观念深入人心，内蒙地区幼儿园的教师，不论是蒙古族还是汉族或其他民族，都在对素质教育的学习中认识到素质教育的重要性，教育价值观发生了根本性的转变。

园本观念，在改革开放前是闻所未闻的。它成为一种明确的教育观念来源于20世纪90年代末基础教育课程改革中的“校本”观念。“校本”观念的内涵为立足于本校的实际情况、实际问题，以改善学校教学实践为目标，以学校中的管理者和教师作为解决问题的主体，提升自身的办学水平进而更好地促进学生的发展。“校本”观念突破了原有的办学模式化、要求统一化的教育观念，把学校自身的特点融入到课程管理之中，在其影响下，形成了一个分支众多的“校本家族”：校本研究、校本教研、校本研修、校本培训、校本课程、校本评价、校本督导都在此列。园本观念是“校本”观念在幼儿教育中的引用，它沿袭了“校本”观念的本质内涵，立足本园实际、改善本园实践、以本园教师为主体，丰富幼儿园课程的内容，补充国家课程和地方课程的不足。但是幼儿教师对园本观念实践水平

---

① 王春燕．中国学前课程百年发展与变革的历史研究［M］．北京：教育科学出版社，2004：143.

要高于中小学教师对校本观念的实践水平。从课程方面来讲，与校本课程相比，教师在开发园本课程时有更大的自主权。因为在基础教育阶段，大部分课程都是学生必修的国家课程，地方课程与校本课程只占课程体系中很小的一部分。而在幼儿园课程中，只有纲要性的指导规范和指导意见，幼儿园在自身课程开发中有更大的自主权，更广的应用范围，更多的实践探索。在这个过程中，教师的园本课程开发的能力和水平在实践中不断提高。园本观念对于民族地区的幼儿教育来说有更深的意义。

我国幅员辽阔，各地区的实际情况千差万别，国家在制定幼教政策和颁布幼儿教育指导纲要时，不可能把各地的情况都考虑在内，因此就需要必要的地方课程和园本课程给予补充。在民族地区的幼儿园课程中，不仅要考虑本民族幼儿独有的身心发展特点，更要考虑本民族优秀文化的传承与发扬的问题，因此在民族地区幼儿教师能够更加深刻地认识到园本观念的重要性，特别是你在蒙古族教师当中。

观念的转变使得教师认识到在幼儿教育的实践中存在许多与新观念不符合的地方需要改善，为课程改革的开展奠定了思想基础。

三、基础教育课程改革影响

在我国，学前课程深受基础教育课程的影响，基础教育课程的价值取向深深影响甚至左右着学前教育及其课程的发展。自从学前教育正式纳入学制以后，学前教育的性质就被定位于为小学做准备。1981 年，教育部颁布的《幼儿园教育纲要（试行草案）》（以下简称《纲要》），明确规定幼儿园教育任务是“为入小学打好基础”，1989 年，原国家教委颁发的《幼儿园工作规程（试行）》（以下简称《规程》）中规定幼儿园是“学校教育的预备阶段”。1996 年，正式颁布的《规程》中明确规定幼儿园教育“是基础教育的有机组成部分，是学校教育制度的基础阶段”，这种性质定位使学前课程一直附属于基础教育。如此可以看出，基础教育课程价值取向和观念对学前课程的影响是不言而喻的，特别是应试教育的影响。应试教育对基本知识、基本技能的强调，对教师权威的倡导，对分数的盲目追求，深刻地影响着幼儿园的教育，使其出现严重的小学化和成人化倾向。

1999 年，第三次全国教育工作会议出台了《深化教育改革，全面推进素质教育的决定》，以此为标志，基础教育开始了新一轮重大的课程改革。学前教育作为基础教育的有机组成部分，学前课程的改革也纳入到新一轮基础教育课程改革之中，以教育部 2001 年颁发的《幼儿园教育指导纲要（试行）》（为了同 1981 年的《幼儿园教育纲要》区分开来，故以下将其简称为新《纲要》）为标志。新《纲要》提出的“指导幼儿园深入实施素质教育”的宗旨顺应了基础教育课程改革的要求。同时，基础教育课程改革中“以学生发展为本”、促进学生全面个性发展的课程改革目标，以及开放的课程编制理念，三级课程管理等深刻的影响幼儿园课程的变革。内蒙古地区幼儿园的课程改革不是自发进行的，是在国家幼儿园课程改革的推动下开展的，一方面，国家颁布法令、政策要求地方幼儿园进行课程改革；另一方面，对地方幼儿园管理人员和教师进行相关的培训，从而推动地方课程改革的发展。

四、幼儿园课程发展自身存在的问题

（一）国内幼儿园课程中普遍存在的问题

新中国成立后，我国幼儿园的课程体系是在借鉴苏联模式基础上建立起来的，强调分科课程。在 1952 年颁布的《幼儿园暂行规程》（草案）、《幼儿园暂行教学纲要》（草案）和 1954 年颁布的《幼儿园教育工作指南》中，都从法令上确认了幼儿园采用分科教学模式。1981 年 10 月，教育部颁发了《纲要》继承了 20 世纪 50 年代《暂行规程》和《暂行教学纲要》的基本思想，确立了全国统一的分科课程和分科教学模式。这种教学模式在我国幼儿园课程体系建立的初期，的确起到了非常重要的作用。但是，随着我国社会的改革开放和哲学、教育学、心理学理论研究的深入，人们对幼儿的认识，对幼儿园教学的认识不断加深，原有的分科模式在实践中逐渐暴露了其自身的诸多弊端。

首先，分科课程把儿童的发展人为地割裂成几个方面，而没有认识到儿童的发展是整体性的。因此强调各门学科本身的系统性和逻辑性，忽视学科之间的横向联系，不利于幼儿的全面发展。

其次，学科内容脱离儿童生活。幼儿园所传授的知识是在应试教育的影响下，以为入小学做准备为目的而选择的，脱离幼儿的生活和经验，不符合幼儿的学习的特点，幼儿难以理解和把握。

最后，分科课程把“上课”作为主要的教学手段，强调教师的在课堂上的绝对主导作用，忽视幼儿的主动性、自主性和创造性的发挥。

十年“文革”期间，新中国成立后幼儿园教育发展所积累的经验和取得的成就遭到彻底的否定和批判，幼儿园课程发展失去了原有的“秩序”，特别是对幼儿教师培训制度的严重的破坏，造成了教师的严重缺乏和教师素质的普遍降低。改革开放以后，中国的政治、经济、文化各项事业得到了飞速的发展，教育面临着规范化、现代化的任务，分科课程的弊端以及

“文革”期间遗留下的问题已经严重阻碍了幼儿园课程的进一步发展，全国范围内的课程改革势在必行。

（二）内蒙古地区幼儿园课程改革中存在的问题

1. 幼儿园课程整体的规范化问题。

改革开放之前，除了少数城市幼儿园之外，内蒙古地区大部分幼儿园都是以保育为主，课程整体的规范性较差。如课程的指导思想不明确，课程形式的僵化，课程结构的不合理，课程管理的不规范等。同时教师严重缺乏且普遍素质不高，正如访谈中一个机关幼儿园的老园长所说：

“当时，幼教发展太快，我们也去二幼（教办园）这些地方去看去学，在观摩中发现，机关幼儿园和教育局办的教办幼儿园相比，可以举一个例子来形容，一个是游击队，一个是正规军。很多东西不规范。后来就把罗老师（教办园退休的园长）请来，给我们规范了教案怎么写、学期计划怎么写、总结怎么写等，按正规的规范。”

2. 幼儿园课程内容的适宜性问题。

内蒙古属于少数民族聚居地，有其明显的地方特色。但是，内蒙古地区幼儿园所使用的教材，都是北京、上海等地编写的，其内容不是来源于内蒙古地区儿童生活的环境，因此有些内容不适应本地的情况。

3. 蒙古族幼儿园的教材问题。

建国后，内蒙古地区的各盟市都建立了以民族特色教育为主的幼儿园。在这些幼儿园中，教师和幼儿都是蒙古族，以蒙语为教学语言，因此就需要相应的蒙语幼儿园教材。在20世纪50年代，出版过一套本地区编写的蒙语教材，一直沿用至80年代。改革开放后，社会发展迅速，汉族地区和本地汉族幼儿园都相应地发展起来。但是，蒙语幼儿园由于课程资源匮乏而羁绊了发展的脚步。

第三节　改革开放以来内蒙古地区幼儿园课程的变革

课程变革模式、课程观念、课程目标、课程内容、课程实施和课程评价是影响幼儿园课程变革的重要因素，本章根据内蒙古地区的实际情况，以上述要素的发展为线索，分别阐述了不同历史时期不同课程改革要素的发展。

一、自上而下的课程变革模式

这里所说的课程变革的模式是对课程改革开展方式的概括。也就是说，幼儿园课程改革是如何在内蒙古地区实现的。在总体上说，内蒙古地区的幼儿园课程改革存在一种固有的、自上而下的模式。内蒙古地区的幼儿园课程改革，几乎全部是在国家幼儿园课程改革的环境下进行的。

（一）国家对幼儿园课程改革的倡导

国家对幼儿园课程改革的倡导，首先是把相关的政策、文件、纲要、指导思想下发到内蒙古教育厅的相关幼教部门，然后幼教部门将这些指导文件转发到各盟市区的教育局，各盟市区的教育局再将这些指导文件下发到各个幼儿园。

（二）内蒙古幼教行政部门组织不同层次的培训

首先是内蒙教育厅幼教行政部门的相关人员去参加国家组织的对幼儿园课程改革指导文件如20世纪80年代颁布的《纲要》的学习。然后，由这些学习回来的人员对各盟市区幼教行政单位的相关人员进行培训。之后，参与过国家组织学习的人员和参与过培训的人员以及一些幼教专家对各个幼儿园的行政管理人员进行培训。最后，各个幼儿园的行政管理人员将学习到的内容传递给本园的教师。

（三）幼儿园组织的观摩和学习

首先，在中心城市建立一些课程改革的试点幼儿园。内蒙古教育厅幼教行政部门会组织这些幼儿园的园长、保教主任或教师到国家级的试点幼儿园去学习经验，然后带到本园。本园其他教师再学习这些人员带回来的经验。课程改革在试点幼儿园进行一阶段取得一定的效果之后，其他非试点幼儿园来到试点幼儿园观摩和学习，并按照试点幼儿园的模式在本园开展课程改革。随着课程改革的深入，一些幼儿园也会直接到北京、上海等地学习新的经验。访谈中一个已经退休的老园长说道：

> “一个文件来了，咱们也不知道怎么做更好，看看他们教办园是怎么做的，然后我们就是想出去看看，后来就是行政单位带上园长们出去看，出去学习。咱们看了以后推荐老师们去看。先在呼市看，等都学过来了没有再学的了怎么办呢？就带到外地看，去过北京、大连、天津、上海。”

与其说以上内容是内蒙古地区课程改革的基本模式，不如说它是对这一过程的总体上的描述，当然，这不是一个绝对不变的过程，每一次的课程变革在实现过程中都会有所不同。20世纪80年代的幼儿园课程改革可以说是在《纲要》的推动下进行的，在内蒙古地区的改革中，更多的是忠实地、尽可能全面地按照国家的要求进行。在地方适应和幼儿园园本探索方面比较欠缺。只有在蒙语授课的幼儿园中，因为没有现成的、相关的教材，所以教师们按照《纲要》的思想以及本园的情况增添了一些具有民族特色的课程内容。新世纪之初内蒙古地区幼儿园课程领域的又一次改革是在新《纲要》的指导下进行的，在这次改革中，各个幼儿园在遵循新《纲要》的基本思想下，进行了园本化的探索。比如说内蒙古师范大学实验幼儿园开展了“蒙古族文化课程资源的开发与利用”的课题，呼和浩特市新城区蒙古族幼儿园也开展了“蒙汉双语教学”和“蒙古族文化在幼儿一日生活中的应用”这两个课题。

二、课程观念的更新

（一）课程变革中观念的转变

1. 儿童观的转变

改革开放以来，对内蒙古地区幼儿园课程改革影响最大、最深入人心的观念就是儿童不再被看作是“知识的容器”或是教育要塑造的对象，而被看作是一个独立的主体。儿童不仅是学习的主体，而且是自身发展的主体。教师们逐渐认识到，要读懂你的孩子，了解孩子的兴趣，依据孩子的年龄特点教育才能把课程改革更好地开展下去。

2. 课程观的转变

在20世纪80年代，人们对课程的认识是比较狭隘的，认为课程就是教学。随着新世纪幼儿园课程改革的深入和课程理论研究成果不断地被介绍进来，人们对课程的认识也发生了变化，对课程有了一个广义上的理解。凡是幼儿一日生活中的，不论是生活还是教学，都属于广义的课程。呼和浩特市新城区蒙古族幼儿园开展的“蒙古族文化在幼儿一日生活中的应用”这一课题就是基于此观念。

3. 教育观的转变

从依据教材、教师进行教育转变到依据儿童身心发展特点进行教育。从强调分科教学到注重不同学科的综合，关注儿童整体的发展。从重视集体教育到面向每一个幼儿，促进每一个幼儿全面个性的发展。从以“上课”为主要活动形式到以游戏为基本活动。可以说教育观念的转变是全面的、整体的。

（二）引起课程观念变革的主要原因

1. 对《纲要》和新《纲要》的学习

观念的更新可以有两种方式，一种是对实践的总结得出新的观点；另一种是在与不同人的接触中，学习别人的观点。那么，内蒙古地区幼儿教师课程观念的转变，主要是通过第二种方式进行的。在与不同人接触中的学习也可以分为自觉与不自觉两种方式，对《纲要》和新《纲要》的学习属于不自觉的方式。首先，这种学习不是自发的，而是由国家组织的；第二，学习的动机不足，因为对学习的认识并不充分。虽然，对于大部分教师来说，对《纲要》和新《纲要》的学习是不自觉的，但是国家或地方组织的学习次数多，覆盖广，渗透性比较强，因此其基本理念都能被教师所掌握。这也是教师课程观念转变的根本原因。

2. 对先进发达地区的幼儿园经验的学习

对先进发达地方的学习属于自觉地向他人学习。首先，这种学习是自发的，由于与先进地区的接触，认识到自身的不足，因此不断地向人家学习；第二，以改善自身不足为出发点，学习动机强，学习目的明确。这种学习虽然次数少、覆盖面小，但是因为是自发的，所以效果好，教师对学来的观念认识比较深入，也是促进教师课程观念转变的主要原因。

三、课程目标价值取向发生重大转变

（一）普通幼儿园课程目标的变革

在内蒙古地区的绝大多数幼儿园中，大中小班不同领域的课程目标都是国家相关文件所制定的。因为国家所规定的目标层次分明，非常具体，且具有一定的规范性，所以绝大多数幼儿园都是遵照国家规定的课程目标，很少对其进行调整。也就是说，内蒙古地区幼儿园课程目标的改革是国家幼儿园课程目标改革的一个复制。

20 世纪 80 年代，《纲要》规定幼儿园教育的任务是“向幼儿进行体、智、德、美全面发展的教育，使其身心健康活泼的成长，为入小学打好基础，为造就一代新人打好基础”。在此基础上提出了向幼儿进行初步全面发展教育的具体任务，在这些具体任务中，强调对儿童进行基本知识和基本技能的教育，体现了以知识为本位的价值取向，表现为依据社会需求。1996 年正式颁布的《规程》在教育目标方面，提出幼儿园的任务是“实行保育与教育相结合的原则，对幼儿实施体、智、德、美全面发展的教育，促进其身心和谐发展”①。以此为基础，强调发展儿童的各种能力、兴趣和个性。表明我国课程目标的价值取向发生了重大的转变，由“知识中

① 中华人民共和国幼儿教育重要文献汇编［M］. 北京：北京师范大学出版社，1999：288.

心取向”向“儿童中心取向”过渡，由“以社会发展为本”向“以儿童发展为本”过渡。2001 年的新《纲要》继承了《规程》的课程目标价值取向，以儿童为本，从儿童的角度来阐述课程目标，把儿童的情感、兴趣、态度、个性的发展放在知识、动作技能的掌握之前，把社会发展的需要和儿童发展的要求整合在一起。从《纲要》到《规程》再到新《纲要》中课程目标价值取向的变革深深地影响着内蒙古地区幼儿园课程目标的变化，教师所做的努力是正确地认识课程目标及其背后的价值取向，在课程实践中更好地完成这些目标。

（二）蒙古族幼儿园在开发民族课程过程中制定课程目标时参考的因素

在内蒙古地区，蒙古族幼儿园是以蒙语授课或者是以蒙汉双语授课的，因此，在国家推动的课程改革中，教师不仅要学习新的理念、新的知识、新的方法，更要及时地把这些新事物转变为能够被蒙古族幼儿接受的新的课程。这是因为国家课程改革通常不会编写民族语言方面的课程，民族课程一般都是民族地区的教材编译人员或教师来编写。在编写的过程中，会依据课程改革的指导文件如新《纲要》的要求，同时参考新的汉语教材。蒙古族幼儿园在开发民族课程过程中制定课程目标时会参考以下因素：

1. 社会的需求

就是在制定课程目标时首先要考虑到社会需要什么样的人才。现代社会对人才的要求发生了很大的转变，从知识技术型人才向能力型人才转变。这就要求幼儿园教育要把能力的培养放在首位，不论是知识教育还是技术教育都应以培养幼儿的能力为主要的目标。

2. 幼儿发展的需要

一定的课程目标的实现的程度不仅取决于教师的组织能力，更多地取决于儿童理解的程度。要根据儿童发展的需要来制定课程目标。一个蒙古族幼儿园的园长在访谈中说：“观察了解孩子，孩子的情况是什么样的，必须了解好，了解好以后需要什么样的教育，需要什么样的环境，需要什么样的情境，需要什么样的内容，这是根据孩子的发展而决定。”

3. 教师本身的素质

教师自身的素质是课程目标实现的保障，特别是教师的组织协调能力。教师能力的发展是不均衡的，各有优势和不足。因此，在制定课程目标时要把教师的个人因素考虑进去，尽量发挥教师的优势，弥补教师能力上的不足，允许教师用不同的教育形式表现同一课程目标。

4. 本园的实际情况和环境因素

课程目标的实现，不仅要考虑人为的因素，更要考虑本园的物质条件以及环境因素。课程资源的丰富程度，教学设备的现代化程度，季节因素、周围环境中的热点问题等都会对课程目标的实现产生一定的影响。

5. 家长的要求

不论是国家所规定的课程目标还是幼儿园自己制定的课程目标，都要在一定程度上反映家长的要求。因此，家长的要求是制定课程目标是要考虑的重要因素。对于蒙古族幼儿园来说，家园沟通非常重要，因为这是生源的重要保障。现在幼儿的家长更希望孩子在基本掌握民族语言的基础上，学习更多的汉语以及各种不同的知识，这些要求都应该在课程中反映出来。

四、课程类型的多样化

内蒙古地区幼儿园课程的发展还表现在课程类型的多样化，我们可以通过幼儿园使用的教材的更替来分析课程类型的变化。改革开放以来，有三种课程对内蒙古地区幼儿园课程内容产生重大的影响，分别是以20世纪80年代北京师范大学出版社出版的幼儿园教材为中心的分科课程、多元智能课程、蒙台梭利课程。

80年代北京师范大学出版社出版的幼儿园教材是按照《纲要》的精神编写的，以分科为主，包括生活卫生习惯、体育活动、思想品德、语言、常识、计算、音乐、美术八个方面，分为教师用书和儿童用书，注重基础知识和基本技能的教育。从80年代中期至21世纪初，内蒙古各个地区的幼儿园都在使用这套教材。因为当时对教材的要求是全区统一的，教育厅的行政人员认为哪一套教材适合本地的情况就选择哪一套作为全区的统一教材。当时，很多内蒙古地区的幼教专家以及幼教行政人员都是从北京毕业的，与北京地区联系密切，因此就选择北京师范大学出版的幼儿园教材为全区统一的教材。

多元智能课程于1998年开始在内蒙古地区的试点幼儿园使用，2000年以后在各地区幼儿园作为统一教材广泛使用。这一套课程的基本理念来源于加德纳的多元智能理论，其核心思想是：人的智能是多元化的而不是单一的，人类至少具有七种以上智能——言语—语言智能、音乐节奏智能、逻辑数理智能、视觉—空间智能、身体—动觉智能、自知—自省智能、交往—交流智能，应该进行全面教育，开发每个人身上的七种智能，最大限度地挖掘人的潜能。对多元智能课程的使用也是国家课程改革的倡导，因为这套课程反映了新课程改革所提出的教育理念和课程观念。直至2010年，很多幼儿园才停止使用这套课程。

蒙台梭利课程可以说是对内蒙古地区幼儿园影响最为广泛的课程，虽然没有被列为统一的教材，但是几乎各大幼儿园都开设了相应的“蒙氏班”。蒙台梭利课程以蒙台梭利的教育理念为基础提出一套教学法，其精髓在于培养幼儿自觉主动的学习和探索精神。在蒙氏教室里，有丰富多彩的教具，它们都是根据儿童成长发展敏感期所创立的适宜儿童成长的“玩具”。蒙台梭利教学内容包括日常生活教育、感官教育、数学教育、语言教育、科学文化教育等内容。孩子通过自我重复操作蒙氏教具创新建构完善的人格，在自由操作中得到了多方面的能力训练。蒙氏课程不是独立的教材，它是在日常教学之外另设的特色课程。对蒙氏课程的引进也是对外学习的结果，不仅是汉族幼儿园，蒙古族幼儿园也在汉族班开设了“蒙氏班”，来迎合社会发展的需要和家长的要求。

内蒙古地区民族特色幼儿园在课程内容方面与汉族幼儿园最大的不同是，汉族幼儿园有指定的、统一的教材，而蒙古族幼儿园却没有，教材大多依靠教师自己编写。由于蒙古语教学用书的缺乏，很多民族特色幼儿园从建园起就一直在收集各种可利用的资源来弥补教材的不足。80 年代以后，蒙古族幼儿园对课程的开发不限于资源的丰富，开始了科学化的探索。幼儿园组织教师集体座谈，按照儿童的年龄特点来选择课程内容，如小班幼儿学习简单的蒙语单词，中班的幼儿开始连词造句，大班的幼儿可以看图讲故事。同时，也将大量的汉语教材翻译成蒙语，来丰富、深化蒙语教材。

五、课程实施模式发生了重大的转变

改革开放以来，内蒙古地区幼儿园教学形式的变革在国家课程实施改革的推动下发生了几点重大的变化：

第一，认识到“上课”只是教学的一个基本手段之一，幼儿园教育还应包括游戏、体育活动等各种活动。在《纲要》中明确规定了幼儿园教育的七大教育手段，即游戏、体育活动、上课、观察、劳动、娱乐和日常生活，要求各种活动并重，不可偏废，并规定游戏是幼儿的基本活动，要求纠正教育工作中只重“上课”，忽视其他活动的倾向。游戏成为 80 年代各幼儿园课程改革的重点方面，在教学中不断渗透游戏的因素。受《纲要》指导思想的影响，这一时期的课程实施模式以分科为主。

第二，以往的“上课”被“教学活动”所取代。在 80 年代《纲要》的基础上，90 年代的《规程》提出“幼儿园的教育活动是有目的、有计

划引导幼儿主动活动的，多种形式的教育过程”[1]。并规定幼儿园应以游戏为基本活动，指出“游戏是对幼儿进行全面发展教育的重要形式”[2]。教育活动的提出标志着幼儿园课程实施途径的根本性转变。从此，教育活动成为课程实施的唯一正确手段。人们在意识上不再将幼儿园的教育活动与小学的“上课”混为一谈，而是按照儿童身心发展特点组织课程。一个蒙古族幼儿园的美术老师谈道：

> “比如说老师给孩子教一张画，先把这个图提前准备好以后涂色，那个时候就拿蜡笔涂，特别细，大一点的画，贴在黑板上让孩子们都坐好了，我今天上图画课，用蒙语话说‘这是什么东西、什么颜色’，把这些都细告诉他，然后开始，先让小朋友拿好笔，跟孩子说第一笔从哪开始画，从左到右，就这么告诉，怎么怎么画，颜色怎么涂，都得用蒙语告诉得清清楚楚的，不懂的就用汉语告诉。完了就是你画一下，小朋友跟着模仿着画。但是现在跟80年代就不一样，你把图画完了就贴在黑板上，让小朋友自己想象画，哪怕三角形你斜着画也行，那个时候不行，必须有道道，死固定那种的，你有草，就按照那个草画，圈就是圈，比较死板性的。现在就不，比如说现在我把轮廓给你画出来了，不告诉你是从底下画还是从上面画，无所谓，你只要把这个形象画出来，按他的思维来，发展它的思维和想象力，绘画能力，正确用笔的方法，这就自己随便弄，但是呢，眼睛必须得离一尺远，这样的要求，坐得整整齐齐的。80年代就那种教，死的，要求就是那样的，老师示范，我画斜的，你就画斜的；我画横的，你就是画横的这样就是太死板了，孩子们没有想象力，老师的脑子是左，我就是左，他也没有个想象力，平时上课的时候就是那样教，一就是一，二就是二……”[3]

课程实施形式不仅更符合儿童发展的特点，而且更加丰富化，不仅有

---

① 《中华人民共和国幼儿教育重要文献汇编》，北京师范大学出版社，1999年，第291页。

② 《中华人民共和国幼儿教育重要文献汇编》，北京师范大学出版社，1999年，第292页。

③ 作者注：在论文中大量引用了第一手的访谈资料，因为口语表达方式与书面语表达方式的差异，以及访谈对象汉语水平的差异，使得这些材料难免有重复和表达不通顺的地方。为了更直接、真实、生动地说明问题，没有对这些内容进行调整，特此注明。

分科形式的课程，还有综合课程和主题课程等。

第三，灵活地采取不同的教育活动组织形式，强调幼儿在教育活动中的体验。新世纪的幼儿园课程改革，强调了教育活动这一重要的课程实施途径，但教育活动形式更具灵活性。《幼儿园教育指导纲要（试行）》明确规定“教育活动的组织形式应根据需要合理安排，因时、因地、因内容、因材料灵活地运用”。针对幼儿园一日生活中存在的问题，新《纲要》提出要“科学、合理地安排和组织一日生活”，“时间安排应有相对的稳定性与灵活性”，提高幼儿一日生活的教育意义和教育质量。一个机关办园的保教主任谈道：

> “现在的课程实施模式跟以前有很大的不同，我们以前都是制定一个目标，为了完成这个目标而组织一些活动，现在基本上我们制定完目标以后，我们会组织多领域的不同内容的活动来完成一个教育目标，或者就是组织不同的目标教育活动，发展孩子某一方面的能力，这个是和以前明显不同的。再一个我们就是倡导活动课程，就是说不是老师在那讲孩子在那听，我们会组织很多实践活动，比如说我们会带孩子去超市啊、去马路上有交警，看他们工作的场面，或者去邮局给爸爸妈妈写一封信，邮出去。通过这样的社会实践活动，让孩子去了解自己身边的事。比如说带孩子去银行，然后老师拿卡取钱，让孩子看到这个过程，让他感受到我们身边这些事，通过这样的活动，孩子认识到自己在社会中的地位，还有爸爸妈妈的工作，通过这样的活动，让孩子切身感受到，你带他去看去比老师讲他感兴趣多了，深刻地体会到我们社会生活中的一些变化，还有怎么样遵守社会规则，这个比你干巴巴地讲好很多。”

第四，适当分区活动的补充。所谓分区活动或区域活动，简单地说就是小组或个别活动，也就是教师根据教育目标，有意识地将整体活动范围分割成小区活动空间，有目的、有计划地投放材料，幼儿根据自己的意愿选择活动内容和活动伙伴，主动地进行探索和交往。分区活动是幼儿教育活动的重要组成部分，是幼儿园教学的必要补充，分区活动为幼儿提供丰富的环境和探索、求知、交往、合作的机会，充分发挥幼儿的主体性，培养幼儿自我学习的态度和能力，更好地促进幼儿的全面发展。同时，分区活动淡化了日常生活各种活动的界限，幼儿在任何空闲时间都可以在区域角活动，能够减少不必要的集体行动和过渡环节，消除消极等待现象。20世纪90年代中期，内蒙古地区引进分区活动方式，在各教办幼儿园重点开展。教师在分区活动中投入了很高的热情，准备了非常丰富的区域材料，开展了不同主题的分区活动，各具特色，精彩纷呈。至今，分区活动仍在幼儿园丰富的开展，在促进幼儿发展，提高幼儿一日生活教育质量方面发挥重要作用。一位蒙古族幼儿园的保教主任说：

> “我们幼儿园课改的口号就是‘深入落实课改，向一日生活要教学质量’，因为幼儿园的教学跟别的不一样，教育是在一日生活中进行的，你每时每刻都是在教育，所以就以这个为课题。然后我们最主要的就是深入研究蒙古族文化以后，包括蒙古族饮食、服饰、礼仪，在这些内容中，每个班找两个作为本班研究的内容，然后最后就变成了在分区活动中，过去就是玩积木、画画，现在我们娃娃家就不单纯是娃娃家，有熬奶茶什么的，或者美术，就是做蒙古族服饰的装饰、头饰、腰带以这些为内容，这样就是一个你也传承了蒙古族文化，一个就是毕竟你是民族地区，教育孩子爱家乡、爱祖国，你要以实际的物化的东西开始，你说蒙古族是一个虚拟的东西，通过整这些，你就会对蒙古族有一个了解，就物化了，对于小孩来说，虚拟的东西不容易理解，用这些东西，一说蒙古族就说骑马、吃奶豆腐，有漂亮的衣服，就以这些东西对孩子进行一种慢慢的渗透教育。课改这么长时间，蒙古族文化在幼儿一日生活中的应用这个开展的挺好的，每个班都有一些有蒙古族特点的活动。”

六、课程评价的变革缓慢

（一）课程评价的理论认识不足

以整个国家为背景看，幼儿园课程评价的发展经历了从无到有再到受重视的历程。80年代课程改革之前，我国实行单一的分科课程，评价几乎是课程领域的空白。国外学者对课程评价研究的成果的引进，使越来越多的人认识到课程评价的重要价值。课程评价的目标模式随即引入我国，成为课程评价的主要方式。90年代，课程评价实践体系进一步完善，人们认识到“结果性评价”的不足，但是课程评价大多还处于实践经验层面，未形成系统的理论体系。新《纲要》将教育评价正式列入其中，它提出“教育评价是幼儿园教育工作的重要组成部分，是了解教育的适宜性、有效性，调整和改进工作，促进每一个幼儿发展，提高教育质量的必要手段。”同时倡导评价主体多元化、评价标准和评价方法多元化、评价对象多元化，形成较为科学全面的评价理论。

虽然课程评价的发展取得了理论和实践两个方面的成果，但是，对于内蒙古地区而言，人们对课程评价的认识仍是模糊的。在大多数幼儿园中，真正意义上的评价还没有出现。在少数幼儿园中，课程评价也被“评课”所替代。在对多所幼儿园的管理者或教师的访谈中，当提及课程评价的变革时，要么回答没有真正的评价，要么回答“评课”方式的变化，可见，人们对课程评价的认识是有限的。

（二）课程评价实践的局限

由于认识上的局限，课程评价在实践中的发展是非常缓慢的。整体的课程评价模式，无论是目标模式、过程模式还是多元化模式，都没有真正的建立。课程评价的实践局限于教师的“评课”。在不同的时期，教师评课的标准也有不同的变化。访谈中，一位机关幼儿园的保教主任说道：

> “课程评价标准变化很多了。从我上班十几年来说，觉得有三个阶段的变化。第一个阶段就是我刚上班的前五年吧，大家在评价教育活动的时候，一般会说你吐字是不是清楚，或者用词是不是准确，或者教态是不是亲切，主要是挑这些。然后第二个阶段我们就开始涉及你的课程设计的环节是不是得当，你这个环节放在这不得当，孩子不听你的，因为小孩不会作假，他喜欢你就是喜欢你，喜欢听你的就是喜欢听你的，他不喜欢装不了，就和好吃的一样，你怎么说它好吃，如果不好吃他肯定不吃，是一个道理。然后第三个阶段就到现在了，就是说我们是一个成熟的教育模式，首先上课之前我们要讲求设计，中间讲求组织，课后讲求反思，比如说反思，你自己设计完了以后反思一下，哪些环节成功，哪些环节有待于提高。”

第四节　改革开放以来内蒙古地区幼儿园课程变革的文化分析

课程是文化的载体，是文化传承的途径，其本身也是一种特殊的文化形式。文化的变迁是课程变革的根源，课程的发展受文化发展的制约与影响。从文化角度来分析幼儿园课程的变革是对幼儿园课程变革本质的探索。文化是在动态的交流、冲突、融合中不断地变迁的，对幼儿园课程变革本质的探索，应该以动态的文化过程为框架，来分析幼儿园课程变革中存在的问题。

一、文化理论概述

（一）文化交流理论

文化与交流之间存在着密切的关系，文化是通过交流得以成立和发展的。文化交流是在不同文化背景的人们当中通过信息传达所进行相互作用的一种象征性的过程。[①] 文化交流不仅指不同国家的不同文化的交流，还可以指同一国家不同民族文化之间的交流。

不同的文化是在特定的历史条件下形成的，是与特定时期的生产方式、自然地理条件、社会风俗习惯等相适应的。因此，文化之间存在很大的差异。文化差异会造成交流的障碍，可正是文化差异的存在，世界才丰富多彩，才有交流的需求。文化交流可以促进交流双方的相互理解，消除由文化差异引起的文化冲突。同时，文化交流是促进文化发展的动力，在与不同的文化的交流中，可以发挥本民族文化的优势，弥补其不足，扬长避短，通过互补互动，不断地完善本民族的文化，使本民族文化得到发展。

文化交流在给本民族文化的发展注入活力的同时，也给本民族文化的发展带来一定的冲击，给人们心理上带来一定的影响。首先是异文化带来的陌生感，使人们产生本能的排斥，其次是在与异文化的接触中的自我否定和自我迷失。尤其是在被动地进行文化交流时，对本民族文化的冲击是明显的。清朝末年，当外国的洋枪大炮轰开了中国的大门，西方文化随之滚滚而入之时，中国的传统文化受到了前所未有的冲击，人们在文化迷失中寻找救国之路。

（二）文化冲突理论

所谓的文化冲突是指两种或这两种以上的文化相互接触所产生的竞争和对抗状态。文化的交流与文化的多元化是文化冲突的两个前提。没有交流，就不会有冲突，只有在相互接触中才能产生竞争和对抗。人类的文化是由各具特色的个性文化所构成，具有多元化特征，文化的多元性构成了文化冲突的客观基础。

---

① 哈经雄、滕星．民族教育学通论［M］．北京：教育科学出版社，2001：103.

造成文化冲突的因素有很多，究其根本主要是不同文化的人们在思维方式、行为规范、价值取向等方面存在差异，并且常常以自己的文化为优越，视其他文化为威胁。当它们在传播、接触的时候，便产生了竞争、对抗甚至企图消灭对方的状况。

文化冲突的结果，或相互吸收或融合，或替代对方，随之会产生新的文化模式或类型。也就是文化的融合或是文化的同化。文化冲突的存在有其客观的基础，但是冲突不是永恒的，而是历史的一个过渡。虽然文化冲突不可避免，可是我们却可以把文化冲突带来的不利影响降到最低，使冲突转化为好的结果。我们追求的不是一方替代另一方，而是相互的吸收与融合，也就是“双赢”的结果。

（三）文化融合理论

文化融合论也被称作“熔炉”论。其代表人物为美国历史学者亨利·塔纳。这一融合主义的核心思想，是主张不要完全排除各少数民族固有的宗教及文化背景，在相互吸收其他民族包括主流民族的优秀文化的同时，部分地放弃或修正本民族文化，使各民族的文化融合起来，从而共同创造一种综合的、新的第三种文化。① 文化融合论的产生有其深刻的历史背景。美国是一个由来自世界各地的移民组成的国家，来自英国、法国、德国等所谓的早期西欧白人“开拓者”占据着支配地位，融合理论是以将白人的文化融入到黑人或黄种人的生活当中为出发点和归宿的。

对于文化的融合论，我们要批判的借鉴。文化的融合论是站在主流文化的视野下提出的，目的是将少数民族纳入到主流社会之中，在这里融合成了同化的近义词。与此相反，我们要从少数民族的视角来审视文化融合论。它提出少数民族在保留自身固有的宗教及文化的基础上吸收主流民族的优秀文化，为少数民族文化的发展提供可鉴之路。少数民族文化的发展不能固步自封，要在与不同文化的交流中，相互借鉴，相互学习，才能走向丰富和完善。

（四）文化变迁理论

文化变迁就是指由于族群社会内部的发展或由于不同族群之间的接触而引起的一个族群文化的改变，包括文化生活、文化内容、文化制度和文化观念的变化等。文化变迁可以分为无意识的变迁和有意识的变迁，后者又包括主动变迁、指导性变迁和强制变迁三种类型。一个社会内部

---

① 哈经雄、滕星．民族教育学通论［M］．北京：教育科学出版社，2001：100.

和外部的变动都会促使其文化系统发生适应性变化，从而引发新的需要。创新、传播、涵化是文化变迁的过程和途径。创新，是指由于发明或发现引起的文化的变化。传播，是指不同的文化持续而直接的接触而导致一方或者双方原有文化发生变化的现象。涵化，是指两种或两种以上的不同文化在接触过程中，相互采借、接受对方文化特质，从而使文化相似性不断增加的过程与结果。[①] 涵化可能出现的几种情况：接受、适应（同化或融合）、抗拒。

文化的变迁是随社会的变迁而变迁的。从文化内部因素来看，文化的接触和传播、新的发明和发现、价值观的冲突等是变迁的主要原因。从文化的外部条件来看，社会关系和结构的变动、人口和自然环境的变化等是变迁的主要原因。

从文化变迁的规律来看，文化在发展变化的过程中总会失去一部分，保留一部分，并补充进一部分，这其实就是文化进程中的规律之一——碎片化到重构。[②] 从总的历史发展趋势来讲，文化变迁是一个渐行不息的长程，既有对传统的粹取与摈弃，又有对外来文化的批判与吸收。

二、对改革开放以来内蒙古地区幼儿园课程变革的文化分析

（一）文化交流的失衡

1. 文化交流是促进幼儿园课程变革动力

从文化角度来理解课程有两重含义，一是课程是文化的载体，是文化传承的工具；二是课程本身具有文化的特征，是一种文化形式。课程与文化密不可分，首先，课程来源于文化，文化是课程之“本”、是课程之“源”。课程内容来源于文化，是经过筛选的文化，文化作为课程的母体，决定着课程的文化品性。并为课程设定了基本的逻辑规则及范畴来源，离开文化，课程就成了无源之水、无本之木。其次，课程精练和发展着文化，课程作为文化传递的重要媒介，为文化的增殖与创新提供核心机制，离开课程，文化便会成为一潭死水而终将枯竭，文化的历史长河也不可能流传至今。

文化交流是促进文化发展的动力，文化的发展是课程发展的源头，因此，文化的交流对课程的发展具有重要意义，可以说文化交流为课程的发展注入新鲜的活力，对于幼儿园的课程改革来说也是如此。改革开放拉近

---

① 李安民．关于文化涵化的若干问题［J］．中山大学学报，1988.

② 严墨．文化变迁的规律——碎片化到重构［J］．中央民族大学学报，2006.

了中国与世界的距离，不仅让我们更多更深的认识了世界，也让世界更了解中国。以新世纪的幼儿园课程改革为例，我们所倡导的新的教育理念大多是从西方发达国家借鉴的，这些理念在推动幼儿园课程改革的开展方面发挥了巨大的作用。同时，我们也将西方幼儿教育的实践经验引入我国，推动了我国幼儿园课程改革实践的有效开展。可以说是文化交流的不断深入使得我国幼儿园课程改革更加科学化、多元化。

2. 文化交流对内蒙古地区幼儿园课程变革的影响

这里所说的文化交流，不仅指中外文化的交流，而且包括蒙古族文化与汉族文化的交流。其中，中外文化交流以间接的方式影响内蒙古地区的幼儿园课程改革，也就是说渗透在蒙古族文化与汉族文化的交流之中。

改革开放之前，内蒙古地区幼儿园课程发展十分缓慢。20 世纪 80 年代以来，在《纲要》和新《纲要》的指导下，在国家的大力支持和鼓励下，内蒙古地区幼儿园课程的发展取得了长足的进步。以儿童为本的观念、素质教育的观念、园本教育的观念深入人心；课程目标的价值取向发生了重大的转变，由“知识中心取向”向“儿童中心取向”过渡，由“以社会发展为本”向“以儿童发展为本”过渡；课程内容进一步丰富，不仅开设幼教行政部门指定的课程，而且各个幼儿园还参差不齐的开设一些园本课程；课程实施模式多样化，不在以“上课”为主，而是以游戏为基本活动，灵活地组织各种形式的教育活动；课程评价的发展虽然相对缓慢，但是教师在“评课”中，不仅提高了教学水平，而且提高了教研能力。这些成就的取得，可以说与内蒙古地区的对外文化交流分不开。

文化交流不仅促进了内蒙古地区幼儿园课程的发展，而且还带来了一些问题。其中，最主要的问题在于文化交流的不平衡。对内蒙古地区幼儿园课程的发展而言，有三种文化影响着其变革，即主流文化（汉族文化）、外来文化和蒙古族文化。内蒙古地区幼儿园课程的发展，应该在三者之间寻找一个平衡点。但是，现实中内蒙古地区幼儿园课程的变革却表现出非常明显的“汉族中心”倾向。在汉族幼儿园，几乎没有开设任何民族特色的课程。在蒙古族幼儿园，汉族班级越来越多，汉语内容越来越多，学习蒙古语的幼儿越来越少。外来文化对课程改革的影响也不断增大，从课程改革的理念到课程内容，外来文化随处可见，如多元智能课程、蒙台梭利课程等。蒙古族文化对课程改革的影响越来越局限，随着民族班级的减少、学习民族语言的儿童的数量的减少和汉语内容的增加，蒙古族文化的适用范围越来越小。这些都是文化交流的失衡所致，在蒙汉文化交流中，汉族文化占有绝对的优势，因此很快渗透到幼儿园课程的方方面面；在中外文化交流中，外来文化占有一定的优势，总是以先进的姿态被引入我国，因此在“先进”的标签下，很快得到家长和社会的认可，从而影响幼儿园课程的变革。蒙古族文化一直被认为是“落后的”、只适用于少数蒙古族人的、社会不需要的文化，在文化交流中往往处于劣势，在文化接触中所起到的作用越来越小，因此对课程变革的影响也在缩小。

3. 文化冲突中的妥协

（1）文化冲突是幼儿园课程改革中存在问题的根本原因

不管是20世纪80年代的幼儿园课程变革还是新世纪的幼儿园课程变革，都是在广泛吸收和借鉴国外先进的课程理论，继承我国传统的课程思想，结合当时实际情况的基础上开展的，在推行的过程中都会存在或多或少的问题。如改革的目的不明确，存在形式主义的倾向。20世纪80年代的幼儿园课程改革，热衷于课程模式的探索，很多幼儿园并不明确课程改革的目的，为了改革而改革，追求形式主义，为了自己能跟上课程改革的步伐，也搞了一些课程模式，但根本不理解这些模式真正的指导思想和目的是什么，是否适合本幼儿园的实际情况，不能真正理解各种课程模式所蕴涵的核心理念，只追求形式上的简单模仿，在花样不断翻新的外衣之下，仍然坚持传统的儿童观、教育观和课程观。再如课程理念与课程实践的悖逆。在课程理念层面人们早已认识到儿童作为活生生的个体所具有的独特性和能动性，应该尊重儿童的个性，但是实践中却忽视和否定儿童的个性，表现为以集体教学为主要形式，以统一标准要求儿童，理论与实践之间存在明显的差距。从以上两个例子中我们发现，无论是对形式化的追求还是理念与实践的差距，其根本原因并不在课程本身，而是其背后的文化所致。课程的实践者是在特定的文化环境中进行教育的，而课程改革的理念却是不同文化的杂糅，既有传统的又有现代的、既有国外的又有国内的，课程理论与课程实践在文化氛围和话语体系上存在一定的差异，课程改革把具有差异的两个实体结合在一起，必然引起理论与实践上的冲突，而这种冲突的根源在于文化的差异。文化冲突是幼儿园课程改革中存在问题的根本原因。

（2）文化冲突对内蒙古地区幼儿园课程变革的影响

内蒙古是一个多元文化共生的地区，从时间维度看有传统文化和现代文化，从空间维度看，不仅有汉族文化、外来文化，还有蒙古族文化、回族文化、满族文化等少数民族文化。每一种文化都是在特定的自然地理环境和社会历史条件下形成的，都有各自独特的思维方式、行为规范、价值标准、风俗习惯、宗教信仰等。多种文化的相互交流，必然会产生一定的文化冲突。如传统文化在现代文化的冲击下传承的断裂。“那达慕”是蒙古族最盛大的节日。“那达慕”是蒙古语的音译，是游戏娱乐的意思。举办“那达慕”大会时，牧民们不分男女老幼，都穿上节日的盛装，骑马坐车从四面八方赶来。“那达慕”大会表达着蒙古族人民对丰收的喜悦，以“热爱大自然，尊重生命”的生态伦理观来教育民族所有成员，要求年轻一代尊重和学习祖先的英雄气概，树立战胜和克服一切艰难困苦的精神和成为一个勇敢、坚强、善良而诚信的人，是“那达慕”大会文化价值的重要体现。如今城市蒙古族已经很少能参加这个传统的盛会，人们的热情被城市快节奏的生活所湮灭，“那达慕”盛会所传递的蒙古族文化失去了传承的对象，也就失去了活力。

文化交流的延绵，带来文化冲突的不断。新的文化交流带来新的文化的冲突。中外文化交流、蒙汉文化交流的历史源远流长。在近代以来的文化交流中，留下了以外来文化为优和以汉族文化为优的历史烙印，少数民族文化一直与落后相随。改革开放以来，随着中外文化交流、蒙汉文化交流范围的扩大、程度的加深，在外来文化与汉族文化的冲击下，蒙古族文化传承的载体在锐减。就是说蒙古族文化在课程这个主要的载体中的体现越来越少。究其原因是少数民族文化在面对异质的文化时的妥协所致。这种妥协不是消极的不作为，而是积极地向汉族地区或者是国外学习，将外来文化与主流文化带入到课程之中，将蒙古族文化保存在少数民族特色的幼儿园之中。从内蒙古地区幼儿园课程改革的基本模式中我们可以看到，幼儿园首先是响应国家的倡导，然后组织不同层次的学习，最后将学习来的经验在全区推广，蒙古族文化在课程改革中的体现是微乎其微的。我们只是忙着向“先进”学习，而忘记了应该从自身文化中寻找课程改革的出路。妥协不等于放弃，毕竟内蒙古是一个具有鲜明民族特色的地区，蒙古族文化并没有被外来文化和主流文化所替代，而是在不断地融合，只是融合的方式需要不断地改进。

4. 文化融合中的“自我迷失”

（1）文化融合是解决幼儿园课程改革中出现问题的关键

在上面的论述中提到，文化冲突是造成幼儿园课程改革中出现问题的根本原因。文化冲突导致幼儿园在课程改革中，对理论学习不深入，对实践的操作不恰当。改革开放以来，我国幼儿园的课程改革，在理念上更多地以引进西方发达国家的课程理念为主。这些理念是在西方的历史环境、政治制度、社会经济背景下形成的，带有明显的西方文化的烙印。将它移植到我国，必然会出现“水土不服”现象。如果在将移植过来的课程理念转嫁到少数民族地区，可以说是“二次移植”，课程理念与当地教育实际情况的差距将更大。以至于课程改革的实践者不能很好地理解课程理念价值内涵，只能从表面上、形式上予以把握。由于理论理解的不深入、不具体，导致实践者或者依据个人的理解盲目地操作，或者在形式变革掩盖下保持以往的课程不变。

文化融合不是文化冲突的必然结果，是需要通过努力才能实现的目标。文化冲突给课程改革带来的各种问题的解决，需要人们以合理的方式进行文化的整合。文化的融合不是各种文化的简单地拼凑，也不是对所谓“先进”的一味学习，它是以自身的文化语境来理解不同的文化，取其精华为我所用。它应该建立在对自身文化的优势与不足清晰的认识的基础上，吸收其他文化的优秀成果，不断地建构和完善自己。在幼儿园课程改革中，无论是课程理念还是课程实践，都不应该只是对外学习的结果，而应该是从自身的实践中来提升理念、总结实践。在提升理念、总结实践的过程中，可以借鉴其他文化来充实自己。这样课程理念和课程实践都是从自身文化中衍生的，可以减少和避免文化冲突对课程改革所带来的影响。

（2）内蒙古地区幼儿园课程变革中的文化融合

内蒙古作为少数民族聚居地，其幼儿园课程的发展不能脱离主流文化与少数民族文化的双重环境。而主流文化又深受外来文化的影响，因此，内蒙古地区幼儿园应该将这三种文化合理的整合到课程中来。但是现实中，在中外文化和蒙汉文化的融合中，存在一定的问题。概括而言就是在文化融合中的“自我迷失”，也就是说，在文化的融合中，表现出明显的“汉族中心”倾向，蒙古族文化没有受到足够的重视。在课程观念上，课程改革所倡导的游戏的重要价值、儿童为本的观念、素质教育的观念等并不是根植于蒙古族的现实生活环境，而是移植西方观念的结果。在课程目标上，几乎所有的幼儿园都没有自己制定符合本园情况的课程目标，而是以国家颁布的课程目标为准。蒙古族幼儿与汉族幼儿相比，存在一定的差异性，用统一的标准来培养，将不利于儿童的个性发展。蒙古族的文化为幼儿园课程发展提供丰富的资源，但是在内蒙古的大部分幼儿园中，反映蒙古族文化的内容很少见，只是在涉及我国是56个民族的大家庭这一主题时才提到。在课程实施中，课程实施模式的变革，是在国家课程变革的推动下进行的，没有根据本地或本园的实际情况加以灵活应用。在课程评价的标准上，少数民族文化因素没有被考虑在内，与主流文化的课程评价标准一致。

尽管在民族特色的幼儿园中，园长和教师的文化融合的意识比较清晰。一位民族幼儿园的园长谈道：

> “我们蒙族幼儿园，必须有自己特色的教学，但是汉族的教材的方方面面也得参考、引进，应该这样地发展。我们现在的发展是这样的，大量地参考汉族的教材，汉族的一些先进的内容、方法，参考的同时我们要考虑本民族的特色，特色教育这块也得考虑到，所以就把两者结合在一起搞民族教育，在日常中，有自己的教育特色和管理特色。是结合的内容，不是只有汉族的或者只有蒙族的，现在必须是两个融合在一起，选择优秀的经验。”

但是，她们只是在认识上达到了这个高度，在实践中还是受主流文化的影响比较大。因为在开发少数民族文化课程时，教师课程开发的能力与资源的占有量，都存在很大的局限。因此，民族特色的幼儿园所采取的文化的融合方式是，在渗透着外来文化的主流文化中，添加蒙古族文化的一些内容；在主流文化的框架下，而不是在蒙古族文化的语境中建构课程。这就是为什么民族地区的幼儿园课程改革总是落后于汉族地区的原因。

5. 文化变迁中的“碎片化”

（1）促进文化变迁是幼儿园课程发展历史使命

上面的论述中提到过课程是文化的载体，是文化传承的工具。同时，课程本身具有文化的特征，也是一种文化形式。课程作为文化的载体，要反映文化变迁的历程。课程作为文化传承的工具，要把不断变迁的文化代际传递。课程作为一种文化形式，它就不再是对已有文化的简单复制，而是在新的历史条件下，赋予文化新的内容、新的形式、新的意义。

课程的发展不仅要将历史积淀下来的文化传递给今天的幼儿，让幼儿感受和认识所属社会的思维方式、价值观念、行为方式等潜在的文化氛围。更重要的是要在新的社会条件下，促进文化的发展和变迁。新的课程理念的发现、新的课程模式的发明、新的评价方式的采用，这些新的发明和发现，以及对国外课程理念、课程实践经验的学习，都可以促进课程领域文化的新的发展。只有在继承的基础上发展，文化才能源远流长，生生不息。这也是历史赋予课程的使命。

（2）内蒙古地区幼儿园课程变革中的文化变迁

随着改革开放的深入，全球化、现代化的进程势不可当，这不仅冲击着少数民族地区的经济，还冲击着少数民族的文化。少数民族文化变迁的速度超过历史上任何时期，而且渗透到社会的方方面面。在幼儿园课程中，文化变迁带给幼儿园课程的变化是全面而深刻的。它使人们的课程观念发生了重大的改变，从重视基础知识、基本技能的教育到倡导素质教育，从教师权威到幼儿主体，观念的更新来自于文化交流中的不断地学习与借鉴。它使人们对课程目标的价值有了新的认识，课程目标不仅要体现社会发展的需要，更要反映儿童发展的要求。它使课程的内容不断地丰富，国外的、国内的、汉族的、少数民族的文化都在课程中有一定的体现。它使课程实施的模式更加灵活，分科的、综合的、主题的、集体的、小组的、个别的，都可以根据课程的需要灵活运用。它使人们对课程评价从无视到重视，课程评价的主体、对象、方法、标准都应该是多元的。

虽然文化的变迁极大地促进了内蒙古地区幼儿园课程的发展，使其更加的现代化和科学化，但是，也使得外来文化、主流文化与蒙古族文化的发展出现极不平衡的现象。主流文化在课程中占据绝对优势，外来文化的比重也在逐步增大，蒙古族文化的发展极其缓慢。幼儿园课程中，传统的蒙古族文化在主流文化与外来文化的冲击下，失去了赖以生存的母体，变成碎片。已有的文化体系被打碎，新的文化体系还没有建设起来。这即是“碎片化”。文化在发展变化的过程中总会失去一部分，保留一部分，并补充进一部分。但是在内蒙古地区幼儿园的课程文化中，蒙古族文化失去的越来越多，保留的越来越少，补充的总要大于失去的。就课程内容而言，以往人们总是从蒙古族语言的发展以及民族传统的角度来构建幼儿园课程的内容，但是，现在人们更多是把大量的汉族教材翻译过来，把以外来文化为底蕴的课程引进来。在课程内容的现代化、科学化过程中，蒙古族文化没有得到适当的改变。人们以替代的方式而不是以创新的方式来重构幼儿园课程文化，以主流文化、外来文化来替代传统蒙古族文化，而不是对传统的蒙古族文化加以现代化的改造。将原有的课程文化体系打破，但却没有重新构建一个新的体系，使现有的课程文化体系“碎片化”。

在内蒙古地区幼儿园课程发展的历程中，无论是文化交流中的失衡，还是文化冲突中的妥协、文化融合中的“失去自我”、文化变迁中的“碎片化”，都是其进一步发展的障碍。要摆脱这种文化失利的现象，从观念上，要树立一定的民族自信心，要对本民族的文化有一个自觉的态度；在实践中，要不断地丰富、创新蒙古族的文化，对其进行现代化的改造，以期它在未来的内蒙古地区幼儿园课程改革中发挥更大的作用。

第五节 促进内蒙古地区幼儿园课程改革进一步发展的实践策略——走向课程文化的自觉

文化自觉是费孝通先生提出的具有时代意义的一个概念，他对文化自觉的界定是：文化自觉是指生活在一定文化中的人对其文化有“自知之明”，明白它的来历，形成的过程，在生活各个方面起的作用，也就是它们的意义和所受其他文化的影响以及发展的方向，不带有任何“文化回归”的意思，不是要“复旧”，但同时也不主张“全盘西化”或“全面他化”。换言之，认知、理解和诠释自己的民族文化历史，联系现实，尊重并吸收他种文化的经验和长处，与他种文化共同建构新的文化语境，这就是文化自觉。①

有学者在文化自觉概念的基础上提出了课程文化的自觉。课程文化自觉的概念由文化自觉的概念延伸而来，是文化自觉在课程研究中的深化与发展，其含义为：“课程文化自觉是人类对课程发展方向的理性认识和把握，并形成主体的一种文化信念和准则。人们自觉意识到这种信念和准则，主动将之付诸实践，在文化上表现为一种自觉践行和主动追求的理性态度，其目的是为了加强对课程文化转型、取舍、选择和改造的自主能力，以适应新环境、新时代。”②

内蒙古地区的幼儿园课程改革中，无论是文化交流中的失衡，还是文化冲突中的妥协、文化融合中的“失去自我”、文化变迁中的“碎片化”，都说明了少数民族文化缺乏自觉态度。文化交流的失衡与文化冲突中的妥协是缺乏文化自信心的表现，文化融合中的“失去自我”和文化变迁中的“碎片化”是课程发展缺乏理性态度的表现。这就造成了外来文化与主流文化在幼儿园课程中比重越来越大，而少数民族文化不仅比重在逐渐下降，而且现代化的步伐十分缓慢。要想根本改变在课程改革中的被动与缓慢的状态，就要树立文化自觉意识，提升自身的文化自主能力。

幼儿园课程文化要走向自觉，单靠幼儿园的力量还是远远不够的，它需要国家、地方、幼儿园三者的共同努力。国家应在宏观上给予观念的引导和政策的支持，创设一种多元文化氛围；地方要对国家的政策和观念进行地方性解读，并转化为具有一定操作性的行为；幼儿园在国家观念、政

---

① 王德如．课程文化自觉论［M］．北京：人民出版社，2007：59.

② 王德如．试论课程文化自觉与创新［J］．课程·教材·教法，2004（11）．

策的引导下，在地方资源的支持下，将文化自主能力的培养落到实处。

一、国家层面的实践策略

（一）国家课程政策要包含多元文化理解的课程理念

第一，要树立多元认同的课程文化意识。我国是一个幅员辽阔、民族众多的国家，各民族都有其独特的民族文化。多元文化共生是各民族生存和发展所面临的客观现实。基于此文化认同就不应简单的指对本民族文化的认同，还应包括对汉族及其他少数民族和外来文化的认同。尊重文化的差异，增强文化的理解，提高跨文化交往的能力。

第二，理性借鉴外来文化。改革开放为我们提供了与外来文化相互交流、借鉴的条件和机遇。然而，不同的文化是在各自不同的生存条件、生产方式基础上形成的，有着不尽相同甚至截然相反的特质。因而国家在积极借鉴外来文化时，应该考虑不同文化的不同生成环境，理性的“移植”和“嫁接”。为少数民族地区吸收主流文化和外来文化提供理性的参考。

（二）幼儿园教育核心指导纲要要重视整体文化价值的建构

我国的幼儿园教育核心指导纲要包括80年代的《纲要》、《规程》，世纪之初颁布的新《纲要》，这是国家有关幼儿园课程的纲领性文件，对幼儿园课程的发展起到规范和指导的作用。幼儿园教育核心指导纲要的文化价值的建构，不仅要体现时代性、整体性，还要体现出差异性、继承和发展性。

第一，它要反映社会发展的要求和文化的时代特征。当今社会是一个充满竞争的时代，是一个追求效率和质量的时代。反映在幼儿教育领域，幼儿的素质与能力的提高越来越受到家长以及社会的重视。人们对幼儿教育的质量与效率的要求也越来越高。课程是幼儿教育的核心，课程的变革是幼儿教育发展的动力。幼儿园教育核心指导纲要要反映现实的需要以应对社会发展提出的挑战。

第二，它要以一种整体的观点来把握幼儿的全面发展。首先要把课程视为一个整体的存在。课程的各个要素之间以及课程与环境之间要紧密结合成为一个有机整体。其次要把儿童视为一个整体。在课程目标的制定、课程内容的选择、课程实施的开展、课程评价的进行中，都要把儿童的全面个性发展当作出发点和归宿。

第三，它要在最大限度地体现各个民族共同愿望和各方面的诉求的同时适应各种不同的条件。它是面向全国的幼儿园的，是为全国幼儿园的教育提供指导和参考的，为此它必须反映各地区的共同性和相似之处。同时要能适应不同地区不同的条件和状况，以免引发争议和消极反应。

第四，它要体现继承和发展性。课程的发展是个渐变的历史过程，社会在不断变化，幼儿园教育核心指导纲要也应随之发生相应的改变。不仅要继承汉族文化的精华，还要体现少数民族的优秀文化传统。不仅要促进汉族文化的现代化发展，也要推动少数民族文化的现代化进程。

（三）课程内容要承载丰富的文化

教材是课程内容的核心，课程内容要承载丰富的文化，需通过教材反映出来。在我国已有的幼儿园教材中，更多的是反映主流文化的内容，而反映少数民族文化的内容往往被忽视。对于少数民族地区来说，这样的课程内容远离他们的现实生活，而且忽视民族情感和民族个性的培养，使少数民族地区的幼儿园教育失去了民族色彩。

首先，教材中要适当增加有关少数民族地区生活的课程内容。对于幼儿来说，生活是充满教育意义的。如果教材中所反映的生活状态与其现实的生活状态存在一定的差异，那么会降低生活对于儿童的教育价值。

其次，教材要重视儿童情感和个性的教育。少数民族幼儿与汉族幼儿相比，在认知方式、能力发展上都存在一定的差异。因此教材不仅要倡导儿童发展的全面性，还要注重少数民族儿童个性的培养。

二、地方层面的实践策略

（一）对传统蒙古族文化的寻根

文化的自觉是建立在对自己民族文化发展的清晰的认识基础之上的。只有了解本民族文化的形成和发展历程，才能对民族文化未来的发展有一个理性的认识。要想让课程的主体形成一种文化信念和准则，就要让他理解这个文化信念和准则的历史渊源，在此基础上课程主体才能体会这个信念和准则的核心价值，进而主动付诸实践。

我国是一个民族众多的国家，56个民族，每个民族的文化都有自己的发展轨迹，都有不同的文化信念和准则。在国家的幼儿园课程中，不可能体现每个民族的文化传统。在国家为少数民族文化在幼儿园课程的发展提供一个多元的宽松的环境前提下，每个民族都应发掘自己民族文化的优点。也就是说，理清本民族文化发展的脉络，增进本民族成员对本民族文化的认同，在继承和批判的精神下，以本民族文化为核心来建构课程体系。

第一，弘扬蒙古族的文化精神，发扬民族文化的优秀传统。民族精神是一个民族在历史的文化实践中逐步内化到民族中的、经由历史凝聚而代际相传的、稳定的、特殊的整体精神面貌，是一个民族赖以生存和发展的精神支撑。正是蒙古族的勇敢强悍、不屈不挠、一往无前，使得中国的疆土曾经横跨欧亚大陆；正是蒙古族追求智慧的好学精神，使得蒙古族至今还保留着自己的文字和大量的文化成果。我们要通过幼儿园的课程，把民族精神传承下去，内化到新一代幼儿的价值体系当中，以使蒙古族文化得到生生不息的发展。

第二，以怀疑和批判的眼光来审视蒙古族文化的历史和现实。课程对文化的承载与传递，不是简单而盲目的，而是要以怀疑和批判的眼光来审视。每一种文化都有其优势但同时又存在一定的局限。文化的某些特质是与特定的历史自然条件相适宜的，随着社会的发展，有些文化特质会阻碍文化的进一步发展。怀疑和批判可以帮助我们发现不适宜的文化特质，把它摒弃在课程之外，通过这种理性的怀疑和批判，课程文化才能实现自觉。蒙古族是一个游牧的民族，迁徙伴随着民族发展的始末。而现代社会的幼儿教育形式是以固定的集体教学为主，这使得很多牧民的孩子不能到幼儿园受教育。虽然开设过一些“草原流动幼儿园”，但是在教学时间、教学质量上与城市幼儿园存在很大差距。只有改变传统的迁徙生活方式，才能彻底改变教育上的落后状态。

（二）开发具有蒙古族特色的地方幼儿园课程

1. 对国家幼儿教育政策要进行地方性解读

我国是由 23 个省、4 个直辖市、5 个自治区、2 个特别行政区组成的国家。各个省、市、自治区之间存在着巨大的地方差异。国家的幼儿教育政策是以全国为适用范围提出的，在制定的过程中，更多地考虑的是不同地区的共性而不是差异性。各个地方在实践国家的幼儿教育政策时，要根据本地区的实际情况加以解读。就内蒙古地区而言，在解读多家幼儿教育政策时，应考虑以下因素：

第一，不同地区幼儿园的现实条件。在内蒙古地区，盟市幼儿园之间、城乡幼儿园之间、蒙汉幼儿园之间的发展具有很大的差异。乡镇苏木幼儿园与城市幼儿园相比，教学设备简陋，物资资源缺乏，教师学历水平低、数量少。蒙古族幼儿园与汉族幼儿园相比，课程资源匮乏，课程内容陈旧。国家的幼儿教育政策是以城市和汉族幼儿园为背景的，对于蒙古族幼儿园和乡镇苏木的幼儿园来说，如果不对国家的政策进行适当的调整，那么对于当地幼儿园发展所起的指导作用将微乎其微。

第二，不同民族幼儿的身心发展特点。内蒙古地区虽然是蒙古族的聚居地，但是汉族人口比例很大，还有回族、满族等十几个少数民族。不同民族的幼儿是在其不同的民族氛围中成长起来的，在身心发展上具有一定的差异性。如蒙汉幼儿相比，在身体的发展上蒙古族幼儿要优于汉族幼儿，在语言发展上汉族幼儿要优于蒙古族幼儿。教育要适应不同幼儿身心发展的特点，因此，在学习、理解、实践国家幼儿教育政策时，要根据不同民族儿童身心发展特点进行必要的调整。

2. 充分利用地方的文化资源和区域资源

地方幼儿园课程的开发是以各地拥有的丰富的文化资源为先决条件的。各个地方在长期的历史发展及特定的自然地理环境的作用下，都会形成具有浓郁地方特色的文化资源。就蒙古族而言，在饮食、服饰、语言、歌曲、舞蹈等方面都具有浓郁的民族特色，蕴含丰富的文化底蕴。这些文化资源只有被“加工”之后才能进入幼儿园的课程之中。首先，凡是纳入到幼儿园课程中的文化资源要符合教育学标准，即教育性和发展性。其次，凡是纳入到幼儿园课程中的文化资源必须与幼儿身心发展特点相适应。根据以上两点，就可以充分利用地方文化资源来丰富幼儿园课程体系。

地方幼儿园课程的发展与区域资源之间有不可分割的联系。区域资源为地方幼儿园课程提供支持。区域资源丰富的地区，能够为幼儿园课程的发展提供最佳的支持环境，地方教育行政部门在开发地方课程时也会拥有更有利的条件。改革开放以来，内蒙古地区的经济飞速发展，为幼儿园课程的发展奠定了一定的物质基础。在开发地方幼儿园课程中，要充分利用区域资源，使幼儿园课程更加现代化、规范化、科学化。

3. 开发具有蒙古族特色的地方幼儿园课程遵循的原则

在内蒙古地区开发具有蒙古族特色的幼儿园课程不仅能够促进地方文化的变迁，而且对幼儿的发展、对幼儿园的发展、对幼儿园课程自身的发展都具有重大的意义。开发地方课程在遵循国家课程开发的基本原则的基础上，还应遵循以下原则：

第一，区域性原则。地方幼儿园课程的开发要立足于本地区的实际情况，重点放在本地可利用的各种自然资源和文化资源上，使其具有一定的针对性、情境性和本土性，焕发浓郁的地方生机。同时又不能为区域所局限，以为只能利用本地的资源来开发课程。事实上，只要以地方为主体开发的幼儿园课程都是地方课程。要打破课程开发的唯地方化倾向，要站在整个社会发展的高度和时代的前沿来指导、规划地方幼儿园课程开发。

第二，实用性原则。开发地方幼儿园课程更重视课程自身的实用性。希望通过地方课程使幼儿体会本民族文化的氛围，了解本民族的历史、生活习惯等，培养其热爱家乡的情感。

第三，多元化原则。在开发地方幼儿园课程时要遵循多元化的原则，也就是说在课程开发主体、课程资源类型、课程开设方式、课程实施途径、课程评价标准等方面呈现多元化特征。如课程开发的主体不仅要有课程专家、教研人员的积极参与，还要有教师、家长、社区成员的广泛参与，才能使课程更符合实际的要求，充满活力和创造力。

第四，开放性原则。开发具有蒙古族特色的幼儿园课程其根本的目的是加强课程与社会、课程与生活、幼儿与社会、幼儿与生活之间的有机联系。因此，无论是课程的资源还是课程的目标、内容、方式、场所、评价等都要打破原有的封闭模式，以开放的姿态向社会生活中延伸。

第五，探究性原则。地方幼儿园课程的内容来源于周围现实，来源于现实生活，因而它的实施不应该是接受式、灌输式的，而应该是探究式、发现式的。帮助幼儿在探究中体验生活，感受本民族文化氛围；在探究中培养创新精神和实践能力。

三、幼儿园层面的实践策略

内蒙古地区幼儿园课程文化要走向自觉，要在国家多元文化理解的氛围下，在地方课程的引导下，进行园本课程开发，以提高教师自觉实践的意识和能力。

（一）少数民族地区幼儿园园本课程开发的意义

幼儿园园本课程是对国家课程和地方课程的补充，是针对本园幼儿的实际情况以及本园面临的实际问题而开发的，具有针对性、实用性等特点。对于内蒙古地区的幼儿园特别是蒙古族特色幼儿园来说，园本课程开发具有重大的价值。因为没有国家统一编写的蒙古语教材，而且地方蒙古语教材在课程理念、课程内容等方面都相对落后。一位蒙古族幼儿园的园长谈到，现在幼儿园发展面临的最大困难

“就是我们的教材，大环境发展特别快，我们的发展就是有点跟不上大环境。教师的观念、做法都没问题，跟得上大环境，甚至是有的方面有超前的意识，但是资料方面有点跟不上。很少有专家型的人员重视幼儿教育方面教材的编写，研究，开发。作为一个专家理论水平很高，要是实践经验也有的话，这两个方面都有经验的话，能够针对性地出教材，针对性地指导，这个方面非常的重要，而且非常的到位，能拔高，能高层次地来指导。但

是现在基本上是有理论水平的没有实践经验，有实践经验的没有那么高的理论知识，这方面就是欠缺的。现在也没有特别杰出的、特别有名的，能推动我们民族教育发展的人才确实少，理论知识和实践经验双方面都是很精通的，蒙汉兼通的这种专家非常的缺少。”

幼儿园的课程要体现儿童发展的需要和时代发展的需求，就要不断的更新和完善。因此，蒙古族幼儿园只有依靠自身的课程开发才能赶上国家幼儿园课程改革的步伐，缩短与汉族幼儿园在课程方面的差距。

（二）少数民族地区幼儿园园本课程开发的价值取向

少数民族地区幼儿园园本课程开发要以一定的理念为指导，不能为了开发而开发，也不能以功利为目的，要坚持正确的课程开发理念。

1. 要以儿童为本

任何类型的课程开发，都必须考虑三个方面的因素：社会的发展、儿童的需要和学科知识体系。但是不同的课程开发模式对三者的侧重不同。园本课程的开发应该侧重于课程对儿童的适宜性。也就是说要立足儿童发展的需要去建构课程，否则就等于否定了园本课程开发的特点和优势，背离了园本课程开发的初衷。以儿童为本就是在园本课程开发中，以儿童为出发点和归宿。要按照儿童身心发展的规律去开发课程。既要注重儿童的全面发展，又要注重儿童独立个性的培养。强调儿童的体验和知识的自我建构。

2. 民主的决策

园本课程的开发不是由幼儿园来包办一切，而是由教育行政人员、课程专家、园长、教师、家长、社区成员、幼儿等组成的合作共同体共同参与的民主决策过程。每个人都有平等的民主参与课程开发和决策的权利，都有权对幼儿园课程发表自己的意见。园本课程开发的过程是一个平等交流、对话、合作的过程。

3. 教师的主体性理念

教师要成为园本课程开发的主体。园本课程是以本园幼儿的发展特点、本园的环境条件和本园课程中存在的问题为核心的，教师作为一线的实践者，对上述内容最为熟悉和了解。教师作为园本课程开发的主体，所提出的意见更有针对性和实用价值，也能对园本课程实践中存在的问题及时的调整与修改。

4. 个性化理念

园本课程的实质是促进幼儿的个性发展，办出幼儿园自己的特色。随着幼儿园数量的激增，幼儿园之间的竞争也越来越激烈。幼儿园为了生存，就必须办出特色来。这个特色只有通过园本课程的开发才能够实现。因此在园本课程开发中要坚持个性化的理念。

（三）园本课程开发对幼儿园的要求

幼儿园要进行园本课程的开发，要具备以下基本条件：

1. 要有明确的教育思想和办园宗旨

幼儿园要根据具体的师幼特点、课程资源和环境条件以及教育者的办学旨趣来确立自己独特的发展方向，以适应多元文化的时代。

2. 要有民主开放的组织结构

只有在民主的组织中，各个课程主体的交流与对话才能畅通无阻。课程决策权力的分散，使得课程开发的各个要素能够实现良好的沟通。

3. 要有体现幼儿园教育思想和办园宗旨的教学系统

这个系统的要素包括在课程决策过程中的良好的训练，明确的培养目标和办园宗旨，广泛代表教师的意见，尊重幼儿的个体差异，多种课程实施途径和教师的广泛参与。

4. 要形成自觉自律的内部评价和改进机制

园本课程的开发是幼儿园自主进行的，每个幼儿园都有各自的特点，因此不可能存在统一的评价标准。园本课程的评价除了通过教育行政部门外，需要更多地依靠幼儿园自觉自律的自我评价，不断的反思园本课程开发中出现的问题，自我批评、自我激励、自我改进，保证园本课程开发的可持续发展。

5. 要给教师必要的课程开发的工作时间，培养教师课程开发的专业技能园本课程开发的主体是教师，幼儿园要进行园本课程的开发，首先要给予教师充足的时间。在此基础上，可以通过园本培训、对外学习、对内引进的方式来提高教师课程开发的专业技能。

（四）园本课程开发对教师的要求

教师要成为园本课程开发的主体，必须做好以下准备：

1. 教师要具备课程意识，形成相应的课程观念，并能及时更新

教师作为课程开发的主体，要使自己的课程观念与时俱进，树立开放的、民主的、科学的课程意识。因为，观念是实践的先导，只有在正确的观念引导下，实践才能沿着正确的方向发展。

2. 教师要具备必要的课程知识和课程开发能力

教师作为课程开发的主体，不仅应该具有课程意识，而且应该具备课程知识和课程开发的能力，只有这样才能把课程开发落到实处。

3. 教师要具备参与意识和合作精神

在课程开发过程中，教师不是“孤军奋战”，而是以一个由教育行政人员、课程专家、园长、幼儿、社区成员等共同组成的合作共同体为支持。因此，参与与合作成为这个共同体发挥作用的前提。

4. 教师要具备行动研究的意识和能力

行动研究是指实践工作者为了改善实践而进行的系统的自我反思的科学探索。它以解决实践中的问题为出发点，将行动与研究结合起来，来保证工作的顺利进行。对于教师来说，要在课程实践中以研究者的眼光来审视实践中的问题，通过对自身行为的不断反思，使教育工作顺利开展。

5. 园本课程开发的途径

（1）实践中的总结

要建构以本民族文化为核心的幼儿园课程，就要从课程实践中来提升理念，总结经验。实践是认识的来源也是检验理论的标准。园本课程的开发如果脱离实践，就成了空中楼阁，失去了本身的意义。

（2）反思批判中完善

园本课程的开发是一个动态的过程，需要教师不断地自我反思和自我批判。在反思与批判中，不仅园本课程能够不断地完善，教师的自觉意识与能力也不断地提高。

（3）文化交流中丰富

文化是课程的源泉，在多元文化的时代，任何课程的发展都不会局限在一个民族之内。故步自封不仅使文化枯竭，更使课程停滞不前。园本课程的开发如果只局限在本园、本地区，那么终将走向末路。只有在与不同文化的交流中，在吸收不同文化的优秀传统中，才能使课程不断地丰富。

总而言之，内蒙古地区幼儿园课程改革的进一步发展，需要依靠不断提高自身的文化自觉能力。而文化自觉能力的提高，不仅要有幼儿园的参与，国家、地方乃至整个社会都应该为民族文化走向自觉创设良好的环境。

第二章　内蒙古地区蒙台梭利幼儿教育的实施现状及反思

——以 X 和 Y 幼儿园为例

第一节　研究背景及理论基础

一、研究背景

（一）研究缘起

教育公平是最基本、最重要的社会公平。推进教育公平化，已经成为我国教育发展战略的重要目标。在 2010 年 2 月 28 日发布的《国家中长期教育改革与发展规划刚要（2010—2020 年）》征求意见稿中明确提出："实现更高水平的普及教育、形成惠及全民的公平教育、提供更加丰富的优质教育、构建体系完备的终身教育，健全充满活力的教育体制。"幼儿教育是终身教育的基础，是社会整个教育体系的重要内容，也是实现教育公平的关键环节。

幼儿教育（infant education）是学前教育的一个阶段。对象为 3—6 岁的儿童。[①] 而幼儿园是实施幼儿教育的主要载体和媒介。中华人民共和国教育部制定的《幼儿园教育指导纲要》提纲挈领地指出幼儿园教育是基础教育的重要组成部分，是我国学校教育和终身教育的奠基阶段。

国际上有关教育投入与回报的研究表明，幼儿教育是所有类型教育中投资回报率最高的。因此幼儿教育质量深刻影响着一个地区的社会经济状况与社会稳定。

进入 21 世纪，基于儿童在早期发展的最新研究成果，许多发达国家和发展中国家，都相继调整了他们早期儿童发展的国家政策，在政策和资金

① 顾明远等. 教育大辞典［M］. 上海：上海教育出版社，1997.

方面向儿童早期发展事业（父母培训、幼儿教师培训、幼儿园建设等）倾斜。一些重要的国际性组织，联合国教科文组织（UNESCO）①、联合国儿童基金会（UNICEF）②、世界卫生组织（WHO）③、经合组织（OECD）④和世界银行（WB）⑤ 相继发表了明确的对国家政策制定的指导意见。

例如，瑞典是一个人口基数较小的国家，但它的科技创新能力却位于世界前列。重要原因之一是，瑞典有重视早期教育的历史和传统。例如瑞典 1995 年的教育投资中，对儿童在学前阶段的投资远大于对学生在正规教育阶段的投资的比例（如图 2—1）。在世纪之交，这样的投资政策已经成为许多 OECD 国家的选择，包括瑞典在内的一些北欧国家，对早期儿童发展的投资达到 GDP 的 2%，见图 2—2。

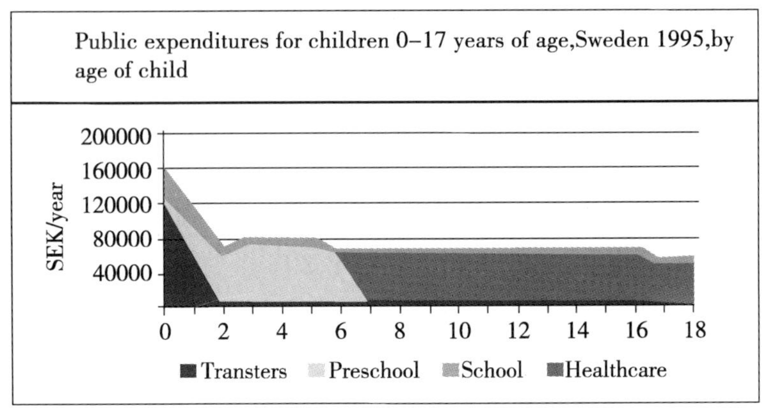

图 2—1　瑞典对学生的投入与年龄的关系

① Summary Report of the UNESCO/OECD Early Childhood Policy Review Project for Brazil, Indonesia, Kazakhstan and Kenya, Presented by The Division for the Promotion of Basic Education, Education Sector, U N E S C O Early Childhood and Family Policy Series n°14, April 2007.

② UNICEF, Programming Experiences in EARLY CHILD DEVELOPMENT , first edited UNECIF 2006.

③ WHO. Child and adolescent health and development progress report 2002 – 2003 ［S］. WHO, Geveva, Switzerland, 2004, 49 – 54.

④ OECD, Starting Strong II Early Childhood Education and Care, ISBN 92 – 64 – 03545 – 1. OECD 2006.

⑤ Editor Mary Eming Young, Linda M. Richardson. Early Child Development From Measurement to Action – A Priority for Growth and Equity, 2007 The International Bank for Reconstruction.

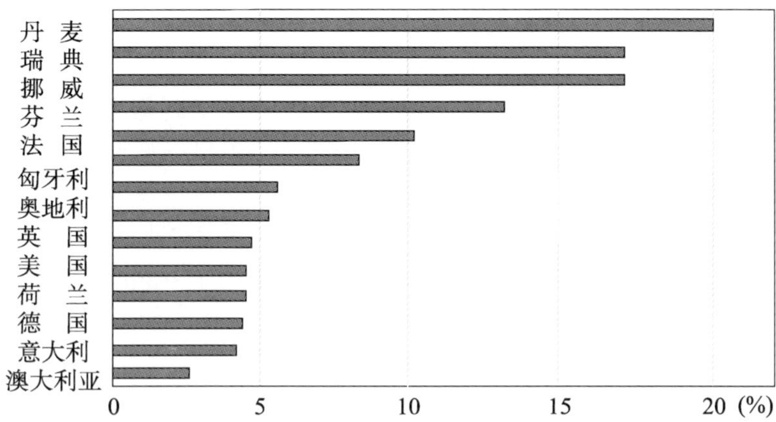

图 2—2　2004 年 OECD 国家在 0—6 岁儿童发展上公共财政投入占 GDP 的比例，此外，瑞典、芬兰和丹麦对 6—7 岁的儿童投入为 GDP 的 0.3%

伦敦大学的 Sally Grantham – McGregor、康奈尔大学的 Barbara Strupp 等学者在著名的《柳叶刀》杂志上发表文章指出[1]：发展中国家的许多低于 5 岁的儿童往往暴露于多种危险因素，包括贫穷、营养不良、身体素质偏低以及缺乏激励氛围的家庭环境，这些因素都对他们的认知、运动和社会情感发展都产生了极大的负面影响。在发展中国家，有关儿童发展的国家相关统计比较匮乏。

因此，他们采用了两个适用于世界范围的指标——儿童早期发育不良的比例和生活于极度贫困状况下的人口数量，用作衡量不良发展的指标。他们的研究发现，这两个指标与儿童的不良的认知发展和较差的学业表现有紧密的关联。他们用这些指标预测出，有超过 2 亿多 5 岁以下的儿童没有很好地实现他们的发展潜能。这些儿童中的大部分生活在南亚和撒哈拉沙漠以南的非洲地区。这些贫穷的孩子很可能在学校中表现较差，而且此后收入较低，且生育率较高，并且只能为他们的孩子提供较差的教育资源，这样，就形成了贫穷的恶性循环。

他们估算，儿童早期发展潜能的不充分将导致他们成人后 20% 以上的收入损失，甚至影响整个国家的发展水平。

---

① Grantham – McGregor S, Cheung YB, Cueto S, Glewwe P, Richter L, Strupp B. The International Child Development Steering Group. Developmental potential in the first 5 years for children in developing countries. The Lancet. January 2007; 369: 60 – 70.

除非有实质性的努力投入到促进儿童发展的综合项目（包含政策、财政、人才以及硬件等一系列配套措施的项目）中，儿童发展不良的问题将会持续。越来越多的证据表明，对儿童早期的干预有助于避免儿童发展潜能的流失，而且适当的干预会快速见效①。文章的结论指出：鉴于儿童不良发展所造成的巨大社会代价，无论从促进经济发展、社会公平及谋求个人幸福的角度，还是从有效干预的显著效果来看，社会不应对此再无动于衷！

上述有关早期教育的几个方面认识已经得到了国内外的相关专家学者的支持。社会可以通过多个方面来促进儿童认知、社会能力、健康、家庭等方面的健康发展，发展良好的儿童会增加他们此后学业、经济上的成功、降低社会成本、提高全社会的劳动力水平（如图 2—3 所示）。

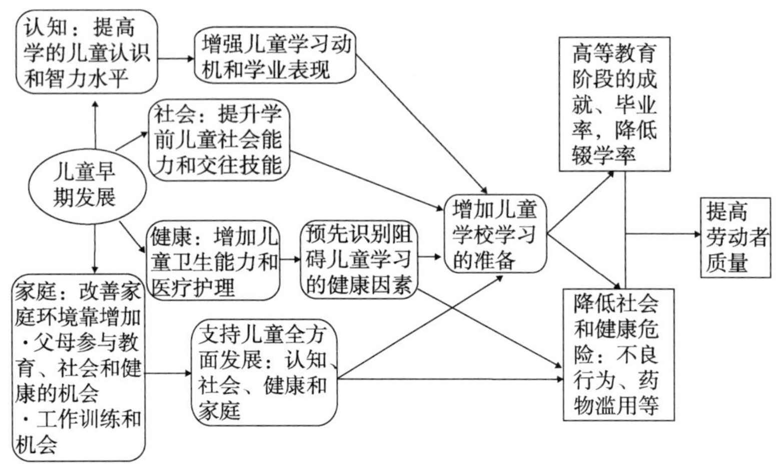

图 2—3 儿童早期发展的重要性

毫无疑问，幼儿早期教育不论对于个体还是整个国家的发展都是不可替代的关键环节。加强儿童早期教育会成为未来社会发展的必然趋势！

而我国少数民族幼儿教育是整个幼儿教育体系中最为薄弱和特殊的一部分。当前，从教育公平的视角探讨我国少数民族教育的不公平问题，并进一步提出解决少数民族幼儿教育不公平问题的必要性和相应的对策已经引起了学者们的关注。有学者指出，少数民族幼儿教育的特殊重要性决定

① Engle PL, Black MM, Behrman JR, Cabral de Mello M, Gertler PJ, Kapiriri L, Martorell R, E-ming Young M. The International Child Development Steering Group. Strategies to avoid the loss of developmental potential in more than 200 million children in the developing world. The Lancet. January 2007; 369: 229 - 242.

了它在我国教育公平与协调发展中的特殊地位，只有首先从起点上保障公平才能实现真正的教育公平；少数民族幼儿教育公平发展的当务之急是要突出政府责任，建立和完善公共教育财政分配制度，加大投入和政策倾斜力度，这样才能有效推进少数民族幼儿教育实现跨越式发展，增进社会的整体公平[①]。

在上述工作的基础上，本书进一步探讨我国少数民族幼儿教育的教育体系选择问题及其对实施现状的调研、分析。基于早期教育的重要性，对少数民族地区教育的投入首先应该向幼儿教育倾斜。基于社会经济发展水平现状，少数民族地区的幼儿教育应该选择性价比较高的教育体系，即资金投入相对较少、教育效果相对较高。基于文化的差异性，少数民族地区的学前教育体系应该具有最广泛的文化兼容性。

那么由此形成一个迫切需要解答的问题：哪种幼儿教育体系最适合在我国少数民族地区进行普及以促进我国的教育公平，以及这种教育体系的实施效果如何？

基于对实践资料的分析，我们认为蒙台梭利幼儿教育是我国少数民族幼儿教育的最佳选择。

Morrison 的评述表明蒙台梭利早期教育体系的几大特点：

第一，思想深刻。蒙台梭利教育思想把握了儿童成长的本质和规律特征，因此才能够应用于当代的很多教育方案中。

第二，可操作性强。蒙台梭利教育不但包含深刻的思想，而且具有很强的操作性。因此蒙台梭利教育方案才能够被整合进很多儿童早期教育教室中。

第三，兼容性强。蒙台梭利教育之所以能够整合进很多早期教育实践中，也说明它的兼容性强。也就是说它与其他优秀的文化传统，与现代科学对儿童的认识不矛盾。反而，它所包含的深刻内容，正是许多教育理论所缺乏的。

第四，获得了巨大“样本”的检验。蒙台梭利教育思想早在 20 世纪三、四十年代就已经被提出来了。几经论证，在 20 世纪末、21 世纪初才在美国获得极大的推广。这说明，蒙台梭利教育思想经受了学者们的严谨考察。并经受了实践的检验。也就是说，它是有效的、可行的，因此才最终获得大面积的推广。

---

① 史大胜．教育公平视角下的少数民族幼儿教育［J］．中央民族大学学报（哲学社会科学版），2010（4）：128－131.

此外，蒙台梭利教育体系的另一明显的优势就是其经济性[①]。蒙台梭利的“儿童之家”最初是作为城市贫民家庭的学校，学生大部分来自劳动阶层家庭。蒙台梭利教育法所涉及的教具、教程都不需要高度的资金投入。而且，蒙台梭利幼儿园进行植物栽培、动物饲养、搭积木、家务劳动等内容，这些教学内容易于在处于乡村的少数民族地区实施。相反，由于环境的限制，在经济发达的城市地区实施上述教育内容却需要较高的资金投入（这也是大城市的某些蒙台梭利学校成为“贵族学校”的重要原因）。当代其他优质教育体系——例如瑞吉欧、华德福等，对物质条件的要求和教师的素养有更高的要求。

蒙台梭利教育体系的上述特点理论上使得它适合在我国少数民族地区实施，并且通过笔者的调研，以内蒙古自治区为代表的少数民族地区事实上已经开始在幼儿园的教育中大量实施蒙氏教育体系。

二、研究目的和意义

（一）研究目的

首先，引起教育部门及社会各界对少数民族幼儿教育的高度关注。文献调研表明，国内外正在掀起对幼儿教育的科学研究和社会实践的又一轮关注热潮。在学术研究方面，婴幼儿早期发展对于人的学业、就业、经济和健康状况的关键性作用正在不断揭示出来，并受到心理学、神经科学、教育学、人力资源等多学科学者的关注。在社会实践方面，发达地区的家庭以及社会相关机构，正在不断加大对儿童早期教育的投入。人们逐渐把幼儿早期教育视为人的终身发展、地区人力资源建设的制高点。

相比之下，少数民族幼儿教育的受重视程度和投入力度明显不足。按照当前的趋势发展下去，势必不断拉大发达地区与少数民族地区教育水平和综合发展水平的差距。从而形成越来越严峻的教育不公平。相反，如果少数民族的教育能够得到社会各界的重视，并获得优先支持，那么就有可能缩短这种差距。并且为少数民族地区社会的综合发展注入强大的动力。

本书通过文献调研和田野调查表明，少数民族的幼儿教育的发展形势严峻。这种严峻的形势，必须通过教育界、政府部门以及社会各界联合支持才能改善。这对于实现我国幼儿教育公平具有重要的意义。

其次，提供改进我国少数民族幼儿教育的对策建议。由于少数民族地

---

① 蒙台梭利．蒙台梭利幼儿教育科学方法［M］．北京：人民教育出版社，2009：12－15.

区幼儿教育的明显落后，那么为了改善少数民族幼儿教育就必须采用既适合民族地区状况，又是高质量的幼儿教育体系。我们认为，蒙台梭利教育正是满足这两条标准的教育体系。过去一个多世纪的教育实践以及近10多年的科学研究表明，蒙台梭利教育是高质量的教育体系。它具有丰富的科学依据①；具有突出的可操作性；在长期的、大规模的实践中已经取得了突出成果②。国际经验表明，蒙台梭利教育广泛地适用于不同文化的地区。特别是，蒙台梭利教育首先在意大利的贫民窟的“儿童之家”中诞生，并在印度、巴基斯坦等欠发达地区进行了成功实践。蒙台梭利教育在我国已经有20多年的发展历程，实践证明，蒙台梭利教育能够成功地在我国实施。

因此，我们建议，通过在少数民族地区实施蒙台梭利教育，从而缩小我国发达地区与少数民族地区幼儿教育的差距。

田野调查表明，我国部分少数民族地区已经在实施蒙台梭利幼儿教育。在实施的过程中，既有成功的经验，也有明显的不足。本书通过选择内蒙古两个幼儿园的个案研究，分析蒙台梭利幼儿教育体系在少数民族地区的实施情况，包括实施的效果、遇到的问题和挑战，进而提出有效的建议与对策。

（二）选题意义

1. 理论意义

蒙台梭利幼儿教育体系自20世纪80年代引进中国以来，如何把握蒙台梭利教育原理并灵活运用于实践，一直是一个难题。本书着重从系统论的思想出发，梳理了蒙台梭利幼儿教育的基本原理，旨在厘清人们对它常有的误区，重新认识、审视这种幼儿教育。

蒙台梭利幼儿教育如何本土化一直以来是学术界讨论的焦点，本书通过对少数民族地区幼儿教育的实践分析，试图回答蒙台梭利教育如何“中国化”甚至是“少数民族地区化”。

2. 现实意义

第一，指导当前幼儿园如何正确实施蒙台梭利幼儿教育体系，为蒙氏教育教师提供一定的借鉴意义。一些少数民族地区已经意识到了蒙台梭利

---

① Lillard A. S. Montessori: The Science Behind the Genius. New York: Oxford University Press, 2005.

② Lillard A S, Nicole E Q. “The Early Years: Evaluating Montessori.” Science, 2006, 313 (5795): 1893 - 1894.

教育对提高当地幼儿教育水平的重要意义。但是在实践过程中面临着众多困难。例如掌握蒙台梭利教育原理的困难，以及师资培养方面的困难。本书试图通过对蒙台梭利教育的系统论梳理，以及师资培养的对策建议，为少数民族地区的蒙氏教育质量的提升作出贡献。

第二，引起教育部门、教育工作者及社会各界对蒙台梭利幼儿教育体系的高度关注。当前，蒙台梭利教育在少数民族地区的发展正处于起步阶段。人们对这一教育是否适用于民族地区、在实施的过程中会遇到怎样的困难、以及如何应对这些困难，都处于有待研究的阶段。本书从文献调研、理论分析和田野调查，在上述问题上给出了细致分析。这对于引起相关教育部门、教育工作者以及社会各界对蒙氏教育的重视，以及开展更深入的理论研究和实践有现实意义。

第三，提升少数民族幼儿教育质量、促进教育公平。我国是一个多民族的人口大国，少数民族地区尤其是欠发达的区域，如何将人口资源大国变成人力资源强国一直是教育领域奋斗的主要目标。显然，教育应该从娃娃抓起，少数民族地区幼儿教育质量的提高无疑会为这一目标的实现提供支持。本书旨在反观幼儿教育体系的选择问题，尤其是处于少数民族地区的这个特殊的群体，试图构建适合因地制宜的蒙台梭利幼儿教育体系，进而提高整个民族地区幼儿教育的质量，促进教育公平。

三、文献综述

（一）国外的蒙台梭利教育教学及研究情况

蒙台梭利教育，是意大利教育家蒙台梭利所开创的一种教育体系。蒙台梭利（Maria Montessori，1870—1952），在大学时代主修现代语言和自然科学，最为感兴趣的是数学，最终成为意大利第一位女医学博士。毕业之后，她受聘罗马大学医学院，担任身心缺陷和精神病患儿的治疗工作。两年之后，在1898年于都灵召开的教育会议上，蒙台梭利提出“儿童心理缺陷和精神病患主要是教育问题，而不是医学问题，教育训练比医疗更为有效”的观点，并受到广泛关注。此后，受政府委任，蒙台梭利在罗马建立一所国立特殊儿童学校，主持对弱智儿童的训练和研究。在此期间，她系统研究了伊塔（Jean. M. Itard）的训练“阿维龙野孩子”的实验报告（《丛林之子》），并翻译和系统钻研了赛贡（Edenard Seguin）的两部著作《白痴儿童的医疗、保健与教育》和《白痴及其生理学医疗法》。基于深厚研究的教育创新实践，使得这些弱智儿童不仅学会了日常生活的基本技能，而且动作协调、灵活、语言发展正常，同时还学会了读、写、算的基本知识和技能。这些教育上的成功引起了社会的关注，也促使蒙台梭利思考：既然白痴儿童都能在教育辅助下达到正常儿童的水平，那么公立学校的正常儿童为什么不能达到更高的水平呢？随后，她再次注册入罗马大学哲学系研究修哲学、教育学、实验心理学、人类学，为将来从事普通儿童的教育实践做准备。在此期间，她系统钻研了西方教育著作，包括夸美纽斯（J. A. Comenius）、洛克（J. Locke）、卢梭（J. J. Rousseau）、裴斯泰洛齐（J. H. Pestalozzi）和福禄培尔（F. W. A. Froebel）的教育著作。1904 年到 1908 年，她曾担任罗马大学人类学讲师，试图把人类学的一般原理运用于教育。她赞同 19 世纪晚期的詹姆斯（William James）、柏格森（Henri Bergson）、杜威（John Dewey）等人的看法，即从一个进化背景中来看人类的成长。她经常到公立学校调查，获取第一手资料，将她的讲义整理和修改写出了《教育人类学》于 1908 年出版。

与此同时，蒙台梭利获得了对普通儿童开展教育实践的机会。1907 年，在担任罗马大学讲师期间，受政府委托，蒙台梭利在“贫穷、黑暗、愚昧、悲惨”的罗马圣罗伦佐贫民区创办了“儿童之家”。学校由贫民区的普通住宅稍加改造而成，最初招收了“50 多名极端贫穷、衣衫褴褛和显得很胆怯的儿童”。蒙台梭利为儿童们提供了整洁有序的环境（包括符合儿童身高的桌椅家具等），并把她为智障儿童设计的教具加以改进、作为儿童的工作材料（这些教具此后不断得到筛选、改进、增减），她聘请了一位普通“劳动妇女”作为教师，除了防止儿童伤害自身、他人和环境而外，这位教师不干涉儿童的活动。这就是蒙台梭利基于她对儿童天性的猜想、对普通儿童所做的第一次教学实验和心理学实验。于是，奇迹出现了，这些儿童普遍显现出一系列共有的行为特征：他们喜欢重复练习、自由选择、控制错误、运动的分析、肃静练习、社会交往中的良好行为规范、环境的秩序、个人整洁的照料、感官训练、自由活动中的纪律等，他们抵制奖励和惩罚、共同的课程、玩具和糖果、教师的讲台等，他们具有强烈的尊严感、追求自由与独立。这就是儿童的天性，就是童年的秘密。正如蒙台梭利所说，“当我们取消限制他们（儿童）的这些人为手段，取消我们曾愚蠢地强迫他们遵守纪律的暴力，那么他们就会向我们展示自己全部的儿童天性”①。Standing 认为蒙台梭利对儿童天性的发现“正如同哥

① 蒙台梭利，任代文译．蒙台梭利幼儿教育科学方法［M］．北京：人民教育出版社，2009：135.

伦布发现新大陆，牛顿发现地心引力一般”[①]。这个简陋的幼儿园创造的教育奇迹，很快引来驻意大利各国大使、总理女儿等政要以及教育界的极大关注。在此后的一百多年，世界各地不同文化国家的蒙台梭利幼儿园不断的重现这一“儿童天性”的教育奇迹。

“儿童之家”初创成功之后，蒙台梭利一方面继续幼儿园的教育实践、一方面继续她的研究工作，并在世界范围内讲学、培训幼儿教师。她先后在英国、荷兰、美国、澳大利亚、阿根廷、印度、斯里兰卡、巴基斯坦等国考察、讲学、开办教师培训班。在这个历程中，蒙台梭利教育不断吸收多元文化的养分。例如，蒙台梭利在70多岁高龄的时候于1939—1946年在印度开展了长达7年的讲学、研究和写作，受到了政治领袖甘地、尼赫鲁和思想家泰戈尔的热情赞扬。她酷爱印度文化，在《有吸收力的心灵》中论及的“整个的人就在一种精神的光轮中发展起来”[②] 的思想就来自印度哲学。

蒙台梭利在其一生的教育实践基础上撰写了十几部教育著作：《教育人类学》、《运用于“儿童之家”的幼儿教育的科学教育方法》、《高级蒙台梭利方法》、《蒙台梭利手册》、《教会中的儿童》、《童年的秘密》、《家庭中的儿童》、《新世界的教育》、《为了人类潜能的教育》、《有吸收力的心理》、《教育中的自发活动》、《和平与教育》、《人的形成》、《发现儿童》等。这些著作融哲学、生物学、胚胎学、生理学、心理学、人类学、教育学于一体，涵盖了蒙台梭利对0岁至青春期人的身心发展规律的认识和教育方法，是人类教育思想的宝贵财富。以致卡莱蒙特如此评价蒙台梭利代表作《有吸收力的心理》，“如果我将本书尊奉为有史以来出现的最为重要的著作（除《圣经》外），也许有些言过其实。然而如果让我说出对于人类未来的幸福更有价值的著作，我却不能”[③]。

但同时，蒙台梭利教育在世界范围的发展充满了曲折。1934年墨索里尼上台后推行法西斯独裁统治，蒙台梭利的自由教育同法西斯主义水火不相容。1935—1936年，纳粹德国、奥地利和意大利先后关闭了全部蒙台梭利学校、查禁和烧毁蒙台梭利著作。蒙台梭利不得不离开祖国前往西班

---

① E. M. Standing. Maria Montessori：Her Life and Work. New York：Penguin Books，1998：35.

② 蒙台梭利，任代文译．蒙台梭利幼儿教育科学方法［M］．北京：人民教育出版社，2009：392.

③ 蒙台梭利，任代文译．蒙台梭利幼儿教育科学方法［M］．北京：人民教育出版社，2009：333.

牙，随后定居荷兰。直到“二战”之后，蒙台梭利教育才在欧洲复兴。美国虽然没有纳粹般的集权统治，但是蒙台梭利教育在美国的发展也是一波三折。蒙台梭利教育在1910年前后传入美国，在短短几年之中便引起轰动，得到发明家贝尔和爱迪生等社会名流和教育界进步人士的支持，但随后却陷入了半个多世纪的衰落。根据伊利诺伊大学的亨特1964年的文章分析，蒙台梭利教育在美国衰落的原因是，对蒙台梭利的支持主要来自大众刊物的宣传，而不是来自正在形成的新心理学和新教育哲学的理论论证[①]。特别是，未能得到机能心理学派的心理学家或新行为主义学派的心理学家的支持。当时有五个主流的代表性理论与蒙台梭利理论冲突。这些主流的理论观点是：1）3至4岁的儿童通过学习获得的经验对他们以后发展并无重要意义；2）人的智力是固定的；3）人的发展是预先设定的；4）人的一切行为都是由于本能或痛苦刺激、心理平衡和性冲动的需要所产生，或基于这些需要所产生的内驱力所促使；5）“反射弧的反应”是教育基本要素。一些批评者责备她的“科学教育法”并非真正的科学，因为她没有提供足够的证据支持她的结论，没有控制组，也没有某种方式提供她的实验的细节说明[②]。这些批评最终造成了蒙台梭利教育传入美国后经历了长期的压抑，而克伯屈（William Heard Kilparick）对蒙台梭利教育的批判，更是使之雪上加霜。克伯屈是哥伦比亚大学师范学院的教师、著名教育家杜威的弟子，他指责蒙台梭利崇拜塞贡关于低能儿童的著作，说她的理论是过时的（相比于杜威），而且过早地开发了儿童的智能[③]。

然而，真理的光芒终究会冲破乌云。1957年在一篇有关蒙台梭利著作的序言中，纽约市立大学的哲学教授McDermott认为，“和当代其他学者比较起来，蒙台梭利对儿童的看法可能是最完整的”，并预言“她的教育观点，将有助于解决当今美国所面临的难题，它代表着对美国思潮及文化的一项严肃挑战，尤其是对教育界。”[④]。而同时期的一位荷兰生物学家Brooglever Fortuyn写道，“不赞同蒙台梭利教学法的人质疑说，数年后，这个教学法会变成什么样子？亦即，不久就会有一个新的体系取代它的位置。我们很容易向这些人解释说，她的方法是以所有生物体特有的一般生

① 蒙台梭利，任代文译．蒙台梭利幼儿教育科学方法［M］．北京：人民教育出版社，2009：27－51.

② Kramer R. Maria Montessori：A Biography. 2－7.

③ 乔伊·帕尔默．教育究竟是什么：100位思想家论教育［M］．北京：北京大学出版社，2011：285.

④ E. M. Standing. Maria Montessori：Her Life and Work. New York：Penguin Books，1998：7.

命特征为基础，故会像生命一样持久。这种理论一旦被引进教学，要想抛弃，都几乎不可能”[①]。20 世纪末，美国的珍妮特·沃斯和新西兰的戈登·德莱顿在《学习的革命》一书中称蒙台梭利教育法是“世界上最好的教育思想”[②]。

对蒙氏教育体系科学性的最为严格的检验发生在 21 世纪初期。2006 年发表于国际著名的《科学》（*Science*）杂志上的一项研究，通过比较一所内城区的私立蒙台梭利学校的学生与传统学校的学生，得出了蒙台梭利教育法能使学生具备更出色的社交和学术能力的结论[③]。在此项研究中，有 59 位来自蒙台梭利学校的学生，他们的家庭收入情况相似，另有 53 位来自使用传统方法的其他学校的学生。蒙台梭利的学生们在最后会被分成学前组（3—6 岁）和初级组（6—12 岁）来评估其认知和学习、社交和行为能力，而这两组都广泛地使用了不同阶段的蒙台梭利教育法。在 5 岁的孩子之中，蒙特梭利学生在初级学校阶段的阅读和数学方面，已表现出卓越的潜质，胜过他校的学生。不仅如此，他们也在“执行能力”的测试上创造了佳绩。这是一种适应变化和复杂问题的能力，并会成为影响其未来学校和生活成功的内在指标。同时，蒙台梭利儿童在社交和行为测试方面也展示出优秀的能力，5 岁的孩子即已拥有对公正与公平的良好感觉。在操场上，他们更倾向于和同龄人参加“感情融洽的游戏”，并在休息时间很少涉及“粗野的游戏”。虽然蒙台梭利的学生并不经常参加考试和评级，但在拼写、标点和语法方面，他们和非蒙台梭利的学生得分近似，且在关于阅读和数学的学习能力上也无太多差异。

有关蒙台梭利教育科学性的最为系统的研究来自弗吉尼亚大学心理学教授安吉丽娜·李拉德（Dr. Lillard）发表于 2005 年的著作：《蒙台梭利：天才背后的科学》[④]。李拉德也曾经是蒙台梭利教育的质疑者。她早年参加了蒙台梭利老师培训，却苦恼于无法将有科学支持的观点和一些仅仅是意见的观点加以区分。经过二十多年的心理学研究，李拉德发现蒙氏教育的原则得到了当代心理学的强有力支持。该书从 8 个蒙氏教育的原则来展示

① E. M. Standing. Maria Montessori: Her Life and Work. New York: Penguin Books, 1998: 11.

② 珍妮特·沃斯、戈登·德莱顿，顾瑞荣、陈标、许静译．学习的革命［M］．上海：上海三联书店，1998. 243 – 245.

③ Lillard, Angeline and Else – Quest, Nicole (2006). “The Early Years: Evaluating Montessori.” Science 313 (5795): 1893 – 1894.

④ A. S. Lillard. Montessori: The Science Behind the Genius. Oxford Univ. Press, New York, 2005.

心理学方面的研究，每个原则又是如何在蒙氏教室中得到运用的。这 8 条心理学原理分别是：（1）运动与认知密不可分，运动可以促进思考和学习；（2）当拥有了控制自己生活的感觉时，人们能学习进步，全面发展；（3）人们对自己所学东西感兴趣时能学得更好；（4）为了获得外在奖励去参与一项活动，当奖励消失时，人们参与此项活动的动力将受到负面影响；（5）协同合作有利于学习；（6）在有意义的环境中学习具体的事物，通常比学习抽象的内容要深刻和丰富；（7）特定形式的成人互动有助于带动儿童最理想的表现；（8）环境中的秩序对儿童有益。正如李拉德所说，“如果学校教育是讲求循证的，那么我认为所有的学校都应该像蒙台梭利学校那样考虑得更多。”最后，她建议将大规模的蒙台梭利模式带入公共教育，作为一种改进当下纠结的教育系统的途径。

在确认蒙台梭利教育的科学性的同时，人们也关注其教育实践的成果。麻省理工学院斯隆管理学院首席研究员安德鲁·麦卡菲（Andrew McAfee）在《哈佛商业评论》上发表的“蒙台梭利学校：创新人才的摇篮”的文章中，列举了蒙台梭利教育中涌现出来的科技精英——谷歌、亚马逊、维基百科的创始人以及艺术家、科学家等，为了说明蒙台梭利教育人才辈出，他甚至引用“蒙台梭利帮”（Montessori Mafia）这个概念。

可以看出，蒙台梭利教育在 21 世纪初的美国正在再次复兴。2008 年在题为《蒙台梭利学校一跃成为世纪标志》文章中，Dane L. Peters 对蒙台梭利教育的最新发展进行了综述①。文章称，蒙台梭利教育是全世界唯一一种被采用最多的教育哲学。据统计，直到 2008 年，有 22 000 多所蒙台梭利学校遍布了世界 110 个国家。在美国，蒙台梭利教育的推广进程表现出显著的上升趋势。美国蒙台梭利协会的执行董事理查德·A·昂格勒尔发现，美国已经有 5 000 到 7 000 所蒙台梭利学校，而且其数量还在递增。该协会本身就拥有 11 000 多名会员，这个数字包含了教师、学校和蒙台梭利教育中心。在 2007 年的纽约年度会议上，协会邀请了 5 500 多名世界各地的教育者，包括著名心理学家米哈里奇·克森特米哈伊（Mihaly Csikszentmihalyi），参与众多关于蒙台梭利教育法的研讨。

（二）蒙台梭利教育在中国的发展

1913 年蒙台梭利教育法也传入中国，但直到 20 世纪八九十年代我国幼儿教育界才逐渐兴起学习蒙台梭利教育法的热潮。近几十年来，蒙台梭

① Dane L. Peters. Montessori Schools Hit the Century Mark in Stride. National Assoc. of Independent Schools. 2008（spring）：68－75.

利教育在中国也有了长足的发展，在理论研究和早期教育实践上不断有新的成果①。2008 年，北京师范大学霍力岩教授指出，蒙台梭利关于教育目的、教育内容和教育方法的观点与实践是蒙台梭利教育法的精髓和要点②。但是，一个普遍关注的、还没有取得实质性进展的问题是：蒙台梭利教育的本土化和中国化③。霍力岩教授指出，在十几年学习和借鉴的历程中，部分幼儿园做表面文章、行片段实践的做法，结症在于对蒙台梭利教育法缺乏根本的把握④。

霍力岩在《试论蒙台梭利的儿童观》中从以下几方面论述蒙台梭利的儿童观，儿童心理的发展是天赋能力在适宜环境中的自然表现，包括具有“潜在生命力”、具有“心理胚胎期”、具有“肉体化过程”、具有“可吸收力的心理”；儿童心理发展也存在敏感期，包括语言敏感期、感觉敏感期、秩序敏感期、运动敏感期、“工作”敏感期五个方面；儿童的心理发展具有阶段性，分为幼儿前期（0—3 岁）、幼儿后期（3—6 岁）、儿童阶段（6—12 岁）、青春阶段（12—18 岁）；儿童心理发展是通过“工作”实现的，“工作”还包括秩序法则、自由法则、专心法则、重复练习法则⑤。

在《蒙台梭利教育有没有过时》中，梁志燊总结了蒙台梭利教育在国际和国内的发展历史，并结合实地调查研究指出，蒙台梭利教育思想没有过时，但有待进一步的发展与创新⑥。

梁志燊主编的《蒙台梭利教育实践中国》丛书中介绍 20 世纪 80 年代蒙台梭利教育重新受到我国幼教界的广泛关注后，中国蒙台梭利协会、中国国际蒙台梭利教育研究会等研究机构相继成立。不少幼儿园开始建立了蒙台梭利工作室，也出现了一些蒙台梭利幼儿园。近年来，蒙台梭利教育越来越受到重视。自 2000 年起，蒙台梭利教育在幼儿园实验开始进入科学研究的轨道，相继成为教育部重点课题：“科学教育——青少年潜能开发研究”、中国教育学会“十五”规划课题：“幼儿园幼儿学习能力发展的实验研究”、全国哲学社会科学“十五”规划课题：“新世纪中国素质教育研

---

① 卢乐山．蒙台梭利的幼儿教育［M］．北京：北京师范大学出版社，1985.

② 霍力岩、胡文娟．略论蒙台梭利教育法之精要［J］．2008（3）．

③ 杨莉君．蒙台梭利教育法需要科学地解读和本土化［J］．人民教育，2004（11）．

④ 霍力岩、齐晓恬．当前我国借鉴蒙台梭利教育法的主要误区、关键问题与基本思路［J］．幼儿教育，2008（2）．

⑤ 霍力岩．试论蒙台梭利的儿童观［J］．比较教育研究，2000（6）．

⑥ 梁志燊．蒙台梭利教育思想有没有过时［J］．幼儿教育，2000：19－20.

究”。教育实践在全国各地越来越广泛的开展。在20世纪最后的几年中，蒙台梭利教育在我国悄然从实验起步了，渐渐地走进了沿海城市的幼儿园。进入新世纪后，蒙台梭利教育的传播渐渐形成高潮，遍及全国除西藏外的所有省区。并且从幼儿园走进亲子园、走进家庭，受到越来越多的幼教工作者、家长以及社会人士的关心，渴求学习与培训的人员日益增多，蒙台梭利教育已成为我国幼儿教育中的一个热点。近年来，随着我国教育体制的改革，蒙氏教育与我国的素质教育不谋而合。因此，其在我国如同雨后春笋一般迅速发展起来。据不完全统计，目前我国已有两三千家幼儿园在使用蒙氏教育法①。

四、研究方法

本书主要采用了问卷调查法、个案研究法、观察法、访谈法。

（一）问卷调查法

问卷调查法，发放自编的问卷，调查少数民族地区幼儿家长及教师的基本情况和保育幼儿的方法及他们所期望给予幼儿提供怎么样的教育等以及对目前教育的看法等。并且考量具体化了的蒙台梭利的民族教育模式能否被当地的家长及教师所认可甚至采纳。教师的基本情况具体包括性别、年龄、民族、家庭居住位置和经济状况、专业和文化程度等。特别是考察少数民族地区幼儿教师对蒙台梭利教育体系的支持度和实施的实际困难，相应的问卷内容包括：“您是否支持蒙台梭利的教学理念？如果在贵园实施蒙台梭利教育，条件是否具备？如果在贵园实施蒙台梭利教育，困难如何？如果在贵园实施蒙台梭利教育，您有什么建议？”等等。这些问答的信息，将有助于从幼儿教师的角度来分析少数民族地区实施蒙台梭利教育的可行性。而且，相关信息将有助于培训机构了解民族幼儿教师的具体困难，从而制订有针对性的培训计划。

（二）个案研究法

个案研究法是以一个个体或者一个组织（如一个家庭、一个社会、一所学校或一个部落等）为对象，研究某项特定行为或者问题的一种方法②。本书主要以内蒙古师范大学幼儿园及呼和浩特市蒙古族幼儿园蒙台梭利幼儿教育实施现状为主要的调查对象，获得大量有利于研究的第一手资料，

① 梁志燊编著．蒙台梭利教育在幼儿园中的成功运用［M］．上海：上海第二军医大学出版社，2004.

② 林重新．教育研究法［M］．杨智文化，2001：428.

以此为基础探讨教育公平视域下内蒙古自治区实施蒙台梭利幼儿教育的现状及其反思与改善。

（三）参与观察与访谈法

深入少数民族地区幼儿园的学习生活，具体采用随意观察、随堂听课、参加学前教育的的课内外活动等做法，观察和了解他们的学校生活和教育情况。并且访谈了蒙氏班级的教师以及幼儿园的园长。

五、研究理论

（一）教育公平理论

1. 教育公平的内涵

教育公平是实现社会和谐及公平的基石，是社会公平在教育领域的具体表现。没有教育公平作为保障，其他的一切公平都是空中楼阁。教育公平的概念并没有绝对的、标准的统一模式，而是相对的。教育公平在不同的历史时期有不同的含义，它是对社会现实的一种折射，一种期许，受社会生产力发展水平及人们认识观念的制约。纵观世界历史，早在200多年前，古希腊的大教育家柏拉图就提出教育公平的理念、亚里士多德进一步倡导通过法律保障公平受教育的权利；我国教育家孔子明确提出“有教无类”朴素的教育公平理念，再到我国隋唐开创的科举制度，新中国成立颁布的《共同纲领》提出“民族的、科学的、大众的”新民主主义的教育方针。这些都是在当时的社会历史条件教育公平理念的写照。

我国大部分学者认为，教育公平是指接受教育的机会和接受相同教育质量等方面的公平与合理性，包括教育起点的公平、教育过程公平和教育结果公平三个方面①。

在我国，公民的公平受教育权具有法律保障。《中华人民共和国教育法》规定：“中华人民共和国公民有受教育的权利和义务。公民不分民族、种族、性别、职业、财产状况、宗教信仰等，依法享有平等的受教育机会。”“受教育者在入学、升学、就业等方面依法享有平等权利。”《中华人民共和国义务教育法》第四条规定：“凡具有中华人民共和国国籍的儿童、少年、不分性别、民族、种族、家庭财产状况、宗教信仰等，依法享有平等接受义务教育的权利，并履行接受义务教育的义务。”

石中英教授指出，教育公平的主要内涵，在法律上，是人人享受平等

① 王先民. 在新的教育发展起点上促进教育公平［J］. 当代教育科学，2008（15）.

的教育权利；在教育政策领域，是人人平等地享有公共教育资源；在教育活动中，是人人受到平等的教育对待，人人具有同等的取得毕业成就和就业前景的机会①。

综上所述，教育公平至少包括教育机会起点、过程及结果这三要素的公平。同时，它一方面要求个体教育机会的均等以及教育的个性化而非"一刀切"，"给每个人平等的机会，并不是指名义上的平等，即对每一个人一视同仁，如目前许多人所认为的那样。机会平等是要肯定每个人都能受到适当的教育，而这种教育的进度和方法是适合个人特点的"。"机会平等并不等于把大家拉平"。"教育上的平等，要求一种个人化的教育学，要求对个体的潜在才能进行调查研究"②。另一方面要求社会更新教育观念，合理配置资源，更重要的是向弱势群体的倾斜，灵活机动的促进各个层次的教育真正的实现公平。

2007 年教师节前夕，国务院总理温家宝在北京师范大学看望免费师范生，在与师范生座谈时表示："我以前讲过穷人的经济学，今天讲讲穷人的教育学。我们必须大力发展教育事业，努力使教育体现出最大的社会公平，让所有的孩子都能圆上学梦。让所有贫困家庭的子女都能上学，真正享有受教育的平等权利，这就是穷人教育学"③。当然，温总理这里所提的穷人教育就包括目前我国少数民族地区的少数民族教育问题。

2．教育公平的现实意义

教育公平是构建和谐社会的时代诉求，是建设和谐社会的重要途径。党的十六届四中全会提出，要不断提高构建社会主义和谐社会的能力。全面建设小康社会既要"使经济更加发展"也要"使社会更加和谐"。党的十七大进一步确立的主题为深入落实科学发展观，促进社会和谐，为夺取全面建设小康社会新胜利而奋斗。对此提出了新的要求，其中明确提出扩大社会主义民主，更好保障人民权益和社会公平正义④。由此可知，"促进社会和谐"与"保障人民权益和社会公平正义"有着内在的一致性和辩证的统一性。教育公平有利于社会公平正义，有利于加速社会流动、优化社会结构，从而成为构建和谐社会的重要前提。

---

① 石中英．教育公平的主要内涵与社会意义［J］．中国教育学刊，2008（3）．

② 联合国教科文组织国际教育发展委员会．学会生存［M］．北京：教育科学出版社，第 996 页。

③ 新华社文：《温家宝总理与北京师范大学免费师范生讲座谈》，http：//news. bnu. edu. cn.

④ 新华网 http：/www. xinhuanet. com.

首先，实现教育公平，有利于推进社会公平正义，促进和谐社会。社会公平正义体现在社会活动的方方面面，一般认为，教育公平问题是社会公平问题在教育领域的延伸，教育公平是社会公平的体现。王翼平在《中国党政干部论坛》发表的文章中阐释道："教育领域是社会公平和正义问题突出存在的领域，而且更具有基础性，其影响也更为深远。"他还认为，教育公平是社会公平问题的重要基础和前提，没有教育公平就没有社会公平。在教育公平和社会公平之间存在着很重要的因果关系：教育不公平，社会就不公平。陶西平和袁振国在《教育研究》发表文章指出："教育公平是社会公平的重要基础。收入不公平影响人的一时，教育不公平影响人的一生。把教育公平作为我国教育的基本政策是对我国教育发展任务的历史定位，具有重要的现实意义和深远的历史意义。"① 在当今世界，教育公平已成为教育现代化的基本价值，成为世界上许多国家大办教育的基本出发点，这在很大程度上是因为正确认识到了这种因果关系。而更为深刻的原因则在于，接受教育已经成为公民的基本人权，教育能够显著地改善人的生存状态，促进人口素质的提高以及国民经济和整个社会的可持续发展，还会促进社会公平的实现，因而被视为实现社会平等"最伟大的工具"。教育公平了，社会才能公平，构建和谐社会才能有保障。② 因此，在构建和谐社会的进程中，教育公平是实现社会公平和民族振兴的基石。

其次，实现教育公平，有利于加速社会流动优化社会结构，促进和谐社会。教育的对象是人，最终的目的是为了实现人的全面发展。实现教育公平意味着保障人民的权益，保证受教育者接受教育的机会，一些原本处于社会下层的人们通过接受教育，获得知识并将其转化为社会资本，从而向社会上层流动，有效地转变了贫富差距及两极分化的病态社会结构。通过接受教育，个体自身的素质不断提高，国民的整体素质得到了很大程度的改善，就会形成一个良性的社会结构的动态平衡。实现真正意义的人力资源强国。

实现教育公平是促进我国多元文化发展的重要途径研究表明，文化的多样性无论对于一个国家还是对于一个地区的经济、政治、社会和谐等都具有重要意义。以往，少数民族地区的教育都是在国家统一标准课程的主导下进行的，这种一刀切的教育模式和评价模式使得少数民族地区学生与发达地区学生相比在起点上就处于劣势，而且，长期的标准化教程和教学

① 陶西平、袁振国．加强统筹协调促进教育公平［J］．教育研究，2010（7）．

② 王翼平．促进教育公平：构建和谐社会的重要前提［J］．中国党政干部论坛，2005（11）．

不利于民族文化的传承和发展。教育公平的一个重要内涵是，公民具有平等地接受本民族文化特色教育的权利。如果坚持教育公平的原则，那么就意味着，更多的乡土课程的开发、更多的因地制宜的教育措施的发明与创新，从而有利于少数民族地区学生发挥特长，有利于少数民族文化的传承和发展。

在当今世界全球化背景下，每个国家都在探索既适合世界发展趋势，又适合自己国家文化特点的教育改革的思想、策略和路径，使其与自己国家的文化达成最大的切合性。从中外教育发展史上看，"应当教什么"的问题始终是学校教育所要面对的首要问题。因此，课程改革问题尤其是课程中的文化选择问题成为当今世界各国基础教育改革的重点和难点。课程中所选择和传承的民族文化内容，尤其是教科书中所呈现的文化世界，必然会影响学生的文化观、对各民族的理解和态度以及学生个体精神的完善，并进一步影响我们未来社会的发展。符合多元文化发展趋势的课程改革，正是我国少数民族地区实践教育公平的重大挑战①。

我国是一个拥有 56 个民族，其中 55 个为少数民族的多民族国家。民族自治区域占全国 64%，人口超过 1 亿，操 80 多种语言，用 39 种文字。由于汉族人口占绝大多数，且分布广，其生产与经营活动范围大，所以，汉语自然成为各民族的族际语。随着各民族的频繁交流和相互依赖，大部分少数民族地区已经形成了"民汉兼通"的双语社会形式，也因此建立了以实施双语教育为主的学校教育体系。少数民族地区的学校教育体系是整个国家学校教育体系的一个组成部分，虽然教师可以用不同的语言教学生，但是教授的内容、评价的标准、选拔的形式，即课程和考试的标准却是统一的。从各个地区的中考和高考的情况看，少数民族学生被淘汰的比例远远高于汉族学生。许多研究也证明，大多数少数民族学生在小学和中学的学习有困难，甚至跟不上学习进度，辍学率较高。许多专家经过研究后归纳出了多种原因：或是智商问题；或是人口素质问题；或是经验与文化上的冲突；或是对学校教育的不适应；或是经济贫困等原因。钱民辉从教育公平的视角提出，造成少数民族地区学生学习困难的重要原因是语言和文化环境的生疏，"少数民族的学生不是智力低下，也不是学习不努力，而是对学校环境不适应"②。因此，改变少数民族地区低入学率、低差异率

① 王艳霞．课程中的文化选择研究——对我国义务教育语文教科书的文化构成分析［D］．中央民族大学教育学院博士学位论文，2007.

② 钱民辉．多元文化背景下的教育公平问题［J］．西南民族学院学报，2002（2）．

和高辍学率局面的重要途径是，充分注重少数民地区的乡土语言和文化传承与发展。

总之，推进少数民族教育公平需要尊重少数民族的文化特色，需要开发更多的乡土课程，需要因地制宜发明与创新教育方法，从而有利于少数民族地区学生发挥特长，有利于少数民族文化的传承和发展。

3. 教育公平对少数民族地区区域发展的现实意义

教育公平是社会公平的基础，也是和谐社会建设的需要，更会少数民族地区群众对教育发展的合法诉求。众所周知，少数地区往往是经济落后地区，推进少数民族地区教育公平是少数民族地区农村学生改变自身命运的出路，也是少数民族农村地区改变落后面貌的重要途径。

近年来，人们对建立和完善少数民族地区农村教育投入机制、建立和完善教育资源优化整合的配套措施开展了广泛的讨论。值得关注的是，教育公平并不意味着平均主义、标准化、统一化（甚至同一化），这对于少数民族教育有特殊的意义。

郭正涛、侯阳阳讲到，统一化、标准化的教育绩效目标有利于我国整体教育水平的提升，但对于处于弱势地位的少数民族农村地区来说，过于强调升学率、学生成绩的教育目标使少数民族地区学生输在了教育的“起跑线”上。少数民族地区由于其特有的民族语言、文化，有些少数民族学生在入学之前根本不懂汉语，在入学后学习以城市学生的学习能力水平相适应的内容，采用以城市学生能力为标准的教材，使许多少数民族地区学生在学习上感到吃力，在各种统一的升学考试面前‘不战已败’。加上少数民族农村地区多聚居于偏远地区，与外界交流较少，多数学生形成了内向、不善于交流、害羞等心理特征，他们与汉族的学生相比，接受新知识、新观念的机会较少，也无法真正享受到教育公平带来的‘成果’。他们进一步认为，少数民族地区农村教育绩效目标的细则化应以民族地区实际需要为根本，应从为升学服务转到为民族地区农村及农业发展服务的轨道上来，采取多元化的教育形式与教育结构，以培养具有获取知识和劳动技能的能力、具有现代公民意识、具有创新及创业能力的人才为目标，制定一套符合少数民族地区需要、切实可行的评价标准①。

综上所述，实现教育公平对少数民族地区区域的发展有深远的重要意义。试图实现少数民族地区幼儿教育——教育起点的公平为整个民族地区

---

① 郭正涛、侯阳阳．发展少数民族地区农村教育推进教育公平——以广东民族地区为例［J］．广东技术师范学院学报，2010（7）．

教育公平的践行奠定坚实的基础。根据少数民族地区的具体情况，寻找并科学实施一套合理的幼儿教育体系——蒙台梭利幼儿教育，对于少数民族地区幼儿教育的发展起着至关重要的作用，对于促进少数民族地区幼儿教育公平扮演着重要的角色。

（二）蒙台梭利教育理论内核——系统论的视角

在我们的调研中发现，有些幼儿园将蒙台梭利教育作为一种显示幼儿园档次的招牌，在运用其方法的过程中存在着生搬硬套的现象，形式化过于严重，并未真正理解蒙氏教育的精髓。我们谈到教育的时候，是在讲人对人的教育，也就是说对人的优化。因此教育的核心是人。有效的教育，必须基于对人的认识。蒙台梭利正是在这一点上有突破。

人的发展有两方面要素，一方面是生理，另一方面是心理。生理方面，由于近代自然科学和医学的发展，人类已经取得了巨大的进步。而对后者的认识要肤浅得多。蒙台梭利所处的时代，近代心理学刚刚诞生，对心理的认识还比较初步。当时最有影响力的精神分析流派，承认人有丰富的内在的心理活动，认为有本我、自我、超我，有显意识和潜意识等不同层次的活动，但相关学说对儿童教育的指导价值非常有限。另一方面，30、40 年代兴起并具主导地位的行为主义心理学，甚至不承认人有意识、心理，认为人是个条件反射活动的复杂机器。

在这个背景下，蒙台梭利一方面作为一个科学家长期系统的观察儿童的行为，另一方面她作为第一线的教育实践者，力图开辟对人的系统的认识，能够解释儿童的行为和发展，并指导教育实践。

她第一个重大发现是，儿童是有内在的精神生活的。第二个发现是，人的心理有其自身的发展规律。但是由于蒙台梭利教育论著非常丰富，涉及的学科领域众多，使得普通的幼儿教师难以把握其理论的核心，从而造成实践上的迷惘。下面，我们以系统论框架为基础重新梳理蒙台梭利教育理念，我们认为蒙台梭利教育的核心是人格形成论和多元智能发展论。这些内容将为蒙台梭利教育的师资培训起到借鉴作用。

1. 蒙台梭利的健康人格形成论

人的心理发展的核心是什么？蒙台梭利认为是人的品格（或人格）。在一切教学活动中，品格的作用无处不在，“年轻的教师常常抱怨说：尽管他们能教科学、文学等科目，却教不了面前的学生，而且这不是由于学生缺乏才智，而是由于缺乏品格。没有品格就没有‘内驱力’”[①]。最近的研究发现，人格是人的学业成就、经济水平、身体健康和犯罪活动的最有效的预示标[②]。

蒙台梭利将人的品格分为四个类型（蒙台梭利用红色圆心、蓝圈、白圈和深红色圆环所构成的同心圆表示[③]）。我们将之归纳为四个层次：第一类是完美型，这类人正直、善良、乐观、慈善、意志顽强、安宁平和等等，他们自然的按照良知行事，他们发明、发现、勤劳工作，以及其品格本身，对人类社会作出很大的贡献。第二类是健康型，他们虽不完美，但心理是平衡的，他们乐于向完美方向迈进，同时在各自岗位上作出贡献；第三类是亚健康型，占多数，他们一方面感受到朝向良好品格的吸引力，另一方面却感到有滑向反方向的重力，因此内心是挣扎、痛苦的；第四类是病态型，例如精神病患者或者罪犯等，这些人士的心理是混乱的，成为社会的负担，甚至后者还作出反社会的行为。蒙台梭利关于品格类型的划分是典型的系统论思维。这四种品格类型代表了人的精神层面有序度的四个层次。

那么人格究竟是如何形成的？在蒙台梭利同时代的学者中，弗洛伊德、荣格、阿德勒等人也曾致力于探索这个问题，特别是致力于对儿童的心理研究。从蒙台梭利的教育实践来看，这些探索具有明显的局限性：它们主要以病态儿童为中心，其结论不适用于更广泛的普通儿童。而且，在这些探索中，儿童的性格被孤立出来加以分析，儿童心理的其它层面（例如智力发展）往往被忽略了。而蒙台梭利坚信人“是一个统一体”，在成长过程中，人的统一性特别体现在“人的性格、智力、情感与成长是同步进行的”[④]。因此，蒙台梭利一方面“努力地理解在儿童活动的背后所隐藏着的一种可理解的原因。没有某个原因，没有某种动机，他就不会做任何事情”，另一方面，她要探索这种动因是如何影响人的整体心理发展的。从人体复杂系统本体论来看，人的意识场是一个整体，意识场的多个层次

---

① 蒙台梭利著，任代文译．蒙台梭利幼儿教育科学方法［M］．北京：人民教育出版社，2009：532－533.

② Almlund M, Duckworth AL, Heckman JJ, Kautz T. Personality Psychology and Economics. IZA Discussion Paper No. 5500. February 2011.

③ 蒙台梭利著，任代文译．蒙台梭利幼儿教育科学方法［M］．北京：人民教育出版社，2009.

④ 蒙台梭利著，任代文译．蒙台梭利幼儿教育科学方法［M］．北京：人民教育出版，2009：270.

之间存在丰富的相互作用，人的品格形成与整体的心理发展是同一问题。

蒙台梭利对“品格如何形成”或者“儿童的心理如何发展”的探索引出了“精神胚胎”学说。康德也曾提出了人性的胚胎概念，但并没有阐述人性的胚胎究竟包含哪些要素。蒙台梭利不但将人性胚胎的概念具体化，而且还阐明了它的发育过程，这一学说不但适用于对病态人格的分析治疗、而且可以用于指导对正常儿童的潜能开发。

在蒙台梭利教育思想中，“精神胚胎”的概念来自三类现象和一个类比。首先蒙台梭利观察到婴幼儿普遍展现出的注意集中的现象，她由此推断婴幼儿必定已经具有精神生活，而不是像英国哲学家洛克所说的婴儿的心灵是一块白板。其次，基于数十年从事幼儿教育的观察，蒙台梭利发现儿童的心理发展普遍经历了一系列的对某类刺激特别敏感并且主动增加相应活动的阶段，她将这些阶段称之为敏感期，例如“秩序敏感期”、“行走敏感期”、“手敏感期”、“语言敏感期”等；再次，有关儿童天性的现象（如上文所述）。于是，为了解释上述三类现象，类比于生理胚胎的概念，蒙台梭利创造性地提出了“精神胚胎”的概念。她认为，“人似乎有两个胚胎期，一个是在出生以前，与动物相同；另一个时期在出生以后，只有人才有”①，已经诞生的新生儿“仍然过着一种胚胎生活，这时他所建筑起来的好像只不过是一个‘人的本能型式’”②，这种本能型式就是精神胚胎。正是“精神胚胎”指引着儿童的心理发展，并呈现出一系列在儿童中普遍存在的敏感期现象。正是“精神胚胎”健康发育，儿童便展现出了令人惊讶的天性。

基于人类学的知识，蒙台梭利推断人的精神胚胎主要包含三类本能要素。第一种称之为“爱的本能”，第二种称之为“主导本能”，第三种为“工作本能”。我们将之归为三个层次。爱的本能是最内核的。蒙台梭利通过大量的观察指出，婴儿的自然行为中体现出对环境、父母、同伴以及动植物的爱，因此爱是一种本能。她认为，爱是与宇宙意识（cosmic consciousness）相通③。中层的本能，蒙台梭利称之为“主导本能”，决定所有物种的生存。新生儿拥有能使自己适应于外部世界，并防止外部世界伤

① 蒙台梭利著，任代文译．蒙台梭利幼儿教育科学方法［M］．北就：人民教育出版社，2009：391.

② 蒙台梭利著，任代文译．蒙台梭利幼儿教育科学方法［M］．北京：人民教育出版社，2009：402.

③ 蒙台梭利著，任代文译．蒙台梭利幼儿教育科学方法［M］．北京：人民教育出版社版，2009.

害的“自我保护本能”。主导本能包括一系列的子本能，包括探索认知周围的环境的本能、学习本能，也包括“母性本能”等。外层是工作本能。工作是目的性明确的一系列心身操作过程。“人是通过工作构造自己的”，工作本能不仅能使人类更新，而且使人类通过工作来完善他们的环境①。幼儿正是通过不断地工作进行创造，在与环境的互动中使自己的发展需求得到充分的满足并形成自己的人格。工作本能从一开始就已经在婴儿身上体现出来了。蒙台梭利认为，婴儿在从事一项意义重大的工作，即成为人。婴儿通常表现为全神贯注做事情（看、听、摆弄物品等），这都是工作本能的表现。这三大本能正是儿童行为背后可理解的原因。

蒙台梭利关于精神胚胎，具体而言是三类本能的认识，正在得到越来越多的认知科学的证据支持。例如，近年来人们发现，婴幼儿不但具有考虑证据、得出结论、做实验的复杂推理能力，而且具有道德判断力。这些能力并非习得，而是先天具备②。从进化论的角度来看，具备上述三类本能的生物更有利于个体和群体的生存。从对生命的量子力学考察来看，漫长的生物进化使得人体的神经系统在出生时就是有序的、有结构的，神经系统的结构的概率密度场（神经系统量子波函数的实部）表现为显微镜下可观察的结构形态，神经系统的另外一面——不可观测的相位梯度场（神经系统量子波函数的实部）也必然是有结构的。不可见的“精神胚胎”就是对神经系统相位梯度场的刻画。

精神胚胎所包含的三种本能可谓“良知”、“良能”，那么亚健康的、病态的人格又是如何产生的呢？蒙台梭利认为是外部环境所造成的，“在现实中个体上许多使我们理论上叹为遗憾的‘邪恶’，都可归结为外部原因”③。不良的外部原因首先作用于神经系统，随后形成畸变的人格，最终使歧变的个体沦为社会的边缘，这些受害者遭到排斥、受到冷落，“由于心理缺陷、意志紊乱、性情反常以及缺乏肉体的吸引力，而不为人们所喜爱。从受母亲的虐待、学校的虐待，到受社会的虐待，使他们倍尝人间的辛酸”④。人的心理歧变（占有欲、权力欲等）从儿童早期已经普遍出现

---

① 蒙台梭利著，单中惠译．童年的秘密［M］．北京：人民教育出版社，2005：183－184.

② 艾利森·戈波尼克、安德鲁·N·梅尔佐夫、帕特利夏·K·库尔．摇篮里的科学家：心智、大脑和儿童学习［M］．上海：华东师范大学出版社，2004.

③ 蒙台梭利著，任代文译．蒙台梭利幼儿教育科学方法［M］．北京：人民教育出版社，2009：859.

④ 蒙台梭利著，任代文译．蒙台梭利幼儿教育科学方法［M］北京：人民教育出版社，2009：830.

了，这皆是因为精神营养不良所造成。因此，我们必须对付的不是邪恶，而是病态环境以及社会的错误。社会最大的错误就在于不重视家庭教育、儿童早期教育，“社会就像是一个任意挥霍他的祖传财富的儿童监护人。成人把钱花费在自己身上，并建造他们所需要的东西……这是人类最大的罪恶和错误之一”①。如果全社会联合起来，给予儿童成长所必要的精神营养，那么人类的复兴就是可以预期的了。实践表明，那些已经产生心理歧变的儿童，当被置于合适的环境、有充分的精神营养，这些儿童会再次显现出其与生俱来的天性，即经历一个“正常化”的过程。

如果说儿童的正常发展必须辅以必要的精神营养，那么如何辨别儿童是否在吸收精神营养呢？答案是儿童的注意集中。蒙台梭利发现，心理生命的构成始于注意力这种独特的心理现象，“每当出现这种注意，儿童便完全改变。他们表现得更加安静，更加聪明并富有进取心，从而表现出一种特殊的精神品质。……这就像是在一种饱和溶液中形成的结晶点，周围聚集着很多杂乱的游离不定的物质体，经过一系列的反应，最后产生奇妙的结晶体。同样，当注意分配出现时，儿童意识里的一切包括那些杂乱不定的部分都仿佛自动汇聚，从而达到了一种新的精神境界”②。因此，“教学方法只有一个，那就是必须维持学生的高度兴趣和强烈、持续的注意力。教育所要求的只有一项：即由孩子的内在力量，来达到自我的学习”（《家庭中的儿童》）。

精神胚胎健康发育所依赖的精神营养是由环境所提供的，更主要的是有赖于环境中的成人（包括教师和家长）。蒙台梭利指出，“人不是动物，而是社会产物，教育过程中个体的社会环境是家庭。如果科学教育不能影响新一代成长的环境，那么，它寻求改良新一代教育的努力也是徒劳！”③在蒙台梭利早期的教育实践中，贫民区“儿童之家”的教师白天同儿童生活在一起，晚上或节假日经常去拜访儿童的家长和邻居，向他们了解儿童的活动与表现；帮助他们安排家庭生活、布置和美化环境；回答和解释他们提出的种种问题。热心的教师为家长带去了科学文化知识和温暖，因而成为公寓里最受尊敬的人。同时，家长也定期来“儿童之家”和教师共同讨论

---

① 蒙台梭利著，单中惠译．童年的秘密［M］．北京：人民教育出版社，2005：208.

② 蒙台梭利著，任代文译．蒙台梭利幼儿教育科学方法［M］．北京：人民教育出版社版，2009：674.

③ 蒙台梭利著，任代文译．蒙台梭利幼儿教育科学方法［M］．北京：人民教育出版社版，2009：96.

儿童教育问题，随时欢迎公众来“儿童之家”访问，这就增加了“儿童之家”同家长和社会之间的联系。这就形成了儿童、教师、家长和社会共同进步的局面。有些家长为了关心自己子女的教育和成长，不得不改变不良习惯和嗜好，主义日常的言谈举止和个人及家庭的整洁卫生，主动搞好邻里关系，逐步形成良好的风尚，使整个公寓出现崭新的局面[①]。从人体复杂系统论来看，人是多层次的存在，人的发展有赖于多层次的耦合作用，家庭、社会是人体的延伸，它们自上而下的影响个体人的发展。因此，教育的一项重要原则是，通过优化儿童的成长环境来促进儿童的健康发展。

基于人体复杂系统本体论，我们将人的意识活动分为三个层次：心灵、心智和心理，分别对应神经系统的内、中、外三个层次。心灵包括人的品格、理想，是意识的内核，具有最大的开放性；心智包含人体的自动化功能；心理则包含各种知识、观念。品格是人对人、对己、对事、对物的基本的思维和行为方式。在人体内部，品格决定着人的动机、思维和行为。在人与其他事物的关系上，正是品格决定着人的意义和价值。意识的三个层次都具有先天和后天的成分。先天是指，人体神经系统含有与生俱来的结构（是生命亿万年进化所产生的），后天是指神经系统受后天环境的调节而发生结构上的变化。蒙台梭利的“精神胚胎”本质上是对人体神经系统先天结构在功能上的系统学分类，三大本能分别对应人体意识结构的三个层次的先天部分。而“精神胚胎”的发育学说，则揭示出后天环境是如何作用于神经系统的先天功能、并演化出后天功能的，这为人体意识结构的演化建立了系统学模型。

此外，在蒙台梭利教育中，品格不是抽象的概念，而具有与丰富的教育实践密切相关的具体内容。她既论述了兴趣的功能与开发、又描述了无聊的起因和不良后果，既描述了儿童如何获得独立，又揭示了依赖的起因，既肯定了想象力对于智力发展的作用，又揭示了神游的危害，既描述了爱的本能是如何发展为友爱和自发的纪律，又揭示了占有欲和权力欲的起因，等等。总之，她对正常儿童和心理歧变儿童都进行了细致地研究，前者是因为精神营养充分，后者则是精神营养不良的后果。在教育原则上，她既强调了自由原则的重要性，又对什么时候给予严格的正面管教进行了说明。从复杂系统本体论来看，蒙台梭利用众多维度上的二面来共同表述“品格”这个复杂体。

① 蒙台梭利著，任代文译．蒙台梭利幼儿教育科学方法［M］．北京：人民教育出版社版，2009：7－8.

2. 蒙台梭利的智能理论

儿童智力发展，被认为是蒙台梭利教育的特色。蒙台梭利认为“智力是解决人的社会自由问题的关键”，只有对社会与自然的丰富认识、人才可能做出明智的选择，只有智力的发展，人才可能实现明智的选择。她观察到，“智力上的每个进步都会给孩子带来欢乐。他们享受了这种欢乐后，就不再喜欢蜜饯、玩具和虚荣了”，她感叹儿童在智力进步带来的欢乐“是一种高尚的欢乐，一种将人与动物区分开来的欢乐，一种能把我们从悲伤和黑暗的孤寂中拯救出来的欢乐”，同时又惋惜人们“由于压抑了智力，失掉了多少生活的乐趣和欢欣”①。那么智力的本质是什么？又如何辅助儿童智力的发展？

有关智力，蒙台梭利提出了三个重要命题：（1）智力的基础是想象和抽象。“心理的这两种能力（想象和抽象）超越了对眼前实在事物的简单感知，它们共同进行心理内容的建设”②。抽象意味着，“智力通过相似的注意力和内部意志的行动，提取出事物的主要特征，进行意象的联想，并将这些意象置于意识的前缘。它会抛弃大量使其前后关系含混不清的因素”。（2）智力是对意象进行有序化的能力。蒙台梭利说，“帮助智力的发展就是帮助把意识的意象有条不紊的分门别类”③。感官训练的目的在于使孩子能够区分和分类。（3）人的心理天生就是有序的网络结构，人类天生拥有“精确的心理”。“精确的心理”是蒙台梭利从法国哲学家、物理学家帕斯卡那里引用过来的。她说，“人类的心理结构——一张可以把知觉和想象的全部财富织嵌进去的经纬线，基本上也是有秩序的”④。因此，在蒙台梭利的幼儿教育实践中，将感官材料（与数学、语言、地理、历史、生理等相关的教具）作为一个物化的抽象观念系统提供给儿童，儿童凭借他们“有吸收力的心智”将这些有序的抽象观念吸收进他们本来具备的精确心理之中。蒙台梭利上述命题正在得到越来越多的神经科学和认知科学的证据支持。

---

① 蒙台梭利著，任代文译．蒙台梭利幼儿教育科学方法［M］．北京：人民教育出版社，2009：782.

② 蒙台梭利著，任代文译．蒙台梭利幼儿教育科学方法［M］．北京：人民教育出版社，2009：508.

③ 蒙台梭利著，任代文译．蒙台梭利幼儿教育科学方法［M］．北京：人民教育出版社，2009：772.

④ 蒙台梭利著，任代文译．蒙台梭利幼儿教育科学方法［M］．北京：人民教育出版社，2009：508.

虽然没有使用多元智能的概念，但是蒙台梭利的教育内容显然兼顾了儿童多元智能的发展。蒙氏教育所包含的丰富的感觉训练、日常生活练习、体操训练、科学文化教育（包括阅读和书写练习等）、算数入门、艺术教育、自然教育（包括农业劳动和动植物养殖）、劳动教育（陶土工艺和房屋建筑），以及肃静练习（冥想训练的原始形式），可以与哈佛大学心理学家加德纳提出的多元智能——“语言智能”、“数理逻辑智能”、“运动智能”、“音乐智能”、“博物智能”、“人际关系智能”、“自我认识智能”等建立丰富的对应关系。因此，从智育的角度看，蒙台梭利教育是多元智能教育。

从人体的自组织性来看，智能是人体自组织功能的体现，是人体适应环境的产物。因为自组织的自然结果是产生有序结构，因此智能的本质就是神经系统、或者意识的有序结构的形成。因为自组织的目的是适应环境，而人所处的环境是复杂多样的，因此智能必定是多维的（或者多元的）。也因此，形成智能的最佳方式是将人置于一个丰富的环境之中。

我们认为，蒙台梭利教育之所以能够在不同文化背景的地域得以实施，是因为她的教育思想深刻而系统地揭示了人的本质特征和规律。正如蒙台梭利所说，“只能有一种教育和训练幼儿的方式。如果教育在一出生就开始，那么这时就只能有一种教育。谈论印度婴儿、中国婴儿或欧洲婴儿的不同礼节，谈论那些属于不同社会等级的儿童的礼节是没有意义的。我们只能谈论一种遵循人的自然发展的方法。……只有建立起各种法则和决定人在发展过程中的各种需要的自然才能够支配所遵循的教育方法。这是由自然的目的决定的，即要满足各种需要和建立各种生活法则。这些法则和需要一定是儿童本身通过其自发现象以及所取得的进步而表现出来的。他的平静与欢乐、精力的集中以及其自由选择反应的坚定性都证明了这一点”①。“二战”之后欧洲蒙台梭利幼儿教育的复归，以及21世纪前后美国蒙台梭利教育的复归，在本质上都是人性化教育的复归。

第二节 内蒙古地区幼儿教育发展的历程、现状与问题分析

一、少数民族地区幼儿教育现状

目前我国少数民族地区幼儿教育呈现如下几个问题：

---

① 蒙台梭利著，任代文译．蒙台梭利幼儿教育科学方法［M］．北京：人民教育出版社，2009：406.

第一，教育资源配置不公。史大胜认为由于中央财政投入不足，民族地区经济落后，地方政府难以在幼儿教育资源的配置上发挥主导作用，幼儿教育经费很难得到保障。而且少数民族地区教育资源配置不公还有进一步拉大的趋势。例如，以每个幼儿的平均教育经费为例，2002 年投入最高的发达省份与投入最低的民族地区省份之间的差距达到了 979 元，最高省份每个幼儿的平均教育经费是最低省份的 50.5 倍①。

第二，幼儿教育机会尚未均等。统计数据表明，在民族地区，少数民族幼儿的受教育情况不容乐观，教育资源分配的不公平直接导致幼儿园数量严重不足，幼儿入园率普遍偏低，幼儿学前教育的整体水平明显滞后。郑名在《在民族地区应率先实施免费学前一年教育》的调研数据显示，青海省学前儿童入园率为 31.67%，比全国平均水平低 12.93 个百分点。西藏自治区 2007 年在园幼儿 1.11 万人，幼儿入园率仅为 5.94%；新疆维吾尔自治区 25 个贫困县仅有幼儿园 44 所，全区幼儿学前三年的受教育比率也仅为 10%②；同时，辛宏伟和翟宁在《多元文化背景下新疆农村幼儿教育发展的困境与对策》的调查报告中提到：甘肃省陇西县有 18 个乡，仅有 9 个乡建立了幼儿园③。幼儿园数量难以满足当地幼儿教育发展的需求。

第三，民族地区幼儿教师数量不足，基本素质不达标是导致少数民族幼儿教育发展不公平的重要因素。根据研究结果显示，甘肃省某藏族自治州幼儿教师中接受过学前类教育知识培训的教师只占 50.5%，有接近一半的幼儿教师都是非专业出身④。此外，辛宏伟和翟宁也指出：新疆 2007 年农村在园幼儿为 3769 名，教师只有 110 名，在对南北疆的 262 名教师的调查发现，42% 为非幼师专业中专学历，学前教育专业仅为 7.8%，而且，非专业的教师难以较好地结合幼儿身心发展规律开展适时有效的教育活动。

二、内蒙古幼儿教育发展的历程及问题分析

（一）新时期内蒙古幼儿教育发展历程

1. 20 世纪 80、90 年代幼儿教育事业发展的高峰时期

20 世纪 80、90 年代，伴随着国家幼儿教育发展的浪潮，内蒙古幼儿

---

① 周翠彬．论学前教育公平的立法保障［J］．湖北第二师范学院学报，2009（5）．

② 郑名．在民族地区应率先实施免费学前一年的教育［J］．中国民族教育，2009（6）．

③ 辛宏伟、翟宁．多元文化背景下新疆农村幼儿教育发展的困境与对策［J］．幼儿教育，2009（6）．

④ 宋生涛．少数民族地区幼儿教师专业发展的现状与对策研究［D］．西南大学学前教育系硕士学位论文，2008.

教育事业发展的步入了高峰时期，表现在幼儿教育事业发展的规模和速度上（见表2—1）。

表2—1 1980—1999年幼儿教育发展状况简表①

年度	幼儿园数（所）	学前班数（个）	在园（班）幼儿人数	幼儿园职工数
1980	314	3980	127712	4227
1985	595	6085	245650	14286
1989	1515	9158	381269	16348
1995	1576	10141	436379	22192
1998	1607	10539	381475	20598
1999	1771	10487	346840	18977

从表2—1中可以看出，整个80年代，幼儿教育事业发展非常迅速，例如1980年，全区幼儿园数仅为314所，到了1985年，增加到595所，增加了281所，增长率为89.49%。到了1989年幼儿园达到了1515所，比1985年增加了920所，增长率为154.62%。90年代，内蒙古幼儿教育事业整体相对平稳，基本保持80年代末的发展水平。例如1995年内蒙古幼儿园共1576所，比1989年的1515所增长了10.4%；学前班10141个，比1989年的9158个增长了11.1%；在园（班）幼儿436379人，比1989年的381269人，增长了11.5%。1996年以来，幼儿园和学前班的数量虽略有增加，但在园（班）幼儿人数和幼儿园职工数都出现负增长现象。如1998年全区有幼儿园1607所，学前班10539个，二者均比1995年增长10%，在园（班）幼儿381475人，比1995年下降8.7%。出现这种现象的主要原因是，由于实施计划生育内蒙古近年来新增人口数的下降。这样在幼儿园和学前班保持增长的势态下，而幼儿在园（班）的人数下降，可使前些年班容量过大的现象得到缓解，有利于提高教育质量。同时也说明，自治区幼教事业发展的规模和速度，基本满足了该阶段幼儿受教育的需求。

20世纪80、90年代，内蒙古幼儿幼儿教育事业发展主要从以下两个方面入手：一是缓解城镇幼儿“入托难”的矛盾；二是城乡大力发展学前一年的教育。

① 邢利娅．新时期内蒙古幼儿教育改革与发展回眸［J］．内蒙古师范大学学报（教育科学版），2001（10）．

城镇发展幼儿教育的重点是恢复和改建旧园，大力新建幼儿园，提高幼儿入园率，缓解“入托难”的矛盾；城乡幼儿教育的重点是在小学附设学前班，保障幼儿接受学前一年幼儿教育。

2. 新世纪幼儿教育事业发展的崭新时期

进入新世纪，为了贯彻落实《中共中央、国务院关于深化教育改革全面推进素质教育的决定》和教育部《面向21世纪教育振兴行动计划》精神，加大内蒙古幼儿教育改革发展力度，2000年4月自治区教育厅颁发了《关于全区幼儿教育改革与发展的意见》。确定改革与发展的总体目标是：到2005年，全区3—6岁幼儿入园（班）率达到45%以上，城镇基本满足适龄儿童入园需求，农村牧区学前一年幼儿入园（班）率达到85%以上；幼儿教师具备幼儿师范学校（职业高中幼师班）毕业以上学历的达70%以上；创建60所自治区示范幼儿园，学前班有50%以上达到自治区评估标准。制定改革与发展的主要任务是：第一，加大幼儿园办园体制改革，坚持多渠道、多形式发展幼儿教育事业的方针，走以社区为依托，以教育部门办园为骨干力量和示范模式，公办和民办相结合，国家、集体、个人多种形式办园的路子；第二，优先、重点发展民族幼儿教育；第三，大力发展农村、牧区幼儿教育；第四，加强管理，深化教育教学改革，提高保教质量，注重幼儿素质和能力的培养，促进幼儿体、智、德、美全面发展。

2002年，全区共有幼儿园1101所，在园幼儿11.48万人；2003年，全区共有幼儿园1140所，在园幼儿11.43万人。2004年全区幼儿园总数为1169所，幼儿教育班有12568个，其中学前班7630个，在园（班）幼儿29.64万人，其中学前班幼儿16.85万：从事幼儿教育事业的教职工16972人，其中教师10449人，保健员1061；幼儿教师合格率97.12%。2007全区已有各类登记注册幼儿园1664所，在园幼儿29万人，学前三年入园率37%，学前一年入园率达到75%，并创建了85所自治区示范性幼儿园。2010年，全区幼儿园总数为1911所，在园幼儿224871人。少数民族幼儿园及学前班196所（班），在园幼儿4.58万人，其中实施双语教学的177所（班），在园幼儿3.66万人。幼儿园教职工24163人，其中，专任教师15585人，学历合格率99.69%，专科毕业及以上教师比例75.41%。蒙语授课幼儿园教职工2596人，其中，专任教师1933人，学历合格率99.70%，专科毕业及以上教师比例76.63%。2011年，内蒙古现有幼儿园2039所，其中公办幼儿园仅有656所，全自治区的学前教育教职工总数为2.7万人。

表 2—2　幼儿园总数比较

年份	幼儿园数	增减值	增减幅度（%）
2004	1169	—	—
2007	1664	495	42.34%
2010	1911	247	14.84%

从以上数据和表 2—2 中可以看出，内蒙古幼儿教育事业进入新世纪以来，一直保持着增长的趋势，可以说，国家和自治区颁布的有关促进幼儿教育发展的政策在幼儿教育的实践中取得了显著的成绩。

进出 21 世纪的第二个十年，教育部明确提出要将九年制义务教育向两头延伸，《国家中长期教育改革和发展规划纲要（2010—2020 年）》（以下简称《教育规划纲要》）也明确了普及学前教育的目标。在近期全国教育工作会议上和《国务院关于当前发展学前教育的若干意见》中，对当前加快发展学前教育又进一步明确了目标任务。2011 年 4 月，《中国教育报》刊登了《内蒙古自治区中长期教育改革和发展规划纲要（2010—2020 年）》（以下简称《纲要》）。这是指导未来十年内蒙古教育发展的纲领性文件，它明确了我去幼儿教育发展的方向和任务。《纲要》提出，内蒙古幼儿教育发展的目标是，到 2020 年普及学前一年教育，基本普及学前两年教育，有条件的地区普及学前三年教育（详见表 2—3）。

表 2—3　学前教育发展主要目标

指标		单位	2009 年	2015 年	2020 年
学前教育	幼儿在园人数	万人	33.8	55	67
	学前一年毛入园率	%	70.2	85	95
	学前二年毛入园率	%	55.6	70	80
	学前三年毛入园率	%	37.59	60	70

《纲要》还进一步提出，未来学前教育的发展任务是，进一步扩大学前教育资源，基本普及学前教育，形成政府主导、社会参与、公办民办共同发展的办园格局；积极推进农村牧区学前教育发展；明确政府责任，理顺管理体制，旗县级人民政府承担发展学前教育的主要责任。

在《纲要》的推动下，各盟市都加快了发展幼儿教育的步伐。2011 年，通辽市重点推进了苏木、镇和国有农牧场幼儿园建设，并定下计划建设83所苏木、镇中心幼儿园。到2011年末，83所中心幼儿园主体工程全部完工，实现了镇镇建成一所标准公办园的目标。83所幼儿园每园设计招生规模为180人，正常运转后将解决15000余名孩子入园问题，解决1800余名教职工就业的问题。在通辽市学前教育三年行动计划中，共规划建设213所幼儿园。同时，该市要求各旗县根据实际制定具体规划，按照“大镇多园、大村独办、小村联办”的思路，通过3至5年的努力，初步形成政府主导、社会参与，以公办学前教育为主体、公办与民办并举的办园体制，最大限度地满足人民群众对学前教育的基本需求。

在几十年的发展中，内蒙古幼儿教育初步形成了多渠道、多层次、多形式办园的格局，建立和完善幼儿园师资培养与培训体系，建立健全幼儿教育管理体系和教科研体系，内蒙古的幼儿教育正积极、稳妥、有序地向前发展。

（二）内蒙古幼儿教育发展现状

内蒙古自治区成立后，在党的民族政策和教育方针的正确指导下，科学地制定和采取了“重点”、“优先”发展少数民族教育的方针，为发展全区少数民族教育起到了重大促进作用。1956年，自治区第一所以招收蒙古族幼儿为主，同时兼收其他少数民族幼儿的民族幼儿园在呼和浩特建成。此后，在全区一些城市相继办起了这类幼儿园6所。十年浩劫，民族幼儿园均被扣上民族分裂的大帽子，被取缔或被撤销。自党的十一届三中全会以来，内蒙古民族幼儿教育才得以复苏发展。从1979—1989年的10年间，民族幼儿园增长了2.5倍，在园幼儿增长了7倍，少数民族幼儿总数的百分数增长了近2倍，到1996年达到18.2%，与少数民族人口占全区人口比例接近（19.6%）。与此同时，全区幼儿园数增长了3.7倍，在园幼儿增长了3.6倍，民族幼儿园虽增长了2.5倍，在园幼儿增长了7倍，其中蒙古族幼儿园增长了4.4倍，在园幼儿数增长了6.5倍。同时牧区学前班的发展更为迅速，到1990年，学前班有1070人，是1980年的5倍。在班幼儿24231人，是1980年的5倍。可以看出，民族幼儿教育的发展与自治区幼儿教育发展趋势一致，即80年代呈现出一个发展高峰，进入90年代发展的规模和速度进入较平稳发展状态。可以说，新时期内蒙古民族幼儿教育事业得到长足的发展，并取得实际成效。

据调查所知，到2005年初，全区小学在校生数为1658154人。其中蒙古族学生占20%，约331910人，而同期接受幼儿教育的人数为296382人，其中蒙古族占17%，约50648人，两组数据是近5—6倍的差别，由此可见，内蒙古蒙古族幼儿教育还需要大力发展，还需要政府和社会各界人士的广泛关注和支持。

目前内蒙古少数民族聚居的旗县市所在地普遍建立了民族幼儿园，一些乡镇苏木也办起了幼儿园，各地蒙授小学均开设了学前班。截至2010年，蒙古族幼儿园及学前班数从自治区成立初期的17所发展到了162所，蒙古语授课的在园幼儿达到32733人。《国家中长期教育改革和发展规划纲要》中不仅把发展学前教育纳入到了城镇、新农村建设规划中，并且把重点放在了发展农村学前教育方面。纲要第七项中提出要以多种形式扩大农村学前教育资源，新建扩建托幼机构，在小学附设学前班，充分利用中小学布局调整的富余校舍和教师资源。支持贫困地区发展学前教育。在政策的指导下，内蒙古自治区党委政府高度重视民族幼儿教育，不断加大投资力度，在政府与教育部门的共同努力之下取得了可喜的成绩。更为令人高兴的是，近年来，由于内蒙古大力推广农村牧区幼儿园及学前班教育，重视早期教育，特别是为学前儿童开设“三语”课程，已经得到了广大农牧民家长的认可及支持。各地有关部门也对幼儿教育给予了广泛关注，民族幼儿教育的辐射作用正在迅速扩大。以通辽市为例，截至2010年，全市3—5周岁蒙古族儿童数达到了47万余人，公办蒙授幼儿园却只有6所。2010年至2011年，通辽市教育局对关于苏木镇建设蒙古族幼儿园问题向各旗县850个蒙古族家庭做了问卷调查，民意测验结果表明97.09%的人支持苏木镇建设蒙古族幼儿园。通过本次调研活动，通辽市教育局决定从2011年逐步开始在蒙古族人口聚集的苏木镇建设蒙古族幼儿园。目前为止，建园规模能达到600人的已有16个、500人的8个、400人的7个、300人的5个、200人的4个，共达40所。锡林郭勒盟2007年投入了230万元，新建了市幼儿园教学大楼，投入了60万元，改善了办学条件并维修了园舍。2008年锡林浩特市出台了《关于印发加快牧区“两转双赢”工作的实施意见》，这是一项新的助学政策，对转移进城农牧民子女在城镇幼儿园就读者每人每月补助100元①。

三、内蒙古幼儿教育发展中面临的主要问题

（一）幼儿教育的普及问题

同全国大部分地区一样，幼儿教育仍然是内蒙古整个基础教育的软肋，幼儿园数量不足、办园条件差、师资紧缺等成为普遍难题，特别是农

---

① 《关于印发加快牧区“两转双赢”工作的实施意见》锡林浩特市党发［2008］3号。

村牧区中小学布局调整后，许多附设在村小学和教学点的学前班被取消，农村适龄儿童的学前一年教育受到很大的影响。

1. 古族幼儿入园难和入园贵的问题

内蒙古的幼儿教育，尤其是民族幼儿教育，由于幼儿园数量少，水平较低，使得很多少数民族幼儿或者无园可入或者选择汉族幼儿园。在城市中，大部分民族幼儿园与汉语幼儿园相比，在师资、环境设施、课程设置等方面均存在一定的差距，只有少数重点公立民族幼儿园在软硬件方面具有较高水平，但是规模有限，可接纳幼儿数量也有限，因此，少数民族家长为了孩子的长远发展，更愿意把孩子送到汉族幼儿园。在乡镇苏木，幼儿园数量远远不能满足幼儿入园需求，不论是民族幼儿园还是汉族幼儿园数量均非常有限，而且办园质量远不及城市幼儿园。这样，很多幼儿面临无园可入的困境。要解决“入园难和入园贵”问题，学前教育的普及是一剂良药。这种普及，不仅是量的扩大，更应该是质的提高。

2. 小学附设学前班还是停办学前班的问题

《内蒙古自治区中长期教育改革和发展规划纲要（2010—2020年）》中提出，到2020年，学前一年的毛入园率要达到95%。学前一年教育，主要是由学前班来承担。在内蒙古大部分地区，特别是民族农村地区，学前班基本都附设在小学里。现在出现这样的趋势，小学停办附设的学前班。原因在于小学是进行学校教育的专门机构，无论硬件设施还是师资配备，都不是从幼儿角度出发的，而是按教小学生的方法教学，不符合孩子的认知规律。由于大部分学前班附设在小学，一旦停办，将有很多幼儿流向幼儿园，但是幼儿园的学前班的数量有限，不能接收如此多的幼儿，所以就会出现没有学前班可上的现象。在城市或经济发达的地区，私人承办的学前班开始出现，他们主要以儿童升入重点小学为目标，小学化教育倾向严重，而且收费较高。少数民族地区经济发展相对落后，农村地区大部分只能完成学前一年教育，如果小学全部取消学前班，民族农村地区的幼儿将面临失去学前教育机会的问题。

（二）幼儿教育的师资问题

幼儿教育的师资问题也是《教育规划纲要》中强调的重点，《教育规划纲要》中明确提出严格执行幼儿教师资格标准，切实加强幼儿教师培养培训，提高幼儿教师队伍整体素质，依法落实幼儿教师地位和待遇。要落实《教育规划纲要》规定的任务，在民族幼儿教师的发展方面，应该重点解决以下问题：

1. 缺编少编，待遇缺乏保障，队伍不稳定

内蒙古90%以上的农村幼儿教师以及城市民办幼儿园教师、公办幼儿园教师中的非编制教师占了幼儿教师队伍的绝大多数，他们的收入非常低，即国家规定的最低工资标准，在农村地区甚至更低，教师的权益也得不到应有的保证。公办幼儿园编制一直是原地踏步，民办幼儿园为了压缩支出，改“两教一保”为“一教一保”。除少数公立幼儿园外，其他幼儿园教师的聘用、调配、管理以及工资待遇、退养问题都未得到妥善解决。至于幼儿教师的业务培训、继续教育、社会保障等问题就更难顾及。这导致幼教队伍流动性大，幼师也因没有归属感而缺乏责任意识和主人翁意识。“进不来”和“留不住”人的现象普遍存在，严重影响幼教队伍的整体素质，对于幼儿教育质量的提高和幼儿身心的健康发展很不利，还直接影响了民族幼儿教育事业发展的质量和速度。

2. 教师素质偏低，专业发展滞后

民族幼儿园的教师，不仅要具备作为一名合格的幼儿教师所应具备的素质，如扎实的专业基础、较高的专业技能等，还要具有双语教学的能力。但是，目前内蒙古幼儿教师的整体素质还是比较低的，表现在教育观念的落后，教育方式单一，专业知识不足，专业技能不高等。同时，民族幼儿教师的专业发展缺乏制度保障，接受专业培训机会少，专业培训的针对性差。

3. 文化意识淡薄

少数民族教育具有双重性，既要适应本民族的发展和需要，又要适应多民族国家的发展和需要。由此决定了少数民族教师将承载着把主流文化介绍给幼儿和将本民族的传统优秀文化教授给幼儿的双重任务。但是现实中，民族幼儿教师的文化意识并不强，存在两种错误的倾向。一是“故步自封”，一味强调本民族文化的传承与教育；二是“盲目追随”，全面地按照汉族模式进行教育。可以说这两种倾向都是民族幼儿教师文化意识淡薄的表现，应在民族幼儿教师专业精神的培养方面加强文化意识的教育，使其具有正确的态度，才能更好地完成自身的教育使命。

4. 教师待遇低、工作环境差

民族地区，特别是边远民族地区，由于经济发展相对缓慢，自然条件相对恶劣，使得当地的教师整体工资水平不高，且工作环境相对较差。

第一，民族教师，特别是双语教师工作负担重。民族地区的双语教师，大部分都是本民族教师，因此在专业发展中，会比其他教师花费更多的时间在汉语水平的提高上。民族地区大部分幼儿园，由于各种因素的制

约，都未能达到“两教一保”，“一教一保”的比例也很低，更多的幼儿园每班只有一个教师，整个幼儿园有1—2名保育员，教师不仅承担着整个班级的教学工作，还承担着繁重的保育工作。同时为了做好本职工作，教师还要提交双语教学的总结报告，幼儿发展情况的汇报等，这些都加重了双语教师的负担。

第二，从实际情况来看，双语教师（包括特岗教师）的工作难度更高，压力更大。但相较普通教师而言，双语教师的待遇并没有明显优势。尤其是特岗教师，一些地区对特岗教师的待遇和进编工作不能及时落实到位，在一定程度上挫伤了这些教师的积极性。

第三，双语教师生活成本高，工作环境差。大部分双语教师面临着住房的问题，特别是农村地区的双语教师。双语教育事业发展的可喜成绩就是向农村普及，但新建的农村双语幼儿园新入编的教师大部分是外地人，住房是这些新教师能够安心工作的重要保障。而现实情况是，由于缺少住房，双语教师的生活成本额外增加了房租、伙食费、上下班交通费等。此外，在农牧区工作的双语教师还面临生活条件艰苦、语言不通等问题。一些农牧区远离城市，交通不便。在此工作的特岗教师，尤其是不通少数民族语言的汉族教师，由于和当地人沟通不畅，下班后只能枯守宿舍，又缺少电视等媒体资源，生活封闭、枯燥，易出现心理问题，工作难以持久。

（三）双语教育的问题

在《教育规划纲要》的民族教育部分，提出要全面提高少数民族和民族地区教育发展水平。其中不仅要求公共教育资源要向民族地区倾斜，还提出民族地区各级各类教育发展的不同目标，把大力推进双语教学作为重要内容，并强调了学前阶段的双语教育。因为幼儿期是幼儿语言学习的关键期，通过发展学前双语能力，能够达到提升各少数民族的文化素质的目的。同时学前阶段的双语教育无论在教育对象还是教育内容、教育方法与途径等各个方面都存在很大的不同。要落实《教育规划纲要》规定的任务，在民族幼儿园双语教育方面，应该重点解决以下问题：

1. 认识上存在的偏差

有的民族幼儿园忽视母语教育问题，甚至不讲母语；有的幼儿园把汉语当作一门科目，每周集中一次或两次来讲。幼儿双语教育应该在幼儿习得母语的基础上，依据幼儿身心发展特点和语言习得规律，通过创设适宜的环境，培养幼儿对第二语言的兴趣和敏感性，以及初步的双语口语交际能力，促进幼儿全面发展的过程。首先要重视母语教育，然后注重创设自然的双语环境和氛围来激发对汉语学习的兴趣，提高对汉语语言的敏感性，培养初步的汉语口语交际能力。

2. 合格双语教师的匮乏

能胜任幼儿双语教育的教师应该具备两个方面的能力：一是熟知幼儿心理发展规律和特点，能根据教育目标和幼儿发展状况制定教育计划，选择教育内容，能采用生动活泼的教育方式组织活动，并通过双语教育活动促进幼儿的全面发展；二是有较为扎实的汉语基础，能用规范的语音进行正确示范，掌握丰富的词汇并能随机灵活运用，了解汉族文化背景、习俗、传统等。目前，幼儿园双语师资存在明显的不足。大部分幼儿园双语教师都是少数民族教师，有些教师的汉语基础比较薄弱，用双语教学的能力更加有限，在教学中只能用少数民族语言来代替汉语表达，给孩子提供的学习模仿机会较少，难以创设真正意义上的双语教育环境，远远不能满足双语教育的要求。

3. 民族语课程资源的缺乏

民族语课程资源的缺乏，表现在民族语教材种类单一，内容陈旧，翻译的多，创作得少；对本民族文化资源的开发利用不够；民族文字的课外读物少等方面。各学科教学必须使用的教参、教辅、自读课本等不能配套，民族语言授课的学科教材相配套的教学资源更少。教师没有获得针对双语教学的指导用书和参考书，不能明确课程的教学目标和教学重点。

为教师和幼儿提供更多适合的教辅材料，尤其是充分利用现有的远程教学设备，开发多媒体双语教学资源，可以有效地提高教师的教学水平和促进幼儿的发展。但是在民族幼儿园，多媒体资源少，优质多媒体资源更是匮乏。在大部分民族地区，由于缺乏双语学习的环境，需要配备远程教学设备。而现实中，远程教学系统硬件设备的配备远不能满足当地幼儿双语学习的需要。不仅如此，软件资源开发严重滞后，可供播放的优秀教学资源比较匮乏。

民族地区各级政府要加大对学前双语教育的扶持和帮助力度，采取有力措施，改善民族地区幼儿教育机构的办学条件；加强双语教学师资队伍建设；不断探索学前双语教育的改革，重视学前双语教学研究与科学。

（四）民族地区农村学前教育发展的问题

普及学前教育重点难点在农村。2007 年，全国农村学前三年毛入园率仅为 35.6%；同时在中西部 22 个省份的 2.7 万个乡镇中，半数以上没有中心幼儿园，有 90% 的行政村没有幼儿园，2/3 的农村孩子无法入园。而中西部是我国少数民族比较集中的地区，民族地区农村学前教育的普及是全国学前教育普及工作的重中之重。

1. 幼儿园数量少、规模小的问题

农村地区幼儿园数量极其短缺，仅有少数农村村办有幼儿园。以内蒙古通辽市为例，在通辽市少数农村幼儿园中，家庭作坊式居多。许多办园者即为当地村民，教室是自家宽裕的住房，活动场地为自家的院落，一所幼儿园里入园的孩子10多个或20多个不等，每个月收取一定的学费和伙食费。教学设备简陋，往往只有一个黑板和几张桌椅，活动器材和玩具大多是孩子们自己带来的。简单的几间教室，狭窄的活动场所，加上简单的教学设备及活动器材就构成了一所幼儿园。

2. 教育观念陈旧

教育观念陈旧是制约学前教育在民族地区普及的精神障碍。在内蒙古农村地区，教育观念陈旧表现在以下两个方面：一是父母教育意识淡薄，对幼儿接受学前教育的愿望不够迫切；二是小学化倾向严重，强调文化知识的学习，而所谓的“文化知识”就是指识字、数数、读唐诗、唱儿歌等。

3. 保教质量差

保育方面，大部分农村幼儿园保育员数量奇缺，有的民办幼儿园基本没有保育员，保育工作多由教师承担。有的幼儿园存在这样的现象，一所幼儿园里办园者兼管一切。既是园长，又是教师，又是保育员。这不仅加重了办园者的工作负担，也使得保育质量难以保障。

在教学方面，有很大一部分农村教师不是学前专业科班生，少数学前专业的科班老师也都来自中师、中专等中等教育机构，在专业学习方面偏重于音体美的训练，学前专业理论基础薄弱。在幼儿教学实践中，这些教师往往为了迎合家长的功利需求，照搬小学的模式，如按照小学的时间表来安排作息制度；上课以教师语言授受为主，忽视儿童活动的重要性；在大班或者学前班使用小学一年级的教科书；训练幼儿读写算能力等，这不仅难以提高幼儿教育的质量，也使幼儿教育与小学教育的衔接更为复杂。

（五）民族幼儿教育管理和投入问题

政府在学前教育的发展中发挥着不可替代的作用，促进学前教育的发展，要明确政府的职责。

1. 民族幼儿教育投入不足的问题

教育投入不足一直是制约民族幼儿教育发展的重要问题。由于对民族幼儿教育的投入不足，幼儿园简陋的教学设备得不到改善，民族幼儿教师的待遇得不到提高，这导致教师队伍无法健全，现有教师的工作量增加，教师专业发展培训缺乏经费保障，幼儿教师的流动率便提高了。由于教育经费的不足，民族幼儿教育所需的远程教学设备和优质的教学资源无法配备，这些因素都制约了民族幼儿教育质量的提高。

2. 民族幼儿教育管理体制不明确的问题

表现在民族幼儿教育的政策法规体系不健全，管理机构不完善；民族地区幼儿教育机构准入、收费和质量的动态监管制度不完善；民族幼儿教育机构的基本办学条件与保教质量得不到保障等。

在内蒙古幼儿教育发展中存在着许多问题，以上提到的只是近阶段比较突出的、获得广泛关注的问题，伴随着社会的变迁和教育的改革，内蒙古幼儿教育只要敢于正视困难，直面现实，相信一定会走出困境，获得健康、稳妥、有序的发展。

第三节　蒙台梭利教育与少数民族幼儿教育的适应性分析

一、厘清对蒙台梭利教育体系的误解

蒙氏教育基于一套关于人的心智发展的系统理论，这套理论具有相当的复杂性。而教育的具体操作原则却非常简单。而蒙氏教育实践中最突出的难题是，人们或者着眼于蒙氏教育的某个侧面（例如教具），或者无所适从。其根本的原因在于，对蒙氏教育基本理念的误解。下面，我们讨论一些常见的对蒙氏教育的误解和疑惑。

（一）蒙台梭利教育是贵族教育

有人认为蒙氏教育是贵族教育，即使在城市都难以普及，更妄论在经济欠发达的少数民族地区开展了。造成这种误解的最重要原因是，某些“蒙台梭利项目”通常比传统课堂需要更多资金去组织和运行，因为特殊的教师培训需要进行资格认证，而购买课堂所需的教学用具和漂亮的家具开销也很大。甚至，某些办学者有意将蒙氏教育贵族化了。例如，选择的位置是稀缺的高地价地段，选择高档的房屋建筑和家具，以及聘请“名师”、做大量的宣传，这些都造成了他们实施蒙氏教育的高成本，这些成本最终变成学费转嫁到家庭中。因此，蒙氏教育的贵族化的本质是，现阶段某些教育教学机构商业化的产物。

其实，实施高质量的蒙氏教育并不需要高昂的社会成本。当我们追溯第一所蒙台梭利幼儿园的创立过程，就可以清晰地看到这一点。1907 年 1 月 6 日，蒙特梭利在罗马平民区建立了她的第一个“儿童之家”，招收 3—6 岁的儿童，运用自己独创的方法进行教学，她聘请的教师仅仅是一位普通的“劳动妇女”。她在日记中写道：“除了 50 多名极端贫穷、衣衫褴褛

和显得很胆怯的儿童之外，我一无所有。”而恰恰就是这样简陋的幼儿园创造了教育上的奇迹，引来驻意大利各国大使、总理女儿等政要以及教育界的关注。这说明蒙台梭利教育的精髓并非是物质条件和教师的教育水平，而是其教育原理和方法的有效运用。

总之，蒙氏教育并非是贵族教育。蒙氏教育的精髓是培养身心健康的人，具体而言是培养儿童的优良品质。

（二）蒙台梭利教育的教具昂贵、操作复杂

蒙台梭利受过严格的语言学、数学和自然科学的训练，她在长期的摸索中，设计了一系列的教具。而且，在教具的使用过程中，经过了一个淘汰的过程。留下来的，是既有教育功能，又令儿童感兴趣的教具。

虽然蒙氏教育以方法见长，很多人也以拥有蒙氏教具或学习了蒙氏方法作为实行蒙氏教育的证明。但蒙特梭利认为方法不是一切，教具更不能代表教育的全部，如果不洞悉她的原则或精神，徒有方法与教具，仍然无济于事。更有人在利益驱动之下，将蒙氏教育视为生财之道。蒙特梭利早就提醒过，不可滥用她的名声，而应深研她的理念。

那么蒙氏教具究竟有什么特点？它们在教育中起到怎样的作用呢？

1. 帮助儿童发现知识

蒙氏教具的内容广泛。包括语言类、数学类、日常生活类、科学文化类等等。在儿童操作教具的过程中，在儿童需要的情况下，教师做必要的示范。一旦儿童进行操作，只要没有产生破坏性的行为，教师仅仅是旁观。儿童在操作教具的过程中，自然而然地让儿童掌握了相关知识和技能。因此，蒙氏教育中，知识并不是靠教师来传授的。而是儿童在操作教具的过程中，一步步发现的。

2. 帮助儿童训练专注力

蒙氏教具的一个重要特点是具有帮助儿童自己纠错的功能。例如插座圆柱体，只要有一个圆柱体放错了位置，那么儿童就无法把全部的圆柱体放入差错。这样，儿童在完整的操作之后，必然能够判断自己操作的对错。为了实现一次成功的操作，儿童必须全神贯注，这就训练了儿童的专注力。而每次成功的操作，又会给儿童带来成就感。这种成就感激励儿童重复操作教具，直到完全掌握。

（三）蒙台梭利师资昂贵

1. 蒙氏教育对教师的要求

蒙氏教师的最重要的标准（或要求）是“沉静”。

对于教师来说，他们“所面临的最紧迫的任务，就是去了解这个尚未被认识的儿童，并把他从所有的障碍物中解放出来”。为了完成这个任务，教师必须去掉自己内心的傲慢和发怒等坏脾性，使自己沉静、谦虚和慈爱。他们应该尊重儿童，理解儿童，与儿童建立一种新的关系，引导儿童自己去进行活动。他们应该对儿童进行观察，对儿童的困境进行反思，并提供必不可少的帮助和指导。他们应该接受专门的训练和指导，从精神上作好准备，理解新教育的基本目的就是发现和解放儿童，并掌握教育的方法，成为有效的教师。

教师必须沉静，这一点人们早就清楚地认识到了，但这种沉静通常被认为是一种性格，是一种非神经质。但是，这里的问题是，它是一种更深沉的平静，一种空白，或更好的、无阻碍的状态，这种状态是内心清晰的源泉。这种沉静由心灵的谦虚和理智的纯洁组成，是理解儿童所必不可少的条件，因此，在教师身上必须要有这种沉静。

2. 蒙氏教育的混龄教学节约成本

有些学校以拥有非常小规模的班级为荣，父母们经常怀疑为什么“蒙台梭利课堂”如此庞大。“蒙台梭利课堂”一般会聚集年龄差距在 3 岁之间的 25 到 30 名孩子。把孩子们组织进小规模班级里的学校需面对这样的情形——教师成为了课程的核心和一种非常有限的资源。他们解释道，学生数量减少了，教师分配到每个学生的时间就会增加。最理想的情况是，我们可以进行一对一的辅导。

但是对于一个 3 岁的孩子来说，最好的教师是其他的大孩子，而这种过程对两类孩子都有好处。在此情景下，教师已不是受关注的核心了。大规模的班级组织减少了对成人的关注，鼓励孩子们互相学习。

通过有意识地把儿童组织在大规模多年龄混合的班级内，并伴随着每年三分之二的学生保持率，这种学校环境促进了课堂的持续性，也为这些相当稳定的集体提供了发展。

蒙特梭利主张混龄教育，即把 3—6 岁年龄不同的孩子编在一个班级里。她认为把人根据年龄分隔开来是不符合人性的事情，这样会把人与人之间互相学习的关系，变成互相竞争的关系。她认为分龄教育会严重阻碍社会感觉的发展，是很多罪恶的根源。混龄的班级环境与现实社会生活更接近，孩子在这里能够很自然地学习如何与强者和弱者相处。在老式学校中，升级的唯一办法是竞争，这常常会引起嫉妒、怨恨和羞愧，而混龄的班级里，孩子们很自然地接受彼此的差异，并且互相帮助，年龄是儿童在环境中形成各种不同性格的重要因素。

在有《吸收力的心理》一书中，蒙台梭利特别指出“这种教育方法的一大优点就是易于乡村办学，对于小城镇办学也具有很大优越性，那里的儿童不多，但又分各个年级。这种学校只能有一个教师。我们的经验表明，一个教师可以指导一组发展水平不同的从 3 岁到小学三年级的儿童”①。当代蒙台梭利幼儿园，一个班级的学生在 25 人左右，一位蒙氏老师，一位助教。蒙氏老师辅助学生学习文理各科的所有课程。如，语文、数学、地理、历史、科学（理、化）。学校一般会另设有音乐、美术、体育和西班牙文专科老师（一星期教一次）。

（四）蒙台梭利教学法难以操作

蒙台梭利指出，“教学方法只有一个，那就是必须保持学生的高度兴趣和强烈而持续的注意力。因此，教育所要求的只有一项：通过孩子的内在力量来达到自我的学习”②。从这个意义上说，蒙台梭利教学法是最简单的教学法。蒙氏教育的基本要素只有三条：第一，有序的环境；第二，儿童感兴趣的物品和活动；第三，沉静的教师。

有序的环境立于心智的有序发展；感兴趣的物品和活动易于培养儿童的兴趣和持续的专注力；而沉静的教师，不干扰儿童的正常的自发活动，使得儿童的天性充分展示，潜能充分发展。

（五）蒙氏教育过于注重儿童智力训练

但讽刺的是，对于美国蒙台梭利教育法早期失败的大量指责——如果这些都是正确的话——可以归功于20 世纪早期的进步教育运动。约翰·杜威与玛利亚·蒙台梭利的观点旗鼓相当，杜威关注于儿童早期的社会化与想象力的发展，而蒙台梭利则更多聚焦于个性化学习与智力开发。

有人批评蒙特梭利的教育过于强调专注工作，强调孩子的独立活动，而忽视了对社会性的培养。其实，蒙特梭利对社会性的培养有自己独到的见解，她认为社会性应该在自由的氛围中培养起来，孩子们只能在自发的各种关系中慢慢积累社会经验，老师无法帮助孩子做到这一点。社会性的发展在于孩子们能够自由地交往，让他们有秩序地坐在一起听别人讲话，对培养社会性并无帮助。事实上，这种自然发展确实让“儿童之家”的集体具有强大的凝聚力。

（六）蒙氏教育过时了

在中国的蒙氏教育实践中，一些家长和教育工作者往往会提出这样的

---

① 蒙台梭利著，任代文译．蒙台梭利幼儿教育科学方法［M］．北京：人民教育出版社，2009：323.

② ［意］玛利亚·蒙台梭利．蒙台梭利儿童教育手册［M］．天津：天津社会科学院出版社，2010.

疑问，“一百多年前的东西拿过来是否能用?”事实上，早在蒙氏教育诞生的时候，一些教育家就已经批评蒙氏教育过时了。1917年，威廉·基尔帕特里克出版了《蒙台梭利系统的研究》，批判了蒙台梭利学校在美国的四十年进程。虽然基尔帕特里克是师范学院的教育学教授，但他也相信“不要把儿童当做物品教育”的观点，作为约翰·杜威的门徒，他深刻批评了蒙台梭利博士的方法。他着重强调那是一种基于过时理论的方法，并过早地关注了智力的开发。

接近一百多年过去了。从上文简介的蒙氏教育的科学性表明，蒙氏教育没有过时。相反，当代的认知科学、教育科学在不断发现和验证蒙氏教育的科学性。

今天，蒙台梭利教育是全世界唯一一种被采用最多的教育哲学，22 000多所蒙台梭利学校遍布了世界110个国家。在美国，蒙台梭利教育的推广进程表现出显著的上升趋势。美国蒙台梭利协会的执行董事理查德·A·昂格勒尔发现，美国的蒙台梭利学校以每年5 000到7 000所的速度增长。该协会本身就拥有11 000多名会员，这个数字包含了教师、学校和蒙台梭利教育中心。在2007年的纽约年度会议上，协会邀请了5500多名世界各地的教育者，大家齐聚一堂，参与众多关于蒙台梭利教育法的研讨，聆听主讲人玛雅·安吉罗，乔纳森·科泽等人的发言，并关注研究员米哈里奇·克森特米哈伊的观点①。

（七）蒙氏教育培养出来的儿童“不正常”

许多教育工作者和儿童家长对蒙氏教育持有疑虑的重要原因是：蒙氏教育培养出来的儿童“不正常”。甚至，某些家长不主张儿童接受蒙氏教育的原因是：不想让自己的孩子从小看起来就和别的小孩不一样（笔者在调研时一个家长的回答）。

实际上，蒙氏教育首要的目标是培养正常的孩子（“正常化”是蒙氏教育的重要概念）。但是大多数人不了解，什么是正常的孩子。

我们常常说人的天性重要，甚至开明的人会说教育要尊重人的天性。但是人的天性究竟是什么？这个问题，很多人并没有认真对待。蒙台梭利就是运用了最自然的条件，长达多年的科学实践，观察到了儿童真正的天性。儿童的天性包括：喜欢快乐、喜欢自主选择、善良、喜欢秩序、喜欢尊重，不喜欢奖励、不喜欢惩罚，喜欢运动，喜欢冥想，等等。人的天

---

① Montessori Schools Hit the Century Mark in Stride, Dane L. Peters, 2008 (spring), National Assoc. of Independent Schools.

性，是蒙台梭利最大的发现；充分尊重人的天性，是蒙台梭利教育的核心。不了解人的天性，甚至压制天性，这就是所有教育问题的根源！因此蒙台梭利指出，“教育的重大任务必须是保证和维持儿童天性倾向于完美之中心的正常化。”

所谓“正常的人”就是身心和谐的人，就是身体和心理都健康的人。只有在这个基础上，我们才能够谈得上智力开发、成才，以及个人的幸福。才能谈得上培养对他人对社会有用的人才。所有的教育，包括精英教育，只能以这个原则为基础。

从这个意义上说。只有一种正确的教育。那就是尊重人的天性的教育。无论什么民族、无论什么时代。这都是一个最基本、最重要的标准和要求。如果人性得不到尊重，那么必然是儿童和成人（家长和老师）之间持续的冲突，必然会首先造成儿童的各种心理障碍、后来发展为各种身心健康问题。那时候，任何其他的教育措施都是枉然！而在尊重人性的基础上，我们可以增加其他的教育元素，例如多元智能等。事实上，华德福、瑞吉欧等这些高端的精英教育，都是以这一原则为基础的。在历史上，它们脱胎于蒙氏教育。

二、蒙台梭利教育体系与少数民族地区幼儿教育的适应性分析

理论分析可知，欠发达的少数民族地区是适合开展蒙台梭利幼儿教育体系的，这是由蒙台梭利幼儿教育体系自身的以下一些特性决定的：

（一）蒙台梭利教育思想与中国的传统文化有着高度的相容性

1. 人性本善

蒙台梭利指出，人有三大本能：爱的本能、主导本能和工作本能。这与儒家所讲的“人之初，性本善”，《道德经》所述的“含德之厚，比于赤子”，以及道家所主张的人有良知、良能，是高度相符的。

2. 教育的目的、人的目的是为其他的生命造福

早在20世纪早期，蒙台梭利就指出，“目前的教育思想和原则，都过分强调自我完善和自我实现”，这种教育观是蒙台梭利极力反对的。

她论证说，“如果我们坚持的标准仅仅同我们的自我完善、同精神提高相联系，那么这会使我们因此而感到精神的自豪。然而，这却是一个严重的错误，或许是人能够犯的最大的错误。动物的行为不仅仅是要形成漂亮的身体和优雅的动作，而且还有更远大的目的。同样，人的生活是有目的的。达到更高的精神境界和心灵美还不够。理所当然，一个人可能而且应该总是把目标指向生理和心理完美的最高水准。然而，如果他的愿望只

限于此，那么他的生活是空虚的没有价值的。大脑或肌肉派什么用场呢？宇宙万物无一不对整个机体发生作用。如果自然赋予我们精神财富、美感和良好意识，它们都不是为了我们自己，而要把这些礼物用来为所有的人造福，而且在整个精神生活过程中发生作用。精神力量是一种宝贵财富。它们必须不断循环，才能使其他人享受它们；为完成人类关系的循环，它们必须表达出来，并加以利用。即使是最高灵性，如果只为了自己，也是毫无价值的。如果我们的目标只是为了自己，我们就会忽略生活的更多方面及其目的”。

简而言之，蒙台梭利主张教育的目的不仅仅是为了受教育者的自我完善和自我实现，而是促进个体的责任感，对其他人、对其他生命，以及对周围环境的责任！完整的人，必须是能够担当责任的人！

蒙台梭利的这一主张与中国的传统文化高度相符，后者集中体现在对“德”的重视上。例如，儒家的《大学》主张，人生的发展应该遵循“格物、致知、诚意、正心、修身、齐家、治国、平天下”。自我完善仅仅属于修身的层次，即能够管理好自己。但人应该有更远大的目的，人必须为家庭的和睦作出担当，必须为社会的和谐、天下的太平负有责任。再如，《道德经》主张将“修德”从自身延伸至家、国、天下，“修之于身，其德乃真；修之于家，其德乃余；修之于乡，其德乃长；修之于国，其德乃丰；修之于天下，其德乃普”（《道德经·第54章》）。这与蒙台梭利所说的“如果自然赋予我们精神财富、美感和良好意识，它们都不是为了我们自己，而要把这些礼物用来为所有的人造福，而且在整个精神生活过程中发生作用”彼此呼应。

3. 高度尊重人的天性

蒙台梭利鲜明地指出，教育必须尊重人的天性，她说，“任何教育改革必须依据人的天性。人本身必须成为教育的中心。我们应切记人不是在大学才得到发展，而是自出生起其心理发展即已开始。如果我们遵循这些原则，儿童不仅不会成为负担，而且会以自然奇迹中最伟大、最令人欣慰的形象出现在我们面前”。

如果教育确实依据了人的天性，那么我们将看到正常的儿童——天性充分展现的儿童，“一个新的形象已出现在我们眼前。它不只是一所学校或一种教育方法，而是人本身：是在自由发展的能力中呈现其天性的人，是成人的心理压迫不再对他产生影响、不再限制其内部功能和压抑其精神、其伟大之处可以显而易见的人”。

尊重人的天性，似乎并不是教育上的创新。那为什么蒙台梭利对这一点却如此强调呢？原因在于，人们并不真正地了解人的天性。在传统的教育中，人们用奖惩来规范儿童的行为、用恐吓来阻止儿童、用标准化的课程和考试成绩来衡量儿童。在蒙台梭利看来，这无异于歪曲人的天性。越来越多的研究证据表明，蒙台梭利的主张在心理学上具有丰富的合理性。

尊重儿童天性的主张，与中国传统文化，尤其与道德文化高度相符。例如，《庄子·马蹄》中论及，“马，蹄可以践霜雪，毛可以御风寒，龁草饮水，翘足而陆，此马之真性也。虽有义台路寝，无所用之。及至伯乐，曰：‘我善治马。’烧之，剔之，刻之，雒之，连之以羁馽，编之以皂栈，马之死者十二三矣。饥之，渴之，驰之，骤之，整之，齐之，前有橛饰之患，而后有鞭筴之威，而马之死者已过半矣”。马，蹄可以用来践踏霜雪，毛可以用来抵御风寒，饿了吃草，渴了喝水，性起时扬起蹄脚奋力跳跃，这就是马的天性。即使有高台正殿，对马来说没有什么用处。等到世上出了伯乐，说：“我善于管理马。”于是用烧红的铁器灼炙马毛，用剪刀修剔马鬃，凿削马蹄甲，烙制马印记，用络头和绊绳来拴连它们，用马槽和马床来编排它们，这样一来马便死掉十分之二三了。饿了不给吃，渴了不给喝，让它们快速驱驰，让它们急骤奔跑，让它们步伐整齐，让它们行动划一，前有马口横木和马络装饰的限制，后有皮鞭和竹条的威逼，这样一来马就死过半数了。在传统的教育方式下，还有多少儿童依然对学习感兴趣呢？对学习失去了兴趣，就相当于庄子所说的欢腾骏马的死亡。奖惩就是使得幼儿失去学习兴趣的重要方式之一。蒙台梭利说，“奖励和惩罚，请允许我如此措辞，简直是灵魂的‘板凳’，是奴役精神的工具；它们不是用来减少畸形，而是用来制造畸形。用奖励和惩罚所激起的努力是被迫的而不是自然的，可以肯定地说，这绝不会给孩子带来自然发展。正如赛马场的骑师跳上马鞍前塞给马一块糖，或马车夫用鞭子抽马以及用缰绳的张弛使马做出他所需要的反应；然而这绝不会使它们像在草原上自由驰骋的马那样自然壮观。那么，在教育中应该给人套上加锁吗？”①

反观现实，各种各样的奖惩仍屡见不鲜，各种强加的辅导可能仍大行其道。其中相当的部分是以功利的目的强加于儿童智商的。教育中对人性的充分尊重还有很长的道路要走。

有些教师在教育中缺乏热情、缺乏精研教育与儿童的动力，其原因在于，他们尚未给儿童提供展示其天性的最简单的条件：有序的环境、儿童

① 蒙台梭利著，任代文译．蒙台梭利幼儿教育科学方法［M］．北京人民教育出版社，2009：66.

感兴趣的物品和活动、尊重儿童的天性。一旦儿童的天性得到了尊重，那么整个教育的巨变将为之一新。蒙台梭利说，“当儿童向成人展示出他们的真实天性时，成人可能才第一次理解什么是真正的爱。儿童真实天性的展示也改变着成人，它深入到人的内心，并逐步改变人们。这些现象一旦被发现，人们就会情不自禁地描绘和谈论它们。儿童的姓名可能会被遗忘，但是，任何事情都不可能抹掉他们的精神所留下的印象和他们能够唤醒的爱”。

总之，如果用一句话来概括蒙台梭利教育，那就是：充分尊重人的天性的教育。

蒙台梭利说：“因此只能有一种教育和训练幼儿的方式。如果教育在一出生就开始，那么这时就只能有一种教育。谈论印度婴儿、中国婴儿或欧洲婴儿的不同礼节，谈论那些属于不同社会等级的儿童的礼节是没有意义的。我们只能谈论一种遵循人的自然发展的方法。所有婴儿在达到人的正常身高以前有着相同的心理需要，都遵循着事物发展的相同顺序，我们所有的人都要经历相同的成长阶段”。

（二）蒙台梭利教育的高质性

蒙台梭利教育是一种高质量的早期教育。美国的珍妮特·沃斯和新西兰的戈登·德莱顿在《学习的革命》一书中就称蒙台梭利教育法是“世界上最好的教育思想”，把儿童在蒙台梭利学校接受的教育说成是“世界一流的教育”①。当代美国儿童早期教育学家 Morrison 说，蒙台梭利教育方法“得到一代又一代教育工作者的肯定，当代的很多教育方案都应用了她的思想。蒙台梭利对儿童早期教育方案与实践作出了极大的贡献。她的很多实践——例如，准备环境、提供适合儿童使用的家具、促进积极学习与独立自主，并且应用多个年龄层次的小组——已经被整合进很多儿童早期教育教室中。通过蒙台梭利的方式，在不需要进行太多考虑的情况下，我们能够做很多事情。在过去的 10 年中，蒙台梭利教育法在公立学校儿童早期教育方案中的应用，已经获得了极大的推广。在美国，当前有 1500 多所公立学校的教室提供蒙台梭利教育方案”②。

（三）蒙台梭利教育对多元文化的适应性促进民族和谐统一

由于蒙台梭利教育对于多元文化的兼容性，在美国，蒙台梭利教育对

---

① 珍妮特·沃斯、戈登·德莱顿，顾瑞荣、陈标、许静．学习的革命［M］．上海：上海三联书店，1998：243 - 245.

② George S. Morrison. 当今美国儿童早期教育（第八版）［M］．北京：北京大学出版社，2001：91 - 115.

促进种族和谐发挥了重要作用。时至20世纪70年代，美国的种族歧视形势严峻，美国教育领域特别是美国公立学校里的种族隔离现象严重，严重制约了美国教育、社会的发展。美国最高法院要求公立学校黑白合校，促进种族融合、民族融合。而设立在城市贫民区的蒙台梭利磁石学校以其优胜的教学质量，独特的课程设置和教学方法吸引了邻近学区不少的富裕白人子弟前往注册。

过去美国人认为蒙台梭利方法仅在教育特殊儿童方面有积极显著的成效，但当20世纪五六十年代蒙台梭利运动在美国复兴时，由于接受蒙台梭利教育的儿童大都是地位优越的特权阶层的，因此，美国人又以为蒙台梭利教育与特权阶层是同义词。而现如今，蒙台梭利磁石学校开设在城市的贫民区，承担大部分城市贫民的教育责任，并以其独特的课程和教学方法吸引周边富人区的白人子弟，促进种族自愿融合。事实上，在那些种族隔离制度较严重的学区里，蒙台梭利磁石学校既受到中产阶级白人的欢迎，也受到处于劣势地位的少数民族的欢迎，成为最受欢迎的学校。在堪萨斯城，蒙台梭利磁石学校不仅是种族融合最好的学校而且也是成绩最优秀的学校。其中霍利德蒙台梭利（Holliday Montessori）学校便是其中的典范，该校学生的65%是非裔美国人，招收3岁至7年级的学生，学校成绩非常优秀，吸引了很多堪萨斯城富人区的白人学生进入该校就读。

承担了学区大多贫民子弟教育的蒙台梭利磁石学校里出现了大量的白人，天然地促进了黑白人合校和种族融合。自1975年第一所蒙台梭利磁石学校成立起，美国的蒙台梭利运动真正与人民群众结合在一起，以优胜的姿态跨入了美国公立教育领域，融入了美国主流教育文化之中，老布什把蒙台梭利教育模式发展成美国主流教育文化一部分的梦想已经开始实现。

因此，我们可以推断，蒙台梭利在美国对种族融合、阶层融合起的这种促进作用如果合理地发挥在我国的少数民族地区，不仅能够适应少数民族地区的本土文化，同时能够促进各族学生的和谐统一，既保护和传承了当地的少数民族文化，同时又兼顾了主体民族的文化发展趋势，进而促进我国的民族大融合，实现整个社会的和谐发展。

（四）蒙台梭利教育的经济性

由上述的内容可知，蒙台梭利教育体系并非是贵族教育，蒙台梭利的“儿童之家”最初是作为城市贫民家庭的学校，学生大部分来自劳动阶层家庭。蒙台梭利教育法所涉及的教具、教程都不需要高度的资金投入。而且，蒙台梭利幼儿园进行植物栽培、动物饲养、搭积木、家务劳动等内容，这些教学内容易于在处于欠发达的少数民族地区实施。

（五）蒙台梭利教育对师资力量的要求

所有的教育问题，归根结底都是教师素质的问题。无论在国际上还是国内，教师是制约蒙台梭利教育发展的瓶颈，教师作为幼儿园第一线的教学工作者，是蒙台梭利教育的实践者，直接参与蒙台梭利教学。因此必须合理地甄别合格的教师。在教师所具备的所有的素质中，品格是最重要的。第一所儿童之家成立的时候，蒙台梭利请的第一位教师甚至连中等的文化水平都不具备，更不具备教育技术，而她所具备的最重要的教育要素就是“沉静”——蒙台梭利所认为的教师需要具备的最为重要的品质。

为什么对于教师来说品质是最为重要的？因为，对于儿童而言，成人的不良品质会对儿童造成最大限度的伤害。在成人之间，每个成人都会为自己的不当言行承担后果（其他成人对于不当神态、言行的反应）。但是，成人在与儿童交往的过程中，情形却大不相同，因为儿童天生的仰赖成人。因此“他们不理解我们，他们不能保护自己免遭我们的侵犯，他们接受我们对他们所说的任何东西。他们不仅接受虐待，而且，每当我们责备他们时，他们总会感到有罪”。

蒙台梭利认为，“一个教师应该经常对儿童的困境进行反思。儿童并不能用他的理性来理解不公正，但他会感知到某件事错了，并变得抑郁和心理畸形。出于对成人的怨恨或轻率行事，儿童无意识的反应就用拘谨、说谎、无目的行为、无明显理由的叫喊、失眠和过分的恐惧表现出来，因为他还不能用理性来领会导致他抑郁的原因”。

因此，蒙氏教育的第一难题就是对基于品格标准选择教师。即便成为蒙氏教师之后，教师品格的自我训练仍需持续。教师如何训练自己的品格呢？蒙台梭利指出，“我们强调这个事实，即教师必须通过系统地研究自我，使自己内心作好准备，这样他才能消除最根深蒂固的缺陷，事实上，这些缺陷会妨碍他跟儿童的关系。为了发现这些潜意识的弱点，我们需要一种特殊的教学。我们必须像其他人看待我们那样地看待我们自己”。具体而言，“我们可以用两种不同的方法从内部和外部来征服我们的坏脾性。第一种方法是跟我们已知的缺陷进行斗争。第二种方法是抑制我们坏脾性的外部表现。外部表现服从公认的行为标准是重要的，因为它会使我们反省，意识到自己的缺点”。

正是由于蒙台梭利教育体系所具备的高质性、对多元文化的适应以及经济性等优质特性，因此它将是少数民族地区幼儿教育改革和发展的时代诉求之一。

第四节　X幼儿园蒙氏教育展演

一、X幼儿园简介

X幼儿园成立于1995年10月，隶属于内蒙古师范大学教育科学学院管理。幼儿园坐落在文化氛围良好的师大家属区内，占地面积约5000平方米，建筑面积2762平方米，现有幼儿460余名，10个普通教学班，3个蒙氏教学班，教职工51名，专任教师25名，21人为专科以上学历，占专任教师的82.6%。

图2—4　幼儿园门口

图2—5　幼儿的活动区

幼儿园设施较为齐全，除了可供幼儿生活和休息的活动室和必要的设施外，还设有多功能厅、儿童行为观察室、儿童多媒体教室、“神气龟”电脑教室，是一所集教育、科研、服务于一体的自治区级示范性实验幼儿园，是教科院学前教育专业师生科研、见习和实习基地。

（一）教育教学

多元智能创意课程：是在该园小、中、大班开设的主要课程。它以多元智能理论为指导，根据《幼儿园教育指导纲要》的要求，主要以主题式开展教学，从语言、健康、社会、科学、艺术五大领域发展幼儿的情感、态度、能力、知识、技能。活动内容分为预成和生成两部分：预成指教师根据培养目标及幼儿已有经验预先选择幼儿感兴趣的活动内容；生成指教师在幼儿活动中通过观察了解，结合幼儿发展需要，在幼儿的兴趣点上生成的活动内容。内容要求突出生活化、儿童化。

电脑多媒体教学：是在该园全园开设的课程，具体来说设计一节完整的多媒体教学包括引起目的、教学示范、教学评量、延伸活动四个部分。

奥福音乐：在该园全园开设，以轻松愉悦的音乐教学，融入幼儿的一日生活当中，力求让幼儿感受“生活即音乐，音乐即生活”的真谛。

快乐字宝宝：在小、中、大班开设，是让幼儿学习识字、练习阅读的教材。

简笔画、手工：在全园各班开设，着力培养幼儿的动手能力和手部肌肉动作的发展。定期向家长展示作品，家长在家也可辅导幼儿练习握笔姿势、涂色、使用剪刀和胶棒。

英语：是该园与智力宝公司合作开展的两门课程。英语在全园开展，由公司负责培训和提供师资。

舞蹈：在中班、大班、学前班开设，通过感知乐曲，训练节奏感、方向感、对音乐的感受和表现能力。

体育：在全园各班开设，主要进行体育游戏，增强幼儿体质，发展他们走、跑、跳、钻、爬、攀登等能力。

（二）卫生保健

X 幼儿园新建于 1995 年 10 月，按照《托幼卫生保健管理办法》以及《呼和浩特市托儿所卫生保健管理实施细则》的相关规定和要求开展此项工作，由副园长专门负责，专职保健医具体实施工作中的各环节，多年来该园从未有重大传染病发生。

日常工作，为保证幼儿的健康成长，每班均由保育员负责幼儿的卫生消毒及日常护理工作等。据统计，教职工及幼儿每年一次的体格检查合格率均达 100%，对幼儿的体格检查保健医逐项做出统计与分析，向家长公布结果，了解幼儿发育情况并有针对性地进行治疗。此外，晨检是幼儿园一日工作的开始，是防止传染病传播的重要关口，该园用晨检卡的颜色提示教师观察幼儿的表现，晨检卡分三种颜色：绿色代表健康、黄色代表幼儿带药、红色代表幼儿生病未带药。

（三）膳食管理

幼儿膳食管理方面该园严格按照有关要求和制度执行幼儿膳食管理的规定，由保健医根据幼儿生长发育的需求，定期做出计划膳食、营养计算及营养评价，及时向家长公布当日食谱，接受家长的监督，此外，该园每月召开一次伙食会，征求教师们的反馈意见，以便更好地、及时地调整幼儿伙食，保证幼儿伙食合理、营养均衡。开园以来，该园重视幼儿膳食营养的合理搭配，坚持每餐两菜，荤素搭配，凉热调剂，每日按幼儿人数打量出库，合理使用伙食费，力求每月伙食费盈亏控制在 2% 左右，并向家长及时公布本月伙食费收支情况。

二、蒙氏班教学开展情况

（一）背景简介

X 幼儿园自 2009 年开始开办蒙氏班，最初只有一个班级，到目前为止逐步增加到三个班级，分为大、中、小班。一个班级的容量为三十人以上，由三位老师负责，其中两位老师是教学型教师，实行上下午倒班制，另一位则是保育员，负责一整天的保育工作。

蒙氏班的课程分为上下午两个部分，上午进行特定的蒙氏教学，在工作室进行；下午则进行传统的普通课程，在一般普通的教室进行。与其他普通班级的区别在于下午的课程不使用教育局要求的统一的主教材，而是自行补充一些相关课程，例如：字宝宝、美术手工以及音乐等，用以弥补蒙氏课程的不足。

（二）教学简介

笔者通过进入蒙氏工作室参观，发现该园的蒙氏工作室分为三大区域：数学区、感官区以及生活区，并且制定了相应的工作内容及目标，如图所示：

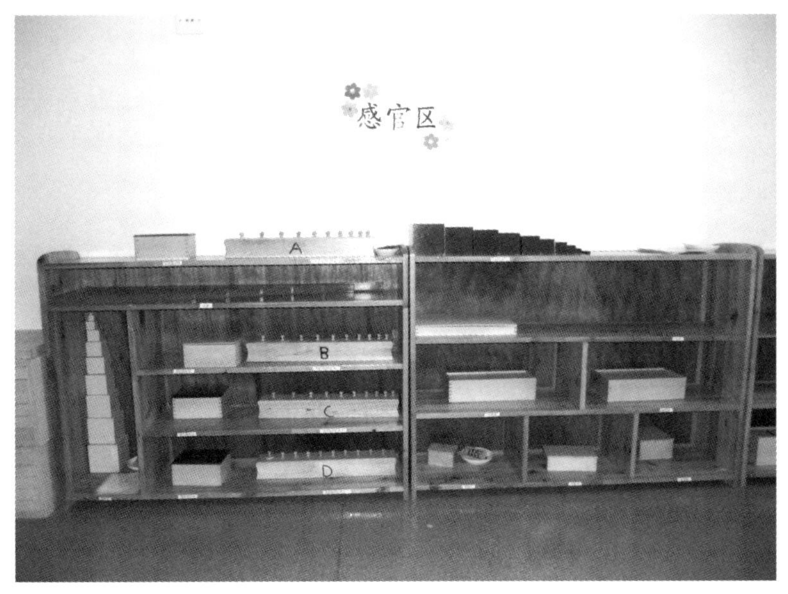

图 2—6 蒙氏工作室的“感官区”

表 2—4 蒙氏 1 班本学期工作内容及教学目标数学

数 学
1. 数字拼板 目标：a. 描写 1—10 的数字 b. 学习数字与数量相对应 2. 数棒与数字卡配对 目标：a. 巩固数棒的三种数数方法（点数法、抓握法、对比法） b. 学习数棒与数字相配对 3. 数字与筹码 目标：加强对数字、数量与数名的认识 4. 描写数字 0—10 目标：a. 掌握数字书写的正确顺序 b. 锻炼幼儿手部肌肉的灵活性 5. 认识 1、10、100、1000 的数字数量与数名及结合 目标：a、认识 1、10、100、1000 的数名数字 b. 认识学习 1、10、100、1000 三者的结合是“1111”6. 认识奇偶数 目标：a. 巩固数字与筹码工作 b. 认识奇偶数及不同 7. 按数取物（游戏） 目标：a. 学习按数取物 b. 锻炼幼儿的记忆力 8. 彩色串珠 目标：a. 认识十种不同颜色代表 1—10 的数字 b. 为认识 11、12、13……打基础 9. 认识 1、10、100、1000 的组成及转换 目标：a. 加强十进位的概念 b. 学习 1、10、100、1000 之间的转换 关系：10 个 1 换 1 个 10，10 个 10 换 1 个 100，10 个 100 换 1 个 1000
感观
1. 色板Ⅱ 目标：a. 认识十一种颜色（红、黄、蓝、橙、绿、紫、白、粉、灰、棕、黑） b. 学习颜色配对 2. 色板Ⅱ的自由造型 目标：a. 幼儿用色板摆出不同图形　b. 巩固三原色、三间色 3. 几何拼图橱（蛋形） 目标：a. 巩固几何拼图橱所认识的图形（圆形、三角形、矩形、多边形、不规则图形）b. 认识蛋形（椭圆形、三弧形） 4. 长方形盒Ⅰ 目标：a. 培养辨别形状的视觉能力 b. 认识平面图形及名称（正方形、长方形、四边形、菱形、梯形） 5. 拓印带插座圆柱体 目标：a. 巩固认识比较粗细 b. 学习拓印每一组带插座圆柱体 6. 长方形盒Ⅰ 目标：a. 培养辨别形状的视觉能力 b. 认识各种平面几何图形的形状及名称 c. 认识不同三角形所组成的不同四边形 7. 拓印几何拼图橱 目标：a. 巩固几何拼图橱六种不同图形的认识　b. 学习按要求拓印

续表

8. 长方形盒Ⅱ 目标：a. 认识不同三角形的名称　b. 认识各种平面几何图形的形状及名称 9. 三角形盒Ⅰ 目标：a. 选择用不同三角形再组三角形　b. 培养幼儿辨别形状的视觉能力
生活 1. 衣饰框和纽扣目标：a. 学习照顾自己　b. 练习扣纽扣的技巧 2. 味觉瓶目标：a. 学习如何品尝味道　b. 认识“甜、咸、酸、苦”的汉字 3. 切香蕉目标：a. 学习水果刀的安全使用方法　b. 学做清洁工作 4. 刺目标：a. 要求按控制点进行刺　b. 学习刺时的安全常识 5. 认识根、茎、叶目标：a. 巩固两指抓的联系　b. 认识根、茎、叶的功能 6. 切萝卜目标：感知不同食物切时的不同感受 7. 擦镜子目标：a. 学习照顾环境　b. 精确手指、手腕、手臂的能力 8. 缝图卡目标：a. 精确三指抓、手腕、手臂的能力 b. 学习缝的能力 9. 串鞋带目标：a. 锻炼幼儿小肌肉的灵活性 b. 学习有序的穿物 10. 舀、筛目标：a. 精确三指抓及舀、筛的能力 b. 学做清洁工作 11. 削目标：a. 学习照顾别人 b. 学习削的技巧 12. 擦桌子目标：a. 学习清洁桌面 b. 保持衣物清洁 13. 认识时钟目标：a. 认识钟表的分针、时针的作用 b. 学习认识整点 14. 串彩珠目标：a. 锻炼幼儿手、眼协调能力 b. 学习用线打结

此外，要求教学教师及保育员完成幼儿的一日生活记录表，如图 2—5 所示：

表 2—5　一日生活记录

项目 姓名		工作		带药	午睡	大便		三餐一点
		内容	完成情况					
1	朱某							早点： 午饭： 午点： 晚饭：
2	卓某							
3	宋某							
4	徐某							
5	孙某							
6	王某							
7	侯某							
8	金某							
9	齐某							

续表

<table>
<tr><td>10</td><td>吴某</td><td></td><td></td><td></td><td></td><td></td><td>其他活动</td></tr>
<tr><td>11</td><td>许某</td><td></td><td></td><td></td><td></td><td></td><td rowspan="9"></td></tr>
<tr><td>12</td><td>赵某</td><td></td><td></td><td></td><td></td><td></td></tr>
<tr><td>13</td><td>王某</td><td></td><td></td><td></td><td></td><td></td></tr>
<tr><td>14</td><td>艾某</td><td></td><td></td><td></td><td></td><td></td></tr>
<tr><td>15</td><td>乌某</td><td></td><td></td><td></td><td></td><td></td></tr>
<tr><td>16</td><td>林某</td><td></td><td></td><td></td><td></td><td></td></tr>
<tr><td>17</td><td>孟某</td><td></td><td></td><td></td><td></td><td></td></tr>
<tr><td>18</td><td>张某</td><td></td><td></td><td></td><td></td><td></td></tr>
<tr><td>19</td><td>张某</td><td></td><td></td><td></td><td></td><td></td></tr>
<tr><td>20</td><td>牛某</td><td></td><td></td><td></td><td></td><td></td><td>备注</td></tr>
<tr><td>21</td><td>田某</td><td></td><td></td><td></td><td></td><td></td><td rowspan="10">完成情况
评价标准：
D+（优）
D（良）
D-（中）</td></tr>
<tr><td>22</td><td>邬某</td><td></td><td></td><td></td><td></td><td></td></tr>
<tr><td>23</td><td>吴某</td><td></td><td></td><td></td><td></td><td></td></tr>
<tr><td>24</td><td>王某</td><td></td><td></td><td></td><td></td><td></td></tr>
<tr><td>25</td><td>乔某</td><td></td><td></td><td></td><td></td><td></td></tr>
<tr><td>26</td><td>高某</td><td></td><td></td><td></td><td></td><td></td></tr>
<tr><td>27</td><td>刘某</td><td></td><td></td><td></td><td></td><td></td></tr>
<tr><td>28</td><td>孙某</td><td></td><td></td><td></td><td></td><td></td></tr>
<tr><td>29</td><td>边某</td><td></td><td></td><td></td><td></td><td></td></tr>
<tr><td>30</td><td>赵某</td><td></td><td></td><td></td><td></td><td></td></tr>
</table>

（三）教学观摩

笔者观摩了该园蒙氏小班的整个教学过程。教师将整个班级30人分为两组，每组15人。其中一组进入工作室，另一组由保育员监护等待着下一组的开始。每一组小孩在工作室工作的时间为40分钟左右，从每天早晨的8：00开始。整个教学过程大体分为五个过程：孩子随音乐走线进入工作室→教师开场白明确学习任务→教师示范教具并分配工作任务→孩子各自工作→完成工作及教师记录工作情况。

图 2—7　第一步：孩子随音乐走线进入工作室图

图 2—8　第二步：教师开场白明确学习任务

图 2—9　第三步：教师示范教具并分配任务

图 2—10　第四步：孩子各自“工作”

图 2—11 和图 2—12　孩子们各自“工作”

图 2—13　第五步：完成工作及教师记录工作情况

（四）师资培训

笔者访谈了蒙氏班的三名教学型女教师及园长了解了该园蒙氏教学的师资及教师培训情况。所有承担蒙氏教学的专任教师都是必须要经过培训的，并且必须取得相应的资格证书。老师们普遍表明不经过培训是无法完成蒙氏课程的教学。培训的内容一般是蒙氏教育的基本理念及上课流程和教具的使用方法等，主要涉及数学、感官、生活三个方面。在选择出去培训教师的问题上，园长谈到，一般都是优先考虑有编制的教师，因为送教师出去培训园里需要承担相应的费用，对该园有一定的经济负担，因此一般在正式教师的队伍里择优派出。但是，培训的频率并不高，大部分教师入职以来都只有一次的培训机会，每次培训的时间并不长，只能选择节假日的时间。

当问及“培训的内容是不是针对性特别的强，拿过来就可以操作？”被访谈的老师答道：

“培训的总体教育理念是不会变的，但是由于实际情况不同，这些理念并不能立即付诸实施。比如一些培训内容的操作性不太强，在遇到一些实际问题时，我们这些老师得自己再创造。例如：有的时候课程培训的时候特别的规范，但是我们回来后发现，简单的一些还行，但是太难的就不行。例如滑工作毯，要求二指抚平，有的时候孩子就不愿意，她总把这个忘了，我们就可以改成全手，或者有的孩子，一点也不抚平，直接把它拿过来卷也可以，只要你能卷得整整齐齐给放回去就可以了。有的时候需要适当的简单化。”

“其实这个培训课程有的时候挺复杂，而且总是重复。比如我所带大班的数学吧，很多都是颜色区分、数字卡区分，然后让自己用笔自己抄写的时候也有颜色区分，然后她做的时候是量和数字卡对应，还得重复的念、说。有的时候为了节省时间，孩子把其中的一个环节忘掉了，我们也就不再提醒她了。因为她摆的时候，可能心里头已经知道了。还有培训的时候，可能一些东西要求必须从左到右，但是回来具体到操作过程中，孩子也不一定就按这个标准。随着他自己的思维，只要是不偏离主题就行。”

这位教师对培训的观点也代表了参与过同类培训的其他教师的意见。从中可以看到当前蒙台梭利教育培训的局限：

1. 培训内容操作性不强

针对这一点，我们建议有关蒙氏教育的培训部门需要进一步开发培训课程。事实上，在蒙氏教育中教师活动是有限的，并不复杂。蒙氏教育的资深教师和学者 Standing 曾经总结过蒙氏教师应该遵循的 14 条行为准则：

（1）小心照料环境：保持整齐、清洁、有条不紊。

（2）保持房间美观。

（3）教导物品的使用方法，并进行实务生活的练习：务求平静、亲切和正确。

（4）主动让儿童与环境接触，当此达成后即应采取被动角色。

（5）不断地观察儿童，以了解谁需要帮助。

（6）有人需要帮忙时，不要迟疑。

（7）倾听并回应儿童的诉求。

（8）尊重且不要打扰儿童。

（9）尊重儿童，不要矫正犯错的儿童。（教导，教导，但不要纠正……）

（10）儿童休息或观察他人工作，只要不打扰他人或强迫他人工作，应予尊重。

（11）教师应一再尝试提供教具给那些拒绝操作的人，并不断教导那些尚未学会、仍旧犯错的人。

（12）在细心照料与有意的缄默，及温和的言语态度下，教师应该心存爱意，让环境生动起来。

（13）她的存在应该让寻找她的人感觉得到，并要避开那些已经在独立工作的孩子。

（14）有些儿童已靠自己努力完成工作，并将工作成果提升到精神层次时，她应该不让他们察觉到她的存在。

这些教师行为准则体现着蒙台梭利教育的本质——以儿童为中心。只有落实这些行为准则，儿童才能够在一个整洁、美丽、有序的环境中自由成长，不断开发潜能。我们注意到这些行为准则中，有一些是否定性的要求，例如“不要打扰儿童”、“不要矫正犯错的儿童”。这些准则要求教师不做什么，而不是做什么。对于一些教师而言，这些准则可能被误解为可操作性不强。但是，恰恰是这些准则反映了蒙台梭利教育的基本原则——尊重儿童的自发活动。

2. 教具操作程序过于僵化

在访谈中，教师反映培训课程中要求某些教具要按照特定的顺序操作，而在实践中，教师放宽了对这些操作程序的要求，以儿童在教具操作中达到练习的效果为前提。我们认为，这些在实践中的教师的做法是合理的；教师对教具操作培训的反映，体现了培训课程中教具操作程序过于僵化。

事实上，蒙台梭利教具设计的一大原则正是自行纠错，即儿童在教具操作中如果达不到特定的效果，那么儿童的操作必定产生了错误；达不到预定的效果提示儿童修正自己的操作步骤。例如，圆柱体插座。如果儿童不是按照圆柱和孔洞的大小一一对应地插入插座，那么必然有些圆柱会剩下来，而无法将全部的圆柱插入插座。儿童在操作这套教具的时候（有时是在看过教师的示范之后），往往会自行设定将圆柱全部插入孔中的目标。一旦儿童在操作教具时，未能达成这个目标，那么儿童会思考是哪里出错了，最终发现将大小不匹配的圆柱插入了孔中，于是重新尝试，直到成功为止。而在这套圆柱体插座的操作过程中，能否成功只取决于一个关键——是否将大小匹配的圆柱体插入对应的孔中。而正确的操作顺序不止一种，而是达到数十种之多。

（五）经费情况

通过与园长有关经费问题的访谈，她提到一个学年蒙氏班级的收费要比普通班级高出2000多元，这对于像呼和浩特这样的城市中的一个普通家庭并不构成较大的经济负担。但是对于幼儿园本身来说是有一定的资金压力的。

老师谈到，“蒙氏班的费用较大，比一般班级的投资要多，这样最后肯定有一个回报率的问题，从现在蒙氏班来看，一个蒙氏班占正常班级的两个教室。这样的资源投入园里并不在赚钱，但是家长像跟风似的，如果别的幼儿园有蒙氏班，而你这没有，家长就会有一些看法，这是其一。其二呢，我们幼儿园作为一个试点，蒙氏班算是一个特色。”

（六）教师对蒙氏课程的认同

该园中大部分的老师还是十分认同蒙氏班。认为对孩子的发展有很大的促进作用，普遍反映蒙氏班级的孩子要比普通班级的孩子表现得更为优秀。

老师谈到，“我觉得这个作用挺全面的，比如专注能力，动作协调，手眼协调，自觉性、独立性等，小班 2.5 到 3 岁，刚上蒙氏课我觉得很重要，比普通班级更能培养孩子的那种专注力。孩子喜欢这个蒙氏课主要还是动手操作，蒙氏课的老师几乎是不说话的，就告诉学生今天的工作是什么，工作要求就是慢慢拿、轻轻放、五指抓，就是把重点的几个词，句子都很少，就是告诉孩子们，孩子们主要还是动手，所以孩子们一说上蒙氏班特别高兴，在他们看来就是动手做游戏了；到了中班后，尤其是数学，以数学为中心培养其他的能力，逻辑能力特别的强，特别有秩序性。"

另外一个老师提到，"通过与其他班级的老师交流，都反映我们蒙氏班的孩子注意力都特别的集中，因为我们的工作都是一对一的，一个小孩做其他的小孩都在看，所以就养成注意力特别的集中，就为上小学打好基础了，老师讲课，就知道我们该怎么做了。"

（七）蒙氏教具

该园的教具往往是从培训机构统一购买配套的。2004 年，第一批买的一套是 128 件，但是有的一些教具是因为多种原因不常用的。后来订的 98 件套装的。除了套装中本有的教具外，教师们还自制了一些教具。尤其是生活方面的教具，基本上都是老师自制的。此外教师们还补充了一些其他教具，例如作业纸、卡片等。这些教具都是教师们在教学过程中逐渐摸索出来的。

（八）家长的态度

该园的一名教师提到想报名参加蒙氏班的孩子特别多，由于该园的班级有限，所以只能控制。家长们特别希望孩子们上蒙氏班。但是他们觉得家长热衷的好像不是针对蒙氏班的教学，而是环境。多数家长是因为环境所以给孩子报蒙氏班。家长对蒙氏的教学了解得非常少，他们也是听说蒙氏班好，蒙氏班的环境也好，所以就愿意让自己的孩子进入蒙氏班学习。并且进入蒙氏班的小孩，老师与家长就蒙氏教学的沟通互动及要求家长在这方面的配合也是比较少的。

笔者在访谈一名普通班级孩子的家长时问到为什么当初没给孩子考虑报蒙氏班，是因为经济方面因素的考量吗？

这位家长答道："不是的，一年多两千多块钱对我们来说一点问题都没有，只是不想让她从小跟别人不一样。我并不了解蒙氏班，只是觉得蒙氏班除了玩具多点，其他的并没有特别的感觉。"

（九）实施困难

笔者在调研的过程中了解到，目前为止内蒙古自治区的幼儿园几乎都不同程度地开办蒙氏班，但具体一个园开办几个蒙氏班就根据当地的实际园情了。有些条件较差的幼儿园只开办一个，其他的班级轮流上，把蒙氏课程以公开课的形式展开。

就该园开办蒙氏班的困难而言，教师及行政人员根据该园的实际情况谈了一些看法，主要集中在师资、教具、班容量过大、教学资源、教师培训等几个方面。

> “因为它那个蒙氏强调秩序性，规矩呀、纪律呀等，而且它的每一个环节中其实都渗透了，这个困难有的时候可能跟咱们国情有关系，像我们这里，每个班级力求卡到30，这样的话要对应起来，我们有一个生活老师，每次其实就是一个老师教，孩子多了分成两组，一组进工作室，那一组就由保育员老师就是生活老师看着。蒙氏课程的工作都是一个人一个人去做，这个时间是很长的，他这一组弄完了还有下一组，而且这个工作一直重复。”
>
> “班级人数过多，活动区有限，课堂秩序有些乱。”
>
> “教学资源匮乏，因为没有很符合幼儿使用的教具，配合教材使用就更少了。”
>
> “缺乏更多的新颖的活动环节，希望有更多去外园参观学习的机会。”
>
> “幼儿人数多，分组上，幼儿才能接受更好，但是时间太紧；在幼儿工作时，教师不能完全关注每一位幼儿，因为教师配置少，需要一位老师同时关注十几个孩子，每个幼儿最少操作两份工作，有些眼急手忙。”
>
> “师资的匮乏，因为蒙氏课程的过程较长，如果能够多几位教师一起承担教学任务，很多的问题就不存在了。”
>
> ——摘自与几个教师的访谈

三、本章小结

通过上述调研内容的展演，我们首先肯定X幼儿园实施蒙氏教育所做的努力，但是同时，我们也看到了其中存在的诸多问题与困难。

（一）师资及培训问题

根据对该园10名教师学历层次的问卷调查发现，其中8名教师为大专水平，1名为中专，1名为本科水平。我们认为，在我国目前高等教育大众化阶段的背景下，该园的教师学历层次并不高，而且幼教科班出身的教师更是少之又少了。此外，该园蒙氏教师的培训并不到位。他们培训的内容主要集中在蒙氏的基本理念、上课流程以及教具的使用方面，这些教师也从未研读过蒙台梭利的原著，并未真正掌握蒙氏教育的精华。而且他们的培训频率过低，培训的时间短，即使经过培训也没有很好地领会蒙氏教育的理念，导致在实际的操作过程中出现很多误区。

（二）蒙氏课程教师对于蒙氏理念的理解存在误区

1. 提倡小班教学摒弃混龄班级

该园的教师普遍反映各个班级（一般 30 人左右）的人数过多，使整个教学秩序混乱，影响效果；并且将蒙台梭利所提倡的混龄班“创新”为大、中、小班级，认为这样可以保证学生的水平相对一致。他们认为小班、同龄的班级模式，有利于教师进行管理和辅导——甚至教师们所设想的理想教学模式是一对一的辅导。在所有的上述操作和设想背后，仍然是以教师为中心的教育、教学观念。在这种观念的主导下，教师是课程的核心，也是一种相对非常有限的资源。师资的数量就成为办学的难题。

这与蒙氏教育的思想是相背离的。蒙台梭利教育是以儿童为中心的教育。真正的蒙氏班级并未要求绝对地限制学生的人数，“蒙台梭利课堂”一般会聚集年龄差距在 3 岁之间的 25 到 30 名孩子。在整个蒙氏课程的教学过程中，发挥主导作用的并非是教师，教师仅仅是看护者与帮助者，教师最重要的责任在于为孩子提供有准备的环境，充分尊重孩子的天性，让孩子自发主动地学习。孩子才是教育的中心。

在一个多世纪的蒙台梭利教育实践中，教师和研究者们发现：对于一个 3 岁的孩子来说，最好的教师是其他的大孩子。一个来自心理学上的证据，这是弗吉尼亚大学的心理学教授 Lillard 在 *Montessori*：*Science behind the Genius* 著作中提到的蒙氏教育 8 项心理学原理之一：和同龄人一起学习很有效。“蒙台梭利”教育法在其社交安排上也是种严密的研究。发展心理学家们知道，儿童在小学前，和同伴玩要的时候是不太具有社交倾向的。他们经常对观察他人很感兴趣，却没有强烈的意愿参与或不愿经常和他人一起玩要。但是，在小学时期，儿童开始变得非常有社交感。虽然在传统的学前班课程上，儿童经常有很多互动小组活动的时间，但在小学时，却被安排到各自分离的课桌，并被要求主要去和老师互动。但是小学年龄的孩子会非常渴望互动，所以他们写小纸条、抓紧休息时间去获得这种互动。相反的是，“蒙台梭利”教育法与儿童的发展趋势相一致：儿童会获得这样的机会——在 6 岁前，他们可以倾向于自己做事，而 6 岁后，他们能经常合作工作。源于对 1960 年代艾略特·阿伦森在得克萨斯州建立的著名的“拼图课堂”的研究，已经反复证明了儿童不仅在合作的环境中学习良好，而且他们在更积极的课堂社交气氛中相处得更佳。“蒙台梭利”教育法中另一种同龄人间学习的有效方式是“同伴辅导”。在一项研究中，参与了“同伴辅导”项目的儿童在拼写中达到了平均87%的正确率，相比之下，在传统课堂的孩子只有75%的正确率（Greenwood et al，1989）。另外，这种方法的特异性会延展到未来的时间与科目上：曾在一些学科（包括数学）上参加过“同班辅导”项目的儿童，在后续的若干年中依然优秀，甚至在受过辅导以外的学科（包括科学）上亦能表现出色。研究也表明了这种辅导对社交气氛颇有好处，辅导和被辅导者同时受益——因为人们在准备教授别人的时候会学得更好（Benware & Deci，1984）。

确实，不同年龄的学生的知识、技能层次不同。

在学习方面，人们有两种基本的倾向：第一是所有的人都乐于学习；第二，所有的人都想要教别人。对于心理未曾歧变的人来说，这两个倾向都更明显、更强烈。

所以，不同年龄段的孩子在一起，互相学习的情况就自然发生了。

那么这种互相学习对于年龄大的孩子又什么好处呢？

第一，教学相长。自己掌握一个知识、一个技能，跟能够把知识和技能传授给别人是两回事。后者也是在前者基础上的一个提升。因此，较大年龄的孩子教较小年龄的孩子，对于他们自身也是促进。

第二，意义和价值。人生最重要的价值体现在帮助他人的行动中。大龄孩子在帮助较小年龄孩子的过程中，他们体会到价值感和成就感。他们的心灵能量会增加。因此，这本身就是德育，就是道德训练，是自然的、自动自发的道德训练。

此外，孩子之间的相互学习，绝不仅仅是大龄孩子教小龄孩子。也有小龄教大龄的情况。因为人的兴趣、禀赋、资质以及后来的各种能力的发展是个体化的。小龄的孩子在知识和技能上也会有相对大龄孩子占优势的情况。

2. 裁剪蒙氏课程的内容到三个领域（生活、数学和感官）

在《有吸收力的心理》一书中，蒙台梭利根据幼儿发展的身心规律所提倡的教育内容包括：感官训练、日常生活练习、语言、数学、科学文化、体操、自然教育——农事劳动：动植物培育、艺术（陶土工艺和房屋建筑），其中，自然教育被普遍忽视了，无论是国内还是在国际上。在蒙台梭利看来，自然教育是非常核心的。通过自然教育可以训练儿童的品格、各种智能和科学知识，是重要的道德训练途径。自然教育是提升人的灵性的。自然教育主要包括农事劳动和动植物培育，当然也包括在大自然中活动。实际情况是，很多学校不可能有跟广泛的大自然经常接触的条件。但是，所有的学校都可以开展自然教育。就是动植物培养，比如处于城市里的该幼儿园，也可以通过养花草进行自然教育。蒙台梭利特别提到了，当时她参与指导了许多城市中的“儿童之家”，就是通过养花草——只需要一些花盆和不大的空间，来进行自然教育的。农作物和动物培育本身就是生命教育、道德教育、自然教育、科学教育的宝贵手段。

第一，引导孩子观察生命现象。随着观察兴趣的逐渐增长，关心生物的热忱也随之增长。这样的孩子们也就必然会感激妈妈和老师对他们的爱护。

第二，引导孩子们自我教育、担负责任。当孩子们懂得播种的植物的生命依靠他们喂水、喂食，否则，植物就会干枯、动物就会死亡时，他们就会像一开始感到对生命负有责任的人一样，变得有警惕性。此外，一个与妈妈和老师全然不同的、呼唤他忠于职守的声音，就会告诫他们，千万不要忘记自己承担的责任。这声音就是在他们照管下的垂危的生命的哀求声。在孩子和他们照管的动植物之间会产生一种神秘的一致性，诱导孩子无须教师介入去完成一定行动，即引导他们进行自我教育。

第三，引导孩子学习具有耐心和信心的品格。这种品格是一种信仰和生活哲学的形式。当孩子们把一粒种子种入土地里，一直等它结果，首先看见的是不成型的幼芽，等它生长变化，开花结果。看到一些植物发芽早些，一些植物发芽晚些；落叶植物生长得快些，而果树生长得慢些。他们最终将获得心理上的平衡，在幼小的心灵里萌发像农民知道按时耕种那样的智慧。

动物是儿童的朋友。梅尔森写道，“对孩子们来说，宠物（从狗到金鱼）的一个最重要的但还没有被认识到的功能可能就是它们的在场（thereness）……这种可能就是为什么许多孩子把他们的宠物尊称为‘我最好的朋友’的一个主要原因……它们有生命的、敏感的亲近使孩子们觉得不太孤独了，在某种程度上说，这是玩具和游戏、电视或录像，甚至互动式媒体都无法做到的”（Melson，2001，59）。

第四，培养孩子们对大自然的感情。大自然以其神奇造化之功哺育这种感情，大自然付给劳动者以慷慨报酬，谁为大自然的生命发展付出了劳动，谁就会获得丰硕的果实。甚至在劳动过程中，在孩子们的心灵与其照管下发展的生命之间产生一种一致性，孩子们自然地热爱生命的各种表现形式。孩子们对植物和动物的兴趣会发展成对一切或者的生物的信任之情，这是一种爱的形式，是同宇宙融为一体的一种形式。

3. 过分依赖教具，对于教具因地制宜的开发就少

笔者在调研中发现，很多教师及幼儿工作者都认为蒙氏教育与普通教

育的主要区别就在于它的教具，认为一个幼儿园只要有蒙氏教具的工作室就是在实施蒙氏幼儿教育体系了。并且该园的教师对于因地制宜地开发教具较少，同时对于少数民族学生的文化渗透几乎没有。

（三）各个层面的政策保障缺乏

从教师队伍到师资培训到教具的供给，目前都没有政策层面的保障，使得本来可以促进教育公平的蒙氏教学变成了阻碍教育公平的屏障。教具费用过高以及培训教师的费用，成为幼儿园的极大负担。

（四）家长与幼儿园就蒙氏教学的交流互动较少

家庭教育中蒙氏教育就是一片空白。因此并不能按照蒙氏理念的初衷促进幼儿的身心发展。家庭是幼儿发展的重要场所，家长是儿童成长的重要关键人物。在蒙氏交流方面，家长应与幼儿园多多配合，为促进幼儿的发展创建更多的合作机会。

第五节 Y 幼儿园蒙氏教育展演

一、Y 幼儿园简介

Y 幼儿园始建于 1982 年，是一所用蒙古语授课的内蒙古自治区、呼和浩特市两级重点一类甲级寄宿制幼儿园，占地面积 13200 平方米，建筑面积 12800 平方米。2007 年赛罕区区委、区政府投资近 3000 万元，对该园进行了整体改造建设。2008 年竣工的 6200 平方米新教学楼与旧楼的相结合，在外观造型上有整体性，美观大方，符合幼儿特点，有浓厚的民族特点。

图 2—14 和图 2—15 呼和浩特市蒙古族幼儿园校门和主教学楼

幼儿园设有大、中、小三个年级18个教学班，现有幼儿726名，在岗职工68名，聘用教师30名。其中蒙古族教师占95%。教师队伍中具有本科学历的教师有28人，大专学历的教师有26人，中专学历的教师有11人，师范类毕业生占教师总数的98%，教师合格率为100%。其中具有高级职称的教师13人，中级职称的教师有36人，初级职称的教师有15人。

图2—16　幼儿在园内玩耍

图2—17　学校校训“身勇一时，智勇一世!”

Y幼儿园始终坚持以探索和实施蒙古族优秀的传统文化与现代教育理念相吻合的园本课程体系，促进蒙古族儿童身心和谐全面发展为教育目标，通过三年的学龄前教育，使蒙古族幼儿掌握本民族语言及生活习惯和个性品质，为其继续学习和使用本民族语言及其一生的发展打好基础。为学龄前蒙古族儿童进行民族语言的教学是该园工作的重点之一、特色之一。该园自编出版了《城镇蒙古族幼儿园教师用书——蒙文》并且承担了全国蒙古语文办公室的幼儿蒙文课件的编写制作任务，2008年正式出版了《幼儿蒙古文教育资源》课件，填补了全自治区幼儿蒙文课件的空白。为

图2—18　园内标准化的操场

图2—19　幼儿园漂亮的建筑

全区蒙古族儿童学习民族语言，开发智力等方面起到极大的促进作用。同时该园积极探索和遵循科学的教育理念和方法，运用蒙特梭利、多元智能、奥福音乐等教学方法为幼儿开发智力、全面发展做出了积极的努力。

建园20多年来向呼市地区各类学校培养输送了1万余名合格的小学生，为呼和浩特市民族基础教育事业做出了贡献，得到上级部门的肯定和表彰。1999年通过验收成为内蒙古自治区示范性幼儿园，2000年被认定为自治区文明单位，2006年评为内蒙古人民满意的“金牌形象使者”等荣誉。2008年被呼市教育局、呼市民委评为民族学校内部管理“5A”级管理；连续16年被上级部门评为“教育先进单位”。

二、蒙氏班教学开展情况

（一）背景简介

Y幼儿园自2004年起开办蒙氏教学班，到目前为止有五个班级，占全园班级的四分之一以上，实行混龄制。汉语两个班级，蒙语三个班级。每个班级的容量为30人以上，有的甚至到达40人。由三位老师负责，其中两位老师是教学型教师，实行上下午倒班制，另一位则是保育员，负责一整天的保育工作。

蒙氏班的课程分为上下午两个部分，上午进行特定的蒙氏教学，下午则进行传统的普通课程，教育局有统一规定的教材，其中蒙语班有蒙语班的教材，（全部由纯蒙语授课），汉语班有汉语班的教材。该园蒙氏班的工作室与普通课程是在同一个教室进行的，也就是“一室两用”。

图2—20　蒙氏班漂亮的展示墙

图2—21　蒙氏班幼儿的住宿环境

（二）教学简介

该园的蒙氏班统一购买的教具主要体现在三大领域：感官区、生活区及数学区。但是该园的老师根据实际需要除上述之外关注语言及自然人文的教育，并且制定了相应的工作计划。

图 2—22　蒙氏班教师的数学区

2011 年 9 月—2012 年 1 月

蒙氏 C 班学期工作计划

本学期我班三位老师没有变动，只是大组有一位幼儿去山东。中班组因搬家，转到别的幼儿园，又要新入（新来）三位小班幼儿。通过寒假回来后一周观察，两位老师做出了分析，规划了这个学期的工作计划。计划如下：

（一）感官教育

感觉器官是幼儿时期从环境中吸收万事万物的管道，提供刺激幼儿感觉运动的经验，并提供作业的经验和机会。一个人要形成重要的概念必须透过所有的感觉认识的发展，感觉教具的存在价值是成为发展的媒体。

1. 视觉教具

Ⅰ（大小识别）圆柱体组、粉红塔、棕色梯、长棒、彩色圆柱；

Ⅱ（颜色识别）色板；

Ⅲ（形状识别）几何图形嵌板、几何学立体、构成三角形、二项式、三项式，

巩固基本操作，提示变化，拓印卡与实物的延伸。

目的：

1）培养辨别大小的视觉能力；

2）透过视觉，正确地获得三次圆空间差异变化的知觉；

3）发展手、眼、肌肉的动作协调；

4）（是理解十进法的准备教具）数学教育的间接准备；

5）学习角柱的概念。

2. 嗅觉教育

教具：嗅觉筒

巩固基本操作，提示变化；

目的：培养辨别各种气味的能力。

（二）数学教育

教具：数棒、砂数字板、纺锤棒与纺锤棒箱；

数字与筹码、金色串珠、塞根板（Ⅰ）（Ⅱ）

加法板、定规尺、订正板、心算板、乘法板、减法板、除法板。

巩固操作法，学习新标变化 1. 让小朋友认识 0—9 数字的同时，书写数字；

2. 认识 1—10 数字与量的关系；

3. 加强数与量的结合概念；

4. 初步的了解基本计算联系（加算、减算）；

5. 能了解十进法的意义；

6. 学习交换的规则；

7. 理解乘数的概念；

8. 了解减算；

9. 使单独加算的概念更深刻；

10. 邮票游戏进行乘算的练习；

11. 理解乘算的概念，了解每个符号；

12. 数字的消除、排列顺序，填空是为了理解连续排列的观念，以便灵活的使用各个数字。

（三）语言教育

目标：

1. 专心听讲并回答故事内容，复述、创作故事和儿歌，搜索资料并尝试口头报告，介绍自己的作品，掌握采访的技巧；

目的：

2. 用简单的文字作记录，流畅清晰地说儿歌，掌握朗诵诗歌的能力；

3. 勇于表达自己的见解，学习整理和搜集资料，尝试说出 1—5、1—10 的顺序，懂得欣赏诗歌的韵律，能认读和造句；

4. 锻炼口语表达能力，发展阅读图书的兴趣；

5. 专心听故事并参与讨论；

6. 看图讲故事，创作故事的结局；

7. 讲述雨的形式，水的用途和水的不同形态；

8. 说出节约用水的方法；

9. 尝试创作故事，掌握讲故事的技巧；

10. 知道汉字字形结构的特征；

11. 认读和造句。

教材：多元智能（7—12）。

（四）自然人文教育

第一节　观察食物的生熟变化，观察盐溶在水中的情况，观察不同形状牙齿；

第二节　喜欢创作美劳作品，用图画表达自己的意思和作记录，拓印钱币；

第三节　感觉和表现不同速度，跟随音乐节奏做动作、跳舞、喜欢唱歌；

第四节　观察和欣赏春天的景色，认识春天天气的特征；

第五节　探索种子传播的各种方法和繁殖方法；

第六节　知道冬眠动物在春天睡醒，开始活动；

第七节　辨别深和浅的颜色，用图画表达自己的意思感受；

第八节　欣赏图画和中国民间艺术品；

第九节　探索夏天天气特征，细心观察闪电、打雷的自然现象；

第十节　跟随音乐节奏做动作和跳舞；

第十一节　了解动物也分雌雄；

第十二节　学习利用不同材料创作动物塑像。

（五）日常生活教育

目标：

1. 懂得进餐礼仪，想办法解决困难，勇于发表意见；

2. 发挥分工合作精神，乐于参与集体游戏；
3. 做事有责任感，学习改掉坏习惯；
4. 乐于接纳别人的意见，知道鼓励别人；
5. 遵守游戏规则，了解自己的爱好，乐于合作与分享；
6. 勇于承担责任，表现自信心，危急时的应变方法；
7. 培养乐于助人的精神；
8. 分辨对与错，表达各种感受；
9. 懂得爱护自然环境；
10. 在三指、二指抓、捏的基础上，夹毛球，倒固体、液体，舀固体的工作，使幼儿小肌肉协调性更进一步发展好；
11. 学会在水中舀出固体，提高幼儿的手眼协调性；
12. 培养幼儿养成定时大小便的习惯。

注：本内容由呼和浩特市蒙古族幼儿园蒙氏班教师部丽华老师提供

（三）特色教具

值得一提的是，该幼儿园针对蒙古族优秀的传统文化开发了很多与现代教育理念相吻合的教具，促使蒙古族幼儿掌握本民族语言及生活习惯和个性品质，力求为其继续学习和使用本民族语言及其一生的发展打好基础。并且在整个园室的布局与设计上都体现了蒙古族的传统特色文化。

图 2—23 和图 2—24　蒙氏班特色教育展示（左为羊骨，右为蒙古包和蒙古族皮画等）

（四）师资培训

笔者访谈了蒙氏班的两名教学型女教师了解该园蒙氏教学的师资及教师培训情况。该园中所有承担蒙氏教学的教师都要经过培训，培训的频率较高，几乎每年都有机会接受培训。现在培训的内容不仅仅停留在教具的操作上，而是开始关注蒙氏深层理念方面的内容，以及延伸活动。教师们普遍反映一般都可以根据培训的内容使用，但是蒙古族的蒙氏班需要翻译一下，然后根据实际情况操作。费用由幼儿园统一承担，因此幼儿园会择优派送，一般先考虑有编制的教师，在此基础上选择各个方面较为优秀的老师，尤其是一些耐心、有责任心的老师。

图 2—25　蒙氏教学法培训

图 2—26　蒙氏教学法培训

图 2—27　蒙氏教学法培训

图 2—28　蒙氏教学法培训

图 2—29　蒙氏教学法培训

图 2—30　蒙氏教学法培训

（五）经费情况

蒙氏班的收费要比普通班高一些，但差距并不大，该园蒙文班一学期不到1000元，汉班1300多元。普通的蒙古族都免学费，只交伙食费，如果上蒙氏班只收蒙氏班的费用。

但是教具的费用是比较高的。一套教具需要3万元左右，并且一个蒙氏班级需要配一套教具。一个教师的一般短期的培训都需要2000元以上，这些都该幼儿园构成了较大的压力。

（六）教师对蒙氏课的认同

该园中大部分的老师还是十分认同蒙氏班。认为对孩子的发展有很大的促进作用，普遍反映蒙氏班级的孩子要比普通班级的孩子表现得更为优秀。

教师访谈发现

教师甲：带了这么多年感觉确实不一样，比如我儿子就在普通班，像他年龄这样的小孩如果在我们蒙氏班对于一些物体5以内的，目测就能看出来，但他看不出来，还得亲自去数。尤其数学方面，蒙氏班可感兴趣呢，我们对毕业家长的访谈反馈都可好呢，各方面都感觉挺好的，唱呀、跳呀、画呀、说呀都感觉特别好，不一样。家长也很认同，生源源源不断，由于控制班级，没办法，想给孩子报蒙氏班但没法报。

教师乙：蒙氏班的孩子有耐心。有兴趣，对别的课也很有兴趣，有秩序，感觉效果很好。

教师丙：我觉得挺好，因为每天孩子来了都自己说想做什么工作。甚至有的时候会出现这样的事情，小孩跑过来跟我说这一个月或半个月他/她想做某某工作。孩子们能形成特别好的习惯。

图2—31　笔者在参观孩子课间自由活动观察到的一幕

（七）渗透民族语言和民族文化的学习

除了上述提到的特色教具的开发，该园蒙语蒙氏班的娜荷芽老师在上课之前教幼儿蒙古族的谚语、诗歌还有歌谣，教材是自己在几年前编写的，已使用八年之久。在访谈中她说道："我觉得蒙古族蒙氏班的语言也是一个比较大的问题，我认为应该加强他们语言的发展，因此每天早上蒙氏课之前，我就教孩子们一些我们民族的谚语，要不每天不吱声在那做工作，我怕语言方面有所懈怠。别的班的老师来听课，反映蒙氏班的孩子不爱说，蒙氏班的孩子就是做多于说，他们只专注自己的事情，所以就交流得少、说得少了。我们城市的孩子好多来的时候都不会说蒙语，其实我们蒙语班的挺难得，来的时候用蒙语上课，一半的孩子都听不懂，所以我觉得语言方面必须得抓紧。尤其蒙语的发音什么的都挺难的，必须在一开始把语言抓起来。"

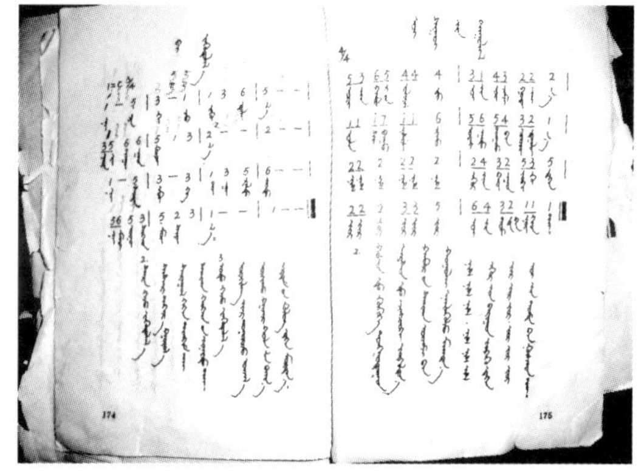

图 2—32 和图 2—33　娜荷芽老师自编教材的封面和内容

同时，该园还定期举办蒙古族文化周，下表中是来自该园郜丽华老师的具体活动方案。

千里不同风，百里不同俗。风俗，是一定历史时期的社会形态、自然环境、经济生活和民族心理相互作用的产物，是千百年来相沿成习的一个民族的民间文化传承，是区别不同民族的重要标志之一。因此，让幼儿了解本民族的风俗民情，无论是对于继承民族优秀文化、发扬传统美德，还是对于全面、准确地了解蒙古族及其文化的深刻内涵和丰富底蕴，都具有不可估量的价值和作用。

为了能让孩子们了解蒙古族基本的风俗民情特在这一周的时间进行如下的安排：

1. 班里设置民族文化角，其中放置家长和孩子们收集的关于蒙古族的各种物品。

2. 在走廊、墙面张贴图片，以教案为基础，按蒙古族礼仪、饮食、艺术、体育四大主题进行教学，利用图片、视频，给幼儿提供充分理解体会蒙古族风俗民情的机会。

3. 动员家长收集关于蒙古族的各种资料。

请家长和孩子一起参与到幼儿园民族文化周的活动（和幼儿一起熬奶茶），家长和孩子一起涮羊肉。

4. 以往的开放日活动都是以蒙氏教学活动的形式开放，这次想把民族文化周的活动一直延续到下周一（2012 年 4 月 23 日），同时在周一那天举行家长开放日活动，进行蒙语课件、五畜的蒙语课程的展示。真正把民族文化周的活动让每一位家长了解、参与、支持。

5. 利用下周一的家长开放日，告诉家长希望能随时随地地关注关于蒙古族的一切知识、信息、图片、视频等，积累下来和孩子们共享，让孩子们能更多的了解自己本民族的文化。

6. 教师和幼儿穿蒙古袍。

了解蒙古族礼仪——献哈达

时间：2012 年 4 月 23 日　星期一

教学目标：

1. 知道献哈达是蒙古族传统的礼仪。

2. 了解哈达的基本颜色。

3. 会献哈达。

教学准备：蓝色、白色、金色哈达各一条。

献哈达的相关图片

蒙古族歌曲《草原人家》

教学过程：

1. 播放蒙古族歌曲《草原人家》的碟片，请幼儿观看碟片中的景色及献哈达的过程。

2. 教师提问：你在碟片中看到了什么景色？你觉得这是哪里？那些人手里拿的是什么？有什么用途？（草原景色、蒙古草原、哈达）

3. 你在哪里见过哈达？是什么场合？

请幼儿讨论交流。

4. 教师小结：哈达在迎接客人时使用，或在婚丧、拜佛、拜年和喜庆活动中使用，以表示敬意和祝福。

5. 你见过的哈达是什么颜色？请幼儿回答。

6. 教师出示哈达：蓝色、白色、金色，请幼儿看一看，摸一摸。（教师介绍蓝色哈达象征蓝天，表达出蒙古族人民豁达、美好的心灵。白色表示圣洁。金色象征大地。我们常见的常用的是蓝色。）

7. 我们认识了哈达，又看过别人献哈达，那你们会献哈达吗？

请幼儿观看教师准备的献哈达的图片。

8. 教师演示献哈达。

（对长辈献哈达时，要略弯腰向前倾，双手捧过头，哈达对折起来，折缝向着长辈。）

9. 请幼儿学献哈达。

附“献哈达”资料：献哈达是蒙古族传统礼节，始于喇嘛教传入之时。哈达，是藏语的音译。常在迎送、馈赠、敬祖、婚丧、拜佛、拜年和喜庆活动中使用。

热情诚挚的问候——奶茶

时间：2012 年 4 月 24 日　星期二

教学目标：

1. 知道怎样熬出奶茶。

2. 知道蒙古族茶的种类、

3. 简单参与熬奶茶的过程。

4. 体会熬奶茶的乐趣。

教学准备：牛奶、食盐、水、锅、电磁炉、勺、碗、果条

教学过程：

1. 教师出示一碗奶茶，请幼儿看一看这是什么？（幼儿都知道是奶茶）在请幼儿尝一尝是什么味道？（幼儿的早点有奶茶，所以都能说出来）

2. 提问幼儿奶茶是则样熬成的，都需要什么原料？

3. 出示教师准备的关于敬茶、熬茶的资料图片，请幼儿完整欣赏。

4. 回答教师提出的问题。

你看见熬奶茶需要准备什么物品了吗？（砖茶、牛奶、少量食盐、水）

5. 向幼儿介绍我们蒙古族茶的种类。

有一种就是我们刚刚介绍的奶茶。还有一种是未兑牛奶的素茶，蒙古人称其为黑茶。还有一种就是将适量的黄油与炒米或白面放在茶锅里加热炝炒两下，在兑入茶水、牛奶及食盐，熬少许后饮用。

6. 家长出示熬奶茶的用具，请幼儿看一看，并说一说用具的名称及用途。

7. 家长操作开始和幼儿一起熬奶茶。（插上电磁炉电源，将砖茶末子放进，待水烧开时，兑上牛奶和食盐，兑好的茶水再次滚开时，用勺子反复扬几下，灌在壶里。）这其中的放进砖茶末子、倒牛奶及食盐让幼儿来操作。

8. 幼儿将自己的碗放好，我们一起围坐喝奶茶。

教学延伸：向幼儿介绍茶对于草原上的人的重要之处：是因为草原牧民游牧和居住分散，酷暑寒冬，温差大而偏干燥，缺少新鲜蔬菜等生活环境所决定的。它是保温消暑、补给水分、促进消化、除腻消腥的最佳饮品。在草原上流传着这样一句话：“宁可一日无饭，不可一日无茶!”当一个牧人，疲惫不堪地从外边回到家时，如果能喝上一碗浓香四溢、热气腾腾的奶茶，他的疲劳将会荡然无存。

图 2—34 和图 2—35　教师在教孩子们做奶茶

脍炙人口的肉食品——烤全羊、牛肉干

时间：2012 年 4 月 25 日　星期三

教学目标：

1. 让幼儿知道烤全羊、牛肉干是蒙古族特有的肉食品。
2. 了解烤全羊、牛肉干的制作过程。
3. 知道蒙古族的肉食以羊肉和牛肉为主。

教学准备：烤全羊图片、视频、牛肉干、电脑

教学过程：

1. 出示烤全羊的图片，请幼儿看看是什么？再请有经验的幼儿说一说自己对烤全羊的了解。

2. 教师介绍给幼儿带来了一段视频，请仔细观看。（打开电脑，请幼儿观看烤全羊的制作过程）

3. 和幼儿一起回忆烤全羊的制作过程。

4. 教师小结：烤全羊是我们蒙古族特有的饮食文化的骄傲，同时也是最隆重的待客礼仪。宰了羊之后，不扒皮，在皮肉之间吹进一些气，在开水锅里蘸一下捞出，将毛去掉。割掉四蹄、从胸口上开口子，把内脏取出，放进一些调料和食盐，接着将红白糖和酱油搅拌在一起，煮得滚烫后均匀地涂在羊身上，然后吊在石头或砖砌成的专用炉子里，烤到三四小时就烤熟了。除了烤全羊，还有烤羊腿、烤羊肉串。因为烤羊腿和烤羊肉串是孩子们常见的，所以请孩子们来说一说品尝过这些美食的经历。

5. 除了美味的烤全羊，今天老师还让小朋友带来了什么呢？（牛肉干）

6. 教师小结：牛肉干是蒙古族的特色食品，最早起源于元朝成吉思汗时代，成吉思汗建立蒙古帝国，蒙古骑兵与牛肉干有着不解之缘，出入只饮马乳，或宰羊为粮。只要有供马匹和畜群食用的水草，蒙古人就可以自给。一头牛宰杀后，百十公斤重牛肉晾干后碾成末后，只有十几斤肉末，装袋后背在身上，只要有水便可冲饮。即使一时缺乏，还可以射猎作为补充。在作战中，蒙古骑兵就是依靠马匹和畜群来给养的；这在后勤上大大减少了军队行进的辎重。牛肉干在远征作战中起着很重要作用。早在宋末元初，成吉思汗率蒙古铁骑南征北讨，激荡草原之际，去发现将士们经年累战，已经疲态出现，再加上粮草运送不便，常有供给不及之时，更显隐忧重重，成吉思汗苦思良策而未果。一日，偶遇一队骑兵极为神勇，仿佛有使不完的力气。于是派人前去询问，原来是扎鲁特部一名将领在出征前，命令士兵将牛肉用火烤熟之后随身携带，牛肉烤熟后，体积缩小，不但能存放些时日，便于携带，而且食后体力大增，作战勇猛无比。成吉思汗闻后大喜，争忙把此法推广全军。结果虽有强敌当前，蒙古铁骑仍能横扫欧亚，势如破竹，终得天下。从此，牛肉干成为草原上著名的风味食品。后来草原牧民就有晾晒牛肉干习俗，是招待贵客的食品。只有尊贵的客人来时才肯拿出。

7. 幼儿品尝自己带来的牛肉干。

教学延伸：如果下次和爸爸妈妈一起去蒙餐馆或者草原上做客，一定要记录下烤全羊的仪式，同时也请家长留意这方面的文化，随时给班里积累蒙古族饮食文化方面的素材。

酣畅灵动的歌舞

时间：2011 年 4 月 14 日　星期四

教学目标：

1. 让幼儿了解蒙古族的歌曲、舞蹈形式。（长调、安代舞、盅碗舞、筷子舞）

2. 提高幼儿的表演能力。

3. 发挥幼儿创造力。

教学准备：长调歌曲碟、绸带、盅碗、筷子、

教学过程：

1. 播放长调歌曲碟，请幼儿欣赏。提问：谁听过这样的歌曲？是蒙古族长调。

2. 告诉幼儿蒙古族长调是我们蒙古族特有的歌曲演唱形式，辽阔的草原是蒙古族长调的摇篮。

3. 请你闭着眼睛试想一下在辽阔的草原，听着美妙的长调，那会是多么享受啊！（教师播放长调音乐，幼儿闭眼）

4. 除了美妙的歌声，还有欢快迷人的舞蹈，现在老师请小朋友看一看我们蒙古族特有的舞蹈。先请幼儿观看安代舞的视频，幼儿看后模仿，教师和幼儿一起跳。我们看过了安代舞，也学着跳了，请哪位小朋友来自己编一个安代舞，给幼儿发绸带随音乐跳起来。

5. 教师出示酒盅、龙碗，让幼儿猜一猜是干什么用的？我们蒙古族是能歌善舞的民族，除了长调、安代舞，还有一个舞蹈，请小朋友来看一看。教师播放盅碗舞的视频。提问：舞蹈演员在用什么跳舞？（酒盅、碗）谁来学着跳一跳？请幼儿用盅碗来跳一段。

6. 教师用筷子夹东西吃，然后提问幼儿：我们蒙古族用筷子可以吃饭，还可以用它来跳舞，你们相信吗？播放筷子舞的视频请幼儿观看。

片子里的舞蹈演员用筷子都敲击身上的什么部位了？你们能来试一下吗？还可以怎么跳？给幼儿发筷子，请幼儿自由创编筷子舞。

附资料：蒙古人有三件宝，那就是：草原、骏马和蒙古长调。

蒙古民族是一个质朴豪爽的民族，蒙古民歌有着优美的旋律，独特的

韵味，歌中时时透射出蒙古人胸襟的开阔。安代舞于明末清初发祥于科尔沁草原南端的库伦旗。最初是一种用来医病的萨满教舞蹈，含有祈求神灵庇护、祛魔消灾的意思，后来才慢慢演变成为表达欢乐情绪的民族民间舞蹈。传统的安代舞，有准备、发起、高潮、收场几个程序，都由“博”来主持。随着历史的发展和社会的进步，兴安地区带有迷信色彩的安代舞已不复存在，而是把它作为一种民间歌舞传承下来。在科尔沁地区，在逢年过节时、在庆祝丰收的日子里、在喜丧婚嫁和迎宾的宴会上，人们都要跳安代舞。姑娘媳妇挥舞头巾跳，小伙子脱去马靴光着脚丫跳，孩子们做着鬼脸跳……舞蹈动作有甩巾踏步、绕巾踏步、摆巾踏步、拍手叉腰、向前冲跑、翻转跳跃、凌空踢腿、腾空蜷身、左右旋转、甩绸蹲踩、双臂抡绸等，这些优美潇洒的动作，融稳、准、敏、轻、柔、健、美、韵、情为一体，形成了盛大的狂欢场面，把美和对美的追求推向了极致。

盅碗舞亦称打盅子，流行于鄂尔多斯，传说起源于古代打仗时获胜利的人们在庆典宴会，拍掌击节，击酒盅助兴。表演者一手持两个酒盅叠在一起，大拇指肚托下边的盅底，中指按住上一个盅的里边，食指和无名指的内侧夹住上一个盅的外侧缘，两个酒盅击打时，用上边的盅磕打下边的盅，发出清脆悦耳的响声。随着盅碗银铃般的响声，舞者慢慢站起，两臂伸展，屈收，在胸前环绕，前进后退或绕圈行走。盅碗舞的特点是肩部动作多。生活在大草原的蒙古族白天骑马、套马、剪羊毛、挤奶、摔跤等动作都要动肩，所以形成盅碗舞的动作多以上半身为主。“筷子舞，原是婚礼、喜庆节日欢宴时，在弦乐演奏及人声伴唱中，由男艺人表演的单人舞蹈，表演者右手握一把筷子，用它敲打手掌、肩部、腰部、腿部等处，击打的同时肩部环绕耸动，腕部灵活翻绕，敲打声清脆，节奏鲜明，情绪热烈。后来，专门把筷子的一端用小绳穿起来，又缀以红绸，遂成为精美的道具，可单手或双手持之表演，从而增强了表现力，遂广泛流传开来，并成为经常上演的舞台节目。

心驰神往那达慕

时间：2012 年 4 月 26 日　星期五

教学目标：

1. 了解蒙古族的那达慕的意思。

2. 知道那达慕基本的三种竞技项目：摔跤、射箭、赛马

3. 通过了解那达慕激发幼儿强身健体的兴趣。

教学准备：那达慕大会的图片及视频、摔跤、射箭、赛马的图片及视频、摔跤服

教学过程：

1. 请幼儿观看那达慕大会开幕的图片及视频。告诉幼儿这是我们蒙古族草原人民的盛会：那达慕大会。那达慕是蒙语，翻译过来是游戏或娱乐的意思。

2. 出示摔跤的图片，提问幼儿图片上的人在干什么？（在进行摔跤比赛）再请幼儿观看摔跤手比赛的视频。

3. 请幼儿看一看教师手里的衣服（摔跤服），让幼儿穿上摔跤服来进行一场摔跤比赛，其他小朋友给加油。

4. 教师介绍摔跤服："昭得格"表面嵌有铆钉，后背嵌有圆形银镜或吉祥之类的文字。摔跤裤是用白布制作的，宽大多褶，还有护膝、腰带，选手脚踩高腰马靴，还要在脖子上佩戴彩绸编结而成的"章嘎"。

5. 出示射箭的图片，提问幼儿图片上的人在干什么？（射箭比赛）。告诉幼儿蒙古族的射箭比赛分静射和骑射。请幼儿观看射箭比赛的视频。射箭活动，不仅是对草原人心神的陶冶及锻铸，同时，在增强人的智力、腰力、腿力、扩张胸围等方面也起了重要作用。

6. 请幼儿观看赛马的视频。提问这些人在干什么？（赛马）告诉幼儿我们蒙古族又被称为马背民族，从古至今、从小到大，生活中以马为伴。我们小朋友虽然没赛过马，有没有骑过马的？什么感觉？请和我们一起分享骑马的感受。

7. 我们蒙古族的许多运动健儿在竞技项目摔跤、射箭、赛马的奥运会上都得过奖牌，给幼儿看奥运健儿收获奖牌的图片。你们想不想的奖牌？那我们从现在开始应该怎么做？（从现在开始努力锻炼身体，好好吃饭，不挑食，坚持运动）摔跤手脖子上佩戴着五颜六色的布条项圈——江嘎，看上去煞是威风。它是在一定级别的比赛中获得优胜的象征。比赛场地简单，只要有一片草坪或松软空地，观众席地围坐，摔跤手就可以在中间进行比赛了。比赛前，双方都有高唱挑战歌，以助声势，唱三遍后，双方摔跤手跳跃而出，做着雄鹰展翅的舞姿进入会场。比赛开始，摔跤的双方互相致意和向观众敬礼后，开始较量。顷刻间，争斗相扑，盘旋相持，腿膝相击。蒙古式摔跤以巧取胜，一跤定胜负，只要身体有一处着地就算输了。但不能抱腿，不准反关节动作，不准扯裤子。

附资料：

蒙古摔跤大体分踢、绊、缠、挑、勾等三十余种、三百多个动作。凡取胜者，到裁判台双手捧出事先准备好的果子、奶食等，然后边跑边撒在围观人群中，让大家分享他的“胜利果实”。射箭比赛，蒙古语叫做“苏日哈日布纳”，其本意为射皮条，因为过去射箭比赛以皮条为靶子。神射手在草原上享有很高的荣誉。古代勇士名字的后面常加上的“篾儿干”或“麦尔根”、“莫日根”，就是神箭手的意思。蒙古族的射箭，分骑射和静射，骑射的马匹自备。方法是从一个起跑线起跑，沿规定路线跑，赛程中要射3个不同额色悬挂着的布袋，中者受奖。静射是站在一定距离扯，连射3箭，以中靶环数排名次。蒙古族爱马，赛马也是男女老幼最喜爱的活动。每当春末夏初，给马打鬃、去势、印号，许多青年人来帮忙，除干活外，赛马成了习惯。就是几人在一起放牧或路上相逢也要跑几千米比比谁的骑术高，看看谁的马儿快。每当草原举行那达慕大会，近者方圆五十公里。远者上百公里以外的牧民，纷纷驱车乘马赶来聚会，参加披红扎彩的长距离赛马。蒙古族赛马是蒙古族传统体育娱乐活动之一。旧称赛马、射箭、摔跤为男子三项竞技。蒙古赛马比赛今多在那达慕大会时举行。届时在内蒙古大草原上，远近百里以至几百里的牧民驱车乘马赶来聚会，参加赛马活动。赛马场上，彩旗飘飘，鼓角长鸣，热闹非凡。

家长开放日

时间：2012年4月23日　星期一

1. 孩子和家长来园。
2. 吃早点。
3. 和家长一起参加升旗、唱国歌、唱园歌仪式。
4. 利用蒙语课件、五畜标本，进行蒙语课程教学的展示。
5. 家长、孩子、老师一起准备涮羊肉的材料及一起吃涮羊肉，在食用之前讲述涮羊肉的来历。
6. 和孩子们一起收拾班级，家长反馈意见。
7. 活动告一段落。

蒙古族，是一个拥有辽阔地域，具有悠久历史、灿烂文化的民族。蒙古族异彩纷呈的民俗风情，是它为人类文化宝库增添的一块瑰宝。蒙古族风俗，不仅绚丽多彩，而且浩如烟海，仅仅一周时间不能让孩子们了解多少，还需继续去认识，愿这一周的民族文化周活动给孩子们开启一扇通往认识蒙古族民俗文化的大门，让他们更加热爱自己的民族，觉得自己作为蒙古族人感到骄傲自豪！

图 2—36　在家长开放日，家长与孩子共同参与学校活动

三、小　结

由上述的田野展演我们可以看到，对比之前的内蒙古师范大学实验幼儿园，呼和浩特市蒙古族幼儿园为蒙台梭利教育体系在少数民族地区的实施提供了一定的借鉴意义。这里的蒙氏教师根据自己多年的教学经验，基于蒙台梭利的教育理念，实行混龄班教学，因地制宜的结合蒙古族的文化特色与风俗习惯，开发了很多的教学内容与教具，激发幼儿的学习热情与兴趣，力求全面促进孩子的身心发展。

但同时，笔者在访谈的过程中，有的教师提到，这里的幼儿仍然缺乏体育锻炼，在教室里所待时间太久，室外活动还是相对太少。不利于儿童的体能训练。

第六节 民族地区实施蒙氏教育的问题与对策

一、当前实施蒙氏教学体系存在的一些问题

笔者通过调研发现，目前全国范围内都在不同程度的在开展蒙氏幼儿教学，包括以内蒙古为代表的少数民族地区。但是很多的幼儿园在实施蒙氏教学的过程中都存在一些问题。

（一）注重其形式、忽视其内涵

有些人，包括一些幼儿园的教师认为只要有蒙氏教具就在实施蒙氏教育了。比如，在环境创设上，一些幼儿园误认为只要将蒙台梭利的教具摆放在教室的各个区域就是在实施蒙台梭利教育法了。在一些幼儿园里，幼儿对昂贵的蒙氏教具摆弄了一两个学期之后就对其失去了兴趣，究其原因：很多时候，幼儿手中所操作的教具根本不符合他们的年龄特征，这些教具仅仅被教师当作是进行示范教学时候的辅助性材料，并没有使这些教具发挥出应有的作用。可以说，教具已经成为了蒙台梭利教育的中心，儿童仅仅是在教师指导下的教具的奴隶①。

我们在本章的第二节将以系统论的框架为基础，重新梳理蒙台梭利教育的本质。这对于深刻把握蒙台梭利教育的核心有借鉴价值。

（二）“有准备的环境”成了“照搬硬套出来的环境”

蒙台梭利特别重视环境的作用，她提出的“有准备的环境”是有规律有秩序的生活环境，是能丰富儿童生活印象的环境，是可让儿童独立活动、自然地表现，并意识到自己的力量的环境。她曾说：“‘儿童之家’（她为儿童创设的‘有准备的环境’）并没有什么固定的形式，而是给儿童提供了活动和发展的一种环境。它的规格并没有被限定，可以视经济情况与客观环境而决定，最重要的是它必须像个家：有几个房间，教室，有庭院。院子里，孩子可以放些自己喜欢的、自己可以照顾的花花、草草、小动物、小摆设。当然还要有遮风避雨的设备，让他们可以在户外活动。”然而，在我国，一些幼儿园认为只要完全按照“儿童之家”进行摆设，就是真正的“有准备的环境”了。他们不按照实际的经济情况以及客观的环境，不考虑儿童真正的喜好，致使许多儿童在一成不变的环境里。很快失

---

① 霍力岩、齐晓恬．当前我国借鉴蒙台梭利教育法的主要误区、关键问题与基本思路［J］．幼儿教育，2008（2）．

去了兴趣，甚至变得麻木了。蒙台梭利根据儿童六岁以前的敏感期与吸收性心智，创设了以儿童为本位的环境，让儿童自己生活。这个环境其意义并不仅只是环境，而是儿童不久将要面临的未来世界及一切文化的方法与手段，而我国的很多“有准备的环境”远远没有发挥这样的意义①。

（三）教育理念与内容脱节

有些幼儿园因为没有充分理解蒙台梭利的教育理论和内容体系，出现了上午蒙台梭利教育、下午五大领域教育的脱节现象。根据我们的研究，我们以综合活动为主，将五大领域与蒙台梭利的六大领域相结合，其融合后的关系如图 2—33 所示。

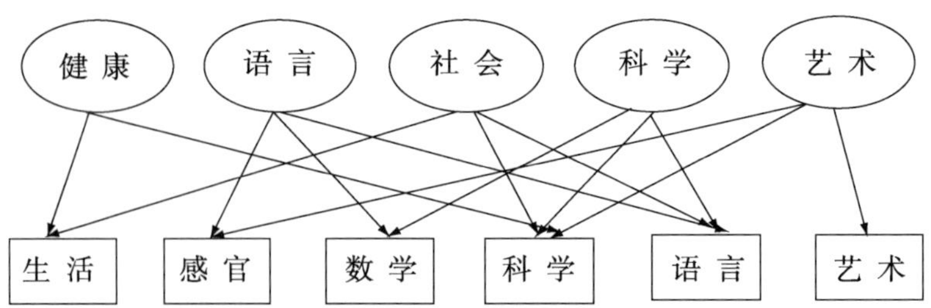

图 2—37 五大领域与蒙台梭利教育模式的关系图

（四）班级组织形式存在挑战

在蒙台梭利教育模式中，班级组织应该呈“垂直式”的混龄班级。混龄编班也可以说是蒙台梭利教育模式的一个重要特点。从理论上说，适用于蒙台梭利教育模式的混龄编班，也应该适用于我国，而且在我国目前实行独生子女政策，孩子普遍缺乏兄弟姐妹的情况下，混龄编班对于促进幼儿社会性的发展更能够发挥独特的作用。对此，蒙台梭利曾经有过论述，她认为六个孩子的母亲反而比一对双胞胎的妈妈轻松得多，因为孩子不会同时向他要一样的东西。同龄班也是一样。在社会上人们普遍认同并接受了同龄班的今天，在人们的观念里对混龄编班还没有明确概念的今天，蒙台梭利教育模式中的班级组织形式，在进入中国时还会面临许多挑战。我们在研究中发现家长对此常常持有怀疑态度，一些年长儿童的家长担心自己孩子和低龄儿童在一起学习会落后，而年幼儿童的家长却担心自己的孩子受欺负。另外，混龄班对教师要求非常高。教师必须能够具备相当敏锐

---

① 田甜、夏媛媛．我国借鉴蒙台梭利教育法热的冷思考［J］．濮阳职业技术学院学报，2012（4）．

的观察力，教师面对的不再是同龄班上水平相对齐整的孩子，而是有着不同年龄特点和不同发展需求的差异很大的孩子，这就对教师提出了较高的要求，她不能再像以前那样面对班上水平相当的孩子来讲授和管理，她需要了解每名儿童的个性特点和发展水平①。

（五）教师的专业培训不足

教师培训速成化。在美国，蒙氏教师需要经过两个月的理论学习，九个月的实践见习，全部合格才能取得蒙氏教师资格证书。而我国正规的蒙台梭利教师培训少之又少，许多所谓的蒙台梭利教师只是听过专家讲过一两次课，学习了三五天，算不上是接受正规的培训，而且许多教师从未阅读蒙台梭利原著或者蒙台梭利权威机构发布的材料。即使一部分教师参加了培训，但是许多所谓的蒙氏教师都是速成的，只是经过一个简单的培训之后，就开始进行蒙台梭利教育实践。如此的培训使得许多教师只学到了蒙氏的外在形式和蒙氏教具的简单运用，而实际上对蒙氏教育法的真正内涵不甚理解。教师只把蒙氏教育法当作一种教学手段和方法，并没有秉持蒙氏教育的理念，由此开展的教育活动的成效可想而知。

造成上述局面有几项根本原因：

第一，我国蒙台梭利教育的科学研究尚不发达。

由第四章对蒙台梭利教育的调研可以看到，近年来国际上对蒙台梭利的研究掀起了新的高潮，越来越多的来自认知科学、神经科学的研究证据表明蒙氏教育的科学性。在国外，上述科研成果通过两条路径对蒙台梭利教育实践产生影响。首先，相关研究成果被相关培训机构吸收、并整合进入培训课程，从而促进幼儿教师对蒙氏教育科学性的认识。其次，相关科学家的研究成果正在以专著或专题讲座（通过互联网）的形式向社会大众（包括广大的幼儿教师、幼儿家长）进行传播。

第二，我国蒙台梭利教育的培训机构尚不发达。

在国际上，蒙台梭利教育的培训由三类机构来完成：蒙台梭利协会（国际的和地区的）、大学（特别是师范类）相关学院、社会赢利机构。近年来我国的上述三类机构正在快速发展，并越来越多地承担了培训我国蒙台梭利幼儿教师的任务，但是相对于我国幼儿教师的基数，特别是相对于我国各地蓬勃发展的蒙台梭利教育而言，还不能满足需求。我们建议，政府机构提供专项资金和政策支持师范类院校开展蒙台梭利教育研究和培

① 刘文林、红霞. 蒙台梭利教育模式中国化探索［J］. 湖南师范大学教育科学学报，2003（11）.

训。以大学的科学研究和人才培养为龙头，带动蒙台梭利协会和各类培训机构的发展，特别是为后者源源不断地输送高层次的蒙台梭利教育人才。

（六）缺乏政府层面的社会保障制度

从本书第一章的国内外文献综述可以看到，幼儿早期教育关系到儿童的终身发展、家庭幸福、社会和谐以及社会发展的人力资源，更是促进教育公平、社会公平的根基。因此，幼儿教育应该提高到国家发展战略的层次上来进行宏观设计。相关的研究工作急需开展。

就本书所涉及的论题而言。通过调研我们发现，虽然蒙台梭利幼儿教育在我国经历了20多年的蓬勃发展已经取得了众多成果，特别是对于儿童的身心发展、智力开发已经体现出客观的成效。但是相对于社会的广泛需求而言，仍有一系列局限性。特别是师资力量的培训和幼儿教育经费不足是制约少数民族地区幼儿教育水平提升的关键难题。在突破这些局限的道路上，政府层面的支持、保障非常关键。

二、民族地区实施蒙氏教育的对策

（一）明确幼儿教育发展方向

尽管新中国成立以来，特别是改革开放以来，民族幼儿教育事业取得了辉煌的成就，实现了量的大幅增加和质的跨越式飞跃，但是我们要清醒地认识到，民族幼儿教育的发展仍面临着一系列的问题。这些问题使我们不得不反思，民族幼儿教育未来发展的重点是什么，目标是什么，如何实现这些目标。概括而言就是民族地区到底需要怎样的幼儿教育，这关系到民族幼儿教育未来发展的方向和价值取向的问题。

教育的价值问题，涉及教育的出发点和归宿是什么的问题。有学者指出，“教育的价值取向应在于促进学生素质的和谐发展，完善人格，尊重人主体价值。”[①] 这一观点把学生的发展看作是教育的出发点和归宿。对教育中人性的呼唤和对人的解放的追求由来已久，早在文艺复兴时期就旗帜鲜明地提出了教育要摆脱封建与宗教的束缚，要以人文中心，追求个性解放。19世纪末20世纪初的新教育运动，是文艺复兴思潮在教育领域的延续，它的主要内容是建立与旧式的传统学校在教育目的、内容、方法上完全不同的新学校，因此也称新学校运动，这场运动的本质还是要建立一种以人为本的新的教育体系。蒙台梭利是新教育运动的主要代表人物，也是

① 王合生．教育的价值取向研究［J］．中国成人教育，2009（8）．

对幼儿教育发展具有重大贡献的教育家，她对儿童心理的发现，对儿童成长环境的重视，她所建立的“儿童之家”，所提炼的幼儿教育法，不仅在当时推动了幼儿教育的发展，而且影响至今。对教育中人性的追求并未止步，素质教育的理念也是以人为本的教育在新的历史时期的映射。以人为本的教育既是教育的价值追求，也是教育的现实诉求。对于民族幼儿教育而言，应该以幼儿的发展为出发点和归宿，实现量的满足、质的提升和文化的多元化。

1. 数量的满足——普及是民族幼儿教育发展的首要任务

随着《教育规划纲要》的颁布和《国务院关于当前发展学前教育的若干意见》的颁发，幼儿教育的普及被提上了日程。《国务院关于当前发展学前教育的若干意见》是对全国教育工作会议精神和《教育规划纲要》的进一步贯彻和落实，把幼儿教育事业发展的重点聚焦在“入园难”，教育资源短缺、投入不足，师资队伍不健全，体制机制不完善及城乡区域发展不平衡等问题上。从国家政策引导的方向与重点和幼儿教育的现实发展来看，幼儿教育的普及问题是幼儿教育发展的首要任务，民族幼儿教育亦如此。从对民族幼儿教育面临的普及问题的分析中可以了解到，民族幼儿教育的普及面临更多的问题，如城市民族幼儿园数量少，少数民族幼儿入园难；农牧区幼儿园不仅数量少，而且教学设备简陋，教学质量差等。

尊重和保障每个幼儿受教育的权利，是实现以人为本教育目标的基本前提。为了保障每一个少数民族幼儿的受教育权利，民族幼儿教育的普及应重视以下几个方面。

第一，幼儿园数量的增加。幼儿园数量的增加是满足少数民族幼儿入园需要的根本前提。从对民族幼儿教育发展存在的问题的分析中可以看出，幼儿园数量的不足是制约民族幼儿教育发展的首要问题。在农牧区，幼儿园数量要实现从无到有的突破，在城市乡镇，幼儿园数量要达到由少到多的目标，尤其是要多建立少数民族语言授课的民族幼儿园，以满足广大少数民族幼儿入园的需要。

第二，合格教师队伍的建立。合格的幼儿教师队伍是民族幼儿教育发展的根本保障。教师数量的不足，特别是合格的双语幼儿教师数量的不足，也是制约民族幼儿教育发展的重大问题。在民族幼儿园，由于缺编少编，教师的待遇没有保障，因此教师的流动性大，幼儿教师数量的缺口便无法填补。提高教师收入，保障教师待遇，可以吸引更多优秀教师投入民族幼儿教育事业。

2. 质量的提升——高质量是民族幼儿教育发展的目标

民族幼儿教育的发展，不仅要保障量的满足，更要追求质的提高。数量上的满足是民族幼儿教育发展的前提条件，质量上的提升是民族幼儿教育发展的根本目标。在内蒙古自治区教育厅颁发的《关于全区幼儿教育改革与发展的意见》中，把加大幼儿园办园体制改革，坚持多渠道、多形式发展幼儿教育事业的方针，走以社区为依托，以教育部门办园为骨干力量和示范模式，公办和民办相结合，国家、集体、个人多种形式办园的路子；优先、重点发展民族幼儿教育；大力发展农村、牧区幼儿教育；加强管理，深化教育教学改革，提高保教质量，注重幼儿素质和能力的培养，促进幼儿体、智、德、美全面发展列为幼儿教育改革与发展的主要任务。从中可以看出，内蒙古幼儿教育改革的重点主要是民族幼儿教育、农牧区幼儿教育，改革不仅关注幼儿园办园形式的多样化、满足适龄儿童的入园需求，更关注幼儿教育保教质量的提升、幼儿园管理的加强和幼儿素质、能力的培养。从中可以看出，民族幼儿教育质量的提升，应从以下几个方面入手。

第一，教师方面。教师在民族幼儿教育发展中的作用是不言而喻的，而怎样的幼儿教师才算是优秀的呢？除了热爱幼儿教育事业、具备承担教育教学工作所必需的基本素质和能力外，还可以从蒙台梭利对教师的要求中得到些启发，如教师要是一个细心的“观察者”、是一个良好环境的“准备人”、是一个孩子学习“灵感”的“启发者”，与转变“头脑”的“诱导人”等。对于民族幼儿教师而言，还应在此基础上具有双语教学的能力。虽然现实条件下，民族幼儿教师还存在着教育观念的落后，教育方式单一，专业知识不足，专业技能不高等问题，而且民族幼儿教师的专业发展缺乏制度保障，接受专业培训机会少，专业培训的针对性差，但是随着国家对民族幼儿教育的重视与投入的增加，民族幼儿教师的专业发展的制度体系会逐渐建立起来，将职前与职后、短期与长期、专业与综合等培训相结合，促进民族幼儿教师的专业发展。

第二，保教方面。保育与教育质量的提高是民族幼儿教育质量提升的核心环节。由于经济、环境等问题，民族地区，特别是民族农村地区，保育员数量奇缺，教师数量远远不够，这是民族幼儿教育发展面临的首要问题，而在这一问题的背后，还存在着民族幼儿园保教质量堪忧的问题。具体表现为对儿童发展特点的忽视，“小学化”倾向严重；由于保育员与教师数量的缺乏，现有教师的工作量倍增，教师工作压力大等。正如蒙台梭利所说，“儿童具有巨大的潜能”，要以儿童为主，为孩子们打造一个以他们为中心，让他们可以独立“做自己”的“儿童世界”。因此，民族幼儿教育保教质量的提升，要改变以教师为中心的填鸭式教育，而主张籍由良好的学习环境，亮丽丰富的教具，让儿童主动去接触、研究；要把握儿童期的特点，依据儿童发展不同的“敏感期”进行引导和教育。

3. 文化的多元——文化多元是民族幼儿教育发展的内在需求

民族幼儿教育的发展，除了数量上和质量上的追求之外，文化需求的满足也是至关重要的。由于文化背景、风俗习惯、民族语言的影响，幼儿在学习时会形成某种特定认知外部世界的方式，因此民族幼儿教育要为儿童提供符合其特点的多元文化教育。多元文化教育的核心理念，是让性别、民族、种族、文化、社会阶层、宗教信仰等方面各不相同或属于某种特殊群体的幼儿，在学校中都享受平等的教育。这一理念的贯彻与落实，就要求为少数民族幼儿提供平等的入园机会和教育条件，要求为少数民族幼儿提供符合其发展特点的幼儿教育，要求为少数民族幼儿提供数量充足而合格的教师，而这些正是民族幼儿教育发展所迫切需求的。要建构文化多元的民族幼儿教育，需要从以下几个方面入手。

第一，培养教师的多元文化意识。实施多元文化的民族幼儿教育，教师是关键。一方面，教师要对多元文化的理论有一个全面而深刻的认识和理解，树立多元文化教育的理念；另一方面，教师要通过幼儿一日生活中的各种活动，将多元文化的教育理念付诸实践，帮助幼儿学习和体验不同的文化，以使幼儿既传承本民族的文化，又能体验主流文化的氛围。

第二，丰富民族幼儿教育的内容。民族幼儿教育内容的选择，既要符合儿童的兴趣、需要和能力，又要符合少数民族幼儿特殊的认知方式。有很多学者批判当前的民族幼儿教育中对民族文化的重视不够，为了适应文化多元的发展，应将民族文化中适合幼儿年龄特点的内容合理的渗透到民族幼儿教育的各个领域之中。如幼儿园空间的布置、教师和幼儿的服饰、活动的内容和方式、教学语言等都要体现民族特色。以蒙古族为例，在教学中可以将蒙古族的一些史诗、传说等整编成适合幼儿接受的童话或民谣，以一种轻松愉快的方式让幼儿对蒙古族的历史有所了解；将具有蒙古族特色的服饰文化、饮食文化、民间艺术如歌舞、乐器、民间游戏、民俗风情、节日庆典等成体系地纳入教育内容中，充分感受和融入蒙古民族独有的民族文化。

不管是对民族幼儿教育数量上满足的追求，还是对民族幼儿教育质量提升的重视和对民族幼儿教育中文化多元的强调，其价值旨归都是促进少数民族儿童的全面发展，都要以儿童为出发点和归宿，体现以儿童为本的教育理念和教育价值观。

（二）把握蒙氏教育的优缺点，使其合理的“中国化”和“本土化”

在教育实践的过程中，教师常常会思考蒙台梭利教育的优缺点，以更全面的把握这个教育体系。任何事物都有其两面性，因此，有关蒙氏教育优缺点的问题是合理的。那么蒙氏教育的优点何在？缺点何在呢？关于蒙氏教育的优点，我们前面的章节进行了列举。蒙氏教育的缺点何在呢？首先在理论方面。蒙台梭利教育最大的缺点，是其理论的庞大与艰深。蒙台梭利的原著，是哲学、心理学、教育学、生物学、人类学、生理学等诸多有关人的学问的高度融合。例如，“精神胚胎”是蒙台梭利思想的核心概念，精神胚胎是人的一切心理发展的总根源。蒙台梭利有关精神胚胎的阐述，例如爱的本能，一方面是有其科学（生物学、人类学、心理学）的依据，另一方面有哲学的升华。蒙台梭利认为，爱的本能是与宇宙意识相贯通的。这就是哲学的升华。因为，在自然科学发展的现阶段，我们无法检验这样的命题。正因为蒙台梭利的原著是多个学科的高度融合，以及在哲学上的深刻性，使得对于相当一部分教育专业的研究生而言，蒙台梭利的原著都是艰深的、不易把握的。

另一方面，理论上的庞大与艰深带来实践上的难题是，教师难以深入把握蒙氏教育的精神，因而导致实践上的迷惘。

如何解决上述的困难呢？这个困难的解决首先有赖于教学研究者的努力。

第一，翻译蒙台梭利教育原著。蒙台梭利教育已经诞生一百多年了。但迄今，我国翻译的蒙台梭利教育原著，还不及其中的一半。而对蒙氏教育的现、当代的研究著作、以及蒙台梭利的传记，尚无任何翻译。这在很大程度上制约了我国教育界对蒙氏教育的认识。也因而制约着大众对蒙氏教育的理解。尤其是，蒙台梭利所著的《家庭中的孩子》等著作，非常适合普通的教师和家长阅读，但是这些著作尚未有中文版出版。

第二，教育研究者的一个重要的任务是，系统的阐述蒙台梭利教育思想。上文已经指出，蒙台梭利的原著融合了哲学、心理学、教育学、生物学、人类学、生理学等多学科的知识。蒙氏著作大多又是从演讲稿整理而来。因此，系统的阐述蒙台梭利教育体系，是十分必要的。但这又是一个艰巨的任务。需要多学科人士的通力合作。

（三）对教师的几点建议

教师是制约蒙台梭利教育发展的瓶颈，教师作为幼儿园第一线的教学工作者，是蒙台梭利教育的实践者，直接参与蒙台梭利教学。因此必须合理地甄别合格的教师。在教育实践过程中，教师最困惑的问题之一是教师究竟需要做什么。产生这个疑问的根本原因是，蒙氏教育与传统教育理念有着重大的差别。例如，传统教育往往使用奖惩，而蒙氏教育则主张不使用奖惩；传统教育有标准化的课程，而蒙氏教育则不主张标准化课程；传统教育以教师的教学为传授知识的主要方式，而蒙氏教育则主张儿童通过工作自主学习、掌握技能等；传统教育以知识为中心，而蒙氏教育则以儿童品格的培养为中心。总之，传统教育以教师为中心，而蒙氏教育则以儿童中心。这就是幼儿教师（包括家长）在蒙氏教育面前无所适从的最大根源。那么为了实施高质量的蒙氏教育，教师究竟该怎样做呢?

1. 持续研读蒙氏著作和教育科学资料

蒙氏教育虽然原则和操作简单，当时蒙氏教育理论并不简单。而对蒙氏教育思想的误读，是蒙氏教育质量难以提高的最大瓶颈。因此，教师不但在学习、培训过程中要研读蒙氏著作，而且要在教育实践中持续研读蒙氏教育著作。除了研读蒙氏著作外，教师还应该了解心理学、教育学的最新成果。因为，蒙氏教育的原著与最新科学研究成果往往是相互印证的。例如，蒙台梭利一再强调儿童专注力、意志力训练的重要性，而当代的认知科学、认知神经科学、教育心理学的最新研究成果都佐证了这一点，而且提供了更丰富的细节。这样，教师在学习的过程中，既加深了对蒙氏教育的理解，又丰富了心理学、教育的新知识。

在具体操作过程中，教师可以采用群体学习和研究的方法。例如，每个教师在群体讨论的过程中，介绍自己的教育心得和对蒙氏教育的理解。这样就起到相互启发、相互促进的效果。

持续研读蒙氏著作和教育科学资料的另一个重要原因是，蒙氏教育需要教师有“内在的准备”（interior preparation）。内在准备是指教师在精神方面的准备。蒙氏教育的目标是儿童的自我成长、自我充实，那么她自然需要教师持续的自我成长、自我充实。蒙氏教育的研究者和实践者李拉德（Paula Polk Lillard）这样描述蒙氏教师所需要具备的精神素养，“他必须具有其他教育体系所未曾要求的精神觉醒性（moral alertness），流露出镇静、耐性、慈爱和谦虚。要成为这样的老师，最重要的不是口才，而是她的品德”[①]。教育著作的研读与分享是磨炼教师品质的重要途径。当然，着眼于持续自我成长，教师还需要进行其他自我训练。

---

① Paula Polk Lillard. Montessori：A Modern Approach. New York：Schochken Books. 1972：150.

2. 教育观察

蒙台梭利多次强调教师必须具备对儿童行为进行敏锐观察的能力。而且在观察的过程中力图不干涉幼儿、并尊重儿童活动选择的决定。蒙台梭利特别强调，教师在观察精神上的准备。所谓观察的精神包括三个要素：

第一，对人际关系的兴趣。对人际关系的观察应该着重考察：儿童与儿童之间、儿童与教师之间是如何互动的？不同的互动方式会产生怎样的效果？同样的互动方式，随着时间的推移会产生怎样的效果。

第二，教师视幼儿为自主的个体。帮助儿童是成人的本能。但是对于儿童品质的培养、儿童尊严的呵护，过度的帮助反而适得其反。教师在观察儿童的过程中，尤其在看到儿童在教育操作错误时，往往会迫不及待地给予指导和言语提示；或者在看到儿童遇到困难的时候，会“不由自主”地施以援手。但是蒙氏教育主张，儿童自己能做的是一定不要代替儿童去做。具体而言，儿童能够自我纠错的时候，教师无须代替儿童纠错；儿童能够独立克服困难的时候，教师毋须施以援助。那么在什么情况下儿童能够自我纠错？在什么情况下，儿童能够独立克服他面临的具体困难呢？这就需要教师细致地观察，而且视儿童为自主的主体而进行观察。

第三，经由观察儿童的表现，可以促进教师的自我成长。蒙台梭利不但提出了“儿童是成人之父”的观点，而且还鲜明的提出了“儿童是成人之师”的观点。这与中国的传统文化的某些认识是一致的。例如《道德经》指出“含德之厚比于赤子”，认为幼儿的品质原本是非常高尚的。而当代科学则发现，儿童在许多品质（例如好奇心、专注力）和能力（例如科学思维）上是优于成人的①。因此，不带偏见的观察儿童，会促进教师的自我成长。

3. 写教育笔记、教育随笔、教育论文

蒙台梭利关于儿童心理的理论以及对教育原理的重要源泉来自教育实践过程中的观察。蒙台梭利以及其他教育家和优秀的教师的教育经验表明，理性思考与实践观察是相互促进的。

现代互联网技术为教师的教育协作提供了更宽广的技术平台。当前，许多家长和教师已经利用博客、微博等工具记录和发布育儿日志、教育随笔等。这些网络上的体验分享，在其他家长、教师等网民的回应下，增强了家长和教师的教育兴趣、动力和思考的深度等。

---

① 艾利森·戈波尼克，袁爱玲译．摇篮里的科学家［M］．上海：华东师范大学出版社，2004.

4. 维护有序的教育环境

有序的环境，是蒙氏教育三大要素之首（另外两个要素是有趣的教具和沉静的教师）。因此维护环境的有序、优雅是教师的重要职责。除此之外，教师还需要维护教师的和谐氛围与秩序。如果有儿童在活动中干扰了其他儿童，这时候教师就必须去打断他。

5. 示范教具操作和礼仪

蒙台梭利教育认为，儿童受到与自己最频繁接近的成人的影响最大。教师的在儿童面前的一切言语、神态、行为举止都在影响着儿童。因此，蒙台梭利认为，教师必须成为儿童的典范，必须整洁、沉静而高贵。正如我国著名教育家所说，教师应“学为人师，行为示范”。只有这样，教师才能赢得儿童的信任与尊重。

落实到日常教育实践中，教师还应该进行教具操作的示范和日常礼仪的示范。

6. 沟通者

蒙台梭利指出，向幼儿说明事情的方法时，太过热心或示范的太详细，反而会压抑幼儿判断与根据自己的性格活动的能力。因此，上述的情况，是教师在教育活动中应该避免的。教师应该在教育活动中，不断观察、反思、总结与儿童的沟通经过与效果，从而不断提升沟通能力。此外，教师还需要扮演如下几项沟通角色：

第一，与幼儿家长保持密切联系，以了解幼儿家庭生活状况。

第二，随时与幼儿父母沟通蒙氏教育原理与方法，以满足家庭教育的需求，促进幼儿园教育与家庭教育的交融。

第三，保持与园长、同事之间的教学沟通。例如通过平时的教学研讨会，倾听他人的意见、发表自己的心得、体会等。

（四）国家政府层面的建议

国家政府部门首先要做的事情就是鼓励对蒙台梭利教育的研究。100多年过去了，蒙台梭利的原著，到现在都没有完全翻译过来，甚至连一半都不到。

（五）拓展教育公平的内涵

教育公平的内涵有待拓展。首先是，实现成人与儿童之间的公平。其核心是对人的尊重，对人性的尊重，对人的尊严的尊重。只有这样，才能结束成人与儿童之间连绵不断的冲突。才能看到正常的人。所谓正常的人就是身心和谐的人，就是身体和心理都健康的人。只有在这个基础上，我们才能够谈得上智力开发、成才以及个人的幸福。才能谈得上培养对他人对社会有用的人才。所有的教育，包括精英教育，只能以这个原则为基础。从这个意义上说。只有一种正确的教育。那就是尊重人的天性的教育。无论什么民族、无论什么时代。这都是一个最基本、最重要的标准和要求。如果人性得不到尊重，那么必然是儿童和成人（家长和老师）之间持续的冲突，必然会首先造成儿童的各种心理障碍、后来发展为各种身心健康问题。那时候，任何其他的教育措施都是枉然！而在尊重人性的基础上，我们可以增加其他的教育元素，例如多元智能、华德福、瑞吉欧等。

总之，在当今全力推进素质教育，进行幼儿教育改革的大潮中，我们必须理性辩证地对待蒙台梭利幼儿教育法能够取其精华去其糟粕。蒙氏教学法中的精华无疑是我国在幼儿教育阶段全面推进素质教育，特别是将素质教育的教育理念转化为教育行动的可以借鉴的一种幼儿教学模式。但是我们也不能盲目地崇拜，认为其是一种完美的教学模式，没有哪一种教育模式是放之四海而皆准的，要清醒认识蒙氏教育法自身存在的局限性。我们应该借鉴蒙氏教育法中一切可以为我们利用的积极因素，同时结合我们具体的国情、园情，使得蒙氏幼儿教育法能够充分的为我国的幼儿教育改革和发展服务。用“蒙氏”科学、合理的理念改进我国当下儿童教育中存在的一些不科学的观念和做法，切实提高少数民族地区幼儿教育与管理的水平。

三、丹麦蒙台梭利国际幼儿园的可借鉴的经验

（一）丹麦蒙台梭利国际幼儿园简介

丹麦蒙台梭利国际幼儿园位于哥本哈根 Valby 区一个特别安静的社区内，周围没有喧嚣的闹市，没有繁忙的交通，更多的是大自然的动植物。所以环境优美，并且十分安全。这里有 250 名来自全世界 15 个不同国家的幼儿。

表 2—6　日常作息时间表

时间	活动内容
8：00—9：30	父母送孩子入园、自由活动
9：30—10：00	自由围坐交流时间
10：00—12：00	蒙氏课程包括上午茶点
12：00—12：30	午餐
12：30—14：00	户外活动
14：00—14：45	瑜伽/讲故事
14：45—16：45	下午茶点、自由活动、家长接孩子

（注：如果天气较好，每个月最后一个星期的周五举行郊游活动，包括公园里的野炊、参观动物园或博物馆以及其他的活动）

图 2—38　幼儿在玩教具

图 2—39　教室一角

笔者进入该幼儿园的第一感觉是整个教室干净整洁、有序、富有吸引力。所有呈现的教具都是根据儿童的身体特征设计的，保证所有的孩子都能够得着。该园采用的是“混龄班”教学法，即 3—6 岁的儿童在同一屋子里共同学习。在这里笔者发现大部分的儿童都是自己专注于自己的“工作”（当然偶尔也有一些儿童组成小组与老师一起“工作”）。整体上来说，孩子们都是自己动手，认真地完成着自己的“工作”，并且他们几乎都能胜任自己所选择的“工作”。其中笔者观察到一幅有趣的图景：一个儿童在数珠子；另一些儿童围坐在一起拼图；而在角落里，老师向一些儿童介绍语言活动等，但是所有的儿童都似乎专注于自己的事务，并没有刻意理会来访者。他们看起来非常地独立，将自己用完的“工作”材料又小心翼翼地放回到原处，然后决定下一项“工作”。他们根据自己的节奏负责自己的学习、满足自己的发展需求，看起来既自由又自律。

整个教室布置得很漂亮，充满了各种颜色和不同形状的教具与材料。这些教材外表看起来很吸引人的眼球，质地精良，并且放置在开放式的书架上激发孩子去满足他们的热情。教室里的用具也是为孩子量身定做的，孩子可以很轻易地使用洗碗池、衣帽钩等。当然，两个儿童互相帮助共同分享点心一定是一件特别开心的事情。每天日常生活中所需要做的事情，比如穿衣服、倒水喝、做清洁等都是孩子们自己独立完成的。这样孩子的各种感官教育就包括在其中了，例如触觉、视觉、听觉、嗅觉以及味觉等在平时自己动手的过程中就得到了锻炼和刺激。

该园充分尊重孩子按自己的节奏自由选择工作的权利，而不是强迫。鼓励他们在每天的 9：30—10：00（自由围坐交流时间）积极参与小组活动，如唱歌、讨论指定的话题、节目、故事等。

该园强调幼儿的合作与尊重，成人对孩子讲话要以孩子的语速为主，并且要非常耐心，语气平和。如果一个儿童想使用其他儿童正在使用的教具，他（她）就要学会耐心地等待。孩子在工作的时候很少能被其他孩子打断。教具的设计遵循了“纠错”原则，孩子在工作的过程中，自己能够发现错误，改正错误。这就会增强他们的自信心与自尊感。

3—6 岁儿童的混龄教学是该园的一大特色，这样不同年龄段的孩子可以自由互动，从而逐渐形成自己的“交际圈”。这样的混龄组织形式可以为孩子们营造一种社会性学习的氛围，年龄小的孩子向年龄较大的孩子学习，年龄较大的孩子可以教授儿童子巩固自己的知识，形成一种“教学相长”的模式，避免竞争。

教师们负责为孩子们提供“有准备的环境”。他们只是在关键时刻根据孩子们的发展阶段为孩子们呈现有目的的教学活动。他们所扮演的角色好似连接孩子与教具的桥梁，帮助孩子逐渐进入由抽象到具体的学习轨道。

图 2—40 和图 2—41　幼儿都在专注于自己的“工作”

（二）教学活动

1. 日常生活

日常活动可以帮助孩子完善他们平时使用的技能。同时，这些活动能够帮助他们爱护周围的环境。这些活动包括：擦桌子、给植物浇水、做点心、清洗餐具等，能够帮助孩子参与到实际生活中，提高注意力、手眼协调能力以及肌肉控制能力。同时，能够培养他们关注事件整体性的能力。成功地完成这些日常工作任务，可以使孩子们获得一种自我成就感，从而建立自信心。

2. 感知觉

幼儿对世界的探索与认知是通过自己的感知觉进行的。该园的这些训练感知觉能力的教具能够帮助孩子们在自己生活的世界里认识并区别事物的物理性质。

图 2—42　训练儿童感知觉的教具

这些活动主要在于培养与改善幼儿了解与认识周围环境的能力。通过“工作”，儿童能够逐渐区分不同的高度、长度、厚度、颜色、气味、声音、质地以及形状。这些活动有助于发展与完善儿童的观察能力、认知能力、探究能力以及交际能力。同时，为儿童后期的读写能力提供了一定的准备。

3. 文化探索

蒙台梭利教学法包含一系列能够迎合儿童各方面兴趣的内容。而该园的环境激发了孩子们探究的热情，增长了知识，能够逐渐理解艺术、工艺、地理、历史、音乐、戏剧、科学以及自然世界，鼓励儿童探索与欣赏世界范围内不同的文化。

在每天自由围坐交流的时间里，其中一个内容是儿童要学习不同类型的儿歌。例如《早上好》、《天气儿歌》、《你好》、《小鸭子》等儿歌，对熏陶儿童的韵律感非常有帮助。

图 2—43　一个男孩专注于此项活动

4. 数学

蒙台梭利的数学教具能够帮助幼小的儿童通过自己的努力实现对数学概念的自然理解。这样就避免了儿童面对纯粹抽象概念数字的心理障碍。这种特殊设计的教具通过对数字、大小、数量、数学运算的感觉经验使得儿童理解数字具体的含义。为儿童将来进一步有效的学习数学概念奠定坚实的基础。

图2—44　一名来自印度的女孩儿专注于数字教具的学习

5. 语言与识字

蒙台梭利所强调的自由指的是，能够使儿童自由地表达，为其与小朋友以及成人的交流与沟通创造机会。该园强调对幼儿识字能力的发展要基于儿童真实的经验，并且这种早期的准备成为读写能力发展的必要条件。该园有大量的故事书籍以及图画书供儿童自由选择。这里特殊的教学组织、教材等为儿童学习语言、读写带来了极大的乐趣。在该园，讲故事、描述图片、与其他小朋友的讨论、扮演戏剧角色、诵诗以及唱歌成为儿童们的日常惯例。

图2—45　拼音教具

图2—46　一名男孩儿专注于拼音教具的学习

6. 户外活动

该园特别重视幼儿的户外活动，认为户外运动，例如攀爬、跳沙坑、荡秋千、捉迷藏、操作运动器材等有助于发展儿童的整体运动技能。蒙台梭利坚信儿童应该接触他们真实的物质世界，鼓励儿童玩泥巴、做园艺、种植或栽培植物甚至自己尝试建造小房子。

7. 社会技能

儿童不是天生就能够知晓不同的文化风俗习惯，不知晓为什么在见面时要握手、亲吻还是擦鼻子。在该园，儿童要学习如何向别人打招呼。当他们意识到其他小朋友与自己有着不同的文化时，鼓励他们欣赏这些不同的文化甚至吸收一些精华。在每日的自由围坐交流的时间里，引导儿童在教室里如何静悄悄地行走、移动椅子、耐心地等待自己的顺序，明白不打扰他人工作的重要性。这些基本的原则使得该园的儿童获得足够的安全感。同时，儿童要学习帮助他人，在他们看来没有人是因为自己年龄小而没有用处。

图 2—47　很多幼儿在下雨天仍然在院子里骑车

图 2—48　该园一名幼儿的绘画作品表达了一种友好的氛围

8. 庆祝的节日

该园庆祝所有丹麦本地的节日，同时庆祝其他国家的节日（只要该园有来自其他国家的儿童及教师）例如：中国新年：1—2月；煎饼节（法国日历）：2月；情人节：2月14日；丹麦狂欢节：2月底；苏斯博士的生日：3月2日；印度新年：3月；圣帕克里特日：3月17日；复活节：3—4月；地球日：4月22日；母亲节：5月；父亲节：6月；万圣节：10月31日；感恩节：11月；斯塔卢西亚节：12月13日；圣诞节：12月25日。

9. 瑜伽活动

该园幼儿每周练习两次瑜伽，每次30分钟。该园之所以选择瑜伽作为教学活动是基于以下的原因：①瑜伽能够帮助幼儿发展他们对自己身体的认知能力。增强体质，语言能力以及听力技能、协调合作与观察能力。②瑜伽能够帮助幼儿认识自然、周围的环境以及它对幼儿想象力的启发。他们通过游戏、唱歌、运动以及讲故事的活动进行学习。③瑜伽姿势是瑜伽运动最基本的要素。这些姿势能够帮助幼儿构建一直积极的身体形象，同时，发展他们的运动技能、身体协调能力、肌肉控制能力、平衡感以及忍耐力。④瑜伽帮助儿童获得自我意识，通过练习瑜伽学习如何协调他们的身体。自尊会随着儿童习得控制自我身心的能力而得以强化。

图2—49　两个小女孩儿在一起做瑜伽

在该园，练习瑜伽时，首先要求儿童自然的摆出姿势，他们有时可能认为这是蛇、小狗、小树的样子。然后老师会启发他们想象这些动植物的生活是什么样子的。就这样，他们学会了将这个星球上的各种生命联系起来。

在教师指导下，儿童能够很轻松地辨认出自己身体的不同器官的名称、位置以及功能。当孩子们学习这些姿势与动作的名称时，他们也就习得了"瑜伽"这个词汇。他们也可以用他们的"瑜伽"姿势做游戏、扮演不同的动物然后根据想象编故事。通过这样的练习，他们的"瑜伽"技能也提高得很快，帮助他们提高的身体的灵敏度以及协调能力，学会如何放松、集中注意力以及创造力。

10. 饮食：饭后自己动手洗碗

在每天上午茶点时间，儿童可以自由选择自己想吃的食物。他们在小餐桌上吃完然后自己动手清洗盘子，并且要把桌子擦干净以供下一位小朋友使用。

图 2—50　一名幼儿在认真地清洗自己用过的盘子

结　语

一、研究发现

文献调研表明，国内外正在掀起对幼儿教育的科学研究和社会实践的又一轮关注热潮。在学术研究方面，婴幼儿早期发展对于人的学业、就业、经济和健康状况的关键性作用正在不断揭示出来，并受到心理学、神经科学、教育学、人力资源等多学科学者的关注。在社会实践方面，发达地区的家庭以及社会相关机构，正在不断加大对儿童早期教育的投入。人们逐渐把幼儿早期教育视为人的终身发展、地区人力资源建设的制高点。

相比之下，少数民族幼儿教育的受重视程度和投入力度明显不足。按照当前的趋势发展下去，势必不断拉大发达地区与少数民族地区教育水平和综合发展水平的差距。从而形成越来越严峻的教育不公平。相反，如果少数民族的教育能够得到社会各界的重视，并获得优先支持，那么就有可能缩短这种差距。并且为少数民族地区社会的综合发展注入强大的动力。

由于少数民族地区幼儿教育的明显落后，那么为了改善少数民族幼儿教育就必须采用既适合民族地区状况、又是高质量的幼儿教育体系。通过文献调研，我们发现，蒙台梭利教育正是满足这两条标准的教育体系。

当前，我国部分少数民族地区已经在实施蒙台梭利幼儿教育。田野调查表明，在蒙台梭利教育实施的过程中，既有成功的经验，也有明显的不足。成功的方面主要体现在，蒙氏教育融入了少数民族文化。而不足之处体现在，蒙氏教师培训周期过长，家长对蒙氏教育的多方面误解。造成这些不足的根源在于，对蒙氏教育基本原理、基本原则缺乏系统的认识。本书从系统论的视角重新梳理的蒙氏教育的基本原理和基本原则，从而有助于一线教师迅速把握蒙氏教育的核心，也有助于向家长普及蒙氏教育理念。

在少数民族地区推广蒙氏教育的现实困难是师资力量不足。我们在调研中发现，有一些教育培训机构为少数民族地区免费提供师资培训。如果积极调动这些社会力量，将有助于民族地区幼儿教师水平的提升。同时，有一些基金会倾向于赞助民族地区幼儿教育的发展。如果整合各级教育部门、社会力量、教育研究部分的多方力量，那么少数民族地区幼儿教育将呈现崭新的局面。

二、研究不足与展望

笔者在调研期间，由于时间和经费所限，对少数民族地区蒙氏教育的研究未能全面调查，对民族地区教育部门对蒙氏教育的认同度未能进行调查，社会教育机构开展公益性的蒙氏教师培训的支撑度未能进行田野调查。这是本研究的不足所在。

尽管如此，笔者认为，在政府、学术界以及民众对教育公平高度重视的今天，尤其是少数民族地区教育公平关乎民族团结与社会和谐，那么少数民族地区的教育公平问题就是涉及社会长治久安的重大课题。而推进少数民族地区教育公平，应该“从娃娃抓起”，即从推进幼儿园的教育公平，来促进民族地区的教育公平。而为了促进民族地区幼儿教育质量的提升，势必要选择既符合民族地区的现实条件、同时又是高质量的幼儿教育体系。从当前的理论结合实践的研究来看，蒙台梭利教育是一个理想的选择。但是，如果从大规模地推进少数民族地区实施蒙台梭利教育。那么，就需要设立专项研究课题，研究：少数民族地区实施蒙台梭利教育需要怎样的支撑条件？地方政府、教育学研究者、教育部门、社会培训机构、社会办学力量如何相互配合？蒙台梭利教育如何在民族地区的多元文化教育中发挥作用？这项意义重大的研究，需要教育学研究者、地方政府和民族地区的幼儿园联合起来共同实施。我们还建议，选择若干少数民族地区幼儿园作为试点单位，通过与相关高校合作，开展理论结合实践的蒙氏教育本土化研究。

我国是一个多民族的人口大国，少数民族地区尤其是欠发达的区域，如何将人口资源大国变成人力资源强国一直是教育领域奋斗的主要目标。显然，教育应该从娃娃抓起，少数民族地区幼儿教育质量的提高无疑会为这一目标的实现提供支持。本书旨在反观幼儿教育体系的选择问题，尤其是处于少数民族地区的这个特殊的群体，试图构建适合因地制宜的蒙台梭利幼儿教育体系，进而提高整个民族地区幼儿教育的质量，促进教育公平。

少数民族地区的幼儿教育改革是一项庞大的系统工程。涉及政府、教育研究机构、教育培训机构、各级教育部门的多方联动。促进少数民族教育的幼儿教育的公平性有三项基本要素：第一，选择适合少数民族地区的高质量的幼儿教育体系；第二，对教育原理和教育原则有系统的认识，并探索出行之有效的实践方法、方案；第三，积极调动支持民族地区幼儿教育的多方力量。如果在将来，经过多方努力，这三项要素都能够实现，那么少数民族地区的幼儿教育水平将会呈现崭新的局面。

第三章 城市蒙古族幼儿母语学习的文化影响因素分析研究

第一节 研究背景

一、蒙古族幼儿母语学习面临的危机

我国是一个统一的多民族国家，各民族在漫长的文化接触、交流、碰撞、融合过程中逐渐形成了目前“多元一体”的文化发展格局。如何在国家一体化与民族文化多元化的大背景下，保持和发展各民族传统文化，是我国各少数民族发展面临的重大问题。其中，非物质文化遗产的抢救与保护问题已经引起人们的高度重视。作为民族重要特征的民族语言是各民族在长期的发展过程中形成的。“语言是人类创造、习得、传承的一种非物质文化现象，它是非物质文化遗产的主要之一，是非物质文化的构成部分。”[①] 不仅如此，语言还是其他非物质文化的重要载体，反映该民族文化内容。然而当今强势文化的冲击下，少数民族传统文化面临巨大的冲击，语言的多样性受到了严重威胁，这不得不引起人们的关注。

蒙古族是一个古老的民族，创造了举世瞩目的、灿烂的民族文化。蒙古族语言文字作为一种文化，是由蒙古族前辈们世世代代艰苦努力，在漫长的社会生活实践中铸就和锤炼出来的，它表达着民族文化传统，渗透着人际交往在内的一切民族文化的特征和精神。然而，更好的适应社会的发展，许多的蒙古族人们都不愿意选择学本民族语言文字，学习其他民族的语言文字。城市蒙古族中这种趋势尤为严重。根据内蒙古教育统计提要的数据来看：2001 年的小学蒙语授课学生有 157545 人，2002 年增加到

---

① 张公瑾、丁石庆著．文化语言学教程［M］．北京：教育科学出版社，2004：173.

161721 人，从 2002 年开始逐年减少，到 2006 年时 111836 人。① 可以看出最近几年用蒙语授课学生的人数在逐年减少。现在的蒙古族用母语授课的学生人数越来越少，这是由于蒙古语言文字应用范围较窄、蒙授毕业生在大部分就业市场受到语言歧视、民族学校各方面条件欠缺等原因所致，要想改善这种现状，就要从基础教育的基础——幼儿教育抓起，幼儿母语学习应受到重视。

优秀的语言能力不是天生的，而是后天在社会环境中习得的，是科学系统适时训练的结果。幼儿学习母语也如此，需要给幼儿创造良好的语言环境，让生活中处处融入语言的学习，为其提供良好的物质和心理环境以及良好的人际关系环境。幼儿语言学习受到一系列因素的制约，可以大致分为三个方面：生理因素、心理因素和社会因素。其中社会因素是有选择、可控制的环境。对于幼儿来说他所处的环境主要包括家庭语言环境、幼儿园语言环境以及社会语言环境，三方语言环境的好坏直接影响着幼儿语言学习，其中城市蒙古族是蒙古民族文化变迁的代表，也是未来蒙古族的主要趋势，他们离开草原融入城市，这就意味着他们以及后代要失去学习蒙语的自然社会环境，幼儿学习母语如同学习外语般难，作者以呼和浩特地区蒙古族幼儿园蒙语班幼儿为调查对象，试图了解城市蒙古族幼儿母语学习的文化影响因素，为城市少数民族幼儿创设有利学习民族语言的语言文化环境提供借鉴和依据。

二、幼儿语言学习研究综述

（一）有关幼儿语言学习的研究

全球化语境下母语教育是一个重要命题。①随着全球化进程的不断演进，国外文化大量涌入国内并对我国文化产生了不小的冲击，尤其外来语言的冲击，汉语言受到冷落引起学者们的关注，他们纷纷从各自的视角探讨了全球化背景下的母语教育。如，母语与民族文化传承方面的有蓝蕊的《母语教育的文化使命》2008）、成尚荣的《母语教育与民族文化认同》（《教育研究》，2007. 02）和王和平的《论母语教育及其文化的价值与建设——母语教育，我们丢失了什么?》（《教育学报》，2007. 03）；母语与外语关系谈的文献比较多，其中学位论文有徐晖的《（英汉）双语语境中的母语教学》、马春明的《母语教育和外语教育比较研究》、梅花的《母语负迁移所导致的蒙古族

---

① 圆圆. 蒙古族语言文字传承：挑战与突围［J］. 内蒙古农业大学学报（社会科学版），2008（3）.

大学生英语写作错误分析与对策研究》等；②少数民族母语教育方面的文献主要在少数民族双语教育中部分提到，这类专著有滕星著的《文化变迁与双语教育》、董艳著的《文化环境与双语教育：景颇族个案研究》等中都提到母语教育问题；论文类有苏德的《多维视野下的双语教学发展观——内蒙古地区蒙古族中小学个案》（博士学位论文）、付东明的《少数民族双语教育视野中的语言文化生态环境》（硕士学位论文）、谭志满《文化变迁与语言传承——土家语个素调查研究》（博士学位论文）中都涉及少数民族母语教育。③幼儿母语教育方面的文献有刘华的《论幼儿母语教育》［《学前教育研究》2005（5）］，本书中笔者针对幼儿母语教育中的误区通过以自己的儿子进行的语言教育为例，提出幼儿母语教育进行时可以遵循的四个原则：意义优先原则、文化内涵原则、情景关联原则和审美灌注原则；还有高慧、苏德《城市少数民族幼儿语言发展的困惑和选择——以对呼和浩特市蒙古族家长的调查访谈为例》中主要通过对呼和浩特市蒙古族家长的调查发现他们的困惑主要集中在幼儿第一语言和文化选择上，并说明无论家长做何选择，都体现了传承民族文化，促进幼儿终身发展的理念。据了解，幼儿母语方面的文献很少尤其少数民族幼儿母语教育方面的文献更少，这对本书的研究带来了一定的难度，笔者只是做一个初探式研究。

（二）有关蒙古族语言与文化变迁及传承的研究

自20世纪90年代以来，中国蒙古语言学家发表一些有关语言文化研究方面的论文。有几十家科研机构和高等院校主办的蒙古学学术刊物，有好几百个从事蒙古语言学研究的专家学者和语言学爱好者，每年出版和发表大量的著作和论文。这些丰富的资料为我们提供了有关蒙古族语言文化传统及其演变的足够的信息。其中：①蒙古语言与文化发面的文献有格·海日汗、波·索德的《蒙古语与蒙古族传统文化》［蒙文版，内蒙古教育出版社（2001）］、特图克等《科尔沁文化与蒙古语》［蒙文版，辽宁民族出版社（2001）］、白音门德《蒙古语方言和文化》［内蒙古人民出版社，（1999）］等专著；论文类有曹道巴特尔的《蒙汉历史接触与蒙古族语言文化变迁》（博士学位论文）、贾稀儒的《蒙古语言与蒙古族历史、文化》，［《青海民族学院学报》2002（1）］等都从蒙古语与蒙古文化的关系论述蒙古语言；②蒙古文化变迁与传承的文献专著有色音的《蒙古游牧社会的变迁》［内蒙古人民出版社（1998）］，孛尔只斤·吉尔格勒的《游牧文明论》［内蒙古人民出版社（2002）］，乌云巴图、葛根高娃的《蒙古族传统文化论》［远方出版社（2001）］等；论文类有乌云巴图的《蒙古族游牧文化的生态特征》［《内蒙古社会科学》1999（11）］，陈巴特尔的《试论蒙古民族传统文化的形成、变迁及其特点》[《内蒙古大学学报》(人文社会科学版) 2004 (3)],包玉柱的《浅析蒙古族传统文化与现代的矛盾》[中国民族教育 1994 (1)],常宝的《论现代化与牧区传统社会变迁》[《内蒙古大学学报》(人文社会科学版) 2006 (3)],麻国庆的《内蒙古土默特地区的都市化与蒙古族的文化变迁》[《中山大学学报》(哲学社会科学版) 1990 (4)] 等集中研究了蒙古族在发展的过程中必然面对的文化变迁、文化传承等一系列问题。

(三) 有关蒙古族幼儿教育的研究

关于蒙古族幼儿教育方面的文献,主要有以下几个方面:①蒙古族传统儿童游戏的研究:有苏德的《蒙古族儿童传统游戏研究》[联合国儿童基金会项目 (1988)] 是一本全面系统地介绍蒙古族儿童传统游戏,并将游戏方法和教育意义结合起来的经典论著,还有梁艳的《蒙古族民间游戏在幼儿园课程实施中的个案研究以包头市 A 幼儿园为例》和李素梅的《基于蒙古族儿童民间游戏的幼儿园游戏课程开发》两篇学位论文都从各自角度谈如何把蒙古族民间儿童游戏融入幼儿园课程;②蒙古族传统民俗、民间艺术对蒙古族幼儿的启示研究,这类有朱晓红的《蒙古族民间艺术的特征及其幼儿教育价值》[《前沿》2005 (1)]、《浅析蒙古族民间艺术在幼儿教育中的渗透》[《内蒙古师范大学学报》(教育科学版) 2008 (8)] 及高慧的《试论蒙古民族传统美德对促进幼儿社会性发展的启示》[《内蒙古师范大学学报》(哲学社会科学版) 2006 (6)];③蒙古族幼儿园课程资源开发方面有芦艳的《蒙古族幼儿园课程资源开发与利用研究》(学位论文)。

第二节 理论基础及文化背景分析

一、理论基础

(一) 幼儿母语学习

幼儿母语学习是本书的核心概念,了解此概念我们首先对母语、幼儿语言学习等相关概念有一定了解。

什么是母语?人们对此看法不一,母语作为一个专门的术语最早出现在《苏联大百科全书》,这里指的母语就是“本民族语言”的意思。而《现代汉语大词典》对“母语”的解释是“一个人最初学会的一种语言,在一般情况下是本民族的标准语或某一种方言”。这种表述显然是把第一语言视为母语,即幼儿从小习得的第一语言是汉语,则汉语是他的母语,从小习得的第一语一言是蒙古语，则蒙古语是他的母语。（《中国语言学大辞典》，1991 年）关于母语概念的认识和界定并没有形成一致的观点，但大多数人认同的母语概念是指母语分为“狭义母语”和“广义母语”两种。“狭义母语”是指一个民族的共同语，如藏族使用的藏语、蒙古族使用的蒙古语等。它是一个民族区别其他民族的重要特征之一，是民族成员产生内聚力的重要标志。“广义母语”与使用这种语言的民族成员的族属无关，既可以是本民族语言，也可以是他民族语言。根据上述分析本书所讨论的是蒙古族的民族语言，即“狭义母语”，蒙古族幼儿母语就是蒙古语。

一般儿童获取语言的过程称为语言学习（Language Learning）。语言学习是在一定的语言学习环境中由语言输入（Input）、内化（Internalization）、语言输出（Output）、反馈（Feedback）四环节构成的连锁过程。① 我们通常所说的学习是人类的学习，是人通过活动，获得行为上改变的一种过程。认知心理学家加涅把学习定义为：“学习是人的倾向或能力的变化，这种变化能够保持且不能单纯归因于生长过程。”这个定义中有三个要点：1. 主体必须产生某种变化，才能作出学习已经发生的推论，也就是说，光有练习不一定产生学习。2. 这种变化能相对持久地保持。主体的某些变化，如适应、疲劳等不算学习。3. 主体的变化是由他与环境的相互作用而产生的，即后天习得的，排除由成熟或先天反应所导致的变化。②

用这个学习的概念可以得出所谓学前儿童语言学习就是指个体通过有目的的教学活动而掌握某种语言的过程。但是，幼儿的母语学习既是语言学习又区别于一般的语言学习，幼儿学习母语既有“习得”过程也有“学习”过程。“习得”指学习者在自然使用语言过程中，无意识地将隐性知识内化；“学得”是指有意识的学习语言规则的过程，是指有意识地发展语言显性知识。

因此，本书中讨论的母语学习既包括专门语言活动获得的学习也包括自然过程中的习得。

（二）城市蒙古族

城市蒙古族是指长期居住在城市的蒙古族，一提到蒙古族，人们很快就想起：蓝蓝的天空之下的草原、蒙古包、牛羊、飘香的奶茶、手扒肉等等。的确，蒙古族过去的经济生活方式是狩猎与游牧。但由于经济、社会的发展，他们的放牧习惯已由逐水草而居发展到现在的定居放牧，有冬营

---

① 李宇明著．语言学习与教育［M］．北京：北京广播学院出版社，2003：80.

② 张明红编著．学前儿童语言教育［M］．上海：华东师范大学出版社，2001：100.

地和夏营地，按季节移场放牧。慢慢一些蒙古族定居的地方，发展为现代都市，这部分蒙古族成为城市居民，而另有一部分蒙古族由于进城学习、务工来到城市，从而完成了城市化的过程。城市，是打破民族、种族的地缘、血缘界限，具有不同文化背景的人的聚居地。从“逐水草而居”的游牧生活到实现定居，再到城市化，蒙古社会的物质生产生活方式及文化生活环境发生了很大的变迁，比如城市中生产方式的最大特点是非牧业、非农业性，城市中的蒙古民族远离了游牧的生产方式，成为城市工业化、商业化建设的一分子。生产方式是社会、文化变迁的基础，生产方式的改变必然引起生活方式、行为习惯乃至于人们思维方式的深刻变革。

本书中研究的城市蒙古族既包括世代居住的市区蒙古族，也包括为了学习、工作或务工等原因迁入城市的蒙古族。

（三）文化影响因素

文化影响因素是本书的核心概念之一，要想了解文化影响因素我们先对是文化概念做一番梳理。

文化是一个最复杂多义的概念，郝德永在《课程与文化：一个后现代的检视》一书中提及：根据美国文化人类学家克鲁伯等人的统计，从 1871 年至 1951 年，在世界上的正式出版物中关于文化定义就有 160 余种。而根据法国的斯特来斯堡社会心理研究所的莫尔统计，20 世纪 70 年代前，世界文献中关于文化的定义就有 250 多种。而我国郑金洲教授所收集的文化定义有 310 余种。可见文化自身浩瀚无垠，包罗万象。

在我国古代所谓的“文化”就是文治教、“以文化成”，体现它的教化内涵。英语中的“文化”（Culture）一词来源于拉丁文“Cultura”，具有饲养、栽培、人工培养的意思，即不仅指人，也泛指物，其意义比古代汉语中的“教化”更加宽泛。

到自 20 世纪以来，特别是第二次世界大战以来，文化一直是世界范围内探讨的热门话题，许多研究者从自己所属的学科和研究对象出发，对文化的定义提出了各自的界说，没有达成共识。典型举例如下。

1871 年，英国人类学家泰勒在他的《原始文化》一书中指出，文化是“一个复杂的整体，它包括知识、信仰、艺术、道德、法律、风俗以及作为社会成员的人所具有的其他一切能力和习惯。”泰勒的定义一直被视为对文化的经典解释。

《辞海》中解释：“文化，从广义来说，指人类社会历史进程中所创造的物质财富和精神财富的总和。从狭义来说，指社会的意识形态，以及与之相适应的制度与组织机构。”

郑金洲教授认为，广义的文化是指人类后天获得的并为一定社会群体所共有的一切事物。它使人区别于动物，是人类对生活环境进行加工改造的结果。一般来说，它包括三个层面：物质层面、制度层面和精神层面。而狭义文化是一定社会群体习得且共有的一切观念和行为。它与广义的文化的最大区别是剔除了“物”的成分，把文化更多的是看成了一个受价值观和价值体系支配的符号系统。[①] 本书中的文化更倾向于广义的文化，人类后天获得的并为一定社会群体所共有的一切事物。

本书所说的文化影响因素，是从文化的视野来审视语言现象，指独立于语言系统而又与语言系统及其运用规则系统有密切联系的非语言系统或语言外系统，即界定为“人化”的文化系统。它是指语言符号内部系统—语音、词汇、语法等以外的一切“人化”要素的总和，既包括语言本身所隐含的民族文化语义，也包括语言使用过程中所涉及的社会文化知识和背景等。因此，它实质上是指以“人化”为核心内容的社会文化因素。

二、文化背景分析

（一）呼和浩特市蒙古族文化背景概述

呼和浩特市位于内蒙古中部，是内蒙古自治区的首府，是全自治区的政治、经济、文化、教育和科技中心。又是一个多民族共同居住和生活的地方，呼市以蒙古族为主体，汉族为多数，蒙、汉、回、满、藏、维吾尔、达斡尔、鄂温克、鄂伦春、锡伯等多民族聚居城市。所谓文化为“教育”之土壤，做好教育应该以了解文化背景为前提，没有蒙古族的城市化也就没有蒙古族幼儿母语的担忧。

1. 呼和浩特蒙古族总人口及人口分布

蒙古族是呼和浩特市的主体民族。他们分布在呼和浩特市所辖的各城区，没有明显集中的区域或街道，只是相对来讲，以前土默特蒙古族多住玉泉区（旧城），东部蒙古族多住新城区（新城），由此这两个城区略有集中。据统计，1949 年呼和浩特蒙古族总人口是 1500 人左右，在市区总人口中占 1.2 百分点。在 2000 年第五次人口普查资料中显示，全市共有蒙古族人口 134118 人，占全市人口的 12.6%，比 1949 年增长 11.4 百分点。“据统计，截至 2005 年，呼和浩特全市常住总人口 258 万人，其中市区总人口 140 万人。户籍总人口 213.4 万人，汉族 186.3 万人，占绝大多数，少数民族人口

① 郑金洲．教育文化学［M］．北京：人民教育出版社，2000.

27.1 万人，其中蒙古族 20.4 万人，回族 3.5 万人，满族 2.5 万人。”[①] 蒙古族人口中市四区蒙古族人口 14.5 万人，分别分布在：新城区 4.91 万人口；回民区 2.11 万人口；玉泉区 2.95 万人口；赛罕区 4.89 万人口。

2. 呼和浩特市的历史沿革及其蒙古族人口的城市化

呼和浩特市的历史演变可分为五个阶段来看：

第一，原住民族土默特蒙古族与归化城的建城。明朝末年，阿拉坦汗率土默特部驻牧在今土默川，以十二土默特为本部，开始筑“板升”（即汉式居住点）定居。从此由游居逐渐走向定居。明隆庆六年（1572），阿拉坦汗开始修建城，历时四年，明万历三年（1575）竣工。初名“库库和屯”，译为“青城”。后明朝封他为顺义王，赐城名为“归化城”（归顺教化，有侮辱之意）。该城现在呼和浩特玉泉区内。

第二，绥远城的建城与东部蒙古族的入住。清朝时期，清廷为永久驻扎八旗兵镇守北疆，巩固统治，于乾隆二年（1737）在归化城东 5 里处动工兴建绥远城（绥远人，有歧视之义）。该城现已成为新城区的一部分。绥远城从开始只有汉、蒙八旗驻防到乾隆十二年（1747）满洲八期调入，遂成满、蒙、汉三族旗军联合驻防的局面。后来汉军逐渐出旗了，绥远城又变成满、蒙旗军联合驻防的城市了。这里的蒙古旗军是东北蒙古被编入旗调入的，共约 500 名。他们军转民后连同家属留居在新城里，人数也没有多大变动。因归化城先建，民众称谓旧城，绥远城后建，叫新城。

第三，“民国”二年（1913）又将“归化”、“绥远”两城合并，设“归绥县”。“民国”十八年（1929），国民党政府改为把归化城和绥远城合并成“绥远省”，省会设在归绥县城。

第四，日伪时期，将归绥市改为“厚和特别市”，后改为“厚和市”。1945 年日本侵略者投降后，国民党政府将“厚和市”复称为“归绥市”，仍作绥远省省会。

第五，1949 年 9 月 19 日，绥远省宣告和平解放。在中国共产党的领导下，1947 年 5 月 1 日内蒙古自治区政府在乌兰浩特成立。新中国成立后，1954 年 2 月，国务院根据绥远省人民代表大会的建议，撤销绥远省建制，划归内蒙古自治区领导，同年 4 月 25 日中央决定废除“归绥”这个带有民族歧视的名称，恢复该城初建时的“呼和浩特”这一名称，并确定为内蒙古自治区首府。

---

① 引自魏泽编著．呼和浩特风情百话［M］．呼和浩特：内蒙古人民出版社，2006：3.

蒙古族人口的城市化进程分为三个阶段：从库库合屯的建城至1954年，共380余年，为第一阶段，其特点是蒙古族（土默特部）作为呼和浩特的原住民和初创者，入住城市的人口较少，长期排在汉、回、满三族之后。1954—1990年为第二阶段，其特点是蒙古族人口城市化的迅速发展，先以内蒙古自治区首府迁至呼和浩特为契机，蒙古族人口大量迁入，随后又通过招干、招工、求学并分配、投亲和就业等途径，农村牧区和其他城镇蒙古族人口不断迁住呼和浩特。1990年到至今为第三阶段，1990年以后，呼和浩特市抓住机遇，深化改革，求实创新，加快发展。随着社会转型、体制转轨、市场经济的深化，蒙古族人口的城市化有了新的发展机遇。如，住房体制的改革、人才的流动和教育市场化、服务行业的发展等有一批蒙古族人口迁入市区。下面分别分析如下。

第一阶段，库库合屯的建城至1954年。我们选择1949年呼和浩特市人口普查资料来看蒙古族人口数量和分布。

表3—1　1949年呼和浩特市区居民的民族构成

城区	总人口	汉族		蒙古族		回族		满族	
		人口	占总人口(%)	人口	占总人口(%)	人口	占总人口(%)	人口	占总人口(%)
合计	123969	110629	89.2	1487	1.2	9546	7.7	2231	1.8
新城	28447	25246	88.2	934	3.3	411	1.4	1780	6.3
回民	42058	33003	78.5	184	0.4	8761	20.8	110	0.3
玉泉	53464	52380	97.9	369	0.7	374	0.7	341	0.6

说明：①在1953年以前呼和浩特市还没有郊区行政区划，所以，只计算了三个城区，没有计算郊区。

②总人口数除包括汉、蒙、回、满四族人口数外，还包括其他少数民族人口数，但其他少数民族人占总人口比例极低，基本不影响本表数据的有效性。以下各表说明均同此。

从表中可以看出，蒙、汉、回、满四族中，蒙古族人口最少，排在第四位。居住格局来看，蒙古族居民在城区没有一处明显集中的区域或街道，只是相对来讲，土默特蒙古族多住玉泉区（旧城），东部蒙古族多住新城区（新城），整个蒙古族在新城区略有集中。这时的居住格局基本按民族分区居住，形成相对的“大聚居小杂居”的格局。

第二阶段，1954—1990年，蒙古族人口城市化的迅速发展阶段。分别选择1954年及1982年呼和浩特市人口普查资料来看蒙古族人口数量和分布。

表 3—2　1954 年、1982 年呼和浩特市区居民的民族构成

地区 年份	总人口		汉族占总人口%		蒙古族占总人口%		回族占总人口%		满族占总人口%	
	1954	1982	1954	1982	1954	1982	1954	1982	1954	1982
合计	266708	742114	89. 3	87. 3	5. 3	7. 8	4. 2	3. 2	1. 1	1. 3
新城区	40293	227670	87. 4	82. 4	6. 1	12. 3	1. 3	1. 9	5. 0	2. 6
回民区	31259	147632	70. 6	82. 2	2. 9	4. 8	29. 9	11. 3	0. 3	1. 4
玉泉区	63212	102395	95. 5	90. 6	2. 9	5. 9	1. 1	2. 0	0. 5	1. 2
郊区	131944	264417	92. 4	93. 0	6. 8	6. 3	0. 4	0. 3	0. 3	0. 4

从表可以分析，1954 年普查时，蒙古族人口占市区总人口的比重明显上升，已经超过回族 1 个百分点，满族 4 个百分点，尤其在新城区、玉泉区两个城区更为突出。这是由于内蒙古自治区政府从乌兰浩特市迁至呼和浩特市，随着自治区政府的迁入，自治区的党政机关、事业单位的蒙古族、汉族及其他少数民族的机关干部、高校教师、学生及其家属也迁入呼和浩特市。1982 年普查数据显示，蒙古族人口比例继续上升，比 1954 年蒙古族人口纯增2. 5 百分点。这一阶段，蒙古族人口的城市化进程主要是一方面，呼和浩特地区兴办了多所大中专院校和民族中小学，来自全区的蒙古族学生大增，大中专毕业生逐年大量分配在呼和浩特工作。另一方面，在呼和浩特逐步兴建了大批工厂，从牧区和乡镇招来大量蒙古族职工。

第三阶段，1990 年到至今。1990 年是第四次人口普查，与 1982 年比时间跨度为 8 年；2000 年是第五次人口普查，与 1990 年比时间跨度为 10 年。先看一这个时期的蒙古族人口变化，

表 3—3　1990 年、2000 年呼和浩特市区居民的民族构成

地区 年份	总人口		汉族占总人口%		蒙古族占总人口%		回族占总人口%		满族占总人口%	
	1990	2000	1990	2000	1990	2000	1990	2000	1990	2000
合计	947677	1062794	84. 2	82. 3	10. 4	12. 6	3. 1	2. 9	1. 8	2. 0
新城区	346854	247930	87. 4	82. 4	6. 1	12. 3	1. 3	1. 9	5. 0	2. 6
回民区	171776	175636	70. 6	82. 2	2. 9	4. 8	29. 9	11. 3	0. 3	1. 4
玉泉区	107476	157483	95. 5	90. 6	2. 9	5. 9	1. 1	2. 0	0. 5	1. 2
郊区	321571	91. 1	7. 7	0. 5	0. 6					
赛罕区		348689		84. 0		12. 8		0. 9		1. 6

说明：第五次人口普查资料来自《呼和浩特经济统计年鉴》，2001（总第十期）。1999 年 7 月呼和浩特市重新调整市区区划后，新组成了赛罕区。

分析以上表可以得知，2000年的蒙古族人口比1949年增长11.4百分点，比1982年增长4.8百分点。蒙古族人口比例进一步增长的原因主要是住房体制的改革让一些农村牧区蒙古族群众在呼和浩特市购房落户谋生及人才的流动和教育市场化、服务行业进一步发展等原因大批蒙古族人口迁入市区。

上面对蒙古族城市化进程分三个阶段介绍，也大致呈现了蒙古族居民的居住格局。与清代民族聚居和民国由民族聚居向民族杂居过渡相比，现代呼和浩特市区的蒙古族居住格局总体上是大杂居小聚居，但是蒙古族人口相对于汉族人口处于明显的少数地位，民族杂居大格局给蒙古族带来了文化适应问题，主要表现在蒙古语的学习和使用面临着困境和危机。

第三节　幼儿园文化与幼儿母语学习

一、环境文化与幼儿母语学习

蒙台梭利曾提出“教师的责任首先要关注环境。环境的影响是间接的，但如果环境不好，儿童在身体上、智力上和心理上都不会有所发展，即使有所发展也不会长久”① 说明环境对幼儿发展具有重要意义。2001年颁布实行的《幼儿园教育指导纲要（试行）》中规定“幼儿园应为幼儿提供健康、丰富的生活和活动环境，满足他们多方面发展的需要，使他们在快乐的童年生活中获得有益于身心发展的经验”②。“环境是重要的教育资源，应通过环境的创设和利用，有效地促进幼儿的发展。”认为幼儿园环境应当为幼儿多方面的发展提供条件。因此，幼儿园要重视园所的物质环境及人文环境。语言作为幼儿发展的重要方面，对环境的依赖是不言而喻的，在语言发展过程中，环境会对他产生重要的影响。

（一）物质文化环境对母语学习的影响

1. 来自建筑物及墙面环境创设的熏陶

建筑物：物质环境的好坏也直接影响着幼儿的情绪，影响着幼儿语言的表达。当幼儿置身于光线明亮、空气清新、整洁有序的环境中，他们就感到身心愉悦、精神饱满，于是产生了说话的愿望和要求；如果幼儿经常处于零乱的、色彩反差过大、活动空间狭小、空气污浊的环境中，幼儿会

---

① 玛利亚·蒙台梭利. 有吸收力的心灵［M］. 北京：中国发展出版社，2003：307.

② 教育部：《幼儿园教育指导纲要（试行）》，2001.

感觉烦躁，容易产生疲劳、心绪不宁的情绪，有时行为上会不知所措。幼儿只有在情绪舒畅时才可能产生说话的需要和愿望；在情绪不稳定时则会缄默不语。因此，物质环境对幼儿语言学习、母语学习有重要作用。

通过对三所幼儿园的观察，幼儿园建筑都以蒙古族文化为主，体现了蒙古民族日常生活的习俗，如呼和浩特市蒙古族幼儿园大门是一个完整的马鞍，其顶是弯形的座位，侧面还有马镫、皮带等，教学楼建筑装饰也展现了浓浓的蒙古族文化，入口处顶端是一个圆锥形的蒙古包顶，并以蓝白两色镶嵌，户外大型玩具中有许多材料选于蒙古族民间生活用品，如秋千的座位就是用马驾车时使用的皮带，既实用又美观；赛罕蒙古族幼儿园大门是勒勒车型，教学主楼以蒙古花装饰极有民族特色。（见图3—1）

市蒙古族幼儿园

赛罕蒙古族幼儿园

图3—1　建筑物

用这样的现代化方式给孩子带来草原游牧文化的气息会直接刺激着他们的母语学习。蒙古语与游牧文化息息相关，从普通单词到很多谚语都带着草原文化的烙印。比如，长大成人要从小看起、塑就骏马要从驹看起等很多著名谚语都带有游牧特色的比喻，所以有民族文化的环境中才能把握其母语的准确含义。学好民族语言的第一步就是环境的强化与和谐，这会让孩子不知不觉中掌握更多的母语。

墙面环境创设：幼儿园墙面环境作为幼儿园重要教育资源，可以为幼儿母语学习提供无声的“指导语”。如，新城区蒙古族幼儿园在二楼公共墙饰区装扮了穿着蒙古袍的蒙古族小朋友在挤羊奶喂小羊羔的场景，其背景是绿油油的大草原、蒙古包前及成群结队的羊群；还挂有成吉思汗、忽必烈等著名蒙古族优秀领袖的头像；在墙角及墙柱子上的纹路为蒙古族所特有的白蓝相间的云彩纹。一是让幼儿被熏陶在蒙古文化中，让他们体验蒙古族生活，融入民族文化，自然中说蒙语；二是起到强化的作用，比如学了蒙古日常用语，以墙面教育形式巩固词句并能起到直观教育的作用。

（图 3—2）

图 3—2　墙面环境创设（新城蒙幼）

2. 活动区的创设及玩教具投放的影响

班级活动区种类繁多，形式多样。如，孩子们自制的蒙古包、蒙古服饰等手工品、突出民族特色的各种活动区，反映蒙古族生活的图书、教师自制的蒙古玩教具等。还有每个班级都不同程度的摆放着蒙古民族所特有的玩具，如嘎拉哈、蒙古象棋等。这些活动区的创设和玩教具的投放也对幼儿母语学习起着不同的影响。如，幼儿自制蒙古包时会把蒙古包的各个结构、名称会记住并记忆会非常深刻，不然光看图片教这些名称会觉得特别枯燥，不宜记住；市蒙古族幼儿园在园内设立“蒙古传统生活认知区”将蒙古包、勒勒车、各种蒙古族生活用品、五畜等摆放在认知区内，让幼儿通过亲身体验来感受和认识蒙古族传统、丰富的文化与生活，并创设的各种民族特色的活动区，非常受孩子们喜爱。问到布日古德一班嘎老师时讲道：

“这些活动区创设以后，孩子们玩得不亦乐乎，非常喜欢。我们有医院、超市、图书馆、厨房、美容院等活动区，医院有蒙医、厨房主做蒙餐，民族特色特别浓厚，组织一堂区角活动，学到不少蒙语日常用语，平时他们哪有机会在这些公共场合用母语交流了，所以这些日常用语他们只能用汉语说，不会用蒙语表达，我们给孩子创造这样的环境让他们多说、常说，也就达到目的了。”

图 3—3　市蒙幼活动区

新西兰教育家戈登·德莱顿认为年幼的孩子在学习新词语的时候，如果能看到它，触摸它，品尝它，听到它，他就能能够说它。所以只有让幼儿多听、多看、多说，才能使幼儿获得丰富的词汇、获得语言练习的机会，从而发展幼儿的语言能力。我们要为幼儿创设一个自由、宽松的语言环境，让他们体验用语言交往的兴趣。笔者认为，市蒙古族幼儿园这点做得特别好，就像这位老师说的："城里孩子平时没有机会在公共场说母语，我们要给孩子多创造这样的环境让他们多说、常说，从而达到目的。"

3. 服饰、饮食等生活习俗的影响

民族服饰是民族文化的重要载体，是物质文化的重要组成部分。人们一般把风格不同的民族服饰视为不同民族的重要标志。服饰不仅有御寒、护身及其审美功能，而且具有与民族心理素质密切相连的社会功能。民族传统服饰"对于群体的作用，很重要的一条是凝聚族人的精神、吸引族人心理的向心力，以形成集团的团结、统一、秩序，增强集体为生存而拼搏的战斗力。"① 也就是说，民族传统服饰的一个不可忽视的社会功能，就在于它对族人的凝聚力。蒙古族幼儿园的节日庆典体现了浓浓的民族风情，以蒙古族歌舞颂扬本民族的优秀文化，教师及幼儿都盛装（蒙古族服装）参与，在幼儿园的日常生活中许多蒙古族小朋友也经常穿着蒙古袍。他们不仅是为了美观才穿蒙古服装，更是有种民族心理再起作用吧。

饮食生活习惯方面，每周食谱都有蒙古饮食搭配，尤其早餐经常喝奶茶吃蒙古果子，这方面市蒙幼、新城蒙幼做得比较好，人数多，意识强，有这方面的文化熏陶，而赛罕区蒙古族幼儿园由于蒙班人数较少，这方面没有特殊待遇，很少吃蒙餐、穿民族服饰的机会又少，相比之下其他俩所

---

① 杨学芹、安琪．民间美术概论［M］．北京：北京工艺美术出版社，1990：25.

幼儿园的孩子这方面的词汇贫乏，学习的欲望也不强。因此，民族服饰、饮食文化方面的熏陶也对孩子学习母语非常有力的。

（二）人文环境对母语学习的影响

人文环境是相对于物质环境而言的，它不像物质环境那样看得见摸得着，它是精神层面的文化，是教师用关怀、热情和笑容有意识地营造一个利于幼儿说话的心理环境，即一种良好的心理氛围，也是在长期的教育实践中积累和创造出来的，并影响着人们行为的潜在力量。主要包括幼儿园中师幼的精神面貌、人际关系、园风园貌、教风学风制度政策等。

1. 蒙古族幼儿园的办园指导思想、宗旨、理念的影响

办园理念是一所幼儿园的灵魂，它指导着幼儿园办园方向。办园理念是一所幼儿园集体智慧的结晶，一旦形成，就要被全园教师所接受、所理解、所认同，而最终成为全园师生共同的价值取向、共同的理想追求及共同的实践目标。好的办园理念以“一切为孩子的全面发展”为出发点、以突出特色为办园方向，所调查的三所幼儿园各自在坚持国家及自治区的教育方针政策的同时，充分考虑到民族的独特性，结合本民族独特的文化创建符合本园发展的办园理念。

资料：

新城区蒙古族幼儿园办园方向

指导思想：以贯彻和落实《幼儿园教育指导纲要》和《幼儿园工作规程》为目的，以发展民族特色教育和科研兴园为亮点，以提升教师整体素质为重点，以发挥自治区示范园的窗口作用为目标，弘扬“以人为本，人文结合”的管理新模式，发扬蒙幼的优良传统，促进幼儿身心健康、全面发展。

办园宗旨：一切为了孩子的全面发展

办园理念：坚持正确的办园方向，坚持“以人为本”的科学发展观，实施“科研兴园、特色立园，建立学习型教科研组织，创办民族特色的幼儿园”

这样的指导思想的幼儿园肯定走出民族特色，办好民族幼儿园。

访谈赛罕蒙幼儿园园长时讲道：

“民族幼儿园就该走民族路线，蒙语加授班现是我们园的特色，

我们在这方面有了不少的成绩，得到家长及上级领导的认可，2008年开始办纯蒙语班，虽然生源率不是太理想，但我们会一直坚持，哪怕4—5个孩子，我们也得让他们安排专门的班、专门的老师，并且出台种种优惠政策，鼓励蒙古族家长让孩子学习母语。”

这种思想被全园教师所接受、所认同，间接影响幼儿母语学习。

2. 蒙古族幼儿园园风貌及制度的影响

幼儿园的精神风貌会直接或潜移默化地影响着幼儿。也决定能不能幼儿创造能说、想说、敢说的心理积极氛围。

表3—4 对蒙古族幼儿园的热爱状况

	对蒙古幼儿园的热爱状况（%）		
	是	一般	否
在幼儿园工作是否合适	80	17.1	2.9
对自己工作是否满意	82.9	14.3	2.9

观上表可知，近83%的人认为自己在幼儿园工作很适合并对自己的工作很满意，说明蒙古族幼儿园教师的职业认同感普遍较高，但还有个别教师对自己的职业不满意或认为自己不适合在幼儿园工作，总体来说，三所蒙幼有着热爱蒙幼的教职工团队，整体精神风貌较好，能给幼儿创造和谐、积极的心理氛围，让幼儿在轻松、愉快的氛围中学习语言。园领导经常组织关于母语教育的交流与讨论：

“我们幼儿园一般在一个星期到半个月之间进行一次关于母语教育的交流与讨论，园领导也特别关心和关注我们的教育、教学情况，有机会就给我们创造与兄弟园学习及交流的机会，我们讨论的内容很多，关于母语教材方面、教法方面等。”

——摘自市蒙幼嘎老师的访谈

园长的支持会给幼儿学习母语起间接影响，园长重视教师越积极，内容越丰富，对幼儿学习母语越有利。

蒙古族幼儿园制定了一系列特殊规章制度，为传承和发扬蒙古族文化提供保障。如，蒙古族幼儿入园实行“两免一补”制度，保障蒙古族幼儿的入园率；区政府每年定额拨款作为民族幼儿园发展经费；幼儿园对参与教育教学课题的教师以奖金形式给予补贴。

资料：

赛罕蒙古族幼儿园为了给蒙古族儿童入园后的生活、学习创造良好的条件和环境，出台了以下优惠政策：

1. 减免幼儿保教费 50%。

2. 伙食费给予一定补贴。

3. 纯蒙语授课的幼儿可以直接升入呼和浩特市兴安路民族小学或呼和浩特市蒙古族学校。

4. 汉语授课加授蒙语的幼儿可直接升入赛罕区民族小学或呼和浩特市兴安路小学。

以此来提高蒙古族教师的职业素质、提高蒙古族幼儿入园率，从而体现了蒙古族幼儿园独特的文化风貌。

二、教师文化与幼儿母语学习

作为幼儿园最主要文化的教师文化对幼儿的各方面发展都起重要作用，尤其幼儿语言发展起关键作用。幼儿入园以后，就会对教师产生一种崇拜心理，他们认为老师的一切都是正确的，他们愿意模仿老师的一言一行、一举一动，而且这种模仿又常常是不加选择的。所以，教师的语言从内容到形式都应是幼儿学习的范例。因此，教师要以清楚正确的话语影响幼儿，教师对幼儿语言的影响，不仅表现在成功的语言范例上，还应该表现在教师对幼儿语言有意识培养和训练上。

（一）幼儿教师基本素养对幼儿母语学习的影响

教师的基本情况对幼儿学习母语有直接或间接作用。如教师的年轻化带来观念的更新、方法的创新和内容的多样化；学历的高低更是直接影响教学能力。

表 3—5 教师基本情况统计表

教师基本情况	园名			年龄				教龄				学历				毕业学校类别			
	市蒙幼	新城蒙幼	赛罕蒙幼	25岁以下	25—34	35—44	45岁以上	1—5年	5—15年	15—25年	25年以上	中专或中师	专科	本科	研究生	蒙语幼师	蒙语非幼师	汉语幼师	汉语非幼师
百分比%	54. 3	28. 6	17. 1	11. 4	54. 3	22. 9	11. 4	51. 4	14. 3	22. 9	11. 4	8. 6	28. 6	62. 9	0	77. 1	5. 7	17. 1	0

分析表3—5了解到：新教师与老教师的比例基本恰当，年轻的教师占多数，学历基本上普及到专科学历以上，说明教职工的基本职业素养在不断提高，毕业学校类别多数是蒙语幼师毕业，说明教职工具备较好的蒙语文化基础和专业知识，通过访谈了解蒙语班教师多数选自蒙语普通话较好的中西部地区。

教龄是教师从事教学工作的年数，一般根据教龄来划分新教师与老教师。对教学来说新教师和老教师各有优势，新教师比较有活力，观念新，容易接受最新的理念与教学方法；而老教师最大优势是经验丰富，责任感强有耐心。从以上表可以看出三所幼儿园教学年限5年内的年轻型教师占多数，说明教师队伍普遍年轻化，访谈娜老师时讲道：

> “年轻老师和老老师各有优势，她们（年轻）观念比我们新，接受新事物比我们快，比如，做课件、多媒体教学都是她们带着我们，还有蒙语的幼儿教材毕竟有限，经常翻译汉语较好的教材，这些都是她们主力，但她们小，多数在城市或城镇长大，对蒙语传统文化懂得少，有些经典谚语、传统游戏自己都没玩过、没听过，让她们拿过来课程开发有点难度，毕竟学好语言先学习文化。
>
> 所以，安排带班教师时尽量把新教师和老教师搭配配班，让她们互补劣势、各显所能，达到很好的教学效果。”

学历是指人们在教育机构中接受科学、文化知识训练的学习经历，一般来说学历越高教学能力较好，但不是绝对的。从以上表可知，三所幼儿园教师学历基本上普及到专科以上，占总人数的90%，教师学历达标率很高，但深入调查并不是这样乐观。大部分大专及大专以上学历的教师是通过自考等途径得到学历的，没有通过系统教学训练，而且多数不是本专业，有学语言的、美术的、音乐的等，缺乏幼儿教育教学理论的现象。但多数教师是蒙语幼师学校毕业，有较好的蒙语基础，这对幼儿学习母语有一定影响，能很好地熏陶蒙古文化。

（二）教师语言态度对幼儿学习母语的影响

“语言态度”是指人们对语言的看法和所采取的行动，这种看法和行动有可能是积极的也有可能是消极的。“教师语言态度”包括教师对自身和对幼儿两个方面的语言态度。每位教师的语言态度都具有一定的倾向性——或是积极的或是消极的，而这种倾向性必然对幼儿的语言态度、语言学习和语言能力起到潜移默化的影响。

教师自身的语言态度对幼儿产生的影响。语言态度可从不同的角度区分为情感和理智两方面，幼儿的语言态度是属于情感化的，因为幼儿的生活经验贫乏，语言水平低，不能对特定语言实用价值和社会地位进行理性的评价，因而很大程度上依存于教师的语言态度。我们常看到这样的画面：教师有表情地讲故事，幼儿伴随着老师的讲述不时表现出与故事意境相一致的或喜、或悲、或笑、或哭、或高兴、或生气的表情和动作，得意之处甚至会跳起来。这是因为，幼儿在倾听教师讲述时在情绪、情感上常常有较明显的反应，因此，教师自身的语言态度（声情并茂）在教育过程中对幼儿起着润物细无声的作用。教师对语言态度的认识如果是积极的，那么，他就会关注自身的语言面貌和语言行为。如坚持用蒙古语普通话交谈，谈吐自然、亲切，恰当地使用词语，声音抑扬顿挫等，让幼儿感受到教师语言的亲切、优美、动听等，从而对母语产生浓厚的兴趣，变得爱听、想说、乐意讲。相反，如果教师本身对语言态度的认识是消极的，不喜欢说蒙语或蒙汉掺用，幼儿也就学到了不标准的蒙语，也不会对母语产生浓厚兴趣。

教师对幼儿的语言态度产生的影响。教师对幼儿的语言态度同样也包括积极和消极两方面。教师如果对幼儿的语言表达持关注、支持和认可，并给予积极的回应，就能激起幼儿更强的表达欲望，幼儿就会更想说、更爱说，当然也就更乐说、更能说；反之，如果教师对幼儿语言表达不闻不问、否认、缄默，也会影响幼儿表达的积极性。如面对幼儿没完没了的发问、不标准的蒙语，视而不见，无动于衷不以回应，即使回应态度也是冷漠的、语言也是消极的：“老师正忙着呢，别烦老师！”这样的现象也有的是。尤其是对语言能力较弱的幼儿，情急中的表达更是语无伦次，半天听不懂意思来，老师更是无从回应。久而久之，幼儿就会产生“我说了老师也不爱听，说了也没用。”等消极的自我意识，使幼小的心灵蒙上阴影，渐渐地对语言表达失去兴趣，变得不想说、不爱说，运用的频率也因此渐渐减少，在一定程度上阻碍和制约了语言能力的发展。访谈嘎老师时讲道：

> “幼儿特别需要老师的肯定，如果你能及时给予肯定、支持的态度，他们就愿意说、喜欢说、以说蒙语为自豪，如果你不关注孩子一日活动语，除了课堂以外全用汉语交流，作为老师，自己得控制班级语言、给孩子创造想说、愿意说蒙语的语言环境，所以老师语言态度非常重要。”

故而，作为一名幼儿教师要热爱幼儿，公正地对待每一个幼儿，以自身积极的语言态度影响幼儿，并对幼儿的语言表达给予积极的肯定与支持，不断激发幼儿积极的语言情感，强化积极的语言行为，从而加速幼儿语言能力的发展。

（三）教师语言对幼儿母语学习的影响

根据幼儿的语言发展的特点可以看出，幼儿语言大部分是通过没有外界压力的观察和模仿而自然习得的，如果没有语言范型，幼儿的语言不可能得到正常的发展。在幼儿园，教师的语言无疑是幼儿模仿的对象、学习的范型，幼儿对老师的一词一句、一腔一调甚至某种口头禅都非常敏感。无论是在日常生活与幼儿的交往中，还是在正式的教育教学活动中，教师使用的语言客观上起到了示范的作用。教师的语言包括有声语言和无声语言。有声语言具体体现是口头语，无声语言具体体现在一个恰当的、积极的眼神或是肯定的微笑等。

教师语言有时是有意识、有计划的对幼儿产生影响，有时是无意识、无计划的对幼儿语言起模仿作用。有意识、有计划的语言包括帮助幼儿理解学习和行为要求，学习一些规范性的语言表达方法、语言交往规则，纠正语言错误。例如，在市蒙幼观察的第二天，要出去做课间操，小朋友们忙着穿衣服，戴帽子，有一名幼儿手里拿着一顶帽子对另一幼儿说，“都兰，赶紧穿帽子（dulan，hurdon malgaiban emoz！）咱俩站在第一排！”这时教师及时提醒这位幼儿：“不能说穿帽子，要说戴帽子，衣服是穿的，帽子是戴的！”老师这种及时地纠正幼儿语言使用中的错误，会帮助幼儿提高词汇使用的正确率。教师语言的影响很多时候教师没有明确的意识。教师说话的语气、风格等都可能成为幼儿模仿的对象，为幼儿所习得。例如，幼儿经常会在家里和爸爸、妈妈玩“上课”的游戏，学着老师的样子说：“小朋友们，现在是我们学本领的时间了……我看哪个小朋友坐得好……妈妈小朋友坐得正，我喜欢她，我要给她一朵小红花……”从幼儿的这段话中，我们能够看到教师的影子，很明显这不是教师有意识教的，而是幼儿无意间自然获得的，也就是说，这时教师语言的影响是潜移默化的。

教师积极得体的无声语言有助于激发幼儿的学习兴趣，有利于教师与幼儿的感情沟通，一定程度上促进幼儿语言表达能力的发展。例如，一个性格内向的孩子叫米娜，不喜欢说话，活动中从不回答问题，老师在语言活动“五畜找宝宝”中请小朋友仿编，说自己小宝宝的特点，很多小朋友都在积极仿编，老师请到米娜，她马上紧张得眼泪夺眶而出。可老师坚持给他鼓励得眼神，过了一分钟，米娜开口了“我的宝宝‘咩咩’叫，爱吃青草，产羊毛！”我们一起鼓励了米娜，并回答她找的宝宝是“小山羊！”这时他的泪花不见了，脸上露出了一丝笑容。这个例子证明了老师恰当的、积极的眼神对幼儿语言能力起到促进的作用。

三、幼儿文化与幼儿母语学习

幼儿语言学习不仅受教师文化的影响也受同伴文化的影响。在儿童的生活学习中，同伴不仅是一种强化物，还可以作为一种社会模式或榜样影响儿童的发展。在与同伴交往互动过程中，势必用语言理解别人，认识别人的观点、需要，表达自己的愿望。与同伴交流中，不仅获得丰富的情感体验，幼儿的口语表达能力也获得发展。

两百多年前，卢梭在《爱弥儿》中指出，儿童不是小大人，他有着不同于成人的独立生活，已经向人们宣布儿童有自己的文化。

那么幼儿文化是何物？刘晓东对儿童文化有深入的分析，他认为，儿童文化是儿童表现其天性的兴趣、需要、话语、活动、价值观念以及儿童群体共有的精神生活、物质生活的总和。儿童文化是儿童内隐的精神生活和外显的文化生活的集合。儿童的精神生活或精神世界是主观形态的儿童文化，儿童外显的文化生活是儿童精神生活的客观化、实体化。① 边霞认为：“儿童文化是儿童自己的文化，是一种以儿童自己的思想和行为来决定其价值和标准的文化，它基本上是一种口语文化。”② 毛曙阳还认为：儿童文化是儿童后天习得的、较稳定的文化，其行为方式不同于心理发展意义上的日常行为，儿童文化存在并生长于儿童生活的每一个片段和细节之中。③ 综上我们可以了解，儿童文化是一种以儿童自己的思想和行为来决定其价值和标准的儿童群体共有的精神生活、物质生活的总和，并且是儿童后天习得的、较稳定的文化，其行为方式不同于心理发展意义上的日常行为，儿童文化存在并生长于儿童生活的每一个片段和细节之中。由此，我们可以从物质器物层面和观念精神两个层面来看儿童文化，

1. 物质器物层面文化对幼儿母语学习的影响

物质方式呈现的幼儿文化，在我们生活的周围比比皆是，如儿童的食物、衣物、玩具、书籍等，我们选择比较典型的进行分析。

食物：林语堂在《生活的艺术》中曾提到他对食物与性格关系的见

---

① 刘晓东．儿童文化与儿童教育［M］．北京教育科学出版社，2006：34.

② 边霞．儿童文化与成人文化［J］．学前教育研究，2001（3）8.

③ 毛曙阳．儿童游戏与儿童文化［D］．南京师范大学博士论文，2008（26）.

解：素食的人终身以管自己的事为主，而肉食的人则以专管别人的事为主。事实上有很多人认为，食物决定了东西文化的精神与走向。东亚和南亚一带的住民以水稻和小麦为主食，而欧洲人的食物中肉类占较大比重，并且辅之以动物性的食用油之类，所以相比较而言，欧洲人体型庞大，并且有很强的开拓精神。欧洲的文艺复兴、工业革命的发生都与欧洲各民族的不断融合、不断扩张有很大的关系。而欧洲人的性格，在其中也是不可忽视的因素。

仔细考察这些说法都有些过于笼统，但我们可以发现不同的文化形成了不同的饮食习惯，因此各民族不同的饮食习惯呈现着他们不同的文化习俗。民族的语言是在民族文化基础上形成发展的，民族食物作为民族文化的一种具体呈现形式，对民族语言有直接的影响。通过调查了解两所蒙古族幼儿园幼儿三餐中都有一定比例的蒙古饮食，如奶茶、奶酪、手抓肉以及蒙古包子，教师也会利用这个机会教幼儿这些蒙古饮食的名称及相应的文化，而调查的另一所幼儿园幼儿很少吃或吃不到蒙古饮食，他们关于饮食文化的渗透只是教师口头教或墙饰环境的渗透，吃到、尝到在学习词语和看着图片学词语有明显区别。

服饰：服饰是观念的物化，是文化艺术不可分割的组成部分，具有民族特色、风格和个性。服饰也跟食物一样直接呈现着民族文化观念，比如蒙语班的幼儿每到节日或特殊日子大部分幼儿都会穿上五颜六色的蒙古服装出席，显示着不同于普通班的独特文化，这样的环境容易让幼儿形成民族意识和民族自豪感，促进幼儿对文化的了解和语言的学习。

玩具：玩具是儿童游戏时用的物品，一件好的玩具不仅能训练幼儿的触觉、视觉、听觉等感官功能，启发幼儿的智力，还能激发幼儿的创造力。然而民族传统的玩具更能让孩子在以上过程中自然的接受民族语言文化，蒙古族幼儿传统玩具嘎拉海，它的游戏方法很多，幼儿在游戏的过程中不仅能训练智力还能学到丰富的民族语言，蒙古人认为嘎拉海的五面代表着“五畜”老师可以出示一个嘎拉哈让幼儿造句，如果是代表着羊就让“羊”字造句如是马就让用“马”字造句，这样孩子兴趣高造句子时也有很大的想象空间，也能发展幼儿语言表达能力和思维能力。

书籍：儿童书籍可以理解位带有文字和图像的纸张的集合，是幼儿学习得主要工具，也对幼儿母语学习是最为直接的。民族的书籍是儿童母语教育的基础，在母语教育中选择合适的书籍是重中之重。

2. 观念精神层面文化对幼儿母语学习的影响

精神的方式表现的幼儿文化是核心的幼儿文化，它时刻发挥着深远的影响，如性格、喜好、兴趣指向、情绪、情感和语言等。在关于蒙古族幼儿与其他幼儿的不同点的调查显示，大部分教师认为外表、接受能力等方面没有显著差异，但在兴趣指向、性格以及情绪情感方面还是有所不同，下面分析观察记录和访谈资料，试图阐述蒙古族幼儿中存在的深层文化以及它对幼儿母语学习的影响。

观察地点：呼和浩特市蒙古族幼儿园布日古德一班　时间：2009. 12. 15—2009. 12. 28

2009 年 12 月 15 日星期一这一天是我去市蒙幼观察的第一天，我起个大早，生怕迟到，我去时包老师已经到了，我俩简单打扫完教室，小朋友们就陆续来了，他们见了包老师亲切地问候："巴格西阿木尔"（包老师是鄂尔多斯蒙古族，老师好的意思！）见到我也打招呼："召沁巴格西阿木尔"（客人老师好的意思！），难以置信的是几乎每位小朋友见了我就打这样的招呼，受宠若惊的我暗自赞赏包老师的教导有方，一开始小朋友只是给我端茶倒水、搬椅子，随之去的多了，也熟悉了，小朋友们每天问这问那，还有小朋友邀请我到他们家做客，观察的那段时间让我深深体会到蒙古幼儿的热情好客，加上我们是一个民族，我们用蒙语交流、蒙语讲故事、唱蒙语歌，浓浓的民族氛围让我完全融入到这个小集体，感谢市蒙幼布日古德一班的全体小朋友给我带来的快乐与感触。

问题：结合您的经验谈谈蒙班幼儿有什么不同于普通班幼儿的独特文化？（例如，价值观、兴趣指向、生活习惯、性格、情感情绪、思维方式等方面）

"我带蒙语班只有一年多的时间，之前一直带的普通班（汉班）两个班幼儿确实有所不同，具体哪儿不一样还说不清，我就举几个例子吧，比如，兴趣方面，蒙班孩子喜欢歌舞、表演类，对艺术很敏感，学起来快；性格方面外向小朋友多、好动，园里带头跑得准是我们班幼儿；还感觉思维方式简单，没有太多问题，大大咧咧。"

——摘自赛罕区蒙幼蒙语班教师访谈

"七年前毕业我就来这带蒙语班了，蒙语班肯定有自己文化，生活习惯方面蒙古族传统文化的东西多些，如吃饭时不说话、坐端正才可以进餐，见到客人必须行礼问候，剪子、刀尖不可以对着人等民族传统美德都要灌输给幼儿；兴趣指向方面有所不同，如喜欢蓝、红、黄等鲜艳颜色，喜欢歌舞；性格方面爽快、活泼、好动，尤其从牧区来的孩子，更是坐不住，还有男孩喜欢比较激烈的游戏和活动等"。

——摘自新城区蒙幼蒙语班教师访谈

分析：从观察记录和访谈中可以得知，蒙语班幼儿有着不同于别的班的独特文化，如性格直爽豁达、能歌善舞、热情好客、粗犷勇猛、顽强、私有观念少等，这些说明他们在同一环境里接受同一文化，加上相似的家庭背景已经形成民族心理，虽说直爽豁达、热情好客等特征，在所有民族幼儿中都程度不同地存在，但在蒙古族幼儿性格当中表现得异常普遍和突出，几乎是每位幼儿具有的性格特点，是该有的民族性格，因此民族心理如同语言、思维也是一种文化现象，是学好民族语言的基础。

同伴语言是幼儿语言学习的重要影响因素。同伴之间的相互交流、学习可以促进幼儿语言的发展。幼儿在与他人交往和运用语言的过程中学习语言。在与同伴交往时，不论是幼儿之间日常生活语言的交流，还是角色间的对话，无不体现着幼儿在语言实践中的社会性交往和合作语言的有效训练。如两个幼儿为一件玩具发生了矛盾，一方想从对方手中拿到玩具，另一方则千方百计不让对方拿走。双方在交往过程中都会根据对方的态度和行为选择交往的策略，调整语言与他人沟通，以达到自己的目的，而且同伴之间的交流也让儿童无拘无束地表达自己的思想和意图。因此，以同伴为背景的语言环境在幼儿进行语言的培养中有着特殊的意义。为了了解三所蒙古族幼儿（只限蒙语班幼儿）在园使用蒙语比例做的调查如图所示。

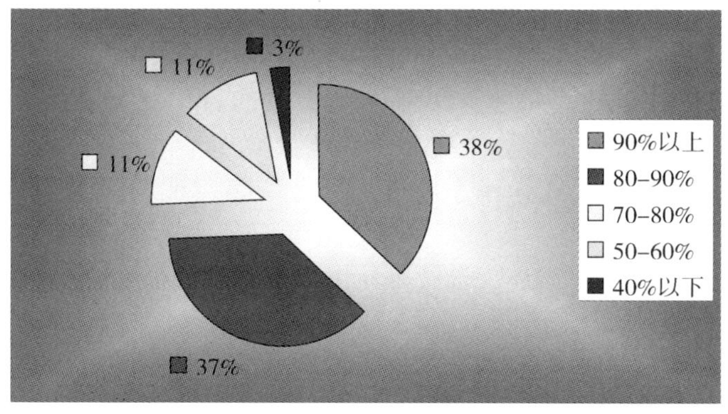

图3—4　蒙语班幼儿一日活动中使用蒙语比例

如图所示，蒙语班幼儿在一日生活中使用蒙语的比例达到80%—90%，这说明蒙古语是蒙语班幼儿在幼儿园中的主要交流语言，此比例基本利于幼儿母语的发展，但老师介绍班里只要有几个孩子说汉语，孩子们就跟着用汉语交流，老师们最头疼的时候是刚开学，放假后部分孩子不说蒙语，回来不习惯，要么刚培养好的蒙语环境让新来的小朋友破坏，所以老师一再强调和鼓励在班里只用蒙语交流。

四、课程文化与幼儿母语学习

郑金洲教授认为："课程文化不是体现在学校中的某个社会群体上，即不是以学校中的某个群体为载体，而是以群体间的关系和活动为载体，教师和学生中任何一个方面的活动及所体现出的文化特征，无不在课程文化上有所体现。课程文化是他们双方面互动的产物。宽泛定义的课程文化即为学生在学校情境中获得的一切经验的过程。狭义的课程文化主要是指教材文化而言。"① 本研究讨论的即狭义课程文化教材文化。

幼儿园课程是实现幼儿园教育目的的核心手段，课程文化则是制约幼儿园课程改革的瓶颈。一所幼儿园的课程文化直接影响着教师和幼儿的发展乃至幼儿园教育改革的进行。那么民族幼儿园的课程文化又包含着多少民族文化内容，对幼儿学习民族语言起如何作用，下面以三所幼儿园蒙班用的教材为调查对象，分析内容，试谈对幼儿母语学习的影响因素，

三所幼儿园都在用内蒙古教育出版社（蒙语版）编写的统一教材，除统一教材之外都多少配用一些市场上时兴的他们觉得适合的一些教材，其中市蒙古族幼儿园自己编写"语言课程"教材，包括纯蒙语班教材及蒙语加授班教材两部分，新城蒙古族幼儿园自编教材正在编写当中。

幼儿园语言教育可分为正规语言教育和非正规语言教育。非正规语言教育常常通过幼儿在幼儿园日常的人际交往、自由游戏、幼儿园语言环境的创设，以及教师对幼儿进行集体的或个体的言语指导或示范等方式进行，而正规语言教育可以通过幼儿园课程中与语言直接有关的学科或领域（如语言、文学欣赏、阅读等）进行，也可以通过课程设置中其他各学科或领域（如健康、社会、音乐、美术、科学、品德教育，等等）或单元或主题等进行。② 因此，正规语言教育在语言课程及其他课程中进行。

---

① 郑金洲．教育文化学［M］．北京：人民教育出版社，2000：288.

② 朱家雄．幼儿园课程［M］．上海：华东师范大学出版社，2003：92.

（一）语言教材文化对幼儿母语学习的影响

语言课程是专门教幼儿学习语言的一门课程，它的首要任务是提高学前儿童的语言能力的发展。对幼儿学习语言起直接影响。分析统一编写的教材以及市蒙幼自编教材得知：统一教材，课程内容很丰富，但体现民族文化、蒙古族生活的故事、儿歌较少；而自编教材弥补这方面的不足，体现蒙古族文化的内容明显增多。

语言教材内容反映的文化倾向性，以及这种倾向对幼儿产生影响，毕竟语言课不是光学语言，更主要的是学习文化，只有对文化有所了解，才能学好语言，通过对家长的访谈得知，多数家长认为，“让孩子了解民族文化是学好母语的基础，他们希望让孩子多了解一些蒙古族传统文化、英雄人物以及民族习俗方面的文化”。统一编写的教材内容很丰富，包括听说、讨论、讲故事、文学欣赏四大部分构成，体现团结、奉献、勤劳、诚实、助人、有爱心、正直坚强、谦虚有礼、关心他人等各方面的内容，另外，多出但真正体现蒙古族传统文化、民族习俗方面的内容较少，而是蒙古族幼儿园自编教材弥补这方面的不足，体现蒙古族文化的内容较多。

例子1：

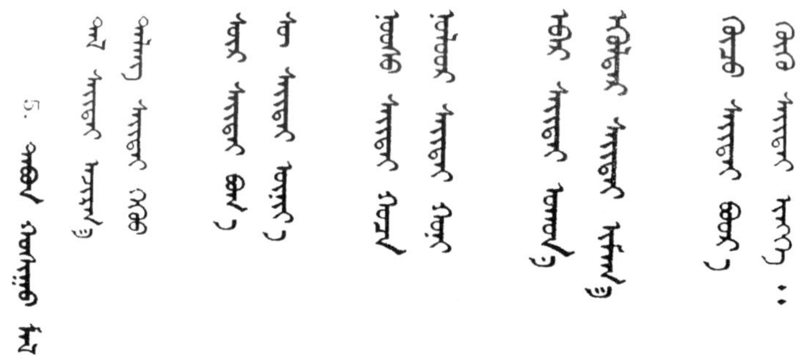

——摘自市蒙幼自编中班教材

以上内容译成汉语即儿歌——“五畜”，牧民称牛、马、山羊、绵羊、骆驼为“五畜”。草原和牲畜是蒙古人生命的源泉，蒙古族的衣、食、住、行都离不开“五畜”，五畜是牧民的“好伙伴”，牧区蒙古族幼儿无不认识五畜，但离开环境的城市蒙古族幼儿对五畜没有接触的机会，认识、了解的幼儿较少，通过以上内容可以认识五畜以及公母牲畜的名称。所以幼教专家和园所机构编写民族幼儿教材时除它的科学性、知识性以外多考虑如何结合实际情况利用当地素材、突出民族文化。

（二）其他教材文化对幼儿母语学习的影响

幼儿园除了语言教育活动外，还有许多其他领域的教育活动，如数学、科学、音乐、美术、社会、健康等。这些教育活动虽然不是以语言为主要内容，但其中部分活动包含着大量的语言教育因素，因此这些课程的教材也影响着幼儿语言学习。阅览呼和浩特地区蒙古族幼儿园蒙语班教材并进行内容分析，可以得知教材内容较丰富，符合幼儿年龄特征，也较贴近幼儿生活，但多数详述主流文化的内容，体现蒙古文化的内容较少，如科学、美术、数学课程教材中几乎没有民族特色内容，而社会课程教材中每个年级、每一册都会有几篇关于民族文化内容的课程，（如图 3—5，图 3—6）

图 3—5　家里来客人了

图 3—6　尊重老人

以上是蒙语中班社会课程教材部分内容，图题目为“家里来客人”，课程目标：让幼儿了解蒙古族礼节文化，培养幼儿好客、懂礼貌的品德；图题目为“尊重老人”，课程目标：让幼儿培养尊重老人的品德，传承蒙古族优秀传统文化。两篇课程内容都体现着蒙古族传统美德文化，在习得文化的同时可以进行很好的语言练习，如家里来客人我们幼儿是怎么做的？你们做好了吗？应该怎么做？等等话题让幼儿进行语言练习，这样既可以学习本民族优秀文化又可以促进幼儿语言发展。

地方教材，作为民族传统文化传承的主要渠道，要尽可能地体现民族特色是不能动摇的，作为蒙语班教材更应该体现蒙古族文化，这样才利于少数民族幼儿了解本民族的优秀传统文化，热爱本民族、建设本民族。

五、小　结

幼儿园中存在多种文化，它们在幼儿语言发展起着重要作用。汉语为主要交流语言的城市中，蒙古族幼儿园是城市蒙古族幼儿学习母语、使用母语的重要的场地，蒙古族幼儿园的各种亚文化的好坏直接影响着蒙古族幼儿的母语学习。

环境文化是幼儿学好母语的前提及物质基础。民族式建筑及环境创设是民族幼儿园建设的第一步，这样现代化方式给孩子带来草原游牧文化的气息会直接刺激着他们的母语学习。好的民族心理氛围更是学好母语的关键，民族氛围浓的民族幼儿园才能培养民族幼儿的民族心理特征，它是该民族成员共同具有的那部分心理特征，是不易随外界的变化而变化的，相对独立而稳定的特征，是学好民族语言的关键因素。因此民族幼儿园创设好物质环境的同时更注意创设有利民族语言发展的民族心理环境。

教师文化在幼儿母语学习中起着主导作用。教师是传递和传播人类文明的专职人员，是学校教育职能的主要实施者。[①] 教师的这番界定简要的论述了教师及其神圣职责。在多元文化时代，教师的文化使命是任重而道远的，民族学校的教师更有着传授和发扬传统文化的神圣使命。通过分析，可以看出，教师基本素质、教师语言观及语言对幼儿母语学习的影响很大，因此做好民族母语教育，每个民族幼儿园必须选好民族幼儿教师，她们不仅有标准的民族语言发音，还要对传统文化有相当程度的认识和了解才可以。

幼儿文化是幼儿母语学习不可缺少的影响因素。不管是物质器物层面的幼儿文化，还是精神观念层面的文化，都对幼儿母语学习有着重要影响，建议民族幼儿园尽量给民族幼儿创设有利民族语言发展的班集体，让他们在自然的、耳濡目染的环境中学习母语。但是蒙语班生源时幼儿母语水平的不齐及不同阶段插入新生，破坏班集体纯蒙语语言环境等成为亟待解决的问题。

课程文化是幼儿母语教育的主要内容。教材是教学活动的施工蓝图，一切教学活动几乎围绕着它展开，它是激发兴趣、传授知识、培养能力的基础。一套好的教材，它会使学生充满无穷的乐趣，在潜移默化、循序渐进的过程中形成既定的能力。作为少数民族的幼儿园教材，更肩负这民族优秀传统文化教育的使命，民族文化内容的丰富与贫乏直接影响幼儿母语学习。因此，少数民族地区在地方教材的编写上一定要考虑关于文化的诸多因素。

第四节　家庭文化与幼儿母语学习

家庭是孩子的第一驿站，是生活与经验的起点，也是语言发生与发展

---

① 王道俊、王汉澜．教育学［M］．北京：人民教育出版社，1999：550.

的基地。幼儿所接触到的语言最多来自他们的家庭，家庭语言教育是幼儿语言教育的基础，是重要的影响因素。从空间看，家庭是生活的主要场所，父母是孩子的第一任老师，孩子入园前所受到的教育影响大都来自于父母。从时间上看，入园前孩子的时间都在家度过，入园后，也有三分之二的时间在家度过。家长对幼儿各方面的成长都起到了示范和引导的作用，语言又是幼儿发展过程中的一个重要环节，家庭对幼儿语言发展有着直接影响，鉴定了母语的基础，影响幼儿语言的水平和发展的可能性。

《幼儿园教育指导纲要（试行）》提出："语言能力是在运用的过程中发展起来的，发展幼儿语言能力的关键是创设一个能让他们想说、敢说、喜欢说、有机会说并能得到积极应答的环境。"[①] 家庭环境作为幼儿生活的第一环境，对幼儿接受语言教育，尤其对自然习得的母语存在潜移默化的影响。

本研究的内容包括家庭结构、父母受教育水平、家庭使用语言、家长母语水平等客观因素以及家长对母语教育的投资、家长语言态度、家庭关系等主观因素对幼儿母语学习的影响，这些影响不仅可能来自父辈，也可能来自祖父辈。

一、被调查对象基本情况

研究选取的样本是从三所幼儿园的小、中、大蒙语班中随机抽样。其中赛罕区蒙古族幼儿园蒙班是小中大班组成的混龄班，调查的家长总人数为120人，发放调查问卷120份，回收有效问卷102份，问卷有效率85%，其中市蒙古族幼儿园家长67人，占65.7%，新城蒙古族家长20人，19.6%占，赛罕蒙古族家长15人，占14.7%。

表3—6 样本选取情况表

	选样基本情况	
市蒙幼	67人	65.7%
新城蒙幼	20人	19.6%
赛罕蒙幼	15人	14.7%
合计	102人	10%

① 教育部：《幼儿园教育指导纲要（试行）》，2001.

幼儿园家长来自城市经济领域的各行各业，职业呈现出多样性和多元化，文化程度从小学到博士均占一定比例，学历具有层次性，样本的各项指标基本符合研究的需要，所选的幼儿园又是蒙语教育发展较好的 A 所幼儿园，母语教育中等发展的 B 所幼儿园以及只有一个混龄班的 C 所幼儿园，总体样本具有代表性。这些家庭父母起码一方是蒙族，双方蒙族的比例达到 72%，这样，比起那些蒙汉结合的家庭更能提供关于影响孩子学习母语因素的研究素材。

二、家庭客观文化影响因素

本研究主要从家庭结构、父母受教育水平、家庭使用语言、家长母语水平来分析描述城市蒙古族幼儿家庭环境的基本状况。

（一）家庭结构

家庭是社会的组成部分，家庭结构是指家庭的年龄结构和人员构成。家庭构成与家庭的语言环境、子女的教育密切相关。一个国家或地区的人口年龄结构通常用“年轻型”、“中间型”和“老年型”来表示。同样，家庭结构以年龄结构划分，可以用“年轻型”、“中间型”和“老年型”来表示。以人员构成划分，可分为“单一型”和“复合型”。

从社会的角度来讲，“人口的年龄结构直接影响教育生态系统的结构变化，尤其是学制结构的变化，影响到各级各类学校在教育生态系统中的比例结构。”①

从家庭的角度讲，“年轻型”的家长受教育的比例高于“中间型”和“老年型”。就少数民族而言，一般来说，“在年龄上，50 岁以上的，懂汉语的少，而在 50 岁以下的，懂汉语的较多。少数民族中，年龄小的双语层次比年龄大的多。”②

表 3—7　家庭结构　（%）

家长年龄	25—30	31—39	40 岁以上	合计
占比	28. 4	68. 6	2. 9	100（102）
人员构成	核心家庭	复合型家庭	单亲家庭	合计
占比	76. 5	19. 6	4. 0	100（102）

① 范国睿. 教育生态学［M］. 北京：人民教育出版社，2001：99.

② 董艳. 文化环境与双语教育——景颇族个案研究［M］. 北京：民族出版社，2002：142.

从数据分析，一是家长年龄中“中间型”、“年轻型”占的比例较多，说明他们用双语受教育的多，双语水平较高。家庭中使用汉语和母语的机会较大，给孩子的是双语的语言环境，其中有些家庭是以汉语为主，母语为辅，孩子说母语的机会较少，得到的强化也就少；而另一些家庭正好相反，是以母语为主，汉语为辅，孩子使用母语的机会多，自然得到的强化也就多。二是人员结构，核心家庭占76.5%，也就是父母独立抚养的占多数，这种家庭使用民、汉两种语言的可能性较大，他们进城多年，又受城市语言大环境影响，使用双语是必然的结果。其次是复合型家庭占19.6%，跟祖父母同住的家庭，这种家庭使用母语的情况比较多见，双方父母都来自农牧区，从小受母语教育，懂汉语的较少，因此，不管同孩子交流还是跟家庭其他成员交流都用母语，自然家庭中使用母语的机会较多，并且老人能给孩子教一些蒙古族传统礼节和谚语，给孩子的是母语的语言环境。除上之外，还有4个单亲家庭，单亲妈妈都是蒙古族，给孩子的是母语的语言环境。（表3—7）

（二）父母受教育水平

国外学者贝莱的研究表明，孩子的智能与父母的学历有着一定的关系，随着孩子年龄的增长，这种关系越来越密切。① 家庭的文化氛围和家长的文化素养影响着家庭对幼儿母语教育地位和作用的认识，同时积极的家庭文化氛围、家长较高的文化素质能够促使家庭形成开放式的语言环境。一般来说，文化程度是一个人文化修养最基本的参考要素。家长的学历结构可反映出家长的文化素养，即学历越高，文化素养也越高。

表3—8 父母受教育水平 （%）

学历	父亲受教育水平	母亲受教育水平
初中及以下	4.9	6.9
高中或中专	20.9	17.6
大专	13.7	13.7
本科	40.2	39.2
硕士研究生	12.7	19.6
博士研究生	7.8	2.9
合计	100（102）	100（102）

① 李生兰．学前儿童家庭教育［M］．上海：华东师范大学出版社，2006：84.

从表3—8中可以看出，在所有被调查者中，其父亲的受教育水平在大专程度以上的为69.6%，母亲受教育水平在大专程度以上的为68.6%。整体上，父亲、母亲受教育水平略相同并学历水准较高，这样对孩子智力发展应该能起到积极的作用，家长能积极地、科学地教育孩子。在调查中我们还发现，父母双方的受教育水平存在着极大的趋同性，父母双方受教育水平同为硕士、博士研究生及以上的有12个家庭，同为本科及以上受教育水平的有个46家庭，占调查家庭数的45%，父母受教育水平在初中及以下的家庭有7人，占调查家庭数的6.8%。

由此可见，随着我国高等教育和研究生教育的发展与普及，越来越多的人走入知识分子的行列，城市蒙古族也不例外。这些家庭也有着自己的亚文化，比如他们形成了自己的教育观念和教养态度，也有各自的教育方法。如在教育责任方面，高学历家长的责任感很强。在家园关系方面，家长都要求"家园合作，共同教育"。从资料中得知，28.4%的家长不仅平日里跟老师联系以外，还主动找老师了解孩子情况，回到家辅导孩子。还有好的资源带给老师，共同分享。（表3—9）访谈娜老师时讲道：

> "家长经常给我们提供资源，好多有条件的家长，比如在报社、大学工作的家长碰见好的蒙语儿歌、谚语都会给我们带来，拿来跟其他孩子共享，共同学习，因为我们蒙语的教材、参考的书目太少，还有家长经常给我们提供原材料比如嘎拉海、羊毛等在城市很难找到，都是家长回老家给带或专门从牧区捎过来，这样得到家长的支持我们觉得特别欣慰。"

他们认为，进入幼儿园是孩子踏入社会的第一步，家长的责任不仅不能转移给教师，相反，家长应该积极配合教师，共同帮助孩子成长。在教育观念方面，他们关注孩子的成长和发展，主动积极地吸收科学的教育理念。一位家长在调查中写道："在当今的社会中，作为现代的家长们，大多把对孩子的教育放在第一位，即使在繁忙的工作之余，也会抽空读一些关于如何教育孩子的书，为了让孩子学好母语，我们重新捡起多年扔下的母语，读蒙语书看蒙语节目。"这也反映了高学历家长的普遍心态。在教育方式方面，高学历家长大多采取比较适宜的教育方式。1995年北京师大的林磊研究了"幼儿家长教育方式的类型及其行为特点"。他从中国社会和家庭的实际情况出发归纳出五种教育方式：极端型、严厉型、溺爱型、成就压力型、积极型。其中，积极型的父母具有较高的民主意识，他们尊重孩子的个性和独立性，经常采用说理的方法来教育孩子。依据林磊的分类，高学历家长大部分都属于积极型的教养方式。他们具有较高的民主意识，能注意到孩子的个性和发展需要。这一研究结果与本书的调研结论是一致的。在家庭教育环境方面，高学历家庭的物质环境和精神环境相对都比较好。家庭生活环境对孩子的生活习惯、思想品德、道德情操、行为规范等方面的影响都极为深刻。不同的家庭生活环境会对孩子产生不同的影响，有的是积极的影响，有的是消极的影响。知识分子家庭由于父母文化素养比较高，能够创造良好的精神生活环境，追求和谐的家庭氛围和高尚的精神情趣。这些家庭更多的时间用于读书、学习、充实自己，这也使得大部分家庭的气氛是积极、探索、向上的，对孩子会有潜移默化的积极作用。父母是儿童的第一任老师，家庭则是儿童的第一个学校，家庭环境、父母的言行举止和性格，以及实施的教养方式潜移默化地影响着儿童的心理、行为、人生观、价值观的形成，而父母的文化修养和素质直接影响到家庭教子观念和行为。

表 3—9　关于母语与老师交流情况

	从来不交流	家长会	开放日	平日里接送孩子的时候	家园联系册或联系卡	其他时间主动找老师交流
选	0	30. 4	31. 4	88. 2	4. 9	28. 4
未选	100	69. 6	68. 6	11. 8	95. 1	71. 6

（三）家庭使用语言

关于被调查对象的家庭语言使用情况，笔者在问卷中设计了如下四道题：1. 在家里，您跟妻子（丈夫）交谈时最常说哪种语言？2. 您在家里和长辈（父亲、母亲、爷爷、奶奶）最常说哪几种语言？3. 在家里，您及家人和孩子交谈时常说什么语言？4. 您经常看什么语言的电视台？所有选择的结果显示了家庭语言使用的特点主要以母汉语兼用为主，母语为辅，汉语甚少。在访谈中了解核心家庭中蒙汉语兼用的比例较高，都是些“年轻型”家庭，从上学到工作，进城的时间较长，母语使用的机会较少，他们说：“习惯了双语兼用。”相反复合型家庭中母语使用的比例较高，几位带班老师都反映班里蒙语好的孩子家里都有老人，访谈哈布日妈妈时也讲：

“两口子都在企业上班，母语使用的机会较少，为了提高自己汉语水平两人在家里就说汉语，加上居住的小区蒙人较少、同事都是汉族，小哈布日从小浸泡在汉语环境中，汉语水平很好，几乎不会说蒙语，能听懂简单的几句。刚上蒙幼时。哈布日很痛苦，每天回来闹心，说听不懂老师的话，听不懂小朋友的话，为了小哈布日，妈妈把姥姥从牧区接来跟他同住，小哈布日蒙语提高特别快，说现在比他俩说得都好，家里也说母语的频率越来越高了，因为跟老人不能说汉语。”

其次，调查中还有四个家庭选择用其他语言交流，其中三个家庭妈妈是汉族，爸爸是蒙族，他们不管是跟孩子交流还是夫妻交流都用汉语。还有一个家庭是母亲是蒙族，父亲是日本人，常年居住在日本，家里交流的语言是日语。

问到与子女交流时主要使用何种语言时，呈现以下不同的情形：大多数蒙古族在家里与孩子进行交流时特意地用蒙古语交流，目的是想保护本民族语的发展，努力帮助孩子学习母语。因为城市蒙古族孩子学习的环境都是汉语环境，孩子们成天浸泡在汉语环境中，在外面习惯了说汉语，回到家里就不愿说蒙古语，有的甚至不会说，为此他们在家里尽量地对孩子使用蒙古语。有一些家长说自己是东北蒙古族，蒙语不好，孩子在幼儿园学到的蒙语诗歌和谚语，回家后以老师的身份再交给父母。他们说以这种方式鼓励孩子学习蒙语，也借此机会提高自己的蒙语水平。还有一些家长规定时间段来说纯蒙语，规定的时间里全家人必须说纯蒙语，要是违反规则，进行罚款，以这种方式给孩子创造蒙语语言环境，支持孩子说母语。

问到经常看什么语言的电视台时，很多家长赞同并看蒙语电视节目，但又觉得适合孩子的节目太少，艾敏的家长认为：

“我们蒙语台的电视节目最近几年越办越好了，尤其歌舞文艺节目，花样多质量又高，介绍民族习俗、文化方面的栏目也可以，我经常跟孩子看，但专门针对孩子的节目少之甚少，动画片都是孩子在汉语台看过的，所以孩子还是看汉语台的多，以后希望孩子的节目多一些。”

表 3—10 被调查家庭使用语言情况 （%）

语言	家庭使用语言情况			
	与孩子交流语言	与妻子（丈夫）交流语言	与长辈交流语言（双方父母）	观看何种语言电视节目
蒙语	38.2	42.2	76.8	28.6
汉语	2.0	6.0	1.2	42.2
蒙汉兼用	57.8	49.8	8	27.2
其他	2.0	2.0	0	2.0
合计	100（102）	100（102）	84（86）	100（102）

（四）家长母语水平

家长母语水平的高低，直接影响家庭母语环境创设。对家长母语水平的调查表明，“能熟练地听、说、读、写”的有 67 人，占总调查人数 65.7%；“能熟练地说，但不会写”的家长有 25 人，占 24.5%；“能熟练地读说，但不会写”的有 4 人，占 3.9%；“都能听懂，说起来较困难”的有 2 人，占 2.0%；完全不掌握的有 4 人，占 3.9%。说明城市蒙古族家长母语水平普遍较高，能够在家庭中创设语言环境，并能为孩子提供辅导。（表 1—4）发音对母语来说，都有举足轻重的作用，是幼儿母语教育的重中之重。随堂观察发现各班都有个别幼儿发音纯正的现象，主要是家庭中具备了良好的母语环境，长期对他们进行潜移默化的影响，加之班里与蒙古族幼儿一起生活，可以使用母语。

案例一：布日古德（大班）1 班幼儿布琦，已经习得纯正的母语发音和声调，究其原因是因为父母亲均在内蒙古蒙古电视台上班，担任编辑及记者工作，她常与母亲的同事聊天，在家父母都用蒙古交流，晚上回家和奶奶住，奶奶仅说蒙语。她在蒙语环境中自然习得标准蒙语。

这一例子说明，家庭成员的母语水平，家庭语言环境的建立对幼儿母语习得具有举足轻重的影响。这一环境也是推行浸入式语言教育的理想家庭语言环境。

案例二：吉达小朋友就有着不同的家庭背景，他妈妈是汉族，爸爸是蒙族，跟他妈妈聊天时她讲到，他们只想让孩子学会母语，而且打算一直用母语受教育，但爸爸工作忙，平常孩子只跟妈妈在一起，“我又一句蒙语都不会，跟孩子只能用汉语交流，孩子学蒙语特别费劲，他只能去幼儿园才能讲到蒙语，一出幼儿园门就说汉语，没有强化，进步很慢，”说最近打算请蒙语家教。

以上案例再一次说明家长母语水平对孩子习得母语有重要影响，但这位妈妈的语言态度很坚定，相信孩子能学好蒙语。

表 3—11 孩子教育影响居第一位人掌握母语情况

	掌握母语情况	
能熟练地听、说、读、写	67 人	65.7%
能熟练地说，但不会写	25 人	24.5%
能熟练地读说，但不会写	4 人	3.9%
都能听懂，说起来较困难	2 人	2.0%
完全不掌握	4 人	3.9%
合计	102 人	100%

三、家庭主观文化影响因素

城市蒙古族幼儿母语学习的主观文化影响因素主要家长对母语教育的投资、家长语言态度、家庭关系等方面来分析及描述。

（一）家长母语教育投资对幼儿母语学习的影响

家长通过家庭教育投资加强对幼儿母语教学的支持力度，家庭教育投资是指家长（父母或年长者）为其子女及其他年幼者各方面发展的目的，而投入的一定的物力。根据皮亚杰和维果茨基的理论，家庭的物质条件和物理环境对儿童的发展具有重要影响。在国外流行的“家庭环境观测量表”中，家长通过书籍、游戏、智力玩具等教幼儿认识各种动物实施语言刺激。加大教育投资力度，努力改善家庭的环境条件，可以提高幼儿的语言能力。这表明家庭环境的质量对幼儿的语言发展有重要作用。①

① 方富熹、方格．儿童发展心理学［M］．北京：人民教育出版社，2004：350.

在访谈中，家长赞成孩子接受母语教育，并愿意在精力、物质方面为孩子创造优越的条件。据了解，多数的家长都会给孩子买一些幼儿蒙语图书、磁带、光盘；有的家庭把家里装修成蒙古特色，给孩子创造民族环境。统计家庭幼儿图书时发现：

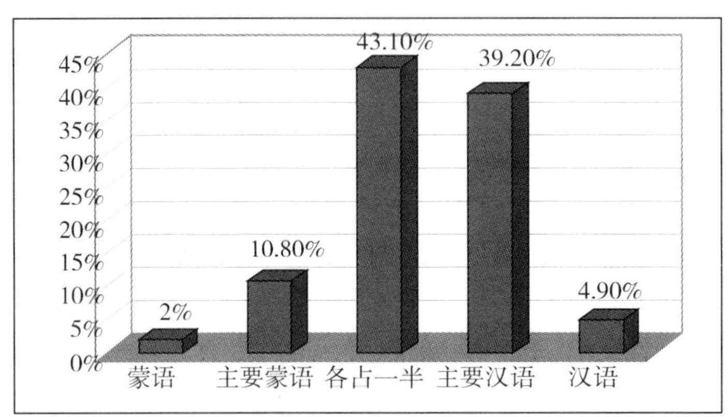

图 3—7　幼儿课外读物

如图显示，多数家庭幼儿图书的蒙汉比例近相同，也有些家庭主要是汉语幼儿图书，甚至有的家庭根本没有蒙语图书，这是由于蒙语儿童读物非常有限，针对这种情况家长有不同回答，

> 家长 A　“蒙语的儿童读物非常少，少有的读物又是内容贫乏，我拿来只是练习孩子发音，多数时候是我们把汉语好的读物译成蒙语再教给孩子，希望幼教界的专家们以后多出版一些适合蒙古族孩子的含有蒙古文化内容的幼儿图书。”
>
> 家长 B　“我们孩子的蒙语图书几乎都是从外蒙买过来的（因为孩子妈妈常年在蒙古国工作），那些书不仅语言词汇丰富，内容方面也多以讲解蒙古文化、蒙古英雄人物为主，而且是真正用儿童语言写的书。但毕竟这种条件的少啊，还是希望我们自己出版一些这样的书。”

种种声音说明家长以自己的条件、方式来给孩子创造了解母语、使用母语的机会。但有些家庭没有蒙语书籍、读物，这对孩子学习母语是不利的，缺少必要的刺激，很多时候，幼儿是通过图书来丰富自己的语言经验，看图书又是早期阅读的开始，孩子可以通过看看、讲讲来提高其语言能力。

（二）家长语言观念儿母语学习的影响

语言观念又称语言态度，是指个人或集团（包括方言区、民族）等对某种语言的价值如何评价及其行为倾向，它包括人们如何认识和理解某种语言的地位，对某种语言采取什么样的情感，是喜欢还是厌恶，是赞成还是反对，是尊重还是轻视等。① 语言观念是人们对待语言的一种心理因素。选择哪种语言、使用哪种语言无不受到语言态度的左右。对于幼儿期的孩子来说没有显著的语言倾向，家长语言态度对孩子哪种语言发展尤为重要。

语言态度是影响母语学习的重要情感因素之一，家长的语言态度主要体现在对待母语和第二、第三语言的态度上。蒙古族家长语言态度是指他们对待母语——蒙古语、对待族际语——汉语和对待外语（英语、日语、俄语等）的态度。

图 3—8　蒙古族家长语言态度

如图 3—8 显示 96. 8% 的家长都认为对孩子来说蒙语比其他语言重要，仅有近 4% 的家长认为其他语言比蒙语重要，说明家长对母语的感情是很深厚的。也说明家长的语言态度影响孩子语言选择，其中有 71. 6% 的家长认为蒙语对继承民族传统文化具有重要的作用，55. 9% 的家长认为蒙语是我们母语，是最主要的语言，以上事实均表明，蒙古族家长对自己的母语均抱有肯定的态度，他们认为，蒙语是蒙古民族维系民族团结的纽带，关系到民族的前途和命运，只有很好的保留和发展民族语言，才能使民族文化得以保存并发扬光大。这里面情感的成分起主要作用，它表现为对母语的感情。这是因为“每种民族语言都是该民族最重要的交际工具。每个民族都靠自己的语言交流思想、组织社会生活、维持社会组织。同时每种民族语言都是民族文化的重要组成部分，语言不仅仅是一套符号，它负载着

① 戴庆厦、赵益真．我国双语研究的现状及展望［J］．民族教育，1989（3）．

该民族的历史、传统、生活经验和行为方式”①。不仅如此，民族语言与民族自尊心密不可分。因而，少数民族为了保持本民族的文化特征，维护民族尊严，都十分重视自己的民族语言，对自己的语言怀有非常深厚的感情。语言感情不单单是一种态度，而且在许多民族群体中，也是整个民族群体价值观的一个重要成分。但也有一部分家长，让孩子选择母语学习是出自于多一门语言多一个出路或照顾政策多等心理。其次，家长都认为对孩子的发展来说汉语和英语同样重要，汉语作为通用语的今天，其重要性毋庸置疑，他们认为生活在中国这样汉语信息和文化占优势的环境之中，蒙古族学生要想发展，首先必须解决掌握汉语问题。多数的蒙古族家长对外语的学习都持积极肯定的态度。他们认为现在的孩子应该重视和需要三种或多种语言，英语是世界上最强势的语言，它在全球的支配地位及其在社会上广泛应用的价值，致使少数民族学生感到除了学习汉语，还需要学习英语及其他外语。

（三）亲子关系对幼儿母语学习的影响

亲子关系是儿童与父母之间建立的一种人际交往关系，也是家庭中居于核心地位的一种主要的家庭关系，家庭教育主要通过亲子关系来进行，在家中的语言教育自然也就受亲子关系的影响，本研究主要从亲子交往时间、与孩子交流、带孩子玩来进行考察亲子关系对幼儿母语学习的影响。

表 3—12　被调查家庭亲子交往行为表

亲子交往时间			与孩子交流			带孩子玩		
	次数	百分比（%）		次数	百分比（%）		次数	百分比（%）
2 小时以上	84	82.3	经常	39	38.2	经常	28	27.4
0.5—2 小时	13	12.7	有时有	52	50.9	有时有	59	57.8
0.5 小时以上	2	1.9	很少	8	7.8	很少	12	11.7
几乎没有	3	2.9	几乎没有	3	2.9	几乎没有	3	2.9
合计	102	100	合计	102	100	合计	102	100

本研究主要从家长抽时间和孩子进行母语交流，家长主动对幼儿当天所学的知识进行母语辅导，带孩子参观民族博物馆，了解民族风情，去蒙

① 万明钢. 文化视野中的人类行为——跨文化心理学导论［M］. 兰州：甘肃文化出版，1996：32.

古族家庭，给孩子创造交流机会，经常给孩子讲述蒙古族英雄人物事件，重大民族节日，带孩子参加，假期，带孩子去牧区，体验蒙古族生活，跟孩子一起观看民族节目，在家庭生活中，保留民族文化等来了解家长所做的努力，对于以上情况调查如下。

表3—13　家长发展幼儿母语教育行为表

	选择次数	选择人数占总人数的比例（%）
家长抽时间和孩子进行母语交流	39	38.2
家长主动对幼儿当天所学的知识进行母语辅导	25	24.5
带孩子参观民族博物馆，了解民族风情	55	53.9
去蒙古族家庭，给孩子创造交流机会	51	50
经常给孩子讲述蒙古族英雄人物事件	36	35.3
重大民族节日，带孩子参加	28	27.5
假期，带孩子去牧区，体验蒙古族生活	50	49
跟孩子一起观看民族节目	45	44.1
在家庭生活中，保留民族文化	56	54.9

表3—13的调查说明多数家长认为给孩子了解民族文化是学好母语的基础。分别有53.9%的家长和54.9%的家长以带孩子参观民族博物馆，了解民族风情或在家庭生活中，保留民族文化来给孩子熏陶民族文化，为学好母语打基础。其次50%的家长经常与蒙古族家庭来往，给孩子创造交流的机会来支持幼儿学习母语，还有45%的家长选择和孩子一起观看民族节目，因为绝大部分孩子每天都有一定时间看电视节目，是孩子们最喜欢的活动之一，幼儿可以通过学说节目中对话来口语能力，也是幼儿语言学习的途径之一，家长利用孩子这一特点来学习蒙语也是一种学习母语，提高母语会话能力的途径。

四、小　结

家庭环境中的客观因素父母的年龄、学历、职业、收入及母语水平对幼儿接受母语教育的过程中有深刻的影响，由于幼儿处于语言习得的初级阶段，受到其身心与思维发展不健全的制约，只能被动接受家庭提供的语言环境。良好的客观环境带来的好处势必为幼儿接受母语教育提供保障；

反之，家庭无法为孩子提供语言习得环境，母语教育就只能局限于幼儿园活动中，特别在寒暑假期间，这种家庭环境中的孩子语言倒退现象严重。

家庭环境中的主观因素父母的支持力度、语言态度以及家长的主要教育行为为幼儿习得母语提供了精神动力。蒙古族幼儿家庭的母语环境是社会、学校母语环境的延伸，对于学前子女而言，这些因素会进一步强化幼儿语言习得的效果，有利于语言兴趣的培养与延续，也有利于子女母语观的形成。由此可见，蒙古族幼儿家庭的家庭语言环境作为子女形成自然母语个体的第一环境，直接影响子女的母语习得。要想缩小孩子在母语习得起跑线上的差距，幼儿家长应在家长会或家园合作活动中与老师多交流、沟通，提高对母语教育的认识，转变学好外语走天下的语言的观念，从思想上、行动上积极配合幼儿园实施母语教育。另一方面，蒙语教师应多给家长示范或讲解配合的具体措施和做法，优化家庭语言环境，从而改变目前部分家庭不主动、不积极配合教学的状况，使家庭的母语环境有利于进一步巩固在园母语教学的效果。

第五节　社区文化与幼儿母语学习

社区文化是指在地区为基础的社会性群体中形成的特定文化现象。社区文化包括社区内的人们的信仰、行为规范、历史传统、生活方式、地方语言等组成的社区精神文化层面的社区民俗和社区内的房屋设备，小区建设、人口成员、小区经济等构成的物质文化层面的社区环境和社区各教育机构和各成分组织进行的社区教育三大内容。社区文化是所在社区居民长期共同社会生活反映出来的地区文化的具体表现。不同社区的人们具有生活方式、饮食习惯等的差异，比如城乡社区文化的差异。一般说来传统的乡村社区居民和大中城市社区居民之间的信仰、价值观、教育方式、生活条件等往往呈现多种的差异。而且在同一个城市当中不同的社区之间也有很多不同的文化差异，比如回族社区、蒙古族社区等有民族特色的社区，或是某单位员工为主体的有职业特点社区都有各自相互不同的信仰、行为规范、生活方式等文化氛围。

在社区这一定的空间范围里通过社区人们的社会活动和生活工作产生的社区文化对于居民自身影响是越来越明显了。对于人们正确世界观、人生观、价值观的形成有着极为重要的作用。因此在儿童教育中社区文化是必不可少的，更是一个儿童的母语形成过程中扮演者不可替代的角色。如果幼儿在家庭、学校接受的母语教育类似的情况下，所在的社区的不同会直接影响幼儿的母语水平，尤其对少数民族来说，幼儿所在的社区不具备该民族文化特征时单靠家庭、学校的教育让幼儿掌握母语会很困难的。因此社区文化与学校、家庭文化一样作用于儿童的母语教育。在社区文化中我们可以在社区教育、社区民俗、社区环境等方面讨论，社区文化对幼儿母语的形成、掌握与发展的影响。

一、社区环境对幼儿母语学习

社区环境是指社区居民赖以生存及社区活动得以产生的自然条件、社会条件、人文条件和经济条件等的总和。它可理解为承载社区居民得以生存及社会活动各种空间场所的总和，也就是对应于社区民俗、属于物质空间的范畴。社区环境是幼儿母语学习的外在社会物质条件，属于物质文化范畴。

环境在儿童的身心发展中起着重要的作用，尤其是在学前幼儿阶段更具有特殊意义。研究表明：社区环境对不同年龄阶段的儿童影响的程度不同，环境功能的大小与幼儿年龄成反比，儿童年龄越小，其神经系统的可塑性越强，环境对它的影响也就越大。尤其是婴幼儿期，他们正处于身体、心理迅速发展的关键时期，他们的动作、语言、认知能力、情绪情感和个性都正在形成之中，他们既需要环境的刺激，又极易受到环境的影响。同时由于学前儿童思维具体形象、无意性强、善于模仿，但又缺乏知识经验，辨别是非的能力比较差，故在与环境的交互作用过程中，还不具备像成人那样对环境的辨别能力，来自环境中的积极的、消极的因素都可能潜移默化地影响孩子的成长与发展。因此在幼儿母语学习中其社区环境影响着幼儿母语学习的进程，这也正好与社区民俗相呼应。

社区环境是相对于整个社会为背景的社会宏观环境和幼儿园、家庭为背景微观环境来说是个中观环境。社区环境对儿童身心发展的影响虽然没有像家庭、幼儿园环境那么具体直接。社区的绿化美化、文化活动场所、大众传播媒介等都以直接或间接的方式潜移默化的影响着儿童母语学习。

社区环境由于它是幼儿所处的具体生活场所，社区环境对学前儿童的母语学习具有特殊影响。因为学前儿童基本在家庭中生活，特别是 3 周岁以前的婴幼儿中绝大部分未进入幼儿园，而主要在家庭中度过。即使在园的幼儿，他大部分时间也是在家庭中度过。有关数据表明：全国 4 岁儿童中的 59%、6 岁儿童的 34% 是在家庭中成长的。因此家庭环境非常重要，家庭所在的社区环境同样很重要。家庭处于社区中受社区环境影响，家人和孩子的很多活动都在社区中进行，更是一些孩子的家庭和幼儿园处在同一个小区、同一个社区环境中。因此可以看出社区环境对幼儿母语教育的重要性。

我们把家喻户晓“孟母三迁居”的故事放在现代，它就是社区环境影响儿童教育的典型例子。我们问卷中也有家长说他们社区环境差，对孩子的学习不利，掌握不好母语等例子。因此社区内应充分利用现有资源，改善社区的物质教育环境，或创造条件为儿童兴建游乐场所、玩具图书馆和与儿童生活有关的服务设施如食品、用品、玩具等。在少数居住的社区为了文化的多样性和少数民族文化的传承，把社区内环境设计得富有民族特色、鲜明的民族风味，对其民族特有的生活娱乐建造条件，对幼儿母语的学习提供外在物质文明的影响。2006 年呼和浩特市为迎接内蒙古自治区成立六十周年给市区进行大量的建设，从外景到内涵都有鲜明的蒙古族特色，这些对呼和浩特市儿童对民族文化的认识有促进作用，加强了幼儿对母语学习的爱好与热情。

二、社区教育对幼儿母语学习

社区教育是在地区为基础的社会性群体中向全体成员包括儿童进行广泛的文化知识、科学技术和道德修养的教育活动。由于社区教育的广泛性、普及性及地域性的特征，对儿童来说正是与学校教育相互补充。随着工业化和城市化的进程，当前的社区教育主要以街、镇、家庭组织为主体的，协调各种教育因素集合发挥其整体作用的社区工作的新模式。社区教育与学校、家庭的教育连接与沟通是发挥学前教育的整体教育功能、促进儿童全面发展的需要。

教育不能局限在学校，它必须要与社会互动。学校的教育需要社会支持，需要校园以外的社会的力量来影响学生的健康成长，创造良好的学习环境，加强对学生的教育，因此社区教育是教育社会化的重点。于此相同幼儿的母语教育不能局限于幼儿园和家庭里，应该同样关注社会教育对幼儿母语学习的影响。幼儿对母语的掌握、学习以及对母语的感情是他所在的社会环境、接触的人群、周围的各种意识形态等多种因素所造成的。然而社区社会环境、社区人们的意识形态等恰恰是社区教育所影响的对象。社区教育中的概念是大教育的概念。社区教育不仅是成人教育、社会教育、幼儿教育等各种校外教育，而是包括社区所进行的各种教育，其实是教育社会化与社会教育化的统一的具体体现。社区教育就是把社区中各种机构联系在一起发挥整体作用，让教育融入社会。

社区教育所教育的对象是社区内的所有人员，不仅包括幼儿、学生还包括家长、别的社区人员等成年人。社区内的成员作为社区教育的主体，他们承载着社区文化，影响着社区教育，同时也影响着社区幼儿的母语教育。并且社区教育是与社区发展相互结合、相互促进的教育，也就是说社区教育是社区发展的基础，反之，良好的社区发展带动社区教育。因此社区教育对幼儿的母语学习有以下几点影响，首先，社区教育对社区居民形成积极的社会主义价值观、人生态度及崇高道德有促进作用。增强幼儿、家长及其他居民的母语意识和孩子学习的态度，在幼儿母语学习过程中发挥社区教育应有的角色。其次是社区教育可以提高全社区居民的素质和文化水平，这不仅影响着社区文化氛围尤其影响幼儿的家庭教育。幼儿母语教育是家庭、学校和社区三者相互协作、相互沟通、相互影响的结果，用社区教育来提高家长的文化意识是社区幼儿学前教育所必不可少的。而且社区教育可以培养社区归属感、社区集体荣誉感，这些对幼儿母语教育中可以带动幼儿的民族自豪感、荣誉感及责任感使之成为幼儿学习母语的兴趣爱好、原动力，更是在大城市中的少数民族社区母语教育中社区教育的这一机能尤其发挥作用。

由上可见社区教育是把社区内的每一个社会成员都看成教育的对象的，贯穿社区成员不同年龄段的，把学校教育、家庭教育、社会教育构成一体综合教育。社区内各组织机构配合参与的普遍性、社会性的教育在其教育过程中有明显的区域特征。因此社区教育对幼儿母语学习的影响广泛而有其区域性的，社区教育影响着整个社区、家庭、托幼机构对全体儿童、学前儿童家长及社区全体居民的幼儿母语教育工作。

三、社区民俗对幼儿母语学习

社区民俗是指在特定的区域和一定的历史时间段内社区居民所创造、享用和传承的生活文化方式，它属于社区居民精神文化范畴。社区民俗是一个社区所特有的文化现象，对社区全体居民具有丰富的教育内容。社区民俗有培养民族自豪感、提升知识素养及养成文明习惯等功能。对于幼儿母语教育形成其母语文化背景和母语环境，影响着幼儿民族精神的形成、文明习惯的培养、知识素质的提升及母语的掌握。

社区民俗现象有很多种，从社区中的居民日常活动到相应的社会关系。基本包括社区居民的生活形式、传统文化的传承，社区居民相互关系及生活方式，社区特有的言语表达方式和独特的人生礼仪等多种社区特有文化。社区民俗是社区民间文化中带有集体性、传承性的现象，它主要以社区居民口耳相传的方式扩布和传承。虽然社区民俗是一定区域、一定时间段内社区居民自然的创造但社区民俗一旦形成，反过来又会影响社区内居民生活方式。因此社区民俗是幼儿最早的自然之师，幼儿有限的社会活动中社区内的民俗烙印会深深地影响着他今后的学习生活。

社区民俗对幼儿母语的影响主要体现在以下几点：首先社区民俗有助于培养幼儿民族精神。由于呼和浩特市市区的各民族长期以来“大杂聚，小群居”的情况下，少数民族的风俗习惯有慢慢被遗忘的迹象。这有悖于我国多元文化发展的方向，影响我国的国际竞争力。民俗是民族特有的文化现象，孕育着民族精神。通过了解这些民俗文化，从小开始培养幼儿民族自豪感，深刻感受到自己民族文化的精彩伟大和自己先人的智慧，这对儿童树立爱国精神和民族精神有着难以替代的作用。正是这种民族精神给幼儿母语学习带来学习的动力和爱好。

其次，社区民俗影响着幼儿养成良好的文明习惯。社区民俗是社区特有积年累月产生的社会风范和道德思想，它积淀人们的思想、观念、道德、规范等文化因素，这些文化因素中当然也蕴涵着文明习惯的教育成分。让幼儿养成诸多如文明礼貌、团结互助、尊重父母、尊重老师等精神文明，这些在他们的学习过程中是不可缺的。任何教育都以道德教育为基础，母语教育也不例外。

还可以提升幼儿母语知识素养。社区民俗是社区生活的真实反映蕴涵着大量的母语知识学习。这些知识不仅可以扩大儿童的母语知识视野，而且还有助于将来对母语知识的深入研究，更有助于儿童走出单一的课本知识灌输的局限，回归到生活和社会中，去寻求知识的源头。

幼儿所在的社区民俗对幼儿母语教育有明显影响。以呼和浩特市为例，在呼和浩特市就对少儿母语影响来说，虽然多数社区为汉族集中的社区，但也有蒙古族集中的、回族集中的社区。这些是运用蒙古语的机关单位，比如蒙古族学校等的家属区或少数民族自然集聚的比如回民区等社区。在这些社区生活的人们对各自民族的习俗都保留的相当完整，对孩子的母语教育相当支持。因此，在学校中这些孩子母语掌握水平和母语学习欲望都高出同龄的别的社区的孩子。

我们可以通过问卷里的案例来分析社区民俗的影响力。先看的例子是幼儿园布琦小同学，她已经习得纯正的母语发音和声调。这是因为父母亲均在内蒙古电视台上班，家住在电视台家属院内，而且院内有很多跟他一样的蒙古族家庭。因此她在有蒙语环境社区中自然习得标准蒙语。再看吉达小朋友的例子就不一样了，他掌握蒙古语的速度很慢。因为家住在蒙古族家庭少有的社区，而且父母交际圈内的蒙古族也不多，因此他在这种社区民俗下只有幼儿园才能讲蒙古语，一但出了幼儿园就说汉语。通过上面的例子我们很清晰地感觉到社区民俗对幼儿母语教育的影响。

四、小　结

我们之所以把社区文化对幼儿母语的影响从社区民俗、社区环境和社区教育三个方面来分析，是因为社区环境、社区民俗是社区本身所拥有的社会条件而社区教育是外部教育力量。社区环境是社区所拥有的物质条件而社区民俗是社区所拥有的精神条件。社区文化对孩子母语学习的影响力是在社区自身的精神条件、物质条件等自身条件的基础上进行社区教育而形成的。社区民俗是在社区环境当中缓慢形成、然后再作用于社区环境，社区环境和社区民俗是社区教育的精神和物质的基础，然而社区教育能改善社区民俗，提高社区环境。三者的相互融合、相互影响形成社区文化。

由于社区文化对于儿童母语学习所起的作用是巨大的，幼儿从出生起就对社区文化的依赖。从现在的教育发展来看，总的趋势是教育的社会化和社会化的教育发展。教育已不仅仅局限于学校教育的范围，也不是家庭与学校两点之间的联系，已经发展成社会各组织、各结构交错反应的结果。在幼儿教育中幼儿园、家庭和社区已经融为一体，三者的有机结合形成多层次、多渠道、全方位的幼教新格局，研究幼儿母语学习时必须考虑、分析社区文化带来的影响。了解社区文化对幼儿母语学习的影响后才能改善社区环境，提高社区教育质量，形成良好的社区民俗，帮助孩子掌握母语。

第四章　蒙古族传统游戏在幼儿园课程中的实施与开发研究

第一节　研究背景

一、选题缘起

我国于2010年颁布的《国家中长期教育改革和发展规划纲要(2010—2020年)》中第二部分第三章中明确提出学前教育的重要性："学前教育对幼儿身心健康、习惯养成、智力发展具有重要意义。"[①] 国家近年来逐步加强对学前教育领域的重视，并充分肯定幼儿教育在整个教育体系中的重要作用。我国《幼儿园管理条例》第十六条明确提出："幼儿园应当以游戏为基本活动形式。幼儿园可以根据本园的实际，安排和选择教育内容与方法，但不得进行违背幼儿教育规律，有损于幼儿身心健康的活动"。[②] 同时，我国《幼儿园工作规程》第二十一条幼儿园教育工作的原则中提道："以游戏为基本活动，寓教育于各项活动之中。"其中第二十五条："游戏是对幼儿进行全面发展教育的重要形式。应根据幼儿的年龄特点选择和指导游戏。应因地制宜地为幼儿创设游戏条件（时间、空间材料)、游戏材料应强调多功能和可变性。应充分尊重幼儿选择游戏的意愿，鼓励幼儿制作玩具，根据幼儿的实际经验和兴趣，在游戏过程中给予适当指导，保持愉快的情绪[③]，促进幼儿能力和个性的全面发展。"以上三份国家级的文件都充分地说明游戏在学前教育领域受到高度的重视，游戏课程的开展要符合幼儿身心发展和当地、当时的具体情况，只有这样才能做到

---

① 引自《国家中长期教育改革和发展规划纲要（2011 - 2020）》［EB］. http://www.moe.edu.cn/publicfiles/business/htmlfiles/moe/moe_ 177/201008/93785.html.

② 中华人民共和国国家教育委员会:《幼儿园管理条例》, 1989.

③ 中华人民共和国国家教育委员会:《幼儿园工作规程》, 1996.

促进幼儿身心健康快乐成长的目的。而民间游戏恰恰符合促进幼儿身心发展的要求，同时具有地方性、民族性、趣味性等特点，这为民间游戏融入幼儿园课程提供了条件。

其次，在当前经济全球化和文化多元化的大背景下，倡导文化与教育的多元化已成为当今主流，正所谓“民族的才是世界的”。而对于我国土生土长的具有中国特色的本土化知识的传承与发扬是实现文化多元化的前提。我国国务院办公厅印发少数民族事业“十二五”规划明确提出对少数民族地区文化事业发展的要求：“应保证少数民族优秀传统文化得到有效保护、传承和弘扬，适应各族群众需求的优秀文化产品更加丰富，少数民族基本文化权益得到切实保障，少数民族文化产业发展迈出较大步伐，在对外文化交流中发挥更大作用。”[①] 我国国家领导人高度重视少数民族文化的保护与传承，在十七届六中全中以来，中共中央下发《中共中央关于深化文化体制改革推动社会主义文化大发展大繁荣若干重大问题的决定》，并于2011年10月18日中国共产党第十七届中央委员会第六次全体会议通过。该《决定》中明确提出：“首先，国家重视文化对于国家发展的重要作用。提出：没有文化的积极引领，没有人民精神世界的极大丰富，没有全民族精神力量的充分发挥，一个国家、一个民族不可能屹立于世界民族之林。”在坚持建立有中国特色的社会主义文化中提出：“坚持百花齐放、百家争鸣，坚持继承和创新相统一，弘扬主旋律、提倡多样化。坚持以人为本，贴近实际、贴近生活、贴近群众，发挥人民在文化建设中的主体作用，坚持文化发展为了人民、文化发展依靠人民、文化发展成果由人民共享。”以上两项文件充分表明：国家高度重视文化的发展和传承，倡导发展多元化、多样化的文化，尤其重视发展少数民族地区优秀的传统民间文化。要想真正地实现本土化知识的传承与创新，将具有本土性和民族性的课程纳入到学校教育中是最有效途径。而要想把具有地方性和民族性的知识纳入教学课程，首先，应从幼儿园课程内容的本土化开始抓起。因为学前教育是其他阶段教育的基础，为其他阶段教育尤其是终身教育打下坚实的基础，所以说本土化的课程内容要从幼儿园课程内容的本土化开始。其次，在幼儿园课程中开设具有地方性和民族性的游戏课程有其科学性、合理性和可行性。再次，我国对于幼儿园课程内容的规定比较灵活，并积极鼓励幼儿园开发适合本地区特色的“园本课程”。国家的对幼儿课程内容

---

① 国家民族委员官网［EB］. http://news.xinhuanet.com/2012-07/20/c_112492632.htm.

的规定为本土化的民间游戏进入幼儿园课程中提供了宽松的环境。同时，民间游戏进入幼儿园课程符合当今倡导文化多元化的主流思潮。最后，在国家重视本民族传统文化的大背景下，传统的民间游戏作为民族传统文化的重要组成部分，原本就存在的且代代相传的游戏方式不仅易于收集、易于玩耍，更重要的是传统游戏符合幼儿身心发展的特点，是幼儿园“园本课程”的重要素材。

再次，传统民间游戏的特点决定其具有不可替代性。传统民间游戏的随意性特点避免了现代游戏玩具商业化、市场化的问题。儿童玩具受到商业化、市场化的影响，玩具价格持续飙升。这样不仅给幼儿家长经济上造成负担，同时增加了幼儿园购买玩具的成本。除此之外，儿童玩具安全性受到质疑（近期新闻多次曝光儿童玩具店大部分玩具对幼儿身体和心理有害）。经过调查发现：市面上的有些玩具过于追求刺激，而忽视玩具的教育性和幼儿身心发展的年龄特点。相反，传统的蒙古族民间游戏易玩、易学、易做的特点不仅可以减少家长和幼儿园的花销，同时降低了当前市面上玩具的危险性，更重要的是传统的蒙古族民间游戏培养了幼儿们的动手操作能力和动脑思考能力。传统民间游戏以上的特点说明：传统的民间游戏在幼儿园课程中开展对于幼儿园、幼儿和家长是一种“多赢策略”。基于以上背景，促使我们有兴趣开展文化生态学视角下蒙古族民间游戏在幼儿园课程中的开发与应用的研究。

二、研究的目的和意义

（一）研究目的

1. 促进文化多样性发展

文化的多样性是文化繁荣发展的特征。而蒙古族传统文化作为中华民族多元文化的“一元”，对于传统的蒙古族民间游戏的传承与发展有利于促进中华民族文化的多元化和民族化。因为，蒙古族传统民间游戏是蒙古族传统文化的重要组成部分，是蒙古族传统文化的具体体现形式。在蒙古族幼儿园中开展传统民间游戏，是继承和发扬传统的蒙古族民间游戏的有效手段，有利于保障蒙古族传统文化的保护与传承。更重要的是把少数民族民间游戏纳入到课程中，可以使“传统民间游戏”能够受到更多人的关注，从而有助于促进民间游戏研究的系统化和理论化。

2. 为幼儿园及其相关政策部门做决策提供参考依据

通过对呼和浩特市蒙古族幼儿园进行实地调研，分别从幼儿教师、幼儿家长、幼儿园领导三方面了解蒙古族民间游戏在幼儿园课程中开展状况，以及三方对于传统民间游戏进入幼儿园课程的看法。采用观察法和访谈法，在了解民间游戏在幼儿园课程中开展情况的基础上，针对个别问题访问幼儿园的负责人。首先，发现蒙古族民间游戏在幼儿园课程实施中存在问题。其次，在分析问题存在原因的基础上，针对存在的问题给予一定的可操作化的建议。笔者深入到实际的课程当中收集数据，为幼儿园以及相关的政策制定部门提供一定的参考资料和数据。从而为其做出改善措施提供一定的指导建议。

3. 保证幼儿身心和谐健康发展

相关研究表明：幼儿体育类的游戏在幼儿园中游戏活动中日益减少，而幼儿智力方面的游戏则逐渐增多。在幼儿园中，体育类游戏的减少和幼儿户外活动时间的减少，直接导致幼儿常常感冒，从而出现幼儿体质弱的情况。由此导致一个奇怪的现象，即幼儿宁愿看动画片也不玩游戏。而传统的蒙古族民间游戏多以体育类游戏为主，充分地锻炼儿童的身体，为儿童提供自由的活动形式。这样的游戏不仅有助于发展幼儿手眼协调能力、团结协作能力，还可以在体育游戏中培养幼儿的想象力和创造力，同时培养孩子的自信心。这正是由于民间游戏“动静结合”的特点和促进幼儿身心均衡发展的特点，所以说民间游戏在幼儿园课程中实施具备科学性、合理性和可行性。

（二）选题意义

1. 理论意义

首先，通过转换对传统的蒙古族民间游戏研究视角，从而丰富有关“蒙古族民间游戏在幼儿园课程中开发”研究的相关资料，为后人做相关的研究提供参考资源。在教学实践中，在幼儿课程中开展蒙古族民间游戏的幼儿园并不多，且大多教学尚未形成体系。而呼和浩特市蒙古族幼儿园作为内蒙古地区优质的有代表性的蒙古族幼儿园，作为先锋开展民间游戏进幼儿园课程的实验。通过对呼和浩特市蒙古族幼儿园开展情况调查研究，科学合理地描述、阐释和剖析民间游戏的教学情况，不仅可以为其他民族幼儿园开展民间游戏活动提供理论和实践的借鉴，还有助于为后续相关的研究提供第一手资料。

其次，增强幼儿学习蒙古族文化的兴趣与爱好，丰富幼儿学习民族文化的学习方式，培养幼儿的民族认同感。呼市蒙古族幼儿园每周一设立“民族文化日”，以便幼儿掌握和学习本民族的文化。由于大多数的蒙古族家庭生活在城市中，生活中远离传统的蒙古族生活的草原。幼儿很少能见到“天苍苍，野茫茫；风吹草低见牛羊”的美丽场景，更难体会草原游牧的生活方式。由于教学形式以讲授为主，且内容远离自己的生活，导致幼儿对于每周一的“民族文化日”开展的活动兴趣不高。但是，当把传统的蒙古族民间游戏放在幼儿园课程中开展时，基于幼儿喜欢游戏的性格特点，游戏形式易于幼儿接受和学习。这样有利于增强幼儿学习本民族文化的兴趣，有助于从小培养幼儿良好的民族认同感。蒙古族民间游戏在幼儿园课程中开展，在保护和传承蒙古族的瑰宝即蒙古族民间游戏的同时，有利于对蒙古族固有的民族文化的保护、传承、发扬和创新。

2. 实践意义

首先，该研究指导幼儿园更有效地在幼儿园课程中开展民间游戏活动。同时，为正在开展民间游戏课程的幼儿园提供借鉴和参考。从而有利于完善幼儿园的课程和幼儿园管理制度。调研者以旁观者的身份到幼儿园中观察与记录，客观公正地分析民间游戏在幼儿园课程中开展的情况。在分析资料的基础上，对民间游戏在幼儿园课程中开展的不足给予一定的建议。为幼儿园更好地开展民间游戏提供一定的意见和参考。

其次，为相关的幼儿教育部门提供一定的参考资料，以便制定合理有效的政策。通过到幼儿园课堂中观察和记录，掌握民间游戏在幼儿园中开展的情况，了解幼儿教师、幼儿家长和幼儿园负责人各方对于民间游戏在幼儿园中开展的看法，观察幼儿在课堂中的表现。从而分析蒙古族民间游戏在幼儿园课程中开展的过程中存在的不足与问题。从多角度收集到的第一手资料为教育政策制定部门提供一定的参考资料，有助于教育部门制定合理有效的政策，以便更好地完善幼儿教育政策体系。

再次，有利于培养一批身心健康且了解本民族传统文化的优秀蒙古族幼儿。蒙古族民间游戏在幼儿园课程中的开展有利于培养幼儿的创造性，有利于提高幼儿认知能力、动手操作能力、思考能力，更重要的是增强幼儿的体能和抵抗力，从而促进幼儿身心健康和谐的发展。同时，增进幼儿对本民族文化的感受和认识。

三、文献综述

由于受到笔者语言能力不足的限制，笔者主要对英语和汉语的文献资料进行查找。在对英文文献研读的基础上，重点分析国内传统民间游戏在幼儿园课程中开展情况的研究。笔者首先以时间为线索搜集文献，通过“逆查法”搜集近50年的相关文献，下载与本研究相关的核心文献。然后，在查阅所有文献的基础上以“引文查找法”查找相关的文献，尽量做到文献搜集的穷尽。笔者主要通过两种方式搜集资料，即万方网络数据库的电子文献资源、中国国家图书馆和中央民族大学图书馆的文本书籍资源。通过搜集网络电子资源搜到如下的资料。当在万方网中输入限定条件：题名为“民间游戏”并且题名或关键字为“幼儿园课程”找到相关的5篇期刊论文和3篇学位论文；输入限定条件：在题名为“民间游戏”并且题名或关键字为“幼儿园课程”的基础上，要求同时具有“蒙古族”时，仅有一篇学位论文《蒙古族民间游戏在幼儿园课程实施中的个案研究——以包头市A幼儿园为例》。当以“民间游戏”为题名其余都为模糊设置搜索时，检索出期刊论文240篇、学位论文22篇、会议论文7篇；当以“民间游戏”为题名，同时满足题名或关键词为“幼儿”时，结果为124篇期刊论文，10篇学位论文，5篇会议论文；当以“民间游戏”为题名，同时满足题名或关键词为“幼儿”与“民族”时，期刊论文有4篇，学位论文仅有1篇。

笔者经过对搜集到的论文分析发现：有关蒙古族民间游戏在幼儿园课程中实施情况的研究并不多，相关研究仅仅有两篇。一篇是西南大学学前教育专业硕士梁艳的学位论文《蒙古族民间游戏在幼儿园课程实施中的个案研究——以包头市A幼儿园为例》，另一篇为内蒙古师范大学李素梅的论文《基于蒙古族儿童民间游戏的幼儿园游戏课程开发》。有关蒙古族民间游戏的研究万方网站中也只有5篇，它们分别为：为中央民族大学博士李素梅的期刊论文《论蒙古族儿童民间游戏：内涵、功能、价值、传承》和《基于蒙古族儿童民间游戏的幼儿园游戏课程开发》，周智慧的《蒙古族传统游戏文化传承的价值及其对策研究》，阿里马斯在学前教育期刊上发表的《少数民族传统游戏与文化传承——以蒙古族儿童传统游戏为个案》和西南大学学前教育专业硕士梁艳的学位论文《蒙古族民间游戏在幼儿园课程实施中的个案研究——以包头市A幼儿园为例》。以上说明对于蒙古族民间游戏在幼儿园课程中开展情况的研究并不多。

尽管国内对于少数民族或者少数民族地区的民间游戏在幼儿园课程中开展的研究并不多，不过国内对于民间游戏的研究却属于热门领域。对于民间游戏的研究通过分类发现，主要集中在以下几个方面进行研究。首先，大部分文章集中于对民间游戏的价值和意义的研究。当在万方网中输入“民间游戏的价值或意义”时，搜索到229761篇相关文献。查询到的相关文献数目足以说明对于民间游戏的研究是研究热点。当把时间限定在2003年到2013年时，搜索到196821篇相关文献，这说明民间游戏是近期学术界研究中的热点领域。其次，一部分研究集中于对民间游戏的特点及其渊源的研究。例如，王德刚2005发表的《传统民间游戏的源流、价值和保护》、龙明慧和梁华的《民间游戏的特点及在幼儿园教学中的价值》。该类文章主要是阐述民间游戏的历史来源，同时阐述民间游戏的特点和特性。通过分析民间游戏的特点，其最终目的是说明民间游戏的存在价值。再次，一部分的研究是对于民间游戏的个案研究。例如，杨涛、陆淳的《民间髀石游戏研究》、宋丽范的《东北传统游戏——嘎拉哈及其对儿童成长的影响》。该类文章主要探讨在民间广为流传的民间游戏的玩法、规则及其对于幼儿或儿童的身心发展的影响和作用，从而倡导民间游戏的传承与发扬。最后，一部分文章主要研究民间游戏的开发与保护。例如，西杰峰的《民间传统游戏的保护与开发探析》、陈育梅的《民间游戏与文化传承》。其主要探讨的是民间游戏当前面临消逝的危险，应对这样的危险，应当如何在保护民间游戏的基础上，对已有的民间游戏给予创新和开发。除此之外，还有一篇关于民间游戏与当今的现代游戏相比较的文章，例如肖青写的《传统民间游戏与现代媒介游戏之比较研究》，该研究主要是对传统的民间游戏和现在儿童兴玩的电子游戏的比较研究，主要从游戏包括的内容、游戏参与方式、游戏的表现形式、游戏的最终结果、游戏主题的心理、游戏的情感功能、游戏外界条件、游戏本质属性等几方面对民间游戏和现代的游戏进行对比，最终结论说明，在幼儿园课程中开展民间游戏有利于儿童的成长和发展。

通过对以往民间游戏的相关研究文献进行分析，结果发现：依据对民间游戏研究的角度不同：对于民间游戏的研究主要是从教育学、教育人类学、民俗学、心理学和社会学的角度探讨民间游戏的特点、意义、价值、保护、传承和创新等问题。其中，从民俗学角度对民间游戏研究的著作相对最多，但主要是集中于对传统民间游戏的个案描述研究，也就是说只回答了“是什么”，而没有回答“为什么”的问题。通过利用中国国家图书馆和中央民族大学图书馆搜索资料发现，撰写民间游戏的书籍主要有郭泮溪著的《民间游戏与竞技》、陈连山的《游戏》、王萍的《满族民间游戏》、蒋蓝的《经典往事“老游戏”》、王文宝的《中国民间游戏》这几本书而已。这些书中大部分只是对流行于民间的游戏进行描述性整理和分类，细致地介绍该游戏的历史和游戏的玩法，没有系统地分析各个游戏其本身的价值和作用。书籍的内容大部分以叙述民间游戏个案描述研究为主。受笔者能力有限，在利用网络和国家图书馆、中央民族大学图书馆搜索中，没有搜寻到有关阐述“民间游戏的教育价值”方面的书籍。总的来说，当前我国有关民间游戏在教育学领域的教育价值的研究，以及在教育学领域的应用与开发还有很大的研究空间。

综上所述，笔者在查阅和搜集相关的期刊、论文和书籍的基础上发现，对于传统的民间游戏的研究主要集中在民间游戏的历史渊源，民间游戏的价值与意义，民间游戏的特点，民间游戏的保护、传承与创新，以及对个案的民间游戏的描述性研究。至于对民间游戏研究的角度方面，主要集中于民俗学、社会学领域。通过对相关文献的查阅，有关传统的民间游戏与现代化的教育相联系的研究空间还很大；且对于蒙古族民间游戏在幼儿园课程中的实施情况的调研并不多。但对于民间游戏的研究恰恰是热门区域。故此，笔者选择了热门领域中的相对冷门区域进行探索研究。

四、研究方法

（一）访谈法

首先，根据本研究的研究目的和意图设计访谈问卷，在设计问卷的过程中遵循目的性原则、逻辑性原则、通俗性原则和便于处理的原则，语言努力做到精准而通俗易懂。由于访谈对象不同，故制作了分别面向民间游戏任课幼儿教师、幼儿园园长、幼儿家长的三份访谈提纲。其次，为了保证问卷的有效性，在访谈前，笔者做过相应的预测，通过预测发现访谈提纲的问题，并经过修改，以便保证访谈提纲的有效性和科学性。访谈提纲主要包括两个部分，第一部分为访谈对象的基本信息部分，第二部分为开放式提问部分。在访谈过程中，由于撰写论文收集资料的需要，会有追问或者是临时性的问题，以获得最真实、详细的资料为目的。若有不清楚的部分，会进行深入地访谈，甚至进行电话回访。再次，进行正式的访谈过程中采取全程录音，同时也借助书写的方式记录访谈的内容，以便收集相关的研究资料。最后，整理和分析搜集到的资料，针对不清楚的地方进行回访（回访主要是通过电话访谈的方式）。结束访谈后，本着及时有效的原则，及时地对收集到的资料进行分类、概括整理和分析，以便对不清楚的问题在第二天调研中寻求答案。然后，运用文化生态学的视角分析搜集到的资料，思考其问题存在的原因，在分析原因的基础上给予相应的解决方案。

（二）文献法

主要是利用中央民族大学图书馆和国家图书馆的图书资源和电子期刊资源，搜集与本书相关的电子期刊文献和书籍。一方面，以时间为线索，搜集近50年的核心文献。首先，主要是以“民间游戏→幼儿园传统民间游戏课程→蒙古族幼儿园传统民间游戏”为关键字进行搜寻，核心文献的关键词范围依次减少；其次，笔者以“文化生态学”为关键词搜查相关的核心文献，认真细致地阅读有关文化生态学的书籍和文献，熟练掌握“文化生态学”理论的内容及原理。再次，以“文化生态学视角下的幼儿传统民间游戏课程”为关键词进行查找。另一方面，再用引文查找法再一次查找并下载相关文献，以尽量做到相关文献搜集到穷尽，以便为撰写论文提供详实而可靠的资料。最后，把搜集到的资料进行分类、整理，并对每类资料进行归纳与概括。运用文化生态学的视角思考与分析搜集到的材料。

（三）观察法

主要采用非参与式观察法，以旁观者的身份到开展蒙古族民间游戏课程的大、中、小班旁听民间游戏课程。观察工具主要为照相机、手机、课堂观察表（附录4），用以收集影音、图片和文字资料。为了在有效的时间内收集到有价值的文字资料，笔者通过制作课堂观察记录表的方法记录课堂中幼儿与幼儿教师的表现，这样可以保证记录内容明确而又针对性。结束一天的调研后，笔者本着及时有效的原则，及时整理、分析一天搜集到的资料，避免因时间过久而导致的遗忘现象。

第二节　相关概念界定与研究的理论视角

一、相关概念的界定

（一）文化生态学

文化生态学（cultural ecology）是一门将生态学的方法运用于文化学研究的新兴交叉学科，是研究文化的存在和发展的资源、环境、状态及其规律[①]的科学。

（二）游戏

由于研究者的学术背景和看待游戏的角度不同，在学术界对于游戏的定义也就大不相同，很难有大家公认的“游戏”的定义。因此，本书采用在全世界游戏研究领域里具有影响的荷兰学者约翰·赫伊津哈对“游戏”的定义。他对游戏现象的深刻观察与体验[②]，使他得以揭示游戏自身的本质。而他对游戏与文化之间相互关系的研究更可以说是开创性的。荷兰人约翰·赫伊津哈在他1938年出版的游戏学著作《游戏的人》[③] 中曾对游戏

---

① 来自：http：//baike. baidu. com/view/744437. htm.

② 陈连山. 游戏［M］. 北京：中央民族大学出版社，2000：4.

③ ［荷兰］约翰·赫伊津哈：游戏的人［M］. 北京：中国美术出版社，1996：30.

这样定义："游戏是在某一固定时空中进行的自愿活动或事业，依照自觉接受并完全遵从的原则，有其自身的目标，并伴以紧张、愉悦的感受和'有别于平常生活'的意识。"

（三）传统民间游戏

国内外专家曾从不同的角度对于民间游戏下过很多定义。笔者通过归纳分析后，得出以下定义：在广大人民群众中广为流传的、深受人们喜爱的，在闲暇时间玩耍的最普遍的娱乐活动，如北方玩的抓嘎拉哈、老鹰捉小鸡、跳绳等游戏。民间游戏反映当地的特色，具有易学、易玩、易教的特点。民间游戏是民间文化的重要载体，是当地生产生活方式的重要表现形式。

（四）蒙古族传统民间游戏

蒙古族传统的民间游戏是在蒙古族氏族社会时的游牧、围猎生活和生产生活实践中产生和发展的。它建立在蒙古族传统的草原文化基础上，广大劳动人民喜闻乐见的、并在群众中间广泛流传的活动形式。蒙古族民间游戏是蒙古族传统文化的重要表现形式，是蒙古族人民文化积累多年的智慧结晶。综上所述，蒙古族民间游戏可界定为：形成于蒙古族的生存、延续和发展的历史过程中，建立在蒙古族传统的游牧草原文化基础上，具有与该民族生产生活实际相适应的独特内容与形式①，并在蒙古族儿童中广为流传的最常见、最普遍、最有趣的综合性娱乐活动。

二、文化生态学理论

（一）文化生态学的渊源

生态人类学是文化人类学的一门新兴的分支学科，产生于20世纪50年代。著名的新进化论者之一的斯图尔德（Julian Steward）是该门学科的创建者。生态人类学是研究人类、生态环境和文化之间的关系，它产生于环境决定论的思想，历经文化生态学、系统生态学、政治生态学等的发展，尤其是在21世纪，来自人类学、生态学、教育学、信息传播学等多学科的共同合作及综合分析方法的应用，促使生态人类学这门学科的不断发展和完善。文化人类学、生态人类学和文化生态学之间的关系如下表所示：

---

① 李素梅．论蒙古族儿童民间游戏：内涵、功能、价值、传承［J］．内蒙古师范大学学报（教育科学版），2008（1）．

文化人类学
- 生态人类学
- 女性人类学
  - 文化生态学：主要研究文化与环境的关系
  - 系统生态学：把人口总体作为研究单位
  - 政治生态学
  - ……
- 都市人类学
- 影视人类学
- 教育人类学
- ……

文化生态学是生态人类学研究的一部分，侧重研究人类的社会文化特质与环境之间的关系。生态人类学除了研究文化生态学研究的内容之外①，还关注人类的生物特质与环境之间的关系。生态人类学研究人类与环境之间的关系。在这里，环境包括自然环境（物理、化学和生物环境等），也包括人造环境（人类的社会文化环境）。

（二）文化生态学相关概念

1. 生态学

生态学（ecology）一词源于希腊文 oikos（为居住之意）。该术语由生物学家海克尔（Ernst Haeckel）于 1870 年所创用，原意是指生物的聚集（biotic assemblages）。生态学是研究生物与环境间相互关系的科学，在这里，环境不仅包括生物生存地域物理环境和化学环境，而且还包括与其共存的其他生物。生物和一定的环境构成一个生态学的单元。

2. 生态环境

生态环境是指地球上生命系统和环境系统在特定空间的组合。换言之，即生物（包括动植物和微生物）因素之间、以及生物因素与非生物因素（如气候、水、土、阳光等）之间②，存在着的相互依赖和相互制约的关系。

3. 生态平衡

生态平衡指生态系统在一定时间内结构和功能的相对稳定状态，其物质和能量的输入和输出接近相等，在外来的干扰下③，能通过自我调节恢复到原初的稳定状态。当外来干扰超越生态的自我调节能力而不能恢复到

① 宋蜀华．中国民族学理论探索与实践［M］．北京：中央民族大学出版社，1997：72.

② 宋蜀华．人类学研究与中国民族生态环境和传统文化的关系［J］．中央民族大学学报，1996（4）．

③ 中国社会科学院文献情报中心．社会科学新辞典［M］．重庆：重庆出版社．1988：809.

原初状态时，谓之生态失调或平衡破坏。

4. 生态人类学

生态人类学是指用人类学的理论和方法研究人类、生态环境及文化之间关系的学科。附："生态人类学"一名①，据知是由美国的维达和拉伯波特（Andrew P. Vayda & Roy A Rappaport）于1968年最早使用。从学术史上来讲，它由"文化生态学"发展而来。至今仍有一些学者在研究中习惯用文化生态学来指代生态人类学。例如，何培忠先生在《国外文化人类学新论》② 一书中写到文化人类学（又称"生态人类学"或"人类生态学"）。关于这两个概念范畴一直存有争论，其实两者概念是不相同的。从范畴来说，文化生态学是生态人类学研究的一部分，它侧重研究人类的社会文化特质与环境间的关系。而生态人类学除关注这些外，还关注人类的生物特质与环境的关系。至于刚提到的人类生态学当然也不能与生态人类学相互替换，人类生态学是指偏重从社会学、经济学和人口学等学科的角度对生态环境进行研究。

（三）生态人类学与文化生态学概念之辨析

文化人类学领域长久以来对于生态人类学和文化生态学的概念就有争议，笔者采用庄孔韶教授对两个概念的辨析。

文化生态学：文化生态学是生态人类学研究的一部分，侧重研究人类的社会文化与环境之间的关系。

生态人类学：生态人类学除了研究文化生态学研究的内容之外，还关注人类的生物特质与环境之间的关系。

基于对两概念之间的辨析，我们可以用图4—1清晰地表示生态人类学和文化生态学两者之间的关系，即包含与被包含的关系。（如图4—1）

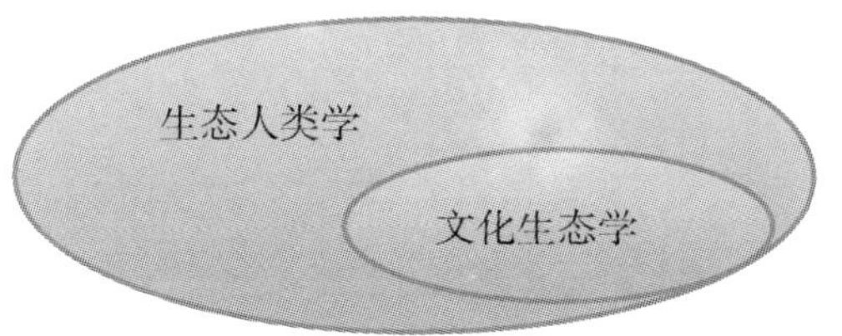

图4—1 生态人类与文化生态学的关系

① Andrew P. Vayda & A. Rappaport: Ecology, Cultural and Non - cultural, Introduction to Cultural Anthropology, edited by J. S. Clifton, Bston, Houghton - Mifflin, 1968.

② 庄孔韶. 人类学通论［M］. 太原：山西教育出版社，2003：127.

（四）文化生态学的主要观点

文化生态学（cultural ecology）是一门将生态学的方法运用于文化学研究的新兴交叉学科，是研究文化的存在和发展的资源、环境、状态及其规律的科学。[1]1955 年，美国学者 J. H. 斯图尔德最早提出了文化生态学的概念，指出它主要是“从人类生存的整个自然环境和社会环境中的各种因素交互作用研究文化产生、发展、变异规律的一种学说”（司马云杰，1987）。[2] 文化生态学主张从人、自然、社会、文化的各种变量的交互作用中研究文化产生、发展的规律，用以寻求不同民族文化发展的特殊形貌和模式。文化生态学的理论和概念主要是用来解释文化适应环境的过程。“山脉、河流、海洋等自然条件的影响，不同民族的居住地、环境、先前的社会观念、现实生活中流行的新观念，以及社会、社区的特殊发展趋势，等等，都给文化的产生和发展提供了特殊的、独一无二的场合和情境。”如图 4—2 所示：

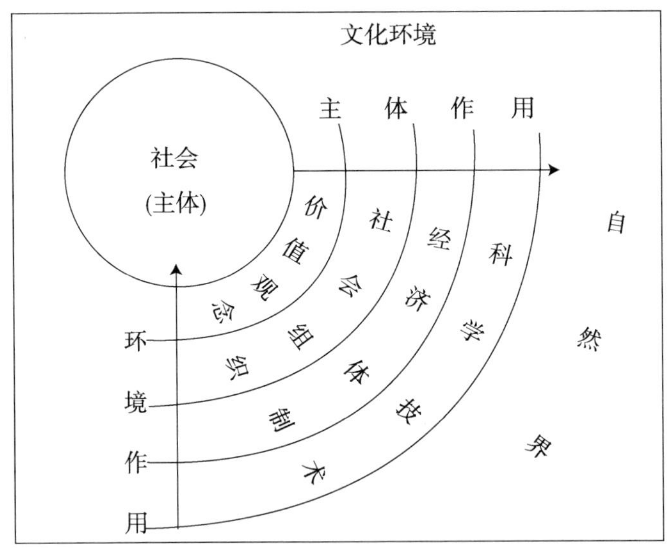

图 4—2 文化生态系统结构模式图

文化生态学的主要观点：

1. 环境不是文化变迁的唯一决定因素

环境因素对文化的变迁起着重要的决定作用，它不仅具有允许或阻碍

---

① 来自：http：//baike. baidu. com/view/744437. htm.

② 司马云杰．文化社会学［M］．北京：华夏出版社，1987.

文化发明的作用，同时还会引起具有深远后果的社会适应。

2. 文化与环境互为因果关系

斯图尔德认为，文化与生态环境是不可分离的，它们之间相互影响，相互作用，互为因果。他认为环境和文化并不是不同的两个方面，而是辩证似的相互作用。文化在人类与其生态环境之间起着举足轻重的作用，人类通过文化认识到能源或资源，同时又通过文化获取、利用能源或资源。因此，他非常强调文化与环境之间的相互作用和相互关系。根据斯图尔德的观点，文化生态学研究的范围包括以下三个方面：

（1）生产技术或工具与生态环境之间的关系。生产技术或工具包括原始社会狩猎、捕鱼的武器和工具，采集和存放食物的容器，水路运输工具，水利和燃料的来源等；某些环境中御寒防暑的各种手段（如衣着、住房等）；农业社会中的农牧业技术和工具；工业社会中的资本和信贷制度，贸易体系等。一般来讲，生产技术与环境之间的关系是：越是简单、原始的生产技术越是更多地受环境的制约。

（2）生产技术与人的“行为”方式的关系。生产技术的水平可以影响人类的行为方式，如热带雨林中刀耕火种技术下的夫妻个体劳动；采集野生植物阶段时的妇女单独或两三人结伴来进行；工业时代机器生产下的分工合作。

（3）“行为”方式对文化其他方面的影响。指对家庭制度政治制度、风俗习惯以及居住方式、资源占有和利用等[①]的影响。为了更清晰明了地展示环境与人类行为之间的关系，如图4—3所示：

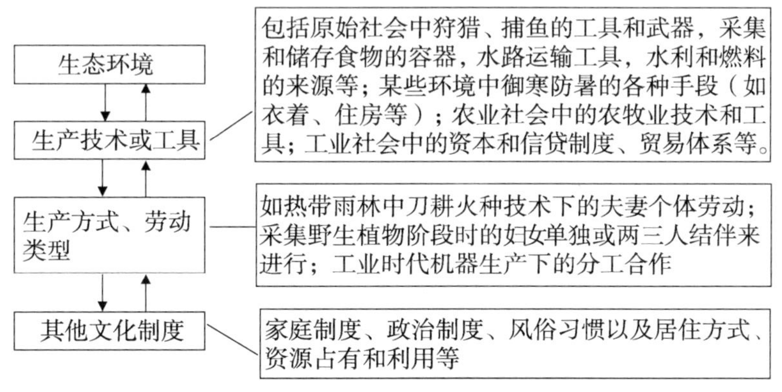

图4—3　斯图尔德研究内容简要框架

---

① 夏建中．文化人类学理论流派——文化研究的历史［M］．北京：中国人民大学出版社，1997：229.

人和环境谁决定谁，以及二者的相互作用一直是研究中的重点，但是自斯图尔德以后，文化被引入其内，斯图尔德认识到环境和文化不可分离，它们相互定义对方，两者处于辩证地相互作用之中。

（五）文化生态学理论对于环境保护的启示

随着人类学家对文化生态学的进一步讨论和研究，该理论开始以文化生态学视角关注社会特点问题——环境保护问题。他们逐步理解文化在人类与环境关系中的作用。例如，泰国一交通枢纽三岔路口处对面坐落一座香火鼎盛的寺庙，造成交通经常堵塞，影响到市民正常的出行安排。如果对泰国文化不了解的话，就会简单地认为拆除寺庙就可以解决问题了。而这样的想法其实是行不通，泰国具有全民信仰佛教的文化，寺庙受到当地民众的崇拜。面对这种问题，首先我们并不是去直接解决问题。而是要在考虑当地的文化背景下，采取合理有效的措施。对于环境保护问题而言①，文化生态学认为首先揭示是什么样的世界观导致大家破坏环境，从而思考如何在文化层面改变人们已有的有关环境的世界观。文化生态学有助于我们理解可持续的生活方式所需要的是什么，要弄清楚什么样的价值观、信仰、亲属结构、政治意识形态会支持利于可持续发展的人类行为。

二、多元文化思想

正所谓：“以铜为镜，可正衣冠；以史为鉴，可知兴替；以人为镜，可明得失”。春秋战国时期是我国历史上文化大繁荣大发展的时期，出现了“百花齐放，百家争鸣”的空前盛世。在学术自由、文化多元的背景下，孕育了对历代产生深远影响的哲学家、思想家、教育家孔子、孟子、荀子和老子等一批智者。我国历史上少数民族当政的魏晋时期和元朝时期，当时都奉行吸收汉族文化的政策。分析春秋战国时期文化大繁荣、大发展的原因，一方面，由于民族之间融合程度加强，不同文化之间交流扩大，增进了文化的多样性；另一方面，各国统治者基于争霸战争的需要和政治要求，纷纷网罗人才，优待知识分子，让其为争霸战争和社会变革出谋划策。这种宽松的环境和优越的地位，为文化发展繁荣提供有利的条件。有利于文化繁荣。总而言之，我们应当“以史为鉴”，要想促进文化的繁荣大发展，必要倡导多元文化，提供宽松自由的学术氛围和环境，尊重各民族的多元文化。

① 中国社会科学杂志社．人类学的趋势［M］．北京：社会科学文献出版社，2000：320.

我国著名的人类学家费孝通先生曾提出“中华民族多元一体格局”思想。该思想认为：在中华民族多元一体的格局中，56 个民族是基层，中华民族是高层。每个民族都是多元中的一元，都有本民族的民族认同。其中，汉族在多元基层中发挥凝聚作用把多元结合成一体，这一体不再是汉族而成了中华民族，一个高层次的民族认同。高层次的认同并不一定取代或排斥低层次的认同，不同层次可以并存。从而形成“各美其美，美美与共”的一体格局。[①]

综上所述，无论是从历史的角度还是从民族学角度来说，文化的繁荣与发展需要提倡多元文化，需要为各民族学者提供宽松、自由的学术氛围。作为一个多民族的国家，尊重和发扬各少数民族的传统文化是形成文化繁荣的首要条件，也是多元一体格局的体现。在整个中华民族的大家庭中，蒙古族作为其中一个少数民族，有必要也有责任保护和发扬蒙古族传统的民族文化。而传统的蒙古族民间游戏恰恰是传统蒙古族民间文化的主要表现形式和重要载体。因此，应该对传统的蒙古族民间游戏给予重视和保护，在幼儿园开展民族民间游戏是传承与发扬传统文化的有效方式。蒙古族民间游戏作为中华民族传统游戏中的一元，我们有必要也应该给予保护、传承和发扬。这样有利于巩固“中华民族多元一体格局”，更加促进文化领域的繁荣与发展。

第三节　传统的蒙古族民间游戏与幼儿园课程的各自特点

一、蒙古族传统民间游戏的特点

（一）蒙古族传统民间游戏的趣味性

趣味性是蒙古族民间游戏的首要特点。传统的蒙古族民间游戏追求的是积极的情绪体验，而非有一定的目的性。游戏无目的性的特点，保证孩子为游戏而游戏，为快乐而游戏。与现代教育性过浓的游戏相比，游戏的内容丰富，形式活泼多样。民间游戏这种自娱自乐的游戏它本身具有浓厚的趣味性，且符合孩子的年龄特征，顺应孩子的自然天性。儿童在游戏过程中动脑思考，通过合理地改变游戏的规则，增加游戏的趣味功能，使游戏更具挑战性。游戏过程中，即锻炼了幼儿思考能力，又培养了幼儿的团

---

① 费孝通．中华民族多元一体格局［M］．北京：中央民族大学出版社，2003：13.

结协作和协商能力。对于幼儿来说，幼儿对教育性过浓的游戏感兴趣，更别说集中注意力去玩耍。

（二）蒙古族传统民间游戏的随意性

1. 蒙古族传统民间游戏使用的材料具有随意性

蒙古族民间游戏的玩具使用简单且易得，大部分玩具来源于日常生活中容易获得的事物，甚至有些游戏不需要工具材料的辅助。幼儿擅长徒手做游戏，若没有玩具可以用其他物品作为替代物。蒙古族民间游戏的材料没有固定的形式，不表现某一具体物品。儿童在游戏中可根据自己的兴趣和想象，随意将材料进行加工和改造，以达到幼儿玩耍的目的。幼儿动脑思考、动手加工材料的过程中，充分地锻炼了幼儿动手能力和思考能力。

2. 蒙古族传统民间游戏的开展具有随意性

蒙古族民间游戏的开展不受时间、空间、场地和人数的限制。不管是室内、室外，还是在寒冷的冬天或炎热的夏天，只要孩子想玩民间游戏就可以开展。蒙古族民间游戏的灵活性很大。在许多零散的时间，比如，在幼儿来园、离园、饭前、饭后、活动间隔时，民间游戏都可以穿插进行。不仅可以减少幼儿一日生活中等待、排队的时间，还可以使各个环节过渡自然，真正实现“游戏是幼儿的生活方式之一”的幼儿教育理念。玩民间游戏可以是一个幼儿单独玩也可以多个幼儿一起玩，组织形式灵活而随意。如：蒙古族民间游戏“欻嘎拉哈”，幼儿可以单独玩一副嘎拉哈，[①] 幼儿自己用手摆出相同面的嘎拉哈或弹相同面嘎拉哈。幼儿也可以与多个幼儿一起玩嘎拉哈，幼儿之间以比赛的形式开展欻嘎拉哈比赛等游戏形式。在游戏过程中，幼儿既可以弹嘎拉哈，又可以欻嘎拉哈；既可以比较分数，又可以比嘎拉哈的数量多少。总而言之，蒙古族民间游戏的组织具有随意性，且规则可以双方在协商的情况下改变。

3. 蒙古族传统民间游戏的自然传承性

任何游戏都要有一定的规则，规则必然是受到大家公认的。传统的蒙古族民间游戏也不例外，但是游戏的规则在一代代传承的过程中有所改变。蒙古族千年的历史文化创造了丰富多彩的传统民间游戏，这些游戏的继承和发展无须孩子们进学校专门学习，也不需从书本上获得，而是在生活中自然而然的学会了玩游戏。通过长辈传授给晚辈，哥哥姐姐自发的传授给弟弟妹妹，或者是通过幼儿模仿他人而获得。传统游戏就是这样世代

---

① 一个嘎拉哈共四面，分别叫做红、轮、坑、包，而一副嘎拉哈一般为 4 枚。

相传、广泛流传、经久不衰的。例如，摔跤、嘁嘎拉哈、弹玻璃球、蒙古族象棋、赛马、射箭、掷布鲁等，这些游戏就是依靠民间的自然传承。这种“代代相传，口传身授”的自然传承方式的力量是巨大而深远的。也正是通过这种传承方式，如此多的蒙古族民族文化的活化石——蒙古族民间游戏能够保留下来。

（四）蒙古族传统民间游戏的民族特性

蒙古族民间游戏是蒙古族民间文化的重要组成部分。蒙古族民间游戏不仅仅是人们闲暇时一种娱乐、放松的休闲方式，同时它反映着生活在草原上的蒙古族人民的生产和生活方式。民间游戏反映着蒙古族的传统的风俗、习惯和草原文化，也是幼儿愉快地学习本族文化的一种有效方式。民间游戏在伴随一代又一代儿童成长的历程中得到流传并发展。在中华民族56个民族的大家庭中，蒙古族的民族文化背景和自然生存背景有与其他民族（尤其是南方少数民族）截然不同。蒙古族的摔跤、骑马和射箭明显的有别于南方民族的踩高跷捕鱼、爬竹竿等游戏。尽管，不同地域在继承发展民间游戏时，都进行了当地文化特征、风土民情、生活情趣等。但是，各民族的游戏反映本民族的风俗、信仰、习俗等带有浓郁的民族特色，故不同民族间传统游戏具备不同民族的特性。如《跳竹竿》、《斗牛》等游戏反映了湖南湘西少数民族民族的生活习惯和民俗民风；而骑马、射箭、摔跤等则反映了蒙古族传统的草原文化。

（五）蒙古族传统民间游戏的生活性、真实性

蒙古族民间游戏绝大多数源于蒙古族日常的现实生活。尤其是在角色游戏中表现的尤为明显。角色游戏的内容为日常生活中成人的言行，幼儿以游戏的形式模仿家长打猎、迎接客人、婚礼和祭祀等场景，游戏所用的材料与工具均来自日常生活中。在角色扮演中，幼儿不仅体验到了游戏过程的快乐，同时也潜移默化地学会了如何与人相处和如何为人处事。由于游戏的形式、内容和场景是幼儿每天所见所闻。对于幼儿来说，游戏有其真实性和生活性，易于幼儿学习和理解。

（六）蒙古族传统民间游戏的自然性和天真性

蒙古族民间游戏符合幼儿的天性，并贴近大自然，有益于幼儿的发展。蒙古族民间游戏中蕴含了蒙古族对于大自然的“人与自然和谐相处”的传统环境保护的价值观，游戏紧紧贴近大自然。游戏场所为草原上、沙地上，游戏工具可就地取材，充分地让孩子到大自然中玩耍，展现孩子天真烂漫与对自然向往的一面。与传统民间游戏相比之下，现代幼儿游戏则出现了扭曲儿童纯真天性、背离儿童原本生活和疏远大自然的倾向，严重

地影响儿童身心健康发展。

总而言之，传统的蒙古族民间游戏的以上特点符合《幼儿园指导纲要》中对游戏提出的要求：幼儿园游戏应具有综合性、趣味性、活动性的特点。该《纲要》第七条中还明确提出：教育活动的组织形式应根据需要合理安排，因时、因地、因内容、因材料灵活地运用。蒙古族民间游戏完全符合幼儿园课程因时、因地、因内容、因材料开展游戏活动。同时，鉴于蒙古族民间游戏很少受到游戏的时间、地点和材料的限制的这一特点，有易于幼儿随时、随地开展游戏活动。因此，蒙古族传统的民间游戏以上的特点决定其在幼儿园课程中开设的可行性和科学性。

三、幼儿园课程

（一）幼儿园课程的界定

由于学前教育指导理论不同，国内外学者对幼儿园课程的界定侧重点各不相同。本书参照国内学前教育专家朱家雄老先生对幼儿园课程的界定，认为幼儿园课程即实现幼儿园教育目的的手段，是帮助幼儿获得有益的学习经验[①]，促进其身心全面和谐发展的各种活动的综合。这里所指的各种活动，即《幼儿园工作规程》所说的“有目的、有计划地引导幼儿生动活泼、主动活动的多种形式的教育过程”。

（二）幼儿园课程的特点

1. 启蒙性

3—6 岁的儿童具有好奇、好动、好模仿的性格特点，对身边的事物充满好奇心和求知欲。同时，3—6 岁儿童心智发展处于雏形期，需要成年人和教师给予引导。基于该年龄阶段幼儿以直觉性行动思维和形象思维为主的特点，应该给予相应的基础性的幼儿园课程内容，幼儿教师通过幼儿园课程引导幼儿养成良好的习惯和形成正确的做事态度，为以后阶段的学习打下基础。因此，幼儿园课程自然也就担负着启蒙的基本任务。

2. 全面性、生活性

幼儿的年龄特点和身心发展的需要，决定了幼儿园教育目标内容的广泛性，也决定了“保教合一”和“寓教育于一日生活当中”的教育教学原则。儿童只能在生活中学生活、在交往中学交往[②]、在做人中学做人。所以，幼儿园课程带有浓厚的生活化特征，课程内容要来自于幼儿的生活，

---

① 朱家雄．幼儿园课程论［M］．上海：华东师范大学出版社，2003：6－8.

② 冯晓霞．幼儿园课程［M］．北京：北京师范大学出版社，2000.

课程实施更要贯穿于幼儿的生活。

3. 游戏化

幼儿天生喜欢游戏，游戏是幼儿的基本活动形式，同时也是幼儿良好的学习方式。在幼儿园课程中，应正确的处理教学与游戏的关系问题，两者之间的关系式辩证统一的，而非对立的两个方面。幼儿通过游戏的方式学习到日常生活中的很多常识，同时幼儿园课程也可以通过游戏的方式开展教学，让幼儿在娱乐的环境中学习知识。最终，形成“寓教育于游戏中，寓游戏与教育之间”这种你中有我、我中有你的课程模式。为此，《幼儿园工作规程》中明确指出，幼儿园教育工作的基本原则之一，是“以游戏为基本活动”。

4. 潜在性

与传统的中小学课程相比较，幼儿园课程无论在环境设置方面，还是在游戏活动中对幼儿产生着深远的影响，甚至是一生的影响。对幼儿的这种影响是隐性的，有可能不能及时的发现，但是这种影响是潜移默化且长久的。一位著名的诺贝尔奖获得者曾说：一辈子对他影响最大的是幼儿园老师，这件事从一定程度说明幼儿园课程的潜在性。

5. 灵活性

幼儿园的课程是基础性课程，至今幼儿园教育为非义务教育阶段，故幼儿园课程也为非义务教育课程。幼儿园在开展课程方面有自己的灵活性，可以根据本园的特点、本地的实际和幼儿发展的需求，制定相应的“园本课程”。这样为幼儿园教育工作者开展灵活性的课程提供了巨大的空间。

（三）幼儿园课程的类型

1. 依据课程内容不同的组织形式，可将幼儿园课程分为六类

（1）分科课程，指的是根据培养目标和科学发展水平，从各学科中选择适合一定年龄阶段儿童的发展水平的知识，依一定的逻辑顺序加以编排组成教学科目。

（2）相关课程，指由两个或两个以上的科目建立共同的关系，但各科目仍保持其自身的逻辑体系和独立的学科地位。

（3）融合课程：学科原有的逻辑淡化，各学科之间在面上的联系有所增强，不同学科融合后所形成的新学科的整体逻辑正在逐渐产生，但尚未形成。

（4）领域课程：这里的领域即可指知识领域，也可指幼儿的发展领域。其主要特点是各学科原有逻辑逐渐消失，相互间的联系进一步加强，

形成了相对独立的知识领域或发展领域。同时，各领域或领域整体的逻辑发展得较为成熟，已基本取代了学科逻辑。

（5）核心课程：从社会现实和幼儿的需要、特点出发选择出一个个主题，以此为核心将相关内容组织起来，这样形成的一个个向心型单元按一定的线索组织起来便构成了核心课程。目前人们提到的单元课程、主题课程就属于此类。

（6）活动课程：以儿童的兴趣、需要和能力为出发点，通过儿童自己组织的活动而实施课程。活动课程打破了学科本身的逻辑，注重儿童的学习过程本身。活动课程贴近儿童的生活，易于让幼儿理解和掌握，不易于儿童系统的掌握知识。[①]

以上对幼儿园课程类型的划分，可以从图4—4中直观的看出其间的不同。

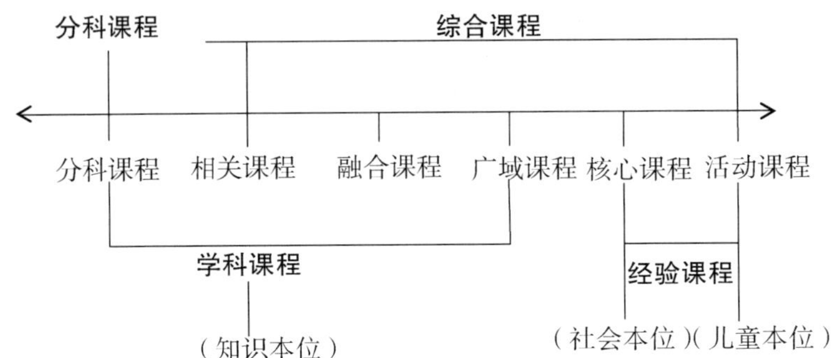

图4—4 幼儿园课程类型

2. 依据课程课程决策的层次的不同

美国学者古德莱德依据课程决策的层次，把幼儿园课程分为理想的课程、正式的课程、领悟的课程、实行的课程和经验课程。

（1）理想的课程：由研究机构、学术团体和课程专家提出的应该开设的课程

（2）正式的课程：由教育行政部门规定的课程计划、课程标准和教材

（3）领悟的课程：任课教师实际理解领会的课程

（4）实行的课程：实际反映在教育教学过程中的课程

（5）经验的课程：学生实际体会到的课程

① 朱家雄．幼儿园课程论［M］．上海：华东师范大学出版社，2003：9－11.

3. 依据课程不同的表现形式

（1）显性课程，是有目的、有计划、有组织地开展的学习活动。学生有意识地参与活动的成分很大。在幼儿园中主要通过课堂教学而获得知识和能力，幼儿在此课程中获得的主要是预期性的成果。

（2）隐性课程，是无计划、无组织的学习活动，学生在学习活动中主要获得的隐含于课程中的经验。学生主要通过学校环境而得到知识、经验和价值观，所获得学习结果是非预期性的。

4. 依据课程主体内容来分

（1）一元课程，是一种“主流中心的课程”，这是一种以占主导地位的民族的文化、历史、立场和经验为中心而设置的课程。

（2）多元文化课程，即幼儿园课程中根据本地的实际情况，在幼儿园课程中添加本地的文化和特色等内容，开展适合幼儿的多元文化课程。在多元文化社会中，尤其是在多民族的中国，文化内容丰富多彩、文化形式多种多样，课程面临着文化选择的问题。多元文化课程即要能体现各种文化之间的差异，同时在尊重各种文化的同时，也要将主流文化与少数族群的文化整合成为一体。

四、蒙古族传统民间游戏与论文指导思想之间的关系

（一）文化生态学与传统民间游戏之间的关系

文化生态学（cultural ecology）是一门将生态学的方法运用于文化学研究的新兴交叉学科，是研究文化的存在和发展的资源、环境、状态及其规律的科学。文化生态学的鼻祖斯图尔德提出：文化与生态环境是不可分离的，他们之间相互影响，相互作用，互为因果。一方面，民间游戏是人类适应当地环境（自然环境和社会环境）的基础上产生的，用于娱乐身心的一种消遣方式。作为文化的重要组成部分的民间游戏对于幼儿身心发展以及性格的养成具有重要的作用。另一方面，由于人们生存的环境不同导致不同地域性格的产生。而不同地域性格的人们又创造了不同的文化和风格各异的传统民间游戏。作为文化一部分的民间游戏也反作用于环境。地域和文化的相同导致幼儿会产生相似的思维模式和价值观念，即一定的地域性格特点。传统的蒙古族民间游戏是蒙古族地区典型的气候环境和文化共同作用的结果，游戏中隐含着传统的蒙古族人们热爱、敬重大自然的和谐环境价值观，此价值观将通过游戏的方式传授给幼儿。（如图 4—5）

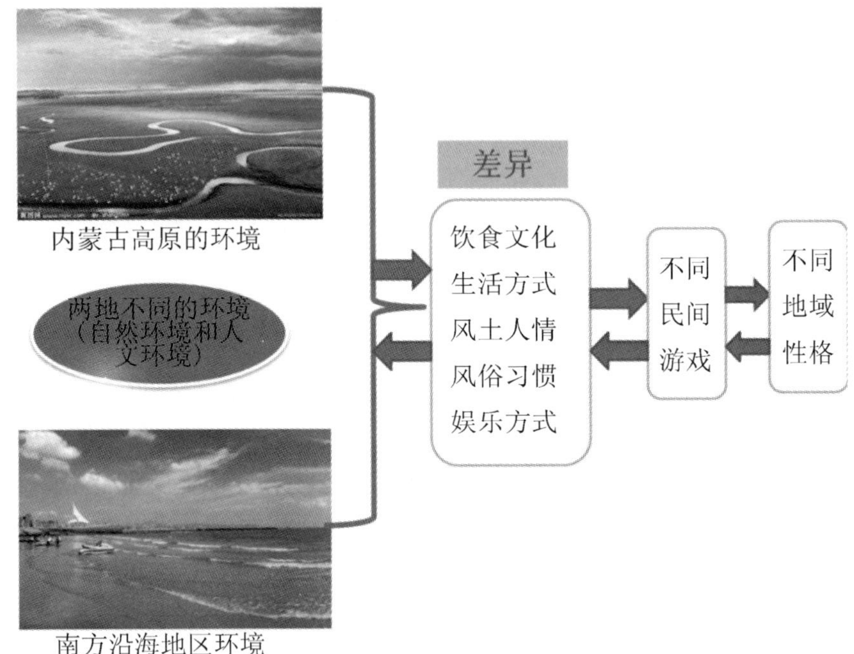

图 4—5 生态环境与传统民间游戏的关系结构

如图 4—5 所示：不同气候环境和地域特点导致不同的饮食文化、生活方式、风土人情等，从而造就不同类型的传统民间游戏。在漫长的文化发展过程中，不同地域的人们表现出不同地域性格特点。以内蒙古地区的蒙古族和海南地区的黎族为例。内蒙古自治区的地理环境特点为地域广袤，所处纬度较高，高原面积大，气候以温带大陆性季风气候为主。同时，有降水量少而不匀，风大，寒暑变化剧烈的特点。海南岛地处热带北缘，属热带季风气候，常夏无冬，雨量充沛。两地不同的地理环境和气候造就了两地不同的饮食文化、生活方式和风俗习惯，蒙古族地区以食肉为主，口味偏重；而海南的黎族则饮食清淡，且多食海产品。从而导致两地民族不同的传统民间游戏形式和不同的地域性格。与此同时，不同的地域性格的人们在不同的文化的作用下，拥有者不同的自然观和价值观。

（二）多元文化思想与传统民间游戏之间的关系

根据费孝通有关“中华民族多元一体格局”的观点，蒙古族传统文化是中华民族文化中的一元。而传统的蒙古族民间游戏是蒙古族传统文化的重要组成部分和具体表现形式。那么，传统的蒙古族民间游戏则是博大的中华民族传统文化中的一小部分。如图 4—6 所示：

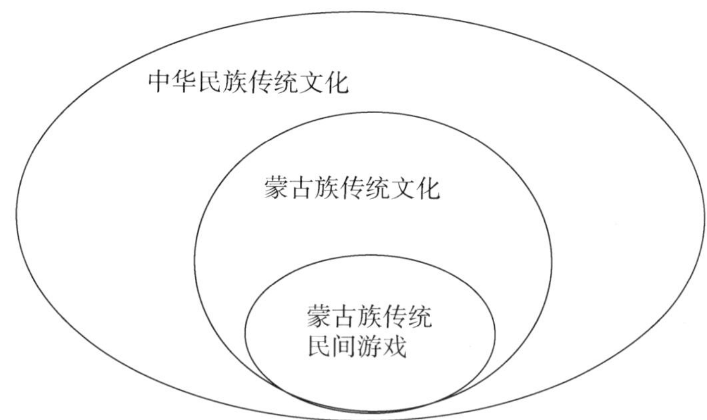

图 4—6 蒙古族传统民间游戏与中华文化的关系

历史上我国春秋战国时期出现文化大发展、大繁荣的时期，产生了文化多元的盛世。历史告诉我们要想达到文化的大发展大繁荣，需要尊重和发展各个民族或者是族群的文化，并为其提供自由、宽松的学术环境。当前，要想发展中国传统的文化，发展作为中华民族文化组成部分的少数民族文化是产生多元文化的前提。因此，保护、传承和发展蒙古族传统文化中的传统民间游戏是保护多元文化现状的有效方式，有利于促进“中华民族多元一体”格局的形成。而对蒙古族传统游戏保护的最好的办法就是，从幼儿开始教育蒙古族学生学习掌握、继承和发扬传统的蒙古族传统民间游戏。而在各个不同教育阶段中，传统民间游戏最适合在幼儿园课程中开展。我国幼儿园指导纲要中明确说明：“游戏是幼儿活动的基本形式”。若把民间游戏内容设置在课堂内容中，幼儿会对其产生兴趣的同时伴随着愉快的体验。因此，民间游戏进入幼儿园是幼儿学习本民族文化的最佳方式之一。民间游戏的传承和开发将有利于保证文化的多样性，丰富中华传统文化。

（三）幼儿园课程与传统民间游戏之间的关系

幼儿天性活泼好动、爱玩耍，游戏是幼儿学习的一种方式，也是幼儿的基本活动。而传统的民间游戏是历代传承至今的宝贵财富，存在传承的价值和意义。幼儿园课程设置要求课程内容具有趣味性、生活性和启蒙性的特点，课程设置应根据幼儿身心发展的特点。而传统蒙古族民间游戏的趣味性、传承性、民族性与生活性的特点恰恰符合幼儿园课程的内容的要求，且民间游戏课程内容还能传承和发扬本民族的传统文化。因此，在幼儿园课程中开展传统的民间游戏即符合幼儿身心发展的需求，又能发挥传统民间游戏传统文化的作用。

第四节　蒙古族民间游戏在幼儿园课程中实施的价值

一、蒙古族传统民间游戏在幼儿园课程中实施的价值分析

随着各领域对于幼儿游戏研究的深入，学术界已经对游戏在促进幼儿身心发展发挥着不可替代的作用的事实和“游戏期”的存在达成了共识。大量研究表明，在幼儿期间，拥有自由游戏环境的幼儿长大后其表现相对优于缺少游戏环境的幼儿。尽管蒙古族民间游戏在促进蒙古族幼儿成长方面曾经发挥了巨大的作用，可是面临当今信息化和电子化的时代，蒙古族传统民间游戏已渐渐被遗忘和忽略。当人类迈入电子化与信息化的时代，出现了一个不争的事实：少年儿童花在网络游戏上的时间，越来越多地挤压着其身体活动时间。由于一部分少年儿童沉溺于网络，导致少年儿童网络游戏成瘾成为一个社会亟待解决的问题。而作为游戏重要组成部分的民间游戏却有着当今网络游戏所不可比拟的优势。笔者对传统的蒙古族民间游戏的优势主要从宏观角度、中观角度和微观角度给予分析。

二、蒙古族传统民间游戏在幼儿园课程中实施的宏观价值分析

就宏观角度而言，依据文化生态学理论，一方面，内蒙古地区的草原生态环境塑造了蒙古族逐水草而居的游牧生活方式，特定的环境形成了蒙古族特有的草原游牧文化。传统的蒙古族民间游戏的方式、内容和材料的活动等，都受到当地地理环境和气候的制约。蒙古高原的自然环境和游牧的生存方式，促使蒙古族酷爱骑马、射箭、摔跤和驯养动物等传统民间竞技方式，这种以体育为主的游戏方式造就了健壮的身材。由于游牧的生活方式主要受到大自然的制约，畜牧业的好坏主要靠天吃饭。因此，蒙古族人们对大自然敬爱有佳，具有人与自然和谐相处的传统自然观。鉴于此，在幼儿园中开设传统的民间游戏时，有必要为幼儿创设相应的环境，这样有利于幼儿学习游戏外传统的民族文化。另一方面，蒙古族人们在传统的敬畏与爱护环境的观念影响下，保留着与大自然动植物和谐相处的理念。在这样的理念的影响下，蒙古族人们通过禁忌、宗教教义等方式限制人们破坏环境的行为。也就是说，在传统的环境观影响下的蒙古人以和谐的方式对待身边的环境（自然环境和社会环境）。这种观念常常在传统的蒙古族民间游戏中体现出来。例如，幼儿从小就知道“火”是一种禁忌。因

此，幼儿小时候要远离火，在草原上不准玩火。以现在科学的角度解释，我们会发现此禁忌的科学性。草原上一旦起火，将造成无法弥补的损失，况且认为灭火几乎是做不到的。再如，蒙古族人认为水是圣洁的，不可玷污水资源。在生活中和游戏中，长辈都会教育孩子要热爱动植物，节约用水，爱惜水资源等环保观念。因此，亲近大自然的蒙古族传统民间游戏有利于幼儿形成良好的环境保护意识。

三、蒙古族传统民间游戏在幼儿园课程中实施的中观价值分析

中观角度上讲，蒙古族民间游戏是一种宝贵的蒙古族非物质文化遗产。对于民间游戏的保护和开发不仅是对于非物质文化遗产的保护，同时也是民族文化的传承与保护的一部分。传统的蒙古族民间游戏是几世纪以来文化历史发展过程中创造出来的，它是中华民族文化的一部分①，作为后来人应当继承和发扬它。传统的民间游戏是中华民族多元文化的重要组成部分，民间游戏的保护有利于文化的繁荣与发展。而在幼儿园开展民间游戏，是对民族文化的尊重更是对民族文化的继承发展。

四、蒙古族传统民间游戏在幼儿园课程中实施的微观价值分析

从微观角度说，由于幼儿园课程的实施的最终目的是促进幼儿身心健康和谐发展，幼儿是课程教学的“主体”。因此，是否能够促进幼儿身心健康发展，是蒙古族民间游戏在幼儿园课程中实施成功与否的衡量标准。故本研究着重探讨传统的蒙古族民间游戏对于蒙古族幼儿发展的作用。然后，考虑蒙古族民间游戏对幼儿家长和幼儿园方面的价值所在。

根据加涅的学习目标分类体系，学习目标分为幼儿的认知、情感态度、动作技能、言语功能四个方面的发展。笔者按照加涅的学习目标分类体系，分别介绍蒙古族民间游戏在幼儿园中开展的价值有以下几个方面：

（一）对于幼儿身心发展的价值

1. 认知技能方面

（1）有利于幼儿智力的发展，尤其是记忆力

美国心理学家布鲁姆通过大量跟踪调查研究得出这样一个结论：如果把 17 岁时所能达到的普通智力水平看作是 100%，那么，从出生到 4 岁这一阶段可获得 50% 的智力，4 岁到 8 岁这一阶段又能获得 30% 的智力②，

---

① 龙明慧，梁华．民间游戏的特点及在幼儿园教学中的价值［J］．学前教育，2011（12）．

② 但菲．幼儿园心理发展与教育［M］．北京：人民教育出版社，2010：6.

其余的20%的智力则是在8岁到17岁这一阶段获得的。在蒙古族传统的民间游戏中，有很多游戏是需要幼儿动脑思考或者是记忆的。幼儿为了获得因参加游戏而寻求的快乐，他们会自觉地进行记忆或者是动脑思考。在这个过程中幼儿纯粹是一种主动性的、创造性和独立性的思考与记忆，在游戏活动中锻炼了自己的智力。以传统的蒙古象棋这项民间游戏为例，幼儿除了要熟记象棋的规则和玩法之外，还要思考对方将走哪一步，然后自己如何根据对方的战术而下棋。在游戏的整个过程中，是一个注意力高度集中的智力比拼的过程。再如，像猜谜语和伴儿歌做游戏的这种游戏，则需要幼儿不断的思考和背诵。所以说，蒙古族民间游戏在促进幼儿智力的发展方面有着不可替代的作用。在幼儿园课程中开设蒙古族民间游戏，有利于在游戏情景中培养幼儿的记忆能力和规则理解能力。

（2）培养幼儿良好的动手操作能力和手眼协调能力

蒙古族民间游戏所需的材料通常都比较简单，很容易从生活中找到。即使需要动手制作，制作的过程也很容易。幼儿时期本身就有好奇、好动、好模仿的特点，如果家长或教师再稍加给予引导，幼儿很快就会学会制作玩具的过程。比如我们玩过的打沙包，只需要几块布条，里面放上沙子或者大米之类的东西缝好就可以了。幼儿如果能在老师或家长的指导下自己完成这个制作过程，不仅会产生莫大的满足感，而且还会感受到制作过程和玩耍过程带给他们的双重快乐。更重要的是游戏所用材料是幼儿亲自动手做的，凝聚了他们的心血和汗水，他们就会倍加珍惜这个玩具，对这个玩具产生的兴趣也会更持久。这些通过幼儿亲手制作完成的传统游戏都是非常宝贵的资源和财富，通过手脑并用，充分发挥了幼儿的主体性和创造性，幼儿在尝试中摸索，在参与中感受快乐与成就感。蒙古族传统的民间游戏“抓嘎拉哈”就是培养幼儿良好的手眼协调能力的民间游戏，玩者要在看着嘎拉哈样式的同时，心中要思考着要抓哪一个，还要手疾眼快的抓到那个嘎拉哈的同时不能碰到旁边的嘎拉哈。所以说，抓嘎拉哈锻炼幼儿手的灵活程度，还会锻炼幼儿眼睛的观察能力。幼儿动脑筋思考如何让最近的嘎拉哈不动的同时，把另一个嘎拉哈抓起来。抓嘎拉哈的整个过程是一种全方位的锻炼幼儿身心发展的过程。

（3）蒙古族民间游戏有利于培养幼儿的想象力和创造力

“海中亥”是一种深受蒙古族儿童喜欢的游戏。其内容是：幼儿对大人们日常生活进行模仿的角色游戏。在“海中亥”游戏中，可以充分的激发幼儿潜在的想象力和创造力。由于传统的民间游戏材料简单易得，他们会想象一根树枝就是匹马，一堆石子就是一群羊，把自己想象成“妈妈”

等样子，模仿家庭中父母的言语、动作和行为。幼儿自由的进行角色游戏，可以充分地体现幼儿活动的主动性、独立性和创造性。更重要的是幼儿在体验扮演的成就感和愉悦感的同时，也学会了父母如何待人接物的方式。她们在玩“海中亥”游戏的过程中，动脑把向日葵的头想象成王冠，在王冠上插一朵小花就变成了公主帽，不仅可以当做遮阳的凉帽，还可以作为自己的车轮。在这个玩耍的过程中，幼儿不仅体验到了成功创造的快感，在游戏中潜移默化地培养了幼儿的想象力和创造力。

2. 语言技能方面

（1）民间游戏促进幼儿语言的学习和发展

0—6 岁是幼儿口头言语发展的关键期。游戏可以促进幼儿口头语言的学习与发展。研究表明，语言是幼儿在游戏活动中交往的重要媒介，而游戏为幼儿运用语言交往创造了具体的情景。通常幼儿在游戏中说话的积极性高，以便达到与同伴交流的目的。例如，为了与伙伴一起玩堆沙子游戏，他会变化说话的方式，运用不同的策略和口吻来达到自己的目的。他们运用的句型丰富多样，包括陈述句、疑问句、设问句、反问句，而且能够根据不同的交往对象来使用不同的语气、语调。例如对比自己年龄小的伙伴说明一件玩具时，话语简短而且多次重复，不时进行提示以引起对方的注意。对成人说明时，则多使用较长、较复杂的句子。游戏可以帮助幼儿掌握语言交往的基本规则。共同参与、轮流、等待、对对方做出积极地反馈等，是社会性交往的基本框架，也是语言交往应遵循的基本原则。在幼儿的游戏中，尤其是想象游戏中，幼儿往往边说边玩，语言往往起到组织幼儿游戏思路的作用，不仅增强了游戏的逻辑性和连贯性①，而且也可以增强语言本身的连贯性和逻辑性。

（2）游戏促进幼儿社会性的发展

游戏是幼儿社会性交往的主要形式，也是他们社会性发展的重要途径。其中，说明游戏与社会化之间关系的要数哈罗做的“游戏与小罗猴社会发展”为最有代表性的实验。该实验把小罗猴分成两组喂养。一组罗猴与他们的母亲在一起生活，完全没有同伴交往；另一组罗猴与一个布做的母猴生活在一起，但有与同伴交往和游戏的机会。研究结果表明，与母亲在一起生活但缺乏伙伴交往的小罗猴，长大以后在社会性与性行为方面发展滞后，他们的同龄伙伴不能接受他们，甚至对他们表现攻击性行为。相

① 刘焱．幼儿教育概论［M］．北京：中国劳动社会保障出版社，1999：235.

反，有同伴交往和游戏机会的罗猴，虽然被剥夺了真正的母爱，但是在以后的社交与性行为上发展正常。由以上实验我们可以推断：同伴游戏为罗猴提供了重要的社会性经验，而这种经验是父母所不能提供给他们的。以上的实验表明[①]，在幼儿游戏中，与伙伴交往对于幼儿社会性的发展有着不可替代的作用。而蒙古族传统民间游戏大都是群体游戏，需要和别的同伴在一起才能完成游戏、体验游戏的乐趣。这有助于幼儿摆脱自我中心主义，培养幼儿的协作能力，同时促进幼儿良好的社会性的形成。现在的家庭大多是独生子女，父母把孩子视为掌上明珠，尽自己的一切能力来满足孩子的需要。尽管这样可以让幼儿感到一种自我的满足，但会导致幼儿不会为他人着想，形成自私的性格特点。因此我们时常在幼儿园见到几个小朋友为了一个玩具而争抢，谁都不退让，其实有时候他们并不是想玩这个玩具，而是觉得自己想要的东西就必须是自己的，根本没有谦让的概念。这样长时间下去，会造成幼儿自私、高傲、没有同情心、孤僻等一些坏毛病的养成。而传统蒙古族民间游戏正从根本上解决了这个问题，由于游戏本身的限制，幼儿不能独立开展游戏，必须和别的小伙伴合作才能游戏。而合作本身就是一种很好的交流，通过合作让幼儿学会与人和睦相处，体验合作带给他们的快乐成果。同时对幼儿的交往能力、忍耐力都是一种很好的锻炼。

大量的研究表明游戏是儿童参与他们的社会文化生活的重要途径，具有重要的社会文化适应功能。文化适应（enculture），亦称“儒化”，是个体接受文化熏陶影响而“文化化”的基本过程，是文化对个体的同化，同时是个体学习文化，形成特定的社会生活能力的过程。个体的文化适应有不同的途径，游戏是儿童早期文化适应的基础。[②]

3. 智慧技能方面

按照加涅的课程目标分类体系，学会使用符号与外界环境保持接触的能力就是智慧技能。它回答是“知如何”的问题，其典型形式是规则。智慧技能是人类习得性能中最重要的一种，也是人们“受教育”的实质意义所在。智慧技能还可以分为若干个亚类，辨别—概念—规则—问题解决（高级规则）。每一种智慧技能的学习，都以前面较简单的技能为先决条件。蒙古族的鹿棋游戏是培养智慧技能的重要体现，它不仅要求幼儿掌握每个棋子的称呼，然后要熟知该游戏的复杂规则，同时要知道如何采用明

① 刘焱．儿童游戏通论［M］．北京：北京师范大学出版社，2013：33.

② 刘焱．儿童游戏通论［M］．北京：北京师范大学出版社．2013：41－42.

智的走法把对方打败，整个过程中都存在着辨别、规则和解决问题的环节。在整个下棋的过程中，是对幼儿智慧技能的一种提升。

4. 情感、态度和价值观方面

（1）热爱大自然和生活，到大自然和大社会中学习

在大自然和大社会中学习，符合陈鹤琴的在大自然中学习的思想。传统游戏对游戏场所也有一定的要求，像在草原和沙堆中摔跤、骑马这些游戏必须在室外才能进行，幼儿在户外可以呼吸到新鲜的空气，享受温暖的阳光，同时还可以交到许多同龄的伙伴，这些对幼儿的发展都是很有利的因素。儿童从小就有对大自然充满好奇的天性，他们喜欢闻一闻、看一看、摸一摸，通过各种感官认识大自然。与同伴在大自然中共同游戏玩耍，培养了幼儿热爱大自然的情感，养成蒙古族幼儿宽广、包容的博大胸怀。而现代游戏更多的是把幼儿拘束在家里狭小的空间内，摩天大楼更是阻碍了孩子之间交往的可能，幼儿只能独自在家里独自玩耍。父母还常常规定孩子哪些游戏能玩哪些游戏不能玩，玩耍在不能摔坏东西的前提下进行，要玩“静止”的游戏。所以我们看到在家里，幼儿静静地坐在地上，手拿遥控器，控制着手中的玩具。这样的结果会导致孩子活动不开，身体得不到锻炼。这样不利于幼儿情绪情感的发展，容易形成幼儿以自我为中心，不会关怀他人，导致他们形成孤僻的性格。我们应该让幼儿回到大自然当中去，充分利用大自然这本教科书，让孩子们在大自然中得到充分的活动，使孩子们产生对大自然和生命的热爱之情，健康快乐的成长。

（2）培养幼儿的成就感、自我认同感

因为蒙古族民间游戏的易学、易教的特点，有利于幼儿增强自己的自信心和成就感。其中，蒙古族摔跤就是一个典型的代表。首先，摔跤很容易学会，但是要想掌握摔跤的技巧和智慧并不是一件容易的事情。其次，蒙古族摔跤遵循“一跤定胜负”的原则。摔跤的过程并不仅仅是体力的较量，同时更是忍耐力、勇敢等人格品质的较量。幼儿在摔跤中体会到的胜与败，有利于幼儿正确的面对成败。让幼儿明白：一次成功和一次失败并不能代表什么，贵在坚持、耐力和勇气，培养幼儿从小抗挫折能力。在一次次成功与失败中，幼儿不断地正确评估自己，摆正自己的位置，不断增强自信心与耐心。良好的自我认同感的形成有利于幼儿在以后的学习和生

活中不气馁不骄傲[①]，以一颗平和的心态对待身边的事情，达到“不以物喜，不以己悲”的平衡状态。

（3）通过了解本民族的民间游戏，培养幼儿民族认同感

民族认同感是使本民族人们聚合在一个群体中的情感，是一种使其成员对某些人比另一些人感到更亲近的情感。认同感的形成是在伦理观念、价值观念相同的同一文化背景下形成的。蒙古族民间游戏中的歌谣不仅是蒙古族人民世世代代的抒发情感的方式，而且是蒙古族人民世代的智慧结晶。幼儿在愉快轻松的歌谣伴随下，不仅拥有愉快的体验同时掌握了本民族的歌谣内容以及旋律。该游戏对于民族文化的传承与延续具有积极的意义。再如，蒙古族传统的节日那达慕大会是蒙古族文化的重要表现形式。在幼儿园中也可以开展幼儿园那达慕大会，通过开展幼儿园开展那达慕大会，使幼儿了解并参与到那达慕大会的游戏项目中，是培养幼儿民族认同感的生动活泼方式。

5. 运动技能方面

（1）有利于幼儿强身健体，从而提高幼儿体质

蒙古族传统游戏与现代游戏相比，其宝贵之处就在于它的“动”。大部分传统游戏都是在“动”中实现的如：海中亥、骑马、摔跤等游戏。这些游戏不仅需要身体的不断运动来实现，而且更需要的是掌握一定的平衡才可以保持身体协调。以蒙古族摔跤为例，在摔跤的过程中不仅是力量的较量，同时要掌握自己身体的平衡，找到身体的重心眼疾手快趁机摔倒对方。一场摔跤有时会持续很久，因此也是一种耐力的比拼。正是这种平衡对于幼儿大脑结构的发展十分重要。经常玩这种游戏可以使幼儿身体各部位协调发展，有助于儿童左右脑平衡发展。[②] 尤其是草原上幼儿彼此间的追逐打闹和摔跤，可以从小培养幼儿勇敢和顽强的精神，锻炼幼儿耐力的同时，更重要的是锻炼了幼儿强壮的身体。

（2）有助于幼儿良好习惯和良好心理素质的养成

蒙古族民间游戏既有娱乐性又有竞争性。蒙古族民间游戏中的竞争性潜移默化的锻炼了幼儿正确面对成功与失败的能力。游戏中，有竞争就会有人成功有人失败。对于幼儿来讲，让他们认识失败、正视失败，并从失败中得到启迪，教会他们要正确面对挫折，形成良好的意志品质是最重要

---

① 朱华，蒋东升．教育学视角下传统民间游戏与竞技的价值研究［J］．南方体育学院学报，2012（02）．

② 陆永婷．从传统游戏看学前教育［J］．管理观察，2009.

的。以传统游戏摔跤来说，蒙古族摔跤讲究“一跤定输赢”，尽管在摔跤过程中自己很有实力，不过一时的疏忽都有可能导致失败。蒙古族摔跤不仅是彼此之间力量的纯粹较量，更是两人之间忍耐力、毅力、专注度、技巧和心理素质的较量。摔跤中彼此之间虽然说是对手，但是绝不会“乘人之危”，在对方没有准备好的情况下，绝对不会乘机下手。这充分的表现对于对手的尊重，尽管双方摔跤定胜负之后很累，但都要与对方握手和像评委致谢。这有利于幼儿形成良好的习惯和学会做事的态度。所以说，摔跤可以全方位的锻炼幼儿的心理素质。在摔跤的过程中，幼儿逐步地树立信心，一次比一次有经验，并对有进步的幼儿给予表扬和鼓励，让他们知道失败并不可怕，可怕的是失败后不敢面对。这种在实际活动中潜移默化的教给幼儿很多有价值的知识，对于幼儿阶段良好习惯的养成足至关重要。

（二）对于幼儿园方面

1. 节省幼儿园玩具材料开销，开展游戏简单易行

蒙古族传统民间游戏材料易得，大部分游戏的开展不受到场地、时间限制。材料大部分是日常生活中随手所得的，幼儿园可以让小朋友从家里带材料的方式，或者是幼儿与家长合作利用废物动手制作玩具，这样也是一种环境保护的一种方式。可以为幼儿园节省玩具的开销。同时，场地要求的随意性为幼儿园节省了一部分场地需要而出现的开销，这样有利于幼儿园对财力资源进行合理有效的配置财。民间游戏的该特点方便幼儿园随时随地在幼儿课程中开展传统民间游戏。

2. 与呼市蒙古族幼儿园创办“民族特色幼儿园”的宗旨相符合

呼市蒙古族幼儿园作为内蒙古自治区先进的幼儿园代表之一，本着以创办具有蒙古族民族特色的“民族幼儿园”为宗旨。在蒙古族幼儿园中开展蒙古族民间游戏，恰恰是该幼儿园所具有特色的一方面，即达到了符合该园的办园宗旨的目标，同时又有利于蒙古族幼儿了解本民族文化，传承和发展本民族文化。在幼儿园中开展传统的蒙古族民间游戏，将集中体现了蒙古族幼儿园的办园特色和办园宗旨，为内蒙古地区培养民族的栋梁之才。

3. 有利于多元文化的继承与发展

一方面，幼儿教育阶段是正规教育的准备阶段。幼儿期又是幼儿语言、思维、动手能力、记忆能力形成的关键时期，幼儿阶段的教育为其他阶段的学习打下基础，将影响到以后各个阶段的教育。在幼儿教育中开展传统的民间游戏的学习，有利于幼儿掌握传统文化及其隐性的课程，有利

于继承和发扬该种文化。同时，当代幼儿对于传统文化的传承与发展将有利于多元文化的发展。另一方面，幼儿园作为幼儿快乐成长的机构，开展蒙古族民间游戏有利于幼儿在轻松愉快的氛围中学习，体现游戏是幼儿的基本活动的原则。

4. 民间游戏有益于幼儿园课程各学科的整合

如果将传统民间游戏与幼儿园各学科教学和学习相联系，那么游戏可以成为一种有效的整合机制。通过传统的蒙古族民间游戏学习传统文化的方式，可以保证幼儿在游戏中学习文化。传统民间游戏在不同学科之间起着衔接的作用，打破不同学科与学科之间的界限，有益于幼儿园融合课程和活动课程的开展。

（三）对于家长方面

1. 在幼儿园中开展传统的蒙古族民间游戏符合家长的意愿

本研究通过深入访谈幼儿家长了解到：绝大部分幼儿家长非常赞成在蒙古族幼儿园中开展他们儿时玩过的传统民间游戏，并愿积极配合幼儿园开展蒙古族民间游戏。首先，幼儿家长切身体会到自己在童年时期玩游戏过程中带来的快感，并感觉童年玩的游戏对以后的学习、工作甚至生活都有一定的影响。认识到传统的蒙古族民间游戏的价值所在。其次，幼儿家长认为在幼儿园课程中开设传统的蒙古族游戏，有利于幼儿了解本民族的文化。幼儿在玩耍中感受本民族的传统文化是一种“双赢”策略。再次，传统民间游戏玩具易得和容易学习的特点深受家长的喜欢。在保证幼儿快乐游戏的同时，可以减少在游戏材料上的支出。

2. 有利于建立良好的亲子关系

笔者经过深度访谈发现：幼儿家长陪幼儿玩耍的时间不多。当问及什么原因导致跟孩子玩耍的时间很少时，一部分幼儿家长反映孩子自己摆积木或者是玩电动汽车就好了不需要家长跟着玩。还有一部分家长表示：有些游戏我小时候没玩过，家长都不懂如何玩耍。亲子之间较少的交往将不利于幼儿良好亲子关系的建立，而传统的蒙古族民间游戏的群体性特点，要求需要有人配合才能进行。况且，对于幼儿家长而言，大部分传统的民间游戏他们小的时候都玩耍过。这样不仅可以陪幼儿玩耍，同时了解游戏规则，家长在玩耍过程中也找到了童年的快乐。故传统的民间游戏在亲子间的玩耍有利于建立良好的亲子关系。

五、蒙古族民间游戏在幼儿园课程中的实施情况

（一）选取呼和浩特市蒙古族幼儿园为调研点的原因

由于受笔者的财力、物力和人力的限制，本研究仅以有代表性的一所民族幼儿园作为调研点。本研究主要的调研地点为呼和浩特市蒙古族幼儿园，访谈的对象为教授蒙古族民间游戏的幼儿教师、有经验的“老教师”①、幼儿园园长、幼儿园科研主任和幼儿家长。选择呼和浩特市蒙古族幼儿园为调研点有以下几方面原因。一方面，呼和浩特市蒙古族幼儿园为内蒙古地区先进的全蒙语授课的蒙古族幼儿园，是民族幼儿园中的代表。另一方面，该幼儿园正在开展“蒙古族传统幼儿游戏资源开发的研究”的课题研究。基于以上原因，笔者选择呼和浩特市蒙古族幼儿园作为调研点。

（二）呼和浩特市蒙古族幼儿园的简介

呼和浩特市蒙古族幼儿园始建于 1982 年，是一所用蒙古语授课的内蒙古自治区、呼和浩特市两级重点一类甲级寄宿制幼儿园，占地面积 13200 平方米，建筑面积 12800 平方米。2007 年赛罕区区委、区政府投资近 30 万元，对该园进行了整体改造建设。2008 年竣工的 6200 平方米新教学楼与旧的教学楼相连，在外观造型上具有整体性且美观大方，不仅符合幼儿审美特点，而且建筑本身具有浓厚的民族特色。幼儿园设大、中、小三个年级 18 个教学班，现有幼儿 678 名，在岗职工 68 名，聘用教师 30 名。其中蒙古族教师占 95%。教师队伍中具有本科学历的教师有 28 人，大专学历的教师有 26 人，中专学历的教师有 11 人，师范类毕业生占教师总数的 98%，教师合格率为 100%。其中具有高级职称的教师 13 人，中级职称的教师有 36 人，初级职称的教师有 15 人。

建园 20 多年来向呼市地区各类学校培养输送了 1 万余名合格的小学生，为呼和浩特市民族基础教育事业做出了贡献，得到了上级部门的肯定和表彰。1999 年通过验收成为内蒙古自治区示范性幼儿园，2000 年被认定为自治区文明单位，2006 年评为内蒙古人民满意的“金牌形象使者”的荣誉。2008 年被呼市教育局、呼市民委评为民族学校内部管理“5A”级管理；2012 年被呼市教育局评为“五星级放心食堂”、“绿色生态校园”；2013 年荣获乌兰夫蒙古语语言文字奖“先进集体”、“自治区节水型单

① “老教师”是指由在该幼儿园工作过多年，且具备丰富的幼儿教育经验的幼儿教师。

位”；连续18年被上级部门评为“教育先进单位”。2012年年初市政府将我园纳入市政府为民办实事、全市改建10所幼儿园重点项目之一。2013年市政府将鄂尔多市路29中对面“商贸学校原址”划给我园，占地面积45亩。预计建设一所拥有18个教学班，容纳600名幼儿的自治区一流的民族幼儿园。现正在立项、设计阶段。

图4—7 呼和浩特市蒙古族幼儿园

在新世纪里，该幼儿园将以“培养健康、睿智、富有创造性的新一代蒙古族儿童”为办园宗旨，以“倾心于孩子的今天着眼于孩子的明天”为目标，努力营造和谐的校园文化，运用科学的办园理念，创造良好的育人环境，建设高素质的师资队伍，使呼市蒙古族幼儿园成为自治区一流的、富有民族特色的民族幼儿园而努力。当前呼市蒙古族幼儿园把蒙古族民间游戏纳入到幼儿园课程中的实施情况，主要从幼儿园、幼儿教师、幼儿家长和游戏课程过程的观察几方面进行细致而具体的介绍。

（三）幼儿园“蒙古族传统幼儿游戏资源开发的研究”课题开展情况

1. “蒙古族传统幼儿游戏资源开发的研究”课题的研究背景

首先，呼市蒙古族幼儿园对于蒙古族民间游戏在幼儿园课程中开展表示非常支持的态度，并努力通过开展课题研究的等方式在幼儿园各个年级中开展民间游戏。该民族幼儿园积极的响应内蒙古自治区教育部门的指示，重视本民族的民间游戏在幼儿园中的开展。希望通过蒙古族民间游戏在幼儿园课程中开展的方式，不仅达到传承和发展本民族的传统文化的目的，同时增强幼儿对于本民族的认同感和归属感。更重要的是把蒙古族民间游戏放在幼儿园课程中开展与该幼儿园“培养健康、睿智、富有创造性的新一代蒙古族儿童”的办园宗旨一脉相承。该幼儿园正在开展题为“蒙古族传统幼儿游戏资源开发的研究”的课题研究，该课题研究的情况如下。

该课题着眼于当今我国幼儿教育存在着“外化”现象，从刚建国模仿苏联模式到现在西化倾向。因此，幼儿园对此展开幼儿园教育课程与资源的“本土化”研究。同时，民间游戏是幼儿园的基本活动，在建设有特色的“幼儿园园本课程”设想下，把蒙古族民间游戏纳入到幼儿园课程中。从而达到建立有特色的蒙古族幼儿园，更重要的是促进蒙古族幼儿健康快乐的成长。自 2011 年开始，该幼儿园针对蒙古族幼儿游戏开展“蒙古族传统幼儿游戏资源开发的研究”的课题研究。并从试点中吸取了一定的经验和教训。

2. 课题研究人员组成

该课题组在人员选择上，本着确保研究的专业性、科学性、教育性、有效性和可行性的原则，选择了具有教学实践经验的一线幼儿教师、理论功底较深的资深教授，以便保证该研究结果能在实践层面给予指导，同时丰富学前教育领域的理论成果。其主要的成员组成情况如下：该课题组的成员共 12 人，书记一位，教学园长一位，保教主任两位，本科学历 8 人，大专学历 4 人，教授 3 人，中学高级教师职称 5 人，其中一人曾获全国优秀教师称号、全国五一劳动奖章，一人曾获呼和浩特市民族教育先进工作者称号，2 人分别获得过自治区蒙古族幼儿园教学游戏展示竞赛活动一等奖、二等奖，4 人分别获市级蒙古族幼儿园青年教师四象技能大赛二等奖、三等奖。

该课题研究的主要思路：从问题入手，采用调查、访谈等方法，把握内蒙古自治区蒙古族幼儿园传统幼儿游戏资源开发的现状及存在的问题，并对其进行多层次、全方位的系统分析，找出关键因素以及因素之间的内在联系，从而提出解决对策。运用文献研究法和比较研究法，对国内外相关研究资料进行系统深入的理论探讨，以民族教育理论思想、新课程理念为指导，对开发蒙古族幼儿园游戏资源与传承民族文化以及儿童发展之间的关系、民族幼儿园游戏资源开发的指导思想、理论基础、基本原则、方法途径等进行研究。运用行动研究法，通过试点研究，指导教师对蒙古族传统游戏资源进行搜集、分类、筛选和整理，并对其内容进行初步分析，搭建我区蒙古族幼儿园游戏资源库的框架，建立资源共享机制。

3. 课题研究目的、基本思路和原则

（1）课题研究的主要目的

以民间游戏为载体，最终达到促进幼儿全面发展。幼儿园课程应达到并非为游戏而游戏，而是为幼儿的最终全面发展而游戏。

（2）该课题的技术路线与实施步骤

1）组建课题组，选择和确定实验教师与班级，培训教师，更新教师课程理念，提高合理有效利用和开发游戏资源的意识及能力；使教师采用自我行动研究的方法，真正把教师摆在课程开发的主体地位，调动其主动性、积极性和创造性。

2）对内蒙古地区民族幼儿园游戏资源开发和利用的现状及存在问题进行调查分析。重点调查蒙古族幼儿园教师、家长和社会相关人士对民族游戏传统游戏转化为幼儿园游戏资源的家孩子取向、认识水平、资源利用程度以及存在的问题。

3）课题组内部分工明确，做到研究目标和任务明确，责任到人。一方面进行民族幼儿园游戏资源的理论研究，另一方面根据课题总体计划，各实验教师可依据自己的实际情况制订具体研究方案，并体现民族特点。

4）收集和筛选蒙古族传统幼儿游戏，进行分类整理，通过交流、研讨制订具体的开发和利用方案，将方案运用于游戏开展过程，并对其效果进行评估。使教师在开发和利用游戏资源的过程中获得专业提升。

5）将各实验教师的成果进行总结、提炼，初步建立我区蒙古族幼儿园游戏资源库，搭建网络共享平台。

（3）蒙古族传统幼儿游戏开发的基本原则

该研究坚持凸显民族性、地域性、精品性、实效性适宜性、发展性和创新性的原则。

（四）蒙古族民间游戏在幼儿园课程中的实施情况

1. 蒙古族传统民间游戏在幼儿园课程中开展实施情况

通过深度访谈调查发现：呼和浩特市蒙古族幼儿园申报该课题后，现在着手开展着的工作主要包括以下几个方面。

首先，教学主任给幼儿教师分配任务，搜集蒙古族民间游戏。教学主任通过开会的形式把各班级教学教师召集在一起，讲述开展民间游戏的重要性。大家集思广益思考如何有效地搜集传统民间游戏。最后，以给每位幼儿教师分配任务的形式，让每位老师以多种形式收集传统的蒙古族民间游戏。

其次，课题组成员对搜集到的蒙古族民间游戏资料进行分类整理，从中筛选出适合幼儿的民间游戏。根据不同年龄阶段幼儿身心特点，对筛选的民间游戏进行加工整理，选择适合不同年龄阶段儿童的儿童游戏在不同班级中开展。其中，幼儿教师搜集民间游戏的方式主要有：从网络上搜集相应的蒙古族民间游戏；访谈会玩民间游戏的老人，询问其规则和玩法；咨询相关的学前教育专家；到内蒙古社科院咨询和借鉴。借鉴其他幼儿园的成果，共享幼儿园的游戏资源。该幼儿园在选择民间游戏时，选择的益智类游戏和体育类的游戏多一些。

再次，幼儿园课题组分为大班、中班、小班三个小课题组，课题组把搜集到的民间游戏资料分配到大班、中班和小班课题组。经过各阶段课题组分析讨论交流，通过讨论给每个年级组分配不同的民间游戏课程开展。然后，由该课题组负责人分配给合适的班级开展民间游戏活动。科研室主任把蒙古族民间游戏分配到各个班级中开展，其具体的分配方式为：给每个年级选中五个游戏，然后每个班级分配一个作为重点来开展。开展游戏活动之后，给我幼儿教师可以互相交流、借鉴和探讨。幼儿教师在实践中边思考边开展，主要研究的方法为行为研究法。

最后，则为经验交流阶段：在每个年级通过观摩、展示、心得体会、总结交流相互学习，相互借鉴。主要的内容包括活动设计、教学心得、案例、印象资料等材料。把所有的资料整理起来形成课题组的成果。同时要考虑到班级之间要有衔接的过程。由于绳子游戏不受时间、地点的限制，所以受到各个课题组和幼儿教师亲赖。其中，互相学习的最主要方式为通过彼此展示互相学习。其主要的理念为：在实施蒙古族民间游戏的过程中，把幼儿园五大领域的内容渗透到蒙古族民间游戏当中。同时，在选择幼儿园民间游戏时主要考虑：以幼儿为主体，以孩子喜闻乐见的形式展示给幼儿园；选择适合幼儿年龄阶段的特色民间游戏课程；如蒙古族象棋在幼儿中开展起来难度大，因此，只能对蒙古族象棋有一定的了解和认识。

2. 蒙古族民间游戏在幼儿园课程中开展中幼儿的表现

笔者采用非参与式观察法，到开展民间游戏的班级中听课。听课过程中发现：整个教学过程中，幼儿教师和幼儿之间、幼儿和幼儿之间都能流利地用蒙语进行交流。首先，在开展民间游戏的课堂上，大部分幼儿积极地听老师的解说，并积极地参与到活动当中，表现出参与游戏的积极性。在与幼儿的交流中，幼儿表示喜欢玩耍民间游戏。但是，当问及如果只能从“沙嘎”和电动汽车中选择一种玩具时，10 位中有 7 位幼儿选择玩电动汽车。

由此可见，蒙古族幼儿尽管表示喜欢玩耍民间游戏。但是，当把传统的游戏与现在的电动玩具相比时，他们大部分是喜欢玩电动玩具的。因此，增强传统民间游戏的趣味性是有待解决的问题之一。其次，我在听大（二）班的“闹日不”游戏的过程中发现：蒙古族幼儿认真、积极地想参加到游戏当中，并按照老师的讲解学着玩“闹日不”游戏。可是，其中大部分幼儿都不清楚游戏规则，由于是四个人一起玩的类似现在的“麻将”游戏，所以玩耍过程中幼儿之间会出现很多分歧。传统民间游戏的规则对于该班幼儿有难度，掌握起来显得有些吃力。

图 4—8 “闹日不”游戏的盒子

图 4—9 大（二）班幼儿在老师指导下认真玩“闹日不”游戏

3. 蒙古族民间游戏在幼儿园课程中开展时幼儿教师的情况

此次研究中，笔者通过非参与式观察的方法在大、中、小班中以旁观者的身份听课。通过听课和在课间时候跟幼儿教师交流了解情况，主要有以下的发现：

首先，根据幼儿园的安排，每个班级确实分配了 1—2 个传统的蒙古族民间游戏，要求在幼儿园课程中给予开展。但是，幼儿教师在开展民间游戏过程中发现效果不是理想。而且，每周由于受到各种其他幼儿活动的影响，蒙古族民间游戏在幼儿园课程中开展的课时数远远没有达到预计安排的课时数。

其次，幼儿教师只了解自己负责班级所分配的民间游戏的教授方法，而对其他班级进行的民间游戏了解甚少。幼儿教师之间的缺乏教学方面的交流和沟通。

再次，幼儿教师在幼儿园开展民间游戏过程中发现备课的资料稀缺，从而导致幼儿教师对开展民间游戏有一定的抵触感。幼儿教师反映，开展民间游戏不仅要花费她们时间和精力去搜集、整理和修改资料，同时还要首先自己学会游戏的玩法。因为，传统的蒙古族民间游戏对年轻的幼儿教师来说也是陌生的，她们也没有接触过。从而导致一些老师不敢教，担心自己教错了。据幼儿教师反映，当前对于幼儿园中幼儿教师开展民间游戏课程的培训方式主要有：观摩探讨、个人总结和心得体会的分享；其中主要的还是观看有经验的曾经玩过传统民间游戏的幼儿教师给她们展示，然后幼儿教师进行模仿学习的方式。这种培训方式，必然出现幼儿教师不加改进的复制教学模式，整个民间游戏活动开展过程只是“一模一样”的重复有经验老师的游戏课程过程而已。幼儿教师的开展传统的民间缺乏积极性，缺少对传统民间游戏课程的创新和改进。因此，在该幼儿园中开展民间游戏的形式单一、内容简单，游戏对于幼儿来说缺乏吸引力。不过，所有的幼儿教师均表示赞同在本幼儿园中开展蒙古族民间游戏的，觉得无论是对于幼儿还是对于幼儿园来说都有重要的价值和意义。

4. 针对蒙古族民间游戏在幼儿园课程中开展，家长对此的反应

呼市蒙古族幼儿园在幼儿园开展蒙古族民间游戏之前，曾对幼儿家长有过前期的说明会。该幼儿园深知蒙古族民间游戏在幼儿园中能否有效地开展，需要家长的支持和帮助。在此次说明会上，蒙古族幼儿园的家长对此表示特别支持。在开展蒙古族民间游戏的过程中，家长积极的配合幼儿教师的工作。例如，当留给幼儿回家找嘎拉哈的任务时，家长积极配合教师完成幼儿教师留的寻找嘎拉哈的任务。在家长积极配合幼儿园工作的同时，家长的教育理念也在不断地加深，真正达到了“双赢”的状态。

笔者对5位蒙古族幼儿园的幼儿家长进行了深度访谈，家长都对在幼儿园中开展蒙古族民间游戏比较赞同，并支持和鼓励蒙古族幼儿园开展蒙古族民间游戏。家长回忆他们儿时玩的游戏时，不禁感慨儿时的传统民间游戏带给他们无限的快乐，从游戏中收获了快乐、友谊、日常生活常识、

为人处世态度和知识。幼儿家长回忆儿时没有制作好的玩具，玩具都是自己亲手制作的。家长反映现在的孩子比较自我、任性、自私、冷漠、体质弱、爱生病等特点，很希望孩子像他们小的时候一样玩耍传统的民间游戏，以养成孩子健康、阳光、乐观的性格。当时家长玩耍的特点有以下几个方面：玩的游戏大多为群体性游戏；游戏的玩具易获得，大部分是手工制作的；体育类的游戏占多数；玩伴的年龄不等且性别不同；游戏随着季节的不同有所不同；以往的孩子玩游戏是自由的无目的性的。

第五节　蒙古族民间游戏在幼儿园课程中存在的问题

经过在幼儿园 10 天的调研，了解到呼市蒙古族幼儿园作为当地的一流幼儿园，非常重视本民族的文化传承和发扬。专门设置每周一为该幼儿园的民族文化日，每个班级要开展蒙古族民族文化的“主题活动”。

图 4—10　民族传统文化日

该幼儿园（除了两个汉语授课班外）整个教学过程中都用蒙古语授课，幼儿之间也用蒙古语交流。调研过程中发现，蒙古族民间游戏在幼儿园课程上开展中仍然存在着一些问题。主要表现在以下几个方面。

一、幼儿方面

首先，由于电视和电脑的普及，幼儿更加喜欢看动画片而不愿意游戏。通过访谈有经验的幼儿教师和家长发现，大多数幼儿宁愿看电视，不喜欢玩游戏，宁愿玩要现代的电子游戏而不愿玩民间游戏，如果只有传统的蒙古族民间游戏的话，他们玩得很开心。大量研究表明：幼儿长时间看电视不利于其智力的发展，严重的将导致幼儿智力发展缓慢甚至智力低下。而传统民间游戏恰恰相反，其有利于幼儿智力、言语、社会交往、肢体协调等方面能力的发展。

其次，蒙古族民间游戏相对现代的电子游戏其内容单调、形式单一，不易引起孩子的乐趣。现代游戏尤其是电子游戏的刺激性和情境性深深地吸引了孩子。而传统的民间游戏主要是体育类的游戏，体育类游戏内容不符合时代发展的要求，缺少电子游戏所具备的刺激性。

再次，幼儿园在开展蒙古族民间游戏时，缺乏玩要的场所。在幼儿园中很难找到一块未被水泥和塑胶铺盖上的土地。有些传统民间游戏在幼儿园课程中没有开展的场地，例如，深受蒙古族男孩儿喜欢的传统游戏——“打嘎”就很难开展。

最后，幼儿教师在教学过程中发现，当前家长对孩子的行为包办太多，导致幼儿的孩子的自我动手能力不强。一部分幼儿养成了等、靠的心理，不主动的动手做事情。同时，也存在着动手能力个体差异性比较大的问题。

二、幼儿园教师方面

（一）课堂教学过程中发现的问题

首先，由于大部分蒙古族民间游戏要求两个或两个以上的幼儿才能玩要，通常是以小组的形式（2 个人以上）进行玩要。在课堂组织过程中，由于小组游戏需要幼儿之间彼此的合作才能进行。因此，要想顺利开展民间游戏活动，必须保证一组幼儿都明白游戏规则才可以保证游戏进行。但是，每班幼儿教师的人数只有 3 位，幼儿大概有 35 位左右，教师在开展活动过程中不能及时的指导每一位幼儿。从而导致教师在组织课堂游戏中课堂秩序混乱，同时教师指导起来也比较困难。其次，幼儿教师反映有关蒙古族传统民间游戏的教学资料太少，尤其是蒙古语版本的民间游戏材料更少；很难找到像现代游戏那样丰富的材料（视频、语音资料等），搜集资料费时且费力。再次，蒙古族传统民间游戏相对现代游戏来说游戏形式单调，对幼儿的吸引力不大。尽管，当幼儿熟练地掌握了传统民间游戏的规则和玩法之后，他们很喜欢玩。但是，初期让幼儿掌握好游戏的玩法这一环节做起来相对较困难。最重要的是，蒙古族幼儿园民间游戏开展的时间很短，安排的课时也不多。尽管科研主任有相应的开展民间游戏的计划。

但是经常会有临时性的课程，导致计划经常被打乱。

图 4—11　秩序有些混乱的课堂场景

访谈内容	
访谈者：	您在课堂教学中遇到的问题有哪些？
大班甲教师：	你在听课的过程中也看到了。由于我们班的孩子人数也挺多的（当天出勤 35 位幼儿），要想游戏顺利地进行必须保证每一位幼儿都明白游戏的规则和玩法，班级中 3 位教师有些忙不过来。孩子不懂规则的情况下，玩起来也就有些乱了，其中懂一点的（规则）幼儿就教不懂的（幼儿），最终“房子”（闹日不游戏的牌）都让懂一点规矩的幼儿赢走了。不懂的幼儿在不停地教老师告诉规则。课堂秩序就有些乱了。
小班乙老师：	教学过程中最难的就是讲清楚游戏规则，由于“贴树皮”游戏是在室外开展的，孩子都觉得很自由、很开心。尽管，我和配班老师演示给幼儿看，有些幼儿还是不理解规则。规则需要边玩的过程中一遍一遍地重复。实际这种讲解式方法对于幼儿来说很难理解，最好有视频资料就好了。可是，蒙语版的视频资料太少了。不过，孩子在玩的过程中还是挺开心的，下课了还央求我下次还要玩呢。

大班丙老师：蒙古族民间游戏开展的时间短，还没成体系，教学资料欠缺。而且民间游戏课常常会因为园里的其他事情而取消，这样的话，本来上次学习了辨认鹿棋，下次进行游戏时，由于间隔时间太长，孩子上课时已经忘记了鹿棋的各个名称。

（二）幼儿园教师对民间游戏的掌握方面存在的问题

首先，幼儿园中进行教学的大部分为年轻的幼儿园教师，这部分年轻教师对于蒙古族传统民间游戏的规则不了解，本身不会玩传统的蒙古族民间游戏。因此，她们首先自己要学会玩传统的民间游戏，在此基础上才能教孩子们玩民间游戏。

访谈者：在幼儿园课程中开展民间游戏的过程中主要存在哪些问题？（教师、幼儿、教材、课程等方面）？（甲为有经验的幼儿教师，乙为年轻教师）

甲：大部分教师把握不好游戏教授的难度，有时游戏对于该班的幼儿难度稍大，因此幼儿就不会感兴趣。最重要的是，幼儿教师在教授之前一定要自己玩明白才行。幼儿教师感觉工作压力大，幼儿园给幼儿安排涉及的方面太多了，包括多元智能、蒙氏教学、奥尔夫音乐、英语、蒙语。每位幼儿教师都有任务，幼儿教师不愿意创新，只是学什么教什么，不主动地对游戏课程进行整合和融合，不会自主的创新和改进。

乙：蒙古族民间游戏在幼儿园课程中开展有其价值和意义。但是，在收集蒙古族传统的民间游戏比较费时间、精力，有关蒙古族民间游戏的资料太少，网上搜集不到相关的教案。尤其是蒙古语班的就更难了。我对传统的民间游戏小的时候也没玩过，所以对其规则也不了解。在教课之前，会通过查找资料向有经验的教师请教等方式先自己学会。然后，再去教幼儿们，有时还会出现由于没有把握好游戏教授的难度，导致幼儿或是很难学会游戏，或者很快就学会游戏了。材料的缺乏是教学开展比较难的关键。

其次，一部分年轻幼儿教师把握不好游戏教授的难度。常常会出现这样的现象，由于游戏的难度不适应该年龄阶段幼儿身心发展的特点，导致幼儿减少甚至失去对民间游戏的兴趣。

再次，由于幼儿园课程内容涉及面过于广泛，导致幼儿教师的工作压力大。在该幼儿园中开设的课程内容光放，其中包括多元智能、蒙氏教学、奥尔夫音乐、英语、蒙语等课程。幼儿园教师反映：开展的课程太多，没有太多的时间和精力投入到如何开展传统民间游戏当中。由于蒙古族民间游戏的材料和规则玩法等需要自己搜集整理，这些资料的搜集和整理花费她们太多的时间和精力。因此，导致一些幼儿园教师不愿意开展蒙古族民间游戏，觉得蒙古族民间游戏开展起来很麻烦。同时，幼儿教师面对工作的压力，抱有“按部就班”的工作态度。每一位幼儿教师都有各自的任务，幼儿教师认为只要完成自己的任务就可以，不愿意创新。幼儿教师学什么就教什么，不主动的对课程进行整合和融合，不会自主的创新和改进。

最后，在幼儿教师对于蒙古族民间游戏不甚了解的情况下，该幼儿园缺乏及时有效的专业培训或者讲座类的交流。通过访谈发现，该幼儿园教师的培训主要是通过“师徒制”的方式，即没有经验的幼儿教师从有经验的教师那里学会游戏，然后再由幼儿教师教本班的幼儿游戏。由于每个教师的个人素质不同，对于民间游戏在幼儿园课程中开展时的驾驭能力不同，所以在课程实施过程中常常出现教学方法和教学形式不灵活现象。尤其是对于民间游戏的活动延伸部分以及再创造部分严重不足。甚至有些幼儿园教师对开展传统蒙古族民间游戏存在反感情绪，但是作为工作任务交给她们，他们还是会准时完成的。

访谈者：幼儿园是否有开展蒙古族传统民间游戏课程的专门的培训？培训的形式有哪些？若有的话，您觉得培训的效果如何？

甲：有。主要是幼儿园内部有彼此的观摩课程。有一定的帮助。

乙：有。幼儿教师主要是通过观摩课、课题讨论等方式从老的有经验的教师那里学习。有一定的帮助，主要是按照老老师教授的方式进行传统的蒙古族民间游戏的教学。感觉培训形式有点单一，通过听讲座、到其他幼儿园参观交流等方式学习也挺好的。

在幼儿园开展民间游戏的过程中，每个班级被分配的蒙古族民间游戏任务不同，每位幼儿教师花费时间和精力搜集民间游戏的资料，并书写教案。但由于幼儿园没有相应的分享教案机制，导致每位幼儿教师辛辛苦苦收集的资料和教案就只能保留到每位幼儿教师手里了。再加上每位幼儿教师也不想把自己辛辛苦路搜集到的资料分享给他人，固然造成资源的极大浪费。

三、幼儿园制度方面

（一）蒙古族民间游戏课程的实施没有制度层面的硬性规定

通过对科研主任和幼儿教师的访谈了解到：蒙古族幼儿园仅仅对蒙古族民间游戏在幼儿园课程中开展课时有过口头的规定，在制度层面没有硬性的规定。幼儿教师说："只要什么时候保教主任说开展民间游戏课程了，幼儿教师就临时性地开展蒙古族民间游戏课程。"同时，对是否开展在幼儿园课程中开展民间游戏没有相应的监督机制。因此，难以保障蒙古族民间游戏保质保量地在幼儿园中顺利的开展和实施。由此看出，该幼儿园对于蒙古族民间游戏在幼儿园中开展的研究处于刚刚开始的阶段，研究尚不完善，幼儿园对于该课题的重视程度还不够。

访谈内容

访谈者：幼儿园有一周开展多少课时蒙古族传统民间游戏课程的规定？是通过什么形式的规定（书面或者口头）？

大班甲教师：在开会的时候有过相关的规定。刚开始规定每周的周一上午、下午各上一节课。去年由于搬幼儿园到其他校址的缘故，就没开展民间游戏。然后，从这个学期开始，由于教学任务加重，改为每周周一只上一节课。主要是每周繁杂的、琐碎的事情太多了。

访谈者：在实际的教学过程中，确实是按照当时的规定执行的吗？

大班甲老师：一般开学的第一个月会按照计划每周上一次传统的蒙古族民间游戏课程。但是，后来因为每周繁杂的事情太多了，开展的就很少了。

访谈者：对于开展传统的蒙古族民间游戏的幼儿教师，幼儿园有相关的奖惩制度吗？

大班甲老师：没有奖励制度。所以，一般查的比较严格了，我们就开展蒙古族民间游戏。查的不严了，也就不开展传统的蒙古族民间游戏了。有惩罚制度。

访谈者：开展传统的蒙古族民间游戏都有哪些班级？

大班甲老师：每个班级都需要开展传统民间游戏的。

（二）幼儿园尚未建立幼儿教师传统民间游戏资源共享机制

该幼儿园尚未建立传统蒙古族民间游戏资源共享制度。幼儿园中每个年级被分配了不同传统蒙古族民间游戏，每班幼儿教师将花费很多的时间和精力搜集游戏资料，并按照本班幼儿的年龄特点开展游戏课程。幼儿园没有把所有幼儿教师搜集到的资料整合，而由于考虑到资料都是自己辛辛苦苦搜集到的，都不愿意给下一届的幼儿教师用。这样，下一届的幼儿教师也要花费时间和精力搜集相关的传统民间游戏资料。整个过程就是一种重复劳动过程。若幼儿园建立了相关的传统民间游戏共享机制的话，这样将减少幼儿教师的压力。

访谈内容

访谈者：在幼儿园课程中开展民间游戏，是否有专门的教材或者是幼儿园内部的资料呢？

大班甲教师：没有，都是自己搜集整理，然后把收集到的资料运用到自己班幼儿课程中的。因为资料很少，尤其是蒙语版的（更少），汉语版的需要翻译成蒙语。所以，收集的过程比较辛苦。

访谈者：那你们搜集蒙古族民间游戏的主要通过哪几种方式？

大班甲老师：首先，问（会玩传统的蒙古族民间游戏的）老人。其次，查阅相关书籍，不过书上的内容看起来不是很明确，很模糊。况且蒙古族传统游戏同一种游戏在不同地方的玩法又不一样，这样就需要自己选择适合幼儿的玩法了。再次，向会玩会玩（游戏）的老师咨询，观摩课中学习其他老师的民间游戏。最后，上网也查询，但是，网上有关传统蒙古族游戏的资源很少。由于小孩儿玩和大人玩又不能一样，要考虑到孩子的接受能力。因此，在搜集过来后，对原有的游戏进行创新，通过增减难度来找适合幼儿不同年龄阶段的游戏。民间游戏开展得不是很好，开展的时间也比较短。主要是按照幼儿园的计划开展民间游戏，没有太多的时间和精力进行民间游戏……

访谈者：您觉得在幼儿园课程中进行传统民间游戏有意义吗？说出您的理由。

访谈对象(大班甲老师)：有必要。蒙古族民间游戏本身就有现代的游戏所比不了的地方。比如，锻炼孩子的手眼协调能力、锻炼孩子强健的体魄。但是，在当前幼儿园环境下实施起来没有那样的环境。况且，相关的资料太少，幼儿教师开展起来比较费时、费力。

第六节　以文化生态学视角分析问题存在原因及其对策

一、传统蒙古族民间游戏应在传承基础上给予创新

针对蒙古族民间游戏内容简单、形式单一、游戏不易引起孩子的兴趣的问题。究其原因，首先，原有的传统民间游戏产生的环境背景也与现在的大都市生活环境迥然不同。把传统的民间游戏不加修改地放在幼儿园课程中，必然有其不适应之处。从文化生态学视角分析，特定的环境是影响特定文化产生的重要因素。以往的传统的蒙古族民间游戏源于当时当地特定的环境，但却难以适应当前的生活环境。为了在幼儿园中有效地开展传统的蒙古族民间游戏，因此，幼儿园应该要注重幼儿园环境的创设，为幼儿创设良好的民族文化环境和氛围，为幼儿开展民间游戏提供场地和环境的支持。

其次，以往传统的民间游戏是无目的的，纯粹的追求娱乐性的活动形式。在幼儿园课程中开展传统的蒙古族游戏必然有其教育性、目的性。基于以上问题原因分析，蒙古族传统民间游戏在幼儿园课程中开展要在传统游戏优点和特色的基础上，根据各年龄阶段幼儿的身心发展特点，可以从游戏的内容、游戏形式和游戏过程三方面着手，对游戏的难度、规则、玩法等给予改变和创新。使游戏适应幼儿年龄阶段发展的特点，这样才能激起幼儿的兴趣、受到幼儿的喜欢。以保证蒙古族传统民间游戏在适应幼儿园课程的需要的同时，贴近幼儿的实际生活。这样有利于培养幼儿对传统民间游戏的兴趣，从而达到从兴趣中学到知识和技能。正如我国十七届六中全会中提出的：“以改革创新为动力，发展面向现代化、面向世界、面向未来的，民族的科学的大众的社会主义文化，培养高度的文化自觉和文化自信，提高全民族文明素质。”蒙古族传统的民间游戏在当今环境下，为了适应当前环境，也应该在原有的基础上给予改造和创新，以达到面向现代化、面向世界、面向未来的目的。

再次，针对当前幼儿的动手能力差的问题。究其原因，文化生态学认为特定的文化塑造特定特点的群体。由于家长对幼儿的行为过于包办，幼儿自己主动动手做事的机会随之减少，从而造成幼儿动手操作能力的减弱。幼儿教师可以通过开展动手操作的游戏，或通过蒙古族民间游戏中动手制作玩具的环节，锻炼幼儿的动手操作能力。同时，幼儿教师指导幼儿家长在家中鼓励幼儿动手做力所能及的家务，或者通过家园合作自主制作

玩具等方式充分锻炼幼儿的动手操作能力。

二、加强对幼儿教师的培训力度，提高幼儿教师授课质量

针对幼儿园中一部分年轻幼儿教师把握不好教授游戏的难度，甚至大部分年轻的幼儿教师不会玩耍传统的蒙古族民间游戏的问题，幼儿园应该高度重视对“幼儿老师”的指导与培训。究其原因，文化生态学视角认为环境对文化的形成具有重要的作用，而生活在现代环境下的年轻幼儿教师则受到当代文化的影响，对传统的蒙古族民间游戏并不了解。在现代的环境下，年轻的幼儿教师也缺乏对传统民间游戏的认识，从而导致民间游戏在幼儿园课程中开展存在困难的问题。因此，根据不同程度的幼儿教师给予相应的指导与培训。要对年轻老师通过讲座、师傅带徒弟式、研讨、观摩、与其他幼儿园交流等多种方式开展幼儿教师专业培训。培养一批熟悉传统蒙古族民间游戏，并掌握如何针对不同年龄阶段的幼儿开展不同的传统蒙古族民间游戏的高素质幼儿教师队伍。良好的熟知蒙古族民间游戏的幼儿师资队伍的培训，是保证蒙古族民间游戏在幼儿园课程中顺利且有效实施的关键所在。

在对幼儿教师进行培训和指导的同时，本着“以人为本”的理念，减少幼儿教师的工作压力，为幼儿教师营造宽松、愉悦的工作环境。针对幼儿教师反映幼儿园课程涉及的方面太多，幼儿教师的工作压力大的问题。一方面，幼儿园应该针对名目繁多的幼儿园课程进行筛选，不应该只重数量而忽视质量，在幼儿园中开展精品的课程，已达到“数量与质量并重”的效果。课程的开展应本着幼儿园的办园宗旨和办园目标，要有所侧重，开展有本民族特色的课程。另一方面，幼儿园要对开展蒙古族民间游戏的幼儿教师给予一定的奖惩制度。这样即可以保证幼儿教师工作的积极性，也为蒙古族民间游戏在幼儿园课程中开展提供了制度性的保证。最后，幼儿园对幼儿传统的蒙古族民间游戏进行系统化的整理和研究，不仅可以减少幼儿教师对于收集材料和规则玩法等方面的压力。同时保证了幼儿园课程中蒙古族民间游戏的系统化和信息化管理。为以后的研究和其他幼儿园课程中开展民间游戏提供参考。

三、建立蒙古族传统民间游戏资料库

针对课堂当中幼儿教师反应很难收集到传统的民间游戏资料，并且有些游戏在教学过程中指导起来吃力的问题。文化生态学认为环境改变了，相应的传统的文化也会随之改变。故人们对于传统的民间游戏的关注程度

随之减弱。与此同时，蒙古族传统的民间游戏相关的材料也会随之减少。为了建立材料丰富的资料库，应为幼儿教师创造良好的分享交流与学习氛围。

分析其原因发现，首先现有的有关蒙古族民间游戏的研究资料并不多，主要集中在民俗学的相关书籍中。至今还没有一本系统的阐述在幼儿园课程中实施的传统蒙古族民间游戏课程的书籍。有关传统的蒙古族民间游戏的视频、音频资料更是少之又少，幼儿教师不能通过直观有效的方式教授给幼儿。其次，幼儿园每天交给幼儿教师的任务很多，而收集传统的蒙古族民间游戏并根据自己班级幼儿的年龄特点进行改编，从而导致幼儿教师对收集传统的民间游戏的任务产生反感情绪，指导起幼儿来就显得吃力或潦草。尤其是蒙古族传统的民间游戏大多为群体游戏。

针对课堂当中幼儿教师反应很难收集到传统的民间游戏资料，且教学过程中有些游戏指导起来吃力的问题。呼市蒙古族幼儿作为呼和浩特市先进的代表，有责任搜集传统的民间游戏，并把以往的幼儿教师的教案整理成册，编辑出版一本专门的幼儿传统蒙古族民间游戏大全之类的书籍。在幼儿园中，开展民间游戏讨论小组，促进幼儿教师之间的交流，以便保证幼儿教师共同提升与发展。根据皮亚杰的儿童发展阶段论，3—6 岁年龄阶段是幼儿直观行动能力和形象能力发展的关键期。幼儿教师可以利用视频、图片等资料，以直观的方式展示给幼儿蒙古族民间游戏是如何玩的，有利于幼儿很快的学会玩耍的规则和方法。然后幼儿教师作为“游戏的指导者”角色到各组幼儿中解惑，在这个过程中不仅锻炼了幼儿思考的能力，同时锻炼了幼儿协作和创作的能力。而蒙古族民间游戏的视频资料、图片资料和音频资料则是现在当前幼儿园中紧缺的材料。因此，需要相关的文化产业部门给予开发。

四、家园合作为幼儿创设良好的民间游戏环境

文化生态学认为环境对于文化的塑造具有重要的作用，而文化的承载者是人，故环境通过对人的影响产生不同文化。因此，若要有效地在幼儿园中开展蒙古族传统民间游戏，必然要注重环境（自然环境、社会环境，尤其是家庭环境）对于幼儿的影响。

一方面，充分发挥家庭环境对于幼儿根深蒂固和潜移默化的影响作用。幼儿教师指导家长多在闲暇时间与孩子一起玩耍传统的民间游戏。首先，家长从思想上应该明确蒙古族传统民间游戏存在的价值和意义。只有家长了解传统民间游戏对于幼儿多方面的益处之后，家长才能积极地在家

庭中与幼儿玩耍传统的蒙古族民间游戏。其次，家长需要在家庭中为幼儿创设良好的物质环境和精神环境。物质方面，在家长摆放有蒙古族民间游戏特色的玩具（蒙古象棋、羊踝骨、摔跤服等），在生活中不时培养幼儿对传统民间游戏的认识。在精神方面，在闲暇时间陪幼儿玩耍民间游戏，并鼓励幼儿自己创造合理的游戏规则，引导幼儿在游戏中思考。当幼儿在游戏中成功时，家长需要给予一定的鼓励。在亲自游戏过程中，由于传统的民间游戏对于幼儿的家长来说很熟悉，在家长的指导下传统的民间游戏可以充分的锻炼幼儿各方面的能力，更重要的是培养了亲子之间的情感，促进幼儿社会性情感的发展。家长在与孩子进行传统游戏的同时，家长也像回到童年一样，感受久违的快乐。同时，蒙古族传统民间游戏玩具简单且多为自制的特点，减少了家庭在购买玩具上面的开销，也避免了幼儿因为购买玩具产生的攀比心理。

另一方面，幼儿园要在幼儿园中创设有利于幼儿开展传统的民间游戏的环境。根据皮亚杰的儿童认知发展阶段理论，3—6 岁是幼儿直观行动思维和形象思维形成的关键期。因此，在幼儿园中为幼儿提供可供玩耍的宽阔场地和可视的游戏视频等，为幼儿玩耍游戏提供物质环境的支持将有利于传统的民间游戏的开展。为了让幼儿更深刻地了解传统的蒙古族民间游戏，幼儿园可以组织幼儿亲身到牧区的草原体验生活和游戏，以便幼儿直观地感受到蒙古族传统的游戏文化。只有亲身体验蒙古族传统的文化，才能对本民族的游戏有更深的了解。

五、幼儿园完善现有的开展传统的民间游戏的规定

文化生态学认为文化对于人类行为的影响源于环境。同时，环境对于人类的行为产生重要的作用。针对幼儿园在制度层面没有硬性的规定的问题，应在幼儿园管理文化方面给予一定的改进，具体、清晰而详细的幼儿园管理制度将有助于民间游戏的开展。

针对幼儿园在制度层面没有硬性的规定的问题。究其原因，首先，幼儿园对于“传统的蒙古族民间游戏在幼儿园课程中开展”事情的重视程度不够。其次，幼儿园相关的规章制度制定环节不够完善，尤其是对幼儿教师开展民间游戏的相关规定不够完善。再次，幼儿园相应的管理者没有及时解决蒙古族民间游戏开展中存在的问题（幼儿教师面临的问题；在课程中遇到的问题等）。对此，幼儿园的相关政策制定部门有必要以规则的形式对蒙古族民间游戏在幼儿园课程中开展给予制度的保证，同时保证相关规定具体而详细。最后，应对幼儿教师开展的民间游戏有一定的考核办法

和监督机制，从而保障蒙古族民间游戏确确实实地在幼儿园中顺利地开展和实施。针对幼儿教师反映民间游戏资源短缺的问题。幼儿园可以把每位幼儿园教师辛辛苦苦搜集到的资料整理成册，为所有幼儿教师提供借鉴和参考，以便以后来幼儿园工作的幼儿教师提供参考。更重要的是，集体的智慧可以共同提高该幼儿园幼儿教师整体素质。

六、把民间游戏融入到五大领域中

针对幼儿园课程开设多和幼儿教师感觉涉及的领域和活动太多的问题。访谈中了解到，在该幼儿园中课程包括多元智能、蒙氏教学、奥尔夫音乐、英语、蒙语等，课程内容确实繁多。每位幼儿教师的教学任务偏多，导致幼儿教师不愿意创新。常常只是学什么教什么，不主动地对课程进行整合和融合，不会自主地创新和改进。

游戏作为幼儿的基本活动，幼儿园可以把幼儿园五大领域内容渗透到蒙古族传统民间游戏课程中，这样就减轻了课程领域和内容繁多的问题。使民间游戏体现在幼儿园的每一门课程当中的，采用活动课程和融合课程的形式开展民间游戏，这样可以使教学达到事半功倍的效果。在访谈中，一位有经验的幼儿教师曾经尝试把蒙古族民间游戏与奥尔夫音乐相整合，幼儿在民间游戏中掌握了音乐的节奏和旋律。这位有经验的幼儿教师的成功教学告诉我们，要根据传统的蒙古族民间游戏的特点，把游戏整合到幼儿园五大领域的课程中。从而达到游戏与其他领域的课程的完美融合和整合，即为幼儿提供了宽松的学习氛围，又减轻了幼儿教师的课程繁杂压力，同时也保证了蒙古族幼儿园课程的特色，更重要的是在课程整合过程中，幼儿教师也在不断地提升自己整合课程的能力。

结　语

一、研究发现

传统的蒙古族民间游戏作为蒙古族传统文化的重要组成部分，是蒙古族文化的一种具体表现形式。作为传统民间文化的瑰宝，传统的蒙古族民间游戏在当今时代对于幼儿的成长仍然发挥着重要的作用，具有极强的教育性、科学性和合理性。通过对呼和浩特市蒙古族幼儿园的调研发现，传统民间游戏在幼儿园课程中开展存在一定的问题。针对出现的问题，以文化生态学视角分析其原因，最终给予一定的解决建议。

首先，被遗忘许久的传统民间游戏的具有极强的教育性。与现代的电子游戏和电动游戏相比，有其自身无可替代的优势。无论是对于幼儿园、家长，还是对幼儿本身来说，把民间游戏在幼儿园课程中开展都有其价值，从认知、情感态度、技能等方面对幼儿的成长有着重要的作用。尽管蒙古族幼儿园每周一会开展蒙古族传统文化日，在这一天中幼儿教师开展以“蒙古族传统文化”（如蒙古族服饰、节日、饮食等）为主题的教学活动。但是，在访谈幼儿教师过程中，蒙古族传统的文化渐渐远离生活在大都市中的幼儿的生活，导致幼儿对传统民族文化的理解和学习并不感兴趣。当开展蒙古族民间游戏后，教师发现幼儿既能从中学习到蒙古族的传统文化，也在游戏的同时锻炼了自己的手眼协调能力、民族认同感和社会交往能力，在幼儿园课程中开展民间游戏达到了“双赢”的效果。访谈结果表明，民族幼儿园的幼儿教师、家长都赞成在幼儿园课程中开展传统的蒙古族民间游戏，认识到传统民间游戏的价值所在。

其次，传统的蒙古族民间游戏在幼儿园课程中开展有其科学性和合理性。幼儿园课程具有启蒙性、生活性、趣味性、游戏性和灵活性的特点，而传统的蒙古族民间游戏的自身特点恰恰符合幼儿园课程的要求。首先，传统的蒙古族民间游戏来源于日常生活，具备生活性、启蒙性和基础性。其次，传统的蒙古族民间游戏最初的目的仅仅是娱乐身心，具备趣味性。再次，游戏作为幼儿园课程的基本活动。传统的民间游戏的随意性、灵活性和民族性特点，不仅可以使游戏贯穿于幼儿园课程的五大领域当中，而且可以把民族文化融合在各大领域中。这样有利于幼儿园活动课程的开展与实施。

再次，传统蒙古族民间游戏在幼儿园课程开展中存在问题。一方面，幼儿教师对民间游戏在幼儿园课程中开展积极性不高，一部分年轻教师很难掌握教授民间游戏的难度，导致课程秩序混乱、幼儿对游戏不感兴趣去的现象的出现。另一方面，相对现代的电子化玩具而言，幼儿对传统的民间游戏兴趣度不高，有些幼儿甚至宁愿一直看电视而不出去玩耍。但是，幼儿掌握了玩耍民间游戏的方法和规则后，对游戏会产生兴趣，并坚持玩下去。最后，家长缺少陪孩子玩耍的时间。尽管家长赞同传统的蒙古族民间游戏在幼儿园课程中开展，但是在家中很少教孩子玩游戏或陪孩子玩游戏。

最后，以文化生态学视角分析传统民间游戏在幼儿园课程中开展存在的问题，最终给予一定的建议。文化生态学理论认为，文化与生态环境是不可分离的，他们之间相互影响，相互作用，互为因果。“行为”方式对文化其他方面的影响。其他方面包括家庭制度、风俗习惯以及居住方式、资源占有和利用等的影响。随着现代化的进程，蒙古族人民早已远离了传统的游牧式的生活方式，其居住方式、风俗习惯和家庭制度都随着发生了变化。那么，随之以往作为草原人们喜闻乐见的游戏娱乐方式也随之被人们遗忘。因此，为了有效地在幼儿园课程中开展民间游戏，应为民间游戏的开展创设轻松、有趣而有民俗特色的环境，即环境影响着人的行为方式。另一方面，文化又反作用于环境。随着人们意识到传统的民间游戏对人类成长的价值重大，开始开展传统的民间游戏，以此来锻炼幼儿认知、情感、价值观、态度和技能方面的能力。幼儿在体验游戏的愉悦的同时，认识了本民族的传统文化。

二、研究不足与展望

笔者在调研期间，由于时间和经费所限，对蒙古族地区幼儿园的研究未能全面调查，只研究了具有代表性的呼和浩特市蒙古族幼儿园。对内蒙古地区其他县市的蒙古族幼儿园没有进行调查，从而出现研究样本不够全面的问题。同时，由于笔者自身科研能力有限，在课堂观察表、访谈提纲的制作方面还有待完善。

尽管研究中有不足之处，不过笔者通过研究笔者有一定的发现。首先，在政府、学术界以及民众对学前教育领域高度重视和倡导传承民族文化的大背景下，在幼儿园中开展传统的民间游戏，无论对于教师、幼儿园还是幼儿都有好处。因此，在幼儿园课程中开展传统的蒙古族民间游戏将会越来越受到欢迎。其次，在幼儿园中开展传统的民间游戏符合传承民族文化的需要，更适应幼儿身心发展的需要。传统的民间游戏在开展过程中，既要注重教学的方式、方法，更要考虑到幼儿年龄阶段身心发展的特点。采用灵活、活泼可爱的方式，让幼儿在快乐中受到了传统的文化熏陶的同时，也达到了促进幼儿合作能力、手眼协作能力、社会交往能力，最终保证幼儿身心和谐健康发展。再次，虽然在幼儿园中开展民间游戏的过程中存在一定的问题，但相信在幼儿园和政府高度重视的情况下，传统的蒙古族民间游戏会在幼儿园中再现光彩。

由于幼儿园把民间游戏带入幼儿园课程中的实践才刚开始，在实施过程中必然会遇到一定的问题。针对民间游戏在幼儿园课程中开展过程中出现的问题，只要幼儿老师及时给予反思并与其他老师讨论，民间游戏必将成为幼儿园课程中的主要内容。

> 尊敬的××园长您好，我是来自××××大学中国少数民族教育专业研二的学生×××。由于本人做蒙古族民间游戏方面的调查研究，以备撰写论文需要。特此，对您进行一个短暂的访谈。本次访谈以匿名的形式开展，访谈的内容仅为研究所用，请您放心！
>
> 谢谢您的支持与配合！

附　录

附录1：访谈问卷

访谈对象：幼儿园园长

1. 贵园在幼儿园课程中开展民间游戏时是出于原因呢？
2. 家长对于在幼儿园中开设民间游戏课程的态度如何？
3. 您对于蒙古族民间游戏进入幼儿园课程中，有何看法？
4. 幼儿教师在开展民间游戏的过程中，主要存在的问题有哪些？
5. 贵园在幼儿玩具器械的购买上的花销大概有多少？
6. 民间游戏开展的过程中花销多少？主要集中在什么器具的购买上？
7. 占总的幼儿园硬件设施花销的比例是多少？
8. 贵园有专门的民间游戏课程的教材吗？开展民间游戏课程中，主要是参考哪些资料呢？若有民间游戏教材的话，编写教材的指导思想是什么？由谁编写呢？
9. 把蒙古族民间游戏纳入到幼儿园课程过程中，遇到的主要问题或者是困难是什么？
10. 负责民间游戏教学的教师有没有专门的培训？培训为哪种形式？
11. 您对贵园开设民间游戏课程的效果感觉如何？贵园会一直坚持把民间游戏纳入到幼儿园课程中吗？

非常感谢您抽出宝贵的时间回答我的问卷。祝您和您的家人身体健康，合家欢乐！

附录2：访谈问卷

访谈对象：幼儿家长

1. 您在儿童阶段都玩哪些游戏？您觉得你玩的游戏对你有哪些影响？
2. 您觉得现在孩子玩的游戏跟你们那时玩的有哪些区别？
3. 平时在家您陪孩子玩什么游戏？
4. 在于孩子玩游戏的时，会主动把自己小时候玩的游戏教给他吗？如果教给他，他感兴趣吗？

5. 平均多长时间给孩子买一次玩具？

6. 您觉得现在孩子玩具的价格怎么样？

7. 您赞成在幼儿园课程中开设民间游戏吗？为什么？

非常感谢您耐心的回答我的问题，祝您和您的家人身体健康，家庭幸福！

您的联系方式：

附录3：访谈问卷

访谈对象：负责民间游戏课程的幼儿教师

您好，我是来自××××大学中国少数民族教育专业研二的学生×××。由于本人做蒙古族民间游戏的调查研究，以备撰写论文需要。您的回答内容将会成为我做研究的珍贵资料，希望您能给予配合。本次访谈的内容仅为研究所用，并以匿名的形式开展，请您放心！

谢谢您的支持与合作！

一、基本信息

年龄：　　　　性别：　　　　民族：

教龄：________（年）　　学历：

专业：教授的班级：

授课语言：教案书写语言：

二、访谈内容

1. 平时在幼儿园课程中开展的民间游戏主要有哪些？

2. 民间游戏的玩具的来源？

3. 在开展民间游戏的过程中，幼儿参与的积极性高吗？

4. 教授民间游戏时，教学资料主要是从哪里获得

5. 在开展民间游戏过程中，您是否会给幼儿介绍下游戏的背景，如民族文化呢？

6. 在开展的过程中存在哪些问题？（教师、幼儿、教材、课程等方面给予引导）？

7. 您觉得与电动车等现代的玩具相比较，幼儿更喜欢玩民间的游戏还是现代的游戏？

8. 家长是否支持在幼儿园课程中开展民间游戏课程呢？

9. 对于民间游戏课程的教授，是否有专门的培训？培训的形式有哪些？

若有的话，您觉得培训的效果如何？

10. 您对民间游戏在幼儿园课程中开设有什么看法？在实施中，有哪些建议？

附录4：课堂观察表

课程的名称：

课程持续的时间：

班级：

民间游戏的名称	幼儿教师讲解的时间	幼儿学会玩游戏的时间	玩要一般持续的时间（分钟）	有多少孩子在专注玩游戏	幼儿自由游戏的时间	玩游戏的过程中遇到的问题及其解决方法
教学过程中的教学语言	一节课中有多少幼儿学会了该游戏	幼儿游戏的工具	游戏的玩具主要来源	幼儿教师在课程中的教学方法	教学过程中秩序	备注

第五章　蒙古族幼儿园英语教学的现状与思考

——以通辽市 X 民族幼儿园为个案

第一节　研究背景

一、研究缘起

少数民族地区的双语教学，一直是我国民族教育研究的重点之一，尤其是以少数民族母语、汉语和英语三种语言开展的双语教学，更是研究的热点，选择蒙古族民族幼儿园的英语教学为研究对象主要是基于以下四个原因：

（一）英语教学的重要性

英语作为一种全球性语言，是当今世界上最主要的国际通用语之一，也是使用人数最多的语言，英语学习与教学越来越受到大家的重视，尤其是在作为启蒙教育的幼儿园。随着时代的发展，经济的蓬勃，观念的更新，英语作为一种沟通工具，在促进社会的发展和人类的进步中也发挥着越来越重要的作用，而中国作为世界经济全球化、一体化以及世贸组织的成员之一，英语的普及势头也越发高涨，随之而来的，就是英语教学也成为人们所关心的重点教育问题之一。

与此同时，在内蒙古等少数民族聚居地区，随着双语教学的推广和发展，英语教学也在不断探索与实践中顺利地开展和进行。中国是一个有着55 个少数民族的多民族国家，在民族地区实行双语教学有利于促进各民族的自由平等、团结一致，有利于促进国家共同繁荣这一目标的实现。在新中国成立的初期，对于每一个民族，尤其是少数民族，在使用和发展其本民族语言和文字的自由上，中国共产党和政府就做出了明确的规定。发展双语教学是国家政策的要求，有利于促进各民族间的相互交流、沟通和彼此融入对方的文化、生活，有利于减少语言障碍带来的学习、生活困难，有利于促进先进经验、文化知识和技术的传播。而双语教学中的英语教学，则有利于促进幼儿语言能力的发展，提高幼儿对语言的敏感度及区分声音差异的能力，为以后的英语学习打下良好的语感基础，并形成良好的学习习惯。

（二）幼儿阶段是语言学习的最佳期

“幼儿教育是基础教育的重要组成部分，是我国学校教育和终身教育的奠基阶段。”[①] 作为小学以前的正规启蒙教育，幼儿阶段所受的教育情况，将从学习态度、学习习惯等各方面直接影响到以后小学阶段的学业成就。而幼儿阶段语言能力的培养和学习，对于儿童的身心的发展更是至关重要的一环，是儿童发展抽象思维、想象等其他高级认知活动的重要基础，其对语言的理解和表达也是人格发展的表现。

从儿童心理学和教育学的角度来说，幼儿阶段也是最适合进行语言学习的时期。根据 Kim、Relkin、Lee、Hirsch（1997 年）研究可以发现，在人脑中负责控制语言表达的布氏区的构造上，单一的母语教育和双语教育有着非常大的差异。而普通心理学上也有过论证，幼儿早期的双语教育可以对人脑的构造以及思维模式产生影响，甚至发生改变。儿童在 0—5 岁的时候，无论是大脑的结构还是功能，都处于飞速发育中，在这一阶段中，儿童的语言能力也快速发展，最适合接受语言教育和学习。这段时期过后，儿童的语言能力仍然能够得到继续发展，但是，无论是在发展速度、加工过程，还是学习效果上，与关键期相比，都有着显著的差异。[②] 因此，研究幼儿英语教学对于促进幼儿语言习得以及双语教学的发展有着现实的作用和意义。

（三）蒙古族幼儿园的英语教学研究目前相对较少

目前，关于学校英语教学的研究很多，对于幼儿英语教学的研究也很多，但针对少数民族幼儿园这一群体的英语教学，相关研究还不是太多。同时，笔者作为一个汉族，少数民族教育中的双语教学对于笔者来说已经是一个新颖的话题，而目前在内蒙古地区很多的民族幼儿园不仅开展双语教学，还开展英语教学，加之本人本科第一专业是英语，因此，对民族幼儿园双语教学中的英语教学有着很浓厚的兴趣，这些学校的英语教学现状如何？对于一个年仅 3—7 岁的幼儿来说，学校又是如何开展和实施英语教学的？其教学方式有什么特点？教学效果如何？在民族幼儿园开设英语课程到底是有利的，还是存在弊端？民族幼儿园的英语教学又该如何去开展

① 摘自《幼儿园教育指导纲要（试行）》第一部分第二条。

② 彭聃龄．普通心理学［M］．北京：北京师范大学出版社，2011：513.

才更为科学和合理？这些都是笔者所好奇和想知道的，并激起了强烈的求知欲，决定要探个究竟。与此同时，在内蒙古通辽市进行了第一次实地考察，了解了民族地区民族学校双语教学的基本情况，以及参观了通辽蒙古族中学、甘旗卡一中、通辽市蒙古族幼儿园、甘旗卡科左后旗民族幼儿园等蒙授学校后，发现通辽的教育很发达，尤其是蒙、汉、英三种语言的教育成果颇为丰硕，因此，希望对该地区蒙古族幼儿园的英语教学进行更深入的了解和研究。

基于上述原因，笔者希望以通辽市 X 民族幼儿园为个案，通过对其英语教学现状进行研究，了解当地蒙古族幼儿园的英语教学情况，并通过分析调研结果，结合国家幼儿园教育相关政策和幼儿教育相关理论，对蒙古族幼儿园的英语教学活动进行思考，并提出相关建议。

二、选题的目的与意义

（一）理论意义

1. 英语教学是双语教学的重要组成部分

英语教学作为双语教学的一种，其理论体系也是双语教学理论的构成部分，对幼儿英语教学目标、教学方式、教学条件、教学效果等方面进行实践和理论探析，也丰富了双语教学的研究。

随着社会的进步和发展，双语教学已经不再局限于民汉双语，还包括汉语以外的第三种或者更多种语种。目前，在我国很多少数民族地区，尤其是一些发达城市和地区，双语教学除了指民汉两种语言以外，还包括英语教学。英语教学已经逐渐成为少数民族学校双语教学的重要组成部分。而作为双语教学发展的先驱之一，内蒙古地区的双语教学更是逐渐趋于成熟。“蒙汉双语教育是我国整个民族教育事业和民族地区社会发展事业的重要组成部分。内蒙古自治区作为西部地区一个重要的省份，其蒙古族教育不仅具有悠久的历史和丰富的内涵，而且在新的历史条件下，‘蒙—汉—外’双语教育步入了正确而迅速发展的轨道，取得了长足的发展。”[①] 对蒙古族幼儿园的英语教学现状进行研究，也是对民族幼儿园双语教学现状的一个侧面反映和真实呈现。与此同时，现如今我国蒙古族幼儿园英语教学尚不完善，与蒙—汉双语教学相较而言，还处于不断实践和探索阶段，在实施过程中还属于“摸着石头过河”，缺乏丰富实践中产生的

---

① 苏德．多维视野下的双语教学发展观［D］．中央民族大学博士学位论文，2005：2.

理论来进行相应指导，也存在着诸多的困难和现实问题。因此，加强对蒙古族幼儿英语教学的研究，以及对其作为正式课程在幼儿园进行开展进行正反两面思考，有利于促进蒙古族幼儿园双语教学的发展，有利于推进其英语教学遵循客观规律、加快幼儿英语教学的发展，同时，丰富少数民族双语教学理论。

2. 幼儿英语教学是学前教育的重要组成部分

学前教育是一门综合性非常强的交叉学科，其内容不仅涉及教育学，还包括儿童心理学和语言学等。“学前教育是对儿童进行教育的过程，实施适应儿童发展的、有目的、有计划的教育，可有效地促进儿童发展，激发儿童学习积极性，促进学前教育与儿童协调发展与连接，形成相互促进的联动关系。”[①] 幼儿园的学前教育具有启蒙性，其内容具有全面性，主要包括幼儿的身心健康、语言能力培养、社科知识和艺术等几个方面，而这些不同方面的内容在教学中又相互渗透、相互融合，从不同的角度以侧重点的方式来促进幼儿知识、能力、情感、态度等各方面的发展。英语教学即是属于幼儿教育里语言教育的范畴，在幼儿的启蒙教育中，科学开展英语教学能够在一定程度上促进幼儿大脑语言功能区的发展，提升幼儿对语言的敏感度、理解能力、表达能力，从而全面提高听、说、读的综合能力。同时，幼儿在接受英语学习时，其观察力、注意力等都得到了锻炼，能够很好地促进幼儿认知能力、智力的全面发展。并且，随着经济的发展、社会的进步、人们观念的与时俱进，大家也越来越重视学前教育中的语言能力的培养，尤其是作为国际通用语言——英语能力的培养。因此，作为语言教育一部分的英语教学，也逐渐在学前教育受到越来越多的重视，可以说，对幼儿英语教学的研究是现实发展的需要，同时能够丰富学前教育理论。

3. 为通辽市民族幼儿园英语教学研究提供理论指导

不同地区的社会环境、经济条件、文化氛围不同，教育发展成熟度也不同，其面临的问题和困难也不同，正所谓具体问题具体分析，本研究基于以通辽市 X 民族幼儿园为个案，展开深入调查研究，其研究成果有助于了解当地民族幼儿园的英语教学现状，从教育理论上对其进行分析，从而提供相应的有建设性的、可行性的理论指导，促进内蒙古民族幼儿园英语教学活动健康、科学地发展。

---

① 顾琳琳．论学前教育的重要性［J］．教育广角，2011（10）．

（二）实践意义

1. 有利于促进幼儿语言能力的发展

人类作为灵长类动物，大脑从出生开始就在不断地发育和增长，大脑的各项功能也在发育期逐渐提高和完善，一直到青年时期，整个成长过程的结束。但在这一成长过程中，大脑的发展速度也分为普通期和关键期，关键期期间，大脑的各方面能力都飞速发展。“对语言学习来说，音韵学习的关键期在幼年，此时相应的神经系统可塑性大，发展速度特别快，过了这段关键期，则可塑性与发展速度都要受到很大的影响。”① 这一时期内，儿童的可塑性特别强，也就说，这一阶段对儿童所进行的教育活动对其语言能力的发展有着至关重要的作用，而幼儿园的教育工作者则承担着在适时的关键期进行正确地引导和教育，为儿童提供适当的学习机会和锻炼活动，使儿童能够愉悦、快速地习得语言能力，另一方面，还能促进儿童的生理发展，进而促进其他各方面能力的均衡发展。与此同时，近代著名的儿童心理学家皮亚杰（Piaget）也认为，儿童在2—7岁的时候，其认知发展处于前运算阶段，这一时期的儿童，无论是对概念的理解，还是对语言的习得，其发展速度都相当惊人。② 因此，对幼儿英语教学进行研究，能够有效推进幼儿园英语教学的发展，从而帮助幼儿语言能力和认知水平的提高，最终促进幼儿智力等各方面的全面发展。

2. 为民族幼儿园英语教学活动提供参考

所谓“不闻不若闻之，闻之不若见之，见之不若知之，知之不若行之。”③ 本研究通过实践调查得到的研究成果将为蒙古族幼儿园英语教学提供宝贵的个案经验参考和改革依据。尽管在当前英语教学蓬勃发展的社会态势下，幼儿英语教学体系正逐步走向稳定和成熟，但民族幼儿园的英语教学仍处于探索成长中，缺乏相应的实践和案例参考。本研究通过对通辽市X民族幼儿园英语教学现状进行深入调查、分析和思考，从而为蒙古族幼儿园英语教学的发展提供一些科学、合理、行之有效的建议，这对其他民族幼儿园的英语教学来说，也具有一定的参考价值和借鉴意义，与此同时，也为蒙古族地区幼儿英语教学的改善与发展提供了一个实践参考。

3. 为政府教育政策的制定和落实提供依据

本研究在遵循《内蒙古自治区学前教育三年行动计划（2011—2013

---

① 陈琦，刘儒德．当代教育心理学［M］．北京：北京师范大学出版社，2009：122.

② 陈琦，刘儒德．当代教育心理学［M］．北京：北京师范大学出版社，2009：32.

③ 荀况．荀子［M］．儒效篇．第八篇．

年)》的同时，从实践和理论的角度来探讨如何科学、合理地在蒙古族幼儿园开展英语教学，研究成果有助于内蒙古民族学校双语教学的发展，有利于政府有关民族幼儿园双语教学政策的完善，有利于“为落实《国务院关于基础教育改革与发展的决定》，推进幼儿园实施素质教育，全面提高幼儿园教育质量”① 目标的实现，推动当地基础教育事业的发展。本研究成果可以为政府相关部门幼儿启蒙双语教育政策的制定和改革提供实践参考。

三、研究综述

（一）相关研究现状

本研究主要是以内蒙古通辽市 X 民族幼儿园为个案，对内蒙古的蒙古族幼儿园的英语教学现状进行调查、研究和思考。因此，下文主要围绕蒙古族幼儿园的英语教学现状这一主题来进行文献检索与综述。以 CNKI 中国知网为主要期刊、论文检索资料库，兼用谷歌学术等常用资料库，以“幼儿英语教学” 和 “幼儿双语教学” 为两大主题；同时，为扩大资料来源，本研究还广泛搜集了各级政府、机构组织发布的相关政策、决定和规章制度等。

由于中国具体国情的限制，外国英语教学模式在中国少数民族幼儿园不一定适用，因此，在此主要对国内相关研究现状进行综述。

1. 幼儿英语教学研究现状

（1）幼儿英语教学的必要性

首先，在幼儿园开展英语教学是社会发展的产物。胡雅欣（2011）在其所撰写的《浅谈幼儿英语教学》中，从各个角度论述了这一观点，她认为，当今社会的发展和时代的需求，使得英语教学在形势的驱动下走进了幼儿园。幼儿园开展英语教学，是适应新时代发展的需要，是培养高素质优秀人才的有效途径；从幼儿阶段开始进行英语教育，可以使国人在日后更好地融入国际化多元社会，走向世界；是提高中国国民素质的重要条件，使民众在以后的学习、生活及国际交流和竞争中更好地生存和发展。

其次，幼儿阶段是学习语言的最佳时期，并且，在这一阶段进行英语学习还能够促进其语言能力的发展。Eric H. Lenneberg（1967）的第二语言习得“关键期假说”提到，学习语言的最佳时期是 2—12 岁，也就是儿童的生理和心理都处于发育高峰期的时候，在这个阶段，儿童的大脑很容

① 摘自《教育部关于印发〈幼儿园教育指导纲要（试行）〉的通知》。

易被影响。就好像在一张无边的纸上作画，无论这张纸上已经有了什么笔画或图形，你都可以在上面描绘更多，而你所描绘下来的，也都留在了纸上。这个阶段是一个不同于其他阶段的特殊学习时期，因此，作为幼儿的引导者之一，教师应该尽可能找到合适的方式去激发学生学习第二语言的兴趣。关薇（2011）也认为，外语教学开展得越早，越有利于幼儿准确地习得地道的发音，越有利于更好地学习外语。处于语言发展关键期的幼儿，在第二语言的习得中，比发展到成年后再开始学习第二语言要更容易，并且，无论是在语音、语法的精确度上，还是在语感上，都更能够取得良好的学业成就，更容易达到地道的表达水平。同时，加拿大语言学家兰伯特（W. Lambert）教授也指出，儿童在幼年时期掌握一门外语的话，其以后在语言方面会有更高的敏感性，有利于儿童语言功能的加强和发展，与此同时，在早期掌握一门第二语言的儿童相较于其他儿童而言，会更容易习得其他外语。①

再次，幼儿英语教学可以促进幼儿认知的发展。实践证明，在幼儿早期开展英语教学可以促进幼儿认知能力的发展，王星（1995 年）通过在实验班开展英语教学，对幼儿在日常生活中各方面行为表现进行了一年的追踪观察，最后发现实验班的儿童认知能力和智力水平均有提高，与非实验班的儿童相比，无论是动手能力、观察能力、表达能力，还是灵活性，实验班的都要强一些。早期的英语教学，对发展儿童的智力有着特别的影响和意义，在提高幼儿的语言能力的同时，也促使其他能力的共同发展，如注意力、思维能力、想象力、记忆力，甚至在性格上，都能使其更为开朗、活泼、爱笑，积极加入群体活动。

（2）幼儿英语教学的主要教学方法

目前关于幼儿英语教学方法最常见的主要有两种：TPR 教学法（也称全身反应教学法）和多媒体教学法。

TPR 教学法是最为普遍的一种英语教学方法，幼儿园的英语教学工作者一般是通过把英语教学同其他手段相结合来达到教学目的，王黎（2008）对幼儿英语教学中常用的几种教学模式进行了概括总结：主要有游戏法、音乐律动法、情景教学、竞赛教学等几种。这种教学法的特点在于，通过绘画、词汇展示等，让幼儿先进行理解，锻炼幼儿的听力和理解能力；在游戏和情景模拟中，幼儿通过肢体表达和动作协调可以强化其对

① 连娜．呼和浩特市幼儿园英语教育现状及其对策研究［D］．内蒙古师范大学硕士学位论文，2009：3.

语言的理解和记忆；在竞赛活动中，幼儿可以提前做好准备再参与，能够提高幼儿在表现中的自信，使语言学习在愉悦的情绪中进行；TPR 教学法不在乎教学形式，主要强调教学意义。这种教学法的优势在于符合孩子爱玩的天性，容易引起兴趣，轻松入门，在行动中学习，在行为活动中应用，打消对传统英语学习的枯燥感和恐惧感，也增强孩子们的自信心。但这种教学法也有一个缺点，就是有的学者提到过的，过多的活动设计很容易使幼儿兴奋，最后导致教师无法控制学生。游戏设计多、角色表演丰富，还有热闹的小组竞赛等活动，这些是 TPR 教学法的特点，但也是其一个弱点，面对有趣的各项活动，幼儿在参与的时候，总是很容易就全身心都投入进去，很容易就情绪高涨，比较兴奋，于是，也就很容易产生一种后果，即场面失控，幼儿无法将注意力收回。同时，TPR 教学法只适应于教授简单的知识，无法传授较深的科学内容。

相较于存在已久的 TPR 教学法，多媒体教学法是近年来才兴起的，建立在多媒体设备基础上的一种新式教学方法。多媒体教学法一般于特定的多媒体教室开展，以多媒体资料的展示和运用为主，通过生动、形象的图片、视频、音频、动画课件和电脑游戏等，传播英文知识。正如常笑（2011）所说，多媒体教学法最大的特点，就是其丰富多彩又充足的资料能够有效地吸引幼儿的注意力，引起他们强烈的好奇心，从而主观上产生模仿和学习的动力。而它最明显的缺点就在于，所需的投入大。一方面，多媒体教学法对幼儿园的硬件条件要求较高，需要购买相应的多媒体设备，这就要求幼儿园具备足够的资金支持；另一方面，有了多媒体设备，还需要有会操作使用的英语教师，这就对幼儿园的英语师资水平也提出了一定的要求。但从总体效果来说，多媒体教学法还是很值得、也很有必要进行推广。

（3）反对者对幼儿英语教学的看法

随着英语国际地位的奠定和提升，学习英语成为一种发展趋势，并且渐趋低龄化，同时，对于幼儿英语教学的研究也越来越多，但在这些研究中，除了上述支持者的声音，也有一些对幼儿英语教学持否定态度的研究者，他们认为，这种低龄化英语教学具有盲目性，比如，黄建红和孟艳（2010 年）在《幼儿阶段“双语教学”须慎行——浅析我国双语教育教学低龄化的现象》中就明确反对这种低龄化英语教学。

首先，英语教学低龄化是一种社会误导现象，英语教学的低龄化，严重影响了幼儿的正常发展。反对者认为，我国的外语教育受出国、留学、移民潮的影响，形成了一条利益产业链，加之各种虚假宣传和广告，缺乏权威的领导和监督体系，使正常英语教学受到严重的干扰。而英语教学的不规范、盲目“唯利”，又在一定程度上加剧了英语学习的低龄化现象，脱离了幼儿教育的初衷；与此同时，盲目地对幼儿进行英语教学，也影响了幼儿语言能力的正常发展，不利于幼儿的身心健康。广东外语外贸大学桂诗春（2012）教授在《此风不可长——评幼儿英语教学》中更直言，我国目前越来越低龄化的外语教育是一种非理性的发展方式，要赶紧刹车。

其次，家长们认为让孩子越早学英语对以后的学习越有利，这一观念本身就是一种误解。家长们的盲目追捧是幼儿园盲目开展英语教学的最大助推手之一，希望自己的孩子以后比别人更优秀，而其实这种想法并不科学。正如桂诗春（2012）教授所说，“所谓‘输在起跑线’的说法实际上是在赛跑道上的偷跑，更是违反幼儿发育正常的‘常规’。”① 并且指出，之所以产生这种误解，主要是由于解释错误、归属错误和错误强调。而幼儿园不顾教育发展规律和国家相关规定开展英语教学课程，主要还是因为社会大环境的趋势和家长们的要求。《贵阳日报》章婧报道的《别让 ABCD“烫伤”宝宝——对我市幼儿英语教育的调查》（2005）真实反映了家长“绑架”学校这一社会现实，“家长们‘望子成龙’、‘望女成凤’”。

再次，当前的幼儿英语教学乱象丛生，缺乏系统性、科学性。徐建国（2010 年）认为，当前我国的幼儿英语教学存在几大误区，“教育目标、动机不当，教育方法、手段、途径不当，杂乱的理念和过时的教材，幼儿英语教师良莠不齐”，于杨（2009 年）也在《当前幼儿英语教育误区解读》中指出，现在很多的幼儿园在教学中，将“幼儿英语教育与幼儿双语教学概念混淆，幼儿英语教育的目标设置不当、教学方法不当、教师非专业化”，这些都是影响幼儿英语教学的良性、健康发展的重要因素。同时，很多幼儿园根本不具备开展英语教学能力，但为了跟上社会的“潮流”，盲目跟风，反而对孩子的健康发展产生不利影响。

2. 民族幼儿园双语教学研究现状

（1）教学模式方面

盛晓明、刘春明等（2008 年）把我国目前大部分学校实施的双语教学划分为三个模式，即渐入式、过渡式和沉浸式。计道宏（2009 年）认为，目前我国的双语教学基本仅限于课堂之内，这也是民族幼儿园双语教学的一个普遍现状。张莹（2011 年）在《少数民族地区幼儿园双语教学研究综述》

① 桂诗春．此风不可长——评幼儿英语教学［J］．中国外语．2012（01）：45 - 46.

中，比较系统地阐述了少数民族幼儿园双语教学的影响因素，研究认为，少数民族幼儿在学习汉语时，教师的教学方法是一个很重要的因素，对幼儿学习的兴趣影响最大，而幼儿本身语言能力对学习的兴趣影响是最小的。尽管影响双语教学的因素有很多种，也很复杂，但从其影响程度的大小来说，首先是教师的教学方法，其次是教师的态度，再次是家长的鼓励，再然后是学校的学习氛围和家庭客观支持，最后才是幼儿的性格特点和个体本身的语言能力。不过，虽然当前我国民族幼儿园的双语教学在实践中已经有了一些成绩，但存在的问题也不少。最为突出的，就是双语师资力量薄弱，无论是数量上，还是质量上，都跟不上学校的发展；其次，幼儿园和教师对双语教学的认识还不够，教学内容定位不准，教学方法也不够丰富、灵活，等等这些问题都严重影响了民族幼儿园双语教学的发展。

（2）蒙古族双语教学研究现状

苏德教授（2005 年）的博士论文《多维视野下的双语教学发展观》是目前为止关于蒙古族双语教学较为全面的研究之一，系统地总结了蒙汉外双语教学的成绩。首先，在蒙古族学校的双语教学中，蒙文教育体系日趋稳定和壮大，蒙语师资队伍和蒙文教材建设取得了长足发展；其次，民族学校的汉语教学水平也有了很大的提高；再次，作为双语教学的一部分，外语教学在内蒙古也有了一定的发展，学校在蒙汉双语教学的基础上，再开展英语教学，并逐步形成了一个“蒙—汉—外”的双语教学模式。[①] 茯苓花和乌兰哈斯（2011 年）在《内蒙古自治区高等院校蒙汉双语教学工作情况分析》中也阐述了 20 世纪 80 年代以来蒙汉双语教学的发展与现状，“随着民族教育事业的发展，内蒙古相关院校从 1989 年开始着手蒙汉双语专业学生，经过二十余年的教学实践，已经基本掌握了这一学科的特点，基本的教学体系已经形成。”尽管如此，内蒙古双语教学仍然存在着很多的制约因素，主要是教学目标的缺失和教学方法的单调，使其双语教学的发展进入了一个瓶颈期。

（二）相关研究的简要评析及本研究的创新

1. 相关研究的简要评析

通过查阅、整理相关文献资料，发现目前关于幼儿英语教学的研究很多，但就研究成果来说，比较零散，缺乏系统性，且研究对象多以汉族学生为主；关于蒙古族幼儿园双语教学的研究也较多，但主要集中在对蒙汉

---

① 苏德．多维视野下的双语教学发展观［D］．中央民族大学博士学位论文，2005：184.

双语的挖掘，与此同时，其研究方向选择主要集中在教学策略和教学模式；而对蒙古族幼儿园中英语教学的研究就相对较少了，且多基于理论论证，缺乏以田野工作为基础的实践论证。目前除内蒙古师范大学连娜的硕士论文《呼和浩特市幼儿园英语教育现状及其对策研究》有较为详实的论述，其他能找到的相关资料比较少，而中国知网、万方、维普等权威文献资料网站上的相关研究也不太多。

2. 本研究的创新

（1）研究视角。首先，本研究将突破传统幼儿英语教学相关研究中以汉族学生为研究对象的局限，从一个新的角度——蒙古族幼儿园——来研究民族幼儿园英语教学现状；其次，针对目前学术领域对于少数民族双语教学中的英语教学尤其是蒙古族英语教学的研究，其调研对象主要集中于中小学和高校的现象，本书将研究对象设定为幼儿园的学生，丰富民族双语教学的研究对象。

（2）研究方法。在本研究中，笔者基于定性和定量相结合的田野调查方法，结合儿童认知发展理论、关键期假说等儿童心理学理论知识，通过对英语教学的现实需求与儿童发展心理学进行综合分析，从“现实”与“理论”两个方面来对民族幼儿园的英语教学进行思考，使研究成果更具有客观性、实效性与科学性，具有现实意义。

四、基本概念界定与理论基础

（一）概念界定

1. 幼儿英语教学

“幼儿园的任务是实行保育与教育相结合的原则，对幼儿实施体、智、德、美诸方面全面发展的教育，促进其身心和谐发展。幼儿园同时为家长参加工作、学习提供便利条件。”[①] “幼儿园英语教育是在专门的社会幼教机构中，幼儿教师根据幼儿身心特点，有目的地创设英语环境，选择幼儿感兴趣、易学、易懂、易说的英语语言材料，多形式地引导幼儿主动地获得英语听说能力，促进幼儿语言能力、情感态度、个性品质等全面发展的幼师互动的教育活动。”[②] 本研究中的幼儿英语教学即指幼儿园英语教学，是指对3—7岁的幼儿在幼儿园中有目的地进行英语语言教授活动。

---

① 摘自《幼儿园工作规程》第一章第三条。

② 连娜．呼和浩特市幼儿园英语教育现状及其对策研究［D］．内蒙古师范大学硕士学位论文，2009：7.

2. 双语教育与双语教学

《朗曼应用语言学词典》里对于双语教学的解释是，指在学校里能够使用第二语言或外语来教授各门学科知识内容的教学方式。吉姆·卡明斯（Jim Cummins）认为，双语教学是在学生教育中教育工作者使用两种或两种以上的语言，对学科内容进行教学，而不是指单纯的语言课程。在《英汉双解教育词典》中，英国教育家德里克·朗特里（Derek Rowntree）定义为“双语教育是培养学生以同等的能力运用两种语言的教育，每种语言讲授的课业约占一半”。[①] 加拿大的 W. F. 麦凯和西班牙的 M. 西格恩在其《双语教育概论》中也表示，“‘双语教育’这个术语指的是以两种语言作为教学媒介的教育系统，其中一种语言常常是但并不一定是学生的第一语言”。[②] 中央民族大学教育学院苏德教授也认同卡明斯的这一说法，在其《多维视野下的双语教学发展观》一文中，对双语教学的内涵进行了如下阐释，“‘蒙—汉—外’双语教学，是从一般意义上的‘双语’派生出来的，与‘单语教学’、‘双语教学’相对称的概念。‘蒙—汉—外’双语教学是指以使用两种以上语言平等教学的现象，或是指在一定的教育阶段，同时进行母语和第二、第三种语言教育，使受教育者学会用三种语言。”[③] 本研究中的“双语教学”即指以蒙汉英三种语言为教学语言的授课方式。

（二）理论依据

1. 皮亚杰（Piaget）的儿童认知发展阶段理论

皮亚杰（Piaget）将儿童的认知发展分为四个主要阶段：感知运动阶段（sensor motor stage）、前运算阶段（pre - operational stage）、具体运算阶段（concrete operational stage）和形式运算阶段（formal operational stage）。他认为，幼儿的认知在2—7岁期间是处在前运算阶段，幼儿在前运算阶段最显著的特点就是语言飞速发展。在这一阶段中，幼儿开始模仿、学习一些行为动作，渐渐能够自如地运用符号表征事物，并通过符号进行简单的思考活动，但这种思考主要是以“自我中心”（egocentrism）的思考，从自己的角度出发，对周围的事物进行分析和判断，并且认为其他人的思考和行为方式也是与自己一致的。[④] 前运算阶段的幼儿正是处于在幼儿园接

---

① Derek Rowntree 著．赵宝恒等译．《英汉双解教育词典》［M］．北京：教育科学出版社．1992.

② ［加拿大］W. F. 麦凯，［西班牙］M. 西格恩著．严正，柳秀峰译．《双语教育概论》［M］．北京：光明日报出版社，1989.

③ 苏德．多维视野下的双语教学发展观［D］．中央民族大学博士学位论文，2005：55.

④ 彭聃龄．普通心理学［M］．北京：北京师范大学出版社，2011：516 - 519.

受学前教育的阶段，这时的语言教学对于幼儿语言能力及其他认知能力都有着巨大的影响，但这些影响是正面的、积极的，还是负面的、消极的，作为语言教学的主要实施者，学校和教师则有着举足轻重的作用。对于民族幼儿园的英语教学来说，更要以儿童认知发展阶段理论为指导，正确引导幼儿语言能力的发展；以儿童心理学为依据，科学开展英语教学活动；以儿童的心理发展规律为办学参考，使英语教学活动产生正面、良好的教学效果，避免不恰当的教学方式，避免适得其反的效果出现。与此同时，还可以根据幼儿的心智发展特征，制定相应的教学方法，从而促进幼儿注意力、观察力、判断力、想象力、模仿能力、思维能力等各方面认知能力的全面发展。

2. 关键期假说理论

关键期假说理论（Critical Period Hypothesis，CPH）是列尼伯格（Lenneberg）在1967年提出的，关键期假说认为：人在两岁至10—12岁左右，由于受大脑中语言习得机制（Language Acquisition Device，LAD）的影响，大脑的左右两个半球都积极参与语言学习，理解能力增强，很容易就产生语言，因此，在这期间，人们很轻松自然就能够习得语言。而过了这段时期，儿童学习语言就会越来越困难，语言习得机制开始失去作用，因为这个时候大多数人的大脑发生了侧化，大脑结构与功能已经发育成熟，神经系统也不再有弹性，习得语言的能力也就变弱。[①] 神经学家彭菲尔德（Penfield）和罗伯茨（Roberts）认为，新生儿在出生后的最初十年是语言的最佳习得期，这是人的一生中可以自然、容易地学习语言的最好时期，因为这个时候，人的大脑具有很强的塑造性，一旦错过这一固定时期，一般就很难再完全成功地习得一门语言了。[②] 尽管关键期假说理论在它出现以后就一直面临着各种争议，但还是不断得到研究者的实验支持。而根据生物学上脑科学和神经科学的研究也表明，大脑和语言神经的发育确实存在一个关键期，在幼儿阶段，个体的脑功能和神经系统结构容易受外界环境和刺激的影响，具有很强的可塑性。结合语言关键期假说，幼儿阶段的语言教育对于幼儿有着重要的影响，在这一阶段，幼儿能够更容易习得一门语言，与此同时，通过语言学习活动，又能反过来促进脑功能的发育。因此，关键期假说理论对于幼儿语言教学来说有着非常重要的影响意义。

---

① 姚小淑．从语言习得关键期假说探讨幼儿学英语［N］．牡丹江师范学院学报，2009（03）：50。

② 姜凡．儿童第二语言学习“关键期”理论研究综述［J］．丝绸之路，2010（20）：53。

3. 母语迁移理论

所谓迁移，即一种学习对另一种学习之间的相互影响。[①] 美国语言学家雷多（Robert Lado）认为在二语学习过程中存在母语迁移，学习者的第一语言即母语的学习习惯会影响到第二语言的学习。但英国语言学家艾利斯（Rod Ellis）认为，母语的迁移也会干扰到第二语言的学习，而母语的干扰是导致第二语言学习经常出现错误的主要原因。因此，母语迁移又分正迁移和负迁移。母语正迁移（positive transfer），是指语言学习者在学习第二语言的时候，由于两种语言在某些方面有相似，母语学习的经验会促进第二语言的习得，产生积极影响。负迁移（negative transfer）则相反，是个体在学习第二语言时，由于母语与第二语言的差异性，导致母语的系的经验对第二语言的学习产生干扰或阻碍，产生消极影响。[②] 蒙古族幼儿园在学习英语时，也会存在母语迁移现象，这其间，有正迁移，也有负迁移。蒙语与英语在语音（包括元音、辅音和音节）、词汇（包括词素、构成过程）、语义等方面都有着很多的相似之处，同时，蒙语中还有一些英语外来词，这些都会对英语的学习产生正迁移。[③] 当然，由于蒙语与英语本身就属于不同的语系，因此，二者在时态（蒙语里没有与英语相对应的现在完成时）、句子结构、语序以及部分词性等方面有差异（比如：有的动词在蒙语里是不及物动词，在英语里却是及物动词），这些蒙语思维习惯在英语的学习中若不注意就会产生负迁移。[④] 尤其是对于刚入门的幼儿，最初的学习习惯很容易伴随到其以后的学习中，影响到英语的继续学习。

五、研究的方法及过程

（一）研究对象

本研究选取内蒙古通辽市 X 民族幼儿园为个案研究对象，通过对幼儿园的英语教师、学生家长进行问卷调查，同时，对幼儿园主管教学的领导及英语教师进行访谈，了解该园英语教学的现状。

X 民族幼儿园坐落在通辽市蒙古族最为集中的某旗，且该园为市级示

---

① 陈琦、刘儒德．当代教育心理学［M］．北京：北京师范大学出版社，2009：296.

② 陈琦、刘儒德．当代教育心理学［M］．北京：北京师范大学出版社，2009：285.

③ 达古拉．蒙古语在蒙古族学生英语学习中的正迁移［D］．内蒙古大学硕士学位论文，2011.

④ 梅花．母语负迁移所导致的蒙古族大学生英语写作错误分析与对策研究［D］．内蒙古师范大学硕士学位论文，2008.

范民族幼儿园之一，具有一定的代表性，样本的信度和效度都比较高，以X幼儿园为个案进行研究，其成果对于蒙古族幼儿园更具有普适性和推广性。由于该园只有大班和中班的蒙生学习英语，因此，本研究重点对大班和中班的教师和学生家长进行问卷及访谈调查，小班的家长问卷则作为辅助资料进行收集。

（二）主要研究方法

本研究主要采用定性与定量相结合的方法开展调查研究，调研工具包括教师问卷、学生家长问卷、园长访谈提纲、教师访谈提纲、课堂观察表，并使用SPSS专用统计软件对获取的数据资料进行量化分析。

1. 问卷法

通过对在职英语教师进行问卷调查，了解幼儿园师资基本情况和英语教学现状。发放问卷6份，回收6份，无效问卷为0，回收率和有效率均为100%。问卷见附录1—1；通过对学生家长随机抽样进行问卷调查，了解家长们对学校英语教学质量、教学方式等现状的看法及期待。本次共计发放问卷230份，有效回收206份，有效率约为90%。问卷见附录1—2。

2. 访谈法

正式访谈与非正式访谈相结合。通过对民族幼儿园专门负责教学管理的一位副园长进行正式访谈，了解幼儿园的发展现状、管理、建设及未来规划等整体情况，访谈提纲见附录2—1；通过对幼儿园6名在职英语教师进行正式与非正式相结合的访谈方式，了解教师的工作状况、课堂教学开展过程、教学感想等情况，正式访谈提纲见附录2—2；通过对幼儿园学生家长进行非正式访谈，了解家长对学校英语教学的意见、看法及个人建议。

3. 观察法

入驻通辽市X民族幼儿园，与师生一起学习、生活，彻底融入到整个教学环境中，对幼儿园的教学设施、教学方式、师资情况、教学效果等进行细致入微的观察，特别关注学校在英语教学方面的实施手段和成效，通过田野工作，得到第一手资料，增强研究的真实性与客观性，观察量表见附件3。

4. 实物收集

对教材、教具、教学计划、英语课表等重要物品进行收集，以便更好地对该幼儿园的英语教学情况进行深入研究。

（三）研究过程

笔者在确定选题及研究个案后，即奔赴调研地进行了第一次为期一周的田野工作。走访了包括个案幼儿园在内的其他民族幼儿园、小学、中学、大学，了解当地整体大概英语教学情况，并与个案幼儿园——通辽市X民族幼儿园相关领导开展了民族教育交流会议活动，幼儿园园长、主管教学的副园长、教学主任等分别对该园的整体情况、师资力量、发展困境、双语教学当前的困难等方面进行了详细的介绍，同时，笔者也在此期间收集了幼儿园简介书、英语教材等资料，并与园领导沟通进行调研合作，取得园领导、教师的支持。

第一次田野调查工作结束后，笔者在对收集到的资料进行整理的同时，认真总结第一次田野工作的经验，并通过查阅相关文献资料，为第二次下田野提前做好充分的准备。在第二次田野工作准备阶段，收集了大量相关资料，同时准备调研工具，包括问卷的编制及打印，访谈提纲的制定等。与此同时，为了确保问卷及访谈提纲的效度，结合同学和导师的意见进行修改和完善，并进行小范围预测，最后确定最终版。在出发去往个案地前，与个案幼儿园园长进行联系沟通，说明当次调研工作的整体计划情况及所需对方提供的具体帮助事项和内容，以便提高田野调查资料收集的效率，并确保整个调研行程能够顺利进行。在为期一周的调研工作中，每天同幼儿一起接受英语课程教授活动，认真进行课堂活动观察记录；课后与教师进行闲聊式交谈，了解教学情况；拍摄教学现场及教学设施，以便保存资料。与此同时，依照调研计划开展问卷调查、访谈、资料收集等活动。将通辽市民族幼儿园英语教学现状的研究建立在田野工作的基础上，提高其信度和效度。

第二节　通辽市X民族幼儿园英语教学现状的调查

通过对通辽市X民族幼儿园进行田野调查，了解到该幼儿园在英语教学目标的认识、教学环境、课程设置与教学内容、师资、教学方法和教学效果等六个方面的现状。

一、幼儿园英语教学目标的认识现状

“学前儿童语言教育目标是根据学前儿童保育与教育的主要目标确定的，它是学前儿童教育总目标的重要组成部分。”[①] 教学目标是教学工作

---

① 张明红．学前儿童语言教育［M］．上海：华东师范大学出版社，2001：198.

开展的意义所在及最终归宿，是教学活动的指引方向和教学任务设定的依据，对教学者与学习者以后的一切教学活动的一种明确指向。只有明确了英语教学目标，才能根据预期设定的目标进行英语教学设计、课程内容规划、教学实施手段的确定，从而有目的、有指向、有计划、有效率地开展教学活动，最终实现教学目标。若没有一个明确的英语教学目标，或者说，对教学目标的理解有偏差或处于模糊状态，则很可能左右后续教学活动的开展，使教学方向同教学目标产生偏离，最终导致整个教学计划无法实现。因此，对教学目标的认识情况是英语教学活动能否进入正常、有序、正确的轨道的重要影响因素，也是该研究必须了解它的原因所在。

（一）调查背景

通辽市位于内蒙古自治区东部，是全国蒙古族聚居人口最多的地区，全市现有 150 万左右蒙古族，X 民族幼儿园所在地又是通辽市蒙古族最多的一个旗。X 幼儿园是于 2004 年由旗幼儿园和纯蒙授蒙古族幼儿园合并而成，因此，是一个蒙汉幼儿皆有的学校，实行蒙、汉、英三种语言教学。

幼儿园现招收 1000 余名幼儿，其中蒙古族幼儿 500 名左右。全园设有小班、中班、大班共 16 个教学班，蒙班与汉班分开教学。该园一共有 9 个蒙班，其中，大班 5 个，中班 3 个，小班 1 个。大班平均每个班 70 人左右，中班每个班级 40 多个学生，小班 18 名学生。学校共有 96 名教职工，其中 76 名正式员工，20 名外聘员工，每个班级配 4 名教师，这 4 名教师既是保育员又是教师，6 门功课全部教。英语教师 6 名，专职英语教师 1 名，这位专职教师也是 9 个蒙班的共同英语教师。

蒙语是教学的主要语言，教师上课蒙英交替使用，采用蒙语对英语内容进行解说。幼儿与教师之间，存在教学内容上的疑问而又无法用英语表达时，则用蒙语进行提问与解答。课后师生之间以及幼儿与幼儿之间，都是使用蒙语进行沟通、交流。而由于幼儿家长们的教育背景基本都是小学、中学学历，具有大学及以上教育背景的很少，家长们当中，几乎没有精通或熟练使用英语的，大多是处于“了解”或“能简单交流”的程度，幼儿在家，甚至有一些家长完全不会英语；同时，作为纯蒙语家庭，汉语也仅是在对外交往生活中使用，在家庭成员之间，很少使用，仅有少数普通话比较好、学历较高的家长，有的时候会为锻炼孩子的普通话水平，使用汉语与小孩进行简单对话。因此，师生之间、生生之间、以及家长与幼儿之间，日常交流都是以蒙语为主。

（二）学校方面对英语教学目标的认识

在对幼儿园园长进行正式访谈时了解到，该园开展英语教学的主要目标是：培养学生对英语学习的兴趣，使学生乐意参与英语活动，并逐步养成开朗、善于交际的性格，通过学校英语课程的教授，让孩子们能够把英语当成一种新的交流工具和手段，能够用英语和他人进行简单的交流，同时，在英语语言学习中，初步形成良好的语音、语感，并对英语学习中接触到的西方文化感兴趣，体验两种不同文化之间的差异。园长认为，幼儿时期是幼儿发展语言的最佳期，让幼儿在这个年龄段接触、学习英语，同时运用蒙语、汉语和英语表达自己的思想，对孩子的语言发展和智力开发都有很大的帮助。

从授课的英语教师方面来看，其对教学目标的看法也基本与学校保持一致。六位受访英语教师中有四位认为幼儿英语教学是以培养幼儿对英语的兴趣为目标，另外两位则分别认为英语教学的目标是为孩子以后学习英语打好基础和促进幼儿智力发展。

（三）学生家长对英语教学目标的看法

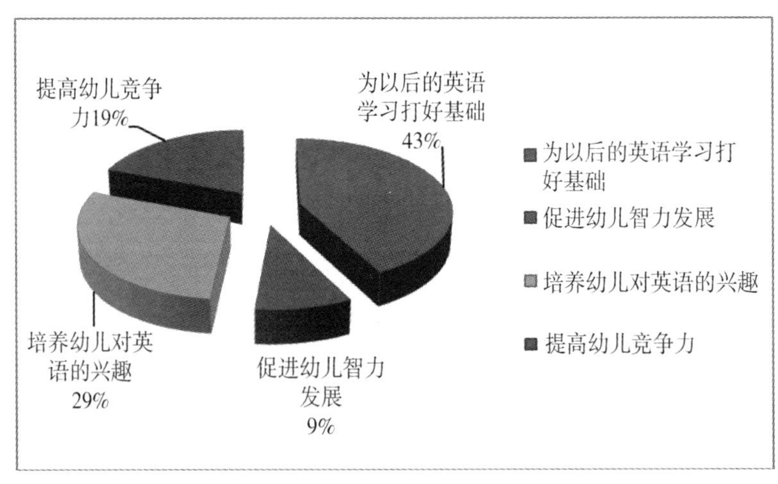

图 5—1　受调查学生家长对幼儿英语教学目标的看法

如图 5—1 所示，在所有接受调查的学生家长中，43% 的家长们认为幼儿园进行英语教学的目标应该是“为以后的英语学习打好基础”，幼儿园是孩子接受正规教育的开始，在普遍的认为“不能让孩子输在起跑线上”这种价值观的驱使下，家长们认为幼儿园也应该以此为教学目标；近 30% 的家长认为幼儿园的英语教学应该以“培养幼儿对英语的兴趣”为目标，而持这种看法的家长归根结底其实也是为了孩子以后能更好地学习英语，因为他们认为幼儿园阶段小孩还太小，没法真正学到太多的英语知识，但却可以引起他们对新事物的兴趣，而兴趣是做好任何一件事情的前提，只有对英语产生了兴趣，他们未来才能更好地学习英语；19% 的家长认为英语教学的目标应该是“提高幼儿竞争力”，他们认为，孩子只有比别人学习更多的知识，包括多掌握一门外语，才能从小就具有更强的竞争力，在众多孩子中更出色、更优秀；而仅有不到 10% 的家长选择了“促进幼儿智力发展”，认为幼儿正处在生理、心理发育和发展阶段，多学一门外语能够多接触一种新鲜事物，有利于促进幼儿大脑的发育和智力的开发。

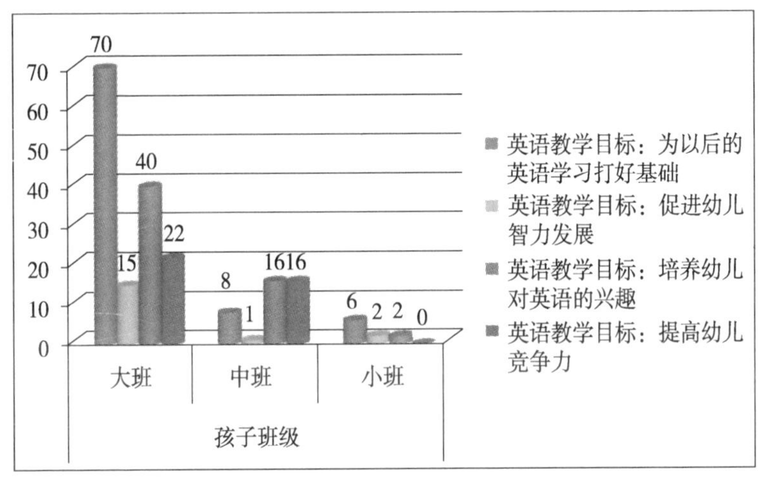

图 5—2 不同班级学生家长对幼儿英语教学目标的认识

而在对“学生班级”和“家长对幼儿园英语教学目标的看法”这两个变量进行交叉对比分析时发现，不同的年级学生家长在对幼儿英语教学目标的看法上又有所不同，如上图 5—2 所示。大班孩子由于马上即将进入小学阶段，算是在教育阶段上的一个升级，因此，绝大部分家长认为英语教学目标应该是“为以后的英语学习打好基础”，是幼儿园与小学英语学习的一个接轨，如果幼儿园英语基础没打好，会影响到以后的英语学习，这样的话，幼儿阶段英语成绩就会给小学阶段的英语学习“拖后腿”了；其次是“培养幼儿对英语的兴趣”，一部家长认为，大班的孩子应该培养其对英语这门语言以及学习英语的兴趣，这样等到孩子到了下一个阶段的学习，就能在兴趣的驱使下，自主地产生进一步学习英语的欲望；再次是“提高幼儿竞争力”，使孩子跟在跟其他幼儿进行学业上的竞争时更有优势；只有极少数的人选择了“促进幼儿智力发展”，认为英语教学要建立在对儿童智力的开发和智商的培养的基础上。在接受调查的中班学生家长中，选择“培养幼儿对英语的兴趣”和“提高幼儿竞争力”为英语教学目标的人数一样，占绝大多数，少数一部分认为教学目标应该是“为以后的英语学习打好基础”，而有且仅有一个认为要以“促进幼儿智力发展”；在小班中，虽然还没有开展英语课程，但笔者也了解了一下这些孩子的家长对幼儿英语教学目标的看法，在这些家长们中，大部分人还是认为“为以后的英语学习打好基础”是开展幼儿英语教学的目标，没有一个人认为应该是以“促进幼儿智力发展”为目标。综上所述，大班的学生家长们大部分都认为幼儿英语教学目标应该是“为以后的英语学习打好基础”，中班的学生家长们则认为英语教学目标主要是“培养幼儿对英语的兴趣”和“提高幼儿竞争力”，小班的学生家长们则跟大班家长的看法一样，认为应该要以“为以后的英语学习打好基础”为教学目标。

总的来说，学生家长们还是认为，幼儿园的英语教学目标应该是“为以后的英语学习打好基础”，认为“促进幼儿智力发展”是英语教学目标的人数最少。

二、幼儿园教学环境与教学设施状况

（一）英语语言环境

英语学习的一个重要影响因素就是语言环境，良好的语言环境可以促进幼儿更快速、更有效地习得第二语言。语言环境又分正式语言环境与非正式语言环境，无论是哪一种类型，都是学习语言的助推器。

幼儿园的孩子学习英语基本上都是在课堂上，教师使用蒙、英双语进行英语知识的教授。从课堂观察来看，蒙语与英语的使用率分别在50%左右，教师先用英语说一遍讲课的内容，再用蒙语说一遍，如此反复。但课后孩子接触英语的机会就比较少，教师在一天的教学活动中，除了上课，也不常用英语跟学生进行交流。正如一位教师所说：

> “因为孩子这个英语水平啊不太高，（会说的英语）基本上也就是问好啊，课前问候啥的。尽管有的孩子入学前会一点儿（英语），简单单词，他们基本会一些水果，像一些apple、banana什么的，但只是说简单的，像草莓什么的就不会了。（所以）也就是一般在课上（使用英语），平常英语交流不太多。”

大部分的孩子除了在幼儿园接受过英语教学，很少再参加校外的其他英语学习，88%的受访家长没有给孩子在校外报名参加其他形式的英语学习，仅有12%的学生有在外面再学习英语。

在家里，由于家长本身学历、英语水平的限制，为孩子创造英语学习环境的机会就更少了。受访家长中，46.1%的家长文化程度在初中水平，26.2%是高中学历，16.5%是小学及以下水平，仅有9.2%的家长是大学本科及以上学历；而其英语水平，一半以上是一点都不会，小部分人会一点儿，还有不到10%的人表示其英语水平一般，仅有4位受访家长表示自己英语熟练。正是学生家长的这一学历和英语水平现状，决定了家长们无法在家跟孩子进行英语对话，为孩子创造一个有利的英语听说环境。正如幼儿园园长在谈及目前幼儿园英语教学存在的困难时指出，

> "存在困难呢，还是在家里配合上，这方面还有一定困难。因为家长嘛，在英语水平各方面还比较欠缺，特别我们民族幼儿园，一般的（家长）都是少数民族蒙族，蒙族人家就是家长不学英语，所以他英语基本上不会，幼儿吧在幼儿园呢学了很多英语（知识），但是家长不（帮着）复习、巩固，他这方面就还是在家庭配合上有些欠缺。"

再加上现在很多孩子的父母都外出打工，家里就剩爷爷奶奶或者外公外婆在照顾孩子，而他们那一辈的人，基本全是纯蒙族，很多连汉语都不会说，更别说懂英语。这样一来，孩子就只能在课堂接触到英语，在家里缺少一个英语练习与复习的语言环境。

家长在帮助孩子学习英语方面也采取了一些辅助措施，从图5—3可以看出，大部分家长都会跟孩子一起复习所学的英语内容，或者每天检查孩子的学习效果，有些家长还会给孩子购买幼儿英语光碟或书籍，促进孩子学好英语。但却很少有家长会在家里用英语和孩子进行交流，为孩子创造一个英语语言环境，提高孩子的开口能力和听力，让孩子真正将所学的内容灵活运用到生活当中。可以说，大部分幼儿除了在学校上课的时候跟老师一起学习和使用英语，其他时候很少有一个能让他们进行英语学习和练习的语言环境。

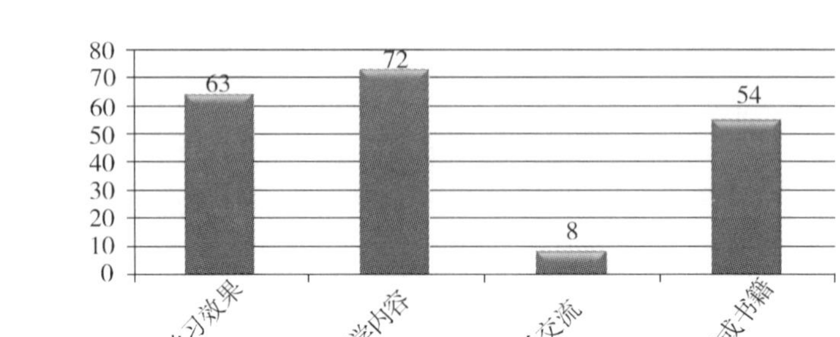

图 5—3　幼儿家长对孩子学英语采取的辅助措施

（二）英语教学硬件设施情况

幼儿园校园不大，只有一幢三层的教学楼，教学区、办公区、生活区都集中在这一个楼里。学生活动室、寝室、教室三位一体，以一排衣橱柜隔开，前面是教室，后面是学生休息睡觉的地方，如图 5—4。学校没有统一的食堂，学生吃饭也都是在各自的教室座位上。除了教室和办公室以外，教学楼里还有一个开放式小型图书展厅，沿着三面墙上下各陈列着一排包括教材在内的各种幼儿图书。

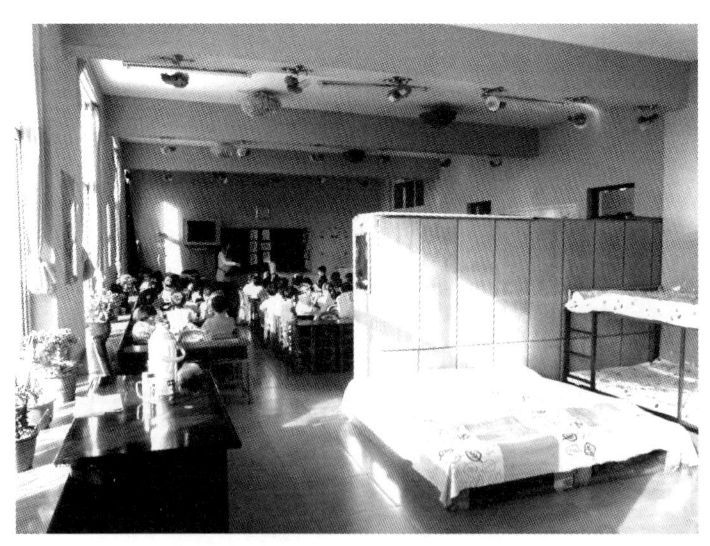

图 5—4　通辽市 X 民族幼儿园教室内景

教学楼内都布置得充满童趣，墙面上贴着各种形象生动的动物、花草图片，还有小朋友游戏的场景图片，连楼里的窗户、灯、暖气片上，都布满各种色彩鲜艳的图画；楼梯上也贴着“幼儿园，学知识，既快乐，又懂事”之类的中文宣传语；走廊上挂满各种纸质手工艺品，如猫头鹰、向日葵、小蜜蜂等，还有充满蒙古族特点的剪纸；教室外除各种可爱图片外，还张贴着蒙文海报。教室内也都布置得很精致，天花板上挂满各种纸质花草、动物手工艺品，墙上贴着五颜六色的动物图片。教室的正前方黑板的一侧张贴着一幅大苹果图画，上面都是由孩子们的照片组成，感觉非常温馨。但整个教学楼内，无论是室外环境，还是室内环境，在布置、设计方面，除了有少量的汉字和蒙文书写的宣传性文字，没有任何英语文字或标识，包括教室的门牌，也都只是蒙汉双语。

学校每个教室里都有一台电视机和 VCD，可以用于给学生播放英语光盘，进行视听教学。由于每个班的学生数量比较多，已经远超过教育部门的相关规定，《幼儿园工作规程》第二章第十一条明确规定，“幼儿园每班幼儿人数一般为小班（3 至 4 周岁）25 人，中班（4 至 5 周岁）30 人，大班（5 周岁至 6 或 7 周岁）35 人，混合班 30 人。学前幼儿班不超过 40 人。”通辽市办园标准是中班 25 人，大班 30 人。而目前该园学生人数中班每班在 40 人左右，大班 70 人左右，超过了规定标准人数约一倍，因此，教师上课都配有便携式扩音器，以便上课的时候全班同学都能听见老师讲的内容。上课展示用的实物或者图片等教具，学校也会配备一些，但不是所有需求物品学校都会提供。蒙班教师说：

> “我（上课用的教具）是图片多一些，教科书配套的图片里没有的，我就都是自己画的；实物那些能够带的，我就自己带，比如说苹果什么的，带不了的就没办法了。上课我要是有（上网）搜儿歌的话，我搜出一个儿歌，需要配合展示的实物我就自己准备。园里会有一部分，看自己的需要，没有的就自己带。但电视光盘的话，自己备就来不及准备。”

而多媒体设备方面，目前全园就一个多媒体教室，里面配有一台电脑和一个大屏幕投影仪。不过，通辽市 X 民族幼儿园作为全旗唯一一个市级示范公办幼儿园，家长们对学校的教学环境整体上还是都比较满意的。

三、幼儿园课程设置和教学内容现状

（一）蒙班英语课程设置情况

“学前儿童语言教育的内容是指学前教育机构传授给儿童的语言形式、语言内容、语言运用的总和，是交给儿童一套特定的语言符号系统，并指导他们学习运用这套符号系统进行交际。”① 幼儿英语课程的设置和教学内容的安排是实现英语语言教学目标的载体和主要手段。

表 5—1　2012 年秋季学期各蒙班英语课课程表

	星期一	星期二	星期三	星期四	星期五
第一节 8：30—9：00	蒙大 1 班	蒙大 4 班	蒙中 2 班	蒙大 2 班	蒙中 1 班
第二节 10：00—10：30	蒙大 2 班	蒙大 5 班	蒙中 3 班	蒙大 3 班	蒙中 2 班
午　休					
第三节 15：10—15：40	蒙大 3 班	蒙中 1 班	蒙大 1 班	蒙大 4 班	蒙中 3 班
第四节 10：00—10：30					蒙大 5 班

由于幼儿园八个蒙班都是由一位英语老师在教，因此，各班的英语课课程表都是固定的、排好的。表 5—1 即是该幼儿园目前各蒙大班和蒙中班的英语课设置情况。从表中可以看出，在教师能够安排的工作时间里，所有的英语课都尽可能安排在上午时段上课，从早上 8：30 开始，上午两堂，第一节从 8：30 到 9：00，第二节从 10：00 到 10：30，上午的课时安排满了，再开始排下午的时段，第三节从 15：10 到 15：40，第四节从16：00 到 16：30。在课堂的节数上，大班和中班都是一样，每周两节英语课；但在上课时长上，大班和中班还是有区别的。尽管从课表安排上来看，每节课的时长都是固定 30 分钟，但实际授课时间和时长却存在很大的灵活性，教师可以根据自己当天的教学内容情况或课堂前后学生的活动结束情况，具体问题具体分析，略微调整上课的时间与时长。通常情况下，教师根据当堂课所教的内容和学生的掌握情况，适当灵活调整时长这一现象很普遍。但总的来说，上课时间还是基本固定的，授课时长方面，大班一般一

① 张明红．学前儿童语言教育［M］．上海：华东师范大学出版社，2001：217.

节课在 30 到 35 分钟之间，中班在 20 到 25 分钟之间。家长们对目前学校英语课程的设置情况大多都表示满意，只有 2% 的人认为不是太满意，至于不满意的原因，家长则不愿透露。

（二）英语课程的主要教学内容

大班和中班的英语教学都是以简单儿歌、歌曲为主，英文指令和问候对话为辅，不同之处就在于，大班学习的知识量比中班大，还有就是在教学内容的难易程度上有所不同。

教学内容的主要依据是书本教材，如园长所说，

> "我们是使用《亿童幼儿英语》这个教材，在教学中呢，我们不断地进行补充、完善教学内容，为配合教材中内容，教师还准备多种辅助教具，像图片、卡片、实物、木偶等进行灵活运用，以便幼儿能更好地掌握教学内容。"

在以书本教材为主要教学的前提下，教师再根据需要，适当增加一些书上没有但生活中又常用的内容。比如，教科书上没有"rabbit（兔子）"，但是小朋友又经常在电视上能看到，算比较常见的动物，教师就会找一些包含"rabbit"的英文儿歌，插入到课堂教学内容中。教师搜集书本教材以外的教辅材料的主要渠道是网络，主要是根据网上所提供的其他幼儿园使用的、网民评价比较好的教学内容，进行有针对性的甄别和筛选，查找一些内容简单、节奏性强、朗朗上口的英文儿歌和歌曲。儿歌和歌曲等资料的收集主要是以其内容所包含的单词是否实用为标准，比如家庭成员称呼、颜色、水果等类别的单词，以及幼儿平时在生活中经常接触和使用的名词。

还有就是对一些英语指令和简单问答的学习。比如，在蒙大 5 班的一堂英语课上，教师进入教室在讲台上站定后，就开始用英语跟大家打招呼，教师说："Good afternoon，everyone！（大家早上好！）"学生便会异口同声地回应："Good afternoon，teacher！（老师早上好！）"而当教师说："Stand up，please.（起立）"学生们则立刻全体站起来。类似于这种在每堂课上基本都会用到的口令和对话，也是学生们学习的主要内容之一。教师会告诉学生这些英语口令和句子的蒙文意思，什么时候可以用，但至于组成这些口令和句子的单词，则不会反复解释并让学生掌握单独的单词意思，比如，教师会让学生解释"Stand up，please"是什么意思，但不会单独把"stand"拿出来提问学生。在对幼儿的英语教学中，英文口令和简单问答作为一个整体知识来教授、解释和使用。

（三）幼儿园所配英语书本教材的主要内容

大班和中班的教学资料都是以幼儿园统一采购、配备的书本教材为主，其他网络资料为辅。学校选择目前这套英文书籍作为教材的主要原因是，认为其形式丰富，能引起幼儿的兴趣。

每一套教材都包含四份教学资料，教科书一本、卡片集一份、配图儿歌海报一张、大游戏图一张。教科书里的文字全部是英文，内容主要分为以下四大模块：句子、儿歌、指令和歌曲，单词贯穿于其中。这四大模块每一种都由4篇同类型的课文组成，全书共16篇课文。所有班级的教材配置都一样，只是不同年级的教学内容不一样，难易程度不一样，以及单词量的大小不一样，其他内容表现形式和篇幅数也都一样。中班教材一共是24个单词，主要包括英文里常见的人物名称、家庭成员称呼、水果等名词，以及个别动词，如“hide”、“seek”；大班要求学生掌握的单词量是32个，以日常生活用品、颜色、数字、动物为主，还包括个别动词，如“sing”、“dance”。

不过，对于该套书本教材的适用性，任课教师和园方领导的意见却不太一样。根据其他几位来校已有一两年的非蒙班英语教师所说，学校配的书本教材并不固定，差不多每年都换。一位教师还表示，从她以前带的蒙中班英语学习情况来看，配置的书本教材的内容偏难，不是特别适合那一阶段的小孩。

四、幼儿园英语师资现状

（一）英语师资的基本情况

教师是教育的引导者和主要参与者，也是教学的中坚力量，幼儿园的英语师资在幼儿英语教学中扮演着一个关键的角色。通辽市X民族幼儿园教授英语课程的教师一共六名，但目前只有一名是专职英语教师，剩下五名都是非专职英语教师，即所有课程都教。据一位教师说：

> “以前有几位专职英语教师，学校对教师进行了调整，调整后就只剩一位专职英语教师了，因为教师实在是不够，每个班的课特别多，如果说我要是专教英语的话，这几个班级里我带的只是英语，那别的课就没人教了。”

而所有蒙班的英语课程都由该校现在唯一的一名专职英语教师负责授课，但由于该教师是今年刚加入的新老师，在这之前，蒙班的英语课一直都是由其他几位非专职英语教师在教，因此，为了能够更科学、合理、统筹地对蒙班英语教学情况进行研究，以及全面了解该园整体英语师资情况，笔者对该六名教师都进行了问卷调查与正式访谈。

表 5—2　幼儿园接受调查英语教师的基本情况（接受调查教师总人数为 6 人）

	性别		年龄			民族			学历		专业		
基本情况	男	女	25 岁以下	25 至 30 岁	未选	蒙古族	汉族	其他	大专	大学本科	学前教育	英语专业	艺术类
教师人数	0	6	2	3	1	3	1	2	5	1	4	1	1

根据表 5—2 可知，该园的六名英语教师均为女性，其中，三位教师年龄在 25—30 岁之间，两位是 25 岁以下，另一位则未提供年龄信息，总的来说，这些教师都比较年轻。从民族结构看，蒙古族占了一半，且都会流利地使用蒙语听说读写，在平时与蒙古族学生交流时，毫无障碍；一位是汉族，剩下的两位教师是其他少数民族。绝大部分教师都是大专毕业，有且仅有一位是大学本科毕业，从学历上来说，该园英语教师的文化程度偏低，大学学历人数在学校教师资源中所占比例太小。从专业构成来看，学前教育专业出身的占大多数，有四位；另外两位教师，一位是英语专业毕业，一位是艺术类专业毕业。现蒙班的英语教师是这里唯一一位英语专业毕业的老师，大专毕业，年龄在 25 到 30 岁之间，也是一位地地道道的蒙古族。

（二）英语教师的职业资质水平

教师的职业资质水平在很大程度上影响着教师的教学水平，表 5—3 是个案幼儿园英语教师的职业资质概况。

表 5—3　幼儿园接受调查英语教师的职业资质情况

	职教时间		英语教龄		英语水平			是否持有教师资格证	
基本情况	一年以下	一至三年	一年以下	一至三年	大学英语四级	公共英语三级	无相关证书	是	否
教师人数	5	1	5	1	1	2	3	4	2

该民族幼儿园的教师执教时间都不长，目前还都没有职称，基本上都在一年以下，教龄最长的也不超过三年。从与园长和教师的访谈中得知，这些教师大多是上一学期或者这学期才来该校执教，学校英语教师的流动性比较大，而导致这种情况的一个重要原因就是编制问题。全园 84 名教职工，只

有 70 来个是编制内的，在这 70 多个编制内的教职工里，还包括了即将退休人员、非教学人员，并且近几年教育部门也没有给幼儿园配置新增编制，所以后加入的老师基本上都是编外合同工，而这也在很大程度上增加了人员的流动性；另一方面，由于这些人员不在教育部门规定的正式编制内，因此，这些聘用人员的薪资由幼儿园自行负担，这就使得幼儿园在进行英语教师招聘时，没法从薪酬、福利待遇方面创造优秀条件来吸引优质教师，或者从外面引进优秀人才。在接受调查的这些教师中，不是所有人都具备教师资质，其中只有 4 人取得了教师资格证。在英语水平测试方面，1 人为大学英语四级，2 人是公共英语三级，另外 3 人则没有考取任何相关英语证书。蒙班英语教师是今年才加入的新老师，刚来学校教英语不到一学期，还没有过实习期，没有教师资格证，也没有英语测试水平证书。

在校任教期间，这些教师也基本都没有接受过任何专业英语教学知识或是技能方面的培训，只有一名教师参加过一次由学校组织的为期不到一个月的英语培训，培训地点就在学校，主要是对英语专业知识进行学习。培训期间，也有通过视频进行远程教学，但主要还是通过课堂上讲授。受调查教师表示，尽管培训时间不长，但感觉还是比较有效的，对之后的英语教学在一定程度上也还是挺有帮助的。教师们都表示，如果有机会参加培训，她们最希望在教学方法方面得到培训和指导，其次就是在英语专业知识方面能有所提升。而就英语专业知识方面来说，半数的教师认为自己的单词量不够，词汇、词量有待扩充；两位教师觉得自己的发音不够标准，蒙班教师则觉得自己的口语水平还有待提高。

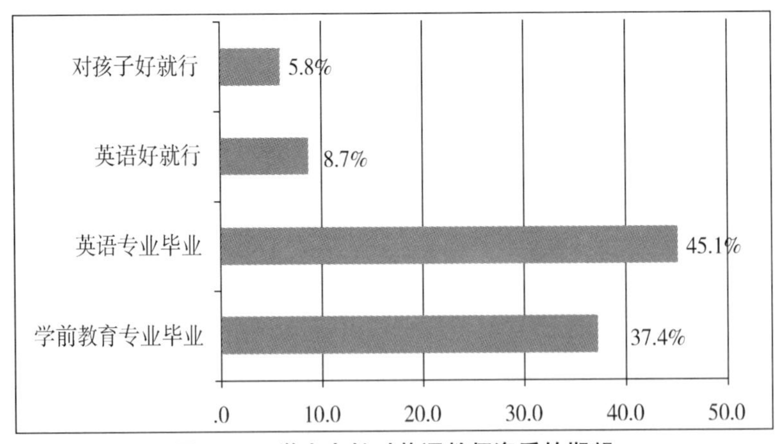

图 5—5 学生家长对英语教师资质的期望

家长们对于英语教师在资质方面没有太多要求，主要希望在教育背景方面能够更为专业。如图5—4所示，一半左右的受调查家长希望孩子的英语老师能够是学英语的出身，还有一部分认为需要学前教育专业毕业，剩下的则认为英语好、对自己孩子好就行。

五、幼儿园英语教学方法使用情况

（一）主要教学方法

教学方法是教师在教学过程中，为实现教学目标、完成教学内容而采取一系列手段开展、实施教学活动的方式。教学方法也是影响教学效果的关键因素之一。

表5—4　教师开展英语教学活动方式的情况

	教学经验来源		备课时长		备课内容				教学法			常用的教具和设备	
基本情况	实践摸索	网络、书刊等自学	1～3小时	3小时以上	课程内容	教学工具	教辅材料	教学方法	游戏	律动	图片、模型	实物	自制教具
教师人数	6	6	4	2	5	4	5	3	3	3	6	4	4

表5—4反映的是幼儿园教师进行英语教学活动的开展方式情况，从上表可以看出，教师的教学经验主要来源于网络、书刊等自学，在实践中摸索、累积经验，教师间很少进行经验沟通和交流，更不用说相互进行课堂观摩。在教师访谈中得知，大家基本都是各自备课，课后也都很少交流上课情况、幼儿学习进度等。由于实践与理论存在差别，除了英语专业知识，她们在教学中所运用到的以前在学校所学的学前教育方面的理论知识也很少。教师们每次上课前的备课时间大部分都在1—3小时，也有花费超过3小时来进行每次课前准备的。备课时间主要是用在准备上课的内容和搜集相关教辅材料，以及根据当堂课的内容设计，准备配合教学内容的教学工具，但很少有教师在教学方法上花费心思。

根据课堂观察，英语课的授课语言以蒙英相结合，蒙语和英语的使用率约各占一半。主要是以律动和游戏的方式，向幼儿传授英语知识。教师通过蒙、英语交替发出指示，开始一句句教英文内容，孩子们则跟着一遍遍念，整篇内容跟读三五遍之后，教师再将单词分开每个教一遍，最后再把每一句话连起来带领学生完整跟读一遍，如此反复，教师示范，学生跟读。有时是跟着电视里播放的光盘内容同步唱歌、跳舞，这时老师则不是一个指导者的身份，而是以一个参与者的方式，跟学生一起边唱边跳。同时，教师们在有的课堂上还会以游戏的方式来教孩子学英语，教师带领学生一起进行互动性的游戏。在这个环节，学生的积极性都很高，欢呼雀跃，活动反应也都很快，当教师示意大家该怎么进行游戏时，幼儿都能很灵活、准确地按英文指令做，并且一遍游戏一遍唱着英文儿歌或者歌曲。在英语课上，教师还会邀请幼儿上台表演，学生的参与度也很高，当教师提出请人到讲台上来表演时，40%以上的学生都举手要参加，争先恐后，甚至很多人还站起来。当表演者在台上表演时，下面的小朋友有的忍不住也会一起唱，这时教师一般会以手势示意台下的小朋友安静；当台上的学生英文发音不标准时，教师会及时帮他们纠正，然后学生再接着继续表演。

至于是否每节课都会使用律动和游戏教学法，受访教师说，

> “这就是看课程需要了，你要看这节课的设计。当然，这些（方法）都用上了，但不是一节课全用，有的时候也用游戏，有的（时候）就是教的儿歌律动。因为他们基础都不太好，对这个（英语）不是特别了解，我们主要还是以比较吸引他们的方式来讲（课），比如生动形象的图片啊、实物啊、视频啊什么的。不会纯教单词，纯教单词的话，他们记不住，也学不会，都是结合律动啊，看光盘啊这样，他们会唱儿歌了，然后就学会了这些单词。”另一位教师也表示，“反正现在基本都是那样，光让他们学单词肯定是记不住，就是比如说学这个苹果，苹果有什么儿歌，就连带着就教出来了”还有一位教师说，“基本上，我们就是前边用那个儿歌律动导入什么的，教他们对单词有初步认识，到后边他们对单词有认识之后，再用游戏进行巩固。”

不过英文指令则是通过每次课的灌输使用来实现内容的掌握，比如早上打招呼、上课起立和坐下这些，在课堂上教过几遍之后，再通过每次课的重复使用，时间长了，幼儿也就习惯了，能够灵活运动不同的指令。

目前校方领导对当前的英语教学方式还比较满意，而学生家长方面，由于教师很少跟家长沟通幼儿的学习情况，有些甚至从来没有向孩子家长

反馈过幼儿英语学习情况，因此，家长们均表示对学校的英语教学方式不太了解。

（二）教具使用情况

幼儿园当前使用的教学工具主要有图片、模型、实物、自制教具、电视和 VCD，使用过的现代化教学设备主要是电视录像和扩音器，而多媒体教室平时几乎不用。园长也表示，

> “现在各个班级都有那个电视，还有 VCD，一般的都是用那个 VCD，上边那个光盘吧，对那个进行教学，但是大屏幕、多媒体这方面还比较欠缺，全园就一个多媒体，所以那个各班级上英语基本都是用电视，和那个 VCD 进行教学；基本上每节课都在用；多媒体用得比较少，一般公开课的时候使用，一年也就一两次吧，主要还是在课堂上进行教学。”

根据现在的蒙班教师所说，她是每节课都用到电视和 VCD 播放光盘，其他教具主要是图片、实物以及自制教具，但是多媒体教室还从来没用过一次。

六、幼儿园英语教学效果

教学效果是反应教师传授知识、学生习得知识的结果情况，是衡量教学工作的价值标准。“学前儿童语言教育评价即收集教育活动系统各方面的信息，并依据一定的客观标准对学前儿童语言发展状况和儿童语言教育过程、内容、方法、效果等做出客观的衡量和科学的判定的过程。”① 幼儿园英语教学效果是英语教学活动实施好坏的一个反馈，是教学目标设定、教学过程开展得是否成功的反映，也是后续英语教学工作开展的一个参考。

（一）学生课堂参与情况

根据课堂观察记录（如图 5—6），学生在英语课上的积极性都很高，踊跃参与各种教学活动，师生互动性强，幼儿反应迅速。

---

① 张明红．学前儿童语言教育［M］．上海：华东师范大学出版社，2001：331.

图 5—6 学生们正在表演所学的英语儿歌

在英语课上，幼儿都表现得很活跃，喜欢学习英语。无论是上课开始时与教师用英语进行问候，还是下课时跟老师用英语说再见，学生们对这些英语指令都非常熟练、运用灵活，口号整齐。课上教师带领大家唱儿歌、做游戏，幼儿都表现得热情高涨，很兴奋，并配合准确的肢体动作。在做集体游戏时，学生在教师的指引下，很有秩序地一个个参与到游戏中，非常开心；当游戏结束时，教师对大家竖起大拇指进行表扬，学生们则兴奋地跟着教师一起喊鼓励性英文口号。在儿歌复习表演环节，幼儿更是站起来高举小手，自荐上台展示所学的英文儿歌，有的甚至为了引起教师的注意，还离开座位往教师面前凑，并踮起脚尖，以便进入教师的视线。蒙班的英语教师也说，

> “我上的班级都特别感兴趣，因为一个星期就两节课嘛，（学生都）特别感兴趣，然后特别兴奋，我一进去，他们就都‘哇啊啊’地叫——‘哇啊英语英语’，很积极。”

（二）学生对所学内容掌握情况

1. 要求学生掌握的英语内容

作为英语教学活动的核心，教学内容是整个语言学习过程中必不可少

的重要组成部分，是英语教学目的和目标的反映。

幼儿园教师要求学生掌握的内容主要是英文歌曲或儿歌、单词以及简单的句子。而家长方面，从图 5—7 可以看出，有 109 位家长希望幼儿能够熟练使用一些日常用语或对话，49 位家长希望幼儿能掌握常用的英文单词和句子，14 位家长希望孩子会唱一些英文歌曲或讲英文故事，还有 31 位家长认为，孩子学会 26 个英文字母就可以了。家长希望幼儿掌握的内容，反映出家长让幼儿参与英语学习的目的，以及期望幼儿通过学校学习所达到的英语水平。通过用 SPSS 对“幼儿所在班级”和“家长期望幼儿掌握的英语内容”两个变量进行交叉分析，发现无论是大班还是小班，大部分家长的选择都是一致的，希望孩子能够掌握英文日常用语或对话。

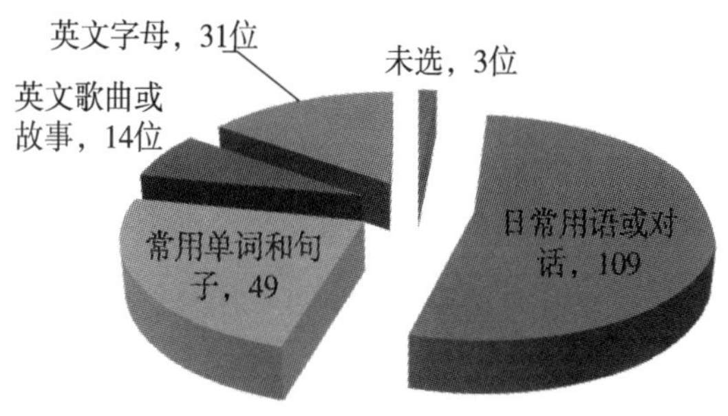

图 5—7　家长希望幼儿掌握的英语内容

2. 学生实际掌握英语知识的情况

在受访的 206 位家长中，有 87 位家长认为孩子在学校的学习效果还不错，84 位家长认为效果一般，有 26 位家长则认为效果不太好，还有 3 位家长则认为没效果。在这些家长中，认为教学效果“很好”的，大班家长有 67 位，中班 18 位；认为效果“一般”的，大班 58 位，中班 21 位；认为效果“不太好”和“没效果”的也主要是大班孩子家长。总的来说，对于幼儿园的英语教学效果，家长们的意见“好”与“一般”大致参半。

教师们也都表示学生的学习效果还不错，一堂课上所教的内容，在课堂活动结束时，学生基本都能记住；第二次课复习的时候，也都能熟练地与老师进行对答。从八个蒙班的整体情况来看，学生对所学英语知识的实际掌握情况都比较不错，对所学的内容基本都能记住，只有个别学生不会。从记忆周期来看，一星期前教的内容，在第二个星期都能很好地回忆起来，尤其是大班的学生。教师还表示，由于蒙语本身在语音、音调上与英语有些许的相通之处，蒙古族的学生在学英语时相对汉族的学生学习效果更好，在英语发音和语感上，蒙古族的学生似乎很有天赋。但母语是蒙语的学生在学习英语时也有一个小缺点，就是有的学生会把蒙语发音带到英语里面，有些单词读得不是太标准。根据其他之前教过蒙班的教师的访谈，从一学期的学习效果来看，不同的班级则有较大的差别，大班的学生一学期下来，在第二学期的再次复习中，大部分内容都能记住；中班的学生则差很多，比如问大家上个学期学都学了哪些知识，有什么好玩的英文内容吗？孩子们则是一片沉默，感觉很茫然，隔了一个假期，就基本都忘了，因为在平时的生活中，学生们基本都不说英语。总的来说，短期内，学生基本都能记住所学的内容，以学期为单位，则不同的班级差别较大。

除了知识的记忆周期方面，幼儿的记忆保存时间较短，另一个方面，就是在理解和记忆单词对应的中文意思上存在困难。幼儿虽然能熟练地背诵英文歌曲或儿歌，但歌曲或儿歌中具体每个单词的中文意思却记不住。老师说，

> “感觉有一点挺困惑的，就是教儿歌的时候，大家情绪都特别好，也能流利背诵全文，但是单记一个单词，很明显的就是记不住。（就像）‘两只小鸟坐在山上（Two birds sitting on a hill）’那个儿歌，这个儿歌表演得特别好，但是，当问（学生）那个‘bird’单词是什么意思，这个‘bird’叫什么名，那个‘bird’叫什么名儿，就是这样单独把单词拿出来，他们就茫然了，就不知道了。”

总的来说，受访的六位教师中，四位对当前的英语教学效果比较满意，不过，包括蒙班教师在内的另外两位则认为教学效果一般。学校领导方面则认为当前幼儿在英语听、说、读等方面能力比较好，也比较突出，对教师所教的内容也能够很好地掌握，但是在写这方面，还比较欠缺。

（三）家园对英语教学效果影响因素的看法

1. 幼儿家长对教学效果影响因素的看法

家长们普遍认为，对英语学习效果影响最大的是教师在课堂上的讲解，其次是教师课前备课、学生课后复习以及课前预习。

而从影响英语教学效果的角度来看（图5—6），家长们认为，最重要的因素就是教师的教学方法和手段，其次是教师在课堂上具体采取什么方式来传授知识等。与此同时，可以通过以下手段来提高英语教学效果：第一，就是学校统一配套相应的英文教材或资料；第二，就是优化教学方

式、方法，重难点突出，分层次教学；第三，提高教师的专业知识和英语水平；第四，采用多媒体等先进教学设备来辅助英语教学。也有极少数的家长认为，还可以通过加大英语课时，通过时间上的强化来提高英语教学效果。（图5—9）

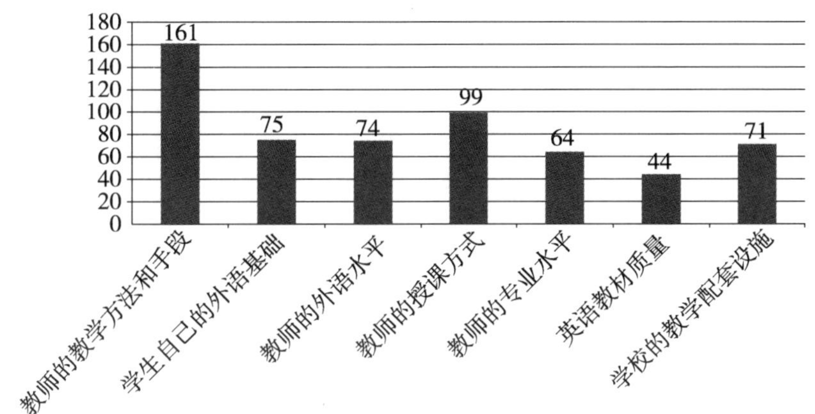

图5—8　学生家长认为英语教学效果的影响因素

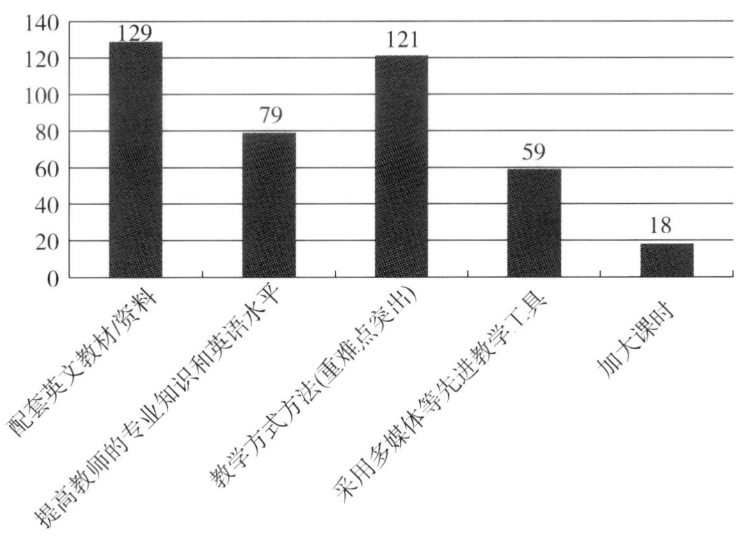

图5—9　学生家长认为提高英语教学效果的手段

2. 幼儿园对教学效果影响因素的看法

一位教师表示，“我觉得其实学校可以组织一些活动啊，就是比如说一些英语表演的活动啊，可以有一个平台让孩子们展示一下他们所学到的这些东西。孩子们现在在学校学了（英语）后，觉得我学了这些东西我也不用，我平时也不用，什么时候都不用。我觉得学校搞一些戏剧节啊、交流小活动啊，班级之间可以组织一些活动啊、表演啊什么的，可以让他们用这些东西。”幼儿园园长则认为教学效果的最主要影响因素就是家－园配合方面不够，家长在家没有好好辅导孩子进行知识的巩固和复习，使得孩子在学校学完后，没有一个加强的过程。谈及幼儿园英语教学的未来发展规划，园长表示，

> “我们下一步就是加强对各年龄班的英语教学；再一个教师、师资培训上，我们这方面还要加大力度，进行培训；另外一个，就是我们在使用教材上，更好地进行选择；完了再一个就是多媒体的配合上，以后就是多利用多媒体。”

第三节　对通辽市X民族幼儿园英语教学现状的思考

一、幼儿园英语教学现阶段存在的问题与原因分析

（一）家－园两方对英语教学目标的认识不科学

目前，客观来看，家长和幼儿园对幼儿英语教学目标的认识都不科学，具有盲目性。学校一味地追求知识掌握量与知识接收效果，忽略了幼儿教育应以促进幼儿健康发展为目的，其教学目标与方向偏离了幼儿教育的本质。

首先，幼儿园在英语教学目标的设定上就不够明确，教学目标定得太多、太宏大。一方面，幼儿园希望通过英语教学培养学生对英语的兴趣；另一方面，又立意于使幼儿通过对英语学习中接触到的西方文化，体验东西两种不同文化之间的差异；再者，学校还希望孩子通过学习能够用蒙、汉、英三种语言简单地进行思想的表达。事实上学校相当于设定了三个平行教学目标，而这本身就与幼儿教育的教学目标相背离了。幼儿教育的目标是促进幼儿的健康发展，以游戏为主培养孩子对各种事物的兴趣。而该民族幼儿园已将教学目标上升到感受东西文化差异的高度，这已远远超出了幼儿的认知能力所能达到的水平。同时，幼儿阶段对英语的学习应该是以培养幼儿对英语的语音、语感为主，希望学生能用英语进行思想的表达，其实是对学生拔高的期望，不太现实。无论是从生理学还是教育学的角度来说，同时实现以上两种理想目标都是非常有难度，甚至几乎没有能够达到这一要求和目标效果的可能。幼儿园教育目标的定位缺乏合理性、

科学性和适用性。其次，教育动机不当，教学目标与实际操作过程存在偏差。学校在英语教学活动的具体实施中，忽略了对孩子学习兴趣的培养，完全以“实用性”为主，以让孩子学会单词和简单句子为目标。再次，家－园两方对教学目标不一致。家长们大多希望学校从为孩子以后的英语学习打基础的角度出发来进行英语教学，但家－园有一个共同的误区，就是都忽略了幼儿英语教学的基本前提应该是促进幼儿智力的健康发展，即以培养幼儿对英语学习的兴趣为主。总而言之，幼儿园教学目标的设定缺乏客观理性的思考，并且现实操作偏离既定目标。

（二）教学环境与设施不够开展高质量英语教学活动

从实际情况来看，幼儿园的英语教学条件较为简陋，没有一个良好的英语语言环境，而英语教学设备也不够完善，数量少，缺乏开展高质量英语教学所需的足够的硬件设施。

首先，不注重对幼儿学习能力的培养，又缺乏相应的语言学习环境。幼儿对英语的学习只是机械地识记，缺少情景练习和复习的机会，不利于知识的巩固和加强；同时，学校过分关注学习结果，不注重学习过程。其次，教学设备配备方面，“僧多粥少”。无论是教室数量，还是英语教学配套设施，通辽市 X 民族幼儿园都面临短缺的问题。由于教室数量不够，每班学生严重超员，这对教学是一个非常不好的影响因素，人数多，授课教师也不好掌控整个课堂秩序，学生的注意力也容易被分散。再次，教材、教具匮乏。很多教学资料、配套教具都是教师自己购买，或者自己制作。学校配备的教科书也不固定，更换速度太快，使英语教学无法形成一个稳定的体系；同时，教科书的选择不够专业和科学，难易程度未经反复慎重检验和小范围测试，选择的教科书对于幼儿来说偏难。最后，多媒体、语音设备缺乏。全校仅一套多媒体设备，无法满足八个蒙班学生的需求，同时，没有专门的语音设备，不利于教师有效开展英语教学活动，也不利于学生语音的标准化。而更为重要的一点，学校教师对这些先进教学设备的利用率太低，没有在教学中真正充分地利用上多媒体教室。

（三）该园英语课程和教学内容设置不够合理

从调研资料分析中可以看出，该园目前英语教学最大的特点就是课程正式化与固定化；教学内容不仅限于“入门知识”，部分内容难度较大，不适合幼儿的学习。

课程设置不尽合理。首先，课程标准化，与教育部门的反对幼儿教育小学化这一观点相矛盾。该园英语课程的授课表，表面上看来是非常整齐和有序的，这本该说明，该园教学活动井井有条，安排得当。然而，鉴于普遍性总是需要与特殊性相结合，当把这一课表置于幼儿英语教学这一特殊要求中来看待时，不难发现，所谓的“整齐”和“有序”，并不太符合幼儿英语教学的要求。这是因为，幼儿英语教学不能等同于小学正规英语教学，本就不应该将其“正规化”，成为幼儿园的一门有固定时间和地点的“课程”，这样最大的好处只是便于校方的教学管理。对于孩子来说，正规课程即意味需要有目的地进行知识学习，而这与幼儿英语教学以引起幼儿兴趣为主的原意相违背，与此同时，也违背了国家教育部门的相关政策。其次，英语课所占的固定时间较多，不利于母语与汉语的学习。少数民族幼儿在语言学习上的特殊性在于，英语不是其学习的唯一一门外语，汉语对于他们来说，也是第二语言。幼儿英语教学本应作为帮助幼儿全面发展的一种补充，起到“甜点”的作用，母语和汉语学习才是幼儿阶段语言学习的“主菜”，每周两节正式、专门的英语课程，有本末倒置的倾向。

教学内容安排上也不尽合理。一方面，该园近年来所用教材不固定，几乎每年都不一样。这或许确实有助于对于教育内容的丰富和比较，但实际带来的问题就是，给教学备课和积累教学经验带来了挑战。对于教师而言，每一年都是新的开始，存在适应和吃透教材的客观问题；对于学生而言，不利于中班学生在升入大班后英语学习进度的连续性和完整性。另一方面，该园的英语教学，依然是采取书本教材为主的方式，同时，这些书本教材对于幼儿来说，难度偏大，学习起来比较吃力。虽然形式上，教师们努力采取多种办法，让幼儿更好地接受所学内容，但是由于内容本身的难度，往往出现囫囵吞枣的问题，幼儿只能临时或零星地掌握部分内容，导致一部分幼儿出现“上课记牢，下课忘了”，或者下一节课不知道上一节课讲了什么的现象，不利于幼儿消化和掌握所学内容，影响学习效果。

（四）该园英语师资力量不足以进行高质量的英语教学

从幼儿园英语师资的现状可以发现，该幼儿园目前的师资水平有待提高，同时，教师更换频率太高，英语教师的教学理论知识和教学经验都比较缺乏，整体师资力量较为薄弱。

首先，缺少专业幼儿英语教师，教师综合教学素质偏低。教师的任教资质非专业化，很难为学生创造真正意义上的双语教学环境，不能完全满足双语教学的要求。尤其是对于语言学习，在英语的发音规范上，更是容易误导孩子，甚至影响其以后的英语学习。而在教学方式和手段上，也缺乏学前教育专业理论知识的指导，容易导致教学效果不理想，这也是对孩子的不负责。其次，教师后天培养机会较少。无论是校内培训，还是校外专门机构的函授学习，学校为教师提供的英语教学方面的培训、受再教育的机会都太少，教师的英语知识、学前教育理论和教学技能无法通过正规渠道进行提高。再次，教师固定性低。当前大部分英语教师在该校的执教时间都在一两年，甚至很多教师的教龄也都不到三年，教师的教学理论知识、专业知识和教学经验都不够，达不到民族幼儿园对与蒙英双语教师的要求，无法进行高质量的英语教学活动。

（五）该园教学方法比较单一

在教学方法和手段方面，教师基本都是采取集中式律动教学和游戏教学，对课堂的依赖性较大，教学方法较为单一，教学形式不够灵活，教学手段不够多元化，不利于提高幼儿对英语及英语学习的兴趣。

首先，课堂依然是教学的“主阵地”。受制于传统教育教学思维，课堂教学依然是该园教育教学的主流。不可否认的是，课堂教学的确存在种种好处，比如可控性高、安全性强、幼儿注意力容易集中等。但不可否认的是，凡事均有利弊。课堂教学在拥有上述优点的同时，它相对固定的教学环境和空间，对于幼儿英语教学这一类本就不是“课程”的“课程”来说，反而有可能成为一种桎梏。因为如果要让幼儿“享受”英语教学，成为一种玩乐，每次新鲜的环境，似乎比一成不变的摆设，效果好得多。

其次，教学技术手段运用不够。在现代这样一个各类设备设施不断涌现的时代，教育教学也有了更多的选择。而在该幼儿园，由于受制于客观现实条件，教师在授课过程中，还是坚持“口传身教”这一传统的传帮带方式，主要运用儿歌律动教学法，配以游戏教学法为辅，很少采用情景教学法和多媒体教学法，PPT、Flash 甚至交互式程序等，尚未被教师们纳入教学视野。该园的教学法，的确注意并照顾到了幼儿活泼爱动的天性，是一种有益于帮助幼儿接受所学知识的好方式，但与时代发展有所脱节，不能最大程度地激发幼儿的兴趣、达到最好的教学效果。

最后，教师们之间的交流、互动很少。该园的专职英语教师和兼职英语教师以及兼职英语教师彼此之间，基本不相互进行课堂观摩和经验分享，都是各自备课、各自教学、各自摸索。这种情况下，教师个人水平的高低，就成了决定幼儿教学成果好坏的主要因素。与此同时，在同一个幼儿园内，同一年级的不同班级之间，难免就会出现，教授内容有多有少，教学进度有快有慢，对于教材的理解有深有浅。更重要的是，就很可能导致幼儿的英语水平参差不齐，孩子们对英语的兴趣相差很大。

（六）英语教学效果不太理想

目前该幼儿园的教学效果整体上来说是不太理想。尽管学生课堂参与的积极性都很高，但幼儿园的英语教学效果却不是特别理想。在对教学内容的掌握程度上，家长和学校的期望与幼儿实际的掌握情况存在着一定的差距。家长与学校期望幼儿通过学校学习能够熟练掌握简单英文日常对话或用语，但幼儿实际掌握的只是儿歌、歌曲和简单英文指令。同时，幼儿对所学知识的记忆保存期也较短，尤其是中班，第二学期复习第一学期所学的内容，学生大多没什么印象；另一方面，幼儿对单个单词的理解和记忆方面也存在困难，能熟练背诵儿歌，但对儿歌里所包含的单词的对应中文意思却很难记住。总的来说，从家、园期望的学习结果来看，民族幼儿园英语教学效果不太理想。

二、民族幼儿园是否适合开展英语教学

从通辽市 X 民族幼儿园英语教学现状的分析中可以看出，学校的英语教学还是很受家长们欢迎的，家长们都希望自己的孩子能够通过在幼儿园的英语学习，掌握一些基础的英语知识，而学校在英语教学上也有一定的投入。但与此同时，其英语教学活动中还是存在不少的问题，这些问题不仅仅是存在于该幼儿园的一个特例，而是在很多的蒙古族幼儿园中都或多或少存在。从现实角度来说，社会发展对英语的要求，使得学生家长们对幼儿英语教学的呼声此起彼伏；但从幼儿自身的健康发展来说，其是否又能承担母语、汉语和英语三种语言的同时学习？究竟能不能在民族幼儿园开展英语教学？在幼儿阶段开设英语课对幼儿来说到底是利还是弊？

（一）在幼儿阶段开展正式英语课程的“弊端”

1. 国家和地方教育政策不鼓励幼儿园开设英语课程

幼儿教学活动的开展，首先要考虑的就是是否与国家教育政策相适应、相协调，而不是背道而驰。因为国家在制定相关政策时，必然已经参考了方方面面的因素，进行了大量缜密的实地调研，甚至进行了小范围试点。在这种情况下，作为终端实施者的幼儿园，在安排自身课程时，一方面要考虑园内条件和学生需求，但另一方面更为重要的，是应当按照国家政策的指导和指向，秉持一贯的基础和实用原则，既不能过于超前，设“花架子”，搞一些脱离实际的东西；也不能一味短视，急于迎合所谓的社会潮流或浮夸的需要。

针对是否应该在幼儿园机构开展英语教学这一问题，中国国家教育部代表的官方政策制定机构态度一直较为明确的，那就是不鼓励。尽管在国家层面的教育法和各类指导性政策文件中，没有明文指出不允许进行英语教学这一点，但如果仔细研读，依然在字里行间和种种表述中可以看出，国家并不认为在幼儿阶段进行英语教学是一项必要课程。如在已颁布的

《幼儿园教育指导纲要（试行）》中，针对幼儿语言教育这一专门问题，《纲要》就明确表示要以普通话学习为主，幼儿园要“提供普通话的语言环境，帮助幼儿熟悉、听懂并学说普通话。少数民族地区还应帮助幼儿学习本民族语言。”同时，幼儿园教育是以促进幼儿身心健康发展为目标，使幼儿拥有一个快乐的童年，并在身心愉悦的情况下获得各方面的经验、发展各种能力，这应该是幼儿园教育的基本定位。内蒙古地区教育部门即充分认识、理解和尊重了这一幼儿园定位的“普遍性”，更兼顾考虑到民族地区所设立幼儿园的“特殊性”，特别通过颁布行政条文来明文禁止幼儿园开展各种形式的教学活动教授专业知识，努力为孩子们“减负”，不让他们太小的时候就承受着巨大的学业压力。在其学前教育 2011—2013 年的行动计划中，对于深化教育教学改革、提高幼儿园保教质量，明确提出要“遏制‘保姆式’的教育模式和‘小学化’教育倾向。幼儿园要认真贯彻教育部《幼儿园教育指导纲要（试行）》，积极开展幼儿园教学内容、方式、手段的改革，妥善解决‘幼小衔接’问题，为儿童营造安全、健康、丰富、快乐的生活环境。”①

总而言之，幼儿园开展正式的英语课程与国家和地方相关教育政策法规所提倡的内容不相符，尤其是在蒙古族幼儿园，教育部门更是不提倡“小学化”的幼儿英语教学。

2. 民族幼儿园的特殊性不适合开展正式英语课程

民族幼儿园与一般的幼儿园不同，蒙古族学生不仅要学习本民族的语言蒙语，还要学习国家通用语汉语，如果再加设一门正式的英语课程，孩子没有这么多时间，也没有这个能力，更有可能对母语和汉语的学习产生负作用。

首先，民族幼儿园具有特殊性，其语言教育更重要的任务是以母语和普通话的教授为主。对于民族地区的幼儿园来说，学生往往面临着更多语言学习的压力，除了本民族的语言需要加以学习，还有汉语学习的任务。对于这些幼儿来说，汉语已经成为一门某种意义上的“外语”，再增加一门英语，并以正式课程的形式开展，且有学业上的任务要求，则显然超越了幼儿的承受能力，并且很有可能影响对本民族语言和汉语的学习，最终可能邯郸学步，任何一门语言都学不好，导致交流困难。学习是一项从不知到知的活动，完整的学习需要经历初步识记、回忆锻炼、信息反馈输出

---

① 摘自《内蒙古自治区学前教育三年行动计划（2011—2013 年）》第四条第六点。

等几个步骤，而从信息的短期储存到变成长期记忆，也是需要一定的时间和反复练习的。只有从短期记忆转化成长期记忆，才能算真正完全掌握一项知识内容。幼儿对语言的学习，也需要经历这几个阶段，在对所学的内容有了一定的兴趣和学习期望，并根据建立的动机和预期对信息进行选择性关注以后，学习活动进入到下一个阶段，也就是对信息进行编码和存储的获得阶段，教师在这一阶段采用相应的教学手段对学生进行知识输入，学生通过反复练习等方式使这些已编码的信息进入长时记忆的储存器并保持。但是，学生对所学知识的长时记忆贮存并不代表他们对这些知识内容就已经完全习得了，还需要通过反复练习、信息回忆提取、灵活概括运用、检测强化，才算是一次学习活动的完整结束。这也就意味着，幼儿在学习母语、汉语、英语这三种语言的任意一种时，都需要经过这几个阶段，这就对幼儿在时间、精力和学习能力上都有一定的要求。从儿童心理学的角度来说，就幼儿阶段的大脑发育水平、智力水平和学习能力，他们很难同时很好地学习三种语言。

其次，蒙古语和英语属于不同的语系，蒙语会对英语产生负迁移。儿童从小生活在母语的家庭环境和社会环境中，母语的表达方式和思维方式都已经在实践的潜移默化中内化成幼儿的一种习惯，而第二语言的学习不同于母语的习得，这种习得方式是不能套用在第二语言的学习过程中的。由于蒙古族儿童从接触语言开始，大脑里就产生了一种与蒙语紧紧联系在一起的符号系统，因此，他们在学习英语时，无法再将思维与英语同步发展，也就不得不以蒙语的符号为标准，对英语进行系统换码，再通过对已知蒙语的概念来理解英语。与此同时，蒙语与英语隶属于完全不同的语系，蒙语属于阿尔泰语系，英语属于印欧语系下的日耳曼语支，这两种语言在很多方面都存在差异，比如，蒙语与英语在时态上的差异，“英语与蒙古语时态对比的结果显示：蒙古语共有三个时态，用英语来表达需要用十几个时态。而且没有一致的对应关系。蒙古语与英语在时态运用方面不同点多余相同点。”① 而这个时候，母语就会对英语的习得产生负迁移。当学生在学习英语时，发现母语里没有相对应的表达时，则会借助母语中的表达方式来表达英语，这就有可能产生错误，发生母语的负迁移。对于幼儿来说，尤其是在语音上，若英语教学活动处理得不好，母语的负迁移有可能导致幼儿在一开始就英文发音不标准，养成不良发音习惯，从而影响

---

① 韩波．语言比较的意义及蒙古语与英语时态表达方式［J］．内蒙古民族大学学报，2003（05）：67.

以后的英语学习。

3. 民族幼儿园本身较难具备开展高质量英语教学的能力

教学条件是语言教学中一个非常重要的影响因素，因为语言教学需要一定的客观环境条件。开展任何一门课程，都意味各方面的投入，包括师资、设备等，否则就是空想，英语教学也不例外，更不要说开展负责任的、高质量的英语教学，这对学校的要求也更高。而按照目前民族幼儿园的经济实力及综合能力来看，民族幼儿园很难具备开展“保质保量”的英语教学所需的师资条件、配套语言设备和双语语言环境，因此也就难言教学效果了。

首先，双语语言环境是第二语学习中非常重要的一个条件。长期浸淫在某种环境中，或长期接触某类型事务，往往人会不自觉的受到影响。这也是为何，在学习语言时，我们需要创造一个良好的语言环境。学习母语是如此，学习外语则更为重要，这时就要求一个双语语言环境。“根据布龙菲尔德（Bloomfield）的语言观点，认为人们学习语言总是通过日常生活中不断地反复听说而学会的。”① 这要求学校不仅要在课堂上为幼儿创造双语环境，在日常活动中也要为幼儿提供一个良好的双语环境，使他们能够完全融入在这样一种环境中，接触大量的英语信息，形成良好的语感。就像我们学习母语一样，之所以可以顺其自然的掌握听说读写，就是因为生活在整个社会大环境中，我们其实时时刻刻都等于在练习这一门语言，所以才会学得又好又快，熟能生巧。可以试想，如果学习汉语或者任何一门民族语言，除了每周的几节课以外，我们在课余时间和这门语言没有任何交集，必然对该语言的掌握带来巨大的困难。而现在的普遍情况是，绝大部分的民族幼儿园，无论是在多媒体或语音设备上，很难投入大量资金来配置英语教学设备，为幼儿提供一个好的英语视听说环境。更不要说营造一个时时刻刻可以接触到、使用到英语的环境，这对幼儿园的软、硬件都将提出极高的要求，意味着巨大的投入，而这往往是不现实的。

其次，英语教学需要高质量的专业教师。有了好的老师，才能保证好的教学质量。这是因为，英语教学作为一门语言学科，不仅要保证幼儿在“数量”上接收到的英语信息是庞大且多样的，还要在“质量”上保证他们接触到的英语是正确且准确的。这就在师资上对幼儿园有一定的要求，而民族幼儿园由于其双语教学的主要“功课”不是英语，因此，在选拔、

① 韩波．语言比较的意义及蒙古语与英语时态表达方式［J］．内蒙古民族大学学报，2003（05）：67.

考察和录用教师上，都是从实际出发，主要倾向于蒙汉双语教师，而不是通晓蒙英或者蒙汉英三种语言的教师；同时，对于英语教师的任职资质方面，由于学校没有条件花大投入去聘请专业幼儿英语教师，更不用说要求掌握蒙英双语的专业幼教，因此也往往不作严格考量。

民族幼儿园若开展英语教学，不仅需要在教学设备和双语环境创设上加大投入，还需要在师资方面聘用懂得蒙语的专业幼儿英语教师来进行双语教学，而在目前情况下，一般的民族幼儿园并不具备这一实力，也很难实现这一目标。

4. 英语作为外来文化对民族文化造成冲击

当今社会正处于一个经济高速发展、科技日新月异、国际交流与合作逐渐加强的时代，便利了世界各国操着不同语言人民的交流，助力了全球化的步伐，促进了整个世界更加紧密的融合为一体，为“地球村”的实现做出了贡献。但任何事物都具有两面性，在承认英语对全球化贡献的同时，不可否认的是，英语的“入侵”带来的并不全是优点，同时也让文化的多元化因此受到削弱。

英语对于民族文化最大的影响就是对民族文化的保护和发展构成了威胁。英语的普及促进了各个国家、地区和民族之间在生活方式、价值观、人生观、世界观方面的交融互通。对于少数民族地区来说，英语教学可以起到为少数民族人民打开通往世界的窗户的作用，促进少数民族地区与世界各国的交流与合作，但与此同时，却也破坏了民族文化的继承与发展，影响了语言多样性的发展和保护。这是因为，当人们都认识到英语作为世界通用交流语言的地位，学习英语就成为社会的大热门。而且客观实际就是，作为少数民族优秀文化和智慧结晶的民族语言在社会中的使用率也逐渐降低，远不如英语“吃得开”。此消彼长之下，很有可能导致学习英语的人越来越多，而学习本民族语言的人越来越少的现象。大面积、各层次英语教学的出现，就此挤占了原本属于民族语言教育的空间。民族语言作为形成民族文化的基础之一，掌握民族语言的人越少，民族文化的承载体、基石就越薄弱，最终的结果很可能就是，民族文化的传承面临着越来越严峻的挑战，往往出现“断档”，很多优秀的民族文化后继无人，令人惋惜。这也是为何，国家及各级政府一直都强调，要保护和发展民族语言，也通过各种措施推进少数民族语言的发展，明确规定要尊重和保护少数民族使用和发展本民族语言文字的权利。“教育应当继承和弘扬中华民族优秀的历史文化传统，吸收人类文明发展的一切优秀成果。”① 幼儿园作为启蒙教育的开始，也是幼儿在语言学习中首次正式接受学校正规教育，幼儿园的教学导向很容易导致幼儿的学习倾向偏移，时间和精力上花费太多在英语的学习上，也是对母语学习时间和精力的占据。因此，幼儿园更应该肩负起保护民族语言的重任，在双语教学中积极推进蒙语的学习，在教学过程中注意对民族语言和文化的传承和保护。

（二）在幼儿阶段开展英语教学活动的“利处”

1. 适应全球化社会发展的需要

全球化和多元化已经成为当今时代发展的主旋律之一，英语作为世界通用语，也是世界上使用最为广泛的语言，在全球化过程中充当着交流与沟通的工具，满足“地球村”上人们之间更为直接、准确、迅速和有效交流的需求，在全球化进程中起着非常重要的作用。

随着社会政治、经济、文化的发展，世界范围内各国、各地区间交流、合作的加强，英语作为沟通手段的地位也越来越被重视，并逐步成为具有强大感召力和最具通用性的“世界语”。随着我国改革开放政策的提出，中国一步步参与到国际竞争和国际治理中，学习英语成为一个不可回避的问题。只有尽快培育出掌握语言工具的人才，才能更好地维护自身的利益，提升国际竞争力和地位。也正是认识到了这一点，明确了英语的重要性，中国因此才在全国开展了大规模、各层次系统的学英语行动。而作为启蒙教育的基石，在幼儿阶段开展英语教学也逐渐成为一种趋势和需求。“国家教委基础教育课程教材研究中心制定的《21 世纪现代教育实验草案》中明确提出，‘在幼儿园进行两种语言教育’的设想。国务院主管教育的副总理李岚清在谈及我国外语教学时也曾强调：外语教学要从娃娃抓起。”② 在全球化的大环境下，英语的作用已经不仅限于文化或者学术的交流，对于政治和经济的发展也有着一定的促进作用。掌握英语已成为不折不扣的时代发展的需要，是 21 世纪高素质综合人才必备的一项基本能力。

民族幼儿园作为双语教学的启蒙教育机构，也是培养少数民族双语人才的摇篮，开展英语教学更是适应社会对少数民族人才发展的需要。伴随着少数民族地区双语教学的发展和繁荣，民族幼儿园的英语教学更是乘着这一东风迅速蔓延，很多的幼儿园都开展了英语教学活动。尽管有的学校

① 摘自《中华人民共和国教育法》第一章第七条。

② 廖道胜. 论中国幼儿英语教育史［J］. 山西师范大学学报，2002（31）：141.

可能目前并不具备开展高质量英语教学的条件，有的学校客观上具备开设条件，但由于缺乏正确的引导，教学效果并不理想，但这些都没有阻止越来越多的幼儿园开展英语教学活动。先不评论这些学校的教学情况和质量，但从客观事实来看，开展英语教学已经成为民族幼儿园自身发展的一个方向。教育最终是要为社会输出人才，幼儿英语教学也是为以后培养高英语水平的少数民族人才打基础。随着信息时代的到来，少数民族地区的发展也越来越注重人才，尤其是精通蒙、汉、英三种语言的高素质人才，不仅可以满足本地区经济发展对综合素质高的少数民族人才的需求，还可以为全国各地输出高质量的双语少数民族人才。因此，在民族幼儿园开展英语教学活动是为以后的英语学习打基础，是少数民族地区发展的要求，也是培养双语少数民族人才的需求。

2. 幼儿阶段的生理和心理特征都有利于英语学习

首先，从心理方面来说，根据关键期假说理论和皮亚杰的认知发展阶段理论，幼儿阶段是学习语言的最佳期，对于少数民族幼儿来说，也是一样。

在幼儿阶段，儿童的心理正处于高速发展和塑造的时期，能够很好地理解和产生语言。青春期以前，儿童学习语言也最有优势，最轻松和容易。在这一时期，儿童如果不能在正常的语言环境中得到熏陶和浸染，慢慢地，大脑左半球控制的语言潜能就会减弱，并逐渐消失；尽管在青春期以后，儿童的语言能力也会继续发展，但从发展速度和学习效果来说，与关键期的语言习得有着显著的差异。① 与此同时，根据皮亚杰的儿童认知发展阶段理论，儿童在2—7岁的时候，其语言能力发展得最为迅速，幼儿能够通过对外界传输给它的信息符号进行理解，并从事简单的思考活动。因此，在幼儿园开展英语教学也是遵循人类心理发展规律，使幼儿能够正常、健康地塑造其人格和各方面的能力。

其次，从生理发育上来说，“0—5岁是儿童大脑高速发育的时期，也是儿童语言习得的关键时期。”②

幼儿阶段，儿童的大脑具有很强的可塑性，学习和接受新事物的能力更强，其超强的学习能力可以吸收大量的外界信息。科学研究表明，人脑在发育中也存在关键期（critical period），在这一时期内，大脑容易受外部环境的影响，其结构和功能的建立都比青春期容易，具有很强的适应性和

---

① 彭聃龄．普通心理学［M］．北京：北京师范大学出版社，2011：521.

② 彭聃龄．普通心理学［M］．北京：北京师范大学出版社，2011：520－521.

重组能力。在关键期内进行适宜的刺激和经验能够促进脑功能的发展，提高各方面能力，比如运动、感觉和语言能力等。幼儿在这一阶段若是接受语言能力的训练，则可以利用脑发育关键期的强可塑性（plasticity）特点，通过环境和经验的变化，促进大脑和神经系统结构和功能的发展。换句话说，也就是大脑的功能结构可以通过外部环境的改变和反复的经验训练来进行塑造和调整。同时，幼儿由于处于身体发育和成长阶段，口腔肌肉较有弹性，在模仿语言时，语音更为精准。研究表明，小时候就开始学习第二语言比成年了后再学，更容易达到高水准，这是因为幼儿的模仿能力很强，加上它的发音器官和大脑细胞发育更加灵活，在语音和语法的掌握上更加精准，比成年人更容易取得好的学习成就。因此，越早学习外语，发音就会越准确、地道，语感也越好。①

尤其是蒙古族幼儿，其母语与英语在语音、词汇构成等方面有很多的相似性，母语的正迁移有利于英语的学习。利用幼儿大脑和神经系统具有强可塑性、以及语言关键期的特征，使英语学习与身体健康发展相互促进，从而形成一个良性的互为刺激、发展的模式。同时，在双语教学蓬勃发展并已形成一个稳定教学模式的今天，幼儿阶段就开始接触英语，有利于幼儿在以后的继续教育中对英语有一定的熟悉度，从而更好地学习英语，以便融入现代化社会，与国际接轨。并且，幼儿阶段，由于思维活跃，更容易被新事物所吸引，好奇心和猎奇欲更强，比如，我们经常会看到，当一个孩子学会了“苹果”的英文说法，在他下一次看到橘子时，就会很自然地问“橘子”的英文怎么说？因此，利用幼儿的生理发育优势，在民族幼儿园开展英语教学对幼儿来说是一个很好的机会，相对于青春期以后的儿童，幼儿园阶段孩子能够更好地习得第二语言，打好基础，养成良好的英语学习习惯。

3. 接棒小学英语教学

幼儿教育作为学校教育和正规教育的开始和起点，是基础教育和终身教育的重要组成部分。学前教育作为小学教育的预备期，已经与小学教育成为一个密不可分、连贯的整体。而现在少数民族地区，在小学阶段也都基本开设有英语课程，尤其是像内蒙古等双语教学发展繁荣的地区。因此，在幼儿园开展英语教学有利于接棒小学英语教学。

基础教育课程改革提出的全日制义务教育、普通高级中学英语课程标

① 关薇．二语习得的关键期假说与幼儿英语教学［J］．理论观察，2011（01）：108.

准（实验稿）已在全国施行。按照要求，从小学三年级就应开设英语课，旨在把大、中、小学英语作为连贯的整体统一设计，分级进行目标规划和运作。而在幼儿阶段开展英语教学、培养幼儿的英语语言能力，正是为小学英语教学打好素质基础。在小学阶段进行中、英文双语教学，已经成为社会上各地各小学较为普遍和推崇的做法。作为小学教育的前期引导和开端，幼儿园开展英语教学也被视为是接棒小学教育的预备教育，并且，在越来越多的“小升初”考试中，英语也往往被当作基础考试科目之一，其水平的好坏，已经成为考量儿童学业成绩、智力水平的重要参考条件之一。鉴于此，自幼儿阶段有针对性地开展英语教学，让幼儿掌握最基本的英文知识，有利于幼儿的继续教育，能够帮助幼儿更好地接棒小学英语语言学习。

一方面，可以为小学英语教学打下知识基础。英语和蒙语一样，是人与人之间交流的一种工具。要学好一门语言，就要从语音、字母、单词等开始，循序渐进地导入，系统地进行。比照学习掌握蒙语这门母语的经验，除了最初的家庭语言环境的影响，在正规的教育机构接受到的正规教育都是从幼儿园开始，有了幼儿园接触到的基础内容，才能为小学阶段学习遣词造句和作文等更高级别的语言学习奠定基础。英语也一样，为了学好这第二语言，使得小学阶段的学习不显得突兀和陌生，也需要在幼儿阶段就开展这项系统工程，打好最初的基础，才能保证下一阶段的学习效果。因此，在幼儿阶段开展英语教学，使幼儿对英语的基础知识有初步的了解，掌握字母和一些常用单词，甚至简单对话，可以有效帮助他们踏出学习第二语言的坚实“第一步”，在小学阶段学习时可以不必从零开始。已有的知识储备，会帮助儿童更快地进入角色，适应小学阶段的学习，实现与小学教育的“无缝对接”。

另一方面，可以为小学英语教学打下心理基础。让幼儿更好地学习一样东西，最好的方式之一，就是激发他们自身对所学内容的兴趣，变“要我学”为“我要学”。学习一项新内容，如学习者能对所学内容产生兴趣，渴望了解更多相关内容，可以有效地促进学习者本身发挥更多主观能动性，即所谓“学起来有劲头”。对于幼儿来说，激发他们的学习兴趣这一点尤为重要。因为对于幼儿来说，感性认知往往多于理性认知，自主性和自觉性也比较差，一味采取高压压迫或者填鸭式的教学方式，很容易适得其反。同时，幼儿又是最容易受影响的，也是好奇心、求知欲最强的，只要能采取正确的施教方式，让其从心理上对所学内容不抗拒乃至有兴趣，则完全有可能达到既定的教学目的。在幼儿阶段，采取多种灵活多变、风趣幽默的方式，既严谨又生动地做好英语教学，让幼儿真正对这门语言有所了解，掌握了一定的知识，从心理上把学习这门“外语”当成是像练习画画、唱歌一样的，产生了内心的兴趣，在小学阶段再进行施教，则是一件水到渠成的事情，也会有事半功倍的效果。因此，在幼儿园开展英语教学，能够使幼儿在接受小学正式英语课程时不至于陌生、从心里产生畏惧，从而促进幼儿在心理上拉近与英语的距离。

4. 家长的呼声和要求

民族幼儿园开展英语教学不仅是社会发展的需要，也是学生家长的呼声和需要，是满足幼儿家长对孩子的学业期望以及培养幼儿从小学英语的要求。

蒙古族地区由于经济的发展，信息流通的加强，人们的思想、观念也不断进步，紧跟社会前沿思潮，“不能让孩子输在起跑线上”也成为目前民族幼儿园英语学习低龄化的一个重要助推器。提高幼儿的竞争力，为幼儿以后学英语打好基础，是家长们热衷让孩子学英语的主要原因。现代社会，越来越激烈的竞争环境，对人才的要求和标准也是水涨船高。作为社会成人的家长们，自身感受到这种激烈的竞争，也看到了诸如“大学生毕业即失业”这类客观存在的社会问题，因此在处理自己下一代的教育问题时，会不由自主或者是有意为之地提前做好准备工作，希望自己的子女能够在今后的学业、事业竞争中具备更加出色和全面的能力，在各方面胜人一筹，以应对将来可能到来的各种困难和挑战。为此，家长们在选择学校时，除了一贯地注重学校教学质量高低的同时，也不可避免地要斟酌学校教学内容的全面性。再加上舆论的推导，英语培训机构等的大力渲染，家长们望子成龙的心态更加严重，对幼儿英语教学的热情和渴望也更强烈。甚至于有的时候是家长“绑架”幼儿园，家长们对有英语教学的幼儿园的选择倾向，使得很多原本没有英语教学计划的幼儿园，也不得不为了适应整个社会发展的趋势，考虑到生源问题，被迫开设英语课程来满足家长们的需求。

也有一部分家长是希望通过学校英语教学活动，以培养孩子对英语学习的兴趣，促进儿童智力的发展。培养孩子对英语的兴趣，不仅是让他们养成良好的学习习惯和态度，更是对他们情操的陶冶和健康心理的促成，使他们能够形成更为健全的人格。多一个兴趣爱好，就多一种与人交往的话题和交流的途径，多一个看世界的角度和价值取向。并且，家长们也都认为，学习第二语言能够促进幼儿智力的发展，开拓他们的思维方式，锻炼幼儿注意力的集中，提高幼儿对语言的理解和表达能力，丰富幼儿的情感体验。让孩子在互动娱乐中感受快乐，学习知识，拓宽眼界，开发智力，在实践中发展各方面的综合能力。

总而言之，不管出于何种目的，家长们对于幼儿英语学习目前已经成为一种风靡、狂热的趋势，也是家长在择校时比较看重的考虑因素之一。

（三）在有条件的民族幼儿园可以适当开展英语教学活动

在语言环境良好、教学条件优越、师资力量充足等自身具备开展英语教学所需客观条件的民族幼儿园，可以根据实际情况，在不增加幼儿学习负担、不影响母语与汉语学习的前提下，适当开展英语教学活动，既满足家长们和社会的需求，也能提高幼儿对学习的兴趣，促进幼儿语言能力的发展。

1. 在有条件的幼儿园开展英语教学具有可行性

首先，从心理学角度来说，语言的发展存在一个关键期假说，在关键期内越早开始接触、学习第二语言，对幼儿来说就越有利，从这一方面来说，在幼儿园开展英语教学是具有可行性的。儿童心理学研究的很多实验都表明，语言关键期假说是存在的，在这一阶段，儿童的语音辨别能力、语言表达能力、认知能力都有着飞速的发展，幼儿具备学习第二语言的能力。而从通辽市个案幼儿园的教学实际结果来看，幼儿学习英语对母语和汉语的学习并没有明显的影响，从课堂观察看，幼儿对教师频繁交替使用蒙语和英语的情形，也基本都能从容自如地领会两种语言的各自意思；从与幼儿用汉语进行简单交流来看，尽管幼儿很羞涩或者说不是太愿意说话，但偶尔的简短回答，其汉语表达也比较顺畅；而观察课后幼儿相互间的交流，幼儿也都能够流利地使用蒙语进行表达。尤其是对于部分具有语言天赋，自己又喜欢学习第二外语的孩子来说，适当接受一些英语知识，有利于促使其语言能力的发展。

其次，从生物学的角度，幼儿的大脑处于发育阶段，具有很强的可塑性，如果在这时对语言神经系统进行刺激，有利于促进语言神经生理机制的发展。“日本著名幼儿教育专家也认为0—6岁是语言发展的最佳时期，处于这一时期的幼儿有形成两个以上语言中枢的可能性。若在最佳时期只接受母语的刺激，那么，母语中枢以外的言语中枢就逐渐退化。儿童进入学龄后，母语中枢已形成一整套固定的控制模式，这时再学习第二种语言，母语中枢就很难接受。”① 在幼儿阶段开展英语教学，能够很好地利用

① 唐燕群、胡芳．浅谈幼儿英语教育的可行性和必要性［J］．桂林师范高等专科学校学报，2006（01）：107.

幼儿生理发育这一优势，加强幼儿语言神经系统地发展，使其语言能力也得到提高。同时，由于“蒙英两种语言在语音，词汇，语义等方面的结构上存在着大量的相似之处”,[①] 教师可以科学、合理地设置课程和教学内容，将蒙语与英语教学结合起来，充分利用母语对英语的正迁移作用，从而更好地促进幼儿对英语的习得。这样，既不会影响母语的学习，还可以使幼儿很好地进行英语学习。

再次，从语言学的角度，蒙语对于英语学习具有积极影响。蒙语对英语的正迁移主要表现在三个方面，第一，蒙语在语音方面与英语有很多的共同之处。从语音构成上来说，都是由若干元音和辅音组成，同时，其元音都分为三种：长元音、短元音和双元音。从发音上来说，9 个蒙语长元音包含了 5 个全部英语长元音；在蒙语的 7 个短元音中，其中 4 个的发音与英语几乎一模一样；而 8 个蒙语双元音与 8 个英语双元音里，也有 4 个的发音几乎是相同的。第二，蒙语和英语的名词和代词都有单复数变化。“蒙古族传统语言学界认为，蒙语名词可分为可数名词（Nt）和不可数名词（Ne）。可数名词在词形上一般有单数和复数变化，而且在有些情况下，一个名词可能是可数名词，也可能是不可数名词，根据具体情况而定；不可数名词则没有变化。这一知识点与英语名词中可数与不可数的划分规则是相似的。”[②] 并且，在词缀上“蒙语和英语词缀有两大共同的特点：多义性和同义性。总的来说，英语和蒙语派生法相同点比不同点多。”[③] 与此同时，在人称代词上，蒙语和英语一样，也都有单复数之分。第三，蒙语和英语在构词法上有很多的相似之处。“英语构词法中的复合法和蒙语的句法构词法相似，英语的派生法和蒙语的词法构词法相似。”[④] 同时，英语和蒙语的句子也都分长句和短句。在学习第二语言的初级阶段，学习者对于语义、句法的理解，通常需要通过已有知识储备和语言系统来进行解码、加工，借用母语来理解新的语言知识，而蒙语与英语在各方面的相同点，有利于帮助学习者更好地理解和习得英语。因此，蒙语对于英语的正迁移影响，有利于提高英语学习效率。

无论是从儿童心理学的角度、幼儿生理发育的角度，还是语言学的角

---

① 达古拉．蒙古语在蒙古族学生英语学习中的正迁移［D］．内蒙古大学硕士学位论文，2011.

② 萨仁其其格．简析母语正迁移对蒙生英语学习者的影响［J］．语文学刊（外语教育教学），2012（10）.

③ 图雅．英语和蒙语构词法对比研究［D］．内蒙古师范大学硕士学位论文，2012.

④ 齐艳举．英蒙语构词法视角下的蒙古族学生的英语词汇教学［J］．时代教育，2013（05）.

度，在有条件的幼儿园适当开展英语教学活动都是具有可行性的。

2. 适度、科学地开展英语教学有利于幼儿的发展

在有条件的幼儿园以科学的方式开展英语教学活动，有利于幼儿智力的开发和语言能力的发展，对幼儿的认知能力也有一定的帮助作用。

教师通过各种活动形式将英语知识融会其中，使幼儿在轻松、愉悦的氛围中潜移默化地学习英语，能够提升幼儿的语言表达能力和交流能力，提高幼儿的智力水平。丰富多彩的教学方式以及英语本身作为第二语言对幼儿带来的新鲜感，都能够激发出幼儿的好奇心和学习兴趣，对探究和学习英语产生心理倾向，并表现出极大的积极性，即学习动机。有了学习动机，就会推动幼儿通过各种途径去努力习得英语知识。而这一过程中，幼儿会为了达到预期目的而集中注意力，认真观察教师的教学活动并试图记住，这就锻炼了幼儿的注意力、观察力和记忆力；同时，结合教师采用的各种有趣的教学辅助工具或歌舞表演等情景教学法，幼儿也会展开其丰富的想象力和思维能力；在跟随教师朗读的时候，其视听能力、语言表达能力也都充分得到了锻炼，而这些，综合起来，都是智力的组成部分，幼儿各方面的能力得到了提升，也就是幼儿的智力得到了开发。与此同时，英语教学这一活动本身作为启蒙教育的一部分，其自身的新鲜感会增加孩子对语言的兴趣，使幼儿在新奇、快乐的心态下积极参与到教学活动中，增强孩子的表达能力，同时也促进孩子养成一个善于表达、积极、开朗的性格。因此，在有能力、有条件的幼儿园以科学的方式开展英语教学，能够从各方面促进幼儿的健康发展，有利于幼儿语言能力的发展，有利于幼儿认知能力的提高，有利于幼儿智力的开发，有利于幼儿健康性格的塑造。

第四节　改善蒙古族幼儿园英语教学的建议

蒙古族幼儿园不是完全不可以开展英语教学，只是应注意到民族幼儿园的特殊性以及幼儿的发展规律，科学、合理地安排英语教学活动。每一个幼儿都拥有学习的权利，但同时也需注意“遵循幼儿身心发展规律，面向全体幼儿，关注个体差异，坚持以游戏为基本活动，保教结合，寓教于乐，促进幼儿健康成长。加强对幼儿园玩教具、幼儿图书的配备与指导，为儿童创设丰富多彩的教育环境，防止和纠正幼儿园教育‘小学化’倾

向。”[①] 幼儿英语教学只能作为学前教育中的一项辅助教学活动，不能作为正式的课程来开展，更不能制订明确的知识习得计划和要求。在充分尊重和保护幼儿应有的自由成长的权利的前提下，有条件、有选择、适当、科学地开展英语教学活动。

一、遵循客观规律、科学开展英语教学

“所谓规律，就是事物运动过程中固有的、本质的、必然的、稳定的联系，是客观存在的，不以人的意志为转移，它既不能被创造，也不能被消灭。规律的客观性和普遍性要求我们：必须遵循客观规律，按规律办事，而不能违背规律，一旦违背客观规律，人们就会受到规律的惩罚；在客观规律面前，人并不是无能为力的，人可以在认识和把握规律的基础上根据规律发生作用的条件和形式利用规律，改造客观世界，造福于人类。”[②]

（一）以培养孩子对英语学习的兴趣为教学目标

做任何事情，都应该也必须尊重其客观发展规律，否则只会事倍功半。在幼儿英语教学这个问题上，要尊重客观规律，首先就需要以培养幼儿学习兴趣作为教学的前提。

教学目标是一切教学活动开展的目的和方向，只有方向正确了，教学活动才有积极意义；只有教学目标实现了，教学活动才有正面价值。民族幼儿园由于其教学对象具有特殊性，在教学目标的设置上，更需要考虑到幼儿的认知水平、学习能力和幼儿教育的目的。因此，要在民族幼儿园科学开展英语教学，首先就要树立正确的教学目标，这样才能使教学活动朝着正确的方向发展，最终实现教学目的。幼儿教育的目标就是要促进幼儿的健康发展，培养幼儿主动学习的兴趣。英语教学的目标也要遵循幼儿教育目标，以培养孩子对英语的兴趣为主。兴趣是学习最好的老师，有了兴趣，就会产生内动力，推动着个体自发地去亲近某一事物。兴趣是产生学习动机的一个重要因素，有了兴趣，也就有了去探求和发现事物的动力，从而努力去了解和掌握事实。随着国内各民族人民之间交流的加深、文化的融合，汉语在内蒙古很多地区其实已经不算陌生，在幼儿成长的环境里，很容易就能接触到汉语，但英语对蒙族幼儿来说，还是不太常见，具有一定的新鲜感，因此，在教学计划里，可以将引起学生的学习兴趣作为

---

① 摘自《国务院关于当前发展学前教育的若干意见》（国发［2010］41号）第八条。

② 思想政治（必修）［M］．高二上册．北京：人民教育出版社，2009，第二课第三节．

最重要的教学任务之一，准确认定教学目标，继而围绕教学目标开展各项学习活动。民族幼儿园的英语教学要以激发和培养孩子对英语的兴趣为主要目标，使他们对英语产生学习的意愿和高度的热情，提高孩子们对英语学习的积极性，自愿去学。

另一方面，要尊重客观规律，设立正确的教学目标，同时还要以促进幼儿身心健康发展为前提。激发幼儿对英语学习的兴趣，是开展英语教学的主要目标，但这并不意味着，当幼儿有了兴趣，就可以无限制地开展，恨不得把小学课本都拿来教授，这就大大脱离了实际，是不可取的。科学地思考幼儿英语教学具体应开展到何种程度，就需要幼儿园把握好教学的“度”。这个所谓的“度”，就是要清醒地认识到，幼儿园是孩子们健康、快乐成长的乐园，是培养健康身体和心理、享受欢乐童年的地方，幼儿语言教育要寓教于乐，在培养幼儿乐观、开朗、积极、向上的性格的同时，为幼儿创造一个自由、轻松、愉悦的语言学习环境。不能为了培养孩子对英语的学习兴趣，而刻意加大教学强度，或者增加英语的教学时间，来使幼儿更多地接触英语。这样不仅会影响幼儿对英语学习的兴趣，使幼儿产生逆反心理，甚至可能会对幼儿母语的发展产生不利影响，最终影响到幼儿语言的正常发展。民族幼儿园相对其他的幼儿园，更应该注意到要“遵循幼儿身心发展规律，坚持科学保教方法，保障幼儿快乐健康成长。”①

民族幼儿园的英语教学，既不是为了培养商业精英，也不是培养双语高级翻译，应该是不带任何功利性目的的，以促进幼儿身心健康发展为根本前提，以培养幼儿对英语学习的兴趣为主要教学目标。

（二）有条件的学校可从实际出发开设英语“兴趣班”

普通汉族幼儿园开展英语教学都需要具备一定的教学条件，少数民族幼儿园对英语教学条件的要求则更高。尊重客观规律，在另一个层面上，则意味着要尊重客观基础，包括语言环境基础、物质条件基础、人力资源基础及幼儿自身条件基础。这是因为，学习一门语言，初始阶段非常重要，其影响往往贯穿今后的各个学习阶段。这就要求幼儿教学机构，在英语教学这一问题上，要对自身的能力有一个客观的评价和审视，必须以负责任的态度，对教学条件坚持高起点、高要求，在具备相关客观条件的前提下，才能考虑开展英语教学工作。绝不能没条件、没实力也强行开班，一拥而上，盲目而为。而这一客观条件，既有对学校的要求，也有对学龄

---

① 摘自《国家中长期教育改革与发展规划纲要（2010—2020 年）》第二部分第三章。

儿童的要求；既包括学校要开展高质量的英语教学所必需的硬件设施和师资条件，也包括入学儿童自身的学习能力、接受能力和语言天赋等。

1. 幼儿园需具备良好的语言教学环境和设备

民族幼儿园若想开展英语教学，必须有相应的教学条件。尤其是面对幼儿的英语教学，对于教学条件是有一定要求的，并不是在所有幼儿园都可以开展，而只有那些条件相对成熟、完备，各类设施齐全的幼儿园，才适合进行英语教学。

首先，良好的自然环境和语言环境是英语学习有力的保障。语言的学习不仅仅是一个课堂、一个老师、一本教科书这么简单，它还需要为幼儿提供一个良好的语言锻炼和使用的环境。一方面，幼儿园要有意识地、人为地为幼儿创造一个英语学习自然环境。幼儿园应该在教学楼的布置上，为幼儿创造一种英语氛围。主要是对教学用具配以英文标识，在教学楼内、走廊上、教室墙上及楼梯的台阶上，张贴简单的英文标识或英文对话、儿歌等，使英文遍及孩子日常活动能接触到的范围，培养他们对英语的熟悉度与敏感度。通过非正式的教学活动形式，以无形的方式向孩子灌输英文知识，在潜移默化中习得第二语言。另一方面，幼儿园要尽可能为孩子创造一个语言环境。教师在平常的教学活动、文娱活动或者休闲时间，可以不时使用英文与幼儿进行问候或者简单对话，使幼儿有更多的机会接触英语、使用英语，使所学内容能够反复得到锻炼，也使幼儿有一个良好的语感。

其次，完善、充足的教学设施是幼儿园开展英语教学的基本条件。一方面，幼儿园必须有足够的教学空间。教室是教学活动正常开展的基本场所，如果学校本身就校舍紧张，每个班学生严重超标，教室拥挤、座位紧紧巴巴、过道狭窄，教师必须大声讲话才能使每一个学生都听到声音的话，教学活动则很难顺利进行，更无法保证教学的质量。与此同时，教室数量不够而导致的每个班级学生数量过多，也会带来另一个大问题，就是教师难以控制学生，尤其是认知能力还比较低的幼儿，很可能就出现学生们各干各的，不听从教师的统一指导。因此，教学空间是顺利开展英语教学的最基本的条件。另一方面，幼儿园还必须具备充足的英语教学设备。教学设备不仅包括传统的教具、实物、模型、图片等，还包括现代化的语音、多媒体设备。对于幼儿来说，声音和图像，远比呆板的书本文字有吸引力得多。要开展高质量的英语教学，除了传统的相应的书本教材资料外，还需要各种“抓眼球”的教学工具加以配合，比如可随时使用的多功能教室，甚至为每个班配备投影仪、电脑、电视等。这些教学设备不仅有利于提高幼儿对英语学习的兴趣，从现实角度来说，更有利于提高英语教学质量，有利于英语语音的标准化，同时培养幼儿养成良好的语音、语感习惯。

2. 开展英语教学必须要有符合要求的师资力量

幼儿英语教学能否成功地开展，教师是最为关键的因素之一。教师是教学目标得以实现的执行者，是知识的传授者，是幼儿智慧的重要启蒙者。幼儿园若想顺利、有效地开展英语教学，必须具备相应的高素质师资条件。

民族幼儿园的英语教学活动对师资的要求尤其高，不仅要有充足的学前教育理论知识、扎实的英语功底和教学技能，还要熟练掌握少数民族语言，能够熟练地使用蒙英双语开展教学活动。幼儿园要开展英语教学，不仅要有良好的硬件设施和教学环境，还要有高质量、高素质、足够的师资力量，“软件”条件和“硬件”条件兼备，才能满足幼儿英语教学所需的条件。没有好的教师，再好的硬件设施也是没有用武之地。特别是对语言学习来说，一个好的启蒙老师，对于英语语音、语调的形成，乃至学习兴趣的养成，可能起着决定性的作用，因为幼儿学习语言的最直接方式就是通过向教授者模仿来实现语言习得。而与此同时，幼儿在幼儿园阶段养成的英语学习习惯又将极大地影响小学阶段的学习，若幼儿阶段英语的语音、语调不标准，或者养成不良的语言学习习惯，到了小学阶段则很难纠正过来，从而影响到后续的学习进度以及学生的学习兴趣和信心。因此，教师自身的素质、水平、教学方式，是影响教学效果的最关键的因素之一。

然而现实情况是，我国现阶段幼师的质量参差不齐，同时又面临着巨大的幼师缺口。一般幼师尚且如此，要找到能够胜任英语教学的蒙英双语幼师，更是非常的困难。“千军易得一将难求”，在“千军”尚不易得的情况下，寻找好的英语幼师这样的“一将”，就成为很多幼儿园面临的难题。为解决这一问题，幼儿园可以考虑以下几种方案：

首先，为学校教师提供在职培训的机会。从现有教师中，选拔出英语基础较好且愿意从事英语教学的老师，送至高等院校或专业机构，进行回炉深造，借鉴、学习其他发达地区优秀幼儿园的教学模式，学成后再返校教学。或者，聘请教师培训专家来校进行指导，对蒙班的专职英语教师进行教育理论、教学方法、英语知识、专业技能的培训，使教师的教学水平能够定期得到提高，从而更好地开展英语教学活动；其次，与高校合作，联合培养优质英语教师。幼儿园可以有选择性地与内蒙古地区甚至北京、上海等沿海发达地区的高等院校、幼师院校达成合作，进行联合培养、办学。幼儿园可以每年到院校挑选有潜力的、成绩优异、综合素质好的学生，进行定向联合培养，并为这些学生提供来校实习机会，既可以让幼儿园更好地考察学生的实践教学能力，也可以让学生深入到幼儿园，通过实习了解幼儿园基本情况，从而确定是否毕业后要来该幼儿园工作，双向选择。这样，一方面可以解决幼儿园优质专职英语教师缺乏的困境，另一方面又可以为高校缓解部分就业压力，形成一种良性发展、双赢的局面；最后，服务外包，聘请部分专业英语培训机构的教师兼职来校任教。在经济条件较好、资金充足的幼儿园，还可以通过外聘专家，来补充学校的优秀师资，提高英语教学质量。

总的来说，民族幼儿园对于师资水平的要求更高，幼儿园要想开展高质量的英语教学，则必须加大投入，提高幼儿园的英语师资力量。

3. 结合家园意见、幼儿学习能力，开设英语学习“兴趣班”

在民族幼儿园开展英语教学活动，不仅是各方面条件具备就可以，还必须尊重幼儿本身的发展，尊重家长的意见、幼儿的意愿与学习能力，结合家－园和幼儿的具体情况，可考虑开设英语学习“兴趣班”。

民族幼儿园具有其特殊性，民族幼儿园的孩子身上也承担着比汉族学生更多的学习任务，但是，这并不意味着在民族地区幼儿园，就一定要把英语教学视为“洪水猛兽”，完全不可以开展，还是应该辩证地来看待这一问题，具体问题具体分析。一方面，必须承认的是，部分家长对于英语教学是有要求的，希望幼儿园能够开展这一教学活动。不论是因为考虑到面临着与小学阶段教育相接轨的问题，还是认为英语作为国际通行语言，秉持“要从娃娃抓起”的信念，家长们总会有不要让孩子“输在起跑线”的想法。家长们的这些需求，幼儿园不得不考虑，因为家长们的需求会直接应到学校的生源情况。另一方面，也必须看到，幼儿的年龄对其认知能力的限制，英语教学要适度，同时，幼儿的接受能力和自身素质是有个体上的差异的，不能一概而论。尽管从生物学和心理学来说，幼儿阶段都存在关键期，但这些关键期假说都是基于适度范围内能够促进幼儿的发展，而不是没有限度的可以对幼儿进行任意学习任务的叠加。从这个概念来说，“适度”是一个关键词，也是一切的前提。幼儿的确是一张“白纸”，其学习、模仿、领悟能力的确是比较强的，而且好奇心也是充足的，但是在学习知识时，这些优点都需要合理地加以利用，过度使用，只会适得其反。“幼儿园应为幼儿提供健康、丰富的生活和活动环境，满足他们多方面发展的需要，使他们在快乐的童年生活中获得有益于身心发展的经验。”[①] 而且，民族地区幼儿在本民族语言和汉语的双重压力下，本身已有不小的学习负担，加上每一个幼儿自身条件不同，学习能力也不同。比如同一个班级的幼儿的年龄、性别、性格、兴趣、智力等，都存在个体上的差异，每个人学习外语的效果不同，在二语习得上取得的学业成绩也就不同。有的孩子连汉语都说不清楚，根本无法学习英语；但也有一部分幼儿，确实有着较好的语言天赋和学习能力，在掌握好母语的同时，还能够很好地学习汉语和英语，能够接受蒙汉英三种语言的教学活动。在这样一种情况下，如果搞一刀切，教条地认为英语教学不适合所有的孩子，或者可以在全园无差别地开设英语教学活动，都是不合适的。

开设英语学习“兴趣班”，就是为了避免以上两种可能，既不盲目强迫幼儿学习英语，增加孩子的学习负担，也不剥夺部分有语言天赋的孩子的学习权利，以“兴趣班”的形式，满足各方的需求，从而更好促进儿童的发展。“兴趣班”的开设原则是以尊重和发展儿童的智力为准则。即使拥有过硬的软、硬件，也不能在违背儿童意愿，不管不顾儿童接受能力的情况下，强行开展英语教学。这在民族地区幼儿园尤其需要加以重视。这是因为，民族地区的儿童，其本身就肩负着学习本民族语言和汉语的双重任务，已然不易，这时幼儿园如果为了所谓的与国际接轨，开展英语教学，则很有可能适得其反，造成“贪多嚼不烂”的后果，本民族语言、汉语和英语，一门都学不好。对于哪些儿童可以参加“兴趣班”，一是要看家长们的意愿，是否想让孩子学习英语；二是要根据幼儿本身的意愿，幼儿是否愿意学英语，是否喜欢学英语；三是要根据幼儿自身的学习能力、接受能力、语言天赋等，结合教师对幼儿的客观评估、家长对幼儿能力的评估，确定幼儿是否适合再接受一门第二语言的学习。综合这三个因素进行考虑，来确定参加“兴趣班”的孩子。具体做法就是，幼儿园在客观条件具备的前提下，在全园开展一般性的英语教学，以便为“兴趣班”孩子的选择提供参考。这种教学，应不以书本和教学计划为主，无教学任务要求，以游戏和娱乐为主，力求让所有儿童都能对英语有所接触和有所印象即可。在此基础上，发现好苗子，在征得儿童及家长同意的情况下，再以兴趣班的形式进行培养。兴趣班也应旨在提高儿童对英语的兴趣，保护好儿童语言天赋，而不是进行正规化教学，揠苗助长。为此，兴趣班应该借

---

① 摘自《幼儿园教育指导纲要（试行）》第一部分第四条。

鉴西方儿童在学习语言初级阶段的种种做法，重感官，轻实际。具体来说，就是重听说，轻读写，多看多听多通过游戏等方式让以儿童加深对英语的感性认识，即使不能读写，甚至搞不清每一个单词或句型的意义，但是却能简单的表达自己，为今后的学习，打下良好的心理基础。而“兴趣班”的开班规模也一定要参照国家及地方教育部门对于幼儿园各年级学生人数规定标准，不能因为贪图生源或者节约资源，超员开设“兴趣班”。

（三）合理安排教学活动和教学内容

所谓“科学”开展英语教学，其最基本的要求就是要以人为本，以幼儿的健康和发展为主。英语教学要以不增加幼儿的学习负担、不影响母语和汉语的学习为前提，合理安排教学活动，教学内容也要是幼儿能够承受和接受的范围，最终实现“英语教学”与“幼儿健康发展”双赢的目的。

首先，合理安排教学活动，将英语教学渗透到其他的教学活动中，而不是以纯粹的、专门的、正式的英语课出现。在幼儿园开设很多专业知识课程实际上也超出了幼儿的学习能力范围，幼儿本身记忆保存期短，学得快，忘得也快，学习语言的效果并没有渲染的那么好。幼儿教育应该以游戏、娱乐为主，注重从各方面来促进幼儿情感、态度、能力、知识和技能的发展。让幼儿在幼儿园有一个开心、快乐的环境和氛围，在这个基础上，通过其他教学活动，比如绘画、音乐等，英语知识灌输其中，通过这些活动载体，向幼儿传授英语知识。例如，在绘画活动中，教师教学生画“鸟”，在展示图片上用标出鸟的英文“bird”，在一边教如何绘画这只鸟的时候，告诉大家，“鸟”的英文是“bird”，并教大家含有“bird”的简单英文儿歌，这样，幼儿在绘画这一娱乐活动中，潜移默化地学习英语，既不会让幼儿觉得枯燥，也不会觉得增加了新的学习负担。将英语知识融于游戏等娱乐活动中，为幼儿学习英语创造一个有趣、轻松、快乐的氛围，于娱乐中习得英语知识，既不用单独安排出课程时间，也不会占用幼儿其他活动例如母语或汉语学习的时间。

其次，合理安排教学内容，以基础的、浅显的、语音等入门知识为授课内容，以培养幼儿对英语的兴趣和语感为主要任务。幼儿英语教学的原则应该是在能够促进幼儿身心健康发展的前提下，让幼儿能够掌握一定的基础知识，而不是本末倒置，为了学习而学习，把所有都变成硬性的指标，强迫性地增加过多超越幼儿发展阶段的东西，使其从小就对掌握科学文化知识产生畏惧心理或逆反心理，甚至产生心理压力，尤其是对于英语学习效果不太好的学生，有可能增加他们的挫败感，从而影响其身心其他各方面的全面健康发展，那就是一种得不偿失。每个教育阶段都有它的客观规律，只有遵循规律才能促进教育的顺利推进和实施，产生积极、正面的学习效果；反之，则不仅不能实现教育目的，还有可能影响幼儿正常、健康地发展，起到相反的作用，甚至对性格、人格正处于塑造期的幼儿的心理发展产生不利影响。要充分考虑到幼儿的接受能力，根据幼儿发展的客观规律，选择合适的英语教学参考资料。幼儿园在为各个班级配置英语教学资料时，可以参考其他民族幼儿园选择的英语资料，综合其他学校使用后的感受及英语教师的意见，大范围选择，仔细对比，挑选出合适本幼儿园学生的教学材料，并进行小范围的试验，最后确定一套英语教材，固定使用。教师在进行辅助资料的选择时，也要结合平时学生的学习接受能力、学习效果、兴趣等，挑选形式有趣、简单、简短、合适的内容。幼儿英语教学不仅要考虑到幼儿的年龄特性、性格和认知能力，还要考虑到民族幼儿园的学生的特殊性，教学内容要贴近蒙古族的生活习性，以简单的英语入门知识为主要教学内容。

从唯物主义哲学的角度来说，万事万物都具有其客观性和规律性，事物的存在和发展不以人的意志为转移，人们所从事的一切实践活动都必须遵循客观规律，才能充分、自觉、积极地发挥正确的主观能动性，推动事物的前进和发展，最终实现目的效果。英语教学也如此，学校、家长和社会必须遵循客观规律，以“幼儿”为本，才能起到积极、正面的学习效果。

二、丰富教学方法、提高教学质量

（一）教学方法多样化

幼儿英语教学应该以心理学和教育学为参考指导，根据幼儿教育的发展规律，辅以科学、合理、多样化的教学方法，有规划、有目标、循序渐进地展开。

首先，尊重儿童的心理发展规律，以儿童心理学和教育学为指导，丰富教学方式、手段，合理利用幼儿的好奇心，提高英语教学质量。幼儿阶段正处于一个心理和大脑、神经系统结构高速发展和塑造期，认知能力不断发展和提高，对外界的刺激信息非常的敏感，在外界环境的刺激和作用下，其大脑功能和结构很容易受环境和经验的影响。在这一阶段进行英语教学，就要抓住幼儿的心理发展特征，结合多元化的教学手段，以丰富多彩的教学形式和教学工具吸引幼儿的注意力，充分调动其观察力和模仿能力，使幼儿主观自主地接受英语教学。幼儿有了学习的兴趣，施教者也懂得了以促进幼儿身心健康发展为教学根本的道理，并不能完全保证幼儿英语教学的成功。因为任何良好的主观意愿，都需要合适的方式方法来实现。如果教学方法不科学，教学手段不合理，则教学效果自然不会好。具体到幼儿英语教学来说，就需要幼儿园在施教过程中，完全摒弃那种“填鸭式”严肃、死板、传统的教学手段，不要把幼儿英语教学等同于应试教育。在进行英语教学时，不设考核目标，不强求某种结果，完全以让幼儿能够接受为最大追求。可以以游戏等娱乐方式为主要教学方法，结合情景教学、多媒体教学、律动教学法，辅助以声、光、电等科技手段；同时不刻意设置专门的英语课，完全可以结合春游、班会、话剧表演等各种各样的活动帮助和鼓励幼儿使用英语清楚、大声、大胆地表达自己的想法，真正做到化教育于无形，化教学于日常。

其次，丰富教学工具，尽量采用直观、生动、形象、有趣的教具来辅助英语教学。根据幼儿的年龄特征，借助各种各样的教学辅助工具，比如在教关于“bird”的英文儿歌时，不仅可以给学生展示各种各样鸟儿的图片，或者教他们绘画鸟儿，还可以通过向他们播放小鸟的视频、动画片等，使“bird”这个单词在幼儿的心中更栩栩如生，也更容易被记住。同时，第一次的学习体会也会影响到下一次的学习兴趣和动力，如果第一次的学习感受是愉悦的、欢快的，则幼儿会更期待下一次的学习活动，产生一个良性循环效应。教学工具从某种程度上说，对教学效果有着很大的影响，以什么样的方式来教学，通过什么辅助工具来形象展示教学内容，都直接影响着幼儿对所学内容的兴趣和学习动力。幼儿园应该努力丰富教学工具形式，使幼儿被新鲜、有趣的事物所吸引，从而对英语学习产生兴趣，产生积极、主动学习英语的动机。英语教学可以根据他们喜闻乐见的图片、实物、视频、游戏或表演来导入，为幼儿创设不同的情景，在平时的日常活动中适度嵌入英语，使游戏活动成为英语学习的兴趣载体，也使英语作为一种兴趣载体促进幼儿积极参与各种活动，最终达到双赢的效果。

再次，幼儿英语教学还需要注意因材施教，避免“一刀切”式的教学方式。“幼儿园教育应重视幼儿的个别差异，为每一个幼儿提供发挥潜能，并在已有水平上得到进一步发展的机会和条件。”① 每一个幼儿都有其不同于其他个体的特殊性，幼儿之间无论是学习能力、学习习惯，都存在着或多或少的差异性。一方面，有的孩子也许具备学习英语的潜力和能力，但

① 摘自《幼儿园教育指导纲要（试行）》第一部分第五条。

在学习的速度和接受的知识量大小上面，可能比有的孩子要差一些，但这类孩子又不是说完全没有学习三种语言的能力，也不能埋没这类孩子的语言天赋，这就需要区别对待，要善于以合适的方式来激发这些孩子的英语学习能力；另一方面，同一个班级的不同孩子的学习习惯和学习方式也许有不同，有的喜欢通过与同学一起玩游戏来学习英语知识，有的喜欢通过自己看视频、学儿歌、绘画来学习英语，这些存在于有英语学习能力的孩子之间的差异，就需要教师因材施教，均衡各方因素考虑，结合不同学生的兴趣方式，采取科学、合适的教学方式，使幼儿各自的特长得到发挥，同时，又不影响所有孩子的英语学习效果。

（二）对教学质量进行评估与改善

开展幼儿英语教学，同所有教育一样，绝不能闭门造车，也需要形成“教学—反馈—调整—再教学”这样一个良性循环的回路。幼儿园必须了解到幼儿的学习效果，不能只是盲目地传授知识，那孩子到底学会了没有？掌握了多少教学内容？教师所教的内容是否符合孩子的接受能力？教学目标是否实现？目标与现实之间是否有差距？差距又在哪、有多大？家长们对幼儿在学校的学习结果又是否满意？孩子学习的结果对于其以后的学习习惯有没有帮助？等等这些问题都是学校与教师在教学中需要思考的问题。只有及时对教学质量进行评估，了解了教学效果，并以此为基础，才能对教学方式方法进行调整，达到最好效果。然而幼儿英语教学的教学质量评估，与一般教育还有所不同，有其特殊之处。

一方面，幼儿作为教学的主要受众，因年龄所限，且情绪波动较大，不可能完全清晰准确地表达所知所感，这客观上给教学评估带来了一定难度，因此，想要了解幼儿英语教学质量的好坏，必须形成幼儿、家长和学校三位一体的评价体系，这三个方面缺一不可。教师在考察幼儿的学习效果时，不仅要看幼儿对英文儿歌的表演流畅度、英文指令的表达和理解、发音的标准，还要看幼儿在使用英语时所表现出来的信心与喜好程度，看幼儿是否愿意主动展示、表达英语，并乐于倾听教师和同学使用英语；家长在家里，也要观察幼儿是否愿意跟他们讲述在学校里学习英语的情况，是否积极主动表演英文儿歌、歌曲等，在谈及英文相关事务时是否很兴奋、很开心，同时，也看孩子的表达是否正确；幼儿园也应该在为幼儿提供英语语言环境和设施时，通过多媒体记录幼儿每一阶段的英语表达情况，定期进行效果对比，看是否有进步，进步的程度是否符合预期，幼儿在语音、表达习惯、学习兴趣方面，是否有变化，最后综合三方的观察结果作为最终学校质量的检测参考结果。这种复合式的考察方式，就是为了通过结合这三个维度的反馈结果，相互补充，相互印证。

另一方面，幼儿英语教学不是正规化教学，其质量考察不能通过设定具体目标或举行考试等硬性方式来进行，要融于日常观察活动中。英语教学对于幼儿园来说，不是正规课程，课时不多，占教学比重不大。尤其是民族幼儿园的孩子，还需要学习蒙语和汉语，因此，英语教学只能作为补充教学，渗透进日常的教学活动中。幼儿园在英语教学中，可以没有正式的教材，不限于一定的场地，不囿于规定的时间，以潜移默化的方式开展教学活动。但教学方式的随性，并不代表在教学质量评估上，也可以随性。相反，教学方式的随性，对于教学质量评估提出了更高要求，需要幼儿园以更加认真负责的态度，通过更加科学的方式，开展相关工作。在平时的教学中，任课教师就应该随教学随评估，观察儿童对于所教内容的反应，以及幼儿对于所学内容的掌握程度。通过教师观察到的教学反馈信息，发现教学结果与教学目标之间的差距问题，是否达到了培养幼儿对英语学习的兴趣的目的，幼儿在英文单词的发音上是否存在母语口音，幼儿是否养成了良好的英语学习习惯，这些都需要教师在平常的教学活动中通过细致入微的观察了解到。英语教学效果的检测，主要还是要通过对幼儿使用、表达语言的过程等观察，来分析、判断幼儿的学习效果状况。

三、英语教学适当与民族文化相结合

民族幼儿园的教学活动承担着对幼儿德、智、体、美、劳的教育，也承载着对民族文化的传播和保护责任。语言作为民族文化最直接的载体之一，在教学中更应该充分尊重和保护少数民族文化包括少数民族语言，英语教学也应以促进母语和汉语的学习为主，同时，促进少数民族文化独特性的传承和发展。

随着全球化和现代化的发展，英语作为世界通用语成为一种流行，尤其在双语教学迅猛发展的今天，作为民族文化重要特征之一的少数民族语言也在一定程度上受到冲击。少数民族语言是文化多样性的体现，是中国少数民族祖祖辈辈智慧的沉淀，是中华文化的宝贵财富，面对现代化带来的负面效应，民族教育承担着保护和发展民族文化的重任。英语教学与民族语言文化的传承在一定程度是相互联系、相互统一的。人为地、简单地把英语与民族语言、民族文化对立起来，以“零和”的方式开展两者之间的竞争，是不合适的。现今对于这二者之间的关系往往存在误区，认为不能将两者结合起来，这是没有完全认识到两者是可以共生共存、相互促进的。我们不应为了保护民族语言和以此为基础的民族文化，就完全忽视世

界融合的潮流，断然反对任何形式的英语教学和使用；更不应该不顾民族和地区特点，忽略客观实际，一切以英语为尊，为了让英语地位超然，随意地开展英语教学活动。具体到民族地区来说，民族语言和民族文化，才是民族地区人们的“根”，作为外来语的英语，理应为这个“根”服好务。要做到这一点，可以从“引进来”和“走出去”这两个方面来考虑。

“引进来”，就是利用英语作为英语国家文化的语言载体的作用，通过英语来了解英语国家的民族文化。“他山之玉，可以攻石”。世界上的大多数国家都是多民族国家，单一民族组成的只是少数。这些国家中的民族，也在通过英语，向外界展示自己的历史文化，风土人情。这些极具文化底蕴的内容，鉴于如今互联网的发达，获得十分方便，而且形式多样，完全可以拿来为我所用。通过在英语教学中展示这些内容，向幼儿展示其他民族的文化特性，让他们对他国民族文化产生一定的兴趣，再引导和激发起他们探寻自身文化特点和内涵的意愿，从而由此及彼地发现本民族文化的美，最终实现民族文化保护的目的。

而“走出去”，则是通过蒙英双语教学把英语教学和民族文化教育相结合。现如今，一方面，幼儿英语资料的水平参差不齐，而且常常以正规课本形式出现，并不能满足民族地区开展英语教学的需要。另一方面，各类英语类民族文化外宣书籍琳琅满目，选择余地很大。与其墨守成规，按照所谓正规的“英语教材”，同时占用课时，来进行英语教学，不如考虑采取更为灵活的形式，挑选质量较好、相对简单易懂的上述外宣民族文化介绍类书籍，另辟蹊径，尝试用英语向幼儿介绍本民族的文化。当然，这种介绍，不是长篇大论，真正用大段文章来让幼儿详细了解历史，而应该更多以带文字的图片形式，通过描述幼儿在民族生活中常见的各种物品或各类行为，给予幼儿一个感性的认识即可。这样一来，一堂以民族文化教育为主、英语为载体的文化课，完全可以满足英语教学和保护民族文化的双重需要。

民族语言、文化的保护和发展可以与英语教学进行恰当地结合，使蒙语和英语在有重点和非重点之分的教学前提下，相互促进、共同发展。理性对待民族幼儿园的英语教学，培养正确的价值观来指导幼儿英语教学，使这一教学活动既符合少数民族文化的特殊性需要，保护传统文化，又能够为培养出符合社会发展需要的高素质少数民族人才打下良好的启蒙教育基础。

结　语

一、本研究总结

本研究通过对内蒙古通辽市 X 民族幼儿园的英语教学现状进行实地调查，并结合调查结果与分析对民族幼儿园的英语教学活动进行思考，得出以下结论：

①目前蒙古族幼儿园的英语教学活动存在很多问题，缺乏规范性和科学性。幼儿园对幼儿英语教学目标的认识不正确，教学课程过于正式化、小学化，忽略了幼儿教育应该以促进幼儿的健康发展为核心；教学环境和设施未达到开展高质量英语教学的条件要求；英语教学课程和内容设置不合理；英语师资力量薄弱；教学方法过于单一；教学效果不理想。

②民族幼儿园开展英语教学活动有利也有弊，但在有条件的幼儿园还是可以结合幼儿自身的情况，以“兴趣班”的形式适当开展。尽管民族幼儿园有着不同于普通幼儿园的特殊性，蒙古族幼儿本身承担着母语与汉语的学习，但这不代表蒙古族幼儿园完全不可以开展英语教学活动。在教学条件优越、师资力量雄厚的民族幼儿园，还是可以适当、科学地开展，这是全球化社会发展的需求；也符合幼儿阶段的生理和心理条件都有利于英语学习的特征；接棒小学英语学习；同时，也是家长的呼声和要求，及幼儿园自身发展的需要。

③通过对个案幼儿园英语教学现状的研究与思考，本研究提出了改善教学的具体建议。幼儿教育作为学校正规教育的开端，其教学活动影响着以后的继续教育，幼儿英语教学作为当前最受热议的一项教育活动，幼儿园应该综合、理性地对待，尤其是在不同于普通幼儿园的民族幼儿园中，相关实践探索和理论钻研还比较少，缺乏经验的参考和理论依据，英语教学活动的开展更是要在国家及地方相关政策的指导和指引下，遵循幼儿教育和幼儿身心发展的客观规律，适当、科学地进行。首先，民族幼儿园的英语教学活动应当遵循客观规律，适当、科学地开展，树立正确的教学目标，创造相应的教学条件，合理安排教学活动及内容；其次，结合儿童心理学与教育学，因材施教，丰富教学方法，并对教学质量进行评估，不断改善教学效果；再次，将英语教学与保护民族文化结合起来，使英语教学产生积极的影响，促进幼儿更好地发展。

二、本研究的不足与展望

由于本人阅历有限，再加上时间和经费的原因，本研究还存在一些不足的地方。对蒙古族幼儿园英语教学的研究还不够全面，研究分析的广度和深度都有待提高，对相关理论的钻研程度也不够深入；同时，也由于能力的有限，未能对幼儿园的英语教学活动进行连续性跟踪调查。本人将继续努力，加强对学前教育理论知识的学习和对蒙古族幼儿英语教学的调研，从理论和实践两方面来提高研究的水平和质量。

同时，笔者认为，随着信息时代的到来，英语作为一种沟通和交流的工具，对社会的发展越来越重要。英语在中外信息、技术、资源的交流和学习中，承担着非常重要的作用，无论是学术上的交流，还是商务上的贸易往来，抑或是工作上偶尔的需要，英语的重要性都日渐凸显。最明显的一个体现，就是在毕业生就业找工作中，很多的单位都对英语水平有要求，这已经不仅仅是外企、跨国企业或者外贸公司对求职者的特定要求，也不仅是英语相关岗位的应聘条件，而是越来越多的用人单位和岗位都有的硬性要求，在少数民族地区也是如此。因此，在民族幼儿园开展英语教学活动是迎接时代的发展、符合社会的实际需求；另一方面，随着国家民族大团结、大发展政策的推进，社会对少数民族人才的需求量也不断增加，民族幼儿园作为培养少数民族双语人才的摇篮，是正规学校教育的启蒙，开展英语教学活动也是为培养综合素质高、发展全面的少数民族人才打基础。同时，笔者建议相关教育部门可以考虑加强对民族幼儿园英语教学活动的关注，建立制度化的规范和指导。笔者坚信，蒙古族幼儿园的英语教学活动在广大教育届权威专家和学者的努力下、在党和国家相关政策的指导下、在相关教育部门的帮助下会更加的科学和规范，少数民族英语教学会发展得越来越好。

附　录

附录 1—1　教师问卷

尊敬的老师，您好！

为了了解蒙古族幼儿园英语教学情况，现对蒙族幼儿园的教师基本情况进行一个问卷调查，该问卷除标明**“可多选”**的题外，**其他均为单选**。问卷结果只用于学术研究，希望您能如实填写，我会对您的个人信息进行保密，谢谢您的合作！

××××大学教育学院

一、基本信息

1. 性别：A 男　　B 女
2. 年龄：
   A 25 岁以下　　B 25 ~30 岁　　C 31 ~35 岁　　D 36 岁以上
3. 学历：
   A 高中、中专及以下
   B 大专
   C 大学本科
   D 本科以上
4. 专业：
   A 学前教育
   B 非学前类教育专业（包括心理学）
   C 艺术类
   D 英语专业
   E 其他专业
5. 民族：
   A 蒙古族　　B 汉族　　C 其他

二、师资水平

6. 您的职称：
   A 幼教高级　　B 幼教一级　　C 幼教二级　　D 其他
7. 职教时间：
   A 一年以下　　B 1 ~3 年　　C 4 ~6 年　　D 6 年以上

8. 幼儿英语教学时间：
A 一年以下　B 1～3 年　C 4～6 年　D 6 年以上
9. 您是否持有教师资格证：
A 有　B 没有
10. 您的英语测试水平为：
A 大学英语六级（CET6）及以上　B 大学英语四级（CET4）
C 公共英语四级（PETS4）　D 公共英语三级（PETS3）
E 公共英语二级（PETS2）及以下 F 无相关证书
11. 您是否接受过专业英语教学知识或技能培训？
A 是　B 否（选 B 者，跳过 12～16 题）
12. 该培训活动是谁组织的：**（可多选）**
A 教育部门　B 学校　C 自发
13. 您接受过的英语教学培训时间为：
A 不到 1 个月　B 1～3 个月　C 3 个月以上
14. 您所接受的英语教学培训形式为：**（可多选）**
A 脱产学历教育　B 校外培训班　C 在校培训　D 远程视频培训
15. 您所接受的英语教学培训内容为：**（可多选）**
A 英语教学方法　B 英语教学理论　C 英语专业知识　D 其他
16. 您认为英语教学培训效果如何：
A 非常有效　B 比较有效　C 效果一般　D 没有效果
17. 若有机会参加培训，您最想提高哪项能力：
A 英语教学方法　B 英语教学理论　C 英语专业知识　D 其他
18. 在英语专业知识中，您最想提高哪项：
A 发音　B 语法　C 单词量　D 口语水平　E 英语文化知识
19. 您的幼儿英语教学经验主要来源于：
A 专业学习所得　B 网络、书刊等自学
C 实践中摸索　D 教师间交流、观摩

三、英语教学情况

20. 您每次上课前的备课时间：
A 1 小时以下　B 1～3 小时　C 3 小时以上
21. 您备课的内容有：**（可多选）**
A 课程内容　B 教学工具　C 教辅材料　D 教学方法

22. 您现在所用的教材是：
A 购买为主，自编为辅　　B 自编为主，购买为辅
C 全部购买　　D 全部自编
23. 选择目前教材的原因是：
A 形式丰富，能引起幼儿的兴趣
B 内容贴近幼儿生活，易于被接受
C 内容实用，有助下一阶段英语学习
D 很多幼儿园都在使用该教材
24. 您在课堂上主要采用的教学法：
A 游戏教学法　　B 情境教学法
C 音乐儿歌教学法　　D 多媒体教学法
25. 教学工具：**（可多选）**
A 图片、模型　B 实物　C 自制教具　D 多媒体
26. 您使用过的现代化教学设备：**（可多选）**
A 计算机多媒体　B 电视录像　C 幻灯投影仪　D 语音、录音设备
27. 您认为英语教学的目标是：
A 为以后英语学习打好基础　　B 促进幼儿智力发展
C 培养幼儿对英语的兴趣　　D 提高幼儿竞争力
28. 您对当前的英语教学效果满意度：
A 非常满意　B 比较满意　C 一般　D 不满意　E 非常不满意

附录 1—2 家长问卷

家长们，你们好！

为了了解蒙古族幼儿园英语教学现状，现对蒙族幼儿园的英语教学情况进行一个问卷调查，该问卷除标明 **“可多选”** 的题外，**其他均为单选**。问卷结果只用于学术研究，希望您能如实填写，我们会对您的个人信息进行保密，谢谢您的合作！

××××大学教育学院

一、基本信息

6. 您的孩子所在班级：
A 大班　　B 中班　　C 小班

7. 您的学历：
   A 小学及以下　　　　B 初中
   C 高中　　　　D 大学本科及以上
8. 您的民族：
   A 蒙古族　　B 汉族　　C 其他
9. 您的英语水平：
   A 流利　　B 一般　　C 会一点　　D 一点都不会

二、教师职业水平

5. 您觉得您孩子所在幼儿园教师的英语教学水平如何？
   A 非常好　　B 一般　　C 不好　　D 不知道
6. 教师课后也用英语跟孩子交流吗？
   A 经常　　B 偶尔　　C 从不　　D 不知道
7. 教师经常与您沟通您孩子的英语情况吗？
   A 经常　　B 有时　　C 偶尔　　D 从不

三、家长态度

8. 您让孩子学英语的原因是：**（可多选）**
   A 为以后英语学习打好基础　　B 促进幼儿智力发展
   C 培养幼儿对英语的兴趣　　D 提高幼儿竞争力
9. 您认为英语教学的目标应该是：
   A 为以后英语学习打好基础　　B 促进幼儿智力发展
   C 培养幼儿对英语的兴趣　　D 提高幼儿竞争力
10. 您希望幼儿通过英语课掌握什么内容？
    A 日常用语或对话　　B 常用单词和句子
    C 英文歌曲或故事　　D 字母
11. 您对学校的英语教学方式满意吗？
    A 非常满意　　B 较满意　　C 不太满意　　D 很不满意
12. 您对目前学校开设的英语课程的看法？
    A 非常满意　　B 较满意　　C 不太满意　　D 很不满意
13. 您觉得孩子的英语学习效果好吗？
    A 很好　　B 一般　　C 不太好　　D 没效果

14. 您的孩子除了在幼儿园学习英语，是否还参加了其他形式的英语学习？

A 是　　B 否

15. 您孩子学习英语的同时，您采取了哪些措施帮助其学习英语？**（可多选）**

A 每天检查其学习效果　　B 跟孩子一起复习所学内容

C 用英语和孩子交流　　D 购买幼儿英语光碟或书籍

16. 您对英语授课老师的期望是：

A 学前教育毕业　　B 英语专业毕业

C 英语好就行　　D 对孩子好就行

17. 您对学校的英语教学环境是否满意？

A 非常满意　B 较满意　C 不太满意　D 很不满意

18. 在英语教学过程中，您认为对学习效果影响最大的是？

A 课前预习　B 老师备课　C 课堂上的讲解　D 课后复习

19. 您认为影响英语教学效果的因素包括？**（可多选）**

A 教师的教学方法和手段

B 学生自己的外语基础

C 教师的外语水平

D 教师的专业水平

E 英语课程的教材质量

F 学校的教学配套设施

20. 您认为提高英语教学效果的有效手段包括？**（可多选）**

A 配套英文教材/课件

B 提高教师的专业知识和英语水平

C 教学方式方法（重难点突出）

D 采用多媒体等先进教学工具

E 加大课时

21. 幼儿园是否给孩子留了课外英语作业？如果有，作业的形式和内容是怎样的？

____

____

____

____

____

22. 您觉得孩子就读的幼儿园在英语教学上有哪些不足？您有哪些建议？

____

____

____

____

____

____

附录 2—1　园长访谈提纲

1. 您觉得幼儿英语教学最大的特点是什么？有什么意义？

2. 您觉得幼儿英语教学的培养目标以及评价指标是什么？现状与培养目标之间是否存在差距？

3. 请问本幼儿园英语教学在课程设置和教学内容上有什么特点？为什么这样设置课程和内容？

4. 请问您觉得该幼儿园学生的英语学习效果如何（听、说、读、写各方面）？家长反响如何？

5. 本园的师资情况如何？

6. 您觉得目前学校教学设施是否充足？都有哪些英语教学设备？其使用频率如何？对英语教学有多大的作用？

7. 目前该园英语教学已取得了哪些成绩？是否存在困难？都有哪些应对措施？

8. 您对本所幼儿园英语教学的未来发展是如何规划的？

附录 2—2　教师访谈提纲

1. 您为什么选择在民族幼儿园教英语，而不是其他学校？

2. 孩子们入学前的英语水平如何？这对您的日常工作有什么影响？

3. 您在幼儿一天的活动中是否经常用英语跟他们交流？为什么？

4. 在英语教学活动中，主要使用英语还是蒙古语？以什么方式来教授英语知识？

5. 英语课上，幼儿的反应如何？教学效果如何？

6. 您是如何收集教学素材的？以什么为收集标准？主要教学资料是什么？

7. 谈谈您的教学感受，以及在英语教学中遇到的最大困难是什么？

8. 请谈谈您对学校英语课程设置的看法和建议：

9. 您对该幼儿园的英语教学现状有什么看法及建议？

10. 您认为该幼儿园英语教学中还存在哪些问题？您希望幼儿园解决哪些问题？请谈谈您的看法和建议。

附录 3　课堂观察表

附表 3—1

<table>
<tr><td colspan="2" rowspan="4">任课教师信息</td><td>性别</td><td></td><td>班级</td><td>班级人数</td><td>课程时间</td></tr>
<tr><td>教龄</td><td></td><td rowspan="3"></td><td rowspan="3"></td><td rowspan="3"></td></tr>
<tr><td>职称</td><td></td></tr>
<tr><td>民族</td><td></td></tr>
<tr><td rowspan="9">教学楼、教室风格</td><td rowspan="3">教学楼内布置</td><td>房间布局</td><td colspan="4"></td></tr>
<tr><td>走廊设计</td><td colspan="4"></td></tr>
<tr><td>楼道风格</td><td colspan="4"></td></tr>
<tr><td rowspan="4">教室内布置</td><td>墙面布置</td><td colspan="4"></td></tr>
<tr><td>桌椅风格及布置</td><td colspan="4"></td></tr>
<tr><td>儿童课堂用品</td><td colspan="4"></td></tr>
<tr><td>课堂活动园地</td><td colspan="4"></td></tr>
<tr><td rowspan="2">教学设备</td><td>教学道具</td><td colspan="4"></td></tr>
<tr><td>多媒体设备</td><td colspan="4"></td></tr>
<tr><td rowspan="2">教学风格</td><td>双语使用情况</td><td colspan="5"></td></tr>
<tr><td>教学方法</td><td colspan="5"></td></tr>
<tr><td colspan="2">教学内容</td><td>观察到的活动（教师：活动、表情、情绪）</td><td>观察到的活动（幼儿：活动、表情、情绪）</td><td colspan="2">师生互动情况</td><td>总结与反思</td></tr>
<tr><td colspan="2"></td><td></td><td></td><td colspan="2"></td><td></td></tr>
</table>

附录 4　部分田野照片资料

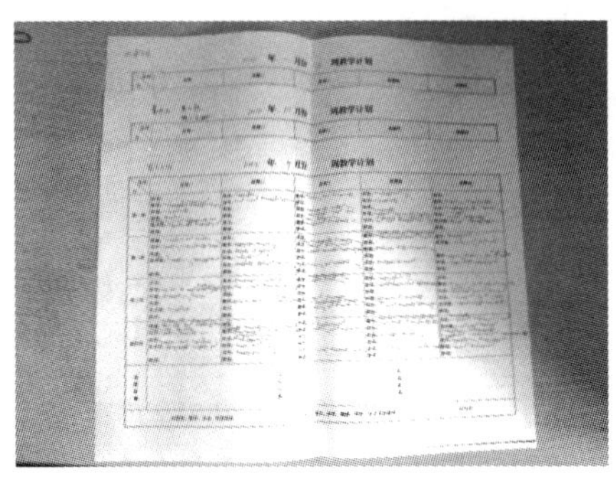

幼儿园 9—11 月教学计划（蒙文版）

教师自制的教具——动物图片

幼儿园夏、秋季作息时间表

教学楼内开放式图书展架

大班全套英语教材

调研回收的问卷

第二篇
蒙古族幼儿教师专业发展研究

第一章　蒙古族幼儿教师专业发展现状研究

第一节　研究背景

一、蒙古族幼儿教师专业发展的现实诉求

幼儿教师专业化问题，是当前幼儿教育领域探讨的一个重要课题，是当代教育的发展趋势和潮流。从国际上看，1966 年至 1998 年，联合国教科文组织先后提出“教学应被视为专业”，“专业化：作为一种改善教师地位和工作条件的策略”，“当前师范教育改革的核心是教师专业化问题”。从国内看，1994 年至 2001 年，国家先后颁布实施了《教育法》、《教师资格条例》、《教师资格条例实施办法》等，从法律上确认了教师专业地位，同时也肯定了教师职业具有专业性和不可代替性。

教育部 2001 年 8 月 1 日颁布的《幼儿园教育指导纲要（试行）》（以下简称《纲要》）明确指出：“幼儿园教育是基础教育的重要组成部分，是我国学校教育和终身教育的奠基阶段”。幼儿园教育是终身教育的起始阶段，是个体接受有组织教育的起点，幼儿教育的兴衰成败关系到整个国家教育的兴衰，乃至中华民族的前途。而幼儿教师正是教育起点上的组织者、实施者、是幼小心灵的启蒙之师。幼儿教育要发展，幼儿教师是关键。现代幼儿教育要求以开发人的潜力为本，以现有资源的有效使用为切入口，建立一个可持续发展的机制。而在幼儿教育的诸多环节中，人的因素即幼儿师资是最关键、最活跃，也是最有希望、最有潜力大力改善的环节。2003 年 3 月 4 日教育部《关于当前幼儿教育改革与发展的若干意见》（以下简称《指导意见》）强调指出，“全面实施素质教育，提高幼儿教育质量”，“幼儿园要建立促进教师专业水平不断提高的机制。要鼓励教师立

足教育实践，开展日常教研活动，不断提高教师素质。”① 没有高素质的幼儿教师，就没有高质量的幼儿教育。无论是现代儿童观、教育观的确立，抑或是幼儿教育内容、教育方法和手段的改革，还是幼儿园课程改革综合化、研究化、人文化、多样化的价值取向，最终都会转化为对教师的要求，所以幼儿教师专业发展已刻不容缓。

2001 年，时任教育部副部长的王湛在全国幼儿教育工作会议上的讲话明确指出“十五”期间发展幼儿教育的重点和难点在农村及民族地区。随着民族婴幼儿家长受教育程度的提高，家长对幼儿教育的要求会愈来愈迫切。民族幼儿教育的发展毫无疑问是以民族幼儿教师专业素质的提高为先决条件的。民族幼儿教师在培养民族幼儿的事业中肩负着特殊的使命，应加强民族幼儿教师队伍建设，提高民族幼儿教师专业化水平，因此，我们有必要对农牧区民族教育发展中所存在的为题给予更多的关注。

内蒙古自治区 118.3 万平方公里的土地上孕育着 49 个民族共 2392.35 万人，其中少数民族人口为 504 万人，占全区总人口的 21.3%，其中主体民族蒙古族人口为 423.83 万，占总人口的 17.68%。由于边境农牧区经济的落后、条件的恶劣、信息的闭塞，相应地造成了教育事业的落后，与东部地区相差甚远。当然，致使教育落后的因素众多，原因繁杂，解决起来也非常艰难。因此，应加强对内蒙古民族幼儿教育的研究，特别是蒙古族幼儿园幼儿教师专业成长现状研究。

二、教师专业发展研究综述

（一）教师专业化的历史进程

1. 国外教师专业化的历史进程

如果教师从现代教学组织形式——班级授课制开始成为一门专业职业算起，教师专业化在国外已走过了 300 多年的历史。专业培养师资的师范学校的产生可以追溯到 17 世纪末期。1681 年法国天主教徒拉萨尔在里摩日首创师资训练学校，标志着师范教育的诞生。在这之前，只要有知识、有经验的人即可以担任教师，他们没有经过专门的培训，也没有谁去规定担任教师的资格，“能者为师”、“学者为师”是各国的普通做法。但自从师范教育诞生之日起，情况就有所改变，教师的培养由专门的机构来负责。从世界师范教育发展的轨迹看，师范教育走过了导生制和小先生制、

① 《关于当前幼儿教育改革与发展的若干意见》，国办发［2003］第 13 号。

中等师范教育、高等师范教育、高层次和多样化的师范教育四个主要阶段。①

在导生制和小先生制阶段，实施的是一种“即买即卖”和“学徒式”的师资培训方法，教师培训仅被作为一种职业训练而非专业训练。到中等师范教育阶段，师范课程主要以操练小学课程为主，人们相信，只要掌握一门所教的课程知识就能成为一名合格的教师。教师培训主要以学科专业培训为主，并未重视教师作为一门专业的技能训练。到高等师范教育阶段，师范教育发生了很大的变化，主要表现在以下四个方面：1）中学毕业成为接受高等师范教育的起码条件；2）师范教育拓宽了课程范围并加深了课程内容，课程内容包括人文科学、社会研究、自然科学、艺术教育、教育哲学、教育心理学、教学原理等；3）师范教育出现了派生和细化的倾向，分门别类地出现了师范院校、幼儿师范院校、特殊教育师范学校、职业技术师范院校等；4）各级各类学校的教师基本上都接受了高等教育层次的师范教育。这一阶段在对教师进行文化知识教育的同时，开始注重教师教学方法的培训，开始有意识地对教师进行专门的教育训练。20世纪60年代中期以后，随着出生率下降而对教师需求量开始降低，由于经济困难教师培养机构成为政府削减公共开支的对象，以及对教育质量的不满而引发对教师教育的批评，提高教师“质”的要求取代了对“量”的急需，到此，对教师素质的关注达到了空前的程度。

1966年联合国教科文组织和国际劳工组织提出《关于教师地位的建议》，以官方文件形式对教师专业化做出了明确说明，提出“应把教育工作视为专门的职业，这种职业要求教师经过严格地、持续地学习，获得并保持专门的知识和特别的技术”。1986年，美国的卡耐基教育促进会、霍姆斯协会相继发表《国家为培养21世纪的教师做准备》、《明天的教师》两个重要报告，正式提出以教师的专业性作为教师教育改革和教师职业发展的目标。报告明确提出了“教学专业化”这一概念，并将其视为提高公立学校教育质量的必要途径。他们认为要提高教学质量，一要确立教学工作的专业性地位，二要建立起与这一专业性职业相应的衡量标准，师范教育的责任就在于培养出训练有素的达到专业化标准的教师，以教师的专业化来实现教学的专业化，以确保未来学校对师资的需求，另一方面也可以较高的专业化水平来赢得较高的社会地位。这一建议一经提出，立即得到

① 王斌华．师范教育的昨天、今天和明天［J］．全球教育展望，1997（4）．

美国各界的普遍认可和赞同，教学专业化很快形成一场声势强大的改革运动。[①]

1996 年，联合国教科文组织召开了以“加强变化世界中教师的作用”为主题的第 45 届国际教育大会，再次提出“在提高教师地位的整体政策中，专业化是最有前途的中长期策略”，并建议从以下四个方面予以实施：1）通过给予教师更多的自主权和责任提高教师的专业地位；2）在教师的专业实践中运用新的信息和通信技术；3）通过个人素质和在职培养提高其专业性；4）保证教师参与教育变革以及与社会各界保持合作关系。

从教师专业化的历史发展来看，它经历了由被忽视到逐渐关注、由关注教师群体专业化转到关注教师个体专业化、由关注教师专业发展的外部环境和对教师专业地位的认可转到关注“内部”专业素质提高的过程。

2. 中国教师专业化的历史进程

中国的师范教育起始于清朝末年，1897 年建立的南洋公学师范院，1902 年建立的京师大学堂师范馆，是我国最早的师范学校。1904 年，清政府规定设立高等教育性质的优级师范学堂和中等师范性质的初级师范学堂，分别培养中学和小学师资。《奏定优级师范学堂章程》中规定，教育学和心理学为必开科目，教育学的内容包括教育理论、教育史、各科教学法、学校卫生、教育制度、教育演习、教育实习等，心理学又分为普通心理学和应用心理学。新中国成立后，我国的师范教育受到历史上前所未有的重视，规模空前扩大，形成了独立定向型的师范教育办学模式，经过 50 多年的发展，培养的师资基本满足了我国基础教育发展对中小学教师数量的需求。在教师专业化方面，近十年，我国也全面启动有关法律法规建设，为推进教师专业化提供了基本的制度保证。1994 年我国开始实施的《教师法》明确规定：“教师是履行教育教学职责的专业人员”。第一次从法律角度确认了教师的专业地位。1995 年国务院颁布了《教师资格条例》，2000 年教育部颁布《教师资格条例实施办法》，教师资格制度在全国开始全面实施。2000 年，我国出版的第一部对职业进行科学分类的权威性文件《中华人民共和国职业分类大典》，首次将我国职业归并为八大类，教师属于“专业技术人员”一类。2001 年 4 月起，国家首次开展全面实施教师资格认定工作，教师资格制度进入实际操作阶段。上述迹象表明，教师专业化在我国已受到一定的关注，尤其在制度保障和舆论导向上，已形成有利

① 兰英．美国教师专业化运动述评［J］．外国教育研究，1996（4）．

于推进教师专业化的良好氛围。但还应看到，对教师是一种不可替代的专门职业尚未形成广泛的共识。教育部师范司有关负责人认为，原因可能有三方面，一是在中小学教师数量尚不能满足需求时，教师队伍中难免有一部分人不合格，不称职；二是中小学教师这一专业在我国发育的不够成熟，专业性不够强，以至不少人误认为教师职业仍有一定的替代性，或者起码只能处于一个准专业的水平；三是这一职业有一定的特殊性，教师的劳动成果要通过学生的知识、能力、素质、个性、品性等诸方面的提高来体现，某个教师的直接教学效果难以定量确定，不易看到即显的成败效应。①

3. 内蒙古自治区教师专业化的历史进程

蒙古族师范教育的发展始于光绪年间。这一时期出现了很多中等学校，而且这一时期所谓的中等教育，主要是师范教育，大力培养师资队伍。1905 年（光绪三十一年）在东布特哈设立了初级师范预备科。1908 年（光绪三十四年）3 月，黑龙江提学使张健勋将黑龙江北部的布特哈、墨尔根、瑷珲各初等小学校合并成立满蒙师范学堂，校址在齐齐哈尔兴育学堂（后来的俄文学堂，现东四小学）。该学堂招收西北各城和西南各蒙旗子弟，（主要是布特哈、墨尔根瑷珲、呼玛四城和扎赉特、杜尔伯特、郭尔罗斯三旗的曾学过满蒙文，又汉语通顺的少数民族学生），以培养能兼通满蒙汉三语的师资。当时，既有省立的简易师范和讲习所，又有官办的师范学校和私办公助的师范学校。如黑龙江蒙旗私立师范学校、奉天东北蒙旗师范学校，绥远蒙旗师范学校，兴安师范学校（它的前身就是上述两所师范学校，后来改称兴安师范学校）和兴安学院等。其中，“民国”十八年创建的黑龙江蒙旗私立师范学校和奉天东北蒙旗师范学校，可以说是整个蒙古族师范教育的楷模和旗帜。这两所蒙旗师范学校是培养蒙古族近代科学文化人才和民族师资的重要摇篮。

内蒙古自治区成立 60 年以来，尤其是改革开放 30 多年来，内蒙古民族师资队伍建设事业取得了可喜的成绩。1981 年自治区政府决定蒙文专科学校的师范部重新分离出去，建立独立的内蒙古民族师范学校。内蒙古师范大学、内蒙古民族大学等 5 所民族高等师范学校招收蒙语授课专业和民族班。还有内蒙古各盟市教育学院、旗县教师进修学校等都承担着民族中小学师资培训工作。这样，民族师资培养培训网络基本建成，并在不断地

① 刘薇．教师专业化：世界教师教育发展的潮流［J］．中国教育报，2002（1）．

完善和提高规模质量，成为民族教育改革和发展的强大后盾。截至2005年底，全区拥有少数民族教师6.74万人，占教师总数的25.55%。全区民族幼儿园、学前班教师学历合格率达到99.03%，蒙古语言授课小学教师学历合格率达到98.43%，初中民族教师学历合格率达到87.25%，高中民族教师学历合格率达到30.47%。[①] 在教师专业化方面，全区也全面启动有关法律法规建设，为推进教师专业化提供了基本的制度保证。1999年7月31日内蒙古自治区第九届人民代表大会常务委员会第十次会议通过了内蒙古自治区实施《中华人民共和国教师法》办法，结合内蒙古自治区实际制定和实行了自治区教师资格制度。2007年11月12日内蒙古自治区政府下发《关于进一步加强民族教育工作的意见》提出，内蒙古将通过加强蒙古语授课师资培养、培训等方式推动民族教育师资队伍建设。为切实提高民族学校教师素质，促进民族教育的长足发展，内蒙古将加强蒙古语授课师资培养、培训力度。支持内蒙古师范大学、内蒙古民族大学等高等学校办好蒙古语授课师范类各学科专业，优先对蒙古语授课师范类专业学生实行免费教育，为自治区及蒙古语文协作省区培养合格的蒙古语授课中小学师资。同时，根据实际需要，从提高校长管理水平、提高教师实际教学能力出发，对蒙古语授课中小学校长、骨干教师和培训者队伍进行免费培训。

尽管全区教师的教育教学活动已经在一定程度上达到了专业化标准的要求，但是与东部地区相比，教师专业化还有不少差距，尤其是边境农牧区、民族地区教师专业化发展差距更大。因此，有人说：我国教师职业的专业化还只处在初级阶段。[②] 正因如此，改革和发展民族基础教师教育，推进民族地区幼儿教师的专业化水平势在必行。

（二）教师专业化的理论研究现状

1. 教师职业的专业属性问题

西方社会学家，对专业的界定还有许多大同小异的说法。人们在判断教师职业是否是一门专业时，主要依据专业的特征来衡量教师职业在多大程度上符合了这些标准。围绕教师职业是否是“专业”还是“半专业”，历史上主要形成了下列论点[③]：第一个论点，构成教师专业属性的核心是教育的科学原理与技术的发展，特别是构成专业属性核心的“学科教学法”的学术水准在不同学科有所差异，但总体说来低于其他专业的科学原

① 内蒙古教育厅民族教育处，新华网 http：//www.xinhuanet.com，2007—9—10.

② 叶澜．新世纪教师专业素养初探［J］．教育研究与实验，1998（1）．

③ 钟启泉．教师专业化：理念、制度、课题［J］．教育研究，2001（12）．

理与技术。第二个论点是自律性的问题，由于来自学校教育的公共性这一社会性质的制约和支配现实社会体制的公共政治、行政权力的压力，以及教师专业能力等种种因素的交织，在这些权力关系之中，“自律性”的范围是有限的。但到了20世纪60年代，联合国教科文组织和国际劳工组织《关于教师地位的建议》阐述了教师职业的专业特点：“教师工作应被为一种专门职业。它要求具备经过严格而持续不断的研究才能获得并维持专业知识与专门技能的公共业务；它要求对所辖学生的教育与福利拥有个人的及共同的责任感。”这一论述确定了教师职业专业性的基调，对后来研究教师专业化具有奠基作用。

在国内有一种意见认为教师职业是“半专业”、“准专业”，认为教师的专业化程度还很不够，对教育知识的学科性仍持有异议。另一种意见认为教师是一个专业化的职业，它符合“专业”的主要特征。但不管怎么说，人们都开始意识到教师职业正在向专业化的方向发展，对教师提出的专业化要求是人类社会发展的必然趋势。

2. 关于教师专业化内涵的研究

在西方，教师专业化这一概念也经历了一个不断发展、完善的过程，起初主要是强调教师群体的、外在的专业化的提升。为了提升教师专业化程度，人们起初采用的是群体专业化的策略，即着力于提高教学工作的专业化水平。在这一过程中又存在着两种不同的取向：一是侧重通过订立严格的专业规范制度来提升专业性的“专业主义”取向，一是侧重通过谋求社会对教学工作专业地位的认可来获取专业化的“工会主义”取向。在谋求教师群体专业化的两种取向的竞争中，专业主义取向逐渐占据上风。此后，教师专业化的重心由群体转向个体。

教师个体专业化也经历了一个重心转移的过程，先是强调教师个体的被动专业化，后来才转向强调教师个体的主动专业化。在教师个体被动专业化时代，人们认为教师专业化程度取决于其专业领域的知识与技术的成熟度，教师的专业力量受学科内容的专业知识、教育学、心理学的科学原理与技术的制约，教师的专业实践被视为学科内容的知识、教学论、心理学原理及其技术的合理利用。在这种范式下，一般认为有关教学的知识、原理和技术是可以通过“教”的方式“传递”给教师的，因而教师处于被动的“专业化”状态。20世纪60年代，斯滕豪斯提出一个著名观点，即“教师即研究者”，任何课程改革的最终效果在很大程度上取决于教师的态度和参与水平。后来，这一观点在世界范围产生广泛影响。20世纪80年代以来，许多国家纷纷设立教师中心或课程开发中心，课程开发的权利由专家转到教师手中，教师成了课程的开发者和研究者，在这种情形下，课程开发和教师的成长及专业发展融为一个统一的过程，相应地，教师的培养和发展遵循的是“反思实践者”范式，这一范式认为教师的成长和发展关键在于实践性知识的不断丰富，教师的专业化是靠实践性知识，即运用综合的高度见识所展开的问题意识与问题解决的成熟度来保障的。教师在以“反思”为主要特征的行动研究中不断获得对实践的反思能力，进而使自己处于主动专业化状态。

在国内教师专业化是指教师个体专业水平提高的过程和结果以及教师群体为争取教师职业的专业地位而进行的努力和斗争的过程。前者指教师个体专业化，后者是指教师职业专业化。①

3. 关于教师专业结构的研究

以往对教师专业结构的研究主要来自两方面：一是对专业特征的研究，二是对教师素质的研究。20 世纪 70 年代中期以后，人们开始研究教师作为专业人员所具备的内在专业结构，艾伦提出教师的专业结构应包括学科知识、行为技能、人格技能三个方面。② 综合分析其他研究者的有关论述，发现西方学者比较关注教师的教育信念这一专业因素，特别强调教师的教育信念。

在国内这方面的研究成果颇多，具有代表性的有以下几种：叶澜等人提出五因素说，③ 即教育信念、知识、能力、专业态度和动机、自我专业发展需要和意识；朱小蔓提出三因素说。④ 即观念系统、知识系统和伦理与心理人格系统；周奇提出三因素说，⑤ 即专业精神、专业知识、专业能力。

4. 关于教师专业化培养范式的研究

国外教师教育实践中对教师进行的专业化培养大约经过了六种范式的变迁。⑥ 第一种被称为“知识论”的范式，即以知识为基础理论的师资培养范式，这种范式认为教师专业化也就是知识化。第二种范式被称为“能力范式”，20 世纪 60 年代中期，人们逐渐认识到教师不仅要有一般的知

---

① 石中英．知识转型与教育改革［M］．北京：北京教育出版社，2001：95－97.

② 艾伦．教师在职培训：一项温和的建议［J］．教育学文集·教师［C］．1991：502－506.

③ 朱小蔓．谈谈教师专业化成长［J］．南通师范学院学报（哲社版），2001（1）．

④ 苏连福．关于我国教师职业专业化的思考［J］．高等师范教育研究，2000（5）．

⑤ 傅道春主编．教师的成长与发展［M］．北京：教育科学出版社，2001：95－97.

⑥ 陈永明主编．现代教师论［M］．上海：上海教育出版社，1997：182.

识，而且更要有综合的能力，要有把知识表达出来、传递出去、教会学生的能力，要有与学生进行沟通、共同处理课堂事务的能力，于是由知识论范式转向能力范式。第三种被称为“情感”范式，同样是60年代，许多学者经过大量的研究发现，一个教师仅仅拥有知识和能力还不足以成为好教师，更可贵的是教师的内在人格和条件，是教师对学生的爱心，即教师能否注意和关心学生的情感发展，教师自身是否具备情感人格方面的条件。第四种被称为“建构论”范式，这种范式的基本观点认为知识是不完型的，是不断扩展的；知识是在学习者和教学者之间互动的，从而共同建构的。它强调教师是一个成长过程中的人，需要不断的建构自己的知识体系，需要把知识变成完全个人化的，用自己的生命去体会而不是外在于自己的东西。第五种被称为“批判论”范式。强调教师不仅要关心书本知识，还要关心学科之外的社会政治、经济和文化的合理性。教师应当对课程之外、学校制度之外的整个社会保持一种关心、兴趣和审视的眼光，应当主动地介入社会生活并保持一种独立立场。因而主张培养教师的独立思考能力与个人化地理解教育和处理教育境遇的能力。

第六种被称为“反思论”范式，主张教师的成长应该培植起“反思”的意识，不断反思自己的教育教学理念和行为，不断自我调整、自我建构，从而获得持续不断的专业成长。

5. 关于教师的专业发展阶段问题的研究

叶澜等人提出了“自我更新”取向教师专业发展阶段说，① 提出教师专业发展的五个阶段，即“非关注”阶段、“虚拟关注”阶段、“生存关注”阶段、“任务关注”阶段和“自我更新关注”阶段。还有学者则提出教师职业成长的三个阶段，② 即角色适应阶段、主动发展阶段、最佳创造阶段。

6. 促进教师专业化的策略研究

长期以来，研究者们一直致力于教师专业化范式的探讨，不同的专业化范式体现了对教师专业发展的不同要求。至于如何促进教师专业发展的策略研究，一般沿用西方学者的三种基本范式的框架：“熟练型实践者”范式、“研究型实践者”范式和“反思型实践者”范式。这三种范式的代表人物和观点主要有：斯滕豪斯（Stenhouse，L.）的“教师成为研究者（Teachers as researehers）”的论述；埃利奥特（Elliot，J.）的“教师成为行动研究者（Teachers as action researehers）”；凯米斯（Kemfnis，s.）的

① 钟启泉.教师专业化：理念、制度、课题［J］.教育研究，2001（12）.

② 柳国辉.教师专业成熟论纲［J］.教学与管理，2000（6）.

“教师成为解放性行动研究者（Teachers as emancipatory action researchers）”；舍恩（Sehon，D.）、詹姆斯·艾维斯（James Avis）、奥斯特曼（Osterman）和可特凯普（Cottcamp）等对否定“教师亲身体验的真实世界”的观点进行批判，认为实践者的艺术体现在运用直觉、类比、隐喻而非普遍规则来处理“混合”的过程中，提倡实践者以实践为导向。

林崇德则主张，优秀教师 = 教育过程 + 反思。谢维和提出，教师的教学实践能力不仅表现在教育学生方面，而且也体现在对自己教学活动的反思上。熊川武则对诸多文献给出的反思型教学的含义予以反思、提升，提出反思性教学武。俞国良等综合国内外的有关研究成果和教学经验，提出了包括录像反思法、对话反思法、教学反思法等在内的一系列完整的反思训练方案，在国内大量的实验学校的中小学教师应用后，收到了良好的效果，对提高教师专业能力起到了促进作用。也有学者综合了前面的几种范式，认为教师专业发展是多种范式综合产生作用的结果。例如，香港大学徐碧美采用人种学的案例研究方法，在香港选取了四位中学教师作为研究对象进行跟踪比较研究。经过一年多的课堂录像、访谈研究，揭示出教学新手和专家型教师之间在行为方式和拥有知识方面的诸多不同，运用默会知识论、人种志的考察、教师知识结构分析，提出了有别于信息加工模式的一些重要观点，对专家型教师特征进行了富有价值的理论补充。同时，其研究方法为内地学者提供了一种研究范例。

（三）民族教师专业化的理论研究现状

到目前为止，普通教育的研究成果非常多，相对来说教师专业化的研究并不多，尤其是关于少数民族教师专业化的研究就还很少见，当然，这是由于少数民族教育起步较晚基础薄弱，使得民族教师专业化的理论也相对匮乏。

关于研究少数民族教师专业化的内容一部分散见于民族教育专著中，例如，哈经雄和滕星主编的《民族教育学通论》，金东海主编的《少数民族教育政策研究》，夏铸、哈经雄主编的《中国民族教育 50 年》，王嵘主编的《贫困民族地区教师队伍建设研究》等，这些书籍对民族教师专业化的方式、方法也有详尽的介绍。

另一部分则分散于各种教育类和民族学类期刊中，他们或是针对某一地区少数民族的实际提出自己的理论观点，或是从民族普遍规律出发进行探讨，例如陈中永、苏德的《突出教师教育特色和民族特色，服务于民族地区基础教育》，陈亚萍的《民族地区乡镇中小学教师专业发展障碍》，刘艳的《民族贫困地区小学教师对影响其职业发展因素的认识》，才让措的

《论青海民族地区教师的专业发展》，吴永忠的《国外培训制度对我国少数民族地区师资培养的启示》，殷波的《论新课程背景下民族院校的教师教育改革》，桑国元的《边远贫困山区小学教师继续教育研究》，刘艳的《民族贫困地区小学教师对影响其职业发展因素的认识》，熊伟的《凉山州冕宁县中小学教师专业化发展的现状调查、问题分析及对策思考》等论文中，对我国少数民族教师专业化发展状况、师资培养、培训制度和机制、管理体系中存在的问题做出深刻的分析并提出一些建议和策略。

（四）有关对幼儿教师专业发展的研究

关于幼儿教师专业发展的研究主要集中在幼儿教师素质研究、优秀幼儿教师研究、幼儿教师教育研究等几个方面。

1. 幼儿教师素质研究

幼儿教师素质问题是近年来我国幼儿教师研究探讨最多的问题之一。许多研究者探讨了幼儿教师素质的结构和内容。例如，有学者探讨了新世纪幼儿教师专业素养，提出未来幼儿教师应该具有与时代精神相通的幼儿教育理念，并以此作为自己专业行为的基本理性支点；未来幼儿教师的专业素养在知识结构上也不同于今日幼儿教师，在能力上也提出更高的要求和期望。心理素质更是教师素质的重要内容之一。幼儿教师心理研究首先表现在教师个性特征和人格品质方面。许多研究者把个性和人格品质理论引入幼儿教师研究，以期发现教师个性和人格品质对幼儿的心理能力和学习成绩的影响。心理健康维护方面，学者们认同幼儿教师心理健康的维护是一个需社会、园所、家庭及幼儿教师自身共同努力的系统工程。还有一些研究者从不同角度探讨了幼儿教师素质提高的方法和途径。

2. 优秀幼儿教师研究

首先是教学经验和教学思想的总结。近 10 多年来我国发表了不少优秀幼儿教师教学经验总结的成果。这些成果充分展示了优秀幼儿教师在教学中如何进行课堂设计、组织、实施的教学技巧和教学艺术，反映了幼儿教师的教育智慧，既有深刻的教学体验和精细的教材剖析，又有透彻的教学研究和独特的人格展示。优秀教师的宝贵教学经验和思想是从教学实践中总结出来的，又服务于实践，具有很强的应用和开发价值。这些经验和思想也日趋成熟、逐步完善。其次是教师行为的探索。国内对幼儿教师行为的研究首先是对幼儿教师行为做动作分解与动作分析，从而找出幼儿教师最基本行为的基本动作，各种动作的基本样式，以及在不同情境、状态下的最佳样式。诸如对幼儿教师组织活动、幼儿教师语言、幼儿教师提问、手势、师幼交往等行为中的基本动作的样式加以研究，从而便于幼儿教师学习与掌握。再次为教师观念研究。幼儿教师的观念是其在教育教学实践中形成的对相关教育现象，特别是对自己的教学能力和所教幼儿的主体性认识。西方大多数学者认为，教师的观念影响她们的知觉、判断，而这些又影响她们的课堂行为。

3. 幼儿教师教育研究

国内学者对幼儿教师教育探讨较多的是针对我国幼儿师范教育及幼儿师资继续教育中存在的问题，提出各种改革建议。例如指出在幼儿师范教育课程方面，学科专业和教育专业要合理配置，强调无缝式的教育实践，使课程内容体现科学性、应用性和实践性；幼儿教师继续教育是为在职教师提高自身的专业思想和专业素养而安排的继续学习活动，它与教师职前培养教育是相辅相成的，即都是提高教师素质和教育水平的重要渠道。

三、研究方法

在研究方法上本章主要采用了文献法、调查法、统计法。力图通过定性研究与定量研究的结合，用科学的方法研究民族地区幼儿教师专业化，提出促进、发展民族地区幼儿教师专业化发展的可行性建议和策略。

文献法：在阅读相关教师专业化书籍的基础上，通过查阅期刊杂志，报纸，网络特别是中国期刊网（CNKI）收集有关教师专业化发展，民族幼儿教师专业化相关的最新研究成果，并加以分析整理，发现问题、分析问题，构思写作，形成论文综述。

调查法：自编问卷调查表，向呼和浩特市和鄂尔多斯市三所蒙古族幼儿园教师发放调查问卷，并对部分教师进行访谈。通过对问卷及访谈的资料分析整理，获取民族地区幼儿教师专业发展现状的第一手资料，为分析民族地区幼儿教师专业化发展困难所在，提供现实依据。向三所蒙古族幼儿园总计发放问卷150份，实际回收有效问卷136份，问卷有效率为90%。

第二节　幼儿教师专业化的概念界定及其标准

一、幼儿教师专业化的概念界定

（一）专业化的含义

专业化是一个社会学概念，其含义是指一个普通的职业群体在一定时期内，逐渐符合专业标准、成为专门职业并获得相应的专业地位的过程。

自从人类社会出现了各种职业后，各种职业之间的高低及贵贱之别就成为人类社会中的普遍现象。到17世纪，在欧洲部分职业群体更从众多职业中分化出来，被社会认可为“专业”。[①] 由于那些被社会认可为专业的职业群体一方面对社会有不可或缺的功能。社会赋予从业人员极大的责任并提出了很高要求；另一方面，从业人员在掌握专业知识和技能、履行社会职责过程中要花费更多的社会必要劳动时间，因此专业群体拥有更多的社会地位资源，如权力、工资、晋升机会、发展前途、工作条件、职业声望等。换言之，能占据社会分层中的较上层。因此，对于一些新兴职业来说，其专业化的过程就是提升职业群体社会地位的过程。

霍尔提出了专业化过程的14个特点：清楚地定义专业的功能；掌握理论知识；解决问题的能力；实际知识的运用；为维护前途而进行超越专业的自我提高；在基本知识和技术方面的正规教育；对能胜任实践工作的人授予证书或其他称号；专业亚文化群的创建；用法律手段强化专业特权；公众承认的独特作用：处理道德问题的道德实践和程序；对不符合标准的行为的惩处；与其他职业的关系：对用户的服务关系。

（二）教师专业化的含义

教师专业化是职业专业化的一种类型，是指教师“个人成为教学专业的成员并且在教学中具有越来越成熟的作用这样一个转变过程。”[②]

教师专业化是一个多主体共同努力的过程。教师专业化进程必须放在整个社会背景中考虑，使之成为整个社会的职责，以合作的方式，争取社会各界的支持，因为教育事业是关系到整个社会的事业，教师专业化的结果也必须获得社会的认可才能成功。

关于教师专业化，国内外学者进行了大量的研究，并积累了许多有价值的资料。教师专业化的含义，国内外的学者们是这样界定的，英国教育社会学家莱西认为，教师专业化是指教师“个人成为教学专业的成员并且在教学中具有越来越成熟的作用这样一个转变过程”。[③]

教育社会学者霍利认为，教师专业化包含两个方面的内容：一是关注一门职业成为专门职业并获得应有的专业地位的过程；二是关注教学的品质，职业内部的合作方式，教学人员如何将其知识技能和工作职责结合起

---

① 曾荣光．教学专业与教师专业化：一个社会学的阐释［J］．香港中文大学教育学报，1984（1）．

② 邓金主编．培格曼最新国际教师百科全书［M］．北京：学苑出版社，1989.

③ ［澳］邓金·培格曼．最新国际教师百科全书［M］．北京：学苑出版社，1989.

来，整合到同事关系以及与其服务对象的契约和伦理关系所形成的情景中。[①]

刘捷认为，教师专业化是指教师个体专业水平提高的过程以及教师群体为争取教师职业的专业地位而进行努力的过程。前者是指教师个体专业化，后者是指教师职业专业化。教师个体专业化是指教师在整个专业生涯中，依托专业组织，通过终身专业训练，习得教育专业技能，实现专业自主，表现专业道德，逐步提高自身从教素质，成为一个良好的教育专业工作者的专业成长过程。也就是一个从普通人变成教育者的专业发展过程。教师职业专业化是指教师群体专业化的发展和社会承认形式。[②]

叶澜等人认为，教师专业化主要是强调教师群体的、外在的专业性提升。教师专业发展是指教师个体的内在专业结构不断更新、演进和丰富的过程。它可以有观念、知识、能力、专业态度和动机、自我专业发展意识等不同侧面。[③]

（三）“民族教师专业化”的概念界定

我国的民族教育是指除汉族以外，对其他55个少数民族成员实施的教育。所以我们认为，民族教师专业化包括民族教师个体专业化和民族教师职业专业化两个方面，民族教师个体专业化是指少数民族院校教师个体专业水平提高的过程和结果，民族教师职业专业化是指少数民族院校教师群体为争取教师职业的专业地位而进行的努力和斗争的过程，前者指民族教师个体专业化，后者是指民族教师职业专业化。我们这里所探讨的民族中小学教师专业化是指少数民族中小学教师个体专业水平提高的过程和结果。正如研究者们指出的那样，“当前的教师专业化改革更集中于教学专业化的内涵发展上，即教学的品质和教师的专业行为表现”[④]

（四）幼儿教师专业化的含义

由于幼儿教师职业的特殊性，幼儿教师专业化最主要的是指：幼儿教师要具备从事幼儿教育的专业知识、专业技能、职业道德以及组织幼儿游戏活动的能力。对此，美国卡耐基财团组织的“全美教师专业标准委员会”制定了《教师专业化标准大纲》，这是一份迄今为止最明确地界定了教师“专业化”标准的文件，它明示了如下制定专业化量表的基本准则：

---

① 教育部师范教育司．教师专业化的理论与实践［M］．北京：人民教育出版社，2001.

② 刘捷．专业化：挑战21世纪的教师［M］．北京：教育科学出版社，2002.

③ 叶澜．教师角色与教师发展新探［M］．北京：教育科学出版社，2002.

④ 陈永明主编．现代教师论［M］．上海：上海教育出版社，1997：182.

（1）教师接受社会的委托负责教育学生，照料他们的学习——认识学生的个别差异并做出相应的措施；理解学生的发展与学习的方法；公平对待学生；教师的使命不停留于学生认知能力的发展。（2）教师了解学科内容与学科的教学方法——理解学科的知识是如何创造、如何组织、如何同其他领域的知识整合的；能够运用专业知识把学科内容传递给学生；形成达于知识的多种途径。（3）教师负有管理学生的学习并做出建议的责任——探讨适于目标的多种方法；注意集体化情境中的个别化学习；鼓励学生的学习作业；定期评价学生的进步。（4）教师系统地反思自身的实践并从自身的经验中学到知识——验证自身的判断，不断做出困难的选择；征求他人的建议以改进自身的实践；参与教育研究，丰富学识。（5）教师是学习共同体的成员——同其他专家合作提高学校的教育效果；同家长合作推进教育工作；运用社区的资源与人才。① 上述准则的提出使人们对教师专业化尤其是教学专业化的内涵有了更深层次的理解。教师专业化即教师内在专业结构包括专业信念、专业精神、专业道德、专业知识、专业能力等不断更新、演进和丰富并达到专业水准的过程。

二、民族幼儿教师专业化的标准及其实现途径

教师专业化标准问题是近年来我国教师研究探讨最多的问题之一。新课程实施中要求教师的新角色是：教师作为学习的组织者、教师作为学习的引导者、教师作为反思性实践者、教师作为课程开发者、教师作为研究者等。广义地分析，一般认为教师专业化的标准主要包括两个方面：教师内在标准（自身素质）与外在标准（客观环境）。

首先我们对普通教师专业化标准与民族教师专业化的标准的共性与个性关系做比较，然后再对民族幼儿教师专业化标准做界定。

表1—1　普通教师专业化标准与民族教师专业化标准的共性与个性关系

	普通教师专业化与 民族教师专业化的共性	民族教师专业化的个性特征
内部标准	专业信念　专业精神 专业道德　专业知识 专业能力	正确的民族教育观念 民族传统文化知识 民族教育理论和实践知识 民族语言表达能力

① 钟启泉．教师专业化：理念、制度、课题［J］．教育研究，2001（12）．

续表

	普通教师专业化与 民族教师专业化的共性	民族教师专业化的个性特征
外部标准	创建完善的教师培训体系 多途径多形式的教师在职进修 为教师提供参与研究的机会 建立教师专业团体 制定严格的教师选拔和任用制度 提高教师的经济和社会地位	创建完善的民族教师培训体系 为民族教师提供参与教育研究的机会 制定严格的民族教师选拔和任用制度 建立民族教师专业团体

（一）民族幼儿教师专业化的内在标准及其实现

从哪些方面去界定民族幼儿教师专业化的内在标准呢？结合有关方面的研究，我们认为，专业信念、专业精神、专业道德、专业知识、专业能力是民族幼儿教师专业结构的主要方面，我们将主要从这五个方面去探讨民族幼儿教师工作专业化内在标准及其实现。

1. 民族幼儿教师专业信念的标准及其实现

民族幼儿教师应该确立正确的民族教育观念或理念。包括民族教育观、学生观和民族教育活动观和民族教育改革及研究的信念。专家指出：有没有对自己所从事职业的理念，是专业人员与非专业人员的重要区别。[①]教师的专业信念不仅影响其教学、教育行为，而且对教师自己的学习和成长也有重大影响。一个民族教师对民族教育持什么样的理解，他就会把这种理解带进自己的教育实践，从而构成一种特殊的教育面貌。可见，专业信念在民族幼儿教师专业结构中位于较高层次，它统摄教师专业结构的其他方面，并成为自己专业行为的基本理性支点。教师教育信念的形成既可以是教师个人从外界直接接受而来，也可以是从自己教育教学实践经验中逐渐累积形成。

2. 民族幼儿教师专业精神的标准及其实现

民族幼儿教师的专业精神是民族幼儿教师专业发展的内在条件，它们是民族幼儿教师专业活动和行为的动力系统，它涉及到教师的职业理想、对教师专业的热爱程度（态度）、工作积极性能否维持（专业动机）和某种程度的专业动机能否继续（职业满意度）等方面的问题。教师专业的特殊性要求民族幼儿教师比其他专业人员更应具备较好的专业精神，否则他

① 内蒙古民族事务委员会，内蒙古新闻网 http：//www. nmgnews. com，2005—7—12.

就不能有效地履行其专业职责。教师专业精神的形成与发展，一方面直接受有关教学认知品质发展的制约，同时幼儿园营造的以专业定向教育为主题的环境氛围对其也有一定的“潜移默化”的影响。国外教师教育院校普遍重视通过积极构建潜在课程来发展学生的专业情感、态度，确有其可取之处。

3. 民族幼儿教师专业道德的标准及其实现

良好的专业道德，是指幼儿教师应遵守幼儿教师专业的道德规范和准则。它的本质是为幼儿健康全面的发展服务。它包括幼儿教师对待幼儿的态度，公正性，爱心以及由此产生的荣誉感、自豪感、尊严感和责任感。民族幼儿教师具有良好的专业道德能鼓励儿童奋发向上，帮助他克服成长的烦恼从而成为愉快的人，充实的人，幸福的人。民族幼儿教师将自己的道德、人格、情操、责任感潜移默化地渗透到教育过程中以影响幼儿的发展，他们必须努力达到这个目的才能算是这个专业的成员。教师的专业道德不仅体现在课堂教学的行为中，而且包含在教师的日常生活中。

4. 民族中小学教师专业知识的标准及其实现

在民族幼儿教师专业化过程中，教师的专业知识结构强调普通教育课程、任教学科课程和民族教育学科课程的合理搭配。处于民族幼儿教师专业知识结构基础层面的是有关当代科学和人文两方面的基本知识包括民族传统文化方面的知识以及工具性学科的扎实基础和熟练运用的技能技巧，这不仅是民族幼儿教师胜任教育角色所必需，而且也是终身学习所必需；具备1—2门学科的专门性知识和技能，是民族教师专业知识结构的第二个层面，这部门知识主要解决教师“教什么”的问题；民族幼儿教师专业知识结构的第三层面属于民族教育学科知识，它主要由帮助教师认识教育对象，进行教育教学活动和开展教育研究的专门知识构成，主要解决“怎么教”的问题。民族幼儿教师应具备专门的民族儿童发展与民族教育理论和实践知识，包括民族教育学、民族心理学知识等。民族幼儿教师专业知识结构的多层复合性，还体现在三层面知识的相互支撑、渗透与有机整合上，只有实现了整合，它才能显示出教师作为一个专门职业对丰厚而独特的专业知识的要求，绝不比其它专门职业低。

5. 民族幼儿教师专业能力的标准及其实现

综合而言，我们认为：民族幼儿教师专业能力应包括三个层次：第一层次为教学的基础性能力，即对民族幼儿智力，包括观察力、记忆力、想象力、思维力和注意力；第二层次为对教学的一般能力，包括民族语言表达能力、组织管理能力、学科教学能力、教学机智等；第三层次为教学专业化的特殊能力，包括课程开发能力、民族教育研究能力和教学反思能力。

（二）民族幼儿教师专业化的外在标准及其实现

除教师自身素质外，良好客观环境的创设也是教师专业化标准的重要方面，如：①创建完善的教师培训体系，为民族幼儿教师提供严格而专门的职前训练；②为民族幼儿教师提供多途径、多形式的教师在职进修机会，以发展和提高其专业水平；③为民族幼儿教师提供参与研究的机会，采取切实有效的措施，鼓励其积极参与科研，各幼儿园将教师的教学研究纳入常规工作之中，并加大将其与职称评定挂钩的力度；④建立民族教师专业团体；⑤制定严格的为民族幼儿教师选拔和任用制度；⑥提高为民族幼儿教师的经济和社会地位等。

在民族幼儿教师专业化发展中，以上两大方面标准都必不可少，仅强调教师自身素质的发展或仅创设良好的外界环境都不可能真正实现教师的专业发展，只有这两方而相互配合、相互补充和相互促进，才能为民族幼儿教师专业化发展创造良好条件，促进教师的专业成长。不过，在一定意义上，教师自身专业素质的提高显得更为重要。

第三节　呼和浩特市和鄂尔多斯市部分蒙古族幼儿园教师专业化水平现状调查及分析

一、调查点幼儿园概况

（一）呼和浩特市蒙古族幼儿园

呼和浩特市蒙古族幼儿园始建于1982年，是一所以蒙古语言文字授课的内蒙古自治区、呼和浩特市两级重点一类甲级寄宿制幼儿园。幼儿园坐落在闻名遐迩的塞外名城——呼和浩特市，现有占地面积13200平方米，建筑面积8700平方米。1994年以来上级部门先后共投入230万元，幼儿园自筹资金160多万元用于改善办学条件。现园内环境优美舒适，夏日花木葱茏，冬天银装素裹，景色宜人。

幼儿园建有宽敞明亮、设备现代化的教学场所，设有舒适高雅的活动场馆和生活服务设施，是蒙古族幼儿茁壮成长的理想场所，被誉为“蒙古族儿童的乐园”。幼儿园现设有大中小三个年级12个教学班，其中蒙古族教师占95%以上。

（二）呼和浩特市新城区蒙古族幼儿园

内蒙古呼和浩特市新城区蒙古族幼儿园创建于 1956 年，是内蒙古自治区第一所单设的，以民族语言授课的公立幼儿园，是自治区、呼市级首批示范性幼儿园和教育科研基地校园。幼儿园总占地面积 6350 平方米，建筑面积 3168 平方米，幼儿园的风格活泼、色彩鲜艳三层教学楼中设有 13 个教学班，有蒙、汉、达、鲜、满、鄂伦春、鄂温克等民族幼儿 460 余名，其中有德国、日本、蒙古国、加拿大等国家的幼儿。全园教职工 62 名，占总数 80% 的教师具有大专以上学历。

幼儿园以“一切为了孩子”为办园宗旨，以完成双重任务为目标，以调动家长共同参与教育为突破口，坚持以教育科研指导办园，认真贯彻落实《幼儿园工作规程》、《幼儿园教育指导纲要》，以发展民族教育为办园特色，承担了国家“十五”重点科研课题“借鉴多元智能理论，开发学生潜能实践研究”取得了可喜的成绩。

（三）鄂尔多斯市东胜区蒙古族幼儿园

鄂尔多斯市东胜区蒙古族幼儿园始建于 1980 年 12 月，是鄂尔多斯市东胜地区唯一以招收蒙古族和其他少数民族幼儿为主的自治区级示范性一类甲级幼儿园。原隶属于俄多尔斯市教本局，2000 年下划到东胜区教体局管理，幼儿园占地面积 6433 平方米，建设面积 8417 平方米，户外活动场地 3832 平方米，绿化面积 420 平方米。全园有 22 个班级、有蒙、汉、壮、白、回、满等各族幼儿 921 名、教职工 108，本专科以上学历的教师有 65 名，学历合格率达 100%。近年来，蒙幼加大改善办园条件的力度，扩建成了教学楼，现有标准的幼儿活动室、卧室、洗漱室、卫生间等成套的幼儿活动、生活用房，有幼儿晨间室、隔离室、阅览室、幼儿电脑室、多功能活动室等，并配有钢琴，电视机等符合要求的设施。厨房配有冰柜、消毒柜等现代化的厨具。户名设有动植物角、沙池、游泳池、大型玩具等活动区，为丰富孩子们活动兴趣，发展幼儿智力起到了积极的作用。蒙幼以“一切为了孩子，为了孩子的一切”的办园总之，发扬“求真务实，开拓进取，团结奉献”的蒙幼精神，营造“尊重、平等、和谐、健康、快乐”的育人环境，培养“健康活泼、诚实自信、善于交流、团结合作、乐观文明”的体、智、德、美、劳全面发展的新一代幼儿，树立“以幼儿发展为本”的教育理念。

二、幼儿教师基本情况调查及分析

从表 1—2 到表 1—4 中可以看出，呼和浩特市和鄂尔多斯市部分蒙古族幼儿园教师队伍表现出如下几个特征：

表 1—2　教师基本情况基本情况

基本情况	教师总数	性别		民族			学历				
		男	女	蒙	满	其他	研究生	本科	大专	中专	高中
人数	136	6	130	125	9	2	0	67	50	16	3
%	100	4.41	95.6	91.9	6.6	1.5	0	49.3	36.7	11.7	2.2

表 1—3　教师基本情况

基本情况	教师总数	职称			
		无评职称	小教二级	小教一级	小教高级
人数	136	57	28	30	21
%	100	41.91	20.58	22.05	15.44

表 1—4　教师基本情况

基本情况	教师总数	教龄					教师认为自己的收入和职业相比情况		
		1 年以下	1—5 年	5—10 年	10—15 年	20 年以上	偏低	偏高	合适
人数	136	16	54	22	18	26	114	0	22
%	100	11.76	39.7	16.17	13.23	19.11			

（一）中青年教师占大多数，女教师人数较多

一般可以认为，教龄越短的教师年龄会越小，所以年轻化特征从“教龄”方面也得到了间接反映：1—5 年教龄的占总人数的 39.7%；5—10 年教龄的占总人数的 16.17%；10—15 年教龄的占总人数的 13.23%；20 年以上的教龄的占总人数的 19.11%。总的来说，中青年教师一般精力充沛，有着积极向上的心理品质，这说明教师专业成长的基础较好，潜力巨大，但是，从男女比例上看，女性教师占大多数。在接受调查的 136 位教师中，男性只有 6 人，而且均为管理者，不担任教学工作，其余均为女性。在和教师访谈中，相当一部分男教师认为当幼儿园教师被人瞧不起。造成幼儿园男女教师比例失调有许多原因。在目前传统观念的影响下，社会包括自己亲友对男性从事中幼儿学教育认同感不强，认为男性从教尤其是当幼儿园教师会被认为“没出息”，此外，幼儿园教师社会地位不高，待遇偏低

也是造成男性不愿从教的原因之一。这在一定程度上影响了男教师的专业发展不利于整个教育事业的发展。

（二）职称评定不规范，且远未普及

职称评定对教师来说，意味着社会对教师专业水平的肯定与认可，在很大程度上影响到与相关的亲属、朋友、邻里对教师职业的认同和支持。根据《小学教师职务试行条例》和《关于中小学教师职务试行条例的实施意见》的有关规定，幼儿园教师职称评定归属小教系列。在调查中发现，41.91%的幼儿教师无职称；有职称者占58.09%，其职称分别为小教二级占20.58%、小教一级占22.05%；小教高级占15.44%。

（三）工资待遇虽有提高，但教师对工资收入的满意率低

笔者在调查过程中发现，幼儿园教师工资在最近几年有所增长。调查发现，收入在1000元以下的有36人，占教师总数的26.47%；收入在1000—1500元的有28人，占教师总数20.6%，1500至2000元的的有43人，占教师总数的31.61%，2000元以上的有29人，占教师总数的21.3%。但在调查教师“您认为自己的收入和职业相比”的问题时（见表1—3），认为偏低的高达114人，占教师总数的83.8%；认为合适的仅22，占教师总数的16.17%，认为偏高的教师则为0。根据材料可以看出，大部分教师对工资收入的满意率较低。一般认为，提升教师的工作动力，可分为激励因素和保健因素两个方面。激励因素是以工作为中心的，即以对工作本身是否满意，工作中个人是否有成就，是否得到重用和提升为中心的；而保健因素则与工作的外部环境有关，属于保证工作完成的基本条件，工资收入属于保健因素之一。因此，要使教师获得专业地位，固然应强调其服务的功能，而不宜斤斤计较待遇的高低和收入的多少。但是，教师素质提高以后，政府与社会人员应承认教师对社会的重要贡献，给予教师工作肯定和自我实现的机遇以及应有的专业水准的报酬、福利和待遇。

（四）学历达标率高，但专业训练亟待强

调查显示，具备本科学历者49.3%，有大专学历者占36.7%，中专学历者占11.7%，高中学历者占2.2%。这是学历达标率中是比较高的比例。学历达标率高，教师的专业化程度应该相应较高，但深入调查却发现，情况不像调查数据反映的这样乐观。一是取得本科、大专学历的教师并非都是幼师教育专业：二是大部分教师通过自考和函授等非正规国民教育体系获得高一级学历。不少教师存在文凭与成人教育教专业不相符，缺乏教育理论知识，教育研究的意识和能力较差等问题。因为在现实中，学历高低直接与职称评定、工资待遇挂钩。教师整体学历水平的高低与学校的声誉

相关。所以，教师中虽然兴起一股文凭热，但是文凭高并没有意味着教师的专业化水平相应提高。

三、呼和浩特市和鄂尔多斯市部分蒙古族幼儿园教师对本民族传统文化的掌握现状调查分析

表 1—5 对本民族传统文化的了解程度

选项	非常了解	一般了解	知道一点	根本不知道
教师人数	37	73	23	3
百分比（%）	27.2	53.67	16.91	2.2

表 1—6 民族中小学教师在学校使用标准蒙语的情况

选项	从不使用	在集体教学时使用	与学生讲话时使用	在学校的任何场合都使用
教师人数	16	72	68	68
百分比（%）	11.76	52.9	50	50

民族地区幼儿教师专业化应该传承本民族的优秀传统文化，不了解本民族传统文化谈不上民族幼儿教师专业化，表 1—5 中反映，对本民族传统文化一般了解的教师占 53.67%，非常了解的教师只占 27.2%，调查结果基本上令人满意，这表明大多数教师对民族传统文化知识掌握的很好，但还有 2.2% 的教师知道一点或不知道，这对民族中小学教师专业化发展是十分不利的。

民族语言的掌握、使用情况是少数民族幼儿教师专业化的首要条件，表 1—6 中反映，50% 的教师在学校的任何场合都使用标准蒙语，52.9% 的教师在集体教学时使用标准蒙语，这说明大多数教师在课堂教学中应用标准蒙语，但还 11.76% 的教师从不使用本民族语言，掌握民族语言的水平影响着民族教师专业化发展水平。

四、呼和浩特市和鄂尔多斯市部分蒙古族幼儿园教师专业理想、职业道德现状调查分析

（一）专业理想

表 1—7 对教师工作的认识

选项	职业	事业	行业	专业
教师人数	47	45	3	41
百分比（%）	34.55	33	2.2	30.15

对教师专业化的认识上，34.55%的教师认为教师工作是一种职业，认为事业和行业的教师分别占教师总人数的33%和2.2%，只有30.15%的教师认为教师工作是一种专业（见表1—7）。这说明内蒙地区民族幼儿教师普遍专业意识模糊，对自己的工作的重要性没有足够的了解。对教师工作，虽然只有30.15%的教师认为专业，但认为专业的教师基本上是25岁左右的青年教师，说明新加入教师队伍的年轻人对教师专业化已有所认识。我们可以认为内蒙古地区民族幼儿教师专业虽然处在一个比较低的水平，但是已经得到了年轻一代的注重。

对教师职业满意度上，调查发现，80%的教师认为，现在教师工资有了很大的提高，但是与其他行业比较起来，却显得有些羞愧，相应的，自己也就缺乏职业的自豪感。调查发现38.2%的教师对自己的职业不满意（见表1—8），急切要求交换自己的职业的教师占总人数的8%、希望交换职业的教师占总人数的42.6%、表示无所谓的教师占总人数的22%（见表1—9）。这表明一部分教师考虑到眼前利益和现实利益较多，不安心自己的本职工作，不去潜心研究教育教学规律，使一部分教师缺乏从教能力的自觉性，根本谈不上从专业化的层次上去要求自己、提升自己，提高自己的工作质量。

表1—8　对幼儿教师职业的满意程度

选项	非常满意	比较满意	不太满意	不满意
教师人数	47	57	25	27
百分比（%）	34.6	41.9	18.3	19.9

表1—9 如果有机会想换职业吗

选项	急切要求交换	希望交换	无所谓	根本不想
教师人数	11	58	30	37
百分比（%）	8	42.6	22	27.2

教师专业化发展的最高境界是形成教育信念。所谓教育信念是教师对教育事业、教育理论及基本教育主张、原则的确认和坚定不移的观念，是教师的精神追求和奋斗目标，是教师提高素质的关键所在。教师的教育信念具有专一性、稳定性、执著性等特点。教师如果缺乏教育信念，将是制约教师专业化发展的瓶颈。可见，提高对教师职业的认识，加强教育信

念，是教师专业化发展的必然需求。

（二）职业道德

党的“十六大报告”指出，要“加强教师队伍建设，提高教师的师德和业务水平”。从教师专业化的角度说，师德水平和业务水平都是最重要的内容。江泽民同志在北大校庆讲话中有相当的篇幅讲到师德。教师职业与别的职业不同的地方就是除了敬业外，还对其道德也有特殊性要求。例如人们到商店买东西，服务员的态度不好最多导致我不买这件衣服。而教师的行为会对学生的行为和人格产生影响。幼儿教师职业的特殊性，更要求幼教工作者要有高尚的师德。

1. 对幼儿的尊重、理解、关爱

教育，不论是高等教育还是初级教育，它的对象都是人。人对人的教育要求教育者必须具备相当的人文素养，这一点在《幼儿园教育指导纲要（试行）》中得到了充分体现。如幼儿教师应“以关怀、接纳、尊重的态度与幼儿交往”。教师“应成为幼儿学习活动的支持者、合作者、引导者”。说到底，尊重、理解、关爱幼儿是对教育活动中教育者和教育对象的交互主体性的认同，其精神实质便是教师应具有人文素养，关爱幼儿。

表 1—10 在你们幼儿园，您认为尊重、理解、关爱幼儿的教师有

选项	大多数	半数	少数	极少数
教师人数	72	47	12	5
百分比（%）	52.9	34.5	8.8	3.7

由表 1—10 可知，在“关爱、尊重、理解幼儿”这个问题上，52.9%的教师选择“大多数”、34.5%的教师选择“半数”、8.8%的教师选择“少数”，3.7%的教师选择“极少数”。

2. 责任心

表 1—11 当一位孩子请教你一个问题，你一时无法回答他，你的反映是

选项	我不懂等查过资料后再回答	许诺课后再回答他但不久就忘了	搪塞一番勉强应付一下了事	训斥孩子不安心学习，胡思乱想
教师人数	131	2	2	1
百分比（%）	96.3	14.7	14.7	0.73

由表 1—11 可知，选“我不懂等查过资料后再回答”的有 131 位教师，占总人数的 96.3%，少数教师缺乏责任心、缺乏严谨、认真、负责的

精神。表明幼儿教师的责任心需要进一步加强。

3. 敬业精神

表 1—12　在对待工作时，您认为贵园教师中兢兢业业、敬业爱生的有

选项	大多数	半数	少数
教师人数	101	28	7
百分比（%）	74. 26	20. 5	5. 14

由表 1—12 可知，在“敬业精神”这个问题上，74. 26% 的教师选择“大多数”、20. 5% 的教师选择“半数”、5. 14% 的教师选择“少数”，对幼儿教师进行访谈时，教师甲说：“我国部分教师缺乏敬业精神，对工作不够认真，如组织幼儿游戏活动时，随意性比较大，没有认真设计，觉得小孩子好哄，一节课也不好好准备。有时还有早退现象，使得孩子没人照顾。”

五、呼和浩特市和鄂尔多斯市部分蒙古族幼儿园教师专业知识、专业技能和组织幼儿游戏活动的能力现状调查分析

（一）专业知识

表 1—13　从教以来，孩子提出的各种各样的问题，你有没有回答不上来的时候

选项	有	基本没有	没有
教师人数	67	48	21
百分比（%）	49. 2	35. 2	15. 4

根据表 1—13 数据分析，49. 2% 的人选择了“有”，35. 2% 的人选择“基本没有”，只有 15. 4% 的人选择“没有”。说明内蒙古地区民族幼儿教师的文化素养还需加强，幼儿教师职业的特殊性，要求幼儿教师掌握广博的一般文化知识。可以说作为一名幼儿教师得上知天文，下知地理。幼儿教师的知识要达到广、博并不要求深专。孩子提出的每一个问题都应该尽可能做出正确、客观、科学的回答。

2. 幼儿教育理论

表 1—14　从教以后，你发现掌握的幼儿教育理论在工作中

选项	够用	有点欠缺	远远不够
教师人数	22	78	36
百分比（%）	16. 2	57. 4	26. 5

根据表1—14数据分析，在被调查的136位幼儿教师中，有57.4%的人选择“有点欠缺”，有26.5%的人选择“远远不够”，幼儿教育理论包括“幼儿教育学”、“幼儿卫生学”、“幼儿心理学”等。幼儿教育理论能够在实践中科学地指导幼儿教师的教育活动，可是内蒙古地区民族幼儿教师教育理论的掌握和运用不容乐观。理论储备不够，缺乏一定理论的指导，又怎么能够教好我们的孩子，更谈不上教师专业化。

（二）专业技能

表1—15 贵园教师精通“唱、弹、跳、画”这些专业技能的有

选项	大多数	半数	少数
教师人数	106	27	3
百分比（%）	77.9	19.9	2.2

由表1—15可知，选择“大多数”的占总人数的77.9%，选择“半数”的占总人数的19.9%，选择“少数”的占总人数的2.2%。内蒙地区民族幼儿教师“唱、弹、跳、画”等这些幼儿教师必备的专业技能还得加强。幼儿教师职业的特殊性，决定了幼儿教师得会“唱、弹、跳、画”。

（三）组织幼儿游戏活动的能力

表1—16 幼儿游戏活动内容、活动类型、活动时间、活动人数，您通常如何设计

选项	严格按照小中大班的不同情况设计活动内同、类型、时间、人数	临时发挥，随意性比较大	重上课，轻游戏	较少做游戏，看住幼儿不出事就行，更谈不上设计
教师人数	27	76	28	5
百分比（%）	19.9.9	55.8	20.5	3.7

《幼儿园工作规程》明确提出：“游戏是对幼儿进行全面发展教育的重要形式”，可是在调查中发现，20.5%的教师存在“重上课，轻游戏”的思想，有“幼儿园小学化”的倾向。50.4%的教师对于游戏活动“临时发挥，随意性比较大”。

六、呼和浩特市和鄂尔多斯市部分蒙古族幼儿园教师培训现状调查分析

表 1—17　呼和浩特市和鄂尔多斯市部分蒙古族幼儿园教师的教师培训现状及培训需求调查

项目	选项	教师人数	百分比（%）
从培训的形式上看，过去 5 年您参加的培训有	脱产培训	12	8.8
	在职培训	97	71.3
	长期培训	9	6.6
	短期培训	101	74.2
	学历培训	75	55.1
	非学历培训	56	41.1
您参加进修、培训活动是为了	完成上级部门规定的任务	87	63.9
	评定职称的需要	71	52.2
	提高自己的专业水平	58	42.6
	认识更多的同行和专家	6	4.41
就您个人而言，您最需要的培训内容是	学科知识培训	102	75
	教育知识培训	87	63.9
	教学技能培训	93	68.3
	民族儿童教育理论培训	123	90.4
	教育管理培训	51	37.5
	教育科研培训	32	23.5
	师德、教育法规培训	50	36.7
	新课程改革相关的培训	69	50.7

表 1—17 中显示，74.2% 的呼和浩特市和鄂尔多斯市部分蒙族幼儿园教师参加过短期培训，6.6% 的教师参加过长期培训，还有 55.1% 的教师在进行学历提高教育，这表明呼和浩特市和鄂尔多斯市部分蒙族幼儿园教师培训是积极的、有序的。

"参加培训的主要原因"，42.6% 的被调查者选择"寻求解决问题的具体可操作的策略或措施，提高自己的专业水平"作为参加培训的"主要原因"。当然，"认识更多的同行和专家，扩大生活圈子"的因素占到 4.41%。这种结果基本上还是令人满意的，虽然有上级硬性规定的因素存

在，但大部分教师还是对参加培训抱有较大热情和积极性，希望能够通过学习提高自己的专业水平，这反映了全区边境农牧区民族中小学教师对自身专业发展的渴望与追求。

培训中教师们“最需要的培训内容方面”依次为：民族儿童教育学心理学知识培训、教学技能培训、教育知识培训、新课程改革相关的培训、教育管理培训、学科知识培训、师德教育法规培训和教育科研培训。这反映出内蒙古地区民族幼儿教师们的真实需求。

表 1—18　民族中小学教师培训方式调查

项目	选型	教师人数	百分比（%）
您希望集中进修培训活动由谁来组织，以期取得更好的效果	所在园	51	37.5
	同级幼儿园联合组织	50	36.7
	教育行政部门	58	42.6
	大学培训活动	12	8.8
	师范院校和教育学院	47	49.2
您希望接受哪类培训者的培训	教研员	36	26.5
	大学教师	8	5.8
	优秀教师	69	50.9
	特级教师	28	20.5
	教育管理者	5	3.6
	进修学校教师	14	10.3

表 1—18 显示，“您希望集中进修、培训活动由谁来组织，期取得更好的效果”，主张最多的是“师范院校和高一级的教育学院”，依次是，“教育行政部门”，“所在学校和同级学校联合组织”，选的人数最少的是“大学培训活动”。因为好的教育资源都集中在城市和高校，而且师范院校和高一级的教育学院拥有比较专业的教师培训教师，所以选择“师范院校和高一级的教育学院”的最多。“您希望接受哪类培训者的培训”，依次为：优秀教师、教研员、特级教师、进修学校教师、大学教师、教育管理者。广大中小学教师喜欢让优秀教师、教研员、特级教师来培训，是因为他们是基础教育教学实践的专家，是他们的同行专家，对中幼儿教师专业素质提高有着直接的影响其专业成长。

七、呼和浩特市和鄂尔多斯市部分蒙古族幼儿园教师专业化发展中存在的主要问题

蒙古族幼儿教师（呼和浩特市和鄂尔多斯市几所蒙古族幼儿园为例）专业化现状总存在的问题，主要表现在下面几个方面：

（一）教师普遍专业意识不强

表现在他们对教师职业的专业性没有足够的认识和重视，对教师专业化发展的实质关注不够。如很多教师认为教师工作是一种职业、事业、行业；如教师继续教育尚未超越“文凭”、“学历”等外在功利追求，而这种“唯学历”的教师继续教育的后果之一，就是教师学历高，但专业化程度不高。

（二）教师自主学习意识性不强

教师自我专业发展的自主意识不强，“坐、等、靠”的旧工作习惯比较严重。把教师的个人成长完全寄托于外出学习、参观、培训等客观条件，忽视自我反省、自我评价、自我总结提高的重要性。

（三）幼儿教师的专业素养与理想的幼儿教师专业化标准差距较大

1. 幼儿教师的专业理想不高，教育理念比较陈旧。

教师的专业理想的具体体现是事业心、责任感和工作积极性，其核心成分是对学生的爱，进而对教育事业的爱。这是教师成为成熟的教育专业工作者的一种向往与追求，是教师做好教育工作的强大精神动力。根据对幼儿和家长的访谈可以看出，幼儿教师缺乏责任感，事业心不强，对孩子缺乏耐心和爱心。职业态度方面，消极应付多于积极投入，雇佣心理有余，主人翁精神不足。大部分幼儿教师还处在“生存型”的职业存在状态—当幼儿教师是为了养家糊口，以此谋生。广西师范大学王扔教授将教师的职业存在状态分为三种类型：以此谋生和养家糊口的“生存型”、体验人生和体味幸福的“享受型”、服务社会和完善自我的“发展型”。现实中，这三种存在状态既显示出一种从低到高的提升，又不是截然分开的。就个体而言，一名教师可能在他的职业生涯中依次经过这三种状态，最终达到游刃有余的发展型教师的理想境界。据调查显示，在回答“目前如果有机会，你想变换职业吗?”这一问题的幼儿教师中，“急切要求变换”的占8%“希望变换”的占42.6%，“无所谓”的占22%，根本不想的占27.2%，显而易见，相当一部分幼儿教师的职业存在状态处在生存型阶段。对于所从事的职业感受不到身心的快乐与幸福，也体会不到自我的发展与提升。以生存型职业存在状态为专业理想或目标的幼儿教师队伍状况

与理想的幼儿教师专业化要求的距离是遥远的。

建构理想的幼儿教师专业应该具备的条件或标准离不开教育理念，教育理念是指教师在对教育工作本质理解基础上形成的关于教育的观念和理性信念。是否具有科学的教育观念是区分“经验型”教师与“专家型”教师的重要标志；而且是否具有现代教育观念则是区分“传统型”教师与“现代型”教师的标志。根据对家长的访谈显示：幼儿教师不注意培养幼儿的好奇心和动手能力，孩子出于好奇把玩具打开看看，不小心拆坏了，遭到老师的批评，新的教学方式用之甚少或流于形式。教师角色陈旧，传统的“传道、授业、解惑”教师观仍占主导地位，而以幼儿为主的教育观念还未深入教师的心灵，也没有反映到教育实践中。总之，目前幼儿教师在教育理念或是在教育观念上，普遍存在着经验主义的问题，因循守旧的问题，还没有树立起理想的幼儿教师专业应该具备的先进的教育观、学生观和教育活动观，远远不适应当前幼儿教育改革与发展的需要。

2. 幼儿教师的职业道德状况不尽人意，专业精神不强。

教师职业具有突出的示范性、公众性和教育性，相对多数职业来说，应有更高更严格的职业道德要求和更为崇高的专业精神，尤其，幼儿教师的职业有其特殊性，更要求幼儿教师要有爱心、责任感、敬业奉献精神等等，但是，由于种种原因，幼儿教师职业道德不尽人意。根据调查显示，其主要问题表现在：事业心、责任感、进取意识、敬业奉献精神不强，缺乏爱心，体罚幼儿的现象时有发生，对幼儿不公平的现象普遍存在。幼儿教师更关注自己的利益得失，却较少具有愿为幼儿教育的发展、幼儿的成长而尽心尽责的道德自律。教育的发展与教师的素质现状存在如此大的反差、理所当然引起各国各界的普遍忧虑。在广泛深入的调查与探究之后，有识之士普遍认为：教师专业化是解决这一矛盾的必然选择。教师的职业道德令人堪忧，社会上对教师职业道德很是不满，因此，重塑教师形象，加强教师职业道德刻不容缓。

（四）教学用语衔接不科学

双语教学是指以少数民族语言文字和汉语言文字相结合实施的一种教育。双语教育是民族教育的一个重要组成部分，搞好双语教育有利于民族教育的发展。双语教育的形成与发展，是受民族教育的特点制约的，双语教育的历史与民族教育的历史密不可分。语用选择是指双语人根据语境的变化选择使用哪种语言。语用选择又称语码转换，有的称语言转换。

内蒙古自治区是一个多民族自治区，虽然具有共同地缘和民族语言、文化的整体性特征，但随着各民族日愈频繁的交流和融会，民族语言的单一特性正在逐步发生变化。农区、半农半牧区由于农耕文化的普遍性，接受汉文化影响较早，具有一定的汉语言环境；纯牧区牧民群众随季节流动、逐水草而居的传统生存方式仍未彻底改变，母语交际的特征十分突出，这些区域汉语言文字使用率低，蒙汉双语教学遇到的困难最多；城镇及城乡结合部由于社会发育程度较高，受外界传媒的影响较大，社会主流文化对其个体浸入程度较深，因而对双语价值的认可程度较高。

在这样的环境背景下，选用哪一种教学语言（教学中语码转换）应该完全取决于教学对象。因为教学的目的在于师生双方利用最简便易懂的方式方法讲授和接受知识。对于部分蒙族孩子来说，他们不熟悉汉语，所以无法用汉语进行思维和表达意见，更谈不上用汉语进行创造性的分析问题，而蒙语是他们的母语，是在日常生活中分析问题和表述意见所依赖的最熟悉的工具。还有部分孩子汉语是他们的母语，是他们最熟悉的语言，用汉语授课如鱼得水。

目前，各幼儿园双语教学基本上采用的是用蒙语口语释义，帮助幼儿理解汉文。但是，长期地、盲目地随意采用这种办法，而不进行两种语言能力对应转化的系统训练，蒙族孩子学汉语始终不能摆脱蒙语对语音、语意、语法各方面的影响，以致不少孩子到了大班仍不能接受汉语言为载体的其它的学科教学，这其中关键的问题是教学用语衔接不科学性，导致儿童思维发展能力不平衡。

（五）缺乏必要的外部支持环境

幼儿教育是学校教育和终生教育的奠基阶段，党和政府一贯重视幼儿教育。胡锦涛总书记在党的十七大报告中强调指出：“要重视学前教育。”

笔者在内蒙古地区调查中了解到：内蒙地区的学前教育发展仍然滞后，成为整个教育体系中的薄弱环节。幼儿教师专业发展缺乏必要的外部环境支持：

1. 缺乏政府的支持

在我国幼儿教育也是基础教育发展中的薄弱环节之一，主要原因是目前国家还没有出台政府财政对幼儿教育的投入政策，政府的保障机制与幼儿教育发展的需求不相适应。幼儿教育既然是基础教育的有机组成部分，办好幼儿教育应该也是政府的职责之一。内蒙地区学前教育也没有被纳入义务教育的保障体系。地方财政困难，学前教育没有专项投入，对学前教育的投入非常少，只能做到保障教师的工资和适当改善硬件这两方面；近几年来，客观上政府忙于“普九”，把主要的时间、财力和物力投入到义务教育阶段，对学前教育做得不够，广大农牧村地区没有开展学前教育的基本概念。为使少数民族地区幼儿教育事业健康的发展，作为在少数民族地区从事幼儿教育工作的一员，呼吁政府给予政策上的倾斜与经费的支持。

2. 缺乏专家的引领

教师的专业发展需要自己不断的学习实践、专家的有效指导和骨干教师的引领。由于民族地区幼儿园受资金、管理的限制，教师往往没有进一步深造的机会，同时又缺乏高一层次人员（如专家、研究员、骨干教师等）的引导和帮助，同一水平的同事间的横向互助往往只是在原有水平上的重复，不易提升。笔者在调查中了解到，内蒙古幼儿教育委员会支教团在呼和浩特的几次活动中，对幼儿教师产生的影响很大，宽阔了眼界，受益很深，就像这样的活动在少数民族地区太少，少数民族地区幼儿教育事业缺乏专业的引领，需要专业指导。

3. 缺乏园内的保障

幼儿园是幼儿教师专业生活的小环境，作为教师从事教育教学活动的主要场所，幼儿园园内的物质、制度、文化等保障方面对教师的专业发展产生显性或隐性的影响。幼儿园的物质保障是教师活动的基本条件，直接影响教师的存在方式和活动方式；幼儿园的制度保障影响教师的行为方式和精神面貌；幼儿园教师之间同样也要形成在知识和信息上充分交流与合作的保障，从而为个体发展和教学水平的提高创造有利条件。幼儿园园长应该是幼儿教师专业发展过程中的保障者，保障教师专业发展，也是幼儿园园长在幼儿教师专业发展过程中的首要角色。幼儿教师的专业发展，在客观上需要园长在行政管理上提供必要而有效的各种保障措施。笔者认为，园长作为教师专业发展过程中的保障者，维护教师专业发展的权益。幼儿教师专业发展是社会发展和教师自身发展的需要，是《教师法》赋予教师的基本权利之一。幼儿园园内管理中应自觉地去维护教师专业发展的权益，积极创造各种有利条件去满足不同发展层次教师的专业发展需要，切实为教师专业发展营造良好的外部环境。笔者在调查中了解到，甘南州各幼儿园园内活动单一，各种制度保障都不健全，教师之间合作交流意识不强，幼儿教师在专业发展中缺乏必要的园内保障，幼儿园没有营造好工作环境和学习氛围。

（六）教师培训观念与方式不适应教师专业化发展实际需求

全区民族幼儿园培训方式、方法、内容脱离幼儿教育实际需求，脱离民族中幼儿教师实际工作需要，不考虑民族幼儿教师实际情况，只采取单一的培训方式和方法，缺乏正确的新课程培训观念。

第四节　呼和浩特市和鄂尔多斯市部分蒙古族幼儿园教师专业化发展策略研究

根据教师专业化的相关理论的基础上对蒙古族幼儿园教师问卷调查和访谈进行深刻的分析研究，提出以下策略。

一、树立教师教育的新理念，提高对教师专业化的认识

树立教师教育的新理念，提高对教师专业化的认识这是民族地区幼儿教师专业化发展的前提。要让民族地区幼儿教师认识到，将教师专业化作为民族教师教育发展的理念，它是实施科教兴国战略的重要组成部分，符合世界教师教育发展的潮流和趋势，代表我国教师教育发展的方向，适应我国民族基础教育改革的要求。

新课程背景下，我们必须转变教育观念，重新审视教师职业，加强对教师职业的研究，强调教师是一种专门的职业，从事这一职业的人应该具有崇高的教育信念、高尚的品德和特殊的专业能力，因而需要专门的培养和训练。要清楚地认识到，教师职业应该具有不可替代性，我们要改变传统的教师角色观念，提高教师的主体意识与主体精神。

树立崇高的教育信念和敬业精神，以教育为自己毕生追求的事业；了解国内外民族教育理论与实践的新成就、新动向，形成现代民族教育观念；掌握课程与教学的基本原理；掌握学生心理发展规律，熟悉学生学习的心理特点并能够引导学生进行自主探究学习。“以学生为本”的理念，注重学生的参与性、互动性、尊重学生、关心学生，对他们做到严慈相济、情理结合，在教师的正确引导教育、启发式教学下，让每个学生得到德、智、体、美、劳全方位的发展，这既是素质教育的重大举措，也是教师专业化发展的需求。

二、加强教师自主专业发展意识，提高教师“自我更新”能力

叶澜老师提倡的“自我更新”取向教师专业发展理论认为，教师将自己的专业发展过程作为反思的对象，通过教师专业发展自主、自我专业发展管理、自学，以促进教师专业发展。主张教师是自身专业发展的对象和主人。“自主专业发展”是指教师在专业发展过程中能够独立订立适合自己的专业发展目标、计划，选择自己需要学习的内容，而且有意愿和能力将所订立的目标和计划付诸实施，在此过程中表现出一种较强的自主发展

意识。这里所说的自主，是专业发展和获得自我发展能力的自主，是有条件的自主，是自我完善的过程。加强民族地区幼儿教师自主专业发展意识，提高“自我更新”能力是民族地区教师专业化发展的内在需求。

（一）培养和提高教育反思能力

教师这个职业是创造性很强的职业。这种职业要从业人员不仅要有良好的文化素养，深厚的学科知识和教育理论素养，还应该依靠现有的专业知识解决实践中的问题，并不断对日常的教育教学实践进行思考和批判，即进行教育反思。

教师专业化发展，要求教师应具有相应的教学实际能力，同时还主张教师积极参与教学目的与教学内容的设计，扩大教师的自主权，促使课堂教学合理化，以生动活泼的学生出发，以自己的教育实践出发，以学校日常生活出发，进行一种情景性和过程性的研究。在教育实践中提倡反思是“自我更新”取向教师专业发展的基础，教师没有对自身教育教学的反思过程，就没有“自我更新”取向教师专业发展，教师只有在不断研究新情况、新环境、新问题，并不断地反思自己的教育教学行为，才能找出困惑和不解，并在此基础上修正和完善使教育教学工作。教师的自我反思可以从自己的教育教学实践中捕捉灵感，以某一堂课或某一个教育实践，甚至以自己与某学生谈话作为教育反思的对象，也可以以学生一个学期、数年的成长史或以教师本人的成长历程作为研究对象，进行分析、研究，找出问题的原因，寻求解决问题的具体办法和措施，从而促进民族地区幼儿教师专业化发展。

（二）加强教师之间合作、交流精神

很多研究表明教师之间进行交流和合作对教师专业化发展有积极的作用。教师之间在教与学的实践中的合作，尤其是相互的诊断、指导、研讨和学习，是教师专业发展的直接源泉。由于旧体制观念的影响，信息闭塞，使民族地区大多数教师无法接收新的教育观念，基本上是按照自己的一套思路教育学生，而“自我更新”取向教师专业发展却是让教师自己主动、积极地追求专业发展，保持开放的心态，随时准备好接受新的教育观念，更新自己的教育理想和专业知识。但是由于每位教师的条件和要求不同，具体的合作、交流方式是多种多样的。如根据学校的需要，加强城乡教师之间的交流，举办各种讲座或报告会；由各中小学根据本校教师的情况，采取以老带新、互教互学、集体备课等方式；各种各样的参观、访问、进修、研习等工作都是具体而有效的合作、交流活动。因此，教师要想提高自身专业水平，就必须抓住每次机会不断地学习，通过各种渠道，不断充实自己，才能使自身专业不断发展。当然，教师也要努力改进旧的教育教学、学习的观念。我们认为，“自我更新”取向教师专业化发展思想，必将对民族地区教师的专业化发展产生积极而深远的影响。

（三）提高教育科学研究能力

教育科学研究是教师作为专业人员的一种重要特征和生活方式。让教师成为研究者，这不仅仅是信息时代的迫切要求，更是提升教师教学理性，促进教师专业化发展的重要途径。只有教师成为一个研究者，才能够有资格、有能力担负起建构性知识的教学任务，创造性地设计一种开放的、学生积极主动独立探究的学习情境，帮助学生去发现、组织和管理知识，最终用科学的理论来指导实践，促进教学实践。教师成为研究者，要求教师具有善于对信息进行收集、分辨筛选的能力，形成教育经验与教育思想的总结分析能力，用批判性思维、探究性思维、创造性思维去善于捕捉与发现教育改革和发展中的成果，使教师通过观察、分析、反思、提炼发现问题、解决问题的能力，不断提高科学研究水平和专业水平。大力开发边境农牧区民族中小学教师的科研潜力，以科研促进教学，将从根本上带动民族地区幼儿教师的专业化发展。

三、树立幼儿教师的专业形象，树立高远的教育理想和科学的教育理念

（一）树立幼儿教师的专业形象

如果我们真心承认教育改革的成败关键在于教师，幼儿教育是基础中的基础的话，就必须确立幼儿教师的专业地位，使幼儿教师的专业具有不可替代性，让幼儿教师摆脱“孩子王”、“保姆”的形象，成为幼儿教育方面的专家。我们不否认我们目前确实面临着学历补偿的重担，也面临着世界范围内的高学历化的挑战，但并不是一定要求幼儿教育方面的专家得具有学士、硕士、博士学位。而且，在职幼儿教师获得更高学历的途径通常是参加自学考试或成人高考，这两种学历补偿教育过程中几乎没有给他们带来专业意义上的帮助，学历成了单纯的形式和象征。同过去一样，向国外寻求中国幼儿教师的新形象仍是很困难或不可能的。新的幼儿教师形象只有靠我国幼教工作者自己去创造和树立。我们热切盼望社会、幼儿园和教师共同努力，一起塑造美好的幼儿教师专业形象。

（二）树立高远的教育理想和科学的教育理念

树立高远的教育理想和科学的教育理念。作为以教书育人为己任的幼儿教师个体，应充分认识到教育是一种事业，而事业的本质在于奉献。既然做出了这一事业的选择，就要坚定自己的教育理想，要具有高度的事业

心、责任感，全身心地投入教育教学工作，把敬业和爱生作为自己生命价值的重要组成部分，使自己的职业存在状态由“生存型”、“享受型”进而达到“发展型”。幼儿教师要充分认识到幼儿教育是一门科学，而科学需要我们不断的学习、探索与创新。因此，幼儿教师要树立教学过程既是幼儿发展的过程，也是幼儿教师本人专业提升的过程，同时还是幼儿教师生命价值实现的过程的教育思想。确立和形成终生教育、终生学习的教育理念，在理论学习和实践探索中，逐步形成正确的教育观、学生观和教育活动观。

推进幼儿教师专业化，首先要确立幼儿教师的职业理想，以此作为幼儿教师自身努力的方向和我国幼儿教师队伍建设的根本奋斗目标。随着教育整体水平的提高，我们的幼儿教师质量与全面实施素质教育的要求还有一定的差距，幼儿教师迫切需要树立适应以幼儿发展为本的新观念，提高将知识转化为智慧、将理论转化为方法的能力，适应综合性教学、研究性教学、实践性教学的新要求，提高将学科知识、教育理论和现代教育技术整合的能力，充分利用信息技术的发展为教育和学习提供的广泛空间，增强理解幼儿和促进幼儿道德、学识和个性全面发展的综合水平，既要做经师，又要做人师。同时要实现学科水平与教育水平的同步提高。

四、切实加大双语师资队伍建设力度

为保证少数民族地区的教育事业健康、持续的发展，民族地区逐步要开发双语园本课程，必须重视对双语教师的培养。“我们首先把汉语教材翻译成蒙语，再逐步建设双语的园本课程。同时，一方面要求各县市教育部门落实教师队伍建设，另一方面要求幼儿园自身加强校（园）本教研、培训，把懂蒙语的老师送到大专院校的学前教育专业接受进修。”作为少数民族地区幼儿园要抓住机遇，深刻领会政府和教育部门的意见，切实开展园本课程和培养双语师资，根据幼儿园实际需求，应当自行编制一些大众化、通俗化的蒙汉双语教材，配合一些有字幕的蒙汉双语教学片，这样不仅能增强教师教学活动的吸引力，而且能起到巩固、深化所学知识的作用，从而提高教师驾驭教学的能力。

双语师资是开展双语教学的关键性因素，也是影响双语教学的一个“瓶颈”问题。加强和培养合格的双语师资，是提高少数民族地区幼儿教育教学质量的重要保证。为此，主要应抓好以下几点：

第一，由教育主管部门制订和颁发幼儿园双语教学工作的指导意见、师资队伍建设的近期规划与中、长、远发展规划，做到双语师资的培养有计划、有步骤地逐步发展。

第二，加强现有在职双语幼儿教师的业务进修与培训。本着教什么学什么，缺什么补什么的原则进行，举办双语师资周末班、双语师资假期函授班等，以提高双语师资的专业素质及学历层次；同时，切实把学历教育转向素质教育，把一次性教育转为终身教育，使所培养之人才成为真正的人才。

第三，强化培养教师教学用语衔接学会科学化。加强两种语言的对比，母语和第二语言之间的关系，影响和迁移干扰问题及解决方法，揭示汉语和民族语文及各自的内在规律特点和民族儿童加快学习掌握第二语言的方法，两种语言的对比教学，思维转换问题，第二语言的学习对于智力思维能力的开发，双语教法、双语课程设置及衔接等问题的研究。

第四，切实加强现有双语师资队伍的管理，充分利用好现有双语师资力量，调动他们的积极性，关心双语幼儿教师的政治与生活，不断提高他们的社会地位与经济待遇，逐步培养一支政治上坚定，业务上过硬的双语师资队伍，把双语师资建设成“招得进，提得高，留得住，用得上”的队伍。

五、加大政策倾斜和经费支持

各级教育行政部门应贯彻执行党在“十七大”提出的重视学前教育的精神，认真贯彻落实《纲要》与《指导意见》，深刻认识幼儿教育在素质教育中的重要作用。坚持幼儿教育的公益性原则不动摇，积极争取政府投入，切实改善学前教育办学条件，全面掌握学前教育发展中出现的新情况、新问题，加强工作的针对性和实效性，注重宏观管理和业务指导，为所有儿童度过快乐的童年，健康地成长创造良好的条件和环境而努力。

（一）明确各级政府、各有关部门职责

继续实行地方负责、分级管理，政府统筹、教育部门主管、各有关部门分工负责的0—6岁儿童一体化的学前教育管理体制。

（二）建立学前教育经费保障机制

各级政府应建立学前教育的经费保障机制，逐年加大对学前教育的投入。应设立学前教育专项经费，列入各级财政的年度预算，保障学前教育事业的健康发展和师资培训、业务活动的正常进行，保证公办幼儿园、乡镇中心幼儿园的正常运转及教职工工资的按时足额发放。要从地方财政自筹经费中安排一定比例的经费，支持集体性质幼儿园大型设施及房屋的修缮。公办幼儿园收费全额上缴财政，纳入部门综合预算，实行收支两条线管理。学前教育的经费要随事业发展和教育经费的增长而逐步增长，做到

专款专用，任何部门不得沉淀、截留和挪用。

（三）建立专项督导制度

各级教育督导部门要坚持督政与督学相结合，加强对学前教育工作的督导、评估工作，重点做好督政工作。政府督导学前教育工作的主要内容：一是各级政府应把学前教育纳入当地经济和社会事业发展的总体规划，研究制定、组织实施学前教育发展目标和相关政策并组织实施；合理整合学前教育资源，调整布局；及时解决事业发展中的热点、难点问题，保障学前教育健康发展。适龄儿童学前三年入园率、0—3 岁儿童受教育率、0—6 岁儿童看护人员接受科学育儿指导覆盖率、乡镇中心幼儿园建设率等。二是各级教育行政部门要发挥主管作用，设有学前教育管理机构，配备专职人员；将幼儿教师队伍建设纳入基础教育师资队伍建设的总体规划，依法保障幼儿教师的合法权益和待遇；解决政府办幼儿园及乡镇中心幼儿园的编制问题，按时足额发放幼儿教师的工资；在进修培训、评选先进、评定职称、社会保障等方面与小学教师享有同等待遇。三是各级政府要切实办好公办幼儿园，发挥示范辐射作用。四是各级政府要加大投入力度，设立学前教育专项经费，并列入各级财政的年度预算，做到专款专用；保证公办幼儿园经费足额拨付，学前教育经费逐年增长；设立贫困地区学前教育发展专项经费，扶持少数民族地区学前教育事业。通过督政，强化地方政府的责任和教育部门对学前教育的主管职责，使有关法规、计划、经费、教师编制、工资待遇等落到实处。要通过督学推进幼儿园及其他各类托幼机构全面贯彻教育方针，依法办园、科学育儿，不断提高办园水平和质量。

六、提高蒙古族幼儿园教师培训的实效性

民族幼儿教师培训机构要在培训内容、培训方式、方法等方面应做出相应的改革。

（一）提高培训教师的综合素质

亲身参加民族地区幼儿教育教学的具体活动，持续不断地研究民族地区幼儿教育教学改革与发展的现状与趋势，深入了解民族幼儿教师工作的特点和实际需求，把握民族幼儿教师发展的客观规律，研究开展教师培训的有效方式、方法。

（二）寻求适合蒙族幼儿园实际状况的培训途径

1. 以师范院校和高一级教育学院培训为主，校本培训为辅

以师范院校和高一级教育学院培训为主，校本培训为辅。师范院校培

训是以学科知识获得为主要目标的“补偿式”教育，以教育学院、师范大学为基地。教师接受师范院校培训的任务是：了解自己所教学科的最新进展，更新自己的理论知识；进行学历补偿，使教师达到教育法所规定的教师合格学历；了解教育研究和教育理论的最新进展和动态；培养教师把教育科研成果转化为实际能力。

2. 以优秀教师培训为主，带动全体教师

以优秀教师培训为主，带动全体教师。优秀教师具有师范、带头作用，一个在师德学识、教学技能方面出类拔萃的教师必然会对他周围人和教育教学环境产生积极的影响。而民族地区优秀幼儿教师队伍建设之所以显得尤为重要，一方面是因为这类地区的全员培训面临很大的困难，但有重点的培训是可行的；另一方面，因为数量有限，优秀教师的培训还可以采取“送出去”的方式进行，比起校本培训能更好地提高教师的培训质量。参加完一定时间的培训教育后，他们完全可以成为校本培训的主要力量。

3. 建立以问题为中心的幼儿教师培训模式

幼儿教师们带着问题来参加培训，他们所需要的是综合性而非单一学科性的知识。因而，在师资培训中，应该强调幼儿教师的培训内容与幼儿教师职业生涯的成长联系起来，以问题为中心而不是以学科为中心来开展培训。这种培训模式不必考虑学科知识的界限，也不再去预设教师必须学习的知识专题，而是关注幼儿教师身处的现实情境和面对的实际问题，关注幼儿教师的专业成长。因此，幼儿教师培训应该是一个理论与实际相结合的过程。在这个过程中，不仅要注重比较系统的理论知识的学习，同时要帮助幼儿教师充分利用其已有的知识经验解决实际工作中遇到的具体问题，并能够对自己的教育实践活动不断地进行反思和总结。

（三）加强民族教育理论与实践能力培训

民族地区教师培训机构应该进一步研究素质教育对民族幼儿师资的要求，构建适应现代科学技术、文化教育发展趋势，体现人类优秀文化成果和时代特征与教师教育特点、民族特点、地区特点的教师培训课程结构和教学内容体系。加强民族教育理论与应用研究，开设民族特色课程培训，更好地为民族教师教育服务是民族教师教育的发展方向和新理念。比如，开展“民族儿童心理学”、“民族教育学”、“双语教学”、“三语教学”的研究和培训，这是多元文化教育发展的需要也是民族教师教育发展的方向。

第二章　蒙古族幼儿教师开展反思性实践现状研究

第一节　研究背景

一、反思性实践在民族幼儿教师专业发展中的重要意义

教师是履行教育教学职责的专业人员，承担着教书育人、培养社会的建设者和提高民族素质的神圣使命，一个国家教育质量的高低关键取决于该国教师队伍的整体素质。教师自身素质的提高是保证儿童全面发展的基本前提，也是实现优质教育的必要条件。为了建设一支高素质的教师队伍，加强和改革教师教育、大力提高教师专业化水平是一项根本举措。

“教师专业化是指教师在整个专业生涯中，通过终身专业训练，习得教育专业知识技能，实施专业自主，表现专业道德，并逐步提高自身素质，成为一个良好的教育专业工作者的专业成长过程。”① 促进教师专业成长的途径有很多，其中开展“教学反思”或“反思性实践”活动在近些年被不断强调和凸显，它已被公认为是促进教师专业成长的关键要素和衡量优秀教师的当代标准。教师开展反思性实践不仅有助于其自我分析与总结教育活动与行为的适宜性，从而进行恰当的自我调整与改善，而且为其制定下一步的教育目标，为下一次活动的计划与准备奠定了基础。

虽然目前对教师反思的研究成果较多，然而无论是从国内还是国外的研究来看，研究者关注的重点主要集中在中小学教师身上，对幼儿教师的相关研究并不多，特别是对少数民族地区的民族幼儿园教师的反思性实践研究更是凤毛麟角。众所周知，我国民族地区的教育事业与内地相比存在较大差距，尤其是幼儿教育水平更为落后。由于幼儿教育是基础教育的重

---

① 连榕．教师专业发展［M］．北京：高等教育出版社，2007：7.

要组成部分，是我国学校教育和终身教育的奠基阶段，能为幼儿一生的发展打下良好基础。其中，“少数民族幼儿是我国幼儿的重要组成部分，少数民族幼儿的全面、健康发展，关系到我国幼儿教育事业的整体发展”。[①] 因此，大力发展民族幼儿教育、提高民族幼儿教育的质量不仅直接影响到民族幼儿身心的健康发展，而且对于民族优良传统文化的传承与巩固，培养幼儿的自尊、自爱和自信心都有着事半功倍、不可替代的重要作用，而这一切都取决于一支高素质的专业民族幼儿教师队伍。鉴于反思性实践对提升幼儿教师专业素质和促进幼儿教师专业发展的重要作用，因此应加强对民族幼儿园教师的反思性实践作的研究。

二、教师反思的研究综述

笼统来说，人类对反思的研究古已有之，中外尽皆如此。在我国从孔子始，反思一直就是儒家弟子的自我要求，如《论语》中就记载有孔子的“见贤思齐焉，见不贤而内省”以及曾子的“吾日三省吾身”之类的话，这里的“省”指的就是反思。在西方，古希腊的一些哲人如柏拉图、亚里士多德等也曾对反思有所论及，后文还将详细论述。不过早期人们还没有明确提出反思这一概念，而是采用了其他称谓，且多指一种思维方式，还未将之运用到教育领域。以下主要对中外教育界的反思研究成果作一大致总结。

（一）国外的研究[②]

将反思思想入教育领域的是美国教育家杜威，他是教育界中较系统研究反思问题的第一人。在 1933 年的《我们怎样思维》一书中，杜威深入研究了反思性思维，但这主要是从儿童的角度来阐述的，教育目的是培养儿童的反思性思维。

从 20 世纪 80 年代起，反思逐渐发展成为教师教育领域中的一股世界性潮流，它首先在以美国、加拿大、英国、澳大利亚等为首的西方国家教师教育界兴起，进而波及影响到世界范围内的教师教育，越来越多的研究者开始关注和教师有关的反思理论。美国马萨诸塞技术大学的唐纳德·舍恩教授（Donald A. Schon）是其中较有影响的一位，他撰写的有关著作对

---

① 冯江英：园本教研．促进少数民族学前双语教师专业发展的有效途径［J］．新疆师范大学学报（哲学社会科学版），2008（3）．

② 宋小芳．幼儿园教育活动后教师反思的价值与内容研究［D］．东北师范大学硕士论文，2006：4－5.

教师反思思想在西方的推广有极其重要的影响。自80年代此理论兴起以来，关于反思的讨论就响彻教师教育界，一些有关教师反思的理论如教师的反思（Reflection），反思型教师（Reflective teacher），反思性教学（Reflective teaching），反思性实践（Reflective practice）的思潮和运动蓬勃发展起来。

（二）国内的研究①

近年来，国内对教师的反思问题研究逐渐增多，也取得一些成果，但总的来看与国外研究无论是在质上还是在量上都有很大的差距，特别是在研究的方式、内容以及对反思的手段和方法的研究上均有明显不足。目前比较权威的专著仅有华东师大熊川武教授的《反思性教学》，其他反思的论述多散见于有关教师发展的书籍中和部分文章中，如饶从满、王春光的《反思型教师与教师教育初探》，卢真金的《反思性实践是教师专业发展的重要举措》，张贵新、饶从满的《反思型教师教育的模式述评》等。

（三）对幼儿教师、民族幼儿教师反思的研究

相比于中小学教师来说，对幼儿教师的反思研究无论是从专著的数量，还是从一些论文或期刊文章的数量来看，都要少得多。特别是对民族幼儿园教师的反思问题，在笔者视野所及的范围内还未见到。这种状况也从一个侧面说明，目前我国的学前教育在整个教育体系中还处于较低的位置，人们对它的重视程度不够。其实，幼儿教育因其教育对象的特殊性，在教师开展教育活动的理念、方式方法等很多方面都不同于中小学教师，因此对教育活动进行反思时，其内容和方式方法等必然也会有不同之处，②可以说，在某种程度上它还对教师提出了更高的要求，对民族幼儿教育来说更是如此。所以，研究幼儿教师，包括民族幼儿教师的反思活动具有其自身独特的价值，应予以足够的重视。

三、研究方法

本章的理论部分主要采用的是文献法，对幼儿园的实践调查部分则主要以问卷法和观察法为主，同时辅以个别的访谈，力求通过多种研究方法，较全面地了解两所蒙古族幼儿园教师的反思性实践情况。具体如下：

（1）文献法：通过查阅大量的专著、期刊、学位论文等文献资料，对国内外教师反思性实践的发展历史及现状进行详细了解。

---

① 王春光．反思型教师教育研究［D］．东北师范大学，2007：3.

② 王丽莉．幼儿教师教育活动的反思调查研究［D］．华东师范大学硕士论文，2007：5.

（2）问卷法、访谈法：通过对两所幼儿园的教师发放调查问卷，了解她们对教师反思性实践的认识，所在园开展该活动的情况以及有哪些好的经验或问题等，为提出有针对性的建议奠定基础。同时为弥补问卷调查的局限性，对幼儿园的个别教师进行直接访谈，以便更深入地了解她们对反思性实践的看法，从而为相关研究提供更有意义的解释。

（3）观察法：深入到幼儿园的实践情境中，亲身感受幼儿教师日常的教育教学行为，直接获得第一手的研究材料，将会使所得结果更具说服力。

第二节　反思性实践运动的发展历程

算起来，人们对反思性实践的研究由来已久，除了《论语》中曾有过表述外，在我国最早的教育著作《学记》中也有“知不足然后能自反”一句，“自反”代表的就是反思之意。不过，我国古代对所谓“反思”的理解更多的是强调通过反思达到一种修身养性的道德教化作用，而后人的研究大抵未能超越这一思维范畴。比较而言，从古至今，西方的众多学者分别从不同的角度和领域进行了具体、深入的研究，他们的研究成果为今天风靡全球的教师反思性实践运动奠定了坚实的基础，以下就从不同角度择其要者予以说明。

一、哲学上的研究

在西方，从历史上看，最初对反思的研究是在哲学领域内进行的，反思性是哲学的一个最基本的思维特征。

早在古希腊时期，一些哲学家就对反思产生了一种朴素的认识，苏格拉底、柏拉图、亚里士多德等都曾有过论述，虽然当时他们还没有明确提出反思这一概念名称。如柏拉图提及的“思索”是一种包括道德反省和自身沉思在内的精神活动，而亚里士多德在其《形而上学》一书中将“对自身的思想”或“对思想的思想”称之为最出色的思想，认为这种以自身为对象的思想是万古不灭的。

到了近代，哲学家们继承了古希腊时期追求真理的思想传统，他们的“思考精神觉醒，批评活跃，反抗权威和传统，反对专制主义和极权主义，要求思想、感情和行动自由”①，这种时代精神也使得越来越多的哲人更加关注反思问题并对之进行了深入阐述。

笛卡儿提出了著名的“我思故我在”的观点，他将思维分为三种类型，即对思维的直接地认识、思维本身和关于思维的反思地认识，认为思维对自身的“意识到”就是反思。

洛克认为，人类的观念有两个来源，即感觉和反省，这里的反省就意指反思，它为心灵提供关于它自己的活动，诸如知觉、思维、怀疑、信奉、推理、认识和愿望等观念，也就是说它以自己的思维活动为思维对象。

斯宾诺莎把反思定义为“观念的观念”，认为这是认识真理的比较高级的方式。观念本身是认识的结果，是理性认识的对象，对于作为认识结果的观念的再认识和对于这种再认识所获得观念的再认识，这种理智向着知识的推进即是“反思”。

黑格尔赋予了反思以较为深刻的内涵和规定，认为反思是一种事后思维，是跟随在事实之后的反复思考，其任务就是透过现象把握事物的本质和根据，从本质上来看是一种批判性思维。

胡塞尔的现象学通常被认为是一种继承并发展了自笛卡儿以来欧洲思维传统的反思哲学，“反思”是其认识论的中心概念，指的是一种认识自身的活动。胡塞尔对反思问题的发展作出的重要贡献之处还在于，他认为知识并非是客观的，而是一种交互主体性，是主体之间的关系，这就消弭了主客体间的二元对立，为个体的自主反思铺平了道路。

总之，反思是近代西方哲学中广泛使用的概念之一，是西方哲学的标志性问题，“反思是哲学思维的自觉，是哲学走向成熟的重要标志。”② 德国哲学家谢林认为，哲学就是一部关于自身意识的历史。总的来看，无论是在古代或是近现代的西方哲学中，反思一般指的是精神的自我活动与内省的方法。

二、认知心理学的研究

反思问题真正引起心理学界的瞩目并成为该领域全球性的热门话题是在认知心理学出现以后，认知心理学家在 20 世纪 70 年代后期提出元认知

① （美）梯利著，葛力译．西方哲学史［M］．北京：商务印书馆，2005：281.

② 郝文武．作为反思教育思想前提的教育哲学［J］．北京师范大学学报（社会科学版），2008（4）．

的概念，并主张以元认知代替反思。元认知即关于认知的认知，又被称作反省认知、反审认知等，最早是由美国心理学家弗拉维尔（Flavell）首先提出来的。元认知是指个体对自己的认知加工过程的自我觉察、自我评价、自我调节，是认知者对自己认知活动的自我意识，它由元认知知识、元认知体验和元认知监控三部分组成。

元认知知识是个体对影响自己的认识过程与结果的各种因素及其影响方式的认知，具体包括人的因素方面的知识（关于认知者自身特点的知识如兴趣、爱好、能力等），任务因素方面的知识（关于认知材料的性质特点、认知任务的目的、认知活动的层次等对认知活动的影响的认识），策略因素方面的知识（如常用策略有哪些、各有什么优缺点、适合在什么情况下使用等）。

元认知体验是指个体在元认知活动中获得的认知体验和情感体验，包括感知中的元认知体验（如感知印象的完整性、清晰性等自我判断）、记忆中的元认知体验（如学习的容易度、学会程度、回忆或再认的自信度等自我判断）、思维中的元认知体验（如问题难度、思维的清晰性、逻辑性和创造性等自我判断）、言语中的认知体验（如语言的节奏性、发音的清晰性、词句的可理解性等）。①

元认知监控是指个体凭借元认知体验的力量，运用元认知知识对认知活动不断进行评价、调节的过程，是元认知的核心，包括目标的选定和修改、过程的计划与调整、策略的选择和变更等。

认知心理学还进一步对以上三种成分之间的关系进行了分析，指出：元认知知识可以帮助主体在认知活动中选择有效的监控策略，对认知任务进行科学的评价和修正，同时还可以引起各种认知体验，丰富主体的意识和理解。元认知体验是主体进一步行动的激活力量，它能够补充、删除甚至修改原有的认知知识，使其在同化、顺应中得到发展。元认知调控一方面是元认知知识和元认知体验直接作用的结果，另一方面还直接制约着元认知知识的获得及其水平，在实际的认知活动中，它与元认知体验常常相伴而难以分开。

元认知理论的相关研究深化并拓展了反思的观念，不仅使反思的内涵与步骤等更清晰，更易理解与把握，而且使反思由以往单纯的心理现象变成一种实践行为，直接在实践过程中发挥作用，为反思性教学提供了坚实

---

① 鱼霞．反思型教师的成长机制探新［M］．北京：教育科学出版社，2007：83.

的心理学依据。[①]

三、杜威的研究

在教育界，杜威被公认为“反思鼻祖”，在其著作《我们怎样思维》和《民主主义教育》中对反思进行了系统论述，并对反思性思维的培养做出了开创性贡献。

杜威将反思界定为“反省思维”，在他看来，这是思维的一种形式，是个体在头脑中对问题进行反复、严肃、执著的沉思，是一个能动的、审慎的认知加工过程，包含大量涉及个体内在信念和知识的相互关联的观念。

既然反省思维是思维的一种形式，那么它和其他的一般思维有什么不同呢？杜威对此解释为：反省思维比其他思维更有成效，它是一个使经验不断改造的过程，能够指导我们的行动，使之具有预见性并按照目的去计划行动。这样一来，杜威就把反省思维与实践问题紧密联系起来了，并且将之贯穿在行动之中，这无疑为当今的反思性实践理论提供了基础。

杜威不仅对反思的概念、特点等进行了探索，还在教育史上首次论述了反思性思维的培养问题，认为它应成为教育的中心目的。因为在杜威看来，学习就是要学会思维，具备了反思性思维就能够将经验到的疑难、困惑的情境转化为清晰、确定的情境，从而实现有效学习。[②] 杜威认为，培养反思性思维只注重方法层面的知识是不够的，需要态度和方法相结合，甚至认为反思的态度比反思的知识与技能更重要，如果必须在二者之间作选择的话，他宁愿选择前者。在个人态度中，最主要的是信心、虚心、专心和责任心：信心是指一个人对他应该做的事情所持的一往无前的态度；虚心是指一个人没有偏见和成见，积极思考新问题和探索新观念的态度；专心是指一个人在做事时的全神贯注、全心全意和真诚热情的态度；责任心是指一个人会事先考虑到按计划行事可能带来的后果，并愿意承担这些后果产生的责任的态度。[③] 只有在这几种态度的基础上再辅之以一定的方法来培养反思，才能把一个人培养成良好的思想家。可见在杜威看来，反思不只是一种简单的供教师运用的技术，而是一种比逻辑理性问题的解决

---

① 张大均、王映学．教学心理学新视点［M］．北京人民教育出版社，2005：254.

② 霍力岩、孙冬梅等．幼儿园课程开发与教师专业发展——比较研究的视角［M］．北京教育科学出版社，2006 年版，第 358 页。

③ 单中惠．现代教育的探索——杜威与实用主义教育思想［M］．北京人民教育出版社，2001：353.

更为复杂的过程，其中既有理性成分，又有情绪状态。

四、舍恩的研究

在杜威的反省思维理论基础上，真正将反思有效贯彻于教师教育领域中的是美国学者舍恩，在其所著的《反思性实践者：专家在行动中如何思考》与《教育反思性实践者》中首次提出了反思性实践及反思性实践者的概念，并系统地阐述了他对于反思性实践和反思型教师的理解。

舍恩提出反思性实践的概念是试图弥合传统的职业教育中理论与实践分离的倾向，因为传统的职业教育是被科技理性控制的，把从事基础理论、应用科学理论研究者和实践者分成三个等级，其中实践者处于最底层，他们只是理论的被动消费者，对他们进行教育主要是训练其正确运用理论进行规范操作。但当实践工作者在追求符合科技理性的规范时，却常常由于实践情境中的复杂性、独特性和不确定性等无法解决实际问题。对此舍恩认为，思考和研究不是理论的独有领地，实践也不是仅仅去“做”，也需要进行思考。这样他就把反思与行动结合起来，并由此提出了“行动中反思”和“行动后反思”的概念。

所谓“行动中反思”就是个体有意识地或潜意识里不断地对与他以往经验不符合的、未曾预料的问题情境进行重新建构，而“行动后反思”则是个体对已经发生的行为进行回顾性的思考，其中也包括对行动中反思的结果与过程的反思。[①] 舍恩本人更强调行动中反思，认为行动中反思得到的结果是实践性知识或缄默的知识，即一种个体已经学会了的但却往往没有意识到的、直觉的、无法言传的知识，这是一种主观的知识，脱离了知识主体就不能进行交流、理解或应用。教师反思的重要方面就是教师对自己意识到的缄默知识加以激活、评判、验证和发展，使之升华为个人的教育理论。舍恩对“行动中反思”和“行动后反思”的划分具有重要意义，它极大地丰富了反思的内涵，带来了对教学反思进一步研究的热潮，并成为后人进行反思研究的基础。[②]

五、批判理论的研究

批判理论是一种以当代工业社会为对象，企图对这种社会中人的处境

---

① 鱼霞．反思型教师的成长机制探新［M］．北京：教育科学出版社，2007：116.

② 朱琼敏、唐纳德·舍恩．反思性实践思想及其对我国成人高等教育的启示［D］．福建师范大学硕士论文，2007：32.

和状况进行综合批判研究的社会哲学。这一理论的重心在于强调理性自主，强调每个个体都具有理性地反思自身的行动，并以这种反思为基础和力量来改变实践的潜力。作为当代人文主义的重要思潮，批判理论十分关注教育实践情境，批判理论家把学校置于一个大的文化政治和冲突的舞台上，认为学校不再是中立的机构而成了实施政治控制的工具，传统的学校教育反映的是压迫社会的现实，其“填鸭式”的教育方法使人形成了不良人格，他们不会反思自己行为的后果，也不知道自己有改造世界的能力。基于这一认识，批判理论家力图建立一个大胆的教育代言机构，它将不仅变革学校，而且将会变革整个社会。而作为教育者的教师在其中担负着重要职责，他不应该是按照预先制定的课表授课的技术工人，而应该是吸引学生参与批判对话的、富有改革精神的知识分子，[①] 成为社会变革力量中的一员。在批判理论家看来，教育实践者的实践是与整个社会密切联系着的，教育者的实践是社会实践，教育者的改革是社会改革，我们必须在社会的、文化的、政治的和经济的背景中才能真正理解教育活动。[②] 事实也的确如此，当今社会正处在急剧变革过程中，影响人类校外生活的所有问题也必然会影响学校，如果不注意这些影响因素，不注意学校生活和学校教育的社会条件，教师在教学中就会面临挑战。

总之，批判理论在一个非常广阔的领域阐明了教育教学与诸多社会因素的关系，能够激发人们对主流的教育研究和实践进行大量的反思，对我们更为全面认识反思的内容有着重大意义，同时也有利于教师谋求更大的专业自主权，做专业发展的主人。

综上所述可知，西方的专家学者在教师反思方面的研究起步较早，他们汲取了各思想流派丰富的营养并对之进行了多角度、深层次的研究，其关于反思性实践的研究成果是比较丰富的。

第三节　有关幼儿教师反思性实践的若干问题概述

概念普及的一个后果就是它的意义会不断地延伸，随着反思性实践影响的扩大，人们对它的诠释也在拓展。这既源于教育教学现象的复杂性，也是因为研究者的知识背景、研究兴趣、研究目的等的差异，每个人都会

---

① ［美］乔尔·斯普林格．脑中之轮——教育哲学导论［M］．北京：北京大学出版社，2005：44.

② 唐莹．元教育学［M］．北京：人民教育出版社，2002：377.

得出各自不同的研究结论。以下就是笔者对本章中有关幼儿教师反思性实践所涉及到的几个问题的理解所进行的简要阐述。

一、幼儿教师反思性实践的概念

从20世纪80年代以来，随着强调培养教师反思能力的教育思潮在全世界范围内的兴盛，越来越多的研究者开始关注教师反思的问题，与之相关的概念也层出不穷。除了反思性实践外，还有诸如教学反思、反省式教学实践、反思性教学等，本章采用的是“反思性实践”一词。之所以未使用最常见的教学反思或反思性教学的称谓，主要是考虑到幼儿园教育的特点。

在学校教育中，教学主要指的是老师指导学生进行学习的活动，进一步讲是一种教和学相结合或相统一的活动，① 它是中小学校教育的基本途径和中心工作。对于学生特别是义务教育阶段的学生来说，学习具有强制性，是一种义务。而幼儿园是一个教育和保育并重的教育机构，并且以保育为主。所以在这一点上，幼儿园教育与学校教育是有很大差别的。

过去我国受前苏联学前教育的影响，比较注重对幼儿进行教学，1952年还专门颁布了《幼儿园暂行教学纲要（草案）》进行详细指导。随着世界范围内学前教育理念与实践的发展，我国教育界对幼儿教育的看法也发生了很大变化，如1981年教育部颁布了《幼儿园教育纲要（试行草案）》，对前一文件进行了正式修订。虽然从文件名称上来看，“教育”与“教学”只有一字之差，但却体现了一种全新的变化，即根据幼儿园教育的特点，突出了其主要工作是教育而不仅仅是教学，② 这在2001年颁布的《幼儿园教育指导纲要（试行）》中体现得更为鲜明。例如在笔者所调查的一所蒙古族幼儿园的某位教师的反思日志中记载道：

> 幼儿进餐环节往往是教师最头疼的时候：有的孩子把饭含在嘴里不肯咽下去，有的孩子任凭怎么劝就是不张口，还有的孩子刚吃了一点就说吃不下。这样下去，他们的身体健康状况真是令我担忧。
>
> 今天，小朋友们中午进餐之前我告诉他们，如果今天能不挑食吃得很干净，就可以得到一个五角星。可是开饭后，班里总不

① 李秉德．教学论［M］．北京：人民教育出版社，2001：2.

② 唐淑．学前教育史［M］．北京：人民教育出版社，2007：215.

吃饭的那几个孩子还是东看看西瞧瞧不肯拿起勺子。我知道他们已经对五角星不感兴趣了，无奈之下只有喂他们了，可是也不能天天如此吧。后来，我灵机一动想出一个办法："我们来玩钻山洞的游戏吧！"他们点点头，于是我来到一个孩子身边，把一口饭当作火车"呜呜"地开进了他的嘴里。这下他的兴趣来了，把嘴张得大大的，很快就把饭吃完了。我当着孩子们的面亲了他一口，他显得格外高兴，我也松了一口气。自从使用这个方法以后，这几个不爱吃饭的孩子就吃上了饭。

从这篇日志中可见，在幼儿园一日的保育和教育活动中是时时处处有教育和反思的契机的，这一点与学校有较大区别。因此笔者认为，如果在幼儿教育中也沿用教学反思或反思性教学的概念，很容易使人与当前幼儿教育中比较突出的小学化倾向联系起来，这样的概念名称不仅在理论上有欠缺，而且以此为指导的实践也有可能给人以潜移默化的消极影响，将幼儿园教育与学校教育等同起来。另外，无论是中小学教师还是幼儿园教师，其主要是在教育教学实践过程中对产生的各种问题进行反思的，即使是在阅读理论文献时有所启发，也需要将之贯彻到实践当中去检验、修正，所以对教师的反思活动而言，实践性无疑是最主要的特征，这也正是舍恩提出反思性实践思想的初衷，即实践者从实践中的问题出发来反思自己的实践，以便使问题得到解决。

正是基于上述理由，笔者将本章中幼儿教师开展的反思活动称为幼儿教师的反思性实践，并试作如下定义：幼儿教师反思性实践是指幼儿教师在其职业生涯的整个过程中，通过对幼儿园教育实践中出现的各种问题进行积极主动、持续深入地思考，并运用各种途径努力探索有效的解决办法以使自己不断提升专业素质、促进专业发展的过程。

二、幼儿教师反思性实践的特点

（一）实践性

实践性是幼儿教师反思性实践的首要特征，这是因为教育本身就是在一定社会背景下发生的促使个体的社会化和社会的个性化的一种实践活动，[①] 所以从根本上说，教育问题就是实践问题。反思发生在教育实践活

① 全国十二所重点师范大学．教育学基础［M］．北京：教育科学出版社，2008：4.

动中，实践活动是反思的基点和目标。幼儿教师的问题是在鲜活的幼儿园教育实践中产生，对问题的解决方法也要拿到实践中去检验、修正。虽然有时通过阅读理论文献也能产生问题和思考，但最后还是要拿到实践中去探究，而且必须先有实践积累做基础才有可能在阅读中有所感悟。所以，反思“是对实践的反思，在实践中反思，为实践而反思”①，没有了实践，反思就成了无源之水、无本之木。

（二）研究性

以往，在理论本位观和技术型教师观的影响下，人们大都把教师视为教育理论的被动执行者，忽视了教师的主观能动性和研究能力。随着上世纪后期行动研究的兴起，“教师即研究者”的观念已深入人心，行动研究成为了教师教育中的特定概念。澳大利亚的凯米斯等人把行动研究看作是教师所进行的一种自我反思的研究，倡导教师对自己的实践进行批判性思考。可以这样说，行动研究与反思须臾不可分离，反思贯穿于行动研究的始终。正因如此，反思性实践有时也被定义为行动研究，② 所以，研究性是幼儿教师反思性实践的一个重要特征。

（三）开放性

这里的开放性可以从思想的开放和行动的开放两个方面来理解。思想的开放是指教师要善于摆脱固有思维模式的束缚，努力把握复杂教育现象背后的本质，从多视角、多层次和全方位来思考问题并选择多种的解决办法。行动的开放是指教师在自我反思的基础上，还要力争建立一个能开展对话与合作的“反思共同体”。在这里，幼儿教师和儿童、家长、同事、社区及专家等共同合作，做到集思广益以提高反思的效果。其中思想的开放是行动开放的基础和前提，思想指引着行动。行动的开放反过来又可以促进思想的进一步丰富、发展，从而使思想更加开放，二者是相辅相成、相互促进的。

（四）长期性

幼儿教师开展反思性实践的目的是为了促进自己的专业发展，逐渐成长为一名专家型教师，这无疑是一个长期、持续的过程，将贯穿于教师职业生涯的始终。这是从宏观层面上来讲的，而在微观层面上来看，教师对某个教育问题或现象进行反思时，一般都会经历一个发现问题、积极思考、拟订方案、实施并验证方案的过程，这一过程绝不可能一蹴而就。而

---

① 宋明钧．反思：教师专业发展的应有之举［J］．课程·教材·教法，2006（7）．

② 刘丽丽．西方反思型实践理论综述［J］．比较教育研究，2003（8）．

且，如果最终问题并未得到圆满解决的话，还需要重新拟订方案并继续在实践中验证。所以对于教师来说，要想通过反思性实践提高自身的教育教学水平的话，必须做好长期的打算。

三、幼儿教师反思性实践的价值

综合相关资料来看，不同的研究者从各自角度出发，对幼儿教师反思性实践的价值或意义做过很多论述，得出的研究结论也各不相同。其实在笔者看来，不管其价值和意义有多少，总体来看不外乎表现在两方面，一是对教师专业发展的价值，二是对儿童发展的价值。因为作为教育系统的两个基本要素和互动的主体，教师与儿童是相互影响的，教师的专业成长和发展与儿童的成长和发展息息相关。当然除此之外，幼儿教师反思性实践的价值还在于能促进幼儿教育事业的发展，这也是其应有之义，因此以下就不单独予以说明了。

（一）促进幼儿教师的专业发展

教师专业发展又称为教师发展或教师专业成长，是一个长期的发展过程。教师要想成长为一名优秀的专业人员，必须通过不断的学习与研究来提高自身的专业水平，才能最终达到专业成熟的境界。因此，是否有较强的学习与研究能力正成为区分一名教师是否是专业教师的根本标志，教师的教育研究能力正越来越成为教师专业发展的重中之重。如今，“教师成为研究者”几乎成了教师专业化的同义语，而“反思是教师成为研究者的起点，是促进教师专业发展最重要的高级思维能力。教师是否具有反思的理念、能否进行有效的反思是影响教师专业发展和自我成长的关键因素”①。对此，美国心理学家波斯纳（G. J. Posner）曾经提出一个被广泛引用的著名公式：教师的成长 = 经验 + 反思，我国心理学家林崇德也有过类似的说法。可见，反思是促进教师专业成长和发展的必不可少的途径，现在仅凭经验已完全不能适应日益复杂多变的教育教学情境了。大量的研究证明，教师对教育经验的反思是一部分教师成为专家型教师而另一些人却不能的重要原因。正如波斯纳指出的那样，没有反思的经验是狭隘的经验，至多只能形成肤浅的知识，如果教师仅仅满足于获得经验而不对经验进行深入思考，那么他的发展将大受限制。

（二）促进儿童的成长和发展

在幼儿园教育系统中，虽然教师与幼儿之间表现为一种互动的主体关

---

① 宋明钧．反思：教师专业发展的应有之举［J］．课程·教材·教法，2006（7）．

系，二者是相互影响的。但从总体来看，幼儿是一个正在逐步成长、发展中的个体，无论是生理还是心理方面都正处于一个由不成熟向初步发展的过程中。所以，教师作为幼儿发展过程中的重要他人，其教育水平的高低直接决定着幼儿身心的健康发展。“善于反思的教师，能借助于幼儿在活动中的反应来分析、判断自身所确定的教育目标、选择的教育内容、采用的组织形式、投放的材料以及在教育过程中的具体指导策略等是否适宜，并思考为什么不适宜，从而减少教师在教育活动中的盲目性和错误率，提高教育教学工作的理性程度，使自己的教育教学过程达到最优化，教育活动更趋专业化，并最终实现有效地促进儿童学习与发展的目的。”①

四、幼儿教师开展反思性实践的途径

幼儿教师开展反思性实践的途径和方式有很多，应根据自身的具体情况和本园的实际条件进行，综合来看主要包括以下几种：

（一）理论学习

要做到反思意识的觉醒、能力的增强，系统的理论学习是必须和必要的。教育理论是对教育实践的高度概括、总结和提炼，因此没有什么比好的理论更具有实用性了。学习教育理论可以帮助教师明确那些让她们感到不解和困惑的一些实际问题，而这些问题的产生往往是由于教师的理论素养欠缺造成的。作为反思性实践者的教师要想改进自己的活动，必须站在理论立场上进行反思，理论能给教师提供思考和自我分析的材料，对新的教育教学理论的学习，还能够同教师原有的观念发生冲突，从而激发她们进行反思的动机。

（二）教育叙事

教育叙事是在自我反思的基础上，教师用自己熟悉的言语方式来表达和叙述教育教学中所发生的真实事件的一种文体形式。教师在叙述自己的教育故事时，实际上也是在反思自己的教育实践。在叙述中，教师要积极地再现自己的教育情景、分析自己的教育行为，要在叙事中反思，在反思中深化对问题和实践的认识，在反思中提升原有的经验，修正行动，探寻事件或行为背后隐藏的意义、理念和思想，可以说反思贯穿于叙事的整个过程，并最终决定着叙事，离开了反思，叙事研究就失去了它的目的和意义。

---

① 林菁．幼儿教师的“反思性教学”探微［J］．福建师范大学学报，2004（3）．

总之，教育叙事过程本身就是教师反思、认同、获得意义，从而改变内心世界的过程，它克服了以往教师写作中说空话、实例少的弊端，使教师的教育经验走上实实在在、容易被人理解和接受的轨道。

（三）反思日记

写反思日记是现实中教师经常采用的有效反思途径，它是对教育教学工作的总结与分析，其中既包括对自己工作的总结与体会，也包括对自身工作及教育理念中出现的问题进行深入分析，并积极寻求解决的对策。反思日记没有固定的写作内容和风格，因此每个人都可以形成自己独有的风格和特色，但大致应遵循以下三条基本原则：一是问题性原则，即从自己感受到的问题和困惑出发来写，二是具体性原则，即从事件的真实发展过程来写，三是评价性原则，即不仅要记录事件的发生与发展，更重要的是分析事件发生的原因并探讨解决的对策。①

（四）微格教学

微格教学又被译为“微型教学”、“微观教学”、“小型教学”、“录像反馈教学”等，是一种利用现代化教学技术手段来训练教师教学技能的方法，也就是把执教者的教学活动进行录像，然后重放录像，执教者和有关人员边看边评议，分析问题并设想解决问题的方法。这种立足于教师教学行为的研究方法更为注重教师对自己教育实践活动的反思，研究成果直接改善教学行为，以教师的变化促教学的变化，能有效地促进教师的教育教学水平的提高。与其他方式相比，微格教学具有准确全面的特点和镜像效应的作用。

（五）教师博客

博客（BLOG）是一种新型的互联网交流形式，是一种包含网络链接内容，按照时间顺序排列并且能不断更新的、用于个人表达思想的网络出版方式，其作为一种新兴技术引入教育教学实践，体现了当前教育发展的需求。教师专业成长需要一点一滴的积累，需要长年累月的反思、调整、提高，博客即提供了一种让教师自主地实现记录、反思、积累的专业成长平台。

教师博客是教育博客中的一种，教师只要具备计算机应用的基础，能够进行一般性的文本操作和上网浏览的能力，就可以轻易构建属于自己的博客。通过它，教师可以很方便地将自己所学的教育理论、经历的教学实

① 申继亮．教学反思与行动研究——教师发展之路［M］．北京：北京师范大学出版社，2006：85.

践、鲜活的教学案例、个体的教育困惑、点滴的教学反思记录在这个平台上。在记录与书写的过程中，教师会很自然地进行思考、分析、总结与探讨，不断改进自己的教学方式，不断积累教学经验，提高自己的教育教学水平。同时，由于博客的一个重要功能是跨时空的交流共享，所以在教师博客中，可通过对来自各方面的反馈信息进行整理研究，根据他人的评价和建议来不断深化自己对教育教学规律的认识，不断调节自己的教育行为。此时，博客空间仿佛是一面反观自我的镜子，教师可以在非外力作用的情况下自主地在这面“镜子”前开展剖析与研究，并将剖析与研究的过程、结果完整地记录和呈现出来，这一过程就是一个积累的过程、反思的过程、成长的过程。

实践证明，教师通过博客进行教育叙事、阐述教师个人和他们自身经历的专业化来开展教育研究，是培养教师反思能力，促进教师专业发展的重要途径。[①]

（六）教师档案袋

教师档案袋是以收集幼儿教师专业发展中的学习成就，展示教师进步表现、取得的专业成果、个人培训的提高，展现各主体的评价结果以及其他记录和资料的汇集。它是一种以质性评价为主的评价方式，是以激励教师主动参与、积极的自我反思、主动和谐发展为主的全新评价方法。建立档案袋的过程是教师对已有经验进行整理和系统化的过程，是对自己成长的积累过程，也是教师自我评估、自我教育的过程，教师填写档案袋的过程本身就是自我反思的过程。对教师来说，档案袋是反映自己教学实践、进行自我反思和评价、确认职业发展需要的有效途径。

（七）合作研讨

反思是一种社会性、公共性的活动，所以教师不仅需要个体的反思，而且还应该有集体的反思，同伴的参与和合作可以使反思达到事半功倍的效果。教师经常聚集在一起，针对当前教育中存在的问题进行交流、沟通、与合作，各抒己见，共同讨论解决问题的方法，得出最佳方案为大家所用，从而达到共同提高的目的。这样既促进教师间的相互了解，发现彼此的长处，有利于教师间彼此的合作，同时通过同行之间的相互尊重与支持、开放性讨论，使自己的教育方式得以改进，使自己的知识得以扩展，促使自己更有效地进行思考。另外，如有条件还可以广泛吸纳专家、家

---

① 徐莉莉．澳大利亚教师入职培训的重要补充［J］．外国中小学教育，2008（9）．

长、社区人士等参与其中，从不同角度来获取信息以促进反思的有效进行。

（八）行动研究

行动研究是一种最为正式、公开、系统，最能体现教师研究能力和态度的反思方式，[①] 其目的不在于建立理论和归纳规律，而在于系统、科学地解决实际问题。行动研究法在教育科学研究中的实际运用，打破了过去研究与实践脱离的局面，揭开了教育研究领域神秘的面纱，使广大教育工作者，尤其是处于教育实践层面的教师有了进行教育科研的勇气和信心，使他们开始关注日常教学实践中的问题，以研究的态度对待教育教学，使实践更具理性特征，有助于改进教学实际工作。

在行动研究中，问题的缘起来自于实际工作的情境，着重要解决的是教师在日常工作中遇到的和急需解决的实际问题，无论是由专家和教师一起合作，还是由教师自己提出问题、专家作为指导者和咨询者帮助进行，抑或由教师自行开展工作进行反思，研究的核心都是围绕着实际工作中的问题，以改进工作效能为目的来展开，通过计划、行动、反思等环节，通过关注幼儿和教师在某一阶段所发生的事件，在教育理论的知识、方法、技术指导下进行研究以提高和改进教育教学质量。

行动研究是一项人人可以参与的研究形式，改变了教师对他人研究成果的依赖，鼓励教师成为考察自己实践的研究者，为新时期教育改革倡导的“教师成为研究者”这一目标的实现提供了支持，使教师在实际工作中不断行动、不断反思、不断提升能力和素质、不断追逐教育事业前进的步伐。[②] 其程序一般包括确定问题、分析研究问题、制定研究计划、行动并改进工作、对结果进行评议等。其中反思是行动研究的原始动力，贯穿于行动研究的始终，行动研究的过程就是教育实践者试图反思自身并解决自身实践问题的过程。

第四节　呼和浩特市两所蒙古族幼儿园教师开展反思性实践的现状调查

呼和浩特市目前共有两所蒙古族幼儿园，即呼和浩特市蒙古族幼儿园

① 申继亮．教学反思与行动研究——教师发展之路［M］．北京：北京师范大学出版社，2006：49.

② 陈时见．教育研究方法［M］．北京：高等教育出版社，2007：106.

(以下简称呼市蒙幼) 与呼和浩特市新城区蒙古族幼儿园 (以下简称新城区蒙幼)。呼市蒙幼始建于 1982 年，是一所以蒙古族语言文字授课的内蒙古自治区、呼和浩特市两级重点一类甲级寄宿制幼儿园；新城区蒙幼创建于 1956 年，是内蒙古自治区示范性幼儿园，呼和浩特市一类甲级幼儿园，也是自治区第一所单设的以民族语言授课的对外开放的蒙古族幼儿园。其中呼市蒙幼的蒙古族教师占到了全园教师总数的 90% 以上，招收的幼儿也主要以蒙古族儿童为主，现共有 8 个蒙语授课班。在新城区蒙幼的全体教师和幼儿中，蒙古族所占的比例虽然均低于呼市蒙幼，但一线教师中大部分都是蒙古族，而且该园也有 4 个蒙语授课班，教师完全用蒙语授课，主要讲授有关蒙古族传统文化方面的知识。

可以说，通过从小对蒙古族幼儿进行本民族文化的传承和教育来实现少数民族教育的可持续发展，是两所幼儿园区别于其他幼儿园的重要职责，也是它们的特色所在，而这都离不开一支高素质的少数民族师资队伍。为了提升教师的专业素质和能力，使之更好地对蒙古族幼儿施以优质的教育，两所幼儿园对教师的反思活动十分重视。笔者通过问卷调查、访谈、观察等方式，主要从教师与园领导对反思的认识和重视程度、反思的方式、影响反思的因素等角度，对两所幼儿园的一线教师在日常的教育教学活动过程中开展反思性实践的状况作了比较深入的了解。此过程中共发放调查问卷 80 份，基本覆盖了两所幼儿园的所有一线教师，回收有效问卷 66 份，有效率为 82.5%。综合各种调查结果，在总体上得出了如下一些结论：

一、幼儿园上下普遍重视并以多种方式开展反思性实践活动

（一）广大教师非常重视反思性实践在专业发展中的作用

表 2—1

<table>
<tr><td rowspan="2">您在日常的教育教学工作中碰到过困惑或难以解决的问题吗？</td><td>从不</td><td>偶尔</td><td>经常</td><td>一直这样</td></tr>
<tr><td>1%</td><td>73%</td><td>23%</td><td>3%</td></tr>
<tr><td rowspan="2">您在工作结束后会主动对自己的教育教学行为进行反思吗？</td><td>A. 从不</td><td>B. 偶尔</td><td>C. 经常</td><td>D. 一直这样</td></tr>
<tr><td>0%</td><td>4%</td><td>67%</td><td>29%</td></tr>
<tr><td rowspan="2">在工作中遇到问题时，您会积极思考对策以便日后碰到类似的情况时能够顺利解决吗？</td><td>A. 从不</td><td>B. 偶尔</td><td>C. 经常</td><td>D. 一直这样</td></tr>
<tr><td>3%</td><td>3%</td><td>55%</td><td>39%</td></tr>
</table>

续表

您认为对自身的教育教学行为进行反思对专业成长有帮助吗？	A. 没有帮助	B. 帮助不大	C. 帮助很大	D. 说不清楚
	0%	0%	95%	5%
您使用过诸如叙事研究、个案研究、行动研究或实验研究等方法来反思和提高自己的教育教学水平吗？	A. 没有	B. 偶尔	C. 经常	D. 一直这样
	2%	33%	41%	24%
您自己是否订阅或购买一些关于幼儿教育方面的书刊？	A. 从不	B. 偶尔	C. 经常	D. 一直这样
	7%	50%	35%	8%
您通过一些学前教育类网站来了解最新的理论和他人的成功经验吗？	A. 从不	B. 偶尔	C. 经常	D. 一直这样
	9%	42%	33%	16%
您会向经验丰富的教师请教来解决困扰自己的教学问题吗？	A. 羞于开口	B. 偶尔	C. 经常	D. 一直这么做
	0%	20%	56%	24%
您向同事寻求帮助时，他们是否热心地提出尽可能多的解决办法？	A. 只是敷衍	B. 婉言推托	C. 向您推荐别人	D. 提供实质性帮助
	0%	3%	0%	97%

从问卷调查结果可见，约95%的教师认为反思对专业发展的帮助很大，并且绝大多数教师在工作中碰到困惑或问题时都会主动反思并积极思考对策（97%）。在这方面笔者了解到许多好的案例，以下就是一位老师的优秀案例：

（一）为了更好地实施多元智能的蒙汉双语教学，我在班上作了测评，结果发现了以下问题

1. 班里有的小朋友根本不会说蒙语，甚至都听不懂，这些小朋友是：略（名字）

2. 班里还有一部分孩子，不会说太多的蒙语，但是听得懂，能与人简单交流，这些小朋友是：略（名字）

3. 班里还有一部分小朋友能听懂，也会说，但是因为胆小或年龄问题，不怎么爱表达，他们是：略（名字）

4. 班里还有另外一些小朋友，表现欲较强，能用蒙语很好地表现自己，他们是：略（名字）

（二）实施方法

1. 多给幼儿创设语言环境，多听、多看用蒙语交流的对话和音乐、录像等。

2. 多鼓励幼儿互相用蒙语交流，实行一对一、一帮一的教学方式，请蒙语好的幼儿带着胆小或不会说蒙语的小朋友一起活动、对话，在日常生活中提高蒙语水平。

3. 与家长进行沟通，将家园共育的工作做好，配合幼儿园的工作。家长回到家中也要尽量用蒙语和幼儿交流，多给幼儿接触蒙语的机会，创设好的语言环境。

（三）预期目标

1. 能听、说蒙语，做简单的蒙语对话，能明确地用两种语言表达自己的想法。

2. 提高幼儿对自己民族语言文化的兴趣，能自觉地用自己的民族语言流畅地对话。

（四）教学效果

大部分幼儿都能用蒙汉双语进行交流，但还有一部分幼儿不能明确表达自己的想法，尤其是用蒙语对话比较吃力，不能将自己的意图表达出来。

还有一些幼儿不爱说话，当老师提问或与小朋友做游戏时明显表现出沟通能力较差的情况，在今后的教学中要多留意这些幼儿，加强语言表达能力的培养。

除了幼儿园要求写的反思笔记外，大部分教师还自己订阅书刊（选择“从不”的只有7%）或利用学前教育类的网络资源（选择“从不”的只有9%）来学习和反思，这说明广大教师是非常重视反思性实践的。在反思方式上使用最多的是“向其他人请教”，其余按使用频率多少的顺序排列分别为记教学日记、头脑中反思、阅读教育类书刊、利用网络资源（见表2—2）。其他的一些方法如叙事研究、个案研究、行动研究及实验研究等也都被教师使用过，表明这两所幼儿园的教师能够采取多种方式进行反思。

在图2—1的各种反思方式中，“向其他人请教”最经常使用，这可能是因为这种方式相比于其他途径既方便又经济。因为同事们几乎天天在一起，互相请教或探讨很方便，既不需要自己购买书刊或上网去查找相关信息，也比记教学日记和仅在头脑中反思更能有参照系，而且一般都能得到热心的帮助，这也就可以解释为什么在调查中100%的人都有过向同事或有经验的教师请教的经历。

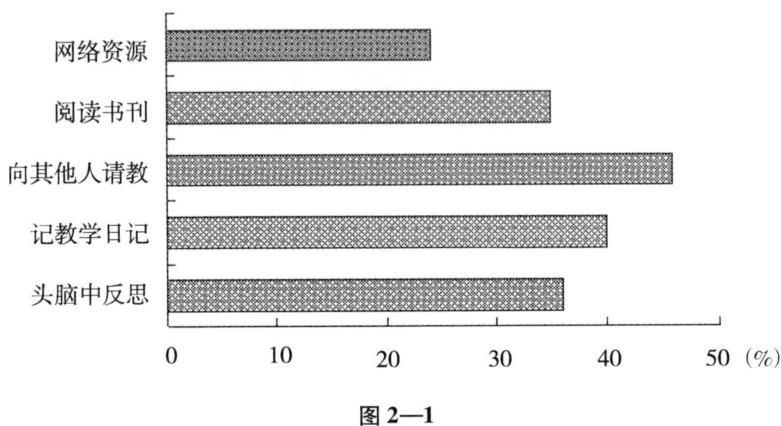

图 2—1

笔者在新城区蒙幼了解到，该园有一种很重要的反思方式——一课三研，即同一节课分别由三位教师来讲，其他教师观摩。在第一位教师的课结束后，随之进行研讨，一般先由任课教师做自我反思，然后由其他教师进行点评，指出优缺点。对第二、第三位老师也同样如此。这样，在听取了对上一位教师讲课情况的意见和建议后，下一位教师不仅能避免出现同样的问题，而且还会促使她更加积极认真地去思考和准备。总之，通过这样几次反复的反思—改进—再反思—再改进，不仅对任课教师提高教育教学水平大有帮助，而且也能使其他教师从中受到启发，特别是对于年轻教师来说，这是一种很好的学习和反思方式。

此外，还有一种“同课异构”的反思方式，即同一内容的课分别由园里不同的教师进行演示，有时还与其他幼儿园的教师共同合作，互相观摩、学习，这样不仅能发展教师之间的交流交往技能，而且可以使教师从对比中学习到他人好的教育教学经验和方法，从而培养其发现问题、思考问题和解决问题的能力，也不失为一种好的反思方式。

（二）园领导对教师的反思性实践极为重视

表 2—2

园领导要求你们开展反思活动吗？	从不	偶尔	经常	一直这样
	3%	6%	53%	38%
园里组织教师进行集体研讨、相互交流经验吗？	从不	偶尔	经常	一直这样
	0%	12%	58%	30%

续表

园里对在工作中做出成绩的老师进行奖励吗?	没有	偶尔	经常	一直这样
	4%	20%	38%	38%
园里为你们购买或订阅过相关的教育书刊吗?	没有	偶尔	经常	一直这样
	3%	17%	35%	45%
您在公开学术期刊上发表的文章数量是?	没有	一篇	二篇	更多
	54%	26%	9%	11%

从表2—2可见，两所幼儿园的管理层对教师的反思极为重视，除了要求教师写反思笔记、组织反思研讨会等，还通过订阅书刊、给予奖励等方式为她们进行反思提供支持和激励。

通过在新城区蒙幼的多次观察，笔者看到，只要能抽出时间，不论是教师的观摩课还是课后的反思和评议，园长都会亲自参加，这对教师来说既是一种鼓励，同时也能起到督促的作用。在每次的评课中，一般都是由分管教学的园长主持，在鼓励教师们畅所欲言的同时，还在评议出现冷场的时候进行适当的点拨和启发，使反思课的效果得到了保障。

除了教学实践以外，新城区蒙幼的领导也很重视教师的理论学习，为她们订阅了各种学前教育类刊物，如《学前教育研究》、《幼儿教育》、《早期教育》、《幼儿教育》等核心刊物，这为教师掌握最新的幼教理论和信息并结合自身实际进行反思提供了便利。

另外园里还经常派出教师到区外一些幼儿教育较发达的地区参加培训和学习，这些教师回来后再向园里的其他教师讲授心得和成果，促使她们结合自身的情况思考，使全体教师都能从中受益，这种培训方式被称为“创新型培训”。所谓创新，指的是与以往那种教师在接受了相应的培训后只是自己获益，不能与其他人进行交流、不能达到资源共享目的的弊端而言的。而且过去外派的教师主要是一些骨干教师，现在有越来越多的教师包括年轻教师也有机会出去接受培训，这对提高全园教师的工作积极性和整体专业水平无疑非常有好处。

这两所幼儿园还十分重视教师对反思性实践成果的总结和提炼，要求教师经常写反思笔记并定期检查并给出评语，还把其中的优秀笔记张贴出来以供其他教师参考和学习。在问卷调查中，几乎近一半的教师都在公开的学术刊物上发表过至少一篇文章，这也从一个侧面说明教师们的专业成果与幼儿园领导的严格要求与大力支持密不可分。如呼市蒙幼多年来一直坚持设立论文奖，鼓励教师结合实际教学工作撰写论文，共有70多篇论文先后发表在各类报刊杂志上，30多篇论文荣获自治区、市级的民教、幼教论文奖。

（三）注重利用对外交流提高教师的反思能力

表2—3

你们园和其他幼儿园互相进行观摩、交流吗？	从不	偶尔	经常	一直这样
	2%	24%	47%	27%
园里邀请幼教专家或大学教师对幼儿园的工作进行指导吗？	从不	偶尔	经常	一直这样
	6%	41%	33%	20%

从表2—3所反映的情况以及笔者的所见来看，两所幼儿园都比较重视与专家和其他幼儿园的交流对教师反思的作用。如经常邀请教育局负责幼教工作的老师来园检查、指导，特别是在申请课题和课题进行过程中，一般都会邀请师范大学的教师和专家来幼儿园为教师们做指导，回答她们在此过程中以及日常教育教学实践中遇到的各种困惑和问题。在新城区蒙幼，每到年终都会进行一次对全园教师的专业能力考核，届时会邀请教育局领导、幼教专家、其他幼儿园的教学能手等当评委，现场为教师打分并进行点评，使其能即时了解自己的不足之处，提高了她们的反思能力。

呼市蒙幼经常同区内外许多幼儿园进行互访，特别是与其他地区蒙幼的联系，对相互交流经验、办出更有特色的民族园和提高全区蒙古族幼儿教育的整体水平很有帮助。此外还同蒙古、日本等几个国家和地区的幼教界建立了长期友好的往来关系，近年来俄罗斯、美国、加拿大等国家幼教界人士也多次来园参观考察，进一步扩大了幼儿园同国际间的交流与合作。这不仅有利于与其他幼儿园建立良好的合作关系，更为重要的是，通过比较与对比，可以学习和借鉴不同幼儿园的教育教学以及管理特色和理念，从而启发了本园教师的思维和创造力，有利于培养教师的反思能力。

二、教师开展反思性实践中存在的问题

（一）部分教师存在的职业倦怠影响了反思的效果

笔者在与一位教师的交谈中听到她的诉苦，由于幼儿园的教学工作量大，加上经常进行的观摩、考核、评比等活动，搞得她身心都很疲惫，有时不仅在幼儿园，甚至回到家看见自己的孩子也会产生烦躁心理，有时为了完成园里规定的任务（如写反思笔记等）而不得不应付差事、敷衍了事。在有些集体研讨课上，有的教师对反思的积极性不高，往往不能主动

发言，气氛比较沉闷，有时只是在主持会议的教学园长的督促下才发表一下意见。很明显，在这些教师身上所表现出来的状态属于典型的职业倦怠。通常意义上说，职业倦怠是指由长期的工作压力引起的以身心极度疲惫为主要标志的综合反应，它会使教师的心理、生理、行为和情绪等处于不良状态，工作上呈现出一些不良表现，自身专业发展和个人生活质量受到影响。其典型症状是工作满意度低、工作热情和工作兴趣的丧失以及情感的疏离和冷漠。显然，如果教师在此种状态下开展反思活动，其效果一定会大打折扣的。

其实，在这些教师身上出现的情况具有一定的普遍性，这在调查问卷的结果中也有所反映：在影响反思的诸因素中，选择“工作忙，没时间”的人最多，可见，由于日常的教学工作繁忙，导致属于教师自己能理性地去回顾与反思自己的教学活动的时间很少，这是影响教师开展反思的首要因素。再加上其间进行的各种考核、评比等常常使教师疲于应付，给教师造成了巨大的心理和生理负担，扼杀了教师反思自身教育教学观念和实践的积极性和主动性，这样即使在外在压力下不得已进行反思，其效果也不会理想。职业倦怠不仅能造成个体职业和社会功能的损害，而且会给组织带来破坏性的影响，所以这一问题应引起我们的高度重视并采取相应的对策来解决。

（二）部分教师缺乏自主反思的意识

调查中还有很大一部分教师认为没有专家指导是影响她们开展反思的另一重要因素，其实从图2—2中可以看出，幼儿园会经常定期或不定期地邀请专家来指导工作，这一看似矛盾的结果说明，部分教师缺少主动反思的意识，过于依赖专家的指导。至于“周围的同事没人这么做”和“园领导没要求”这两项则无一人选择，说明园领导较为重视反思并对教师有相应的要求，而教师们一般也都能以各种方式进行反思。可为什么这其中还有一部分人选择了“自己不感兴趣”呢？笔者认为，这是缘于目前部分教师还未达到自觉思考并调控自己以及自己的教育教学活动的程度，只是由于身边的教师都在反思，自己也不得不去做，但由于教学工作太忙，所以只能是应付差事。也就是说，有些教师只是将反思与幼儿园日常的教学工作等同起来，却没有真正认识到反思对自己专业发展的重要意义。教师自主反思意识的缺乏必然会引起教师反思行为的懈怠，从而影响到反思的效果和专业的发展。

其实正如杜威所认为的，反思的态度要比反思的知识与技能更为重要。因为毕竟专家不可能天天在幼儿园做指导，而且专家的指导是普遍性的、共性的，而教师的教育教学实践是个体化的，因此只有有了主动反思的意识，才能不等不靠，通过各种途径自觉地把反思行为贯穿于日常的教育教学活动中。

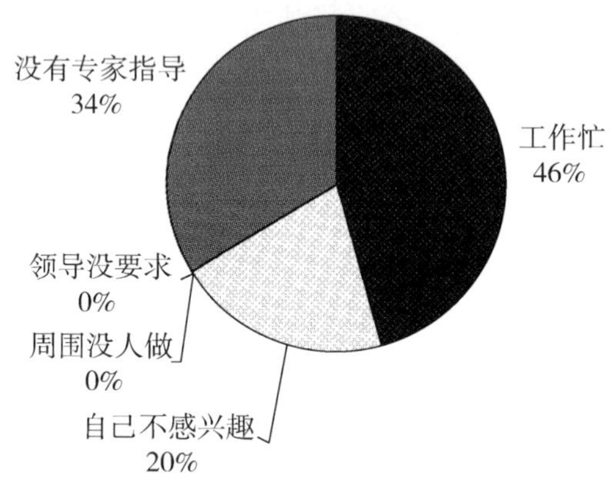

图 2—2 幼儿园教师自主反思的意识

（三）职前教育阶段缺少反思能力的培养，影响了新教师日后在幼儿园的工作

通过对两所幼儿园一线教师学历层次的调查来看，具有大专学历的占50%，本科的达到了41%，中专或高中学历的仅占9%，总体的学历层次情况相当不错。教师的学历层次普遍提高反映了她们接受专业教育的时间比较长，但问题是传统的师范教育主要是给学生提供一个课堂，让他们运用听讲方式获得知识。这样的方法缺少实际教学经验的指导，师范生不能运用他们所学的教育学知识，教学能力得不到提高，更不用说培养反思能力了。笔者通过在幼儿园的多次观察发现，新教师无论从教态、语言的规范程度，还是从学具的制作、与幼儿的有效沟通以及课后的反思等方面，与老教师相比都有明显差距。一位保教主任甚至断言，新教师不经过2—3年的时间是不可能成长起来的。为了使新教师尽快成长，幼儿园一般都会采取诸如师徒制、园本培训等方式来帮助她们，希望以此促使其在学习中不断反思并最终提高专业发展水平。

其实有研究认为，培养职前教师的反思意识、提升其反思能力，是促进教师专业发展的最好切入点。[①] 所以，如果能在职前教育阶段就着力培

① 刘素婷．职前教师反思能力的培养策略［J］．河南职业技术师范学院学报（职业教育版），2007（2）．

养师范生在实践情境中反思的意识与能力，那么对其今后迅速适应和融入幼儿园的工作环境是大有益处的，同时也能一定程度上减少幼儿园支出的学习、培训等成本。

虽然在问卷调查中约有67%的教师认为学校对她们反思习惯的培养帮助较大（见表2—4），但笔者认为，如果没有太多的幼儿园实践机会，这种反思就只是纸上谈兵，其作用必然是很有限的。诸多研究表明，教师专业发展活动必须镶嵌于他们的日常专业实践中。因为教育实践是教师专业发展的基础和生命，而反思就是教师对教育实践的不断修正并将其升华为实践智慧以促进专业发展。①

表2—4　教师眼中学校对其反思习惯培养的有效性情况表

您认为在您上学期间，学校对培养您的反思习惯有多大帮助？	没有帮助	帮助很小	帮助较大	说不清楚
	5%	14%	67%	14%

因此，为了使新教师在入职后，其专业发展能继续得到保障，师范院校应加强实践性教学环节，促使未来的幼儿教师在实践中不断发现问题、反思问题，在此基础上提高解决教育教学实际问题的能力，使学生一毕业走上工作岗位就能基本胜任教育工作、少走弯路，这无论对教师个人还是幼儿园来说都是非常有利的。

（四）对家长、社区等园外教育资源的利用不够

现在国际幼教界普遍都很重视园外教育资源的开发与利用，目的是为了形成教育合力，共同提高幼儿教育质量。美国、日本等学前教育较发达的国家均相继出台了一系列政策来推进幼儿园与家庭及社区的协作共育，我国对此也非常重视，这在《幼儿园工作规程》、《幼儿园教育指导纲要（试行）》（简称《纲要》）等重要政策文件中均有所体现。如《纲要》明确提出：幼儿园与家庭、社区密切合作……综合利用各种教育资源，共同为幼儿的发展创造良好的条件。风靡世界的瑞吉欧幼儿教育体系之所以能取得巨大成功，其主要的经验之一就是把家长和社区视为强大的合作力量。但目前仍有不少幼儿园由于种种原因对家长、社区等园外教育资源的作用重视不够，两所蒙古族幼儿园也在一定程度上存在着这样的现象。

① 于淑文．论现代教师的反思能力与教师专业发展的内在关联性［J］．教育理论与实践（学科版），2005（4）．

表 2—5 教师与家长沟通情况表

为搞好工作，您是否主动和家长沟通以便更深入了解他们的孩子？	从不	偶尔	经常	一直这样
	2%	0%	45%	53%

尽管在问卷调查中绝大多数教师都能主动和家长沟通以便更深入了解他们的孩子（见表 2—5），但笔者通过与教师的交谈了解到，这种沟通的效果并不是很理想，一般只是在接送孩子时进行简单的交流，这不论是在时间上还是在深度上都很有限，难以达到深入的了解，与社区的沟通和联系更少。

其实学前教育不仅仅是幼儿园教育，家庭和社区是幼儿生活的主要场所，蕴含着丰富的教育资源，对教师开展反思活动很有帮助。显然，对家长、社区等园外教育资源的重视和利用程度不够，会使教师在反思和优化自己的教育教学实践中缺少了一面检视自身教育教学的有效性和适宜性的“镜子”。因为每个家长都具有不同的职业特点、各异的兴趣特长，而每个儿童所处的社区也各具特色（如不同的自然资源、人文景观、生活设施等），教师如果能了解到这些优势所在并积极把这些有利条件渗透到幼儿园教育中，就可以为教师开展教育及反思活动提供物质、人力、知识经验等方面的支持。

例如，笔者曾在呼市蒙幼的一节舞蹈课上看到：教师在教幼儿跳“安代舞”的过程中，就充分利用了一位身为舞蹈演员的蒙古族家长开展活动并取得了很好的效果。因为这位教师不太会跳“安代舞”，所以当她了解到一个孩子的爸爸擅长跳“安代舞”后，就邀请这位家长参与到教育活动中：首先家长教教师跳，然后又与教师一起为幼儿跳，两人配合得非常好。在这个活动中不仅调动了家长的积极性，而且使幼儿学习到了地道的安代舞，同时教师也因此获得了向家长学习并了解和反思自己不足之处的机会。

所以，幼儿园应当进一步拓宽与家长及社区合作的广度和深度，采取积极的措施调动家长、社区人士参与教师教育活动的热情，充分发挥他们的主观能动性，使得家、园、社区合作共育在幼儿园教育中发挥更大的作用。

第五节 幼儿教师开展反思性实践建议

时代和社会的发展越来越需要好的教师，而好的教师则需要进行专业化的培养，这已经成为人们的共识。培养反思型教师作为教师教育专业化发展的客观需求，是加速实现教师教育专业化的有效形式，因此，培养反思型教师是教师教育专业化发展的必然趋势。对基础和条件等相对薄弱的民族幼儿教育事业来说，培养反思型教师更是当务之急。

所谓反思型教师教育，就是主张在教师的培养过程中，培植教师“反思”的意识，使其不断反思自己的教育教学理念，不断自我调整、自我建构，从而获得持续的专业成长。反思型教师要求教师能借助反思不断探究和解决教育教学问题，掌握教育知能，具备广阔的教育前沿视野，形成敏感的教育问题意识和过硬的教育研究能力。通过反思型教师教育培养出的教师是研究者，他们不仅具有课堂教学所要求的知识、技能与技巧，而且还具有对自己的教学方法、教育内容进行反思、研究、改进的能力，以及对教育的理论基础、教育的社会价值和个人价值等问题进行探究和处理的能力。

长期以来，我国教师培养在实际操作过程中基本上实行的是“一体两面”的教育体系，在统一的教师教育体系中割裂职前和在职两个阶段，人为地使二者互相隔离、互不沟通，但实际上教师的专业成长应该是一体化的。所以相应的，培养反思型幼儿教师也应该是一个贯穿于教师的职前教育和职后教育的一体化过程，针对上述在两所蒙古族幼儿园了解到的问题，笔者试着提出以下建议：

一、职前教育阶段：加强教育实习

反思意识和能力的养成是一个循序渐进的过程，培养反思型教师应越早越好。在教师教育体系一体化的背景下，反思型教师教育向职前渗透乃至前移为大势所趋，所以应把师范生迈入师范院校大门的那一天作为培养他们反思意识与能力的起点，并贯穿于高师教育的全过程。教育实习作为职前教育过程中不可缺少的一个重要环节，其效果的好坏直接关系到未来教师的质量，关系到教育质量的提高。所以，作为培养未来反思型教师的高师院校应十分注重在教育教学中培养学生的实践能力，有意识地创设实践环境，积极引导和组织学生在各种实践锻炼中学会反思。[①] 发达国家幼师生的教育实习不但时间长，而且形式灵活多样，既有分散实习又有集中实习。而目前我国高师院校学前教育专业的师范生主要是在课堂上接受理论学习，教育实践的机会很少，一般只在毕业前一个月左右的时间进行集

① 魏书敏．论反思型教师的“早期”培养［D］．湖南师范大学硕士论文，2007：33.

中实习，不仅时间短而且没有严格的制度保障，这就严重削弱了教育实习的价值，影响了师范生的教育实践能力，因而也就谈不上培养反思型幼儿教师了。所以，为使将来的幼儿教师具备良好的反思性实践的意识与能力，必须要加大教育实习的力度。在这方面，我国早期的幼儿教育家张雪门的做法非常值得我们效法。

张雪门十分重视幼稚师范生的实习，认为“骑马者应从马背上学”，其实习计划是一种“有系统组织的实习”，具有鲜明的特点：在空间上把实习场所从幼稚园扩大到婴儿园和小学，从校内扩大到校外，从城市扩大到农村；在时间上让幼师生三年六学期均有机会接触实际；在内容上从实习幼儿教育扩展到婴儿保育、小学教育，从只实习教育、教学扩展到实习行政管理及缝纫炊事等。以上的实习措施非常有助于幼师生全面地了解各种不同类型的幼稚园工作的一切细节，即使在今天，这一做法仍然对我们培养未来幼儿教师的教育教学实践能力具有现实意义。正如批判教育学家认为的那样，只有对职业活动有全面的了解，只有在一个宏观、广阔的背景下思考教育教学活动，从不同的视角理解教育活动，才有利于更好地培养反思能力。虽然批判教育家所指的宏观、广阔的背景指的是社会的政治、经济、文化等领域，但笔者认为，相比于很多人把反思仅仅局限在教学活动中来说，这种对幼儿园一切工作都进行实习的方式也可算是具有相对宏观和广阔的意义了。

借鉴上述国内外教育实习的经验，笔者建议，我国的师范院校在学前师资的培养方面，应当把教育实习放在与毕业论文等实践性课程同等的地位予以重视，加大教育实习的课时数，将实习分配到各个学年去进行，成为学习的一部分和常态，并与理论传授同时进行，使师范生在理论学习的同时能够将其有的放矢的进行应用，在实际应用中对所学理论进行反思，在提高自身理论素养的同时，积累起一定的教育教学经验。同时在实习过程中，还应选派专门的教师对实习过程进行管理，强化对实习活动的指导，从而提高实习的效率和质量。另外还应加强对教育实习的评价工作，把师范生从实习前的准备、实习过程的表现、实习总结反思的作业等都纳入到评价范围中，以避免教育实习流于形式。至于教育实习的方式，可以采用分散和集中相结合、校内和校外相结合、模拟和实践相结合，使之贯穿于教师教育职前阶段的全过程，使教师在职前受到多层次、多方面的实践锻炼，这对提高他们的反思能力大有裨益。特别是对于少数民族师范生，学校除了对她们加强民族文化知识教育外，更要千方百计创造条件，使其有更多到（民族）幼儿园实践的机会，使所学与所用能有机结合。

二、在职阶段：为教师创造民主、宽松的工作环境

教师是职业倦怠的高发人群，教师职业特点是其产生职业倦怠的最重要因素。教师工作具有长期性、复杂性、重复性和负荷大等特点，教师面临着重重压力，容易使他们身心疲惫，对职业产生厌倦感。与其他教师职业不同，幼儿教师担负着幼儿的全面教育工作，教育内容涉及科学、语言、社会、艺术、健康等各个领域，还要负责家长工作和部分保育保健工作。随着幼教改革不断深入，特别是《幼儿园教育指导纲要（试行）》颁发以来，对幼儿教师的要求更高了，这使幼儿教师面临前所未有的压力与挑战，加之超负荷的工作强度等因素，很容易使幼儿教师产生职业倦怠感，缺少自主反思的意识与动力。如果这种现象得不到有效的控制，不仅会阻碍教师的专业发展，而且会导致幼儿园的教育教学质量下降，从而影响幼儿的健康发展。

针对上述情况，笔者认为，幼儿园首先是要创造一个有利于反思型教师成长的民主、宽松的工作环境，教师只有在这样一个充满着人性化的管理制度和环境氛围中，才能在最大限度上消除职业倦怠，并增强自主发展的意识，从根本上保障教师积极主动地进行反思。

首先，应在幼儿园管理中体现出以人为本的现代管理思想。作为园长应认识到，自己不仅是教师的管理者，更应成为教师的合作者、帮助者和服务者。园长应尽量从各种日常事物中摆脱出来，贴近教师，了解她们的需要、倾听她们的心声，努力为她们解决生活、工作中的后顾之忧。在充分考虑教师的职责范畴、能力的前提下，合理安排工作任务和工作量，尽量减轻教师的工作强度和负担。对于教师特别是年轻教师工作中出现的差错与不足，要多多给予理解、体谅、关爱、鼓励，维护其心理健康，并能倾听群众意见，主动承担责任。园长还应努力做到时时处处以身作则，包括带头开展反思活动，以实际行动影响和带动广大教师的工作积极性。如果园长不带头进行反思，那么要在幼儿园形成一种反思的氛围是很困难的。总之，教师只有切实感受到来自管理者的尊重、关爱、理解与信任时，才会迸发出更多的热情与活力，积极开展各项教育教学工作并不断反思与提高自己。

其次，建立发展性教师评价制度。对教师的评价应立足于以促进教师的持续发展为目的，更多地把评价活动和过程作为教师提供展示自我的平台和机会，使评价成为促进教师专业发展与自我实现的工具，而不是评等、分类的工具。在评价过程中应把管理人员、教师、幼儿及家长都看作

是教师评价的主体，采用自我评价、相互评价、家长评价以及专家评价相结合的办法，使教师能从多方面获取反馈信息，以有利于她们更好地反思。对于教师的评价还要体现出个体差异性，即要依据不同的教学任务、教师的发展阶段与课程目标，有区别地评价教师。还应注重教师未来长远的发展，帮助教师认识自我、发现自我，使每个教师都能从评价中获得激励、自信和不断前进的动力，从而强化其开展反思的意识与主动性。

三、沟通职前教育与职后教育：建立幼儿教师专业发展学校

长期以来，我国在教师的培养制度方面基本上实行的是职前教育与职后教育相分离的模式，二者各自为政，互不联系。一方面，在职前教育阶段，师范生主要以理论学习为主，教育实践机会很少，一般仅限于毕业前的教育实习，然而由于时间短且常流于形式，其应有的作用得不到发挥，不能有效地提高未来教师实际的教育教学能力；另一方面，在职后教育阶段，对教师的培训往往以灌输式为主、以培训者为中心，不考虑教师的原有经验和水平，因而难以调动教师的学习动机和兴趣，自然也就很难促使教师反思。结果就造成了：师范生由于缺少教育实践机会，在刚走上工作岗位时，面对着复杂多变的教育情境，常常会感到无所适从。而对于那些在职的教师来说，本来是怀揣着不同的问题和想法来参加培训的，但由于培训者很少考虑他们的具体情况，还是按照自己想当然的内容进行培训，结果不仅影响了教师参加培训的积极性和效果，而且也是对教育资源的一种巨大浪费。

其实上述这种职前教育与职后教育、教育理论与教育实践互相脱离的弊端，不仅在我国而且在世界许多国家都有存在，因此，“怎样把教师的职前培养和在职进修有机连贯起来以提高教师素质、促进教师专业能力发展，成为各国教师教育工作者研究的重要课题。”① 在这方面，美国教育界做出了重要贡献。

20 世纪 80 年代，在美国出现了一种新的教师培养模式，即教师专业发展学校。它并不是建立一所新学校，而是在原有中小学的基础上，与大学合作形成的一种新功能，“是以中小学为基地，由大学或教育科研机构和中小学合作建立的以促进教师专业发展为目的的教学研究共同体。它一边连接着大学或教育科研机构，充分利用教育科研人员的理论知识；一

---

① 周满生．世界教育发展的基本特点和规律［M］．北京：人民教育出版社，2002：202.

边连接着中小学，扎根于实践的土壤，是一种理论与实践相融合的教师培养方式”。①

教师专业发展学校一经出现，很快便风靡世界，获得了快速发展，这除了因为它本身独具特色外，更得益于其顺应了在终身教育思想指导下的，实现教师职前培养与在职培训一体化的教师教育的国际性潮流，即把师范教育的视野扩展到了教师一生的专业发展，打破职前和在职教育互相割裂的局面，保证教师一生都能受到连贯一致的教育，并把能促进教师专业发展功能的各种教育机构相互联系起来以实施一体化的师范教育。而实践也证明，它对于改善教师的职前培养，促进在职教师的专业发展以及提高学生学习成绩等方面均产生了积极的影响。虽然作为一种新的教师教育模式，专业发展学校尚处于探索过程中，也遇到了种种不可避免的问题和障碍，但它已日益“显示出了强大的生命力和广阔的发展前景，将是未来教师教育的国际趋势”②。

受这一模式的影响，现在世界上其他一些国家也十分重视在中小学校和教师教育机构之间建立合作伙伴关系，共同承担起教师教育的任务。我国于2004年也启动了这一实验，在顾明远教授亲自发动和领导下，中国教育学会教师发展学校开始建设，其指导思想就是以建立合作伙伴关系的方式来促进在职教师的专业发展。从目前国内部分省市的试点情况来看，效果还是非常好的。然而根据现有的资料来看，无论国内还是国外，建立这种模式一般都是针对中小学教师的培养，很少看到有为幼儿教师专业发展而建立类似“学校”的情况，这不能不说是一个缺憾。在笔者视野所及的范围内，似乎只有浙江师范大学杭州幼儿师范学院曾有过这样的尝试，而且效果相当不错，其毕业生供不应求。③ 可见，无论是对于中小学还是幼儿园来说，这一模式都不失为一种促进教师专业成长的有效途径。

如今随着时代和社会的发展，人们对幼儿教育的重视程度越来越高，这对幼儿教师也提出了更高的要求。鉴于目前我国幼儿教师的学历层次和理论水平从总体上相比中小学教师还有所欠缺，而她们又担负着为一个人的毕生发展奠定根基的重任，因此笔者认为，建立一个幼儿教师专业发展学校具有重要的现实意义，它对于沟通幼儿教师的职前教育与职后教育、

---

① 连榕．教师专业发展［M］．北京：高等教育出版社，2007：275.

② 连榕．教师专业发展［M］．北京：高等教育出版社，2007：276.

③ 秦金亮．“全实践”理念下高师学前教育专业实践整合课程探索［J］．学前教育研究，2006（1）．

提高她们的教育理论和实践水平、加速其专业成长具有重要作用。所以本章在参照国内外一些类似的专业发展学校的模式和经验的基础上，试着提出一个建立幼儿教师专业发展学校的大致构想，供相关人士参考。

首先，需要经过充分协商，确定加入到这一共同体中的各方—师范大学（也可以吸纳某些综合大学或教师教育培训机构）、幼儿园及其他机构的义务、职责和管理机制等具体内容，并签订合作协议。当然其前提假设是各方均有合作的意愿与能力，这需要事先进行详细的调查研究。不过根据笔者对本地区的实际了解，很多幼儿园的园长及教师还是非常欢迎大学的教育理论工作者经常对她们进行指导的，同时学前专业的师范生也希望有更多去幼儿园（包括去不同的幼儿园）的实践机会。因此可以认为，上述有关各方的合作是有一定现实基础的，具有很大的可行性。

接下来就是具体实施所达成协议的内容了，这需要有专人进行组织、联络、协调，如可以由幼儿园的（业务）园长和师范大学分管教学工作的教师共同负责。一般来说，可以由师范大学选派自己的实习生到幼儿园实习，幼儿园则负责向实习生提供实习机会，并派遣园内有经验的教师指导实习生的工作，还可以为大学的教育科研提供支持等。师范大学则可以为幼儿园教师提供有针对性的专业发展的指导和培训，如为幼儿教师作报告，使她们及时了解当前幼儿教育发展的最新动态，提升其理论素养。还可以课题为依托，同幼儿教师一起开展行动研究，提高她们解决实际问题的教育科研能力。

最后，双方要定期组织评估、考核，再加以座谈会等形式及时总结经验，协商解决出现的问题，共同努力完善这一模式。

另外需要特别强调指出，建立这样一个幼儿教师专业发展学校，有关各方必须要认同的一个重要前提就是：无论师范大学还是幼儿园，抑或其他相关机构都是平等的参与主体，都有各自的优势和专长，各方是一种“平行”关系，而不是“上下”关系，因而这种合作也是一种互惠式的。只有明确了这一点，各方才有可能在融洽、和谐的氛围中开展工作，保证“学校”的良性运转。

由于建立这一专业发展学校牵涉的范围广、问题多，尤其是当参与的幼儿园较多时，如何协调它们之间的关系，让每个幼儿园都能在其中发挥作用并平衡它们之间的利益就显得至关重要，所以笔者建议，可以在前期先让少数幼儿园加入，待取得一定的经验后再大面积推广。而且到一定阶段时，还可以吸收社区、幼儿家长等加入，多方联动共同促进幼儿教师的专业发展。

以上就是关于建立幼儿教师专业发展学校的一个粗略构想，其中肯定还有许多细节问题有待深入探讨，期望以上所述能够起到抛砖引玉的作用。

四、加强与家长、社区的合作

家长和社区在幼儿园教育中具有不可替代的作用，然而作为非专业人士，他们中的大多数人毕竟缺乏专业的幼儿教育知识和主动参与幼儿教育的意识。所以，幼儿园作为专门的教育机构，理应在这方面采取主动，如可以首先深入到家庭和社区，采取多种方式如举办讲座、散发宣传手册、调查问卷等，加强这方面的宣传和教育，扩大社会影响，使家长和社区人士真正认识到自己在幼儿教育中的重要意义，从而调动起他们积极参与幼儿园教育的强烈愿望和要求。

接下来，幼儿园就需要采取切实有效的措施，使家长和社区人士真正参与到幼儿园的教育教学活动中。笔者认为，可以效法瑞吉欧教育体系的经验，建立一个由幼儿园、教育主管部门、专家、家长、社区等组成的委员会，它既可以从宏观上对本社区内幼儿园的各项工作进行管理与统筹规划，也可以具体制定幼儿园的教育实施方案，主持幼儿园的日常工作。当然在现阶段这一建议带有某种理想化色彩。目前比较实际可行的，具体到教师的反思活动，可以定期或不定期地邀请热心于幼儿教育的家长和社区人士，如各类科技人员，各类特殊专家以及从事各种职业的、有一技之长的人士参与教师的研讨活动，或者为教师举办一些专题讲座等，使教师能够集思广益、增长知识，为她们更有效地开展反思提供帮助。

第三章 蒙古族幼儿园教师双语教学能力现状研究

第一节 研究背景

一、蒙古族幼儿园教师双语教学能力研究的重要意义

内蒙古是以蒙古族为主体的多民族聚居的地区，蒙古族既要学习本民族的语言，又要学习通用的汉语。“蒙汉”双语教育一直是内蒙古民族教育发展与改革的重中之重，幼儿双语教育作为双语教育的奠基阶段，为个体一生的发展奠定了重要的基础。双语教学是实施双语教育的重要手段，对幼儿进行双语教学（本章双语特指蒙汉语）增强幼儿语言素养的同时，更利于民族优秀文化的传承及多元文化的融合。

总体来说，内蒙古的蒙古族幼儿园实行双语教学有两种情况：一种是用蒙语授课，加授汉语；另一种是用汉语授课，加授蒙语。现如今，汉文化正以前所未有的穿透力冲击着少数民族文化，汉语越来越多的成为蒙古族幼儿的第一语言。据统计显示，自 1991 年来，内蒙古蒙古语授课在校生人数持续下滑，以中小学为例，1991 年蒙授生最高峰达 371849 人，占蒙古族在校生的60.93%，到2008 年蒙授在校生262001 人，占蒙古族在校生的41.4%，在近 20 年里只有 2008 年稍有缓解。多元文化的兴起及民族文化传承的紧迫要求，使人们意识到，幼儿蒙古语学习的重要性。因此，汉语授课，加授蒙古语的双语教学形式成为越来越多幼儿园传承民族文化的首选，亦有越来越多的家长希望通过这种形式让自己的孩子习得母语。

双语教学成败的关键取决于双语教师的教学能力，双语教师是双语教学的直接开展者与责任者，对双语教学的质量起着直接的决定性作用，良好的双语教学能力能够调动幼儿的积极性，提升幼儿学习双语的水平，也就是说，幼儿双语教学成败的关键在于双语教师教学能力的完满发挥。

鉴于此，2007 年 5 月内蒙古自治区第十届人民代表大会常务委员会第

二十八次会议通过内蒙古自治区实施《中华人民共和国国家通用语言文字法》办法，办法中指出作为民族教师教授汉语所应具备的汉语水平等条款，对双语教师的语言能力进行了相关的规定。同年10月自治区制定了《内蒙古自治区人民政府关于进一步加强民族教育工作的意见》，该意见强调要全面加强双语教学工作，重视双语师资培养。“这些努力在很大程度上为提升少数民族双语教师的教学能力和我区全面开展双语教学工作奠定了良好的基础。”① 令我们担忧的是，我区仅有一所培养“蒙汉”双语教师的幼儿师范学校——内蒙古民族艺术师范学校。这所中等师范学校培养的“双语”师资，技能强，理论基础薄弱已众所周知。那么，在实际的双语教学活动中，这些幼儿双语教师能否很好的胜任幼儿双语教学工作？他们的双语教学能力到底如何？又有哪些因素影响着这部分双语教师教学能力的发展？这些实际问题亟待我们去了解。

二、研究方法

根据研究需要，本章主要采用文献法、调查研究法、观察法和统计分析法等研究手段。

通过查阅相关资料，将与幼儿双语教师教学能力有关的文献进行了系统梳理，把握国内外相关的研究现状，分析成果及不足，为研究做好铺垫。依据各学科丰富的理论编制问卷及访谈提纲，并与4位一线双语教师多次讨论，修改3题，删减2题，保证了问卷的合理性及有效性。为弥补调查研究的不足，笔者还采用了观察法，通过观察，对几位幼儿双语教师教学活动进行了详细的文字记录，增强了研究的客观真实性，最后用SPSS13.0和Excel进行数据分析处理。

三、幼儿教师教学能力的研究综述

（一）国内相关研究

1. 幼儿教师教学能力及其培养的研究

（1）幼儿教师教学能力构成的研究

我国关于幼儿教师教学能力构成的研究多数是在幼儿教师的能力或素质当中论述的，研究者角度不同，观点不一。黄人颂在其编著的《学前教育学》当中，从教学活动的角度出发，认为学前教师应该具备的能力有：

① 道润梯步．蒙古秘史［M］．呼和浩特：内蒙古人民出版社，1978：1.

观察和了解儿童的能力；组织能力；向儿童进行教育的能力；语言表达能力；思维力、想象力和创造力；艺术表达能力；教育评价能力；自学能力。香港教育学院的李辉（2004）以大陆、“台湾”及美国等学者对幼师素质结构的研究为借鉴，提出了幼师素质结构的构想，其中认为，幼儿教师教学能力是幼儿专业能力之一，具体包括计划与准备的能力、实施能力、评估的能力。[①] 袁爱玲（1997）、饶淑园（2002）、康建琴（2007）从不同的角度对幼儿教师的专业能力进行了初步的理论构建，对幼儿教师的教学能力进行了详尽的阐述。从其阐述中能够很清晰地看出，他们更注重教师了解幼儿并进行教育的能力，语言表达的能力，教学设计、实施和评价的能力、组织管理等能力。

除研究学者提出的理论构想外，一线幼儿教师们根据自己的经验总结，也对幼儿教师教学能力发表了自己的看法。实践研究者比较重视幼儿教师在实际教学活动中外显的能力，比如，弹、跳、唱等基本技能。当然，也有研究者试图从理论和实践共同出发，对幼儿教师的教学能力进行全面的解构，叶丽（2008 年）在其硕士论文中综合借鉴了理论和实践研究者对幼儿教师专业能力划分的角度，提出了幼儿教师教学能力的构想，认为幼儿教师教学能力包括：教学设计能力；教学资源开发、利用能力；教学环境创设能力；教学实施能力；教学评价能力。[②] 这种理论与实践兼顾的研究范式及对幼儿教师教学能力构成框架的划分为后续的研究奠定了坚实的基础。

（2）幼儿教师教学能力培养的相关研究

我国研究者主要从宏观及微观的角度对幼儿教师教学能力的培养进行探讨。从宏观层面对幼儿教师培养整体上把握的研究有时丽的《当前我国幼教师资培养存在的问题及对策》（2005），论文中作者介绍了我国幼儿师范学校培养体系中目标定位、生源质量、就业、课程设置等方面存在的困境，并提出了提高学校层次、改变办学模式、加强课程建设等解决困境的设想。沈堰奇在其《提高高师幼教师资培养质量的思考——重读“艺友制”的启示》（2008）中从培养目标、培养方式、培养过程、培养对象等四个方面全面阐述了当前我国高师幼教师资培养普遍存在的问题，并提出借鉴我国教育家陶行知的“艺友制”的精髓来提高师资培养质量的建议。

---

① 李辉．幼教改革对幼儿教师现有素质结构的冲击及有关对策［J］．学前教育研究，2006（5）．

② 叶丽．重庆幼儿教师专业能力的现状调查研究［D］．西南大学硕士论文，2008.

微观层面主要关注的是幼儿教师个别、各学科能力的培养及其策略研究。各领域能力研究者主要集中对幼儿教师的音、体、美、科学等教学能力培养的研究。如韩云（2009）、张海芸（2008）分别对幼师舞蹈教学能力的培养进行了论述，认为幼师的舞蹈不同于专业舞蹈的培养，更应该注重基本教学能力的培养，比如教学方法的掌握和动作的师范、口语表达讲解、舞蹈创编能力等的培养。幼儿教师个别教学能力的研究主要集中在对幼儿教师语言能力培养方面，江爱军在其《浅议幼儿教师提高语言素养的途径》（2007）中对如何培养幼教师资的儿童化语言进行了论述，除此以外，还有幼儿教师信息技术运用能力、环境创设能力培养等零散的相关研究。总体来说，我国对幼儿教师教学能力培养的相关研究较多，大部分都是通过对课程设置、招生制度、培养机构等调查，分析存在的不足，然后提出参考对策。虽具有普遍性，但针对某一地区某一特色的教学能力培养提出独特策略的较少，很多都是概括性的泛谈。

2. 幼儿双语教师教学能力及其培养的研究

（1）幼儿教师教学能力结构的相关研究

在期刊库检索中，我国只有几篇间接涉及对幼儿双语教师教学能力要求的文章。钱家荣（2003）认为，启蒙阶段的双语教师应该具备良好的英语听说读写能力，不仅应注意弹、跳、唱、演等外显性技能的提高，更要注重幼儿互动技巧、观察力、与家长交往等基本的内隐性技能的培养。任环（2009）也谈到学前期双语教师应该具备的能力要求："双语表达能力；制定合理幼儿英语教育目标的能力；有效地控制教学过程的能力；创设交际环境、营造良好的英语学习氛围的能力；肢体语言运用能力；教育评价的能力；双语教育研究能力；创新能力等八种能力的看法。[①] 杨丽华在《五年制学前双语教育新师资素质与能力的培养提高》（2008）中谈到，从事学前双语教育应当具备识别鉴赏能力、语言表达能力、组织管理能力等八种能力和说、写、画、唱、弹、舞等十项教学基本功。另外，于茵（2008）、李秀兰（2009）等研究者在论文中对幼儿双语教师的能力要求都有论述。对以往研究综述可看出，我国对幼儿双语教师的研究主要集中在幼儿"英汉"双语教师，研究者主要从幼儿教学能力、第二语言能力、教师弹跳唱等技能三个方面去考虑教师教学能力，这为我们研究蒙古族幼儿园幼儿双语教师教学能力提供了很好的借鉴。

---

① 任环．浅议学前双语教育师资的培养［J］．中国科教创新导刊，2009（21）：225－226.

（2）幼儿双语教师教学能力培养的相关研究

我国研究者都是在对幼儿双语应具备的素质进行探讨后，再提出提高双语教师能力的对策或者途径。比如说：于茵在其论文《浅谈幼儿园双语教师的培养》（2008）中，提出了通过入职辅导、在职培训、反思性和研究型双语教学等多途径来提升双语教师的素质。杨丽华在《五年制学前双语教育新师资素质与能力的培养提高》（2008）中，提出了利用课堂教学、实践性教学、课外活动、增加特色双语课程等方法来提高学前双语教师的素质和能力的策略。针对“民汉”幼儿双语教师的培养培训研究较少，自2005年新疆党委、政府下发《关于加强少数民族学前“双语”教育的意见》之后，一些理论与实践研究者加强了对新疆“民汉”幼儿双语师资的关注，对政府提出的培训年限、内容、重点培训区等进行了较深入研究，学者们希望通过培训加强幼儿双语教师双语教学的基本技能及实践以适应幼儿双语工作。内蒙古还没有对幼儿“蒙汉”幼儿双语教师教学能力的系统研究，相关研究涉及的也很少。上述研究告诉我们，政府、职前师范教育的培养、园本培训及教师的自我反思等几个方面是幼儿双语教师能力提高的重要帮助系统，所以这几方所发挥的作用，我们均不能忽视。

（二）国外相关研究

1. 幼儿教师教学能力及其培养的研究

（1）幼儿教师教学能力构成的研究

幼儿教师教学能力的构成一直是国内外学者研究的重点，美国以一些专门的机构、组织提出的比较权威的幼儿教师的专业标准为主，对幼儿教师的教学能力进行了系统、科学论述。全美幼教协会（NAEYC）对幼儿教师的专业化进行了规定，认为一名专业的幼儿教师应该表现在：教育学、心理学知识的运用、依据幼儿制定课程计划、善于为幼儿提供良好的氛围、与幼儿家庭建立积极关系等。虽然该声明没有明确提出幼儿教师所应具备的教学能力，但是从其对教师专业化的规定可以看出其对幼儿教师教学能力的要求。此外，美国专业教师标准理事会（NBPTS）也提出了幼儿教师的专业标准，主要包括：（1）了解幼儿；（2）促进孩子发展和学习；（3）整合课程的知识；（4）多样的教学策略促进有意义学习；（5）评价；（6）反思实践；（7）家庭伙伴关系；（8）专业伙伴关系。[①] 很明显，幼儿教师的教学能力一直是NAEYC和NBPTS关注的重点。

---

① NBPTS：Early Childhood/Generalist Standards for Teachers of Students Ages 3 – 8 (2ed Edition). 2001.

日本文部省1999年颁布了《幼儿教育纲要》，尤其重视幼儿教师的环境创设能力。要求幼儿教师加强对幼儿身心发展特点及现有知识经验的了解，能够有计划的创设适合幼儿的教育活动，引导幼儿建立良好的同伴关系，教师应经常对环境创设进行反思。前苏联《学前教育构想》认为，只有有个性的教师才能培养出有个性的幼儿，因此幼儿教师要有个性，不仅要努力学习心理学、教育学、儿童精神疗法、缺陷儿童学等理论基础知识，“还必须具有参加各种儿童游戏和治疗小组的经验，懂得表演艺术的原理”。①

各国都针对自身的实际提出了幼儿教师教学能力的要求。总体来看，了解幼儿、环境创设、整合设计课程、教学策略的运用及评价等能力无疑是他们所突出强调的教学能力，“他山之石，可以攻玉”，这些都为本研究解构蒙古族幼儿双语教师教学能力提供很好的借鉴。

（2）幼儿教师教学能力培养的研究

文献检索发现，国外对于幼教师资培养的研究众多，其中关于幼教师资培养的机构、课程设置、招生制度等与幼儿教师教学能力的培养直接相关，所以本章重点对其进行综述。

在美国，幼教师资的培养很受重视，参与培养的机构主要有研究生院、四年制学院、早期教育学院、大学等，培养出的幼儿教师学术性较强，起点高。在课程内容方面更注重实践，马利兰大学的Saracho教授提出了一个包括6个环节的课程设置结构：人才选拔、基础知识、专业课程、教学方法、教学实践以及课程改革。② 并认为一名优秀的幼儿教师必须具有将教学内容通过有效教学手段和方法传递给幼儿的能力。“这就要求教师熟悉所教课程的内容及其教学顺序，能够根据教学环境、学科内容和幼儿特点灵活地运用相应的教学方法达到教学目的。”③

日本高度重视对幼儿教师职前培养和职后培训，1949年日本颁布了《教育职员许可法及其实行法》，要求未来幼儿教师必须知识广博，专业及技能知识丰富，才能取得教师资格证书。日本众多学者根据《教员许可法》来解读幼教师资课程的开设问题，其中教育实习的时间是研究者关注

---

① 沈晓敏．外国幼儿教育纲要对我国的启示［J］．学前教育研究，1998（4）：9.

② 王少妮．美国幼教师资职前培养体系研究［D］．四川师范大学硕士论文，2008.

③ Saracho，O. N. （1990）Preparing teachers for childhood programs in the United States. In Bernard Spodek（ed.）. Handbook of research on the education of young children. New York：Macmillan Publishing Company：412 –426.

的重点，后修订《教员许可法》中也对此进行了修整，可以看出日本比较重视实习对于幼儿教师的重要性。还有一部分学者倾向于开放式课程的设置，认为应根据本土情况开设特色课程。日、美两国对幼教师资学历要求一般较高，比较重视培养机构课程设置全面性及精细化，同时很重视实习对未来幼师教学能力的价值。

2. 幼儿双语教师教学能力及其培养的研究

（1）幼儿双语教师教学能力要求的研究

国外对幼儿双语教师教学能力要求的研究一般与中小学双语教师研究共同探讨。美国应用语言学中心（the Center for Applied Linguistics）提出，双语教师一般应具有语言水平、语言学知识、文化知识、教学方法、课程开发与改编能力、评价能力、教学实践能力、处理好学校与社区的关系等知识和能力，① 这同时也是幼儿双语教师所应具备的能力要求。美国国家专业教学标准（National professional Teaching standards）针对不同学科的教师提出了30套专业标准，“幼儿教师各学科教学标准”、“外语教师专业教学标准”和“英语作为第二语言的教师专业教学标准”② 也在其列，虽然各学科标准具体不同，但基本都符合美国给成功教师提的五条建议，总结来说就是：了解学生及其学习的能力；懂得其所教学科及如何向学生传授该学科知识的能力；具有监督和管理能力；反思总结的能力；合作学习的能力。

（2）幼儿双语教师教学能力培养培训的研究

一些国家关于双语教师的培养已开始向系统化、制度化发展，这种形式下的幼儿双语教师培养体系也在逐渐完善。卡伦·A. 凯瑞尔（Karen A. Carrier）和詹姆斯·A. 科恩（James A. Cohen）的文章《双语教师培训计划的个人及专业上的成功》专门论述了美国双语教师在职培训，分析了影响双语教师在职培训获得成功的各种有利因素，并提出有效的方法，构建双语教师在职培训方式。“阿尔巴·N. 安伯特（Alba N. Ambert）所写的《双语教育及英语作为第二语言：一本研究手册》（*Bilingual education and English as a Second Language:A Research Handbook*）一书对美国双语师资培养的方式进行了详细的介绍。”③ 由于笔者掌握资料有限，只针对双语教学较成功的美国双语教师教学能力进行了探讨，虽未尽其详，但可借鉴之

---

① 张淑萍．美国中小学双语教师专业发展研究［D］．华东师范大学硕士论文，2007.

② 王强．美国国家层面教师专业标准述评［J］．教师教育研究，2006（4）：72.

③ 刘畅．美国双语教师培养及其对我国少数民族中小学双语教师培养的启示》，辽宁师范大学硕士论文，2008.

处尤多。其对幼儿双语教师语言水平、课程资源开发、教学方法、反思等能力的要求及培养是我国应借鉴之成果。

（三）已有研究不足及本研究价值

1. 已有研究的不足

查阅文献我们发现，国内外幼教研究者对幼儿教师教学能力构成的研究已初具规模，但仍存在不足之处。大部分研究者从宏观角度出发，对幼儿教师教学能力构成进行了理论探讨，但是实证性的实验及调查研究较少，这就容易使幼儿教师的教学能力成为空泛的理论设想，缺乏与实际双语教学的紧密联系的可操作性。

幼儿双语教师教学能力的直接研究屈指可数，相关研究散见于幼儿双语教师的论述当中，探讨的比较笼统，而且主要针对“英汉”幼儿双语教师。“民汉”幼儿双语教师教学能力的研究极少有人涉及，无论是在研究范围上还是在研究方法上都很不成熟。

2. 本研究的价值

相对于以往的研究，本研究有其独特的价值：

在研究对象上，拓宽了以往“民汉”幼儿双语教师的研究范围，初次系统的对“汉语授课为主，蒙古语加授”双语教学形式下幼儿双语教师进行研究，研究对象上有所创新。

在研究的内容上，弥补了内蒙古缺少较系统地、全面地、深入地对幼儿“蒙汉”双语教师研究之缺憾，为笔者后继研究与他人的研究奠定了一定的基础。在研究方法上，采用了调查、访谈、观察等多种手段，尝试通过理论与实践相结合的研究方式进行研究，使研究更具准确性和客观性。

第二节　蒙古族幼儿园双语教师教学能力的理论基础

一、相关概念研究

（一）幼儿园双语教育

1. 双语教育

双语教育专家西格恩和麦凯（Siguan and Mackey）在其合著的《双语教育概论》中指出：“双语教育”这个术语指的是一个以两种语言作为教

学媒介的教育体系，其中一种语言常常是但并不一定是学生的第一语言。①

我国学者对于“双语教育”也有自己的见解，朱浦认为：“双语教育是指在一个国家或地区用两种语言上课。其中的一种语言是学生的母语，另一种是学生的第二语言或学生所学习的目标语（外语）。”②

鉴于此，我们内蒙古自治区实施的双语教育特指使用本民族语和主流语两种语言作为教学媒介的教育体制。

2. 幼儿园双语教育

昆明师范高等专科学校学者杨丽华研究认为“幼儿园双语教育是指在同一个幼儿园幼儿教师使用两种语言工具组织幼儿的日常生活活动、游戏活动和学习活动，对幼儿而言，这两种语言是他们的学习对象，也是他们获得其他新知识和参与各种活动的工具。”③

刘孟卓认为“幼儿园双语教育在我国指的是从满足现代社会对人才的素质要求而出发，对幼儿进行的汉语和外语两种语言的训练，旨在培养幼儿听说双语的兴趣促进幼儿认知、记忆、想象等认知能力的协调发展。”④

在本章中，幼儿园双语教育特指：在同一所蒙古族幼儿园中，教师使用蒙汉两种语言来组织幼儿的日常生活及学习活动，旨在帮助幼儿习得双语能力的同时，培养多元文化意识及爱祖国、爱本民族的良好情感。在蒙古族幼儿园一般采用两种双语教学形式：一种是汉语授课，加授蒙古语；另一种是蒙古语授课，加授汉语。由于篇幅所限，本章主要探讨前一种情况。

（二）幼儿双语教师

1. 双语教师

陶行知曾说过：“在教师手里操着幼年人的命运，便操着民族和人类的命运。”双语教师是双语教学活动直接的参与者和实施者，双语教师的质量不仅是幼儿发展及教学活动成败的直接影响者，而且是制约整个民族教育成败的关键性因素。所以各国研究者一直在致力于双语教师的能力提升，因为只有高质量的双语教师才有高质量双语教育，高质量的民族教育。那么，到底什么是“双语教师”呢？

---

① Siguan（Spain）、Mackey（Canada）. 双语教育概论［M］. 北京：光明日报出版社，1989：45.

② 朱浦. 双语教学的定位、分类、任务和模式［J］. 计算机教与学，2004（3）：13.

③ 杨丽华. 学前双语教育问题刍议［J］. 昆明师范高等专科学校学报，2006（1）：66－68.

④ 刘孟卓. 初探幼儿双语教育问题［J］. 考试周刊，2008（31）：214.

《中国大百科全书·教育卷》中将教师的概念界定为："教师是向受教育者传递人类积累的科学文化知识和进行思想品德教育，把他们培养成一定社会需要的人才的专业人员。"① 从古至今，对于教师的理解一直在发生着变化，但一个亘古不变的共同点就是教师承担着教书育人的责任。根据我国对双语教学的界定，我们对双语教师解释如下：双语教师是指能够比较娴熟的用两种语言进行教学的教师。基于此，本章认为少数民族双语教师，特指能够熟练的运用母语和另外一种或多种语言进行教学的教师。

2. 幼儿双语教师

《中国学前教育百科全书·教育理论卷》中指出，"幼儿教师主要是指受社会的委托，在幼儿园或其他幼教机构中对儿童的身心发展施加影响、从事教育和保育工作的相关人员"。② 由此可知，幼儿教师包括从事教学的教师和从事保育的保育员，本研究的对象是负责幼儿教学的幼儿教师。

关于幼儿双语教师的概念研究很少，没有确切的定义。本章结合上述概念的研究，认为幼儿双语教师即能够较为熟练地使用两种语言（本章指蒙汉语）作为教学媒介来组织幼儿园一日生活和教育活动，并对幼儿身心施加影响的工作人员。

（三）幼儿双语教师教学能力

人们从多角度出发对教学能力的概念进行了论述，由于所处角度不同，形成了不同的概念理解。罗树华从教学的任务和内容的角度认为，"教学能力是指教师运用特定教材从事教学活动、完成教学任务的能力"，③ 孙亚玲在其博士论文中对教师教学能力进行了论述，她认为"教师的教学能力是教师为了保证教学的有效性，达到预期的教学目标，而在教学的全过程中所表现出来的规划设计、组织与管理、动手操作、表达、评价与反馈、调节与控制、理解与交往、教研和科研等综合能力。"④ 在这里孙亚玲教授更强调这些能力与教学有效性的密切关系。申继亮等人认为，"教学能力是以认识能力为基础，在具体学科教学活动中表现出来的一种特殊能力（专业能力）"⑤ 很明显他是从心理学的角度来谈的。

---

① 中国大百科全书总编辑委员会．中国大百科全书·教育卷［M］．北京：中国大百科全书出版社，1985：146.

② 卢乐山、林崇德、王德胜．中国学前教育百科全书·教育理论卷［M］．沈阳：沈阳出版社，1995：157.

③ 罗树华等主编．教师能力学（修订版）［M］．济南：山东教育出版社，2000：55.

④ 孙亚玲．课堂教学有效性标准研究［D］．华东师范大学博士学位论文，2004.

⑤ 申继亮、王凯荣．论教师的教学能力［J］．北京师范大学学报，2000（1）：68.

王宪平博士依据众多研究者的成果，从多角度出发认为“教学能力是指教师在一定的教学情境之中，基于一定的教学知识和教学技能，促进教学目标的顺利高效达成，促进学生生命发展所表现出来的个性心理特征，是科学性与艺术性的统一，”① 本章比较赞同其观点。幼儿双语教师教学能力属于教师教学能力研究的范畴，与所有教师教学能力存在共性，同时也具有作为幼儿双语教师的独特特点。因此本章将幼儿双语教师教学能力界定为幼儿教师在双语教学活动中，运用独特的双语教学知识和教学技能，促进双语教学目标的顺利高效达成，促进幼儿身心全面发展所表现出来的个性心理特征。

二、幼儿双语教师教学能力及多视角探讨

教师教学能力的构成一直是研究者关注的重点，国内外各专家、学者从各个角度进行了较为全面的分析。但由于研究者的侧重点不同，还是形成了多种对教师教学能力的解构。

（一）教育学角度

幼儿双语教师的教学能力要以丰富多彩的双语教学活动为纽带来得以外显，并在动态的双语教学活动中不断提升。教学活动属于教育学的研究范畴，因此，可以从教育学的角度对幼儿双语教师教学能力进行解构。“其基本思路是从教育目标、教育活动的实施过程，以及教育的方法和手段的运用角度进行分析，侧重的是知识性和技能性的因素。”② 主要包括双语教学设计的能力、双语教学实施的能力、双语教学评价的能力，“这一思路以归纳和实证分析为基础，侧重知识性和技能性的因素，并且将落脚点放在能力的表现形式上，以此构建一般性、群体性的幼儿双语教师教学能力的结构体系。”③ 笔者在对蒙古族幼儿双语教师教学能力进行解构时也给予了重点考虑。

（二）心理学角度

有许多学者提出异议，认为从教学过程等角度对教师教学能力划分过于注重操作性，能力本身是身体和心理协调一致的活动，“离开人的心理机能，能力无从产生。”④ 心理学专家从能力的心理构成要素出发，认为教

① 王宪平．课程改革视野下教师教学能力发展研究［D］．华东师范大学博士论文，2006.

② 朱欣欣．教师教育教学能力构成的研究［J］．教育评论，2004（5）.

③ 秦晓智．大学教师教学能力及其培养研究［D］．湖南大学硕士论文，2006.

④ 罗淑华、李洪珍．教师能力学［M］．济南：山东教育出版社，2000.

师教学能力是教师思想品格、心理特征、行为规范和道德准则的综合体现，因此，其重视“心理素养、道德素养和语言素养三方面的基础作用。”① 因此，从心理学角度诠释幼儿双语教师教学能力的构成，应主要包括：双语教学认知能力、双语教学操作能力以及双语教学监控能力等。双语教学活动的侧重点不同，主要突出的能力也就不同，本章主要就三大能力中对幼儿影响最强的方面进行了探讨。如操作能力中的语言表达能力、监控能力中的反思能力等。

（三）社会学角度

幼儿教育作为整个社会教育大厦的奠基，对社会的发展日益重要。幼儿教师作为社会系统中独特的群体，其扮演的角色也在逐日发生着剧烈的变化。因此，从社会学的角度剖析幼儿教师教学能力的结构，具有鲜明的时代特征。一方面幼儿教师的角色正在发生着变化，他们不在仅仅是知识“教授者”，也应该是具有启发引导能力的促进者，具有课程开发实施能力的研究者，具有写作能力的合作者和具有创新能力的创造者。另一方面，随着现代化进程的不断加快，高新技术的发展，学习型社会的推进等社会因素都影响着幼儿教师教学能力的构成。幼儿教师作为幼儿教学的直接实施者，要承担教学目标设计、内容选择、方法运用等关乎教学成败的重要任务。社会学角度幼儿教师教学能力主要包括：促进幼儿相互尊重、相互理解及和睦关系的能力，运用电教设备的能力、激发幼儿兴趣的能力、教师自我教育的能力等。

三、蒙古族幼儿园双语教师教学能力的构成

教学能力是教师进行教学活动应具备的综合能力的体现，影响着教学活动的效果，制约教学活动的成败。本章从教育学、心理学、社会学等多角度出发，借鉴各位专家的研究成果及蒙古族幼儿园双语教学的实际，将蒙古族幼儿园双语教师教学能力具体解构如下：

（一）双语表达能力

双语表达能力，是幼儿双语教师借助蒙、汉两种语言文字表达幼儿教学活动内容及自身情感的能力，它在幼儿双语教师教学能力构成中居于基础地位。幼儿双语教师用双语很好的表达，不只是听、说、读、写、译等能力的简单表现，更重要的是自己必须站在双文化的角度，将文化和语言

---

① 朱欣欣．教师教育教学能力构成的研究［J］．教育评论，2004（5）．

进行融合，这样的双语表达才更准确。古人云："言由心生"，教师活泼、生动、形象的语言也是自己内心的写照，不仅激发幼儿兴趣，使幼儿产生丰富的联想，同时也是对幼儿心灵的一种熏陶，作为幼儿双语教师我们应该能够运用富有色彩的语言开启教师的智慧之门。

（二）幼儿双语教学设计能力

幼儿双语教学设计的能力是指幼儿双语教师在具备基本的幼儿双语教育专业知识和教学技能的基础之上，能够综合运用这些知识和技能，根据《幼儿园教育指导纲要（试行）》和"幼儿双语教学大纲"[①]（本章暂且将之称为"教学大纲"）的要求设计出适当活动方案的能力。具体说，这方面的能力主要包括：双语教学目标分析及设计的能力，双语教学内容的选择及整合能力，双语教学方法、策略的选择能力，双语教案的编写能力等。

（三）幼儿双语教学实施能力

幼儿双语教学实施的能力是双语教师根据双语教学设计，实施及优化双语教学活动的各项能力。包括：双语教学环境创设的能力、双语教学活动组织的能力、掌握双语使用及切换时机的能力、运用教育技术提高双语教学的能力。

（四）幼儿双语教学评价能力

幼儿双语教师评价能力是指幼儿教师对双语教学的价值判断能力。其主要任务是对双语教学过程中幼儿学习的评价和自我教学的评价。对幼儿的评价能力主要指双语教学活动结束后，搜集幼儿语言掌握和运用情况相关的资料并分析，作出恰当评估、判断的能力，《幼儿园教育指导纲要（试行）》明确指出："评价的目的是了解幼儿的发展需要，以便提供更加适宜的帮助和指导"。评价可以帮助幼儿双语教师更好的把握幼儿发展的现状，了解幼儿的发展需求，提升幼儿双语学习的能力和兴趣。自我教学评价能力是指"教师对自身的双语教学主要包括双语教学内容选择、教学过程、教学效果等进行检讨与反省，并且运用教学评价结果来改进教学品质的能力。"[②] 幼儿双语教师通过自我反思，发现自己的不足和优点，对教学不断改进。

---

① 作者注：我国没有制定专门的"幼儿双语教学大纲"，这里双语教学大纲是指地方制定或者园所自行制定对幼儿双语教学作出要求的各种制度条文等。例如，内蒙古教育厅及民委关于蒙古语加授的要求等。

② 杨淑芹、孟凡丽．双语教师教学能力构成解析［J］．当代教育与文化，2009（2）．

笔者认为，蒙古族幼儿园双语教师的特殊教学能力是融在双语教学当中的，所以本章对教学过程进行了整体的考察，从蒙古族幼儿教师的教学中重点体现它的特殊性。

第三节 蒙古族幼儿园双语教师教学能力现状

一、调查点幼儿园概况

为了解蒙古族幼儿园双语教师教学能力现状，提高幼儿园实施双语教学质量。本章对呼和浩特市实施“蒙汉”双语教学的三所幼儿园：呼和浩特市蒙古族幼儿园、赛罕区蒙古族幼儿园、新城区蒙古族幼儿园的现任双语教师进行了调查研究。

（一）呼和浩特市蒙古族幼儿园

呼和浩特市蒙古族幼儿园（以下简称市蒙幼）建于 1982 年，是内蒙古自治区一所以蒙古语言文字授课为主的一类甲级寄宿制幼儿园。环境优美、教学场所宽敞明亮，有“蒙古族儿童最美乐园”的美誉。幼儿园现设有大、中、小 18 个教学班，其中 10 个纯蒙古语授课班，8 个蒙古语加授班，蒙古族教师占 95% 以上，基本都可以进行“蒙汉”双语教学。

（二）呼和浩特市新城区蒙古族幼儿园

该园（以下简称新城蒙幼）始建于 1956 年，是内蒙古自治区第一所单设的以民族语言授课的蒙古族幼儿园。现设小、中、大和学前 14 个教学班，其中 4 个纯蒙语授课班，10 个蒙古语加授班，在园幼儿 500 余名，以蒙古族幼儿占多数，95% 以上的教师能够蒙汉语兼通。该园以发展民族幼儿教育为己任，先后承担了诸多课题，取得了良好的成绩。特别是幼儿“蒙汉”双语教学相关课题的成功完成，为幼儿“蒙汉”双语教育的发展做出了重要贡献。

（三）呼和浩特市赛罕区蒙古族幼儿园

赛罕区蒙古族幼儿园，是赛罕区教育局直属的少数民族幼儿园。该园建于 1986 年，现设有学前、大、中、小 9 个教学班，其中 8 个蒙古语加授班，师资力量雄厚，教学设备完善。近年来，进行了多项蒙古语加授的课题研究，幼儿园本着“教育好幼儿，服务好家长”的办园理念，为各民族幼儿创造健康的成长环境。

二、呼和浩特地区蒙古族幼儿园双语教师教学能力现状与分析

（一）调查对象基本情况分析

表 3—1 呼和浩特地区蒙古族幼儿园双语教师的基本情况

双语教师基本情况		人数	百分比（%）
性别	女	62	98.4
	男	1	1.6
年龄	25 岁以下	10	15.9
	26 至 35 岁	37	58.7
	36 至 45 岁	11	17.5
	46 岁以上	5	7.9
学历	中师	3	4.8
	大专	32	50.8
	大本	28	44.4
	研究生	0	0
职称	幼教高级	21	33.3
	幼教一级	13	20.6
	幼教二级	6	9.5
	其他	23	36.6
双语执教时间	1 年以下	12	19
	1—3 年	13	20.7
	3—6 年	7	9.5
	6 年以上	31	50.8

统计结果显示：蒙古族幼儿园双语教师女性占到 98. 4%，被调查的 62 人当中，只有新城蒙幼有一名男性幼儿双语教师。幼儿双语教师大部分年龄在 25—35 岁，占总体幼儿双语教师的 58. 7%，25 岁以下的幼儿双语教师占 15. 9%，年龄在 36—45 岁的幼儿双语教师占 17. 5%，而 46 岁以上的幼儿双语教师占 7. 9%。这说明呼和浩特地区“蒙汉”幼儿双语教师以中青年为主。

从学历上来看，蒙古族幼儿园双语教师拥有大专及本科学历的分别占 50. 8% 和 44. 4%，研究生学历的幼儿双语教师为 0，只有 4. 8% 的幼儿双语教师是中专学历。对于职称问题，被调查的 63 名幼儿双语教师当中，23 人无职称（其中 4 名新教师还没评定职称，19 名无编制教师），占被调查教师的 36. 6%，40 位有职称的幼儿双语教师中，高级教师占 33. 3%，一

级教师 20.6%，二级教师 9.5%。50.8% 的幼儿双语教师双语执教时间在 6 年以上，他们经验较丰富，基本有了自己的双语教学风格，双语执教时间在 3—6 年幼儿教师占 9.5%，而执教 1—3 年的幼儿双语教师占 20.6%，执教一年以下的幼儿双语教师占 19%。

综上所述，目前呼和浩特地区蒙古族幼儿园双语教师队伍呈现以下特征：

第一，性别比例严重失调

表 3—1 显示，被调查的 62 名幼儿双语教师中只有 1 名是男性，呈现出很严重的男女比例失调。我们知道，蒙古族幼儿园双语教学的对象大部分是蒙古族，蒙古族幼儿天性豁达、爽朗，更需要男性教师那种粗犷、豪迈教育的熏陶，所以在今后的工作中，幼儿园应尽量增加男性幼儿双语教师的比例，促进幼儿和谐健康的发展。

第二，年龄结构年轻化

从分析中我们能够看出，蒙古族幼儿园双语教师年龄整体年轻化，这正符合幼儿双语教学的需要，年轻教师精力充沛、积极活泼，更能调动幼儿的积极性。同时我们也应该看到，年轻教师双语教学经验毕竟比较少，缺少老教师那种沉着、稳重的教学风格及教学经验的积累。这就需要不同年龄层次的教师之间相互交流、共同探讨研究，共同促进教学能力的提升。

第三，学历层次较高

我国的《教师法》第十一条规定：取得幼儿园教师资格应该具备幼儿师范学校毕业及其以上学历。[①] 从这个标准来看，蒙古族幼儿园双语教师学历比较高，基本都达到了大学，这是我们值得庆祝的。但双语教师们的基础学历几乎都是中专，现在的学历都是后续的，后续的学历到底给他们原有的能力带来多大的提升有待商榷。调查中有研究生学历的幼儿双语教师为 0，这对于需要更多研究人员的学前双语教学来说，无疑是一种缺憾，无论是课程资源的开发还是双语教学的实践都需要高学历教师的参与。因此，蒙古族幼儿园有必要吸纳学历高的研究人员进入。

第四，编外双语教师偏多

被调查的 63 名幼儿双语教师当中，有 19 位属编外教师，占到了被调查教师的 30.1%，是幼儿园以每月 680 元聘任的，这部分双语教师待遇低流动性比较大，对幼儿园双语教学带来了很严重影响。

---

① 资料来源于中华人民共和国教育部网站：http//www. moe. edu. cn。

（二）蒙古族幼儿园双语教师双语表达能力

语言是教师与幼儿互动交往及组织教学活动的重要工具，幼儿主要依靠教师的语言获取知识，所以幼儿教师语言表达能力的重要地位毋庸置疑。访谈中在问及“您认为对于一名合格的双语教师，最重要的能力是什么?”的时候，6 名被访者一致将良好的双语表达能力摆在了前位。一位被访者这样说：“我认为是双语能力，蒙汉兼通，很好的语言表达能力是最基本的素质，只有用双语能与幼儿沟通并清楚的表达，才能让幼儿去理解，这是一切的开始。”由此可见，双语表达能力是幼儿双语教师必备的最重要也是最基本的能力之一，拥有合格的双语表达能力才能保证双语教学的顺利完成，幼儿教师的双语表达能力主要分为双语的听、说、读、写、译等能力。”

表 3—2　双语教师双语表达能力

双语教学活动中灵活运用母语和汉语	是	否		
	95. 2%	4. 8%		
您认为自己的汉语语调	很标准	基本标准	不很标准	不标准
	25. 4%	68. 3%	6. 3%	0
您认为自己的汉语语法修辞	好	较好	一般	差
	22. 2%	36. 5%	41. 3%	0
你认为自己的汉语听力能力	好	较好	一般	差
	23. 8%	71. 4%	4. 8%	0
您认为自己的汉语阅读能力	好	较好	一般	差
	23. 8%	66. 7%	7. 9%	1. 6%
您认为自己的蒙语语法修辞	好	较好	一般	差
	34. 9%	39. 7%	22. 2%	3. 2%
您认为自己的蒙语语调	很标准	基本标准	不很标准	不标准
	46%	50. 8%	3. 2%	0
您认为自己的蒙语阅读能力	好	较好	一般	差
	38%	41. 3%	15. 9%	4. 8%

观表 3—2 可知，蒙古族幼儿园双语教师的双语表达能力整体上良好，95. 2% 的教师认为自己能够流利的用比较标准的双语表达自己的想法。笔者做调查时也证实了这一点，在蒙古族幼儿园笔者所遇到的教师几乎都是蒙汉兼通的，他们可以不假思索的进行双语转换，并且思路清晰，表达流畅。

表 3—2 显示：幼儿双语教师认为自己的汉语语调很标准和基本标准的分别占 25. 4% 和 68. 3%，认为自己的汉语语调不很标准的占 6. 3%，这说明幼儿双语教师的汉语语调整体上是比较标准的。认为自己汉语听力能力

好和较好的分别占到了 23.8% 和 71.4%，认为汉语听力能力一般的占 4.8%，说明大部分双语教师能够很好的听明白汉语表达，只有极个别教师在听的过程中，会扭转词的表达意思。认为自己汉语阅读能力好和较好的教师分别占 23.8% 和 66.7%，认为阅读能力一般的双语教师占 7.9%，认为不好的占 1.6%。而认为自己汉语语法修辞能力好和较好的分别占到了 22.2% 和 36.5%，认为自己的汉语语法修辞一般的教师占到了 41.3%。以上数据表明，幼儿教师汉语的听、说、读的能力较好，但对于涉及到汉语语法修辞的情况，双语教师还是很难准确的把握。一名教师这样说：

> “我的汉语说得是不错，但是一般只是日常用语，要是书面语或者是写材料的话就很难，因为语法有时候会颠倒的，有时用词也不当。有一次阿如汗的妈妈来接孩子，问我他们家孩子呢！我说：‘让她奶奶拿走了，’这时旁边有个孩子笑了，并且说：‘老师咋拿呀?’我很理直气壮地说：‘就拿呗！’后来我才知道，拿、领、带这些都不一样哦！”

调查中认为自己的蒙古语语调很标准和基本标准的幼儿双语教师占 32% 和 58.2%，认为不很标准的幼儿双语教师占 9.8%，而认为不标准的双语教师为 0。认为自己的蒙语语法修辞好和较好的幼儿双语教师分别占到了 34.9% 和 39.7%，认为蒙古语语法修辞一般的占 22.2%，差的 3.2%，认为自己的蒙语阅读能力好和较好的分别占到 38% 和 41.3%，一般的 15.9%，差的 4.8%。整体看，幼儿双语教师的语言艺术较好，大部分教师能够从幼儿身心发展特点出发，运用儿童化的语言，调动幼儿的积极性。

小　结：

蒙古族幼儿园双语教师双语表达能力整体上较好，大部分教师能够用双语流利的交谈、较顺畅的阅读图书以及书写材料，只有少数幼儿双语教师对于双语的掌握程度有所欠缺。幼儿双语教师之所以有好的双语言基础，主要得益于教师的个人成长及教育背景，教师们都来自于蒙古族家庭，蒙古语是他们的母语，所以对于蒙古语的说、听、读等能力掌握自然很好。

《内蒙古自治区蒙古语言文字工作条例》总则的第三条规定，“自治区以正蓝旗为代表的察哈尔土语为蒙古语标准音”,[①] 有一部分幼儿双语教师认为自己的母语语调不很标准，主要是由于出生地不同，在语音与语调上有差别。“大部分锡盟的教师都在纯蒙古语班呢！因为他们语调比较标准，其余教师在语调上稍微差些，就在双语班了”（E 教师）。对于蒙语加授班这些没有蒙古语基础或者基础差的幼儿来说，幼儿双语教师的语音、语调更为重要，希望幼儿园在这方面能够进行相应的调整。各幼儿园也在采取积极地措施对幼儿教师进行蒙古语的培训及考核，以其提高教师们的蒙语水平。

内蒙古的蒙汉杂居聚居方式，使得大部分幼儿教师从儿童时期就开始接触汉语，再加之三年级开始系统汉语的学习，教师的汉语能力也很强。只有一部分教师一直接受纯蒙古语的教育，所以会出现汉语表达不是很好的现象。同时教师们也都经过了考核，获得了汉语普通话证书。所以大部分蒙古族幼儿园双语教师的双语表达能力是能够胜任双语教学工作的。

（三）蒙古族幼儿园双语教师双语教学设计能力

幼儿双语教师双语教学之前，必须预先筹划精细的双语教学蓝图，在全面吃透幼儿双语教育基本理论及准确分析新《纲要》前提下，将幼儿双语教学看成是一个完整有序的系统，有计划的优化双语教学的目标、内容、方法等各要素之间联系，使各要素发挥自己独特的作用。同时教师也要注意从幼儿的身心发展特点出发，遵循幼儿身心发展的规律，利用双语教学独特的教学方法使幼儿在互动活泼的情境下，自然地习得双语。

1. 双语教学目标分析及设计能力

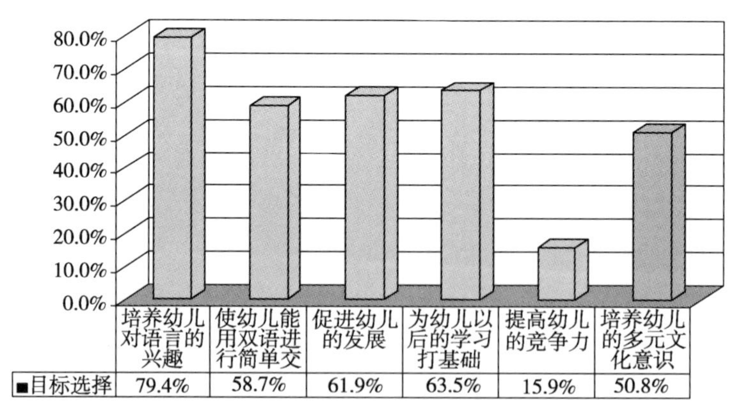

	培养幼儿对语言的兴趣	使幼儿能用双语进行简单交	促进幼儿的发展	为幼儿以后的学习打基础	提高幼儿的竞争力	培养幼儿的多元文化意识
■目标选择	79.4%	58.7%	61.9%	63.5%	15.9%	50.8%

图 3—1 受调查教师对双语教学目标的理解

① 资料来源于内蒙古自治区民族宗教网. http//www. nmgmzw. gov. cn.

图 3—1 显示，79.4% 的幼儿双语教师认为幼儿双语教学的目标是培养幼儿对语言的兴趣，58.7% 的教师认为双语教学的目标是使幼儿能用双语进行简单的交流，61.9% 的教师认为幼儿双语教育的目标是促进幼儿的发展，50.8% 双语教师认为双语教学的目标是培养幼儿的多元文化意识。从以上数据我们能够看出，幼儿教师对于双语教学目标的理解和分析还是比较合理的，大部分教师能够根据幼儿身心发展的特点，正确的把握双语教学的目标。但是也有 63.5% 的教师认为幼儿双语教育的目标是为以后的学习打基础，15.9% 的教师认为幼儿双语教育的目标是为了提高幼儿的竞争力。从这一点上来看，还有一部分教师对双语教学目标的理解存在偏差，有一定的功利性。

幼儿双语教学目标的设计能力也至关重要，下面以一位幼儿双语教师设计的教学活动目标为例进行阐释：

活动名称：小小侦探（综合活动）

活动目标：

1. 培养探索精神
2. 了解外出时要把门窗关好并且上锁
3. 初步理解句子的含义
4. 在日常生活中正确使用单词门（乌德）、窗（朝恩胡）、锁子（奥尼苏）、钥匙（吐力古尔）
5. 培养想办法解决问题的能力
6. 单词发音正确并且理解含义

在这次“小小侦探”的教学活动中，幼儿教师设计了 6 个双语教学目标，从目标设计取向来看，1、5 属生成性目标，2、3、4、6 属行为目标。整体看来，幼儿双语教师设计教学目标时考虑比较全面，但认真思考就会发现，这 6 个目标的表述角度并不统一，1、5 是从教师角度出发的，而其余的是从幼儿角度出发的。这说明幼儿教师教学目标的设计还缺少科学的理论根基。听课时也发现，很多教师在一次双语教学活动过程中罗列很多教学目标，只关注教学目标的“量”，而没有关注教学目标“质”，缺乏对教学目标的设计整合。

2. 双语教学内容的选择及整合能力

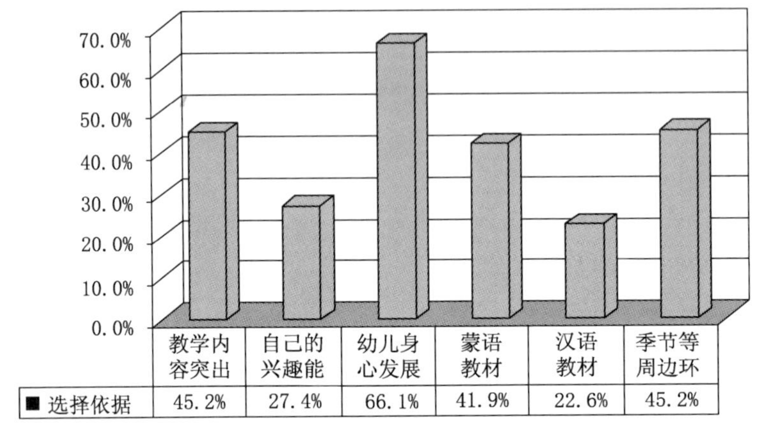

	教学内容突出	自己的兴趣能	幼儿身心发展	蒙语教材	汉语教材	季节等周边环
■ 选择依据	45.2%	27.4%	66.1%	41.9%	22.6%	45.2%

图 3—2　受调查教师双语教学内容选择的依据

没有固定的教材，蒙古族幼儿园双语教学内容主要依靠教师自主筛选，双语教学内容的帅选需要考虑很多因素，兼顾幼儿、园所、社会等各方面的需要，以保证双语教学内容的科学性和多元性。上述统计显示，有45.2%的幼儿双语教师根据教学内容是否突出、有代表性来选择教学内容，27.4%的幼儿双语教师根据自己的兴趣能力选择双语教学内容，有66.1%的双语教师根据幼儿身心发展的特点来选择幼儿的双语内容，根据蒙语教学内容和汉语教学内容来进行选择的分别占到了41.9%和22.6%，根据季节等周边环境来进行内容选择的占45.2%。蒙古族幼儿园给了教师足够的自由，教师可以根据实际情况调整或者选择自己的教学活动内容。所以当您踏入蒙古族幼儿园听观摩课时您就会发现，教师们的教学活动内容非常丰富，关于蒙古族民族文化、风俗、禁忌等还有蒙汉相结合多元文化的内容很多，涉及了科学、社会、健康、语言、艺术等各个领域。

双语教学活动内容的整合不是所选教学内容简单的拼凑，而涉及到两种文化的融合。教师所面对的幼儿几乎都是具有蒙汉两种文化的个体，如何将所选的双语教学活动内容融入孩子的知识体系，这是一个很重要而且很难的问题。访谈中几位老师各抒己见，提出了自己的整合方法，值得我们借鉴。

> 我主要是根据具有蒙古族特色的东西进行整合的，比如，在教孩子数字10的时候，我会拿一些奶酪啊、羊拐啊来进行数数。

还有在认识颜色的时候也可以拿蒙古袍来让孩子们找相应的颜色。这样的话，孩子蒙汉两种文化的东西就都有了，而且很自然。

——摘自于教师 F 的访谈

我一般是看汉语教学内容，然后决定怎么去整合。你比如说 3 月蒙语需要幼儿掌握的句子中，我看见多元智能课程当中有的话可能加入的话，我就会直接把它带进来，像什么奥尔夫音乐课程啊！要是有与幼儿日常相关的日常用语我也会在活动中加入的，然后自己将其糅合了进行教学，呵呵！很多都是随机的。没有那么很固定的进行，也没有什么固定的方法，就靠教师多年经验积累的东西在做呢！

——摘自于教师 B 访谈

3. 双语教学方法、策略的选择能力

幼儿双语教师运用的双语教学方法较多，此研究中没有一一列举，只对几种常用的双语教学方法进行了调查。结果显示，经常采用游戏教学法和实物教学法的教师所占比例较大，分别占 87. 3% 和 69. 8%。全身反应法、情境教学法和儿歌唱颂法也分别占 60. 3%、55. 6% 与 60. 3%。访谈中教师谈到，由于所选的教学内容几乎都是与日常生活紧密结合的，所以教师会选择一些比较活的教学方法，“实物教学法”让幼儿获得真实的、直观的感性知识，“游戏教学”、“情境教学”使幼儿置身于情境当中利于幼儿双语的习得。教师们一直采用恰当的教学方法在进行着教学，而且幼儿园也经常就采用什么样的教学方法更利于幼儿双语的学习进行研讨，这都是值得我们可喜的做法。但理想与现实还是有一定差距，实际教学过程中不免有些教师会走捷径，为了应付园里的检查工作，运用死记的方式让幼儿学习单词、句子，无视幼儿身心发展的规律。

在众多教学手段中，教师使用频率最高的是图片（卡片），共有 58 人选择，占总体的 92. 1%。其次是利用实物占 84. 1%，自制教具和教学模型分别占 68. 3% 和 52. 4%，而采用电教设备的最少占 31. 7%。总体来看，双语教师教学手段的运用比较丰富，但是各种教学手段运用频率差距较大。笔者在观察中也发现，实物和图片几乎是每位教师进行双语教学的首选，教师的活动准备当中都会看到他们的影子。下面是笔者一天内观察的双语教学活动中教学手段的运用情况：

表 3—3　蒙古族幼儿园双语教师教学手段运用情况

各领域	活动名称	教学手段使用情况
科学	“狗、兔、猫、猪”	图卡、头饰、布偶、纸质小房子、沙包
语言	“做客”	手偶、舞台背景、实物、图片
健康	“有趣的摔跤比赛”	各种摔跤的图片、活动场地、摔跤服（昭德格）、磁带、录音机
艺术	苏和的“马头琴”	马头琴、故事图片、DVD
社会	“那达慕”	大班小朋友预演、图片、蒙古族音乐、哈达

各领域活动名称教学手段使用情况科学“狗、兔、猫、猪”图卡、头饰、布偶、纸质小房子、沙包语言“做客”手偶、舞台背景、实物、图片健康“有趣的摔跤比赛”——各种摔跤的图片、活动场地、摔跤服（昭德格）、磁带、录音机艺术——苏和的“马头琴”、故事图片、DVD、“那达慕”大班小朋友预演、图片、蒙古族音乐、哈达。

一些图片是园中制作好的，用起来方便，实物就更不用说了，像马头琴、蒙古袍、奶酪等实物，幼儿和教师家中都有，教师随时可以拿来进行教学，直观而且幼儿熟悉，笔者在班级中也看到了很多师幼共同制作的双语教学模型和教具。

图 3—3　幼儿蒙汉语名字卡

图 3—4　教师自制“五畜”和“羊拐”教具

在教学手段中，运用最少的是电教设备。幼儿园双语教师选用电教设备最少的原因是：用得不好、不愿意用以及用起来费时，文章后面对此进行了详述。

4. 双语教案编写的能力

双语教案的编写是幼儿教师教学设计能力的基本体现，蒙古族幼儿园双语教师用蒙古语、汉语、蒙汉双语三种语言形式编写教案，教案有简有详。

图3—5显示，大部分双语教师能根据实际需要采用或详或简的形式编写教案。调查中有的双语教师总是写详案，有的双语教师详、简结合地写教案，有教师经常写简案，有的双语教师不写教案。双语教师们认为不一定按既定的教案去教学就是最好的，随机生成的教学更利于幼儿的学习。确实有时候我们太过于注重教学目标而按照某种步骤去实施某种教学太过于固定，不够灵活。但是教案作为记录存档功能不能泯灭，即使随时生成的精彩活动，也许记录，否则时间久了必然忘记，对于双语教学来说这必然是一种损失。再者教案的编写也是一种能力的体现，经常不写，也会影响能力的提升。

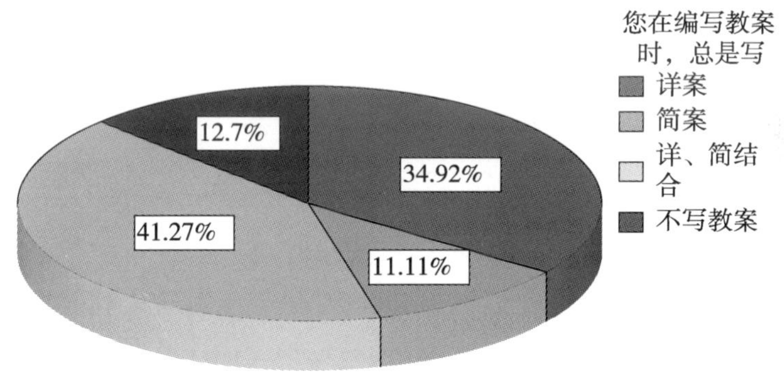

图3—5　被调查教师编写教案的方式

调查中我们也看了很多教师的教案，教案思路清晰、环环相扣、语言得体、字迹工整，应该说蒙古族幼儿园双语教师教案编写能力整体较好。（本研究在后面附录了教师的教案。）

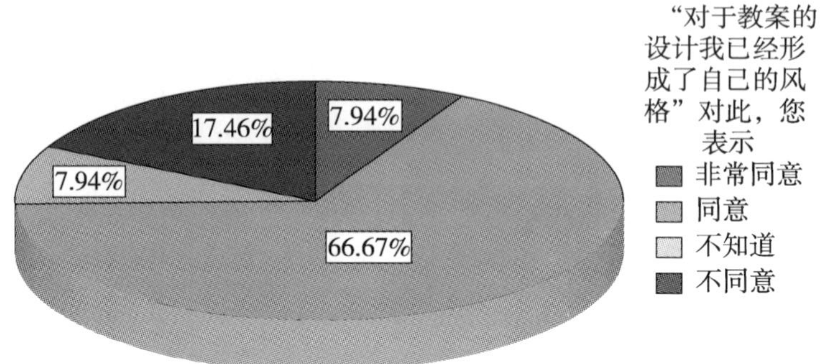

图 3—6　对于教案的设计我已经形成了自己的风格

“对于双语教案我已经形成了自己的风格”有 66. 67% 的双语教师表示同意，7. 94% 教师表示非常同意，17. 46% 不同意，7. 94% 的双语教师不知道。虽然大部分双语教师认为自己能够编写体现个人风格的双语教案，但还是有 25. 4% 的双语教师表示不能够形成个人风格的教案或者不知道，一位教师说：

> “教案看起来容易实际上是很难的，我们一般编写教案都是根据教参的思路进行编写的，自己很难有自己的风格。只有多年双语教龄的老教师，才能有自己特色的教案。”

小　结：

（1）部分教师设计双语教学目标的能力欠缺

调查中我们可以发现，蒙古族幼儿园双语教师对幼儿双语教育目标理解还是比较全面的。之所以在目标设计的过程中出现罗列的现象，主要有两个方面的原因：一是双语教学除认知、社会性等目标外，还有蒙语学习的语言和多元文化教育目标，“双语教学目标要求多，每次准备活动时就怕落下哪方面，所以就都写上了，有时候老师们也感觉乱的，但是乱的总感觉比少了强似的”（教师 E）。二是幼儿双语教师缺少教学目标设计的相关知识，没能很好地遵循目标设计的全面性、整体性、具体化、操作性、适度性等原则及目标表述的基本要求。望园所以后能加强这方面的培训。

（2）双语教学手段的运用存在“虚假现象”，缺乏创新

在前面的调查中，双语教师对于各种教学方法、手段的选择比例都比较高。但是在实际的观察中发现，教师往往选择比较方便的教学手段，那

些有难度的和创新的教学手段在日常的双语教学活动中极少被运用，只有在观摩课时“现身”，例如，运用多媒体手段的双语教师就很少。教师们一般也很少查找和借用新的教学方法和手段，很少有教师主动地开发或者借用其他的双语教学方法，这些都需要引起园所的注意，加强幼儿双语教学方法及手段的培训及研究。

（四）蒙古族幼儿园双语教师双语教学实施能力

1. 双语教学环境创设的能力

新《纲要》明确指出，环境是重要的教育资源，应通过环境的创设和利用，有效地促进幼儿的发展。本杰明·布卢姆也曾说过，教学环境是一种能够塑造和强化学生行为的重要力量。因此，我们应该创造良好的双语教学环境，使其对幼儿双语的学习产生深刻的促进作用。

调查数据显示，双语教师都进行双语环境的布置，73%的双语教师经常进行双语环境的布置，27%的双语教师偶尔进行环境的布置。通过实地观察研究者也发现，“双语”班教师环境创设的能力很强。首先，拿物质环境的创设来说，双语教师能够根据幼儿发展的需要及时地进行环境创设并且根据活动主题定期进行环境更新。一位双语教师在国庆期间创设了主题活动“祖国！您的生日”，并根据主题活动创设相应双语环境。如图3—7：墙饰“祖国六十大庆”及活动区“爱我中华，爱我内蒙古”等，通过创设的环境来启发幼儿，使幼儿在潜移默化中接受双语及多元文化教育。

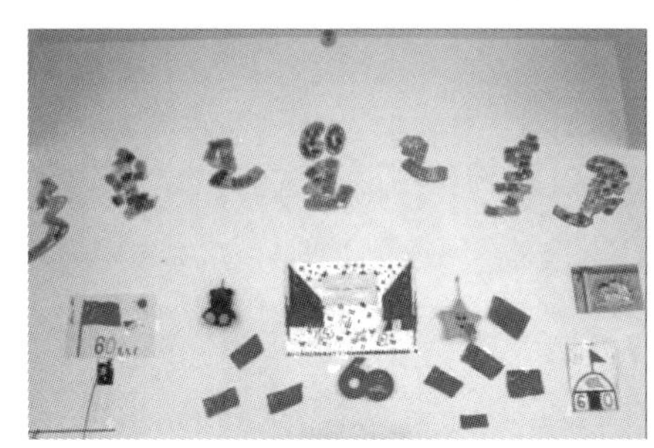

图3—7　与“祖国60年大庆”主题相应的墙饰和活动区

环境创设中，蕴含着丰富的双语教育内容。以图3—7为例，创设的过程中教师考虑了双语的因素，所以在墙饰上用“蒙汉”语去阐释关于祖国的六十大庆。最醒目的就是那几个蒙古文“祝福祖国60年大庆”同时中间的红旗上和旁边的设计中都有“蒙汉”两种文字的体现。一面小小的墙上我们看到是多元文化的投射，让幼儿知道，自己是蒙古族，同时知道自己是中国的一部分，中国是自己的祖国。访谈中双语教师谈到，为了让幼儿更好的受到熏陶，这些环境创设都是教师与幼儿共同完成的，那些蒙古文字都是幼儿用自己画的五畜的“嘎拉哈”拼做而成，在制作和布置过程中，幼儿接触蒙汉两种文字，双语能力得到了提高。这些墙饰并不是摆设，师幼经常运用它进行教学活动。除墙饰外，教师还会根据主题进行活动区的创设，图中活动区中幼儿制作了各种小蒙古包，旁边是“爱我中华”的字样，教师会和幼儿一同进入活动区进行游戏，吸纳多元文化的丰富营养，培养幼儿的多元文化意识。

图 3—8　与“民族服饰”主题相适应的墙饰和活动区

图 3—9　蒙、汉语图书角

以“民族服饰”为主题的教学活动，教师也会进行相应的墙饰、活动区等环境创设，如图3—8是关于蒙古族服饰的环境创设。图3—9是放置蒙汉语读物的图书角，在这里幼儿可以徜徉在文化的海洋里，吸收蒙汉文知识，篇幅所限，在这里就不多加赘述。

其次，是精神环境的创设，当你一踏进双语班，你就能感觉到那种双语、双文化的气息，教师随机的进行双语的切换，你也会发现游戏中的幼儿同伴们一会儿蒙古语，一会儿汉语的交流。那种幼师和谐的场面任谁看了都会为之动容，为之感叹，他们是如何做到的！一位双语教师在自己的报告中写道：

> “我们班上一位小朋友，一次他感冒了，坚持要到户外活动。到了户外，他就开始流鼻涕，我拿纸帮他擦了，并说：‘鼻涕（怒乌苏）都流出来了’。户外活动结束后，大家一起回到了活动室，我想坐下，眼睛正四处找椅子，他把小椅子放在了我身边，说：‘老师，你坐（其苏乌）’，一件件与孩子们发生的小事，让我深深地感受到了一种深情。让我在关心别人的同时也被关心着。这时何等的幸福！我们还有什么理由不努力工作呢！”

我们能够感觉到双语教师在尽力的为幼儿创设一种宽松和谐的双语环境。

2. 双语教学活动组织的能力

幼儿双语教学活动是一个动态的过程，教师要在这个动态的过程中，运用独特的教学形式和教学方法，调动幼儿的积极性，使幼儿在融洽、舒心的环境中进行双语教学，就要有很好的教育智慧。

表3—4显示：幼儿双语教师大部分活动中经常组织游戏，占到了69.8%。每次组织和偶尔组织的分别占到14.3%和15.9%。没有教师选择从不组织。说明大部分教师能够从幼儿身心发展的特点出发，认识到游戏对于幼儿学习的重要性。笔者在教学活动观察中也发现，幼儿在欢快的游戏中，一边游戏一边自然地习得语言，比如在玩

表3—4　被调查教师上课组织游戏情况

项目	每次组织	经常组织	偶尔组织	从不组织
人数	9	44	10	0
百分比（%）	14.3	69.8	15.9	0

玩“猜猜看”游戏时，新吉乐拿到了写有骆驼的卡片并解释说：“在沙漠里走得可快了，长得可高了”，他一边说，一边弓着腰学着骆驼走路的样子，可是幼儿意茹汗没有猜出来。这时，新吉乐躺在了地上，把自己的手脚都举得高高的，并说：“就是背上长得这样子，两边高的！你还不知道?”这时后面的孩子已经忍不住了，大声地喊：“是骆驼（特么格）！骆驼（特么格）！”意茹汗也笑了，腼腆地说：“骆驼（特么格）！”大家高兴地鼓起掌来。游戏做完了，幼儿的蒙古语也就习得了。运用“游戏语言”，“儿童一面做各种游戏动作，一面说话，用语言补充和丰富自己的行动。”①

表 3—5　被调查教师组织双语教学活动的形式

项目	集体活动	小组活动	个别指导	其他
次数	58	50	44	3
百分比（%）	92.1	79.4	69.8	4.8

被调查的双语教师中，各种形式的活动一共被选择了 155 次，幼儿双语教师对双语教学的基本组织形式中，集体活动运用的频率最高，占 92.1%。79.4% 和 69.8% 的双语教师经常采用小组教学和个别指导的形式进行双语教学。有三名幼儿双语教师选择其他的教学活动形式，一名教师表示，“帮代式”的活动形式自己用的也比较多的，就是利用双语掌握好的幼儿来带双语学的不好的幼儿；还有一名教师表示曾经用过几次与家长合作的方式进行双语活动；另一名教师没有填写。从中能够看出，多数幼儿双语教师采用比较传统的教学形式组织活动，只有个别教师在尝试研究新的双语教学活动形式。双语教学内容的独特性要求必须要有恰当的教学形式与之相适应，所以教师和园所应该加大力度，提倡创新精神，加强新的双语教学活动形式的开发。

美国心理学家罗伯特·布鲁克思曾说：“体态语言对于教师帮助学生保持长时间注意以便完成任务而言，不失为一种强有力的措施。教师要注意观察生活，了解儿童的心理活动，创造出生动形象、适合儿童的体态语。”② 小孩子是很容易受到感染的，一个眼神、一个动作都会给孩子带来无尽的遐想。作为幼儿教师我们要能够发挥自己的体态语功能，与幼儿互

---

① 陈帼眉．学前心理学［M］．北京：人民教育出版社，2003：280.

② 位新丽．小学数学双语教师基本素质的研究［D］．山东师范大学硕士论文，2007.

动，调动他们的积极性，促进他们教学内容的获得。

表 3—6　被调查教师体态语与内容的有机结合情况

项目	完全做到	不能完全做到	没做到
人数	28	34	1
百分比	44.4	54	1.6

表 3—6 显示：蒙古族幼儿园双语教师完全能够做到体态语与内容有机结合的占 44.4%，不能完全做到的双语教师占 54%，没做到的占 1.6%。笔者在听课的过程中也发现，大部分教师都不能够完全做到体态语与内容的有机结合，由于多年的教学使教师产生了倦怠，很多教师教学活动就像是完成任务，看下教案就开始讲。而且有一部分教师表情严肃，肢体语言很少，这也是我们教师以后应该加强的能力。

3. 掌握双语使用及切换时机的能力

对蒙古族幼儿园的双语教师来说，他们在教学活动中是如何使用蒙汉语的呢？蒙汉语在活动中所占的比例如何？他们又是如何进行双语的切换的呢？

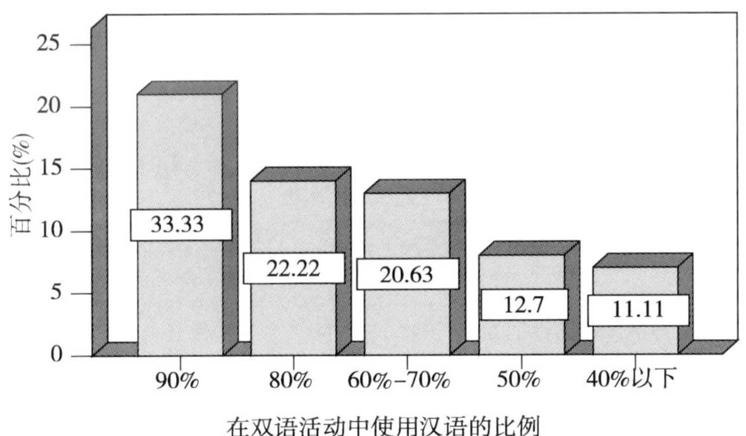

图 3—10　教师在双语教学活动中使用汉语比例情况

在双语教学活动中使用汉语在 90% 以上的双语教师占 33.33%，汉语使用比例占 80% 的幼儿双语教师达 22.22%，汉语使用 60%—70% 的幼儿双语教师占 20.63%，教学活动中双语教师使用汉语 50% 的占 12.7%，而教学活动中幼儿双语教师使用汉语 40% 以下的 11.11%。从图 3—10 我们看出，在教学活动中幼儿双语教师使用双语的比例不等，双语教师在教学活动中使用汉语的比例由多至少呈梯度状，使用汉语最少的（即40%以下的）幼儿双语教师所占比例最少，依次随着使用汉语比例增多，教师人数也在增多。也就是说，现今蒙古族幼儿园双语教学活动中使用汉语比例偏大，有很大一部分教师依靠汉语作为辅助来进行蒙古语的教学。每位教师及每个班级的特点不同，双语教师所使用的双语的比例就不同。在问及教师一般在什么时候进行双语的切换时，一位双语教师说：

> “实际上我们并没有什么规定什么时候语码转换，这些都是顺其自然的，我们的孩子全部都会汉语，所以汉语是我和孩子常用的交际语言。至于双语的转换都是根据情境来进行的，当我的交谈对象不同、交谈的事物不同时我的语言都会发生不同的切换。”

观察中发现，幼儿双语教师双语切换很流利过渡很好，多数教师双语切换能力比较强。下面就举例说明一下，笔者通过观察总结的双语切换的例子：

表3—7　被调查教师双语切换情况

切换情境	例子
讲授新单词时	小朋友们都有漂亮的衣服和裤子，那么用蒙语衣服、裤子怎么说呢？蒙语的衣服是“德博勒”、裤子是“乌木都”
交谈对象不同，须语言靠拢时	请伸出你们的双手（蒙语）。其木格，我说的是“请伸出你的双手”（汉语）
幼儿的回应语言不同时	那么你们知道摔跤的叔叔脖子上的是什么吗？“老师，是江嘎”，“哦！你说对了，它叫江嘎。”（这时教师也跟着转向了蒙古语）
双语教学活动中，约束纪律时	小朋友们，安静些！我数四个数安静了，尼格（1）、胡雅尔（2）、固日吧（3）、杜日博（4）
特别强调某事时，需重复表达，以使幼儿更加清楚	我通知一件事情啊！明天带来一些奶酪（教师用蒙古语说一遍再用汉语说一遍）

4. 运用教育技术提高双语教学的能力

信息技术席卷全球，电教化设备也成为教育系统的重要教学手段。其中多媒体技术在语言教学中的运用有着不可估量的优势和潜力，这种高新手段图文并茂、视听兼备，具有形象生动，刺激强等特性，更能吸引孩子的注意力，提高教学效率。教师应能够灵活的运用，使语言学习与其优化组合，发挥更大的作用。

表 3—8　教师使用多媒体教学手段情况

项目	经常使用	很少使用	从不使用
人数	21	38	4
百分比（%）	33. 3	60. 3	6. 3

调查数据显示，33. 3% 的蒙古族幼儿园双语教师在教学活动中经常使用多媒体教学手段，很少使用多媒体教学的幼儿双语教师占到了 60. 3%，而有 6. 3% 的双语教师从来不使用多媒体教学。

表 3—9　被调查教师对多媒体教学技术的运用情况

项目	很好	好	一般	不好
次数	9	23	23	8
百分比（%）	14. 3	36. 5	36. 5	12. 7

认为能够很好地运用多媒体教学技术的教师占 14. 3%，分别有 36. 5% 和 36. 5% 的教师认为自己运用多媒体比较好或者一般，有 12. 7% 的双语教师表示自己运用多媒体的情况不好。以上两组数据看来，多数幼儿双语教师认为自己的多媒体运用能力较好，幼儿园也经常组织这方面的培训，但在实际观察中双语教师对多媒体的运用能力整体上不尽如人意，有的教师制作课件都很困难。

使用多媒体的能力是一名现代教师所必备的素质，作为教师我们应该努力去学习提高自身这方面的能力。同时幼儿园也应该采取措施，加强教师这方面的培训，将计算机的管理提到日程上来，使多媒体教室真正发挥它应有的作用。

小　结：

（1）大部分双语教师双语教学环境创设能力强

蒙古族幼儿园双语教师能够充分挖掘班级的每个角落，门窗、更衣室、盥洗室、幼儿休息室都成为他进行双语环境创设的空间，不仅如此，家园联系手册、与家长联系的布告栏等都被教师们进行了精心的布置，经常争取家长的配合，与家长一起创设家庭双语环境。应该说，在环境创设方面，双语教师们尽心尽力，作出了不少成绩，这也是蒙古族幼儿双语习得不错的原因。在日常的教学活动中，师幼互动关系良好，师生经常一起游戏，教师还经常组织各项双语活动，如儿歌比赛等。激发幼儿学习双语的兴趣，促进幼儿双语的学习，这跟蒙古族幼儿园园领导对环境创设的重视是分不开的，期待以后更强。

（2）双语教师很少使用多媒体教学

三所蒙古族幼儿园都根据双语教学的需要配有电教设备，有的电脑、多媒体就安装在教室当中，这么好的便利条件，为什么会出现幼儿教师对多媒体不用或是用的不好的情况呢？教师们说，一方面：

> “我们都是幼儿师范毕业的，当时上学的时候就没有学好，计算机水平不行，说实话，电脑中毒了都不知怎么办？有时候都不敢用。”（教师 C）另一方面，“管多媒体教室的老师，我们正常上班，他不正常上，要上还得去找他，等开了机器，一节课就过去了，所以我们就不上。”（教师 D）也不能总上，还得做课件，太麻烦了！

（教师 E）幼儿园要加大多媒体设备的投入，加强教师这方面的培训，培养教师运用多媒体的意识，使多媒体更好的促进双语教学。

（五）蒙古族幼儿园双语教师双语教学评价能力

1. 双语教师对幼儿的评价能力

幼儿年龄比较小，他们对自己的评价还不够成熟，所以教师的评价对于幼儿的发展至关重要。作为幼儿双语教师我们要能够依据每位幼儿的特点，编制评价问卷，通过系统的观察，对幼儿双语的学习进行恰当的评价。

表 3—10　被调查教师对双语幼儿的评价情况

项目	经常	有时	很少	从不
百分比（%）	65. 1	28. 6	6. 3	0

调查发现，双语教学活动后，教师能够经常针对每位孩子的特点对其作出相应评价语言的双语教师占 65. 1%，28. 6% 的幼儿双语教师有时候能够这样去做，有 6. 3% 的教师很少能够做到。说明大部分幼儿双语教师能够针对幼儿的不同个性，做出恰当的评价。一位教师说：

"我们都是根据双语教学活动目标进行评价的，但是一般情况下，我们会把班级的孩子掌握蒙古语的情况分成4个以上的水平，然后根据每个水平制定不同的目标，比如说查娜和多兰都一句蒙古语不会说，只能听懂一点日常用语，那么我就会考虑把他们两个看成将近一个水平线上的，给她们初步定个目标，然后进行评价"

当然也有一部分教师由于各种原因，很少或者不去这样评价幼儿。

新《纲要》指出，"评价应自然地伴随着整个教育过程进行。综合采用观察、谈话、作品分析等多种方法。"① 观察中也发现，幼儿双语教师的评价方法整体比较丰富，有些双语教师为幼儿建立成长档案袋，通过观察幼儿的日常行为作出评价，有些幼儿双语教师针对幼儿完成的作品，综合运用口头表扬、体态语、物质奖励等方式对幼儿给予肯定。同时也发现，教师一般倾向于在教学活动中对幼儿评价，而对平时幼儿的行为表现则关注不够。

表3—11　被调查教师编制评价问卷情况

项目	是	否
百分比（%）	28.6	71.4

调查显示，71.4%的双语教师表示从来都没有编制过评价工具，可以说幼儿双语教师都进行评价，但是评价的层次却很低，大部分教师的评价都很随意，很少有教师针对不同的幼儿制定相应的计划和观察表等整体对幼儿进行评价。

2. 双语教师自我评价能力

本章中，双语教师的自我评价能力主要考虑双语教师的反思能力。表3—11显示，14.3%的幼儿双语教师经常对自己的教学产生困惑，71.4%的双语教师有时候对自己的教学行为困惑，而14.3%的幼儿双语教师从来都没有对自己的教学行为产生过困惑。说明大部分双语教师教学活动结束还是会思考自己的双语教学活动的，但也有一部分幼儿双语教师从来不思考。而在问及"当您对自己的双语教学产生困惑时，您会选择什么方式来对待时？"7. 9%的幼儿双语教师表示，想想而已，过后就忘了，14.3%

① 《幼儿园教育指导纲要》（试行），载《山东教育》，2001年。

的双语教师表示会先记录下来，等有时间了再说，44.4%的幼儿双语教师表示会将困惑记录下来，矫正以后的教学行为，33.3%的幼儿双语教师会深入思考，指导今后的实践，访谈中教师也表示，每天比较忙，根本顾不过来即使有问题也只是想想，根本没有时间去专门研究。

对于教师进行反思的目的，41.3%的幼儿双语教师认为反思是为了提高自身的教育教学能力，增强自己的专业能力，38.1%的双语教师认为自己进行反思是为了满足幼儿的兴趣和需要，更好的促进幼儿的发展，还有4.8%的教师选择了其他，15.9%的教师认为自己进行教学反思只是为了完成幼儿园的规定，从这一点来看，一部分教师根本不想反思，即使反思也是为了完成任务而已。

小　结：

（1）大部分双语教师对幼儿作出评价。

调查结果显示，65.1%的双语教师经常对幼儿进行评价，有时对幼儿进行评价的教师和很少进行评价的教师分别占28.6%和6.3%。而不进行评价的教师没有。说明大部分教师都对幼儿作出评价。

（2）大部分双语教师的评价处于基础阶段

大部分教师的评价能力比较低，只是口头的表扬等简单的评价，而很少有教师针对某个幼儿的特点进行观察记录，进行科学的评价。教师的非正式评价较多，而正式评价很少。园所应该加强这方面的努力，提升双语教师的评价水平。

（3）双语教师自我评价意识不强

双语教师一般不会做出主动做自我评价，大多数情况下是园所要求了之后才会去做，例如，园所要求的双语教学反思笔记、自检报告、双语幼儿的个案记录等，这时双语教师才会自我评价。双语教师的自我评价意识不强。

三、影响蒙古族幼儿园双语教师教学能力的因素分析

教师教学能力发展是教师专业发展的一部分。所以，影响教师专业发展的因素总体上涵盖了影响教师教学能力发展的因素，只不过，某些因素对教师教学能力的影响比较突出、显著。本章借鉴学者们的相关研究，从教师教学能力发展的参与者和执行者角度来讨论影响教师教学能力发展的因素，教师教学能力的参与者与执行者主要有政府、教师教育机构、教师任职学校和教师本人，以下就这几方面进行探讨。

（一）政府：宏观性因素

《国际教育百科全书》提出：研究发现，除非双语教育与政府保持一致，否则它不会成功。本章所指的政府是地方政府，政府通过制定和实施双语教育政策从宏观上影响幼儿双语教师教学能力的发展。良好的民族教育政策特别是双语教师政策，为幼儿双语教师教学能力发展提供物质保障和精神支持。

首先，双语教师政策制度为幼儿双语教师物质方面提供保障，影响着幼儿双语教师教学能力的发展。诸多国家和政府制定与双语教师相关的政策法规，为双语教师的发展保驾护航，政府的经费投入是双语教师能力发展的前提，追求基本的物质生活待遇是教师最基本的权利，如果幼儿双语教师最基本的生活需要和工作条件都无法保障和满足的话，何谈能力的提升？调查中我们发现，除新城蒙幼每月按班级幼儿数提供给教师一元钱的补助外，其余蒙古族幼儿园对于进行双语教学的幼儿教师没有任何补贴，部分编外双语教师待遇更低，月基本工资680元，这些不仅严重影响双语教师的基本生活，更极大的挫败了双语教师专业发展的积极性。幼儿双语教师在访谈中这样说：

> 其实我挺热爱幼儿教育事业的，也挺爱进行双语教学，这是我的强项。但是吧！实际教学中存在的困惑也挺多的，太麻烦！东翻译西翻译，到处找内容，关键是有些内容浪费时间又浪费钱，不找吧！还没得上。
>
> ——摘自教师B的访谈
>
> 你看我们这么累吧！但是我们拿的工资跟别的老师是一样的，谁不想付出了收获点啊！让你见笑了，但这是实话呀！
>
> ——摘自教师F的访谈

其次，双语教师政策制度对幼儿双语教师精神方面的影响规范的双语教师管理制度，能够更好的引导幼儿双语教师教学能力向着正规化、法制化方面发展，首先，规范政策制度能为双语教师能力发展指明目标方向，有了明确的目标，幼儿教师的双语教学活动才能顺利有序的进行。其次，规范的政策制度可以指导双语教师的行动。长期以来，我们政府没有制定关于双语教师的系统规划，这使得双语教师在自身的发展过程中很难把握方向和尺度，严重影响了双语教师的专业发展。访谈中一位教师告诉笔者，对于双语教学能力自己也吃不准，没有什么对双语教学能力成文的规定，大家都是在会双语的基础上按照一名单语教师的要求来做的，只是园里在一些计划当中谈到一些。缺乏双语教师政策的引导，教师们努力的方向不明确，肯定会影响其教学能力的发展

（二）教师教育机构：奠基性因素

教师教育机构的培养培训直接影响着幼儿双语教师教学能力的发展，俗语说："一方水土，养一方人"，这句话放在教师培养上就是一所学校培养一群具有刻上这所学校烙印的学生。教师教育机构的课程设置、培养模式、教学形式等都影响着未来幼儿教师的教学能力，同时教师教育机构再培训，对幼儿双语教师教学能力的发展也有重要影响。

1. 职前培养因素

教学能力主要体现在教学知识和教学技能两个方面，教师教育机构主要通过对学生传授教学知识和教学技能来培养学生的教学能力，教育改革本身具有滞后性，因而人们"尽管在改革中不断探索实践，但仍未有根本性变革，教学内容特别是教育专业知识应用性差、可操性不强。"①

目前，在蒙古族幼儿园进行双语授课的教师90%以上毕业于内蒙古民族幼儿师范艺术学校，这是我区唯一一所用蒙古语文授课的中等师范学校。作为幼儿"蒙汉"双语教师的成长摇篮，该学校主修课程还是传统的"三学六法"，课时设置少且内容陈旧，专门的双语教学课程极少，只有一门蒙古族语言文学；绘画、跳舞、弹琴等技能课较多，拿舞蹈来说，一周平均8—12课时；一般安排半年左右的实习，但大部分是学生自主实习，教师的指导较少，这样学生学习的教学知识很难很好的内化，所掌握的教学技能也得不到充分发挥。具有丰富的理论基础知识是进行双语教学的最基本条件，掌握知识技能的多少，对能力的提升肯定会有影响。在前面的调查中，幼儿双语教师课程资源开发能力、运用多媒体的能力比较差等都受到了这方面的影响。

2. 职后培训因素

职后培训是幼儿双语教师能力提升的重要手段，"尽管教师培训的作用与意义已经得到了认可，但教师培训的实践却并不令人满意。"② 访谈中教师们反映，幼儿园及民委都定期不定期地进行双语教学相关的培训，但整体效果不甚理想。"培训的内容一般比较陈旧，有的内容根本用不上"，（教师A）培训内容缺乏针对性和有效性，必然影响教师教学专业能力的

---

① 陈永明．教师教育研究［M］．上海：华东师范大学出版社，2003：164.

② 朱益明．教师培训的教育学研究［D］．华东师范大学博士论文，2004.

提升，“有的培训老师也不怎么了解双语教学的实际，就讲他的理论”，（教师 F）“教师培训者素质不高是培训流于形式、走过场，对教师技能形成、水平提高效果不大的重要原因”，[①] 作为双语教师培训者，缺乏双语教学实践知识必定影响培训的效果。而且，“集体上课的方式太累人，教师们一坐一上午，学习效果不怎么好”，（教师 C）王宪平对教师教学能力影响因素的调查结果显示，有 81.7% 的教师认为教师培训方式单一比较大的影响教师教学能力的发展。

（三）幼儿园：关键性因素

蒙古族幼儿园是幼儿双语教师从事教育教学活动的主要场所，幼儿园的人、物以及文化等对双语教师教学能力发展有很深的影响。根据双语教学实际，本章主要从幼儿园领导、生源、双语教师时间结构等因素来探讨双语教师教学能力发展的幼儿园影响因素。

1. 幼儿园园长因素

园长作为幼儿园的管理者与决策者，对幼儿园的发展有着至关重要的作用。从某种意义上说，有什么样的园长就有什么样的幼儿园，就有什么样的教师和幼儿。园长作为双语教师的引领人，对双语教师教学能力的影响是不言而喻的。主要表现在以下两方面：

首先，园长的管理方式影响幼儿双语教师的积极性，从而影响教师教学能力能力的发展。

园长和教师的关系十分微妙，作为一名园长处理好与教师的关系是一切工作开展的前提，园长采取什么样的方式来管理自己的教职工，对教职工的影响是完全不同的。下面是几位教师的心声：

有的领导从来不肯定你的工作，就爱给你挑毛病，就给你挑毛病（口气加重）！总摆领导架子！你觉得你已经做得比较完美了，他也就是一句：“大体上还行”，你说他是很有经验的，但是还不告诉你应该怎么做，有时候领导说完感觉对教学都失望了，反正就是个不好，还有什么努力的！

——摘自于双语教师 E 的访谈

“我们领导吧！就是从来没说跟我谈谈心什么的！看见我了，从来不说，‘某某！你在你的教学中有什么困难啊？就感觉我们

① 梁杰．教师培训是否能真正引入竞争机制［EB］．http：//info.edu.hc360.com/.

有距离似的，平时对我们也挺好，但就是有一种说不出的隔阂感！'"

——摘自于双语教师 D 的访谈

很多园长习惯于以权威的方式来管理教师，这样必然造成教师要么内心反感，要么心生畏惧，严重影响双语教师发展的积极性，不利于双语教师的专业成长。

其次，园长对双语教师教学能力的重视程度对于教师教学能力的发展也至关重要。如果一所幼儿园的园长非常重视双语教师的教学能力，那么他就会制定相应的制度，为教师教学能力发展提供保障，例如，将教师教学能力作为双语教师考核、职称评定的重要参考，同时会积极地为教师教学能力的发展创造各种条件，这样，双语教师教学能力才有可能很好的发展。反之，如果园长对双语教师的教学能力不重视，那么双语教师的教学能力提升将陷入困境。所以，园长对双语教师教学能力重视程度直接影响着双语教师教学能力的发展。

2. 幼儿园的生源因素

以往对教师教学能力影响因素的研究中，将学生作为一个很重要影响因素的并不多，而对于蒙古族幼儿园双语教师教学能力来说，幼儿的影响却十分重要。我们知道，如今幼儿园招生制度比较宽泛，除年龄、身体等基本要求外，其余条件均可放宽，幼儿园生源成分复杂化，城乡、民族之间的差异给教师的教学带来了极大的挑战。尤其是双语教学，

"由于幼儿对蒙语掌握的程度不同，所以形成了不同层次的双语能力。幼儿原有的层次不一样，接受蒙语教学的能力也就不一样。有时候双语教师根本顾不上能力的提升，能进行双语教学就已经很不错了。"（教师 C）一位教师无奈地说：'这几天班里新来个汉族孩子，一点蒙语不会，但家长就想来我们蒙语加授班，就这几天把班里孩子带的全说汉语，每来一个孩子就得这样过渡一段，哎！我的双语教学啊！'"

通过对教师观察和访谈我们了解到，幼儿的双语基础是影响教师教学能力发展的一个很重要的因素。如今在幼儿园接受双语教学的幼儿掌握语言的情况比较复杂，有能听懂也会说的，有能听懂不会说的，有会简单日常用语的，还有一点也不会的，这种复杂的层次，影响着教师教学能力的

发展。一方面，教师用于了解孩子的时间过长，对自身双语教学能力的提高有一定的影响。另一方面，教师在克服困难的同时，促进了双语教育智慧的提升。

3. 幼儿园的时间因素

时间资源是制约双语教师教学能力发展的重要因素。在幼儿园的一日生活中，蒙古族幼儿园双语教师的任务已经很重，除了进行集体教学还要花费大量时间用于组织幼儿的课外活动、区角活动以及创设环境、备课等。双语教师在幼儿园的一天显的繁杂忙乱，他们的太多时间用于应付手里琐碎的事情，而对于专业钻研的精力是少之又少。一位双语教师这样说：

> "说是半天班，实际上也不是，园里总有事，有事你就得来，弄来弄去，一周下来，没什么空余时间，而且只要你来了幼儿园，你就是个马不停蹄，事儿多的！"
>
> ——摘自于教师 B 的访谈
>
> 太忙了，忙不过来。一个月我们除了进行教学活动，还要写个案记录、教学笔记、政治笔记。还有特色课，比如奥尔夫音乐等。除了这些本身双语教学对我们来说就有很大压力，占用了我们很多的时间。备课时不可能像汉语那样，还要选择、翻译，时间根本不够用，有时根本没时间考虑研究啊什么的！
>
> ——摘自于教师 C 的访谈

事实上，幼儿双语教师教学能力的发展需要大量的时间和精力，无论是在职培训、与同事之间的交流与合作还是阅读专业期刊书籍等。离开时间的保障，教师教学能力发展显然只能是一种空想。

（四）教师：根本性因素①

事物的发展是内、外因共同作用的结果，内因决定事物发展的方向和程度。教师教学能力的发展受多因素的影响，但归根到底还是要落在教师本人身上，教师个人的背景、个人发展的需要和意愿、个人的知识结构等等都对教学能力发展产生深远影响。

---

① 王宪平．课程改革视野下教师教学能力发展研究［D］．华东师范大学博士论文，2006.

1. 幼儿双语教师发展的需要和意愿

需要是个体活动积极性的源泉，是人行为活动的基本动力。人只有有了某方面的需要，才有可能采取行动，向某方面发展。希望一位在专业上毫无内在需要的教师能够积极主动地进行自我提升，显然是一件困难的事情。[①] 笔者访谈的6名教师当中，在问及影响双语教学能力发展的因素时，只有一位教师自己想发展的愿望不是很强是影响双语教学能力发展的因素外，其余教师均将教学能力发展的影响因素归结为外在的原因，说明教师们并没有很好的重视自身发展的需要对能力提升得重要影响。“教师对教学能力发展重要性认识不足，缺乏发展的意愿，则教学能力不可能得到发展，外部的努力也是徒劳”。[②]

一位智者说过：“如果一个人对某个事情的意愿和需要超过想呼吸般强烈的话，那么他就向成功迈出了一大步。”一位双语教师只有有了提升教学能力的意愿和需要，她的教学能力才可能有所提升。

2. 双语教师的知识结构

幼儿双语教师既要有扎实的幼儿双语教育理论基础，又要具备丰富的双语教学技能，只有理论知识和实践知识和谐统一，才能顺利成功完成双语教学活动。然而，在实际的双语教学活动中，双语理论基础知识匮乏，实践知识不成熟已成为幼儿双语教师教学能力发展的瓶颈。一位双语教师这样说，

> 我很困惑，有一种黔驴技穷的感觉，觉得真是“活到老，学到老”，总很心虚，觉得知识太少，底子太薄了！拿最简单的来说，蒙汉语词汇都感觉不够用，你说我也想能力提升得快呢！但我能做的实在有限！
>
> ——摘自于教师B的访谈

访谈中双语教师们表示，对于双语教学来说，自己的优势只有会“蒙汉”语，而对于双语方面的理论知识等很缺乏，一些工作都是靠经验在做。一位双语教师更是直言不讳地说：

---

① 王建军．课程变革与教师专业发展［M］．成都：四川教育出版社，2004.

② ［美］Thomas R. Guksey 著，方乐、张英等译．教师专业发展评价［M］．北京：中国轻工业出版社，2005：3.

"让我唱歌、跳舞还行，弄双语，特别是双语研究我真是力不从心，就没那底子！"

总之，对教师教学能力发展的影响因素众多，这需要我们教师跳出这些因素的困扰，不断努力进取，克服困难，提升自己。

第四节　提升蒙古族幼儿园双语教师教学能力的策略

一、完善政府保障政策与激励机制

第一，加大财政投入。

近年来，中央及内蒙古自治区民族教育经费投入虽逐年加大，但是幼儿双语教育经费还是捉襟见肘，面对幼儿双语教育所需较多经费的事实，政府应调整双语经费的分配结构，适当加大幼儿双语经费的倾斜力度，解决幼儿双语教育现存问题，为双语教师专业发展创造良好的基础性条件，以保障教师教学能力的顺利发展。

首先，加大物资投入，为双语教师教学能力发展提供资源保障。要求幼儿双语教师具有翻译、编写、出版双语教材等研究能力，就应有必要的双语参考资料和研究场所；要求幼儿双语教师具有运用电教设备以及电教设备与双语教学整合的能力，就应该有必要的现代教育技术设备（如投影仪、电脑、幻灯机等）；要求幼儿双语教师具有双语环境创设、教学方法运用等能力，就应该有必要的特色成品教具和半成品操作材料等。幼儿双语教师教学能力提升所需物质资源明显多于单语，因此，政府应该为幼儿双语教师教学能力发展提供足够的资源，划拨更多的经费，购买必要的设备，用以支持双语教师教学知识和技能的获得。

其次，提高双语教师福利待遇，为教师教学能力的发展提供精神支持。

心理学家马斯洛将人的需要分为五个层次，并认为人只有低级需要得到满足后才会产生更高级需要的愿望和意识，双语教师是人不是神，他们也是在基本的生存得到保障后，才会产生更高需要的动机。所以我们应该适当提高他们的待遇，使经费投入真正惠及到教师本人，为他们提供外出学习及培训的机会，并给予他们进行双语教学所应获得的补贴。这样一来，教师的各方面条件改善了，积极性提高了，哪有不努力的道理呢？

“用来提高和支持教师专业能力发展的开销是一项投资而不是消费”。[①] 对幼儿双语教师的关心，提高他们待遇的同时，更激发了他们为双语教育奉献的决心，这样才能将他们培养成“招得进，提得高，留得住，用得上”的队伍。

第二，制定适宜的双语教师资格准入制度。

适宜的双语教师资格准入制度是规范双语师资队伍，保证双语师资质量的前提。目前，我国还没有制定适宜的双语教师资格准入制度，我区对于双语教师方面的相关规定更是很少，除内蒙古民委及民族教育厅下发的文件中些许涉及外，园所只是做了一些口头要求，对于双语教师的要求，总体上还没有形成文本规章制度，这必然不利于幼儿双语教师教学能力的发展。政府应该尝试制定幼儿双语教师资格准入制度，强化幼儿教师教学能力的考核，特别是双语表达能力、双语教学内容选择整合能力等应该成为考核的重点，据此颁发相应的资格证书，使双语教师专业化。让双语教师们感觉自己是不可替代群体中的一员，在这个群体中，有严格的规章制度和发展要求，这样教师们才能感觉到自己的独特地位，才能有学习的动力和前进的方向。

第三，建立相应的激励机制。

由于幼儿“民汉”双语教育比较复杂和特殊，使得幼儿双语教师的劳动强度与工作压力较大，而幼儿双语教师的工资待遇却不是很高，一部分编外教师的工资更是少得可怜，这使得一部分双语教师离开幼教工作另辟蹊径，双语教师大量流失。政府部门应采取相应的激励措施，建立合理的激励机制，以保证双语教师专业发展的顺利发展。在这方面的具体做法有：给予双语教师适当的政策倾斜，在工资待遇、奖金发放、职称评定、出外进修等方面优先考虑双语教师，同时建立适当的奖惩考核制度，对双语教学能力强、提升快、工作中表现突出的教师进行相应的奖励，以激励教师的积极性，将教学能力作为对教师考核的主要方面，使教师们自主提升自己。

二、双语师资培养途径多元化

第一，拓宽双语师资的培养途径，在高师增设“蒙汉”双语班。

幼儿双语师资的培养，是幼儿双语教育成功的关键。我们知道，内蒙

---

① ［美］Charlotte Danielson、Thomas L. McGreal 著，陆如萍、唐悦译．教师评价——提高教师专业实践能力［M］．北京：中国轻工业出版社，2005：18.

古民族幼儿师范学校是国内唯一一所培养幼儿“蒙汉”语授课教师的院校，该学校于2000年与原伊克昭盟艺术学校合并组成内蒙古民族幼儿师范艺术学校，这样的组合更加强了其所培养幼师的特色，技能很强。但是由于生源、课程设置等原因，培养的师资理论基础比较薄弱。政府应该加大双语教师教育改革的力度，增加培养幼儿双语师资的院校，同时合理的设置课程。据悉，呼伦贝尔大学学前教育专业开始开设蒙语班，同时在我区高等院校如内蒙古师范大学、内蒙古民族大学设置蒙汉双语学前教育班，及时地调整课程结构，将蒙古语设为必修课的基础上，争取将学前双语设置为独立的专业，加大对双语教师的培养，满足社会对双语师资的需求，基于语言优势，招生对象也应尽量是蒙古族学生。

第二，进行多样化的双语师资培训。

近几年，我们内蒙民委、教育厅都进行了双语教师的培训，但我们调查的结果是，被调查双语教师当中有33人上岗前没有经过双语有关知识的培训，占被调查教师的52.4%，说明我们对双语师资的培训力度不够。培训是提升双语教师教学能力的重要方式，教师通过培训、进修提升素质，获得成长。我们应联合教师培养机构、幼儿园、社会的力量，采取正规培训、离职培养、业余辅导和在职指导等多种方式，使双语教师的培训更具系统化、科学化、制度化和终身化，这样双语教师的教学能力才能得到及时的有效地提高。

三、搭建与优化教师教学能力发展的平台

第一，加强园长对双语教师教学能力的支持及引领。

园长作为幼儿园教育活动的掌舵人，是教师教育活动支持者和引领者。依据尤·布朗芬布伦那的“生态系统观”理论，我们认为“园长处于微观系统的核心地位，在不同亚系统及其联系中起着独特的主导、调控、中介与缓冲等多种作用，是教学管理者专业发展影响系统中最具有动力性的重要组成部分。”①

首先，对幼儿教师双语教学活动的支持。双语教学活动没有太多经验可借鉴，需要教师不断尝试、创新，这是个不断探索试误的过程。园长应为教师创设一个和谐、信任、放松的氛围。不应给双语教师过多压力，要相信并肯定他们的能力，尊重他们的想法。只有这样，教师才能够发挥自

---

① 郭文英、吴红霞．浅谈幼儿园教学管理人员的专业发展与促进［J］．学前教育研究，2005（11）：31.

主意识，积极争取发展。

其次，对幼儿双语教师教学能力进行相应的指导。园长不仅是幼儿园的管理者，而且是幼儿园的学术带头人。所以园长应抽出时间定期到双语教学当中去看一看，了解每位幼儿教师双语教学能力的特点及存在的问题，提出一定改进意见，并采取多种方式进行指导。这样一来，不仅拉近了园长和教师的关系，而且提高了教师双语教学能力。

第二，科学安排双语教师的时间。

时间是幼儿教师双语教学的重要保障，只有有了充足的时间教师的双语教学反思、与同事间的交流、对专业知识的学习等才能成为可能。科学合理的安排双语教师的时间，能够更好的提升双语教师教学能力。

首先，应紧凑安排双语教师的时间，尽量减少双语教师参与其他活动过多所带来的时间浪费。除正常上班时间外，幼儿园应尽量减少双语教师的加班，同时要合理的整合教师的时间，避免琐碎的事情占用教师双语教学学习的时间。

其次，合理调配现有工作人员，增加编制。幼儿教育应坚持保教结合的原则，但如今的幼儿园保教分的太过清楚，好像保育员就是打扫卫生的，而教师就是教学的，这种潜意识的分工模式严重影响了幼儿园的工作效率。幼儿园应该调配人员的分工，将保教老师的任务重组，以减少双语教师的时间。再者，幼儿园应增加编制，聘请专任教师进行计算机管理等，这样就能减少或节省双语教师时间上的浪费。有了时间，双语教学技能的相互切磋、合作、学习才能有保障。

第三，建立基本的双语招生和编班制度。

大部分幼儿园按幼儿年龄编班，这种编班的好处是同一年龄段的幼儿身心发展规律相仿，利于教师教学。但对于双语教学而言，只按年龄将幼儿编班，而不顾及幼儿掌握语言层次的差距，必定会给双语教师的教学带来了一些不利影响。因此，幼儿园应根据本园实际适当的按幼儿掌握语言的层次及年龄编班。

《幼儿园工作规程》规定，幼儿园每班幼儿人数一般为：小班（三至四周岁）二十五人，中班（四至五周岁）三十人，大班（五周岁至六或七周岁）三十五人，混合班三十人，学前幼儿班不超过四十人。[①] 实际上，幼儿园班级幼儿明显要比这个数字多，双语教学的复杂程度不同于单语，

① 幼儿园工作规程（试行）［Z］．异步教学研究，2006（4）：30.

给双语教师提出了众多困难。所以应该酌情减少双语班在班幼儿数，以减轻教师的负担，这样教师才能正常顺利的进行双语教学，教师才有可能思考教学能力提升的问题。

第四，加强系统化的园本培训。

园本培训是提高双语教师教学能力最方便、最节俭的培训方式，蒙古族幼儿园也进行园本培训，例如，每天早会组织双语教师阅读蒙、汉文读物，以提高双语表达能力等，但整体来说，园本培训没有形成较系统的培训方案。幼儿园应根据实际情况，加大园本培训力度，发挥园本培训的独特作用。在培训对象上，将双语教师按不同标准分层，针对不同层别的教师培训适宜的内容。在培训内容上，运用“菜单”式可选择的培训模式，强化培训内容的动态化，更应注重培训内容的多元文化实际性和前瞻性。在培训手段上，采用理论讲座、实地观察多样化培训手段相结合。

四、自主自觉，坚定双语教学信念和进行系统反思

第一，提升民族情感，坚定为双语教学奉献的理想和信念。

“从心理学上来分析，人的行为动力来自于内心深处的需要和欲望”，[①]物欲、兴趣、情感、信念、理想等构成了一个人行为的动力系统。物欲是暂时的，对于幼儿双语教师而言，一旦付出与物质获得失衡，自我发展的动力则减。而民族情感是一种稳定的态度体验，教师对本民族事业、民族成员的热爱是一种高级情感，它促使教师的专业成长成为一种自觉的内在需求。有了民族情感的支撑，蒙古族教师才能够坚定为自己民族及国家事业努力奋斗的信念，树立为民族教育事业奉献的理想，这些才是教师教学能力不断提升的永久动力。蒙古族文化源远流长、博大精深，作为蒙古族幼儿教师更应该努力学习，肩负文化传承的使命，为民族事业作出贡献。

第二，加强与双语专家、同行、幼儿间的对话交流与合作。

英国评论家萧伯纳曾说过：“你有一种思想，我有一种思想，彼此交换，每个人就有了两种思想，”可见，交流与合作能够增加人知识的获得。对话作为人类交流与合作的主要方式，是教师发展教学知识和技能的重要途径，双语专家拥有大量的双语教学理论和观点，与其对话，可以享受其丰富的资源，提升自身的能力。

每位教师都有自己的闪光点，同行之间对话可以相互学习借鉴，特别

① 步社民、黄昌才．师德要求与幼儿园教师专业成长［J］．幼儿教育，2004（1）：21.

是蒙、汉族教师之间的交流合作，不仅是个体知识的互换，更是两种文化的切磋与碰撞，利于双语教学能力的提升，幼儿园或相关部门应为双语教师提供交流的平台，定期举办民族节日聚会、研讨会、展示会等。

幼儿是独特的个体，他们有自己独特的双语文化，他们喜欢与教师和成人对话。所谓教学相长，通过对话，幼儿的各方面能力得到发展的同时，教师的双语教学设计和策略也得以验证。所以师幼之间应该形成“对话的合作”，在双语教育活动中师幼平等对话，携手并进，共同进步。

第三，成为行动研究者，以科研促发展。

双语教学活动的实践是教师教学能力发展的源头，如今，教学研究逐渐向教学实践回归，行动研究是教师针对实践中的问题进行研究的一种研究方法，它的特色就是真正的来自于实践又回到实践，这种研究方法更符合一线教师们科研的实际，双语教师在不断的尝试、修正教学的同时，各方面教学能力得到了提高。比如，双语教学内容的选择、教学方法的运用，都需要教师在实际的教学活动中不断探索。作为一线双语教师要成为行动研究者，将实践中的“行动”和理论中的“研究”相互融合，“在实践中研究，在研究中体验，在体验中提高，使之成为教师的一种职业生活方式一起来促进教师的教学能力发展。”①

第四，勤于双语教学能力系统的反思。

1989 年美国著名心理学家波斯纳提出教师成长的公式：“成长 = 经验 + 反思。”② 反思作为教师专业提升的关键性因素，对双语教师的专业发展显得尤为重要，幼儿双语教学的复杂性决定了双语教师必须时刻对自己的双语教学行为及实践进行评估和检讨，了解自身存在的优点及不足。反思自己的双语能力存在怎样的问题，如何提高；反思自己设计的双语教学活动为什么在实施中效果不理想；反思自己所选双语教学活动内容幼儿为什么没吸纳，对双语教学能力的种种思考，促使双语教师不断调整、改进，在解决“怎么样”、“为什么这样”、“怎么办”、“怎么好”等问题中能力得到提升。

---

① 王宪平．课程改革视野下教师教学能力发展研究［D］．华东师范大学博士论文，2006.

② Poner G. J，Fied. Experience methods of Reflective Teaching. New York：Longman，1989：22.

第四章 呼伦贝尔市民族幼儿园蒙汉双语师资现状研究

第一节 研究背景

一、研究缘由与研究意义

（一）研究缘由

中国是一个具有悠久历史文化与独特民族风韵的东方大国，来自不同民族的优秀文化盘亘起了中华大地上一座座历史的、文化的、永恒的民族丰碑。而保留和发展各民族所独有的语言或文字对促进民族间的相互理解、相互交流，实现中华民族大团结有着重要意义。语言是一种积极的思维活动，总体来讲，幼儿时期是人一生中语言学习的最佳时期。幼儿园教育是基础教育的重要组成部分，也是个体学校教育和终身教育的奠基阶段。① 在民族幼儿现代公共教育的建设中，双语教学制度的确立直接关系到民族幼儿对本民族文化的启蒙和早期认识，是实施民族幼儿现代公共教育民族化的具体体现。② 少数民族儿童从幼儿园阶段起，以民汉双语教育的形式参与幼儿园的教育活动，通过有意识或无意识的对两种不同语言的体验与感知，逐步建立起两种语言背后所共享的整个的中华民族认同感与国家认同感，这既是兼容并包的多元文化发展之路，也是少数民族地区学前教育发展的必经之路。

幼儿教师在培养儿童健康身心、习惯养成、智力发展方面具有至关重要的作用③。顾明远先生在《提高教师的素质是迎接21世纪教育中的优先课题》中认为，作为一名教师应当具备三方面的素养：必须具备教师的职业意

---

① 摘自《幼儿园教育指导纲要》总则第一条，第1页。

② 哈经雄、滕星．民族教育学通论［M］．北京：教育科学出版社，2001.

③ 摘自《国家中长期教育改革和发展规划纲要2010—2020年》。

识，愿意献身教育事业；具备较高的业务能力，教师所掌握的知识应当既专深又宽广，既有专业知识又具备职业技能；教师必须具备良好的心理素质，有理想，有坚定的信念，为人师表一言一行都能成为学生的榜样。

借鉴以上的观点，幼儿园教师也应当从以上三个方面完善自我，实现专业化发展。对于幼儿园双语教师来讲，除了在职业意识和心理素质方面同其他的普通幼儿教师具有一致的要求外，在业务素质方面，双语教师具有其特殊性。首先，他们的专业知识是以两种语言为背景铺垫的；其次，对其职业技能的要求是能够熟练的运用两种语言开展教学活动。所有这些特点，构成了幼儿园双语教师这一概念的独特内涵和外延。

幼儿园双语教育开展的好坏与否，同幼儿园双语师资的质量直接相关。以呼伦贝尔地区为例，理论上讲，一名双语幼儿教师成手，应具备三个方面的综合素养：首先要具备扎实的专业基础知识，系统学习过心理学、教育学、幼儿健康等专业理论知识；其次要具备一定的专业基本技能。幼儿园教育应“以游戏为基本活动，保教并重”①，由此要求幼儿教师能唱会跳，深谙幼儿的身心特点；最后要能够熟练地掌握蒙汉双语，具备熟练使用蒙汉双语掌控幼儿园教育活动的能力。只有将这三方面素质融汇于一身，并能够结合职业岗位的现实要求，不断学习进步，才有可能培养出符合新时代要求的双语幼儿。但是，目前在呼伦贝尔市，双语幼儿园的发展面临着一系列的挑战，一方面，受过正规高等教育的幼儿教师很少，幼儿教育科班出身的教师很少；另一方面，大部分民族幼儿园也面临着招生难的问题，因为家长们更愿意选择将自己的孩子们送到普通幼儿园去，这些幼儿教师也面临着一系列来自于社会和生活的压力。基于以上原因，我们想通过调研呼伦贝尔市内三所民族幼儿园中双语师资的现实情况，研究这些教师的职业生命质量如何？这些幼儿双语教师的生存和发展现状是怎样的？这些实际问题吸引着我们去了解，去探究。

（二）研究意义

1. 研究的理论意义

通过查阅文献，发现涉及“幼儿园民汉双语师资”的研究较少。就呼伦贝尔地区来说，蒙汉兼通的双语人才十分稀缺。本研究希望通过对呼伦贝尔地区的民族幼儿园双语教师的职业发展现状及生活现状开展多视角、宽领域的实地调查，丰富这一领域的理论成果。

---

① 摘自《幼儿园教育指导纲要》总则第五条。

2. 研究的实践意义

本研究属于基层实地研究，通过对呼伦贝尔市的几所民族幼儿园的实地调研，深入了解呼伦贝尔市民族幼儿园的总体质量与师资状况，可以为广大的幼儿家庭在选择幼儿园时提供参照性资料，满足家长的需求。

研究成果为呼伦贝尔地区蒙汉双语学前师资的人才培养提供参考，进而为高校培养蒙汉双语人才，探索有效的双语幼师培养途径提供一定的借鉴。

《国家中长期教育改革与发展规划纲要（2010—2020年）》中，在全面提高少数民族和民族地区教育发展水平的要求中明确提出了“大力推进双语教学，全面加强学前双语教育”的目标，并由此提到，为实现这一目标，“国家对双语教学的师资培养培训、教学研究、教材开发和出版给予支持”并“加大对民族地区师资培养培训力度，提高教师的政治素质和业务素质”。本研究通过对呼伦贝尔地区民族幼儿园双语师资现状的实地研究，为这一目标的实现贡献微薄之力。

二、研究动态

本研究主要针对在呼伦贝尔市民族幼儿园中从事蒙汉双语教育活动的幼儿教师的现状开展研究。因此，下文主要针对这些教师的两大现状，即“幼儿园双语教师职业发展现状”和“幼儿园双语教师生存现状”两大主题开展相关的研究文献的检索与综述。为了广泛地搜集材料，检索关键词设定为“幼儿教师”，文献来源于CNKI“中国期刊全文数据库”的期刊文章、“中国学位论文全文数据库”中的学位论文以及国家和内蒙古自治区出台的有关幼儿园教育的若干纲领性文件。通过文献检索发现，我国以及世界各国在有关幼儿教师以及双语教师的职业发展研究方面的资料较多，但是国外有关幼儿教师生存现状、心理健康方面的研究非常少，在这方面作出理论与实践贡献的，主要是部分联合国组织。本书主要对我国以及各国幼儿教师职业发展现状研究的相关文献进行系统梳理。对幼儿教师生存现状研究的相关综述主要集中于联合国教科文组织的相关会议报告以及国内关于此问题的相关研究。

（一）幼儿园双语教师职业发展现状的研究

所谓“职业发展”是一个一脉相承的过程，幼儿园双语教师从新手到熟手再到老手最后成长为高手，是要经历一个漫长的发展过程的。通过查阅相关的文献可以发现，有关幼儿园双语教师职业发展现状的相关研究中，研究者们主要是围绕以下两种思路开展研究的：一种思路是有关幼儿教师、双语师资、幼儿双语师资的来源以及人才培养的研究。另一种是双语幼儿教师的职后培训现状研究，探索教师在岗在职过程中的专业化发展与成熟成长的内容。但是，此“双语”一般通指“英汉双语”，因而“双语幼儿教师”也指那些具备一定的幼儿教育基础理论与技能，同时掌握英语的幼儿教师。而关于“民汉幼儿双语教师”的相关研究较少。在这一部分，笔者主要对国内外有关双语教师和幼儿教师的职前培养和职业培训的相关文献进行梳理。

1. 国外双语教师以及幼儿教师的人才培养的相关研究

施煜文（2002）在其硕士学位论文《世界主要国家学前教育师资培养的比较及其对制定上海市师资培养方案的启示》中，总结了当今国际社会对幼儿教师的三种角色定位：“学校教师型角色”，注重对幼儿教师知识和教学方法方面的培养；“幼儿发展专家型角色”，即要求幼儿教师具备“观察、辅导与引导”幼儿成长的能力；“社会网络工作者型角色”，即要求幼儿教师能够同家长和其他的社会工作者建立合作伙伴关系，为幼儿构筑健康成长的环境。此外，施煜文分别从“学历要求、附加条件和入学考试”三个方面分别对世界上的18个国家的学前教育师资培养的入学要求进行了比较分析，为我们直观展示了国际上学前师资职前培养的门槛，具体可参见表4—1：

表4—1 世界主要国家学前教育师资培养的入学要求一览表①

入学条件 / 国家	学历要求			附加条件		入学考试		
	初中毕业	高中毕业（含职业高中）	大学学历（含同等学历）	职业培训	相关工作经验	大学入学考试	专业素质考试	资格认定考试
奥地利	√						√	
		√						√
					√		√	
比利时	√	√						
丹麦		√				√		
	√					√		
				√				

① 此表摘自施煜文《世界主要国家学前教育师资培养的比较及其对制定上海市师资培养方案的启示》，第12页。

续表

入学条件 国家	学历要求			附加条件		入学考试		
	初中毕业	高中毕业（含职业高中）	大学学历（含同等学历）	职业培训	相关工作经验	大学入学考试	专业素质考试	资格认定考试
芬兰		√				√		
法国			√				√	
德国		√			√			
		√		√				
希腊		√				√		
爱尔兰		√						√
意大利	√							
卢森堡		√				√		
荷兰		√				√		
葡萄牙		√				√		
西班牙		√				√		
瑞典		√				√		
英国			√				√	
			√					
日本		√				√		
美国		√				√		
俄罗斯		√				√		

在美国学前教育师资培养方面，王晓岚、丁邦平（2010）对美国学前教师的职前培养体系进行了研究：“美国学前教育师资的培养重视对学生的普通知识、教育专业技能和实际操作能力的学习和掌握。”近年来，美国学前教师的职前培养评价方式也发生了一定的变化，由“强调学生的知识理论掌握以及学习成果的内部评价转变为强调学生的实际操作和实践表现，强调学生与儿童的交往互动及个性化指导的外部评价”。

美国在双语教师的职前培养方面已经形成了一套较为成熟的体制和操作模式，包括双语教师的培养目标、课程设置、教师资格认证等方面。王栋（2011）在总结美国双语教师的职前培养中提到，“那些有志于在未来从事双语教学的学生，均通过专业主修 + 双语辅修的方式开展双语教育学习……政府和各大基金会也为这些学生提供了丰厚的奖学金。同时要求学生们关心儿童、理解和尊重多元文化并对双语教学有崇高的理想和坚定的信念”，“学生必须完成所有的必修课和一定学分的选修课和推荐课程后方可申请双语教育辅修证书。同时参加双语辅修项目的学生还必须参加一组教育核心课程（涉及学校和课堂教学的诸多方面），以此对双语教学的开展形成直观认识，为成为双语教师的学生提供了理论和实践相结合的机会。在完成相关课程的修习要求外，申请者需要通过准专业技能测试（主要考察申请者的读写能力和专业学科能力）和语言测试（重点考察申请者双语在听说读写方面的流利程度）。在完成相关课程、获得本科及以上学历、并通过相关测试且具备不少于 10 个月的成功双语教学经历后，申请者方可向州教育部门申请临时的双语教师资格证书，有效期为 6 年。在此基础上，教师要进行不低于 30 个月的实际教学经历，便可申请永久双语教师资格证书，有效期为 15 年”。

2. 国内幼儿园双语教师的来源及双语幼师人才培养的相关研究

《幼儿园教育指导纲要》中明确提出，幼儿园教师应成为幼儿学习活动的“支持者、合作者和引导者”。2005 年，新疆党委、政府下发了《关于加强少数民族学前“双语”教育的意见》，学界开始对新疆民汉幼儿双语师资的培养培训问题展开理论和实践研究，加强了对民汉双语幼儿师资培养培训问题的关注。2009 年，新疆维吾尔自治区启动学前双语教师培养、培训计划，“2009 年之后，中师层次学前双语教育专业学生批次毕业，师资持续补给，基本能够满足需求”。内蒙古自治区关于学前师资人才培养的有关规定，可见《内蒙古自治区人民政府批转自治区教育厅关于全面发展学前教育实施意见的通知》。通知中明确提出了“创新培训模式，为有志于从事学前教育的非师范专业毕业生提供培训服务。继续办好现有中等幼儿师范学校，办好高等学校学前教育专业。根据需求，安排学前教育专业招生计划。积极探索初中毕业起点五年制学前教育专科学历教师培养模式。制定鼓励政策，引导幼师毕业生到农村牧区、各类幼儿园任教。新聘用的幼儿教师可以纳入特岗教师计划”。唐淑（1997）对幼儿教师的职前培养途径进行了系统梳理：“首先，在中等幼儿师范教育中，新入职幼师基本来自于幼儿师范学校、普通师范学校附设的幼师班以及职业高中附设的幼师班培养的初中毕业生，经过 3—4 年的系统学习后，成为能够适应幼儿教育发展和改革需要的幼儿园教师。”高等幼儿师范教育主要为幼儿园输送高级幼师人才，“学历层次依次划分为专科、本科、硕士研究生、博士研究生、博士后等几个层次”，且分别承担不同的培养任务。杜秀花（2002）提出幼儿双语教师的职前培养可以通过三种途径展开：“一是在高校中开设专门培养双语幼师的专业，并在课程设置上体现双语特色。二是学生以攻读双学位的方式培养双语教育师资。三是通过主辅修的方式培养双语教师师资，让学有余力的师范生通过辅修其他课程成为双语教师。”符洁（2007）提到，“构建完善合理的课程设置以及精选与课程相配套的教材是培养双语幼师的关键。通过带领学生观摩幼儿园双语课程、设立模拟幼儿园课堂等方式锻炼学生的实践能力，注重学生的个别差异，培养学生的反思能力”。沈雪梅，赵放（2010）通过对全国24个省市双语幼儿园师资状况的抽样调查发现，我国从事学前双语教育的教师主要分为三大类：第一类是幼教专业毕业的教师；第二类是本、专科英语专业毕业的教师；第三类是聘请的外籍教师。① 其研究还发现，三种不同类型的教师各有特点，在其开展幼儿园教学活动的过程中也显示出了各自不同的优势与劣势。刘春明，王春娇（2010）提出“以‘大学—中小学伙伴协作方式’培养双语师资人才，即改变大学在双语教师培养中的权威地位，通过让学生走入实习基地，聘请一线教师的‘双导师’实习制以及搭建双语教育资源共享的网络平台等方式，将大学的人才培养与基线实践结合起来”。显然，这种伙伴协作的培养模式对于双语幼儿教师的培养也是有启示作用的。此外，不同的学历背景也会对幼儿教师的职业认同感产生影响。孙瑞权（2010）通过问卷调查发现“不同年龄、教龄、职称和职务的幼儿教师对本职业认识的认同方面存在显著差异，而不同的学历背景的幼儿教师会对幼儿教师这一职业产生不同的认知和感受”。他认为“毕业于幼儿师范学院的幼儿教师的职业认同程度要高于大学本科毕业的幼儿教师”。

3. 国外双语教师及学前教育师资职后培训相关研究

2001年3月，日本文部科学省在“幼儿园教育振兴计划”中提出，“设定目标为充实自身，适当时期给全部的幼儿园教师提供必要的研修机会，并决定实施幼儿园教师资质向上的调查研究”，标志着日本政府对幼儿园教师的任职资质有了新的要求，并通过为幼儿园教师提供研修的机会，帮助他们提高其保育与实践的能力。② 墨西哥在1980年公共教育部制

① 沈雪梅、赵放．学前双语教育师资规格标准及其专业发展途径［J］．学前教育研究，2010（5）．

② 车雪莲．日本幼儿教师资质提高之举措对我国的启示［J］．佳木斯教育学院学报，2010（1）．

订和推行了《双语及文化地区学前教育教师培训计划》后的 8 年时间里，接受培训的双语学前教师数量增长了 7 倍。南斯拉夫也十分重视民族幼儿教师的培养问题，为此教育部门还特别规定：凡在幼儿教育机构中工作的教养员必须受过高等教育，是师范学院的毕业生[①]。有关美国学前教育师资培训研究方面，王晓岚，丁邦平（2010）提到，美国学前教育师资培训包括新教师入职培训以及在职教师的专业发展培训两个阶段。“新教师的入职培训主要采用教学导师制（又可分为正式导师和非正式导师两种形式，导师为新教师提供教学示范，以及教学、互动、家长沟通方面的指导）、目标介入式培训（内容与教学实际相关）、督导评价（通过观察新教师的实际教学情况，对其教学能力进行适时评价和反馈）等方式开展培训。”同时，新教师也可以通过“参加专业团体机构，获得专业支持”，解决新入职的问题。在职幼儿教师的专业发展培训“包括了幼儿教师在获得了正式的教师资格证书后的所有工作阶段，主要形式有专业发展学校培训、个人导向专业发展、观察与评价、教学探究活动以及各种技术和教学支持培训等形式”[②]。

《1968 年双语教育法》颁布以来，美国教育部门就开始重视双语教师的在职培训问题。[③]《1974 年双语教育法》中，联邦政府特设“教师全员培训计划基金”，用于对双语教师的在职培训。[④] 美国双语教师职后培训以两种途径展开，“一是以大学或州、市为中心的教师脱产进修；二是以学区或学校为单位的教师校本培训。以大学为中心开展的双语教师培训，具有连续、长期性的特点，双语教师脱产到大学根据自己的实际需要学习一定的课程，修满规定学分后既可获得硕士课程积分，成绩优秀者还可获得双语教学硕士学位。而以州、市为中心的双语教师培训主要以举办短期讲习班或现场研讨会的形式展开，持续时间短。以学区或学校为单位举办的双语教师校本培训主要在教师所在的学区或学校进行。其最大的特点就是帮助双语教师提高其解决实际教学问题的能力。主要培训方式为双语教育讲座和研讨等”。值得注意的是，由于此类培训强调理论联系实际，“因此教师行动研究（Participatory action research）颇受欢迎”。此外，“还鼓励

① 哈经雄、滕星．民族教育学通论［M］．北京：教育科学出版社，2001.

② L. D. Hammood, V. L. Cobb. APEC Education forum: *teacher preparation and professional development in APEC members.* published for the U. S. Department of education, May 1995: 221 – 240

③ 王栋．美国双语教育师资培训模式及其启示［J］．外国中小学教育，2011（2）．

④ 李玲．美国双语课堂教学的个案及启示［J］．中小学英语教学与研究，2002（8）：8 – 10.

教师深入语言少数民族地区接受其语言环境与文化的熏陶”。（王栋，2011）

4. 我国幼儿园双语教师的职后培训研究

关于幼儿双语教师的职后培训的相关研究较多。顾明远（1991）在《提高教师的素质是迎接21世纪教育中的优先课题》中提到：“教师职前培训的时间是有限的，因此，教师的培训要把职前和职后结合起来，许多知识应该在工作中不断进修学习而获得……中国的师范教育尤其应该在职业技能训练上加强。”《内蒙古自治区学前教育三年行动计划（2011年—2013年）》提到要“大力加强幼儿教师和管理人员的培训。自治区每年举办一期学前教育培训者培训，各地按要求三年内完成本地所有幼儿园园长、教师的培训任务”。唐淑（1997）提出，中等幼儿师范教育的幼儿教师职后培训可以通过三种方式展开：“一是为具备初中文化水平的教师开办专题培训班，从而为教师提供既符合普遍要求又针对个人特点的进修机会。二是通过函授、夜校、全日制脱产班及自学考试等方式为幼儿教师开办学历教育。三是为幼儿园教师开办‘专业合格’证书培训班，为教师开设包括幼儿教育学、幼儿园语言、音乐、体育等课程，待考试合格后，为教师颁发资格证书。”这样他们不仅“具备了幼儿园教师的任职资格，同时也具备了申请教师职称晋升的机会”。高等幼儿师范教育的职后培训和中等幼师教育职后培训大体一致，也可分为学历教育和非学历教育两种。杨丽华（2006）认为，为幼儿双语教师提供“双语教材和双语教学环境”是幼儿双语师资培养不可忽视的问题。此外，杜秀花（2002）认为“职后培训应当为双语幼师培养的辅助途径，主要可以通过参加学历教育，参与进修院校的脱产培训、函授、夜大、全日制远程教育等形式开展学习”。朱学英（2008）提出可以通过“‘走出去’，即派骨干教师轮流到大专院校学习或积极组织骨干教师外出学习，观摩双语教育成就显著的幼儿园的教育活动来获得经验；‘请进来’，即定期聘请大专院校的优秀教师来幼儿园讲课，扩大培训范围；或‘园本培训’的方式，即借助幼儿园内部资源，同事间彼此分享教学经验或由骨干教师进行全员培训的方式提高幼儿园双语教师水平”。在关于双语教师职后培训的有效性分析方面，张晓丽（2010）就高师院校培训以及校本培训进行了有效性分析，认为“高等师范院校因其深厚的理论功底和丰富的优质资源成为双语教师学习先进理念、先进教育技术和手段的优良平台，但同时也存在培训内容与教学实践脱离的弊端。而校本培训更能契合双语教学的实际需要，时效性更强，从而教师的参与程度更高，但是由于仅仅处于探索阶段，缺乏强有力的理论指导和专业人士的参与而无法受到普遍认可”。

（二）幼儿园双语教师生存现状的研究

国际有关幼儿园双语教师生存现状的相关研究，可见《联合国教科文首届世界学前教育大会报告》以及《全民教育全球监测报告》。《联合国教科文首届世界学前教育大会报告》中提到：“幼儿教育师资的专业素养和工作态度是保教质量的关键因素，而一个国家的幼教师资政策（包括培训和聘任制度、工资待遇、工作条件、激励制度等）往往决定着教师队伍的整体素质。”报告还指出“发展中国家普遍存在着幼教师资严重不足和专业水平低下的问题，因此需要‘通过人事政策提高质量’①，包括制定教师资格标准，建立培训和聘任制度，提高教师的工资待遇，使之与小学教师看齐，创造较好的工作条件等，以吸引和留住训练有素的保教人员”。由此可见，幼儿教师的生存质量与教师的工资待遇、工作条件、身心状况等诸多方面息息相关。幼儿教师生存质量的高低与否，直接影响着幼儿师资的整体水平，甚至是整个幼儿教育事业的质量。

国内研究者在对幼儿园教师生存现状的相关研究，主要集中于对幼儿教师的身心健康状况、职业倦怠和幼儿教师的社会地位三个方面的探讨。而关注幼儿双语教师的生存现状的研究较少。

根据联合国世界卫生组织的定义，“健康不仅是指心理没有疾病或变态，个体能够良好的适应社会生活，还指人格的完善和心理潜能的充分发挥，即在一定的客观条件下将个人心境发挥到最佳状态，它是一个内外协调统一并使之适应和发展的过程”。曾萍认为造成目前幼儿园教师工作压力大的原因主要来自于四个方面，即社会高速发展所带来社会压力；幼教改革背景下幼儿园的发展压力；广大独生幼儿及其家长所施加的人际关系压力；自身学历水平限制和来自于家庭的生活压力。王秋绒（1991）认为“幼儿教师的人际关系协调得越顺畅，对他们的工作就会产生越积极的影响”。因而，人际关系也是影响幼儿教师心理健康的一个因素。此外，郭德珍（2010）还将“经济收入偏低”列为影响幼儿教师心理健康的一大原因。她还认为：“幼儿教师并不是孤军奋战的孤立个体，幼儿园的行政人员、同事、学生家长甚至幼儿本身都与幼儿教师产生着互动。”此外，幼儿园的园本文化，也会对幼儿教师的工作产生巨大的影响。根据孙瑞权（2010）的研究发现，“口碑相传、历史悠久的幼儿园在幼儿生源以及师资

① 见2007年全民教育全球监测报告摘要《坚实的基础：幼儿保育和教育（摘要）》，第37页，联合国教科文组织出版。

质量上都要高于其他幼儿园，这源于这些幼儿园在长期的教育实践和管理过程中所形成的价值观念、群体意识以及行为规范的综合体对身处其中的教师和幼儿产生了正面积极的影响效益”。秦旭芳（2010）通过对沈阳市不同办园体制下的23所幼儿园的量化研究，分析了四种办园体制下幼儿园教师的不同生存状态，并得出了以下结论：教育及机关事业单位所办幼儿园、部队所办幼儿园、企业所办幼儿园和民办幼儿园中教师生存质量依次递减。此外，张丽丽也从养生视角探讨了幼儿教师的身体健康问题。

有关幼儿教师的职业倦怠的研究：1974年，美国临床心理学家费登伯格（Freudenberger）首次将“倦怠”（burnout）应用于心理健康领域，特指“从事助人职业的工作者无法应对外界超出个人能量和资源的过度要求，而产生的生理、心智、情绪、行为等方面的身心耗竭状态”[①]。赵宜军（2010）从三个不同维度探究幼儿教师产生职业倦怠的原因，分别是“个体因素维度，包括教龄、年龄、婚姻和学历；人格特征维度，包括不同的性格类型，情绪智力，职业态度维度，包括择业动机、职业专长以及自我效能感等”。林琳（2009）在其硕士学位论文中，从“情绪衰竭、非人性化、个人成就感低”三个维度分析了幼儿教师的职业倦怠问题。

社会地位，指人在社会结构中所处的位置。[②] 德国著名社会学家马克斯·韦伯认为经济因素、社会文化地位和权利因素是决定个体社会地位的三个主要因素。张晓辉（2010）从幼儿教师的“经济收入、社会权利、职业声望”三个方面对幼儿教师的社会地位进行了系统分析。他认为“幼儿教师总体上经济收入和待遇不高，缺乏参与幼儿园管理以及教学活动设计的专业性权利保障，缺乏参与在职培训和进修活动的制度保障和奖励措施。同大学教师和中小学教师相比，社会大众对幼儿教师这一行业的职业声誉排名相对靠后，幼儿教师的自我认同度也不高”。此外，孙瑞权（2010）将社会地位列为影响幼儿教师职业角色认同的主要因素。他认为“造成幼儿教师社会地位低下的既是由于客观上，他人对幼儿教师这一职业存在不正确的认识，同时也由于在主观上幼儿教师对自身的职业评价和职业认可度不高有关”。

---

① RL Schwab. *Teacher Stress and Burnout*. Handbook of Research OH Teacher Education. Sikulan Editor, Macmillan, 1996.

② 张晓辉. 幼儿教师的社会地位［M］. 学前教育研究，2010（3）.

（三）已有研究不足及本研究的价值

1. 已有的研究不足

通过查阅相关文献，发现国内外关于幼儿教师以及幼儿双语教师的职前培养与职后培训的相关研究成果较为丰富。不同的研究者们分别从幼儿师资培养的入学要求、培养目标、课程设置、评价标准以及幼儿双语教师的来源、培养途径和模式进行了不同层次的研究。同时关于幼儿双语教师职后培训的途径、培训内容与环境、培训效果评价与认可方面的研究也较多。但是，大部分研究都是对幼儿园英汉双语教师的培养培训的研究，关于幼儿民汉双语教师的培养与培训的相关研究较少。

关于幼儿教师的生存状态的研究，主要通过对幼儿教师的薪资标准、工作条件或从心理学视角来研究幼儿教师的心理健康与工作压力等问题，而关注学前双语教师特殊的职业压力问题的研究则较少。在这里，特殊的职业压力是指在双语教学的背景下，幼儿双语教师所面临的职后培训，以及解决教学活动中所面临的特殊问题等，例如与双语儿童的沟通问题，如何有效的组织双语教学活动与游戏等。

2. 本研究的价值

相对于以往的研究，本研究的独特价值在于：

将研究对象从一般的“幼儿双语教师”拓展为“幼儿民汉双语教师”，以独特的切入点，关注呼伦贝尔地区民族幼儿园蒙汉双语教师从新入职到职后成长的一个连续的职业发展过程，从双语教师独特的职业需求视角探讨幼儿园双语教师的生存现状问题。

在研究方法上，将质性研究与量化研究相结合，在理论研究与实地调研的基础上，增强研究的客观性与真实性。

三、研究方法与概念界定

（一）研究对象

本研究的主要研究对象为呼伦贝尔市几所民族幼儿园以及在这些民族幼儿园中从事蒙汉双语教学的教师，民族幼儿园园长及与幼儿园双语教育相关的其他人员。主要的问卷调查和访谈对象包括在民族幼儿园从事蒙汉双语教学的园长和教师。此外，本研究对呼伦贝尔学院教育科学学院的领导以及部分教师进行了访谈，并基于笔者在丹麦罗斯基勒大学半年的访学经历，结合对丹麦从事双语和学前教育研究的教授的访谈，对丹麦国际幼儿园的实地调研综合而成。

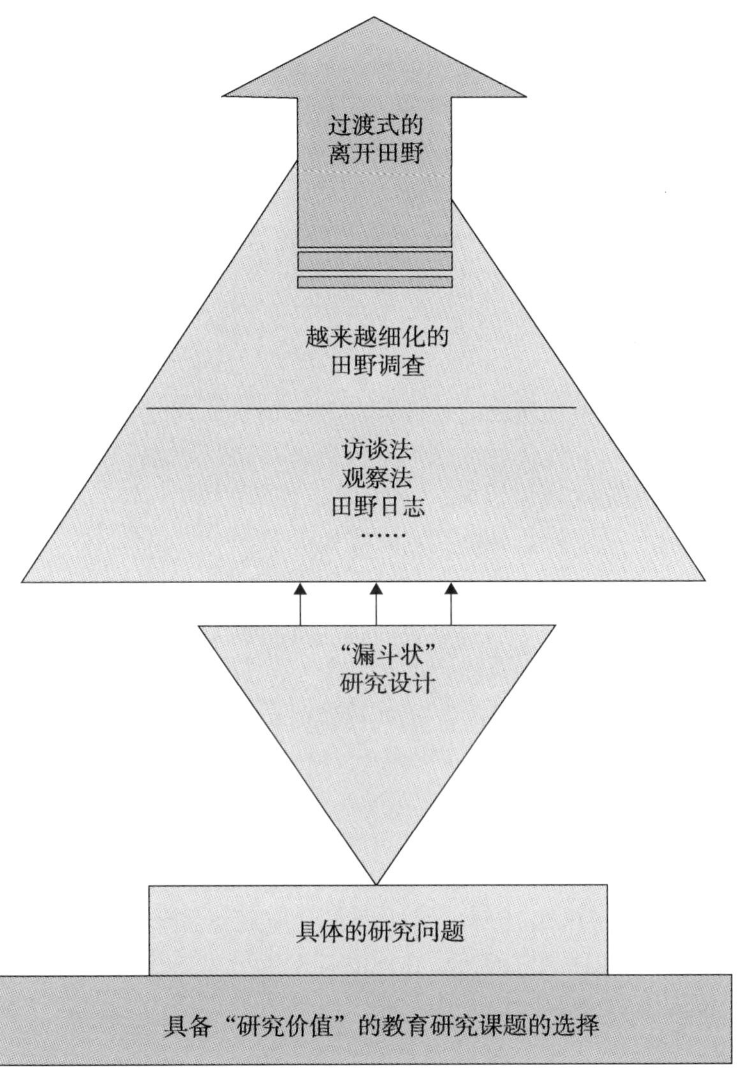

图 4—5 质性研究方法策略图

（二）数据收集方法

本研究主要采用质性和量化研究结合的方法开展调研。

1. 问卷法

通过编制教师问卷，对呼伦贝尔市 4 所民族幼儿园的师资基本情况、幼儿园双语教学现状、幼儿园生源现状以及双语教师的职后培训的相关内容进行量化把握。

2. 访谈法

本研究的质性研究方法主要基于中央民族大学教育学学院苏德教授主编的《民族教育质性研究方法—理论、策略与实例》一书的启示。访谈法以目标性访谈和教师个别访谈为主。通过对民族幼儿园园长的目的性访谈，收集有关幼儿园管理建设、师资整体情况方面的信息。通过对幼儿园双语教师及其他工作人员的访谈，了解这些教师的待遇状况、工作状况、教师人际关系状况以及涉及教师情绪体验、成就感等方面的教师个人状况。

3. 观察法

观察呼伦贝尔市几所民族幼儿园的校园情况，对幼儿园的校园基础设施、教室环境以及其他显性或隐形的校园环境进行观察。特别关注校园中有关蒙汉双语文化的环境设施。旁听幼儿教师的双语教学活动并作记录，多方位收集资料，增强研究的客观真实性。

4. 文件分析法

收集并分析关于幼儿双语教师的国内外文献资料，重点关注有关民族幼儿园特色发展，幼儿园双语教师职业发展、职前培养、职后培训、幼儿园教师生存现状的相关研究成果；此外，对国家及地方出台的各项政策法规进行梳理，收集并分析相关国际组织在此领域里的相关报告和研究。

（三）概念界定

1. 有关幼儿园双语教师的概念界定

对“幼儿园双语教育”概念的相关界双语教育，英语为“bilingual education”，英国郎曼出版社所出版的《郎曼应用语言学词典》中对双语的定义为“能运用两种语言的人，在他的日常生活中能够将一门外语和本族语基本等同的运用于听、说、读、写，当然他的母语语言知识和能力通常是大于第二语言的”①。根据联合国教科文组织对21世纪人才基本素养的界定，对于个体来讲“第一是母语能力，第二是外语能力，第三是信息能力”。其中，母语能力是第一位的。② 杨丽华在《“学前双语教育”问题刍议》一文中，对幼儿园双语教育定义为：“在同一个幼儿园幼儿教师使用两种语言工具组织幼儿的日常生活活动、游戏活动和学习活动，对幼儿而

---

① 英文原文为：A person who knows and uses two languages. In everyday use the word bilingual usually means a person who speaks, read, or understand two languages equally well (a balanced bilingual), but a bilingual person usually has a better knowledge of one language than of the other. .

② 王远新. 双语教学与研究［M］. 北京：中央民族大学出版社，2002：130—133.

言，这两种语言是他们的学习对象，也是他们获得其他新知识和参与各种活动的工具……从而培养幼儿对本民族以及本民族语言的热爱。”

2. 有关双语教学的概念界定

双语教学的定义为：“能够在学校里使用第二语言或外语进行各门学科的教学，它包括三种形式：浸没式双语教学，保持型双语教学，过渡式双语教学。[①]”苏德在《多维视野下的双语教学发展观——内蒙古地区蒙族族中小学个案》一文中对双语教学概念的界定为“在学科教学中使用蒙、汉两种语言（或蒙、汉、英三语）作为媒介的教学形式，属于广义的双语教育范畴”。少数民族学前双语教育的实施，一方面，为保护、传承和发扬各少数民族的文化传统，为提高各民族语言的水平提供了从内容到形式上的基础保证；另一方面，还可以帮助少数民族儿童在日后接受更高层次的民族教育打下坚实的语言基础，从而有利于他们在今后的成长中获得更多的成功机会，从更高层次上说也有利于实现各民族之间教育权利的真正平等。[②]

综上所述，并结合我国国情，在本书中所阐述的“幼儿园双语教育”有两层含义，界定如下：第一，本书中的“幼儿园双语教育”是指“民汉幼儿园双语教育”，即少数民族幼儿在民族语言学习的基础上，兼学汉语标准普通话，逐步达到民汉兼通（民族语言和汉语言兼通）的教育。第二，幼儿园双语教育包括幼儿园双语教学活动，即在幼儿园中同时使用少数民族语言和汉语言所进行的教育教学活动。

第二节　呼伦贝尔市民族幼儿园蒙汉双语师资现状与描述

呼伦贝尔市现辖13个旗市区。其中有1个区：海拉尔区；5个市：满洲里市、扎兰屯市、牙克石市、根河市、额尔古纳市；7个旗：阿荣旗、莫力达瓦达斡尔族自治旗、鄂伦春自治旗、鄂温克自治旗、新巴尔虎左旗、新巴尔虎右旗、陈巴尔虎旗。此外还包括74个镇（含两个矿区）、23个乡（其中13个民族乡）、25个苏木（其中1个民族苏木）、36个街道办事处。呼伦贝尔市人民政府驻海拉尔区。

---

① 英文原文为：The use of second or foreign language in school for a teaching of content subjects. Bilingual education programs may be of different types and include：a） immersion program b） maintenance bilingual education c） transitional education.

② 哈经雄、滕星．民族教育学通论［M］．北京：教育科学出版社，2001.

根据2012年最新统计数据显示，呼伦贝尔市学前三年适龄幼儿58 059。在园幼儿44 946人（呼伦贝尔市为防止学前教育小学化倾向，已取消学前班），学前三年毛入园率77.41%，学前一年入园率93%。全市幼儿园教职工4 014人，园长379人，教师2 459人，学历合格率97.84%，专科毕业及以上教师学历合格率80.20%。呼伦贝尔市幼儿园的收费标准按照《关于印发〈呼伦贝尔市幼儿园（所）收费管理暂行规定〉的通知》（呼工商费字［2005］10号）的文件要求进行标准收费，其中保教费标准为每生每月：自治区级示范园150元、市级示范园120元、一类甲级幼儿园90元。民办幼儿园达到相应标准的也按照本文件标准收费，未达标的民办幼儿园适当降低收费标准。在伙食费上，农村幼儿园每生每天在5元及以下，城区幼儿园为10元及以下。

本研究针对呼伦贝尔市及周边牧业各旗县内的多所幼儿园开展了实地调研，其中对E民族幼儿园，N幼儿园，H区民族幼儿园以及呼伦贝尔市Z幼儿园开展了问卷调查。基于所调研幼儿园的保密考量，本书中统一使用字母指代各所幼儿园。

一、E民族幼儿园蒙汉双语师资现状

（一）E民族幼儿园简介

E民族幼儿园始建于1956年，是伴随E自治旗的成立而建立起来的，在“文革”期间停办，恢复建园于1976年，是一所全日制教办幼儿园。幼儿园占地面积3 500平方米，其中教学办公用房2 834平方米。园内设有标准的活动室、幼儿寝室、办公室、多功能活动室、厨房等。目前，幼儿园开设有14个教学班，其中包括4个早教班，5个蒙授班，3个蒙氏班。在园幼儿人数约150人，在岗教职工50人。下表所示为E民族幼儿园的基本信息：

表4—2　E民族幼儿园基本情况

<table>
<tr><td colspan="2" rowspan="2">教学班：14个</td><td colspan="2">在园幼儿</td><td colspan="2">在岗教职</td></tr>
<tr><td>人数</td><td>民族构成</td><td>全体教职工人数</td><td>蒙汉双语教师人数</td></tr>
<tr><td>早教班</td><td>4</td><td rowspan="4">150</td><td>布里亚特蒙古族</td><td rowspan="4">60</td><td rowspan="4">15</td></tr>
<tr><td>蒙授班（小、中、大）</td><td>5</td><td>鄂伦春</td></tr>
<tr><td>蒙台梭利班</td><td>3</td><td>鄂温克</td></tr>
<tr><td>汉授班</td><td>10</td><td>达斡尔</td></tr>
</table>

（二）E 民族幼儿园发展沿革

50 年代，随着全国的解放和社会的发展，妇女参加工作的人数逐步增加，孩子无人看管，这极大的影响了她们的工作。鉴于这种情况，在 E 旗妇联的主持下于 1956 年 7 月成立了第一个托儿所，也就是今日的 E 民族幼儿园的前身。当时的托儿所只有一个房间，十几名儿童，两位阿姨，庆贺任第一任托儿所所长（任职期为 1956 年至 1962 年）。不久后，托儿所搬到了当时被称为“北官舍”（原伪满时期的军官宿舍）的移动瓦房，共有四个房间。

1958 年 9 月，托儿所被正式纳入教育行政管理系统，由 E 旗文教科改称为 E 旗幼儿园，儿童数量增加到 30 多名，分为婴儿班、小班和中班。共计 1 名教师，1 名保育员，1 名厨师，旗人民医院派一位医生兼任保健医生。1958 年冬，上级要求提高干部素质，从而使得参加学习的幼儿人数逐渐增多，这样幼儿园便开设了长托班，孩子们都吃住在幼儿园里。11 月，呼伦贝尔盟（今呼伦贝尔市）组织各旗幼儿教师到北京开展学习参观，学习北京幼儿园勤俭持家、自己动手做玩具等活动。E 民族幼儿园将这一光荣传统延续至今，教师与幼儿家长自制了许多极富民族特色的教具、玩具以及其他的手工作品。1959 年，在 E 旗成立一周年之际，政府出资为在园的 30 多名幼儿制作了海军服，这是记载以来最早的一批幼儿园集体服装。

1960 年，幼儿园和巴彦托海小学（今第二小学）结为“一条龙”，大班幼儿毕业后可直接升入小学，并同巴彦托海小学共同成立了一个党支部。该小学也将几名骨干教师派送到幼儿园担任教学工作。此时，幼儿园教职工人数已经从 50 年代的 4 名增加到了 12 名。文化大革命后期，由于历史原因和环境限制，幼儿园的发展走入了低谷，当时的正、副两位园长也都遭到了迫害。1976 年，幼儿园恢复建园，迎来了重生的春天。

80 年代，幼儿园扩建了食堂和操场。1992 年兴建了新的教学楼。1998 年扩建了教学楼，2010 年又新建了食堂和操场。此外，E 民族幼儿园的发展也离不开各级政府与领导的支持与关怀。十一届全国人大常委会副委员长乌云其木格、原全国政协常委、民委副主任夏日、内蒙古自治区人口计生委主任王苏布道、呼伦贝尔市市委书记曹征海等领导同志曾先后多次莅临幼儿园开展指导与检查工作，为幼儿园的发展给予了巨大的关怀与希望。

（三）E 民族幼儿园的对外交流活动

E 民族幼儿园多次开展国内及国际的交流合作活动。曾有来自日本、韩国、俄罗斯、加拿大的幼教友人与小朋友们来到幼儿园开展参观与交流活动。此外，中央教育科学研究所早教研究中心、教育科学出版社幼儿教育编辑部主任白爱宝以及内蒙古自治区教研室的相关专家也来到幼儿园开展实地调研，并对国家级蒙语课题进行活动验收。幼儿园的教师们也曾多次赴北京、上海、呼和浩特、大连、四川等地参加形式多样的早教培训活动，参观全国著名的优秀幼儿园来汲取经验。这些交流活动从不同程度上丰富了教职员工的视野、眼界以及幼儿教师从事幼教工作的心态。

（四）E 民族幼儿园蒙汉双语师资现状描述

1. 蒙汉双语教师的基本情况

笔者通过结构式问卷调查，对 E 民族幼儿园蒙汉双语教师的基本情况进行资料收集，并基于数据资料，开展统计分析。目前，幼儿园共有 15 名从事蒙汉双语教学的教师，占全体教职工 30%，问卷的范围也全部覆盖了这 15 名教师。从性别比例上看，15 名教师全部为女教师。从婚姻状况上，15 名教师中只有 2 名为未婚，其余均为已婚。从年龄结构上看，1 名教师的年龄在 25 岁及以下，12 名教师的年龄在 25—35 岁之间，1 名教师的年龄在 36—45 岁之间，1 名教师的年龄在 46 岁及以上。从学历结构上看（问题设置为被调查者的最高学历），10 人为本科学历，3 人为大专学历，2 人为中师学历。从民族构成上看，6 人为蒙古族，8 人为鄂温克族，1 人为达斡尔族。从专业分布上看，8 人为学前教育专业，4 人为艺术类非学前教育专业，3 人为非艺术类非学前教育专业。从职称分布上看，5 人为小教一级职称，6 人为小教二级职称，3 人为小教三级职称，1 人为其他。在幼儿园双语教学的执教时长分布方面，8 名教师的执教时长在 1—2 年之间，2 名为 3—5 年之间，5 人为 6 年及以上。具体可参看 4—3 统计表。

表 4—3　E 民族幼儿园蒙汉双语教师基本情况统计表

类别	人数	百分比（%）	
性别	女	15	100.0
婚姻状况	已婚	13	86.7
	未婚	2	13.3
年龄	25 岁及以下	1	6.7
	25—35 岁	12	80.0
	36—45 岁	1	6.7
	46 岁以上	1	6.7

续表

类别	人数		百分比（%）
最高学历	中师	2	13.3
	大专	3	20.0
	大学本科	10	66.7
民族	蒙古族	6	40.0
	鄂温克	8	53.3
	达斡尔	1	6.7
专业	学前教育专业	8	53.3
	艺术类非学前教育专业	4	26.7
	非艺术类非学前教育专业	3	20.0
职称	小教一级	5	33.3
	小教二级	6	40.0
	小教三级	3	20.0
	其他	1	6.7
幼儿园双语教学的执教时长	1—2 年	8	53.3
	3—5 年	2	13.3
	6 年及以上	5	33.3

2. 蒙汉双语教师的双语能力

E 民族幼儿园中从事蒙汉双语教师的人数占教职工人数的绝大部分。问卷调查的结果显示，有 13 名教师自我评价为“能够在幼儿园双语教学活动中灵活的运用蒙语和汉语普通话两种语言”。在被问及“自己的汉语听说读写的语言综合能力”时，有 2 名教师自我评价为“好”，4 名教师自我评价为“较好”，9 名教师自我评价为“一般”。在被问及“自己的蒙语听说读写综合能力”时，有 5 名教师自我评价为“好”，7 名教师自我评价为“较好”，3 名教师自我评价为“一般”。这 15 名教师全部参加了国家汉语普通话标准水平测验，其中有 5 名教师的汉语普通话等级为二级甲等，7 名教师为二级乙等，3 名教师为三级甲等，但被问及“是否获得了蒙古语标准音水平等级证书”时，15 名教师回答为否定。具体可参看如下统计表格。

表 4—4　E 民族幼儿园蒙汉双语教师的双语能力统计表

类别	人数		百分比（%）
汉语普通话水平等级	二级甲等	5	33.3
	二级乙等	7	46.7
	三级甲等	3	20.0
蒙古语标准音水平等级证书	否	15	100.0
汉语听说读写的综合运用能力自我评价	好	2	13.3
	较好	4	26.7
	一般	9	60.0
蒙语听说读写的综合运用能力自我评价	好	5	33.3
	较好	7	46.7
	一般	3	20.0

3. 蒙汉双语教师的双语教学

笔者在调研中发现，该幼儿园的蒙授班级中，教师会从始至终的使用蒙语开展相应的教学活动。以一堂语言课为例，教师将为儿童讲解一年四季变化的规律，从而使儿童认知并理解四季的变化。上课伊始，教师带领孩子们齐唱蒙古族儿童歌曲“游戏”，并配合做拇指操。接下来，教师通过借助自制的彩色图画和特色教具，用一个故事（“春姑娘的故事”）形象的串联出一年四季更迭的生动影像。接下来，教师组织全班儿童开展团体或小组集体活动，选择个别儿童来模拟故事中的不同角色，以情景教学的方式重现故事中的部分情节，结合图片和语音理解并识记个别汉字，如“春”“夏”“秋”“冬”“青蛙”“大雁”等，最后，通过对故事的复述，回顾一堂课的教学活动。

问卷调查的结果显示，全部教师均会在幼儿园教学活动中借助纸质图片辅助教学。除 4 名教师偏好使用购买的教学模型辅助教学外，其余的 13 名教师偏好使用自制教具开展教学活动，另有 5 名教师会适当的采用多媒体设备辅助教学。除了 3 名教师采用“蒙汉兼有”的方式编写教案外，其余的 12 名教师均完全使用蒙语编写教案。15 名教师之中，10 名教师偏好通过自主搜集材料的方式编写教案并组织教学活动，7 名教师倾向于借助订制的教材编写教案并组织教学活动。在此需要说明的是，首先，“教师使用自制教具、购买的教学模型或多媒体辅助教学”一题为多项选择题，即教师更偏好使用何种方式辅助教学活动，因而所得到的百分比并不是一个绝对的或一成不变的数字。由访谈可知，只要同教学活动相关，或能够更好的辅助教学，三种形式的教具是可以交互使用的。第二，同理可知，教师们采用自主搜集或订制教材的方式组织教学活动材料也是偏好型选择题，即教师更偏好于选择何种方式组织教学活动，或两种途径兼而有之。由访谈可知，教师们经常通过教研会或私下聊天的方式，分享彼此的教学心得，共享自己所拥有的有助于开展教学活动的教学资料。无论这些材料是从网上搜集到的，还是通过购置的教材、报纸杂志、电视新闻、抑或是其他媒介搜集而来的，只要同教学相关，教师间都会共享并借以丰富充实自己的教学资料。

表 4—5　E 民族幼儿园蒙汉双语教师的双语课堂教学统计表

类别	人数		百分比（%）
购买的教学模型	4		26.7
自制教具	8		53.3
多媒体	5		33.3
教案的编写	蒙语	12	80.0
	蒙汉兼有	3	20.0
自主搜集材料	10		66.7
订制教材	7		46.7

4. 蒙汉双语教师的职业培训

幼儿园教师所参加的培训活动形式多样，内容覆盖广泛。例如有针对幼儿园教师的在岗培训、园本培训、脱产培训、假期培训、国家培训、继续教育、地方行政部门组织的培训、学历提高培训、教研培训、骨干教师转岗培训等。在本调查中，通过对几类培训形式的归纳汇总，提炼为三大类培训，即“学历教育培训”、“校外的研讨会或培训班”以及“校本培训”。培训时长也相应归纳为“1 个月及以下”，“1 学期至 1 年以下”和“1 年及以上”。问卷调查显示，这 15 名蒙汉双语教师全部参加过不同形式的培训活动，其中 1 名教师参加的是“脱产学历教育”，3 名教师参加的是“校外的研讨会或培训班”，11 人参加的是“在校培训”。在这些教师中，参加脱产学历教育的教师的培训时长为 1 年以上，校外培训的时长基本在 1 个月以内，而校内培训时间长，覆盖面广，时长为数个月到一个学期不等。在培训的内容方面，没有涉及“幼儿园运用蒙汉双语开展教学活动”的语言类培训，而有关“幼儿园教育专业理论，即开展幼儿园教学的专业知识”和“幼儿园教学方法与技能，即开展幼儿园教学的专业技能”方面的内容占到了培训内容的绝大部分，且这两方面的培训内容彼此交叉，即在一项培训活动中可能两方面内容均有所涉及。有 8 名教师认为自己所参加的培训活动对于开展蒙汉双语教学活动“非常有帮助”，4 名教师认为此类培训“比较有帮助”，3 名教师认为此类培训“帮助不大”。

表 4—6　E 民族幼儿园蒙汉双语教师的职业培训统计表

类别	数目		百分比
培训时长	短期培训（1 个月及以下）	3	20.0
	中期培训（1 学期至 1 年以下）	11	73.3
	长期培训（1 年及以上）	1	6.7
培训形式	脱产学历教育	1	6.7
	校外的研讨会或培训班	3	20.0
	在校培训	11	73.3
培训内容	幼儿园运用双语开展教学活动	0	0.0
	幼儿园教育专业理论	14	93.3
	幼儿园教学方法与技能	8	6.7
培训效果	非常有帮助	8	53.3
	比较有帮助	4	26.7
	帮助不大	3	20.0

5. 蒙汉双语教师的工作现状

目前，呼伦贝尔地区幼儿园教师的工资实行的小教级别工资待遇。问卷调查结果显示，15 名蒙汉双语教师，月工资在 1000 元以上的有 3 人，月工资在 1000—2000 元之间的有 1 人，剩余的教师月工资均在 3000 元以上。15 名教师中，有 2 名教师的日工作量少于 8 小时，7 名教师的日工作量为 8 小时，6 名教师的日工作量多于 8 小时。15 名教师中，仅有一名教师会利用闲暇时间开展其他的兼职活动。此外，E 民族幼儿园为每个班级都配备了专门的保育员。根据《幼儿园指导纲要》的要求，幼儿园教育是“保教不分”的，但是根据问卷调查的结果显示，这 15 名蒙汉双语教师中有 5 名教师表示自己在承担教学工作外，还承担了保育任务。

表 4—7　E 民族幼儿园蒙汉双语教师的工作现状描述

类别	数目		百分比（%）
月工资数	1000 元以下	3	20. 0
	1000—2000 元之间	1	6. 7
	3000 元以上	11	73. 3
日工作量	8 小时以内（包含 8 小时）	9	60. 0
	8 小时以上	6	40. 0
同时承担保育与教学工作教师人数	5		33. 3
课余时间从事兼职工作教师人数	1		6. 7

6. 蒙汉双语教师的健康状况与职业认知

问卷调查显示，15 名教师中，有 6 名教师认为自己的精神状态“良好且精力充沛”，有 8 名教师“总感觉到疲惫”，有 1 名教师认为自己“健康状况很不好”。在问及“您认为从事幼儿园双语教育工作最重要的是什么”时，10 名教师选择以“满足幼儿的需要和兴趣”为工作的出发点，7 名教师选择“提高教育教学能力”，也有教师同时选择了这两项。具体可参看下表信息：

表 4—8　E 民族幼儿园蒙汉双语教师的健康与职业认知描述

类别	数目		百分比（%）
健康状况	良好且精力充沛	6	40. 0
	总感觉疲惫	8	53. 3
	健康状况很不好	1	6. 7
工作导向	满足幼儿的兴趣与需要	10	71. 4
	提高教育教学能力	7	46. 7

综上所述，在职业发展现状方面，E 民族幼儿园的蒙汉双语教师在年龄结构，学历分布，民族构成和专业背景上都呈现出较为良好的分布态势。在今后的工作中，可侧重招收男性幼教双语老师。另外，在教师的双

语能力方面，大部分教师的汉语普通话水平均在二级乙等及以上，且蒙汉双语，特别是蒙语的听说读写能力都较好，今后幼儿园可以在教师的汉语教学能力，包括汉语教案的编写、汉语教学资料的搜集和运用方面对教师加强培训。在教师培训方面，基本做到了全员覆盖，且大部分教师反映培训“非常有帮助”，因而幼儿园可以将本园教师的培训经验进行总结，借由一定的平台向外推广成功经验。呼伦贝尔市目前正积极探讨有关改革幼儿教师工资实施绩效工资制的问题，目前还未有确切的文件说明。笔者认为，绩效工资制既有其正面的激励导向作用，同时也可能带来某些潜在的问题，所以应当谨慎施行。最后，E 民族幼儿园的蒙汉双语教师对自己目前所从事的工作均表现出了积极正面的态度和认知，只是大部分教师表示“总感觉疲惫”，笔者分析，导致这一问题的主要原因是幼儿人数多而教师人数少，教师所承担的工作负荷量大。

二、H 区民族幼儿园蒙汉双语师资现状

（一）H 区民族幼儿园简介

H 区民族幼儿园始建于 1988 年，是一所国办幼儿园，也是 H 区唯一一所以纯蒙、汉双语授课为特色的民族幼儿园。目前，幼儿园共有 570 名在园幼儿，17 个教学班，其中纯蒙语授课班级 5 个。幼儿园中蒙古族、达斡尔、鄂温克、鄂伦春等各民族人数幼儿达 160 多人。

H 区民族幼儿园的特点主要表现在：第一，蒙汉英三语教学。民族班的孩子进行蒙、汉、英三语教学，这种教学方式受到了广大少数民族地区的农、牧民家长的好评。第二，在艺术特色教学方面，幼儿园开展了同时针对少数民族儿童与汉族儿童的民族乐器、民歌、民族舞等方面的教学活动。第三，幼儿园还开展了有关民族绘画、工艺、儿童民间玩具等方面的教学活动。例如，有关民族文学教学活动中，教师会向儿童讲解民间故事、古诗、歌谣、谚语及民间游戏等。

H 区民族幼儿园最大的办园特色就是民族传统化教育，生活化发展，快乐化教育，并在和谐中求发展。多年来，幼儿园多次代表市区两级单位参加各种形式的大型活动，并多次获奖，为五彩呼伦贝尔合唱团输送了数名可爱的少数民族幼儿，受到了各级领导及社会各界人士的好评，为宣传呼伦贝尔做出了积极贡献。

（二）H 区民族幼儿园蒙汉双语师资现状描述

1. 蒙汉双语教师的基本情况

H 区民族幼儿园从事蒙汉双语教学的教师人数共有 4 人。这 4 名教师

均为女教师，民族均为蒙古族，且均已婚，年龄分布在36～45岁之间。他们的最高学历，除1人为大专学历外，其余三人均为本科学历。4名教师中，只有一名教师为学前教育专业毕业，另外三名教师为艺术类非学前教育专业毕业。4名教师的职称均为小教一级，且双语教学教龄都在6年及以上

表4—9 H区民族幼儿园双语教师基本情况

类别	人数		百分比（%）
性别	女	4	100.0
婚姻状况	已婚	4	100.0
年龄	36～45岁	4	100.0
学历	大专	1	25.0
	大学本科	3	75.0
民族	蒙古族	4	100.0
专业	学前教育专业	1	25.0
	艺术类非学前教育专业	3	75.0
职称	小教一级	4	100.0
幼儿园双语教学的执教时长	6年及以上	4	100.0

2. 蒙汉双语教师的双语能力

在有关H区民族幼儿园蒙汉双语教师的双语能力方面：4名双语教师中1名教师的汉语普通话水平等级为一级乙等，另3名教师的汉语普通话水平为三级甲等。4名教师都没有获得蒙古语标准音水平等级证书。3名教师对自身汉语听说读写的综合运用能力的自我评价为“较好”，只有1名教师认为“一般”。在对自身蒙语听说读写的综合运用能力的自我评价时，4名教师均自我评价为“好”。

表4—10 H区民族幼儿园蒙汉双语教师的双语能力统计表

类别	人数		百分比（%）
汉语普通话水平等级	一级乙等	1	25.0
	三级甲等	3	75.0
蒙古语标准音水平等级证书	是	0	0
	否	4	100.0

续表

类别	人数		百分比（%）
汉语听说读写的综合运用能力自我评价	好	0	0
	较好	3	75.0
	一般	1	25.0
蒙语听说读写的综合运用能力自我评价	好	4	100.0
	较好	0	0
	一般	0	0

3. 蒙汉双语教师的课堂教学

由问卷结果可知，1 名教师偏好在课堂中使用购买的教学模型开展教学活动，而另 3 名教师偏好使用自制教具开展教学活动。1 名教师会经常在教学中使用多媒体设备辅助教学。在教案的编写方面，1 名教师会全部使用蒙语编写教案，3 名教师的教案会采用“蒙汉兼有”的方式编写。1 名教师偏好通过自主搜集的材料充实教学内容，3 名教师则更倾向于借助订制教材来完成教学活动。需要特别说明的是，问卷中与下表相关的题目均为偏好型选择题。

表 4—11　H 区民族幼儿园蒙汉双语教师的双语课堂教学统计表

类别	人数		百分比（%）
购买的教学模型	1		25.0
自制教具	3		75.0
多媒体	1		25.0
教案的编写	蒙语	1	25.0
	蒙汉兼有	3	75.0
自主搜集材料	1		25.0
订制教材	3		75.0

4. 蒙汉双语教师的工作现状

如前所知，呼伦贝尔地区幼儿园教师的工资实行的小教工资待遇。问卷调查结果显示，4 名蒙汉双语教师的月工资均在 3000 元以上，这与其小教一级的职称是挂钩的。4 名教师中，仅有 1 名教师的日工作量为 8 小时或以内，其余3人的日工作量均为8小时以上。另外，仅有1名教师会利用闲暇时间开展其他的兼职活动。根据《幼儿园指导纲要》的要求，幼儿园教育是“保教不分”的，4名蒙汉双语教师都会在承担一定教学工作的同时承担保育任务。

表4—12　H区民族幼儿园蒙汉双语教师的工作现状描述

<table>
<tr><th>类别</th><th colspan="2">数目</th><th>百分比（%）</th></tr>
<tr><td>月工资数</td><td>3000元以上</td><td>4</td><td>100.0</td></tr>
<tr><td rowspan="2">日工作量</td><td>8小时以内
（包含8小时）</td><td>1</td><td>25.0</td></tr>
<tr><td>8小时以上</td><td>3</td><td>75.0</td></tr>
<tr><td>同时承担保育与教学工作教师人数</td><td colspan="2">4</td><td>100.0</td></tr>
<tr><td>课余时间从事兼职工作教师人数</td><td colspan="2">1</td><td>25.0</td></tr>
</table>

5. 蒙汉双语教师的健康状况与职业认知

问卷调查显示，4名教师中，有3名教师认为自己的精神状态“良好且精力充沛”，仅有1名教师认为自己“总感觉到疲惫”。在问及“您认为从事幼儿园双语教育工作最重要的是什么”时，4名教师都选择了以“满足幼儿的需要和兴趣”为工作的出发点，且有2名教师还选择了“提高教育教学能力”。

表4—13　H区民族幼儿园蒙汉双语教师的健康与职业认知描述

<table>
<tr><th>类别</th><th colspan="2">数目</th><th>百分比（%）</th></tr>
<tr><td rowspan="2">健康状况</td><td>良好且精力充沛</td><td>3</td><td>75.0</td></tr>
<tr><td>总感觉疲惫</td><td>1</td><td>25.0</td></tr>
<tr><td rowspan="2">工作导向</td><td>满足幼儿的兴趣与需要</td><td>4</td><td>100.0</td></tr>
<tr><td>提高教育教学能力</td><td>2</td><td>50.0</td></tr>
</table>

综上所述，在职业发展现状方面，H区民族幼儿园在今后的幼师招录中可侧重招收一些男性幼教双语老师。在年龄分布上，4名双语教师均处于36—45岁之间，幼教经验较丰富，有利于幼儿园工作的开展。另外，4名双语教师学历分布，民族构成和专业背景上都呈现出较为良好的分布态势。在教师的双语能力方面，仅有1名教师的汉语普通话水平在二级以上，所以该幼儿园应侧重加强对教师的双语，特别是运用汉语开展教学活动的

能力。最后，H区民族幼儿园4名蒙汉双语教师的工作负荷量都较大，有3名教师的日工作时长超过8个小时，尽管如此，4名教师对自己目前所从事的工作均表现出了积极正面的态度和认知，且能够以满足幼儿的兴趣和需要作为工作的出发点，这值得其他同行幼儿园进行学习。

三、N幼儿园蒙汉双语师资现状

（一）N幼儿园简介

N幼儿园位于X区西苏木，主要来自X地区12嘎查的牧民儿童。是一所蒙语授课的学前民办幼儿园。该园共有以木其尔、乌拉勒吉、莫伊乐、乌力日、阿拉塔日嘎纳等5个班级。幼儿园课程有除“新纲要课程”之外的家乡民俗课，英语课，汉语课等。共有14位教职员工，其中小学一级教师3名，中学二级教师1名。2009年，幼儿园在呼伦贝尔市考核中被评为一类甲级幼儿园。2010年12月，共有5名教师赴俄罗斯乌兰乌德和阿金斯塔开展友谊交流。

（二）N幼儿园蒙汉双语师资现状描述

1. 蒙汉双语教师的基本情况

N幼儿园从事蒙汉双语教学的教师共有7人。这7名教师均为女性，民族均为蒙古族。7名教师中，4人已婚，3人未婚。这些教师中年龄在25岁及以下的有5人，年龄在36—45岁之间的有2人。教师中最高学历为中师及以下的有2人，大专为4人，获得本科学历的为1人。7名教师中毕业于学前教育专业的有3人，毕业于艺术类非学前教育专业的有2人，另2人为非艺术类非学前教育专业毕业。共有3名教师的职称为小教一级，另4名教师的职称为小教二级。1名教师的双语教学执教时长为6年及以上，2名教师为3—5年，4名教师为1—2年。具体信息见下表：

表4—14　N幼儿园双语教师基本情况

类别	人数		百分比（%）
性别	女	7	100.0
婚姻状况	已婚	4	57.1
	未婚	3	42.9
年龄	25岁及以下	5	71.4
	36—45岁	2	28.6

续表

类别	人数		百分比（%）
最高学历	中师及以下	2	28.6
	大专	4	57.1
	大学本科	1	14.3
民族	蒙古族	7	100.0
专业	学前教育专业	3	42.9
	艺术类非学前教育专业	2	28.6
	非艺术类非学前教育专业	2	28.6
职称	小教一级	3	42.9
	小教二级	4	57.1
幼儿园双语教学的执教时长	1—2 年	4	57.1
	3—5 年	2	28.6
	6 年及以上	1	14.3

2. 蒙汉双语教师的双语能力

在有关 N 幼儿园蒙汉双语教师的双语能力方面：7 名双语教师中 2 名教师的汉语普通话水平等级为一级乙等，3 名教师的汉语普通话水平为二级乙等，2 名教师的汉语普通话水平为三级甲等。7 名教师都没有获得蒙古语标准音水平等级证书。2 名教师对自身汉语听说读写的综合运用能力的自我评价为“较好”，5 名教师认为“一般”。在对自身蒙语听说读写的综合运用能力的自我评价中，4 名教师自我评价为“好”，另 3 名教师自我评价为较好。

表 4—15　N 幼儿园蒙汉双语教师的双语能力统计表

类别	人数		百分比（%）
汉语普通话水平等级	一级乙等	2	28.6
	二级乙等	3	42.9
	三级甲等	2	28.6
蒙古语标准音水平等级证书	是	0	0
	否	7	100.0

续表

类别	人数		百分比（%）
汉语听说读写的综合运用能力自我评价	较好	2	28.6
	一般	5	71.4
蒙语听说读写的综合运用能力自我评价	好	4	57.1
	较好	3	42.9

3. 蒙汉双语教师的课堂教学

由问卷可知，7 名教师均会在课堂中使用购买的教学模型开展教学活动，另有 4 名教师偏好使用自制教具开展教学活动。2 名教师会经常在教学中使用多媒体设备辅助教学。在教案的编写方面，大部分教师会选择全部使用蒙语编写教案，只有 1 名教师的教案会采用“蒙汉兼有”的方式编写。7 名教师选择通过自主搜集的材料来充实教学内容，另有 1 名教师会借助订制教材来完成教学活动。

表 4—16　N 幼儿园蒙汉双语教师的双语课堂教学统计表

类别	人数		百分比
购买的教学模型	7		100.0
自制教具	4		57.1
多媒体	2		28.6
教案的编写	蒙语	6	85.1
	蒙汉兼有	1	14.3
自主搜集材料	7		100.0
订制教材	1		14.3

4. 蒙汉双语教师的职业培训

问卷调查显示，7 名蒙汉双语教师全部参加过不同形式的培训活动，但培训时长均不超过 1 个月。其中 4 名教师参加的是“校外的研讨会或培训班”，3 人参加的是“在校培训”。在培训内容方面，3 名教师谈到其参加的培训涉及“幼儿园运用蒙汉双语开展教学活动”的内容，而有关“幼儿园教育专业理论，即开展幼儿园教学的专业知识”和“幼儿园教学方法与技能，即开展幼儿园教学的专业技能”方面的内容占到了培训内容的绝大部分，且这两方面的培训内容彼此交叉，即在一项培训活动中可能两方面内容均有所涉及。有5名教师认为自己所参加的培训活动对于开展蒙汉双语教学活动“非常有帮助”，2名教师认为此类培训“比较有帮助”。

表4—17　N幼儿园蒙汉双语教师的职业培训统计表

类别	数目		百分比
培训时长	短期培训（1个月及以下）	7	100.0
培训形式	校外的研讨会或培训班	4	57.1
	在校培训	3	42.9
培训内容	幼儿园运用双语开展教学活动	3	42.9
	幼儿园教育专业理论	7	100.0
	幼儿园教学方法与技能	3	42.9
培训效果	非常有帮助	5	71.4
	比较有帮助	2	28.6

5. 蒙汉双语教师的工作现状

问卷调查结果显示，7名教师中，月工资在1000—2000元之间的有5人，月工资在1000元以下的有1人，月工资在2000—3000元之间的有1人。7名教师中，4名教师的日工作量为8小时或以内，其余3人的日工作量均为8小时以上。另外，仅有1名教师会利用闲暇时间开展其他的兼职活动。根据《幼儿园指导纲要》的要求，幼儿园教育是“保教不分”的，5名蒙汉双语教师都会在承担教学任务的同时承担保育任务。

表4—18　N幼儿园蒙汉双语教师的工作现状描述

类别	数目		百分比（%）
月工资数	1000元以下	1	14.3
	1000—2000元之间	5	71.4
	2000—3000元之间	1	14.3
日工作量	8小时以内（包含8小时）	4	57.1
	8小时以上	3	42.9
同时承担保育与教学工作教师人数	5		71.4
课余时间从事兼职工作教师人数	1		14.3

6. 蒙汉双语教师的健康状况与职业认知

问卷调查显示，7名教师均认为自己的精神状态“良好且精力充沛”。在问及“您认为从事幼儿园双语教育工作最重要的是什么”时，4名教师选择了以“满足幼儿的需要和兴趣”为工作的出发点，4名教师选择了

“提高教育教学能力”一项。

表 4—19 N 幼儿园蒙汉双语教师的健康与职业认知描述

类别	数目		百分比（%）
健康状况	良好且精力充沛	7	100. 0
工作导向	满足幼儿的兴趣与需要	4	32. 7
	提高教育教学能力	4	32. 7

综上所述，在职业发展现状方面，N 幼儿园在今后的幼师招录中可侧重招收一些男性幼教双语老师。7 名教师中，年轻教师所占比例较大。年轻教师精力充沛，有利于在同儿童的交往中与之拉近距离，但也可能存在教龄较短，幼教经验不够丰富的弊端。此外，N 幼儿园的蒙汉双语教师在学历分布和专业背景上都呈现出较为良好的分布态势。另外，在教师的双语能力方面，大部分教师的汉语普通话水平均在二级乙等及以上，且蒙汉双语，特别是蒙语的听说读写能力都较好，今后幼儿园可以在教师的汉语教学能力，包括汉语教案的编写、汉语教学资料的搜集和运用方面对教师加强培训。在教师培训方面，基本做到了全员覆盖，且大部分教师所参与的是短期培训，培训内容覆盖面广，且大部分教师反映培训“非常有帮助”。最后，尽管教师的月工资并不是很高，但所有教师都能够对自己目前所从事的工作表现出积极正面的态度和认知。

四、呼伦贝尔市 Z 幼儿园蒙汉双语师资现状

（一）呼伦贝尔市 Z 幼儿园蒙汉双语师资现状描述

1. 蒙汉双语教师的基本情况

呼伦贝尔市 Z 幼儿园与之前所介绍的三所幼儿园有所不同，虽有蒙汉双语教师，但只开设有汉语班，没有蒙授班。呼伦贝尔市 Z 幼儿园从事蒙汉双语教学的教师共有 5 人。5 名教师均为女性，民族均为蒙古族，其中 4 人已婚，1 人未婚。这些教师中年龄在 25 岁及以下的仅有 1 人，年龄在 46 岁及以上的有 4 人。教师中最高学历为中师及以下的有 3 人，大专为 1 人，获得本科学历的为 1 人。5 名教师中毕业于学前教育专业的为 3 人，毕业于艺术类非学前教育专业的为 2 人。5 名教师的职称均为小教一级。1 名教师的双语教学执教时长为 3—5 年，4 名教师的执教时长均在 6 年及以上。

表 4—20　呼伦贝尔市 Z 幼儿园教师基本情况

类别	人数		百分比（%）
性别	女	5	100.0
婚姻状况	已婚	4	80.0
	未婚	1	20.0
年龄	25 岁及以下	1	20.0
	46 岁及以上	4	80.0
最高学历	中师及以下	3	60.0
	大专	1	20.0
	大学本科	1	20.0
民族	蒙古族	5	100.0
专业	学前教育专业	3	60.0
	艺术类非学前教育专业	2	40.0
职称	小教一级	5	100.0
双语教学执教时长	3—5 年	1	20.0
	6 年及以上	4	80.0

2. 蒙汉双语教师的双语能力

有关呼伦贝尔市 Z 幼儿园蒙汉双语教师的双语能力方面：5 名双语教师中 4 名教师的汉语普通话水平为一级乙等，1 名教师的汉语普通话水平为二级甲等。4 名教师都获得了蒙古语标准音水平等级证书，仅有 1 名教师没有获得该证书。1 名教师对自身汉语听说读写的综合运用能力的自我评价为“好”，4 名教师自我评价为“较好”。在对自身蒙语听说读写的综合运用能力的评价中，3 名教师自我评价为“好”，而另外 2 名教师自我评价为“较好”。

表 4—21　呼伦贝尔市 Z 幼儿园蒙汉双语教师的双语能力统计表

类别	人数		百分比（%）
汉语普通话水平等级	一级乙等	4	80.0
	二级甲等	1	20.0
蒙古语标准音水平等级证书	是	4	80.0
	否	1	20.0
汉语听说读写的综合运用能力自我评价	好	1	20.0
	较好	4	80.0
蒙语听说读写的综合运用能力自我评价	好	3	60.0
	较好	2	40.0

3. 蒙汉双语教师的课堂教学

由问卷结果可知，仅有1名教师会在课堂中使用购买的教学模型来开展教学活动，另有5名教师偏好使用自制教具开展教学活动。2名教师会经常在教学中使用多媒体设备辅助教学。在教案的编写方面，3名教师会选择全部使用蒙语编写教案，另有2名教师的教案采用“蒙汉兼有”的方式编写。全部教师都会借助订制教材来完成教学活动，其中有4名教师也会选择通过自主搜集的材料来充实教学内容。

表4—22 呼伦贝尔市Z幼儿园蒙汉双语教师的双语课堂教学统计表

类别	人数		百分比（%）
购买的教学模型	1		20.0
自制教具	5		100.0
多媒体	2		40.0
教案的编写	蒙语	3	60.0
	蒙汉兼有	2	40.0
自主搜集材料	4		80.0
订制教材	5		100.0

4. 蒙汉双语教师的职业培训

问卷调查显示，5名蒙汉双语教师全部参加过校本培训活动，培训时长不超过1个月。在培训的内容方面，3名教师谈到其参加的培训涉及“幼儿园运用蒙汉双语开展教学活动”的内容，3名教师谈到培训内容涉及“幼儿园教育专业理论，即开展幼儿园教学的专业知识”，而“幼儿园教学方法与技能，即开展幼儿园教学的专业技能”方面的内容几乎没有涉及。有3名教师认为自己所参加的培训活动对于开展蒙汉双语教学活动“比较有帮助”，另2名教师认为此类培训“帮助不大”。

表4—23 呼伦贝尔市Z幼儿园蒙汉双语教师的职业培训统计表

类别	数目		百分比（%）
培训时长	短期培训（1个月及以下）	5	100.0
培训形式	在校培训	5	100.0
培训内容	幼儿园运用双语开展教学活动	3	60.0
	幼儿园教育专业理论	3	60.0
	幼儿园教学方法与技能	0	0
培训效果	比较有帮助	3	60.0
	帮助不大	2	40.0

5. 蒙汉双语教师的工作现状

如前所知，呼伦贝尔地区幼儿园教师的工资实行的小教级别工资制度。问卷调查结果显示，5 名教师中，月工资在 2000—3000 元之间的有 1 人，月工资在 3000 元以上的有 4 人。5 名教师的日工作量均在 8 小时或以内。另外，没有教师会利用闲暇时间开展其他的兼职活动，且不单独承担保育任务。

表 4—24　呼伦贝尔市 Z 幼儿园蒙汉双语教师的工作现状描述

类别	数目		百分比（%）
月工资数	2000—3000 元之间	1	20.0
	3000 元以上	4	80.0
日工作量	8 小时以内（包含 8 小时）	5	100.0
同时承担保育与教学工作教师人数	0		0
课余时间从事兼职工作教师人数	0		0

6. 蒙汉双语教师的健康状况与职业认知

问卷调查显示，5 名教师均认为自己的精神状态“良好且精力充沛”。在问及“您认为从事幼儿园双语教育工作最重要的是什么”时，3 名教师选择了以“满足幼儿的需要和兴趣”为工作的出发点，3 名教师选择了“只要完成本职工作就好”，1 名教师选择了“提高教育教学能力”一项。

表 4—25　呼伦贝尔市 Z 幼儿园蒙汉双语教师的健康与职业认知描述

类别	数目		百分比（%）
健康状况	良好且精力充沛	5	100.0
工作导向	只要完成本职工作就好	3	60.0
	满足幼儿的兴趣与需要	3	60.0
	提高教育教学能力	1	20.0

由上可知，呼伦贝尔市 Z 幼儿园在幼儿园的办学特色和双语教师的基本情况方面呈现出了同其他几所幼儿园不同的特点。在职业发展现状方面，该幼儿园可以在今后的幼师招录中可侧重招收一些男性幼教双语老师。5 名教师的平均年龄较大，幼教经验丰富，但学历层次较低。大部分教师的双语教龄超过了 6 年，且均为小教一级职称。此外，幼儿园的蒙汉双语教师在学/专业背景上呈现出较为良好的分布态势。另外，在教师的双语能力方面，大部分教师的汉语普通话水平在一级以上，且获得了蒙古语标准音水平等级证书，这说明大部分蒙汉双语教师的蒙汉双语能力非常

好。在教师培训方面，基本做到了全员覆盖，且大部分教师所参与的是短期培训，但部分教师反映培训“帮助不大”，由此需要反思这些教师所参加的培训的真正效果如何。最后，大部分教师的月工资达到了3000元及以上，且日工作量基本等于8小时，大部分教师都能够对自己目前所从事的工作表现出积极正面的态度和认知。

第三节 呼伦贝尔市民族幼儿园蒙汉双语师资现状问题与分析

一、现状优势分析

（一）特色优势——充满民族特色的幼儿园建设和教学活动设计

通过对呼伦贝尔市民族幼儿园的实地调研，笔者发现这儿所民族幼儿园的共性特点在于，对幼儿园鲜明的民族文化环境的构建以及巧妙的双语教学活动的设计。

笔者调研的E民族幼儿园和N幼儿园均来自E自治旗，E旗政府对学前教育是比较支持的，也希望学前教育事业能够得到大力发展。E民族幼儿园极注重民族文化的传承与发扬，并将这一理念贯彻到了幼儿园的每日教学活动之中。每逢大型节日，幼儿园便会组织儿童开展民族集体舞表演，指导幼儿开展蒙古族以及鄂温克族的传统游戏活动，如赛马、滚铁环等。同时，幼儿园还深入社区，把早教知识送入牧民家中，送入社区之中，通过对一年一次的牧民家访，鼓励牧民将家中的儿童送到幼儿园来接受教育。E民族幼儿园的双语特点主要表现在以下几个方面：蒙授班中设有汉语教学活动，汉授班中也设有鄂温克语的教学活动，这种教学是双向的，不仅仅让少数民族幼儿学习汉语，同时汉族小朋友也要学习少数民族语言；幼儿园在每日清晨都会播放校园儿歌，这些儿歌既有汉语儿歌，也有蒙语儿歌，儿童通过唱儿歌的方式进行两种语言的双向学习；校园的宣传栏的信息，基本上是使用蒙汉双语呈现的；户外活动期间，无论是蒙授还是汉授班的儿童，可以自由接触交流，通过共同玩耍的方式彼此的了解和学习。每逢节庆假日，幼儿园会开展丰富多彩的儿童活动或晚会来庆祝佳节。E民族幼儿园会要求幼儿必须着民族服装出席，鄂温克儿童着鄂温克民族传统服饰，布里亚特蒙古族儿童穿布里亚特服饰，琳琅满目。此外，幼儿园老师会经常带领幼儿开展民族传统游戏活动。如“推轮子”（就是用一条铁线穿起木头轮子，这种游戏冬夏皆宜）、模拟赛马、模拟射箭、弹嘎拉哈或蒙古象棋等。

H 区民族幼儿园是一所充满民族特色和艺术教学氛围的民族幼儿园。蒙授班的孩子们大多来自牧区，受生长环境的影响，在蒙古族传统的歌舞艺术方面带着与生俱来的天赋。而针对汉授班的孩子们，幼儿园特意安排蒙语教师教授其有关蒙古族习俗、游戏和与生活艺术相关的礼仪知识，孩子们在离园后基本能够掌握简单的蒙语交际与礼仪知识。此外，在饮食方面幼儿园会给孩子们准备蒙餐奶茶，做布里亚特小点心等民族特色饮食，据园长讲，许多离开幼儿园的孩子们，还会谈起想吃幼儿园里做的布里亚特包子，想喝幼儿园熬制的奶茶，由此可见，这些汉族小孩子们也养成了一些蒙古族的生活和饮食习惯，并与自己融为一体。孩子们天天生活并感受在民族文化浓郁的幼儿园之中，更能视野开阔、茁长健康、愉快的成长。

N 幼儿园是一所民办公驻的民族幼儿园，在园幼儿共有 120 名，16 位教职员工，7 位蒙汉双语教师。不同于笔者调研的其他民族幼儿园，这所幼儿园的所有幼儿都是来自牧区的孩子，全部是纯蒙语授课，汉语和英语对于他们来讲是“外语”。N 幼儿园的所有老师都是蒙汉兼通的，他们既有艺术类专业的毕业生，还有幼儿中等师范专科学校毕业的学生。笔者有幸参与了 N 幼儿园 10 周年园庆活动。这次园庆庆典非常隆重，同时也是呼伦贝尔学院教育科学学院实习基地，呼伦贝尔市人口计划生育早教示范基地的挂牌仪式。之后，在 E 旗政府礼堂，N 幼儿园的孩子们为观众呈现了一场精彩活泼的表演，全部的表演节目均来自幼儿园的在园幼儿以及部分毕业的儿童。

WL：幼儿园的汉授班都有哪些蒙语教学活动？

H：我们会安排一个蒙语老师，给汉族班的孩子教课，主要就是一些有关蒙古族习俗，游戏，生活，还有艺术类的东西，以及简单的文明礼仪方面的知识。例如怎样献哈达，客人来了怎么说，等等。所以汉语授课的孩子们在离开幼儿园后，也基本能够学会一些简单的蒙语语言和礼仪。我们幼儿园在艺术以及蒙汉双语的教学特色上还是比较出众的。像蒙古族的哈达舞，挤奶舞还有博克舞等，这些孩子们基本上都会。

WL：孩子们都学习哪些民族舞蹈？

H：我们民族幼儿园出去的小孩子，无论是蒙授还是汉授，全部都会跳 5 种以上的民族舞蹈。孩子的舞蹈当然和成人的舞蹈不一样，都比较简单，像安代舞、筷子舞等。这些汉族小孩子也都会，而且跳得非常好。在六一儿童节的活动上，他们表现得非常好。如果不近处看的话，都有点分不清他们究竟是汉族小孩还是蒙族小孩。他们天天跳舞，天天受这种熏陶，所以他们的这种民族的感觉非常好。民族班的小孩子更是了不得。一听音乐响起，他们的感觉自然就出来了。

（二）师资优势——蒙汉双语教师的双语技能

幼儿园的蒙汉双语教师，大多是成长于牧区的少数民族，毕业于民族幼师学校，并通过考学的方式分配到了镇里，每个教师本身就是在蒙汉两种文化的影响下成长起来的，这样的成长背景也有利于他们对幼儿园儿童开展民族文化传承教育。

以E民族幼儿园为例，全园仅有3名教师是完全不懂蒙语的，大部分蒙汉双语教师可以熟练的运用蒙汉双语开展教学活动，即使有少部分教师在运用双语开展教学方面缺乏熟练，但最起码也能够听懂或用蒙语同儿童开展交流。在园幼儿的民族构成有鄂温克族，达斡尔族，其中以布里亚特蒙古族幼儿最多。入园前，鄂温克族和达斡尔族幼儿说本民族语，布里亚特蒙古族幼儿讲布里亚特方言，而在入园后，民族语统一为标准蒙古语，汉语统一为汉语普通话。虽然大部分教师没有考取过蒙古语标准音水平等级证书，但大部分教师参加过标准蒙古语课程，这有助于教师同幼儿开展蒙古语标准语交流。此外，N幼儿园因其独特的地理位置，以及“位于基层，服务基层”的办园理念，使得7名蒙汉双语教师的蒙汉双语水平，特别是蒙语水平是很高的。无论是课上还是课下，教师几乎都是用蒙语同孩子们交流，教师们也采用纯蒙语的方式来编写教案。

图4—2 蒙汉双语教师在教儿童唱蒙语儿歌

图4—3 摆放在寝室中的蒙语版的中国行政区划

图 4—4　教科院的蒙授学前教育专业毕业生实习中

图 4—5 幼儿园教师的“图画课”双语教案

（三）教学优势——特色独具的“蒙汉双语”或“蒙汉英三语”幼儿园教学形式

以 E 民族幼儿园为例，近年来，入园的蒙古族幼儿的汉语水平较以前有了很大的提高。许多教师认为，这是因为地方在实现了“村村通”后，小孩子们通过看电视、上网或听广播的方法，在潜移默化中自学了汉语。一些早教班的儿童，汉语水平要略差于蒙语水平，而对于中班或者大班的儿童，基本上可以用汉语熟练交流。换句话讲，电视、广播、网络等传媒途径，对于这些蒙古族幼儿早期的汉语学习是具有巨大的作用，在整个幼儿园期间，他们的汉语和蒙语的成长速度也是极快的。

虽然在蒙授班中，教师是完全采用蒙语开展教学活动的，但因为环境作用太强大了，许多儿童的汉语水平要远远好过其蒙语水平。正因为此，教师们必须保证蒙授班是必须完全采用蒙语授课的。而汉授班级因开设了蒙语教学，儿童在离园前也能够基本掌握部分蒙语交际用语或演唱蒙语儿歌，虽然无法达到流利交流的水平，但蒙古族的传统习俗，歌曲，舞蹈等文化的因素已经渗透到了儿童身心之中。

WL：您觉得这些儿童在双语学习方面面临的主要困难是什么？

E：现在蒙语环境太少了，就像很多中国人学英文，学不好的原因也是因为缺乏英语环境。所以我们幼儿园非常强调这种民族文化环境的构建，孩子们在这种环境的影响下，可以学到很多。例如我们搞活动的时候，不同民族的儿童都要穿上自己民族的传统服饰，小孩子们彼此穿的不一样，但是却能识别出这是哪个民族的服饰。此外，在汉授班中，三少

（鄂温克，鄂伦春，达斡尔）民族的儿歌及律动是必须会的，这是最基本的，我们的广播里也经常播放五彩呼伦贝尔合唱团的儿歌，孩子们听的久了也基本都会唱了。

在教案的编写方面，E 民族幼儿园蒙授教师的教案基本上是用蒙文完成的，而汉授教师的教案基本上是用汉语完成的。幼儿园的大部分教具都是自制的，例如体育活动器材、游戏教具等基本是由教师或儿童家长自制的。教师在教学活动中经常使用多媒体设备，其中移动多媒体的使用频率更高，老师们如果需要使用多媒体就直接将设备搬到教室里面，十分方便。日常教学基本以图片、动画或看故事为主。

H 区民族幼儿园蒙语授课的儿童大多来自于牧区，幼儿园的一大特色在于对蒙授班的儿童实施三语，即蒙语，汉语和英语教学。汉授班儿童接受汉语和英语教学，同时开设简单的蒙语教学活动，这些活动涉及蒙古族习俗、游戏、生活和艺术等内容，围绕民族特色来创设教学活动。

WL：请您谈一谈咱们幼儿园是怎样开展三语教学的？是怎么开设英语教学活动的？

H：一入园时，有些牧区来的孩子们不大能完全听懂汉语，所以我们幼儿园除了给蒙授班的孩子们从头到尾蒙语授课外，还开设了汉语阅读的教学活动，后来慢慢的，这些小孩甚至可以给家里人做翻译了。和家人去超市，就给爷爷奶奶们做导游做翻译。我觉得他们也愿意讲汉语，把这当成是一种能力的体现，认为讲汉语是一种能力和本事。

H 区民族幼儿园双语教师们的教案采用双语方式编写。以汉语语言活动课为例，教师一般使用汉语编写，一些个别的细节如游戏的名字等就用蒙语标注，蒙汉穿插。但是也有一些双语教师表示，他们在汉语表达上总达不到蒙语一般的流利程度，会犯一些语法错误等，所以为避免类似的问题，就直接用蒙语标注教案。

我们都有一个感觉，就是用汉语表达的时候，包括写的时候着急了就会用倒装句，因为蒙语的语法正好是倒过来的，“吃饭”就是“饭吃”，等等有一系列的毛病。所以当我们发现有类似这样的问题时，就直接用蒙语标准，不写汉语了。

——摘自 H 区民族幼儿园教师访谈

（四）环境优势——来自民族幼儿家长的支持和监督

总体来讲，民族幼儿园的家长们对幼儿园所开展的蒙汉双语的教学活动持支持的态度，许多少数民族或汉族家长们希望将孩子送到民族幼儿园中，让自己的孩子从早教班开始就学习蒙语，将来达到蒙语和汉语都精通的程度。每逢节庆假日，当幼儿园要举办庆祝活动时，都会要求幼儿们着民族服装，而这些服装大部分是由孩子家长们亲手制作的。还有一些蒙古族传统游戏活动，如推轮子，拉勒勒车等，这些活动道具也是家长们亲自制作并赠送给幼儿园的。E 民族幼儿园还通过举办“家长进课堂”以及“民俗课”等教研活动，加强与幼儿家长们的互动。

WL：一般家长是如何参与到幼儿园的教学活动中的？

E：例如蒙古族象棋，我们有些老师对游戏规则不是很熟悉，自己怕教错了，就会邀请一些年纪较大的家长们进入课堂来，让他们领着孩子们来玩，然后再培训我们的老师。我们还有一个民俗课，主要介绍民族传统食品的，这时我们会邀请儿童家长来做奶茶、奶酪等，再让孩子们来观察并品尝这些家长们做的食品。特别有趣的是，有时候我们搞活动，那些牧区的家长们真的会把自己家的小羊羔带来，帮助孩子们表演节目，例如喂羊羔什么的，等到节目结束后，再把羊羔牵回家。所以每到节日时，幼儿园里就特别热闹，草地上跑着真的小羊羔，那场景很温馨很好玩。

WL：家长们在这一点上做得很到位啊！

E：是啊，很多年来，我们只要搞活动，特别是那些牧区家长们会全部从草地赶来。家长们制作的很多活动道具，我们每年演出都用。虽然这些家长们也没什么钱，但是对自己家孩子们的投入还是很大的，就比如说民族服装，一套民族服装是很贵的，但家长们还是会孩子们准备各种季节、各种款式的服装，大的小的什么样的都有。一般来讲，城镇的家长们会给孩子们买新的衣服，不同于牧区家长们是自己缝制的。

H 区民族幼儿园自 2005 年起，学生人数逐年增多，归根结底，是家长们对孩子学前教育的重视程度提高了，家长有意识地让自己的孩子从小就开始锻炼其蒙汉双语能力。笔者认为，蒙汉兼通对于一个个体而言既是一种语言能力，更是一种思维能力，H 区民族幼儿园的蒙汉双语教学的独特之处就在于，不仅教授蒙授班的儿童掌握汉语，同时也教授汉授班的儿童掌握简单的蒙语，因而幼儿园不仅受到了少数民族家长，更有汉族家长的欢迎。值得一提的是，许多蒙古族家长，对幼儿园的期望很高，他们希望自己的孩子在幼儿园学到的不仅是标准的普通话，而蒙语也要是标准蒙古语，因为他们认为幼儿园是儿童学习标准语言的地方。来自家长的期待与监督，无论是对呼伦贝尔市民族幼儿园的发展，还是蒙汉双语教师的成长，都具有重要的促进和支持作用。

WL：您和咱们幼儿园的家长们接触的多吗？

H：我们幼儿园的一些蒙古族家长，是来自于一定社会阶层的蒙古族家长，例如医生，大学教授，中学教师，纯粹的百分之百蒙古族家长们，也一定会让自己的孩子们来接受蒙汉双语教学。这些家长对我们的要求很苛刻，要求孩子们在幼儿园说（标准）巴尔虎蒙古语。此外，他们对专业教师们的气质，专业能力的要求也很苛刻。

WL：怎么苛刻呢？

H：就是说一要讲纯正蒙古语，而不是蒙汉穿插着讲。二是专业能力要求高。

N：家长们很重视学前教育，以前没有（这么重视），我们（办幼儿园）10 年了，刚开始不太好，现在好多了。刚开始（幼儿园）不到 10 个孩子，现在发展到 120 人了，可见牧区家长们很重视。

（五）视野优势——民族幼儿园园长的素养决定了一所民族幼儿园的发展与眼界

某种程度上，一所幼儿园管理的好坏、如何构建幼儿园环境和氛围、如何发挥幼儿园特色、如何定位幼儿园发展等同这所幼儿园园长的素质、水平和远见直接相关。园长素质决定幼儿园的发展眼界，且整个幼儿园员工的心态就是受园长影响的。笔者在调研中对这几位民族幼儿园的园长都留下了深刻的印象。E 民族幼儿园的园长是一位 30 岁的年轻女性。创业初期，她克服了许多困难，通过拉赞助的方式创办了这所幼儿园，也惠及了许多鄂温克民族幼儿，让他们能够在一个具有鲜明的主流文化且兼并民族特色的优质幼儿园中接受学前教育。此外，E 民族幼儿园的整体风气也是积极向上的，教师们彼此互助团结，善于学习，园长定期组织全园教师开师德报告会，为教师们做思想教育工作，舒缓教师们的压力。

田野日志节选

什么叫做幸福？我在丹麦时，罗斯基勒大学的乌拉教授给我讲了一个她曾遇到过的故事。一天傍晚，她坐在咖啡馆里边喝咖啡边处理工作，在被一大堆论文和文献弄得头昏脑涨时，她忽然看见厨房里的一位中年师傅正坐在窗台上，向窗外泼撒面包屑，不一会，一群鸽子飞了过来，围绕在窗边觅食，夕阳撒在窗台，撒在他的身上，就像一幅安静的夕阳傍晚的油画。乌拉教授告诉我“这一刻，我感觉很幸福”。

E民族幼儿园有一项有趣的教师互动活动叫做“讲讲自己身边的幸福”，这一活动看似简单，实则意义深刻，这也是由幼儿园园长发起的，是一种大智慧的体现。活动要求每位老师汇报发生在工作中的幸福小故事、小情节或小片段。老师们通过对幸福事件的回忆、描述和复现，挖掘职业幸福感，回忆幸福瞬间，从而为工作和生活减压充电，以更加从容的心态和热情投入到接下来的工作之中，以积极正面的力量来影响幼儿园的孩子们，甚至同事，朋友和家人。

幸福，是一个相对的概念，也是一种主观的感受。咖啡虽然苦涩，但后味香醇，相对于苦涩的触感，也许只是片刻香醇的余味就是一种幸福。幸福往往短暂，所以人们总觉得感受不到幸福，因为它是那样的美好又转瞬即逝。许多生活在快节奏，高压力的职场中人，正是因为主观忽略小幸福，刻意放大了痛苦才导致了各种问题的产生。

“讲讲自己身边的幸福”不仅可以帮助这些幼儿园老师们挖掘职业幸福感，也可以帮助我们每一个人回忆起记忆角落里看似不起眼的幸福小记，通过自我强化和自我暗示，让小幸福发挥大能量，何乐而不为？生活本就不易，何不为自己找到快乐的理由？

N幼儿园的园长和法人代表是一对布里亚特蒙古族夫妇，他们曾在日本生活并积攒了一笔资金，而在他们回国回到家乡后，夫妇俩毅然将所有资金都投入到了建立N幼儿园的事业之中，分毫未留。当问及两人当初为什么要把赚到的钱都用来建立这所位于基层的民族幼儿园，而不是用来做其他的买卖时，园长朴实的谈到：“我们这里地处牧区，没有一个像样的幼儿园，那孩子们都送到哪里去上学呢？所以，我们就想办一所有地方特色的，有品质保障的幼儿园，孩子们送到我们这里，可以得到好的教育和规范的引导，这是一个良心活。”这种无私的、高尚的的人格品质正是十八大所提出的“社会主义核心价值观”：倡导富强、民主、文明、和谐，倡导自由、平等、公正、法治，倡导爱国、敬业、诚信、友善精神的真诚所现。社会主义核心价值体系践行的主体，既包括政党和国家，也包括广大人民群众，但最主要的主体应是个人，是最广大的人民群众。也正是有如呼伦贝尔民族幼儿园这样一大批工作在祖国一线的勤勤恳恳、爱岗敬业、爱国诚信、友善包容的人们，才使得我们祖国今日的发展如此蒸蒸日上，朝气万象。他们宛若草原上晶莹的宝藏，照耀着祖国的边疆的民族教育事业，哺育着一批又一批民族儿童们健康茁壮的成长成才！

（六）心态优势——蒙汉双语教师的生存现状："累并快乐着"

目前，呼伦贝尔市幼儿园教师的工资是根据小教职称来评定的，不同职称的教师工资待遇也相应不同。小教高级职称的教师月工资平均在4800元左右，小教一级在3600元左右，小教二级在3500元左右。比较不同的是N幼儿园，作为一所民办幼儿园，孩子们每个月的托费是90元，因为地处牧区，在120多个孩子中，45个孩子是长期托养的，他们的托费要稍高一些，不包括伙食的在200元/月左右。教师们刚入职时的基本工资是800元，试用期为一学期，之后的工资会慢慢增长，目前该幼儿园的老师们还没有三险五险。

以前部分民族幼儿园会开设一些特长班，教师们通过兼职代课赚些外快，而现在大部分教师都不再兼职了。N幼儿园的老师们大多来自于牧区，他们周末的时间基本都用于照顾家务，照看牛羊。当然，我们不排除一些幼儿园音乐、舞蹈、钢琴老师，会在周末时给孩子们带课程，以此增加收入，但这并不是幼儿园的行为，而是个人行为。其实，很多牧区家长们也表示，如果幼儿园愿意开班的话，他们也愿意把孩子送来上特长班，只不过目前幼儿园并没有这样的条件，许多长托班的孩子们周末要回家，周一才来上课，所有周六周日也就不方便上特长班，这也是牧区幼儿和城区幼儿在享受教学资源方面所存在的差异。

E民族幼儿园是要求保教不分的，但每个班级还是会配有一个保育员。保育员早晨9点半下班，中午11点开始要准备组织儿童开饭、午睡。H区民族幼儿园的保育员和教师是分开的，一般为一个班级配三位教师，两位教师上午和下午轮班教课，一位生活（保育）教师中午带班。N幼儿园的双语教师们一方面要承担专业教学工作，另一方面也是保育员，一人要承担好几个人的工作，园长讲道："一个班级20多个孩子，至少要2～3个老师才最合适，但有时因为人手不够，教学和保育工作一起做，很辛苦。"

大部分幼儿园老师们的工作量大，劳累且辛苦，责任也重大。但难能可贵的是，大部分教师的精神状态较好，心态也较好。正如华东师范大学的陈群博士谈到的："对于幼教工作，更多的是一种事业感而非职业感。具体来看，一是能够和孩子一起生活，不再是去'管'孩子，而是十分享受和孩子在一起的时间，一起探索，一起分享；二是不再将孩子看成是整齐划一的群体分子，而是一个个有个性、有思想的鲜活个体，发自内心地尊重他们并体悟到他们的情绪。"①

一个人的性格会受其职业的影响而发生相应的变化，笔者认为幼儿教师职业是一面双刃剑，既有"简单幸福的单纯心态"又要面对"极大的责任和工作压力"，也就是说这些幼儿教师们一方面会感觉"每天的工作量大而导致身体疲惫"但却"心态充实"，一方面感觉"照看孩子是责任重大的"但又觉得"和孩子们相处是愉快简单的"，一方面觉得"不像是医生律师一样的体面职业"但"因为和孩子们交往的多了往往心底单纯，需求不高"。具体可见如下访谈。

WL：每个月赚的工资够花吗？需要做兼职来额外赚些钱吗？

E：一般来讲，工资就能支付日常开销了，并不需要做其他兼职。其实幼儿园老师们是很可爱的一群人，我们都很安于现状，需求并不是很高。我倒是觉得那些越高层次的人越觉得工资不够用。我们就这些工资，但是从早忙到晚，很充实，很幸福，比较稳定，也没有太大的需求。我们地处边远地区，也不像北京上海那样的大城市，什么物质诱惑都有，我们反而能踏实的享受生活，不受外力的影响，每天做自己分内的事情，不容易分心。

WL：平时一天工作下来，感觉累不累？

E：我们有时的工作量很大，责任也重大，都是些小孩子们，爱闹爱动的，有时候彼此间闹起来，老师们一时管不过来是很危险的。现在每家就一个孩子，每个孩子都是家里的宝贝，要是在幼儿园磕了碰了，家长们会很生气的。所以幼儿园老师们真的很辛苦。

WL：老师们之间会不会有时聊聊天，舒缓这些压力？

E：对呀，虽然我们白天工作很累，但是下班了又觉得一天很充实，很开心。因为孩子们本来就是很单纯很可爱的，所以我们天天和孩子们接触，受孩子们的影响，心态也比较单纯。有时候我们几个老师就凑在一

① 陈群．谈"智慧型"教师［J］．今日教育：当代幼教，2011（2）．

起，聊聊自己班上的孩子们的趣事，聊着聊着就觉得很开心，很快乐，这是一种发自内心的幸福和开心。

呼伦贝尔学院教科院老师：其实我觉得做什么工作都累，关键是要把心态调整好。就像我们搞学前教育工作，在大学培养学前教育的大学生，我们有时候也很天真，这可能是自然而然的，心理年龄和实际年龄有差距。我觉得（幼儿教师）这个行业会让老师们觉得这是良心活。

二、现状困境分析

（一）主体困境"私多公少"，优质的民办幼儿园数量少

目前，呼伦贝尔市公办幼儿园数量要远远少于民办幼儿园数量。据最新统计数据显示，呼伦贝尔市现有具备办学许可证的幼儿园共计 302 所。从分布情况看，城区有 145 所，镇区 135 所，乡村 22 所。从结构上看，公办园（教办园）53 所，企事业办园 3 所，民办幼儿园 246 所。公办幼儿园的数量远远低于民办幼儿园的数量。其中市旗所在地（城区）的公办幼儿园为独立办园，除海拉尔区公办幼儿园有 4 所外，其他城区公办幼儿园仅有 1—2 所，平均容纳的幼儿数量为 150 名，规模较大的公办园幼儿数量接近 400 名。乡镇公办幼儿园全部为小学附属幼儿园，最小的附属幼儿园只有 1 个班级，规模较大的幼儿数量达到 120 名。民办幼儿园虽然数量多，但规模小、办学条件差。其中城区的个别民办幼儿园规模较大，接受的幼儿数量达到 150 名左右。大多数城区民办幼儿园多为家庭式托儿所，规模小、办学条件差，部分城区民办幼儿园为学前班。乡镇民办幼儿园基本属于家庭式托儿所。民办幼儿园只有少数达到市级示范园的标准，多数具备办学许可证的民办幼儿园的办学条件较差，与《自治区标准》还有很大差距，在一些乡镇还存在没有办学许可证的幼儿园，监管难度大。

有些个体幼儿园最大的问题就是办园理念不行。他们的盈利性太强，目的性太强，且存在小学化倾向。我们是秉着把教育搞好了，孩子生源多了，可以让更多的孩子受益。但有些个体幼儿园是以盈利为目的，孩子生源多，就可以多赚钱。

——摘自 E 民族幼儿园教师访谈

有些私立幼儿园，把家长们的思路都引导偏了，让家长们觉得孩子在我这里认识了多少字，学会了加减法，做了多少题就是他们的成绩。

——摘自呼伦贝尔学院教科院教师访谈

此外，牧区幼儿园数量偏少。许多来自牧区的幼儿必须要到城镇里的幼儿园来上学，但由于这些幼儿园无法解决寄宿的问题，所以家庭就会花钱在城镇里租房子来解决孩子上幼儿园的问题。

> 现在许多牧区家长的意识都提高了，都希望把孩子送到镇里的幼儿园来上学，但就是没有住的地方。其实这些家长们送孩子来镇里上幼儿园是非常破费的，家里要分配出一个人来照看这些孩子，一般来讲是爷爷奶奶租房子带小孩，有时会顺带照看亲戚或邻居家的小孩，一起接送等，付出很大。他们一般一周回家一次，爸爸妈妈就是在家里工作。所以在牧区设幼儿园还是能够为偏远地区解决很大的问题的。
>
> ——摘自E民族幼儿园教师访谈

（二）师资困境——幼教师资数量少，优质师资匮乏

呼伦贝尔市整体幼儿教师师资匮乏，受过正规高等教育的幼师数量少。参与调查的所有的民族幼儿园都面临着蒙汉双语教师年龄结构偏老的问题，虽然幼儿园通过聘任的方式招录了一批年轻教师，但由于编制的限制，整体的教师年龄结构还是存在老龄化的问题。数据显示，呼伦贝尔市幼儿教师师生比为1：11.2，这一比例与自治区1：7的标准还有很大的差距。除城区部分公办幼儿园基本能够达到两教一保外，乡镇公办幼儿园甚至达不到一教一保，且大多数幼儿教师都是身兼数职，保教不分。民办幼儿园的师资力量就更为薄弱了。

此外，幼儿教师的稳定性较差。由于多年来没有新增幼儿园教师的编制，全市有编制的幼儿教师数量大约占1/3，其中城区公办幼儿园所占编制最多，但外聘教师也超过了1/3。这些聘任的教师稳定性差、流动性大。民办幼儿园教师也存在较大的流动性。

最后，幼儿教师整体结构不合理，这突出表现在两个方面：首先，在乡镇公办幼儿园中，大部分教师为转岗教师，这些教师普遍年龄较大、且专业不对口，但占用编制，使得幼儿园无法再招聘专业对口的学前教育专业毕业生；第二，部分幼儿园教师为小学分流下来的老师，这些教师会用小学教育的思维模式来开展幼儿园教育活动，使得幼儿园教学存在“小学化倾向”。这些小学教师，大部分是因为“班额缩减，教师富余”才被分流到幼儿园的，由此可见，幼儿园也是分流教师的主要流向，这是幼儿园发展的潜在危机。另外，家庭式幼儿园的教师因为缺乏一定的幼儿教育素养，在普通民众眼中就是“看孩子的托儿所保姆”，幼儿园缺乏规范管理，

这也将影响幼儿的健康合理成长。

今年暑假，我走访了两所民族幼儿园，分别是“T市Z旗民族幼儿园”以及“X盟K旗W幼儿园”。在对这两所幼儿园的调研中，我发现一个普遍存在的问题是，这些幼儿园的教师，大部分为从小学分流下来的小学老师，除了W幼儿园的园长是幼师毕业（中师），是科班出身，其他教师几乎没有学前教育专业科班出身的。这些老师因为曾经是小学教师，因而在教学中普遍存在小学化倾向，采用小学教育的模式，运用小学教学思维开展幼儿园教学，这种师资结构是非常不合理的，而且也是幼儿园教学和发展存在的隐患。我认为，出现这样的问题，主要是政府的相关部门对幼儿教育的不重视所致。那些分流下来的小学老师，是因为所谓“班额缩减，教师富余”才被分流到幼儿园的，幼儿园也是分流教师的主要流向。此外，民族幼儿园普遍面临的另一个问题是幼儿园管理不甚规范。例如，我想要办一所幼儿园，只是需要履行相关手续就可以办了，并不看你的师资、场地是否适合办幼儿园，类似“手工作坊”的幼儿园，在普通民众眼中就是“看孩子”的地方。因而，民族幼儿园应当建立幼儿教师的准入制度，动态管理，提升民族幼儿园的质量。

——摘自呼伦贝尔学院教科院教师访谈

所有的蒙授教师，最低学历为大专，大部分教师是中专院校幼师毕业后来到幼儿园工作的，一小部分为小学转岗到幼儿园来的。

——摘自E民族幼儿园园长访谈

以H区民族幼儿园为例，全园可承担蒙汉双语教学的教师人数一共才4位，比例很小，双语教师人才稀缺。目前，幼儿园通过聘任制的方式聘请幼儿园的语言、生活和文字汉语教师。但是，由于编制的限制，幼儿园无法做到年年都更换“新鲜血液”，聘任的年轻且科班出身的蒙汉双语教师处于编制之外，稳定性差。而编制内教师年龄结构偏大，有些教师会以身体不适为由请假，因而能够在一线承担教学活动的教师太少。此外，幼儿园有时会通过轮岗换岗的方式补给一线教师，但正如幼儿园园长所讲：“现在各个岗位都存在这个问题，不缺人，但缺真正能干工作的人。”

WL：幼儿园今年签了几个蒙汉双语教师？

H：我们的师资队伍很长时间没有换血了，特别是汉语授课的老师们，（很久）没有进来专业、年轻的老师了。我们幼儿园原来和铁路合作过，但这些老师都不是专业出身，大多数是跑车的，包括招待所、洗浴房、挖工、洗盘子等。他们基本上年龄偏大，一说就是血压偏高，要请假，也不能不给假，所以我们也无奈。这种老师当生活老师，或到厨房择菜，一坐起来就血压高。我希望师资队伍能更新，专业成长。但这些老师们本身就没有幼师基础，所以专业的成长也是不可能的。

（三）成长困境——蒙汉双语教师的职业培训覆盖面狭窄

呼伦贝尔市每年针对幼儿教师的培训活动较多，但国家和自治区级的培训只覆盖到公办幼儿园，民办幼儿园的教师只能参加当地的县级培训，而且部分教师的积极性不高，需要采取强制措施才去参加培训。幼儿园蒙汉教师可以参加的培训种类较多，总体来讲可分为幼儿教育以及民族教育两个领域的培训。例如，这些双语教师可以参加由各级民委组织的鄂温克语培训、蒙语培训、民族传统游戏培训等。但这些培训也存在一定的不适应性。首先，民族语言类的培训并不是专门针对幼儿园双语教师举办的，因而培训内容更侧重于对教师语言能力的培训而非帮助双语幼师运用双语开展幼儿园教学活动。第二，针对民族文化传统的培训较少。教师们也会参加一些传统手工艺培训课程，但因为这些培训同样不是以幼儿园教师为专门对象，且培训内容主要围绕如何进行传统的手工制作，并不带有鲜明的民族特色。所以，接受过这些培训的幼儿园老师们，更需要依靠自己的灵性或悟性，将在培训中所学到的知识同幼儿园的教学经验结合在一起，运用到工作之中，并同其他教师共同分享，共同进步。

一般来讲，参与校外培训的幼儿园教师一般为骨干教师。幼儿园基于对教师的教龄（平均 8 年以上）、师德、专业技能（区、市级教学能手）、教学基本功、教研能力等几个方面的考核，评选出骨干教师来参与培训。之后，骨干教师们通过校本培训或教学研讨会的形式，将培训中所学到的知识技能辐射到幼儿园的其他教师之中，做到一人培训，全员受益。以 E 民族幼儿园为例，近些年来，几乎在园的全部教师都参加了各种形式的幼师培训项目，很多老师在培训后都感觉这些培训对自己的教学工作很有帮助，幼儿园也要求教师们将培训中获得的知识和信息共享，必须要带动全员。E 民族幼儿园作为呼伦贝尔学院教课院的实习基地，每学期都会接收学生来幼儿园开展实习。这些幼儿园老师们也会利用学生实习的机会，同学生们交流和研讨，切磋经验，既丰富了自己的教学经验，又有助于学生的成长。

N 幼儿园的教师们在每年暑假时都会参加 E 旗教育局举办的继续教育活动，例如奥尔夫音乐课培训等，但教师们也反映培训效果并不是很好。在同呼伦贝尔学院教育科学学院建立实习基地关系后，幼儿园的老师们可以免费来学院参加一系列的奥尔夫音乐或感觉统合训练课程的培训。

> E 旗教育局，每年的幼儿教师培训都会请教科院的老师们去讲。同时我们教科院也有自己的奥尔夫音乐教室，我们购买了一整套的奥尔夫音乐教具、前后有多位教师在北京专门参加了奥尔夫音乐培训课程，蒙台梭利教室还有感觉统合训练教师。我们都有教具和教师，可以给（实习基地）他们的老师免费培训，相信效果会越来越好了。
>
> ——呼伦贝尔学院教科院领导访谈

（四）教材困境——蒙语教件少，蒙汉双语教学资料匮乏

调研中笔者发现，有关幼儿园蒙汉双语教学的相关教学素材是非常稀缺的。首先有关蒙语学前教育方面的教学材料很少，汉语学前教育素材相对多一些，由此，教师们会结合从书籍、网络、电视新闻等各种渠道所搜集到的适合开展幼儿园教学活动的材料，连同自己日常的教学经验汇总成一份教学材料。值得一提的是，H 区民族幼儿园的双语教师们将许多中华传统经典的儿童故事或歌谣，如《弟子规》，《三字经》等翻译成蒙语，这在整个内蒙古自治区都是首创的。目前，幼儿园正在积累相关的素材，并打算出版这样一本教材，其中包括美术图片和游戏等。不仅如此，双语教师们也将许多蒙古族的传统儿歌，歌谣或游戏等翻译成汉语，教授给汉授班的儿童。呼伦贝尔学院教育科学学院通过编撰《幼儿园模拟教学》一书，作为学前教育专业本科生的教材，书中也首次将《幼儿园指导纲要》翻译为蒙语。由此可见，无论是蒙汉双语教师的师资培养，还是开展幼儿园蒙汉双语教学，充满本土特色和民族特色的教学素材的形成都要依靠双语教师们的智慧和经验，在双向翻译的基础上汇编而成。

现代传媒讯息对儿童成长的冲击是巨大的。在调研中，一位园长在访谈中曾谈到："幼儿园的孩子们尽管在幼儿园说蒙语，但是回到家后和兄弟姐妹们都讲汉语，就是因为网络和电视的影响。有些孩子，甚至刚到幼儿园的时候，不会说蒙语，只会说汉语，说是从电视上学习的，这些孩子们的语言能力很强，不可忽视环境的作用。"

WL：网上的蒙语幼儿教学素材多吗？

H：几乎没有，汉语的比较多，所以老师们就自己把网上的汉语幼儿教学活动的东西翻译成蒙语，包括《弟子规》、《三字经》等。我们幼儿园用蒙语自己翻译出来，孩子们用汉语很流利的背诵《弟子规》时，蒙古语也能很流利的背出来。《弟子规》和《三字经》的翻译在整个内蒙古地区都是首创的，但也有些名词是高难度的，是古文，不好翻译。

（五）发展困境——民族幼儿园发展所面临的挑战

目前，随着广大牧区家长对儿童学前教育意识的提高，民族幼儿园的生源人数与过去相比，有了较大幅度的提高。许多家长希望把孩子送到城里的民族幼儿园来接受蒙汉双语教育，在蒙语和汉语的双重文化和语言环境中不断成长。但同时，民族幼儿园同普通幼儿园相比，还是处于弱势地位。在对幼儿家长的采访中，笔者了解到，大部分家长还是希望让自己的孩子在普通幼儿园而非民族幼儿园接受学前教育。他们希望自己的孩子将来可以同那些非民族语授课的孩子们共享同样的升学机会和就业资源。这种取向，也对民族幼儿园双语教师的职业发展产生很大的影响。当前大学毕业生的就业属于自主择业，与就业单位的双向选择，只有通过相关政策鼓励并扶持民族幼儿园的发展，才能够真正吸引到优秀的蒙汉双语人才投身双语幼儿教育事业之中，从而形成民族文化传承，双语人才培养，用人单位招录的良性循环链条。

此外，部分民族幼儿园需要扩建场地。在调研中笔者了解到，还有许多幼儿想要来民族幼儿园上学，但因为空间不够，只能限制在园的幼儿人数。此外，增加幼儿园里的民族班数量也是满足日益增长的来自牧区家长的教育需求的一个考量。

正如呼伦贝尔学院教科院领导在访谈中所谈到的："目前，还是有许多的幼儿家长们，更愿意让自己的孩子去普通的幼儿园，而非民族幼儿园去接受教育，使得民族幼儿园的布局也存在着一定的问题，民族幼儿园的发展也面临着一定的困境。这些家长们都希望自己的孩子将来可以和非民语授课的孩子们在面临就业机遇时，共享就业资源。此外，当前的大学毕业生都是自主择业，双语师资人才的培养也面临着一定的困境。在我看来，民族幼儿园不仅不应当缩减，还应当得到扶持与发展。相关政策应致力于吸引优秀的少数民族人才从事学前教育事业，形成民族教育、民族文化传承、双语人才培养、用人单位招录的良性循环链条。基于学前教育这一特殊又意义重大的教育平台，从娃娃抓起，弘扬民族文化，促进民族认同感以及国家认同感，这是意义重大的事业!”

第四节 呼伦贝尔市民族幼儿园蒙汉双语师资现状对策与建议

一、培养模式——探析呼伦贝尔学院教育科学学院蒙汉双语幼师人才培养

（一）呼伦贝尔学院教育科学学院简介

教育科学学院（原教育系）成立于1999年9月，是伴随着呼伦贝尔学院的二次创业逐渐发展壮大起来的。十几年来，教育科学学院把“凝思砺志，德行天下”思想理念体现在教育教学中，将学校提出的“一实两高三强四会”（一实：即专业基础扎实；二高：即外语、计算机水平高；三强：即创新能力、实践能力、专业技能强；四会：即会做人、会做事、会学习、会生活）的实用型人才培养目标具体化，确立了明确的专业办学定位，积极构建适应社会发展需求的、适合该校发展水平的、满足学生发展需求的、独具民族地区特色的实用型人才培养模式——“具有人文精神的实用型人才培养模式”。

教育科学学院目前有两个本科专业——学前教育专业和心理学专业。学前教育专业包括汉语授课和蒙语授课两个方向。以“具有人文精神的幼儿园成手教师”为汉语授课学前教育专业培养目标；以“具有人文精神的幼儿园双语教学成手教师”为蒙语授课学前教育专业培养目标。目前，蒙语授课学前教育本科专业，是全区唯一定位于培养幼儿园双语授课成手教师的本科专业，最具有地区民族特色；心理学专业的培养目标是培养“具有人文精神的、为社区和基础教育服务的成手型心理学实用人才”。“具有人文精神的实用型人才培养模式”是实现相应专业培养目标的操作机制，这个富有特色的人才培养模式保障了学前教育专业和心理学专业。本科生经过四年努力，毕业后可以直接进入工作岗位，基本上成为不需要岗前培训的工作成手。

（二）“具有人文精神的幼儿园双语教学成手教师”的蒙授学前教育专业培养目标

2008年，教育科学学院的教师基于对呼伦贝尔市牧业四旗的多所幼儿园的走访调研，发现几乎所有的幼儿园都极缺精通蒙汉双语的幼儿园教师。基于用人单位的需求，教育学院整合了现有资源，开办了独具特色的蒙授学前教育专业，同时也是内蒙古自治区唯一的定位于培养幼儿园双语

授课成手教师的本科专业，是自治区的品牌专业。教育学院蒙授学前教育专业培养目标是：具有人文精神的幼儿园双语教学成手教师。解读这一培养目标可以从两个方面：首先，具有人文精神是指，相对于科学精神，幼儿园的教师其实更需要具备一定的人文素养，俗话讲“幼儿园老师干的都是良心活”，只有对幼儿教育事业充满良知和责任感，充满道德意识和艺术灵性，才能称得上是合格优秀的幼儿园教师。其次，幼儿园双语教学成手教师是指，学生经过大学本科四年的学习，毕业后就可以直接上岗，入职便能够承担幼儿园的教学工作，笔者认为如此清晰明确的定位培养目标，在当今很多大学是不多见的。如此，学生在大学四年中，不会好高骛远，而是踏实稳健的学习专业理论知识，夯实专业技能，在充满趣味和乐趣的幼儿园双语教师成手之路上，实现身心愉悦与理想充实的双赢状态，从而使教育科学学院的蒙授学前教育专业的人才培养实现良性循环。

我们教育科学学院为什么会产生办“蒙授学前教育专业”的想法呢？这源于曾经我院有几位年轻教师，在呼伦贝尔市的牧业四旗的多所幼儿园进行走访调研，发现几乎所有的幼儿园都极缺精通蒙汉双语的幼儿园教师，由于存在用人单位的需求，所以，在2008年，教科院整合现有资源，开办了蒙授的学前教育专业，依托现有的蒙汉双语专业教师，又特聘来自E民族幼儿园，呼伦贝尔市M幼儿园等具有幼儿园实际工作经验的园长为学生授课，开发一系列的民族游戏与校本和地方教材，培养学生。

事实证明，我们培养的科班出身的学生，尤其是蒙授学前教育专业的学生，都是非常受用人单位的欢迎和重视，尤其是男生的就业率更好。我们这一专业也被评为自治区品牌专业。学生既具备一定的教育理论功底，同时又具备专业技能。

我们培养学生的综合能力，技能和理论两手都要抓，两手都要硬。所以将来成为幼儿园教师的学生不是让学生搞研究，也不是让他们站在那里讲课，而是明确作为一名幼儿园教师，他们也应当着力于培养“健全的幼儿”。

——摘自呼伦贝尔学院教科院领导访谈

（三）蒙授学前教育专业学生的培养特色

1. 学生的特色

教育科学学院蒙授学前教育专业所招收的学生大部分是来自于普通高

中的艺术类考生，且蒙语是他们的民族语。如此，学生们对本民族的文化很熟悉，且是艺术类考生，在专业技能的培养方面是有优势的。

目前，教育科学学院的蒙授学前教育专业遍及4个年级，而2008年第一批招收的毕业生在2012年正面临着毕业，他们是呼伦贝尔市，甚至可能是整个内蒙古地区第一批专门培养的蒙汉双语学前教育专业的幼儿园教师，效果有待检验。但从目前的就业反馈来看，这批毕业生还是非常受用人单位的欢迎的。

> 首先，（学生）民族语言是他们的母语，他们对自己的民族文化特别熟悉，从草地来，本身骨子里就带着这些民族文化的东西。另外，他们都是小三门，艺术生考上来的，所以在幼儿教师专业技能的培养方面，应该说有很好的底子。
>
> ——摘自呼伦贝尔学院教科院教师集体访谈

2. 课程的特色

学院针对蒙授学前教育专业的学生，开设了许多非常具有民族特色的课程，如马头琴等。此外，还有英语、蒙语和汉语的三语课程等。

3. 教师的特色

作为自治区精品课程，学院在蒙授学前教育专业的师资选择上是很有特色的。要求授课教师是懂蒙汉双语的，如果某些教师不懂双语，那么他们在上幼儿园模拟教学课程时，也会聘请两位懂得蒙语的助教老师或学生助理来辅助教学，一位负责检查学生的教案，另一位通过旁听课程来检验教学效果，这样学生试讲与评课也采用蒙汉双语的形式。另外，学院中有一些年轻的教师，他们的孩子本身就在这些民族幼儿园上学，所以他在听课的过程中，就会站在他们孩子的角度来思考：学生这样开展教学活动，孩子能不能听到？教学方式是否得当？此外学院还会聘请呼伦贝尔市各民族幼儿园中具有幼儿园实际教学经验的园长为学生授课。

> 例如，某些老师在上幼儿园模拟教学课程的时候，由于不懂蒙语，所以就会聘请两位懂得蒙语的助教老师来辅助教学。某些日常交际用语可以听懂，但是一些专业术语，不懂就需要助教老师的帮助。两位老师彼此分工，一位老师看学生的蒙汉双语教案，另外一个老师在教学过程进行学生评价。我们有位老师就是从日本留学回国的老师，她自己的儿子就在E民族幼儿园学习，所以她在听课的过程中，就会站在她儿子的角度来思考，学生这样开展教学活动，她儿子能不能接受，是否合适，等等。

她把课堂上听到的这些教学方法拿回家去教她儿子，会发现有些做法实用，有些做法不实用。所以，针对我们教育科学学院蒙语授课教师不足的问题，就可以采用教师助理的形式来解决问题。另外还有一个办法，某些汉语老师，还会聘请学生助理，聘请那些蒙汉双语都非常好的进行课堂翻译，这样的效果也不错。

——摘自呼伦贝尔学院教科院教师集体访谈

4. 教育实习基地的特色

目前，教科院的教育实习基地有 E 民族幼儿园，J 区幼儿园，H 区幼儿园，H 区民族幼儿园，H 市幼儿园，X 区 N 幼儿园。所有实习基地的园长都会被聘为学院的客座教授，课时费为一节课 20 元，再加上学生的日实习费用（学生实习一天算 8 课时），一共是 160 元。尽管费用并不多，但是园长们都将其视为一种荣誉。学院在每个学期，都会派多名蒙授学生来到基地幼儿园开展幼教实习活动，园长协同辅助学生的实习活动，并检查其教案等。幼儿园教师们通过组织手工作品展、教师舞蹈基本功大赛、保育员达标课等活动提升专业技能与素养。

我们有民族幼儿园，可以让学生去实习，平时还可以去见习。对蒙语学前专业的学生来讲，我们有实习基地的开拓，我们有 H 区民族幼儿园，E 民族幼儿园，还有旗县乡镇里面的民族特色特别浓郁的幼儿园，例如 B 幼儿园。学院对实习基地的建设非常重视，大学—幼儿园的联合培养实践活动每个学期都有，一个学期学生至少去实习一个多星期。

——摘自呼伦贝尔学院教科院教师集体访谈

（四）幼儿园教师国家培训计划

教育科学学院所承担的幼儿园教师国家培训计划一共分为三类，第一类是短期培训，时长为 5 天。第二类是中期培训，时长为 12 天。第三类为置换计划，时间为 90 天，即幼儿园派一位老师来参加培训，学院派两名学生来置换教师。这些参与培训的幼儿园教师以基层教师居多。国培计划所聘请的培训专家也都是来自内蒙古自治区内和区外的著名专家，如中央民族大学的苏德教授、董艳教授；东北师范大学的王平教授；黑龙江教科所的李玉洁教授；哈尔滨尚志幼儿园的宋玉莲园长。

二、解决编制问题——吸纳优秀的幼师人才投身呼伦贝尔市学前教育事业

呼伦贝尔市学前教育发展的突出问题是幼儿教师编制问题。多年以来，呼伦贝尔市幼儿教师没有核定过编制，转岗教师又占据多数的编制，导致呼伦贝尔市教师专业性差、队伍不稳定、素质低。而教师素质是提高学前教育质量的最重要因素。尽快核定公办园的教师编制，招录专业对口毕业生，是提高教师素质的关键所在。

针对呼伦贝尔市幼儿教师数量短缺，教师队伍不稳定，编制少，专业结构差，尤其是农村民办教师年龄大、非专业出身、素质低、教育理念不符合时代要求等问题，建议首先解决幼儿教师编制问题，按照国家师生比标准核定编制，保证二教一保的教师配备，招录大批专业对口毕业生。这样农村转岗教师可以只担任保育员，这样能够改善其教师结构和水平。城区教师有了编制，教师的稳定性也会相应提高。另外加大培训力度以及提升幼儿教师资格标准，培训应结合幼儿教师标准来进行，未参加一定数量培训与达不到相应标准的幼儿教师可酌情辞退。此外，幼儿教师工资待遇偏低，而幼儿教师工作时间又相对较长，工资待遇低难以吸引优秀人才。建议提高幼儿教师的工资待遇，如此才能稳定教师队伍，提高教师的素质。此外，部分幼儿园也可以通过将申请下来的编制指标专门留给蒙汉双语教师，以吸纳更多的优秀蒙汉双语教师入园工作。

三、合理布局调整——加快城区公办幼儿园建设

幼儿园是高投入、高消耗的办学机构。呼伦贝尔市民办幼儿园无论在场舍、设备、师资、教育理念等各方面都与公办幼儿园存在差距，二者的教育质量相差很大。目前公办园在呼伦贝尔市整体中所占比例低，尤其是各旗所在城区的公办园比例更低。旗所在城区是人口集中地，且大多数城区的适龄幼儿人数都超过了 2 000 名，而公办幼儿园仅有 1 ~ 2 所，每所幼儿园仅能容纳 300 名左右的幼儿，因而大多数幼儿只能入民办幼儿园。建议尽快加大旗所在城区的公办幼儿园建设，根据城区幼儿人口趋势合理建设和布局公办幼儿园。

四、提升师资素质——培养年轻且具有幼教专业背景的蒙汉双语师资人才

具备幼教专业背景的幼儿园老师能够在实践工作中，科学指导幼儿健

康快乐的成长。同时，具备专业教育背景的幼儿园老师专业技能都很扎实，无论是儿歌唱诵，琴乐伴奏，还是绘图画画，律动舞蹈，他们在大学四年的学习和训练下变得尤为专业、扎实和生动。甚至，在其与儿童一言一语的互动中，从他们那独特的气质，微笑的神情，善意的语气，温柔的语言和鼓励的眼睛中都可以窥见专业对于幼儿教师的成才与成长是多么重要。此外，年轻的蒙汉双语教师因其年龄优势，对实际工作的开展是具有优势的。例如，有园长在访谈中谈到，新入园的年轻的蒙汉双语教师，专业技能很强，对幼儿园工作熟悉快，上手快，也能迅速和幼儿园的孩子们打成一片。

WL：您对这些新入园的蒙汉双语老师们怎么评价？

H：现在有教科院的毕业生，解决了很大问题，部分学生素质很高，美术也好，音乐也好，对幼儿教育很有悟性，幼儿园一些校园宣传板能够独立承担完成，勤快，蒙语也很纯正。我觉得这些学生由于本身就是纯正的牧民家走出来的孩子，身上就带着一种劲头，在幼儿园里面也能和小朋友迅速的获得彼此的认知和熟识。

五、创新教育理念——深化“原生态”的幼儿教育理念，让民族幼儿园的发展立足家乡、服务家乡

呼伦贝尔市民族幼儿园应本着以教育为本，以本土化为主，充分发扬地方特色，服务家乡，服务地区的理念，开展幼儿园的相关建设。所谓“原生态”的教育方式，是指将民族文化传承与幼儿的教育成长巧妙联系起来，尊重儿童的天性，在科学指导的原则下，尽最大可能的开发儿童的潜力，使得所有的孩子都能够在天然、愉快、科学又具备民族风情和民族特点的环境中健康成长，将民族文化同儿童基本生活技能的习惯恰当融合到幼儿园生活的每个角落之中。

我们所有的户外设施，包括活动室的各种设施、游戏、教学活动设计等，都充分的发扬了民族特色。我想将来弄一个大的教室，日本语叫榻榻米，地上铺上地板革，热乎乎的，孩子们冬天都可以趴在地上玩耍，蹦着玩。这种原生态的东西多一些，包括户外场地等，不一定要弄成塑胶的、硬化的，甚至泥土就好，孩子们可以光脚丫走，安全又原生态，亲近大自然，而不是用水泥的，装修什么的。

——摘自 E 民族幼儿园园长访谈

六、国际经验借鉴——丹麦学前教育与双语教育为我们带来的启示

北欧国家以高福利制度闻名世界，“从摇篮到坟墓”的教育、医疗、工资、社会福利制度保障了丹麦公民接受教育的公平性与全民性。从另一个角度讲，高福利制度为公民所提供的不仅仅是金钱上的自由，更是精神选择的自由，而精神选择的自由则会带来职业选择的自由，即任何人都有选择自己最想从事的职业的自由。同时，在教育福利制度的支持下，丹麦各个阶段的教师普遍学历很高，素质也很高，从而带来一种教育投入与产出的良性循环。在幼儿教育领域，无论是办园的幼儿园园长，还是幼儿园的教师，保育员，即有 PH. D（博士），也有幼儿师范学院毕业的大学生，这些教师投身幼教事业都是主动的职业选择，因而在精神状态上也是充满幸福的，充满着正能量，他们会主动的寻求如何能够更好的优化自己的事业，而不是消极的“被工作”。此外，政府对学前教育的投入也很大，对幼儿园的硬件建设，教师的软件提升都很重视。所有这些都是值得我们学习和借鉴的经验。

笔者于 2012 年 7 月至 2013 年 1 月，在中央民族大学“211”资助优秀研究生出国访学项目的资助下，赴丹麦的罗斯基勒大学（Roskilde University）开展了为期半年的访问研究。在访学过程中，笔者对位于哥本哈根市内的一所国际蒙台梭利幼儿园，一所高中（Gymnasim），以及位于南部城市 Nestved 的商业高中（Business College）开展了实地调研，并针对本项研究课题对罗斯基勒大学的一名教授开展了访谈。以下，笔者将调研中所发现的可以对我国学前教育师资人才培养以及双语教育工作产生借鉴意义的实例与经验进行陈述总结，所谓比较才能出真知，如此做到“取其精华，去其糟粕”，从而推进我国双语学前教育事业的发展。

（一）丹麦的学前教育体系

丹麦的 0—3 岁儿童，进入托儿所学习（day nursery），3—7 岁的儿童进入幼儿园（kindergartens）学习。国家和地方政府对这些学前教育机构实施资金补助，有时家长也要支付将近 35% 的开支花销。丹麦学前教育旨在帮助儿童“通过让孩子参与教育活动以及为他们提供关爱来鼓励儿童的发展，依据儿童的个性化的需求与年龄特点开展以发展为导向的环境设置。”①

① 英文原文为：Support the children's homes through offering care and participation in educational activities for small children in development – oriented surrounding organized according to the age and individual needs of the child.

（二）丹麦的学前教育师资人才培养

丹麦的大学教育一般为 3 +2 年制的，本科为 3 年，硕士研究生为 2 年。正如对罗斯基勒大学的教授（以下简称 R）访谈中所谈到的：“一般来讲，上大学的学生（University）都要读硕士，因为本科学历基本不知道可以做什么工作。那些学语言类的学生，毕业后可以去 Gymnasim，也就是高中当语言老师。”

丹麦的教师师范学院（teachers college）学制四年，是丹麦培养从事教学工作者的师范类学校。一般来讲，在教师教育学院毕业后，获得相当于大学的学士学位，学生毕业后可以选择继续攻读硕士学位，也可以选择在九年基础教育（义务教育）学校或 HTX（higher technical education，高等职业技术教育），HHX（higher business education，高等职业商科学校）类学校当老师。学生毕业后获得 DLF 学位，相当于教师职业资格证书。

幼儿师范学院（Pedagogic）是丹麦为培养幼儿教师而开设的学校，学制是三年半。学生毕业后可以选择到幼儿园工作。如果教师要从事幼儿园的助教工作，还需要获得 PBE 证书（Pedagogic basic education）。学校的课程有心理学，社会科学，管理学，社会技能课，创新能力课，当然也开设有音乐美术等专业技能课程。学生可以通过选择参与这些课程，来锻炼相应技能。毕业后获得专业学士学位（profession bachelor）。

> 总体来讲，丹麦的幼儿园老师的背景多样化的，既有硕士学历的学生，也有幼儿师范学校毕业的学生。
>
> ——摘自丹麦罗斯基勒大学教授访谈

（三）丹麦幼儿教师培训与幼儿园的教学原则

一般来讲，丹麦的幼儿教师会参加 in - service training，也就是在职培训。这是由其工作量大而决定的。事实上，笔者在另外两所学校调研中发现，他们的中文课教师的课时量也是很大的，其中一位教师需要承担 3 个年级，5 个班的 28 节课时（一节课时长 90 分钟）。

笔者将丹麦幼儿园的普遍教学原则总结为以下三点：首先，让儿童成为他们自己，自由成长。（let the children be the children）孩子们自己玩游戏，当需要成人的帮助时，再去寻求大人的帮助。（leave the children alone without adult）。其次，不仅仅是观察儿童活动，而是适当地进行参与或干涉，因为儿童需要成人的指导来了解这个世界的规则和知识。（interfere with them，children need to know the world）。最后，观察儿童间的彼此活动，让他们在互动中交往并成为朋友。（help them to be friends）

（四）丹麦的学前双语教育

丹麦并没有真正意义上的“双语幼儿园”。一般来讲，丹麦学生从三年级才开始选择英语学习为其第二外语，从6或7年级开始学习第三门外语。（一般来讲，第三门外语为德语或法语，但因丹麦地理位置的缘故，德语更为普遍）。

> 英语作为国际通用语，在丹麦具有极高的普及度，无论是超市工作的店员，公车司机还是学校的高中生，教授学者，都基本能够用英语流利的交流。很多的丹麦小孩，通过网络、电脑游戏或其他的途径学习英语，有英语环境，所以学起来也快。此外，我们也积极开设例如德语，西班牙语，法语等课程。这也是因为丹麦属于欧联盟，同时又是小语种。近年来，中文在丹麦越来越普遍，这源于中国国力的提升。
>
> ——摘自丹麦罗斯基勒大学教授访谈

丹麦有一大批来自中东国家的移民人口，因而会产生一些由移民所带来的社会问题。日前，居于丹麦的阿拉伯家庭呼吁政府建立阿拉伯幼儿园，希望幼儿园开设阿拉伯语教学活动，但并没有获得政府的通过，因而幼儿园必须要用丹麦语来教课。

图4—6 丹麦国际幼儿园的儿童在游戏中

图4—7 丹麦国际幼儿园的室内活动教具

如果丹麦幼儿园的小孩子们想要学习丹麦语以外的语言，可以选择去课外学校（outside school），这一类学校会得到政府一定的补助，但教学质量普遍不高，究其原因在于教师教育背景的复杂性，很多老师是不具备语言教学资质。另外，这类学校和普通学校彼此分割，联系不多，这也会影响到学生在普通学校接受教育的质量。因而，这类学校目前只在部分郡县（county）存在，并不普遍。另外一种幼儿园是国际幼儿园（International kindergarten），这种幼儿园儿童的父母一般是来自法国，中东，英国，美国等国家的外国人，通用语言为英语。毕业于幼儿教师学校，保育员也要聘任上岗，不仅要具备一定的专业水平，也要具备一定的幼儿教育工作经验，懂得如何照顾幼儿。

图4—8 丹麦国际幼儿园的室外活动区域

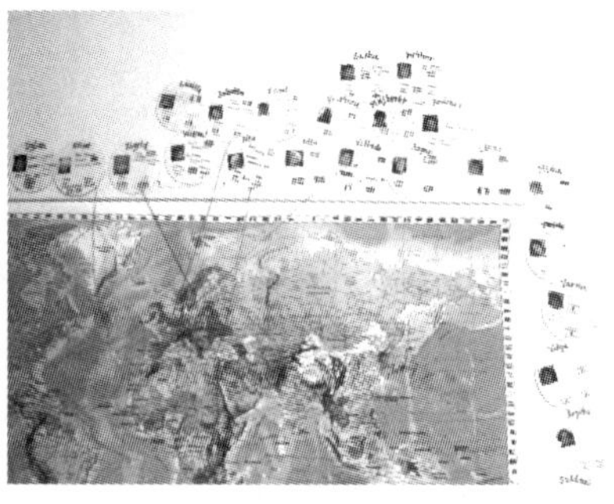

图4—9 幼儿园的孩子们来自世界各地

结 语

一、研究发现

呼伦贝尔市民族幼儿园蒙汉双语教师现状研究是一次基于对呼伦贝尔市内典型的民族幼儿园而开展的实地调研，是一次对呼伦贝尔市基层民族幼儿园蒙汉双语师资现状的研究与考察，是一次对呼伦贝尔市民族幼儿园发展的探索与展望。笔者在本研究中通过问卷调查法和深度访谈法，同工作在这些基层幼儿园中的园长以及蒙汉双语教师展开交流，同来自中国和丹麦的学前教育领域的专家教授的切磋讨论，收获了丰厚的知识和感悟。从研究者的视角讲，笔者从现状描述、问题分析以及对策建议三大方面对呼伦贝尔市民族幼儿园蒙汉双语师资现状进行了解构和分析。从非学术的角度来讲，此次实地调研更像是笔者对故乡的蒙古族民族文化和个人成长经历的追溯之旅，在调研中两种感受时而交叉，时而分离，彼此融入，为笔者拍摄了一部生动难忘的调研照片册。例如，民族幼儿园中充满民族特色的校园氛围建设与教学活动设计，为呼伦贝尔地区的蒙汉双语儿童提供了独具民族魅力和特色的成长环境，这对于孩子们成长为具有包容视野和多元价值观的未来公民是具有深远意义的；蒙汉双语幼儿教师纯熟的蒙汉双语技能为开展幼儿园的蒙汉双语教学活动，提供了基本的教学保障与支持；独具特色的“蒙汉双语”或“蒙汉英三语”幼儿园教学形式，既体现了民族特色，又顺应了现代中国和世界的发展趋势，是一种匠心独具的创新式探索；来自幼儿家长的支持和监督，为民族幼儿园的发展提供了源源不竭的动力和鼓励；见证呼伦贝尔市民族幼儿园的发展，同时也是对这些民族幼儿园园长素质与远见的一次观瞻和考验；而笔者认为幼儿园园长素质的最高表现，就是如何为幼儿园整体的运转加注正能量，让幼儿园的教师们在劳累疲惫中依然能够“累并快乐着”，创造积极，健康，正面，互助的幼儿园人文环境。虽然，呼伦贝尔市民族幼儿园依然存在着诸如“私多公少，优质民办幼儿园数量少”，“幼教师资数量少，优质师资匮乏”，“蒙汉双语教师职业培训覆盖面狭窄”，“蒙语教件少，蒙汉双语教学资料匮乏”等问题，使得呼伦贝尔地区民族幼儿园的发展还是面临着一定的危机和挑战。基于此，笔者提出了以下对策建议：第一，借鉴蒙汉双语师资人才培养的先进经验——呼伦贝尔学院教育科学学院蒙汉双语幼师人才培养模式探析。第二，解决编制问题，吸纳优秀的幼师人才投身呼伦贝尔市学前教育事业。第三，合理布局调整，加快城区公办幼儿园建设。第四，提升师资素质，培养年轻且具有幼教专业背景的蒙汉双语师资人才。第五，创新教育理念，深化“原生态”的幼儿教育理念，让民族幼儿园的发展立足家乡、服务地方。第六，国际经验借鉴，对丹麦学前教育与双语教育为我们带来的启示。

二、研究不足

当然，笔者由于诸多条件的限制，在调研中仍然留下了一些遗憾。例如，由于语言的原因，笔者错过了同纯蒙语幼儿教师的访谈机会，只能选择那些汉语水平较好的园长和老师开展访谈，同时也使得笔者无法亲身体验和评价这些教师开展蒙汉双语教学时的真实水平以及幼儿们的语言反映，单从他们的表情和肢体语言上是无法一窥全貌的，这对于资料挖掘的全面性和深度性无疑是有影响的。再者，鉴于笔者对学前教育研究领域的初次涉足，无论是对现状的分析还是对策建议方面定有许多不完善之处。

三、研究展望

在本次调研中，笔者收获的感触很多，而最大的感触可以凝练为以下三个方面：首先，幼儿园的教育就是一种生活教育。第二，蒙汉双语特色的幼儿园教育就是具有民族特色的生活教育。最后，蒙汉双语的幼儿园教学活动，不仅是儿童语言能力的锻炼，更是思维能力的锤炼。所谓教育大计，教师为本，有好的教师，才能有好的教育。期待本研究能够为呼伦贝尔地区民族幼儿园的发展，蒙汉双语幼儿师资的培养工作，提供绵薄的参考之力。期待将来可以有更多的针对民族地区幼儿教育的研究成果，可以看到更多更为具体的针对民族幼儿园及其师资发展的政策举措，来帮助这些位于基层的民族幼儿园及其师资实现更好的发展，提供从优质幼儿园建设，双语幼师培训，双语教材开发等多方面的机遇，更大程度的发挥民族幼儿园服务民族地区，服务少数民族幼儿成长成才的重大而神圣的历史使命。

呼伦贝尔学院教科院
学生的才艺演出

教科院的“幼儿园模拟
教学”课程

幼儿园的蒙古族儿童在户外游戏

蒙古族传统儿童游戏—嘎拉哈

幼儿园老师们深入牧区家庭开展早教活动

“蒙古包”中的芭比娃娃

笔者在田野中

笔者与民族幼儿园园长进行访谈

民族幼儿园的孩子们
刚刚下课

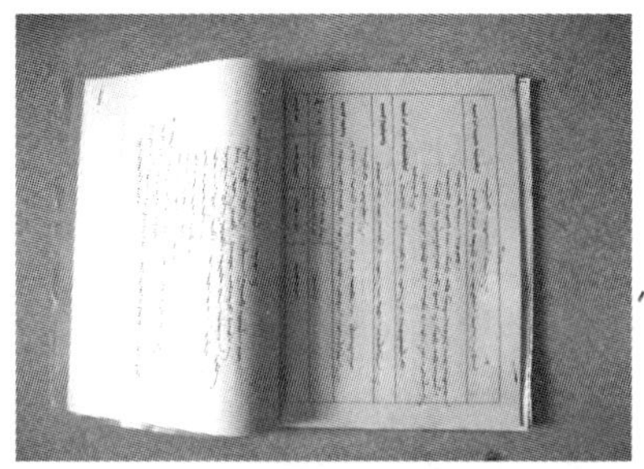

幼儿园蒙汉双语教师
的教案

幼儿园的保育阿姨正在
为孩子们准备午餐

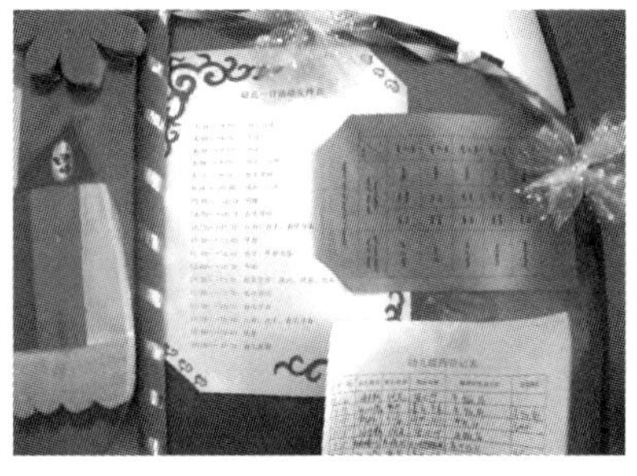

“蒙汉双语”活动日程
和工作记录

附录 1

内蒙古教师教育地方课程建设调查问卷

编号

说明：本课题拟探讨建设体现内蒙古地区特色、民族特色的教师教育课程体系。通过这些课程的学习，使教师增进热爱家乡建设家乡的思想感情和责任感。问卷调查教师对内蒙古历史文化、自然生态、民族政策等方面的知晓情况以及对有关教育问题的看法。问卷不记姓名，诚恳希望答卷教师真实反映情况。请不要查阅有关资料，不要互相询问。谢谢合作！

一、基本信息（符合你的情况，画√）

1. 地区及学校：________盟（市）________旗（县）________中学

2. 任教学科：语文□ 数学□ 外语□ 物理□ 化学□ 生物□ 地理□ 历史□ 政治□ 劳技□ 音乐□ 体育□ 美术□

3. 教　　龄：1 ~ 3 年□ 4 ~ 6 年□ 7 ~ 5 年□ 16 ~ 25 年□ 26 年以上□

4. 学　　历：大专□ 本科□ 硕士研究生□

5. 毕业专业：________

二、教育教学情况（符合你的情况，画√，单选）

6. 你在备课时

○主要参阅教学参考书 （　　）

○常常到图书馆或上网查阅资料 （　　）

7. 你在教学中是否应用计算机辅助教学

○经常应用 （　　）

○偶尔应用 （　　）

○没有应用 （　　）

8. 你在教学中是否设计并实施解决真实社会问题的研究性课程（如有，填具体数字）

○实施过：几次 （　　） ○没有 （　　）

9. 你在教学中是否

○曾利用博物馆、科技馆等开展教学工作 （ ）

○曾组织学生赴工厂、农村或社会有关单位开展调查或学习（ ）

○不曾利用校外场馆开展教学 （ ）

10. 根据你的观察，你认为现在学生中存在的最主要问题是

○违纪（ ） ○厌学（ ） ○迷恋网吧（ ）

○辍学（ ） ○早恋（ ） ○其 他（ ）

11. 根据你的观察，你认为强调书本知识和升学考试的情况

○从根本上已改观 （ ）

○有所改观 （ ）

○没有改观 （ ）

12. 根据你的观察，你认为现在学生学习书本识的课业负担

○很重（ ） ○比较重（ ） ○不重（ ）

13. 根据你的观察，你认为仅仅用课程考试成绩评价学生发展的情况

○已经完全改变 （ ）

○有所改变 （ ）

○没有改变 （ ）

14. 你同意“现在的学生越来越难教了”这种看法吗?

○同意（ ） ○不同意（ ）

15. 根据你的观察，你认为现在学校中思想品德教育的针对性、实效性

○很强（ ） ○比较强（ ） ○不强（ ）

16. 近十年来，我区民族中小学数量呈减少的趋势，其中主要原因是越来越多的少数民族学生选择了汉语授课的学校接受基础教育，你认为这种情况

○有利于少数民族和民族地区的发展 （ ）

○不利于少数民族和民族地区的发展 （ ）

三、资源与生态环境（单项选择）

17. 内蒙古地域辽阔，总面积 118.3 万平方公里，占全国土地面积 1/8，居全国________位。

A. 第一位 B. 第二位 C. 第三位 D. 第五位

18. 内蒙古属于典型的中温带季风气候，冬季漫长而寒冷，春季多风干燥，夏季凉爽而短暂，全年降水量少，气温变化剧烈，内蒙古气候资源中可利用的最丰富的资源是________。

A. 光能资源　B. 降水资源　C. 风能资源　D. 热量资源

19. 内蒙古地区最主要的自然灾害是________。
A. 洪涝　B. 干旱　C. 霜冻　D. 白灾　E. 森林火灾
F. 鼠害

20. 内蒙古草原面积 8 666.7 万公顷，其中可利用草原面积 6 800 万公顷，占全国可利用草原面积的 30.3%，在全国居_____位。
A. 第一位　B. 第二位　C. 第三位　D. 第五位

21. 内蒙古生态环境系统脆弱，目前就全区大部分地区而言，生态环境恶化最主要的问题是________。
A. 河水、湖水污染　B. 降雨集中、水土流失
C. 土地沙漠化　D. 野生动植物种类锐减

22. 你认为资源与环境教育
○应该列为基础教育阶段的选修课　(　)
○应该列为基础教育阶段的必修课　(　)
○不需要进入基础教育的课程体系　(　)

四、历史、文化

23. 在中国北方长城沿线，尤其是鄂尔多斯地区曾出土以动物纹为主要特征的青铜器，通常称之为“鄂尔多斯青铜器”，它们被认为是________的代表性器物之一。
A. 扎赉诺尔文化　B. 红山文化
C. 匈奴文化　D. 西夏文化

24. 汉朝在中原汉族与北方少数民族关系方面曾采取“和亲”政策，其中著名的“王昭君出塞和亲”发生在________。(单选)
A. 西汉汉高祖时期　B. 西汉汉武帝时期
C. 西汉汉元帝时期　D. 东汉 汉献帝时期

25. 元朝，我国在天文历法科学研究上取得突出成就，涌现出耶律楚材、扎马鲁丁、郭守敬等杰出的天文学家。请将他们的民族和学术著作用短线相连。

汉　族　耶律楚材　《万年历》
蒙古族　扎马鲁丁　《大明历》
契丹族　郭守敬　《西征庚午元历》
回　族　《授时历》

26. 我国各民族都有自己传统节日和纪念日，其中蕴含着深厚的民族传统文化。请将下列民族与他们的传统节日或纪念日用短线相连。

汉　族　　　　　　“大尔代节”
回　族　　　　　　“那达慕”
藏　族　　　　　　“端午节”
蒙古族　　　　　　“望果节”
鄂温克族　　　　　“颁金节”
达斡尔族　　　　　“杜因拜专扎坤节”或“四一八节”
满　族　　　　　　“米阔鲁节”
锡伯族

27. 与农耕文化相比，草原文化价值观显著特征是（多选）

○崇尚自然，改造自然　（　）
○崇尚自然，顺应自然　（　）
○以礼治国，以德安邦　（　）
○海纳百川，包容并蓄　（　）

28. 请将下列民族与这个民族喜爱的传统民间体育活动项目用短线相连。

朝鲜族　　赛龙舟　　蒙古族　　珍珠球
回　族　　曲棍球　　满　族　　赛爬犁
达斡尔族　跳　板　　鄂伦春族　挥杆套马
汉　族　　掼　牛　　鄂温克族　博　克

29. 请将下列北方各民族与这个民族的民间文学作品、文学形式用短线相连。

蒙古族　　《尼山萨满传》　　英雄史诗
回　族　　《江格尔》　　民间叙事诗
满　族　　《歌唱英雄白彦虎》　　传　说
达斡尔族　《伦吉善和阿依吉伦》　　说唱文学
鄂伦春族　《萨吉勒迪汗的传说》　　民间故事

30. 请将下列各民族与这个民族中流行的歌舞曲艺形式及曲目用短线相连。

蒙古族　　《八角鼓表演》　　说唱艺术好来宝
满　族　　《走西口》　　歌舞曲艺
鄂温克族　《燕旦公主》　　二人台剧目
汉　族　　《花儿与少年》　　舞　蹈
回　族　　《欢乐之火》　　民　歌

31. 1945 年 11 月 25 日召开的内蒙古各盟旗代表大会，通过“内蒙古自治运动联合会会章”和“对内蒙古人民的宣言”，选出了以乌兰夫为主席的内蒙古自治运动联合会执行委员会。这次会议的地点是________。（单选）

A. 乌兰浩特　B. 张家口　C. 承德　D. 呼和浩特

五、民族政策（单项选择）

32. 民族区域自治是中国共产党运用马克思列宁主义解决我国民族问题的基本政策，是国家的一项基本________。

A. 法律制度　B. 政治制度　C. 国策　D. 宣传方针

33. 到目前为止，我国共建立了 155 个民族自治地方，民族自治地方行政区域面积占全国总面积的________。

A. 30%　B. 40%　C. 64%　D. 54%

34. 民族自治地方的自治机关根据国家教育方针，依照法律规定，________本地方教育规划，各级各类学校的设置、学制、办学形式、教学内容、教学用语和招生办法。

A. 调整　B. 完善　C. 决定　D. 实施

六、社会发展

35. 内蒙古实施西部大开发战略规划提出建设“一线”、“三区”、“十大工程”。其中“十大工程”是：生态、交通、信息网络、水资源开发利用、城市和口岸基础设施、教育文化、结构调整与产业升级、生物高科技、草原文化旅游、农牧区小康村等工程。

(1)“一线”是________。（单项选择）

A. 安全稳定的边疆防线

B. “联疆达海”出区交通干线

C. 草原文化民族风情旅游线

D. 北方生态防线

(2)“三区”是________。（多项选择）

A. 农畜产品和绿色产品开发区

B. 光机电一体化产业开发区

C. 农业生物高科技和生物只要产业开发区

D. 能源原材料开发区

E. 稀土科研和生产出口开发区

附录 2

园长访谈提纲

1. 请您谈谈蒙氏在贵园开办的基本情况？（时间、班级、教材教具、对教师有没有特殊要求）

2. 课程设置？针对少数民族学生是否渗透民族文化？

3. 您认为蒙氏班与非蒙氏班的区别有哪些？

4. 对蒙氏教育体系的看法

5. 幼儿参加蒙氏班的多不多？家长对蒙氏班是否认同？

6. 幼儿参加蒙氏班需要额外收费吗？大部分家长是否能够承担这笔费用？

7. 现在我们开办蒙氏班有什么困难？

8. 您认为如果大范围的实施蒙氏教育有可能实现吗？最大的困难是什么？您的建议是什么？

教师访谈提纲

1. 你所带的班级从什么时候开始进行蒙氏教育？除了蒙氏课，还有其他课程吗？蒙氏课程和其他课程的比例是什么样的？

2. 你担任蒙氏课程的教师，是否有一些特殊要求？是否经过特殊的培训？培训的主要内容是什么？对您的教学是否有很大的帮助？

3. 幼儿对蒙氏课程是否感兴趣，积极性大不大？您认为蒙氏教育对幼儿的发展起到那些积极作用？

4. 针对少数民族学生是否渗透民族文化？

5. 您认为蒙氏班与非蒙氏班的区别有哪些？

6. 对蒙氏教育体系的看法？

7. 幼儿参加蒙氏班的多不多？家长对蒙氏班是否认同？

8. 幼儿参加蒙氏班需要额外收费吗？大部分家长是否能够承担这笔费用？

9. 现在我们开办蒙氏班有什么困难？

10. 您认为如果大范围的实施蒙氏教育有可能实现吗？最大的困难是什么？您的建议是什么？

幼儿教师问卷调查

本调查问卷是为了了解民族地区学前教育的需求。您的真实回答对于我们的研究非常重要，为保证问卷完整性，请千万不要漏答。

本问卷采用不记名方式，结果只用于研究，我们将严格保密。谢谢您的合作！

填写说明：

1. 请对下列问题选择你的回答，并在答案上打“√”；

2. 每题只选一个答案；

3. 少数题目没有列出选项，请将您的答案简要写在题后的______上。

2012 年 4 月

一、基本信息

性别：	男　　　女				
文化程度：	①高中及高中以下	②中专	③大专	④大学本科	⑤研究生
民族：	①蒙古族	②回族	③满族	④汉族	⑤其他_____
您主要负责哪方面事务？	①语言类	②游戏类	③保育类	④其他________	
您讲课主要用（　）语	①汉语	②民族语	③民汉双语		

二、教学基本情况

您认为，下列因素对您的教学效果有何种影响？影响程度从有“很大影响”到“无影响”？请在您觉得合适的答案对应的空格内打“√”。

因　素	①有很大影响	②有较大影响	③有一定影响	④无影响
教师对学生的关心				
教师的教学水平				
幼儿自身的兴趣				
幼儿自身的智力				
教师的教学方法				
幼儿园的教具				
幼儿园的教学条件				
在教学条件中，您认为对您的教学效果影响最大的是：(　　　　　　　　　　)； 其他因素是：(　　　　　　　　　　)				

三、您对蒙台梭利教育理念的态度调查

您是否了解蒙台梭利的教育体系？

①非常了解　　②了解得不多　　③不够了解

如果您了解，

因　素	①完全不赞同	②有些不赞同	③中立	④比较赞同	⑤十分赞同
(a) 感官教育					
(b) 数学教育					
(c) 语言教育					
(d) 日常生活教育					
(e) 科学文化教育					
(f) 自然及劳动教育					
(g) 体育					
(h) 艺术教育					

四、蒙台梭利教育在贵校，条件是否具备？

因　素	①完全没条件	②有一定困难	③有部分条件	④完全有条件	⑤不清楚
(a) 感官教育					
(b) 数学教育					
(c) 语言教育					
(d) 日常生活教育					
(e) 科学文化教育					
(f) 自然及劳动教育					
(g) 体育					

五、您在教学过程中遇到哪些困难，具体包括哪些？原因是什么？

____

____

六、如果在贵园实施蒙台梭利教育，您有什么建议？

____

____

七、如果您有机会参加蒙台梭利教师培训（免费），您是否愿意？

①很不愿意　②不愿意　③一般　④ 愿意　⑤很愿意

为什么您愿意接受蒙台梭利教师培训？

____

____

十分感谢您的回答！

参考文献

一、中文著作类

［1］苏德．现代教育学［M］．呼和浩特：内蒙古大学出版社，2004.

［2］苏德主编．全球化与本土化：多元文化教育研究［M］．北京：中央民族大学出版社，2013.

［3］苏德主编．中国边境民族教育论［M］．北京：中央民族大学出版社，2011.

［4］林耀华．民族学通论［M］．北京：中央民族学院出版社，1997.

［5］吴金宝，苏德毕力格．蒙古族儿童传统游戏［M］．呼和浩特：内蒙古人民出版社，1991.

［6］扎巴主编，苏德等副主编．蒙古学百科全书·教育卷［M］．呼和浩特：内蒙古人民出版社．2009.

［7］苏德．基础心理学［M］．呼和浩特：内蒙古教育出版社，2006.

［8］苏德．心理学［M］．呼和浩特：内蒙古教育出版社，1990.

［9］苏德主编．教育学［M］．海拉尔：内蒙古文化出版社，1993.

［10］苏德主编．课程与教学论［M］．呼和浩特：内蒙古大学出版社，2008.

［11］苏德毕力格著．蒙古族儿童传统游戏研究（蒙、汉版）［M］．联合国儿童基金会项目．中国儿童发展中心，内蒙古妇联编印，1988.

［12］顾明远主编．民族文化传统与教育现代化［M］．北京：北京师范大学出版社，2001.

［13］顾明远主编．中国教育大百科全书［M］．上海：上海教育出版社，2013.

［14］哈经雄、滕星．民族教育学通论［M］．北京：教育科学出版社，2001.

［15］德里克．朗特里著，赵宝恒等译．英汉双解教育词典［M］．北京：教育科学出版社，1992.

［16］［加拿大］W. F. 麦凯，［西班牙］M. 西格恩著．严正，柳秀峰译．双语教育概论［M］．北京：光明日报出版社，1989.

［17］陈琦、刘儒德．当代教育心理学［M］．北京：北京师范大学出版社，2009.

［18］戴庆厦、滕星、董艳等．中国少数民族双语教育概论［M］．沈阳：辽宁民族出版社，1997.

［19］李季湄．幼儿园教育［M］．北京：北京师范大学出版社，2007.

［20］林泳海．幼儿教育心理学［M］．北京：商务印书馆，2006.

［21］庞丽娟．学前儿童发展心理学［M］．北京：北京师范大学出版社，1995.

［22］彭聃龄．普通心理学［M］．北京：北京师范大学出版社,2011.

［23］苏德．蒙汉双语教学研究：以多学科视角［M］．北京：民族出版社，2014. 5.

［24］张明红．学前儿童语言教育［M］．上海：华东师范大学出版社，2001.

［25］李宇明．语言学习与教育［M］．北京：北京广播学院出版社，2003.

［26］郑金州．教育文化学［M］．北京：人民教育出版社，2000.

［27］林立等．第二语言习得研究［M］．北京：首都师范大学出版社，2000.

［28］朱曼殊．心理语言学［M］．上海：华东师范大学出版社，1990.

［29］刘晓东．儿童文化与儿童教育［M］．北京：教育科学出版社，2006.

［30］孙玉兰，徐玉良．民族心理学［M］．北京：知识出版社，1990.

［31］赵中建．学校文化［M］．上海：华东师范大学出版社，2004.

［32］潘光玲、李珊泽、吕晓．课程·文化·资源幼儿园素质教育课程体系构建与实践研究［M］．重庆：西南师范大学出版社，2005.

［33］朱家雄．幼儿园课程［M］．上海：华东师范大学出版社，2003.

［34］吴元华．新加坡的社会语言［M］．北京：教育出版社，1978.

［35］内蒙古自治区蒙古语文历史研究所．蒙古族简史［M］．呼和浩

特：内蒙古人民出版社，1985.

［36］色音．蒙古游牧社会的变迁［M］．呼和浩特：内蒙古人民出版社，1998.

［37］王锡宏．中国少数民族教育本体理论研究［M］．北京：民族出版社，1998.

［38］顾明远等：《教育大辞典》，上海：上海教育出版社，1997.

［39］蒙台梭利著，任代文译．蒙台梭利幼儿教育科学方法［M］．北京：人民教育出版社，2009.

［40］乔伊·帕尔默．教育究竟是什么：100 位思想家论教育［M］．北京：北京大学出版社，2011.

［41］珍妮·特沃斯、戈登·德莱顿，顾瑞荣、陈标、许静译．学习的革命［M］．上海：上海三联书店，1998.

［42］卢乐山．蒙台梭利的幼儿教育［M］．北京：北京师范大学出版社，1985.

［43］梁志燊编．蒙台梭利教育在幼儿园中的成功运用［M］．上海：上海第二军医大学出版社，2004.

［44］蒙台梭利著，单中惠译．童年的秘密［M］．北京：人民教育出版社，2005.

［45］George S. Morrison. 当今美国儿童早期教育［M］．（第八版），北京：北京大学出版社，2001.

［46］艾利森·戈波尼克，袁爱玲译．摇篮里的科学家［M］．上海：华东师范大学出版社，2004.

［47］孙瑞雪．捕捉儿童敏感期［M］．北京：中国妇女出版社，2010.

［48］［意］玛利亚·蒙台梭利．蒙台梭利儿童教育手册．天津：天津社会科学院出版社，2010.

［49］张公瑾、丁石庆．文化语言学教程［M］．北京：教育科学出版社，2004.

［50］李其龙、陈永明主编．教师教育课程的国际比较［M］．北京：教育科学出版社，2002.

［51］于漪主编．现代教师学概论［M］．上海：上海教育出版社，2001.

［52］杜时忠著．人文教育论［M］．南京：江苏教育出版社，1999.

［53］叶澜、白益民等．教师角色与教师发展新探［M］．北京：教育

科学出版社，2001.

［54］朱小蔓、簑佐领．教师专业化新论（走综合发展之路，培养自主成长型教师）［M］．南京：南京师范大学出版社，1999.

［55］王天恩．理性之翼——人类认识的哲学方式［M］．北京：人民出版社，2002.

［56］［日］佐藤学著，钟启泉译．课程与教师［M］．教育科学出版社，2003.

［57］刘大平编著．中国神话经典［M］．呼和浩特：内蒙古人民出版社，2001.

［58］石中英著．知识转型与教育改革［M］．北京：北京教育出版社，2001.

［59］陈永明主编．现代教师论［M］．上海：上海教育出版社，1997.

［60］教育部师范教育司．教师专业化的理论与实践［M］．北京：人民教育出版社，2001.

［61］刘捷．专业化：挑战21世纪的教师［M］．北京：教育科学出版社，2002.

［62］邓金主编．培格曼最新国际教师百科全书［M］．北京：学苑出版社，1989.

［63］张明红．学前儿童语言教育［M］．上海：华东师范大学出版社,2001.

［64］周兢．儿童语言运用能力的发展［M］．南京：南京师范大学出版社，2002.

二、外文著作类

[1] A. S. Lillard, Montessori: The Science Behind the Genius. Oxford Univ. Press, New York, 2005.

[2] Campbell, F. & Ramey, C. (1994) Child Dev. 65, 684 – 698.

Currie, J. & Blau, D. (2005) *Preschool, Day Care, and Afterschool Care: Who's Minding the Kids?* North – Holland, Amsterdam.

[3] Card, D. (1999). The causal effect of education on earnings. In O. Ashenfelter & D. Card (Eds.), Handbook of Labor Economics (1st ed.). (pp. 1801 – 1863). New York: Elsevier.

[4] Cunha, F., Heckman, J., Lochner, L. & Masterov, D. (2005) *Inter-*

preting the Evidence on Life Cycle Skill Formation . North – Holland, Amsterdam. Carneiro, P. & Heckman, J. J. (2003) *Inequality in America: What Role for Human Capital Policy?* MIT Press, Cambridge, MA.

[5] Currie, J. & Blau, D. (2005) *Preschool, Day Care, and Afterschool Care: Who's Minding the Kids?* North – Holland, Amsterdam.

[6] Dane L. Peters. Montessori Schools Hit the Century Mark in Stride. National Assoc. of Independent Schools. 2008(spring): 68 – 75.

[7] Early Childhood Development. Washington, DC: Natl. Acad. Press.

[8] Editor Mary Eming Young, *Linda M. Richardson. Early Child Development From Measurement to Action – A Priority for Growth and Equity,* 2007 The International Bank for Reconstruction.

[9] E. M. Standing. Maria Montessori: Her Life and Work. New York: Penguin Books, 1998.

[10] Engle PL, Black MM, Behrman JR, Cabral de Mello M, Gertler PJ, Kapiriri L, Martorell R, Eming Young M. The International Child Development Steering Group. Strategies to avoid the loss of developmental potential in more than 200 million children in the developing world. The Lancet. 2007 January; 369: 229 – 242.

[11] Grantham – McGregor S, Cheung YB, Cueto S, Glewwe P, Richter L, Strupp B. The International Child Development Steering Group. Developmental potential in the first 5 years for children in developing countries. The Lancet. 2007 January; 369: 60 – 70.

[12] Heim, C. & Nemeroff, C. B. (2001) Biol. Psychiatry. 49: 1023 – 1039.

[13] Horn, G. (2004) *Nat. Rev. Neurosci.* 5, 108 – 120.

[14] Karoly, L. A., Kilburn, M. R., & Cannon, J. S. (2005). Aos, S., et al. (2004).

[15] Knudsen, E., Heckman, J., Cameron, J., & Shonkoff, J. (2006). Economic, neurobiological and behavioral perspectives on building America's future workforce. Proceedings of the National Academy of Sciences, (103): 10155 – 10162.

[16] Kramer R. Maria Montessori: A Biography. 2 – 7.

[17] Kuhl, P. K. (2004) *Nat. Rev. Neurosci.* 5, 831 – 843.

[18] Lillard, Angeline and Else – Quest, Nicole (2006). "The Early Years: Evaluating Montessori." Science 313(5795): 1893 – 1894.

[19] Lillard A. S. Montessori: *The Science behind the Genius*. New York: Oxford University Press, 2005.

[20] *Montessori Schools Hit the Century Mark in Stride*, Dane L. Peters, 2008(spring), National Assoc. of Independent Schools.

[21] *OECD, Starting Strong II Early Childhood Education and Care* , ISBN 92—64—03545—1. OECD 2006.

[22] Paula Polk Lillard. Montessori: *A Modern Approach*. New York: Schochken Books. 1972: 150.

[23] *Summary Report of the UNESCO/OECD Early Childhood Policy Review Project for Brazil, Indonesia, Kazakhstan and Kenya*, Presented by The Division for the Promotion of Basic Education, Education Sector, UNESCO Early Childhood and Family Policy Series 14, April. 2007.

[24] UNICEF, Programming Experiences in EARLY CHILD DEVELOPMENT, first edited UNECIF 2006.

[25] *WHO. Child and adolescent health and development progress report 2002 -2003*[S]. WHO, Geveva, Switzerland, 2004, 49 -54.

[26] Newport, E. L., Bavelier, D. & Neville, H. J. (2001) *in Language, Brain and Cognitive Development: Essays in Honor of Jacques Mehler, ed. Doupoux, E. MIT Press,* Cambridge, MA, 481 -502.

[27] Rolnick, A., & Grunewald, R. (2003). *Early childhood development: Economic development with a high public return.* The Region, 17(Supplement 9), 6 -12.

[28] Schweinhart, L. J., Montie, J., Xiang, Z., Barnett, W. S., Belfield, C. R. & Nores, M. (2005) Lifetime Effects: The High Scope Perry Preschool Study Through Age 40 (High Scope Found., Ypsilanti, MI).

[29] Shaw, P., Greenstein, D., Lerch, J., Clasen, L., Lenroot, R., Gogtay, N., Evans, A., Rapoport, J. & Giedd, J. (2006) Nature 440, 676 -679.

[30] Shonkoff, J. & Phillips, D. (2000) *From Neurons to Neighborhoods: The Science of* Nelson, C. A., Bloom, F. E., Cameron, J. L., Amaral, D., Dahl, R. E. & Pine, D. (2002) Dev. Psychopathol. 14, 499 -520.

[31] David R. Shaffer, Katherine Kipp. Developmental Psychology: Childhood and Adolescence [M]. Cambridge: Wadsworth Publishing. January 14, 2009.

[32] Eric H. Lenneberg. Biological Foundations of Language[M]. New York: John Wiley and Sons. 1967.

[33] Guy R. Lefrancois. Psychology for Teaching[M]. Cambridge: Wadsworth Publishing. October 13, 1999.

[34] H. Rudolph Schaffer. Introducing Child Psychology[M]. New York: John Wiley & Sons. 21 Aug, 2003.

[35] Lambert, W. E., Tucker. G. R. Bilingual Education of Children: The St Lambert Experiment[M]. New York: Newbury House Publishers. 1972.

[36] James E. Johnson, James F. Christie, Thomas D. Yawkey. Play and Early Childhood Development[M]. Needham Heights: Allyn & Bacon. June 10, 1999.

[37] Susan H. Foster – Cohen. An Introduction to Child Language Development[M]. London: Longman. January 5, 1999.

[38] Lillard A S, Nicole E Q. "The Early Years: Evaluating Montessori." Science, 2006, 313(5795): 1893 – 1894.

三、期刊类

[1] 苏德．训练儿童思维与语方的传统方式——蒙古族儿童语言游戏［J］．蒙古学研究，1993（3）．

[2] 苏德．试论蒙古族儿童传统游戏［J］．内蒙古师大学报，1989（1）．

[3] 苏德．蒙古族传统家教与蒙古文化（系列论文）［J］．内蒙古师大学报，1991（1）．

[4] 苏德．学龄前儿童身心发展特点与早期教育［J］．内蒙古师大学报，1988（2）．

[5] 苏德．巴彦淖尔市临河区第一幼儿园教师调查报告［J］．内蒙古师大学报，2006（10）．《亚洲新教育》，2006（12）．

[6] 苏德．少数民族多元文化教育的内容及其课程建构［J］．中央民族大学学报，2008（1）．

[7] 苏德．内蒙古地区“三语教学”理论研究与实践［J］．内蒙古师大学报．2001（01）．

[8] 郭正涛、侯阳阳．发展少数民族地区农村教育推进教育公平 – 以广东民族地区为例［J］．广东技术师范学院学报，2010（7）．

[9] 霍力岩．试论蒙台梭利的儿童观［J］．比较教育研究，2000

（6）.

［10］霍力岩、齐晓恬．当前我国借鉴蒙台梭利教育法的主要误区、关键问题与基本思路［J］．幼儿教育，2008（2）.

［11］霍力岩、胡文娟．略论蒙台梭利教育法之精要［J］.2008（3）.

［12］梁志燊．蒙台梭利教育思想有没有过时［J］．幼儿教育，2000（7）.

［13］钱民辉．多元文化背景下的教育公平问题［J］．西南民族学院学报，2002（2）.

［14］史大胜．教育公平视角下的少数民族幼儿教育［J］．中央民族大学学报（哲学社会科学版），2010（4）.

［15］石中英．教育公平的主要内涵与社会意义［J］．中国教育学刊，2008（3）.

［16］田甜、夏媛媛．我国借鉴蒙台梭利教育法热的令思考［J］．濮阳职业技术学院学报，2012（4）.

［17］王合生．教育的价值取向研究［J］．中国成人教育，2009（8）.

［18］王先民．在新的教育发展起点上促进教育公平．当代教育科学，2008（15）.

［19］辛宏伟、翟宁．多元文化背景下新疆农村幼儿教育发展的困境与对策．幼儿教育，2009（6）.

［20］邢利娅．新时期内蒙古幼儿教育改革与发展回眸［J］．内蒙古师范大学学报（教育科学版），2001（10）.

［21］杨莉君．蒙台梭利教育法需要科学地解读和本土化［J］．人民教育，2004（11）.

［22］郑名．在民族地区应率先实施免费学前一年的教育［J］．中国民族教育，2009（6）.

［23］周翠彬．论学前教育公平的立法保障［J］．湖北第二师范学院学报，2009（5）.

［24］陶西平、袁振国．加强统筹协调促进教育公平［J］．教育研究，2010（7）.

［25］王翼平．促进教育公平：构建和谐社会的重要前提［J］．中国党政干部论坛，2005（11）.

［26］阿斯罕．蒙古族学生英语单元音习得中跨语言影响研究［D］.

西南大学硕士学位论文，2009.

［27］敖登．母语在外语学习中的正迁移作用——蒙语授课学生英语学习中面临的语言迁移问题研究［J］．语文学刊（外语教育教学），2011（10）

［28］达古拉．蒙古语在蒙古族学生英语学习中的正迁移［D］．内蒙古大学硕士学位论文，2011.

［29］桂诗春．此风不可长——评幼儿英语教学［J］．中国外语．2012（01）．

［30］韩波．语言比较的意义及蒙古语与英语时态表达方式［J］．内蒙古民族大学学报，2003（05）．

［31］何菲．蒙古族幼儿园双语教师教学能力现状调查研究——以呼和浩特地区为例［D］．内蒙古师范大学硕士学位论文，2010.

［32］黄建红、孟艳．幼儿阶段“双语教学”须慎行——浅析我国双语教育教学低龄化的现象［J］．玉林师范学院学报，2010（03）．

［33］廖道胜．论中国幼儿英语教育史［J］．山西师范大学学报,2002（31）．

［34］唐燕群、胡芳．浅谈幼儿英语教育的可行性和必要性［J］．桂林师范高等专科学校学报，2006（01）．

［35］王嘉毅、许杰应．现代教学论的观点看双语教学［J］．民族教育研究，1999（03）．

［36］王黎．TPR 教学法在幼儿英语教学中的应用［J］．黑龙江教育学院学报，2008（01）．

［37］萨仁其其格．简析母语正迁移对蒙生英语学习者的影响［J］．语文学刊（外语教育教学），2012（10）．

［38］苏德．少数民族双语教育研究综述［J］．内蒙古师范大学学报，2004（11）．

［39］图雅．英语和蒙语构词法对比研究［D］．内蒙古师范大学硕士学位论文，2012.

［40］徐建国．幼儿英语教育的几个误区［J］．黔西南民族师范高等专科学校学报，2010（01）．

［41］姚小淑．从语言习得关键期假说探讨幼儿学英语［J］．牡丹江师范学院学报，2009（03）．

［42］张莹．少数民族地区幼儿园双语教学研究综述［J］．当代教育与文化，2011（05）．

［43］赵宏剑．蒙汉双语教育背景下蒙古族学生英语学习研究［D］．中央民族大学博士学位论文，2013.

四、其他相关的政策指导文件

［1］国家中长期教育改革与发展规划纲要（2010—2020 年）．中央人民政府门户网站，2010 年 7 月。

［2］国务院关于基础教育改革与发展的决定．国务院，2001 年 5 月。

［3］国务院关于当前发展学前教育的若干意见（国发［2010］41 号）．国务院，2010 年 11 月。

［4］教师资格条例．国务院，1995 年 12 月。

［5］内蒙古自治区学前教育三年行动计划（2011 年－2013 年）．内蒙古自治区政府，2011 年 7 月。

［6］幼儿园工作规程．中华人民共和国教育部，1996 年 3 月。

［7］幼儿园管理条例．中华人民共和国国家教育委员会，1990 年 2 月。

［8］幼儿园教育指导纲要（试行）．中华人民共和国教育部，1999 年 10 月。